·娱乐研究译丛·

主编 | 晏青　支庭荣

娱乐心理学

［美］简宁斯·布莱恩特（Jennings Bryant）
［德］彼得·沃德勒（Peter Vorderer） ／主编

晏青　赵伟　江凌 ／译

Psychology
of
Entertainment

中国传媒大学出版社
·北京·

本书受到国家社会科学基金重大招标项目"互联网群体传播的特点、机制与理论研究"（15ZDB142）、中央高校基本科研业务费专项资助项目"娱乐传播理论研究：译介、实践与建构"（19JNQM02）资助

献给

柏拉图、亚里士多德、洛克、霍布斯、黑兹利特、休谟、席勒、弗洛伊德、达尔文和其他知识巨人,我们所有人曾如此幸运地站在他们的肩膀上研究娱乐。

总　序
PREFACE

　　古登堡发明印刷机距今近600年，但在最近一个世纪里，娱乐功能才正式进入大众传播的功能序列，出现了哈罗德·门德尔松（Harold Mendelsohn）的《大众娱乐》（1966）、威廉·斯蒂芬森的《大众传播的游戏理论》（1964）等专门性的著作。媒介娱乐与大众媒介相伴而生，但人们对媒介娱乐进行较深入的研究还是近60年的事。娱乐很难下定义，因为它是一个常识性的概念。目前娱乐研究学者一般认为，娱乐是一种沟通性、需要外部刺激，能让一部分受众感到快乐的活动。

　　娱乐在不同媒介的认知逻辑中存在差异，并在文化变迁、技术迭代中积累成娱乐的当下样态。娱乐现象最先出现于报纸媒介，是大众传播历史上出现的一个新现象、新问题，受到较多关注。从20世纪初的"小报"，到硬新闻软化、故事化，娱乐新闻出现，直到当下，新闻娱乐化现象时时露头。相对其他媒介形式，因为娱乐潜能有限，报纸的娱乐化程度并不深，早期报纸作为资产阶段思想启蒙阵地，身负重担，同时因为它沿用的是文字逻辑，所以娱乐化现象一旦在报纸上出现便引发了很多关注。

　　电影似乎就没这么严重。电影娱乐在各种技术发展中越来越摄人心魄。当然电影的娱乐性施予，本质在于电影是一种虚构的、讲故事的媒介，它以假定为真，在奇幻的视听技术中满足人们的白日梦和造梦。1877年托马斯·爱迪生发明了留声机，它迅速成为该世纪最受欢迎的家庭娱乐设备。爱迪生试图给留声机提供视觉效果而让助理迪克森发明了"电影摄影机"，间接促成了19世纪末的电影。1902年，有了庞大的电影生产设施，可以实现电影的流水线生产。大概从1897年开始，早期电影考虑到观众新鲜感消退，而不得不频频更换放映场地，辗转各地的杂耍剧院、露天游乐场、马戏团帐篷、中学等，彼时电影成为一种日常生活偶发性、嵌入式的娱乐方式。直至十年后在巴黎建造了世界上第一座豪华电影院，电影的光学效应才成功造梦。20世纪，电影开始引入叙事、声音、特效等技法和技术，成为当下娱乐的典型形式。

20世纪60年代，电视成为主流媒介之后，娱乐开始成为一个媒介现象被广泛关注。中国的娱乐化问题于90年代从电视媒介开始受到广泛关注，电视媒介的功能承载很重，一方面因为其日常性、公共性，电视承担了更多公共价值。电视台作为国家经营的稀缺之物，是信息接受和认知的权威来源，电视被视为严肃的媒介。另一方面电视也是一个混杂的话语系统，其中有大量现实指向的内容（新闻、纪录片），也有大量虚构性、娱乐性的内容（电视剧、综艺节目）。所以，娱乐化作为一种问题域和方法域同时存在。

21世纪前后，基于电脑媒介的互联网成为大众追求娱乐的主要形式，媒介技术2.0时代的赋权带来的内容创生、传播过程的操控感，娱乐体验的丰富性以指数级的速度提升。如今，娱乐的阵地转向移动媒介、智能媒体。据CNNIC的数据，截至2021年底，我国使用手机上网的用户超过10亿。其中，短视频用户规模达9.34亿，成为目前最"费时"的媒介消费。如今娱乐方式更多元。"泛娱乐"一词辐射面过于宽泛，仅以电影、网络视频、网络直播、网络游戏、网络音乐、网络文学等几种业态来看，娱乐方式就五花八门了。比如，游戏的沉浸式、高卷入度的故事讲述和社交驱动的数字体验已成为21世纪的主要娱乐媒体。去年全球游戏市值超过1,984亿美元，全球32亿游戏玩家，其中亚洲游戏玩家占14.8亿。可以说，娱乐产业年产值何止万亿。

娱乐很少纯粹享乐至上，更多的时候是"复调叙事"，甚至被视为"注意力引擎"（attention engines）。信息娱乐（infotainment）、寓教于乐（edutainment）等做法深入人心。比如健康教育、信息教育、意识形态被整合到流行娱乐形式中，旨在积极影响意识、知识、态度或行为，而且一般认为，这种方式能有效减少人们对劝服性信息的抵触情绪而更有效。

综上可见，娱乐产业之巨、拥趸之多！阿萨·布里格斯（Asa Briggs）甚至认为，大众娱乐是现代产业的源头。整个社会似乎也泛娱乐化，它已渗透日常生活、社会结构。那么引发的问题是，为什么我们所处的时代是娱乐社会，或者说，为何娱乐在这个时代挥之不去？

古代社会的个体嵌入与他人、社会的关系中，与自然世界和宇宙整体的关系中，亦即在"人、神、自然"的统一秩序和整体的关系结构中。这种关系结构成为个体安身立命、意义感和价值结构的源泉。而现代社会发生了"个人主义转向"和"个人中心主义转向"。"人"被重新发现，个体的"自我"价值从各种整体性的关系和等级秩序中跳脱出来，并被赋予神圣性，作为权利承担者的个体被设计出来，个体的权利在现代社会原则里得到维护。各种宏大的、超验的价值秩序被解体，个体的私体验、自我主义甚至变成唯我主义，很容易追求"渺小和粗鄙的快乐"，变成尼采所说的"末人"（last man）。泰勒在《世俗时代》一书将类似现象概括为世俗社会的表征。我们生活在世俗时代，世俗性是关于理解当代整体问题的语境，而我们道德的、灵性的或宗教的经验与追寻正是发生在这一语境之中。在他看来，西方社会的世俗性首先体现在"公共空间的世俗性""宗教信仰与实践的衰落"，对宗教的不信任"已经成为许多人主要的默认选项"。

西方社会个人主义的兴起，容易引发追求渺小、粗鄙的快乐，放逐神性文化，从而追求当下意义的媒介享受，娱乐兴焉。在一定程度上，这种逻辑也可以用来解释中国情境下的娱乐问题。中国属于集体主义国家，个人主义无法描述中国问题的核心要素，但现代社会价值的共通性、市场经济的基本运作原则，使得世俗性、个体、自我在我国也是一个需要正视的问题。只不过中国社会的世俗性不是因为宗教性的衰落，而在于神性文化、公共性的某种衰落。

娱乐不仅产业之丰、是世俗社会的典型形态，它还符合人的生理心理结构。功利主义倡导者边沁认为，人类由痛苦和快乐主宰，道德最高原则就是使幸福最大化。娱乐带来快乐。神经科学揭示，快乐是复杂的奖赏系统的核心部分，其核心体验是脑部深处的腹侧纹状体（伏隔核是其主要组成部分）运作的结果。眶额叶皮层中部与腹内侧额叶还会对快乐进行编码。最后，我们也应该认识到，文化多元性的重要性。正如威廉·冯·洪堡（Wilhelm von Humboldt）所说的，人类最为丰富的多样性发展，有着绝对而根本的重要性。以上罗列的种种说明，娱乐在社会生活中的重要性、广泛性，呼唤研究者入场。

如果将娱乐比喻成一个天平，一端住着"真善美"，另一端藏着"煽色腥"。国内主要选择"煽色腥"这一端进行伦理批判。在具体实践中，"娱乐问题"这一口头禅将娱乐问题化，也是很多讨论的逻辑起点。可能是无意识的，也可能是惯性使然，将娱乐单维度、武断地问题化,一种"被治理、规制"或"我们要严阵以待"的隐含语义系统的表达方式和理解框架。比如,"娱乐至死"这一术语将娱乐框定为一种"不祥之物",而将娱乐者框定为一个"赴死者",同时它还将提供娱乐的媒体框定为"作恶者"。

几十年来的相关研究汗牛充栋,看似繁花似锦,实则基础不牢、风雨飘摇。可以这样描述国内娱乐研究的问题:一是娱乐本体理论研究的空缺。此现象甚是怪异,学界皆谈娱乐,可它究竟是为何物,如何发生,具体机制是什么等问题基本被漠视。可能因为人人皆知娱乐,无细究的必要?二是主体意识缺乏。娱乐理论被结构性搁置,娱乐现象广受关注。但缺乏由娱乐内部向外辐射的能力,娱乐往往成为流行文化、文化研究、媒介伦理等研究的"婢女"。三是受限于固有思维。研究陷于价值判断或不规范的规范。但大多数研究将娱乐视为冲毁主流价值堤岸的泥石流,而从价值层面建立一套大众媒介的规范准则,试图用"应然"去推断"实然"。

无法有效展开娱乐研究的原因包括:一是早期的传播学者选择研究大众媒体的劝服功能而非娱乐功能,这个侧重点被长时期保持了下来。二是娱乐虽占据人们的日常时间,俘获了他们的注意力,研究者误认为这对人类行为变迁没有决定性作用。这两条是娱乐研究者20多年前就提出来的。具体到国内,可能还要加上两条:一是中国忧国忧民传统,更让学者关注严肃、沉重的事件,而将娱乐视为"轻佻"之物。二是实证主义研究滞后,近十几年有所缓解,但仍任重道远,这影响了娱乐研究的质量。这一系列因素,造成国内外关注的理论问题、选取的理论文本、研究方法的差异。

宽泛定义上的娱乐研究可以上溯至古希腊,柏拉图的游戏理论、马斯·霍布斯之幽默的优越论、赫伯特·斯宾塞之笑的理论、弗洛伊德之幽默的精神分析理论等。现代娱乐理论,是从20世纪70年代开始的。世人大范围谈论娱乐,尤其以大众媒介为中介的娱乐现象成为一个被人广泛关注的对象,娱乐的媒介体验也开始成为理论的关切点。发展至今,娱乐研究已有扎实的基础,众多学者已搭建理论概念和体验,形成了娱乐研究的基本观念。

实际上,娱乐研究有两个学术传统,一个是受到法兰克福学派影响形成的批判传统。这些学者包括以利胡·卡茨(Elihu Katz)、大卫·福克斯(David Foulkes)、哈罗德·门德尔松等。这个视角的研究,为信息的内容和形式提供了精确的观察,并对符号系统和与观众对娱乐的解释情境做了丰富的描述。只不过这个视角的娱乐研究在国外学术传统中中断了，相反我国部分研究走的是这条道路，但其往往将娱乐视为一个材料或对象，"左顾而言他"。另一个是以道尔夫·齐尔曼为代表的研究，这是目前国外的主流范式。它在动机和情感心理学基础上发展而来，或者更近以来，依赖于从积极心理学、自我控制理论、道德心理学等理论资源，产生娱乐双因素模型、情感倾向理论、情绪管理理论、兴奋转移理论等娱乐理论，但这一传统在我国基本空白。

基于此，本译丛试图缓解我国这一困局："人们日益增长的娱乐理论需求和不平衡不充分的发展之间的矛盾。"

（一）丛书以娱乐本体理论为旨归，围绕"娱乐"这一内核事件的知识体系展开。《娱乐理论：牛津读本》一书去年在牛津大学出版社出版，近千页的篇幅，对娱乐理论的阐释不可谓不详。它为传媒娱乐提供了大量基于传播和心理学的理论和模型，可视为人文社会科学研究的知识资源。全书论及基础理论、心理体验、特定娱乐形式、特定娱乐现象等，对娱乐理论、心理过程有深入讨论，对经典小说、VR视频游戏、虚构故事、媒介体育等各种"旧"和"新"媒体娱乐做了梳理。（二）心理学是国外娱乐研究最重要的传统和路径。丛书选择《娱乐心理学》《娱乐媒体：劝服心理学》两本论著，聚焦娱乐的心理学机制。前者聚焦心理学的视角与范式，从娱乐选择、接收和处理的基本机制和过程，选择和接受的媒介讯息获得娱乐体验的机制和过程，以及娱乐理论中的心理学理论和模型等。后者从"劝服"这一新的视角，探讨娱乐媒体如何影响其受众，及其背后的心理加工机制。具体内容涉及植入式广告、品牌电影、电视节目和赞助活动等。（三）对社会的影响是我们反思娱乐的重要面向。《娱乐与社会》讨论社会与娱乐是如何互塑的，侧重于技术和文化融合对当代娱乐业的影响；讨论娱乐与经济、商业、文化、法律、政治、伦理、宣传、技术等之间的关系。（四）娱乐理论要落脚到具体平台和经验材料的话，迪士尼、社交媒体是娱乐在传统媒体和新媒体领域的两个典型现象。《迪士尼政治经济学：好莱坞的文化资本主义》关注娱乐世界中的资本主义、娱乐经济的崛起、休闲文明的陷阱、好莱坞叙事等问题，对电影娱乐生产的论述较精彩。《社交媒体娱乐》聚焦的是社交媒体平台催生的创意产业：社交媒体娱乐。社交媒体娱乐迅速扩张，传统娱乐业被迫将重要的权力和影响力让给内容创作者、粉丝和订阅者。数字平台为嵌入式广告创造了一个新市场，随之改变营销和传播领域。

译介这些论著，希冀国内的娱乐研究具有更多可资运用的理论资源，用以有效回答、解释当代娱乐文化现象。固然，这些理论、模型产于国外语境，有部分还需要辨析，尤其结合中国文化语境进行理论消化和运用，不提倡西方理论崇拜，但绝不漠视。这些著作对娱乐的内在心理机制以及各种理论的阐述，为国内娱乐研究提供一个好"手电筒"。

在译丛即将付梓之际，作为丛书的组织者，有许多发自肺腑的感谢之言。首先向这些著作的原作者致谢，他们原创性的成果为我们提供了宝贵的资源借鉴；其次，各位译者克服疫情期间的种种困难，因为有他们，这些思想才能得以最终呈现；最后感谢中国传媒大学出版社张毓强社长，他对丛书的优化提出了宝贵的建议。

娱乐研究需要我们重新理解日常经验和数字化生活，从现有的理论之林抽离，发展能够解释当下娱乐现象的理论体系。希望我们的工作最终能够得到广大读者的认可，以绵薄之力推动国内传媒研究的蓬勃发展。谨序。

晏　青　支庭荣
2022 年 6 月 12 日

前 言
PREFACE

西雅图的涅磐乐队（1991）在摇滚乐曲《少年心气》（*Smells Like Spirrit*）中的宣言，成了后现代的口头禅："我们来了，嗨起来！"随着娱乐业成为全球每年1万亿美元的产业（EmanuEl, 1995），当代社会越来越无愧于"娱乐时代"的标签（Zillmann & Vorderer, 2000, p.vii），经济学家开始发现娱乐已然成为世界经济的新驱动力（Wolf, 1999），反讽的是，学者们开始追随涅磐乐队的脚步，严肃认真地看待娱乐。学术界以传统的方式（比如课程、座谈会、会议、咨询）和新的形式（比如设计视频游戏、创办新娱乐公司）表现出对娱乐的兴趣。毫无疑问，不断积累的经验证据、理论构想和实践智慧正在为娱乐理论这一新兴领域做出巨大贡献。

但是这场战斗远未结束。人们常说，只有讲授一门课程才能完全理解它。教学会让你发现某一学科的局限与不足。这么多年来，关于娱乐理论已举办了无数个研讨会，针对各大洲的娱乐问题已有大量的演讲。一点也不惊讶的是，在很多领域出现了娱乐理论和学术研究的知识鸿沟。此外，我们得出一个结论，包括该议题的知识基础框架在内的基础工作是研究中最薄弱的环节。具体来说，我们俩都发现，娱乐背后关键的心理机制的概念化和解释性不够充分，且娱乐过程与信息、教育或劝服相关行为的区分并不明晰。

我们一旦意识到，娱乐机制和过程的概念化和解释还有待研究，就积极寻找耕耘在娱乐理论这块有待开发的领域里做出了出色研究和理论建树的学者。我们认同那些在这个荆棘丛生的领域有所建树的学者及其学术能力。

在深思熟虑之际，我们认为，增进对这些心理机制和娱乐过程理解最有效的方式，就是呼吁并询问那些在娱乐理论基本知识上有所突破的同侪，是否愿意与同行分享他们的洞见和学术成果。令人欣慰的是，他们很乐意在我们拟定的几个研究领域来谈他们自己的研究和其他学者的相关工作。我们共同完成了《娱乐心理学》一书，致力于增进对娱乐的基本心理过程和机制的理解。

准备和接收过程

本书分为三个基本部分，第一部分以《准备和接收过程》为题。这部分的六个章节讨论对娱乐内容（entertainment fare）的意向与选择，及其在接收和处理中所涉及的基本机制和过程。

在《动机》一章，彼得·沃德勒（Peter Vorderer）、弗朗西斯·F. 斯汀（Francis F. Steen）和伊莱恩·陈（Elaine Chan）提出问题，为什么来自不同文化和历史阶段的人都会"找乐子"并乐此不疲。他们从意向派和客观派的立场思考"何为娱乐"的问题。

简宁斯·布莱恩特（Jennings Bryant）和约翰·戴维斯（John Davies）通过探讨现代消费者在当今数字媒介环境提供的多种选择中选择娱乐节目的理论和模型，检验了娱乐的第二个预测因素（precursor）。在《选择性接触过程》一章，作者在梳理了选择性接触理论知识史之后，重点研究了该理论的发展过程和结果，并在预测和解释信息时代的选择性方面批判性地考察了其有效性。

在《注意力和电视》一章里，注意力和电视被视为传媒心理学中最富有成效的研究传统之一。丹尼尔·R. 安德森（Daniel R. Anderson）和希瑟·基尔科里安（Heather L. Kirkorian）描述、整合和综合了注意力的概念、方法和经验，并指出了注意力如何以及为什么为娱乐提供了必要但不够充分的条件。

L.J.什鲁姆（L.J.Shrum）阐明了"感知"这一难以捉摸的概念，以及它作为娱乐机制的多重角色。关于此感知的解释和扩展性研究十分丰富，对它们的整合为我们理解娱乐媒介的方式提供了创新性见解。

娱乐体验最基础的就是编码和存储媒介消息的方式。理查德·杰克逊·哈里斯（Richard Jackson Harris）、伊丽莎白·泰特·卡迪（Elizabeth Tait Cady）和途安·阔克·特兰（Tuan Quoc Tran）在《理解与记忆》一章中对这些过程和机制做了介绍，并分析了娱乐的理解和记忆模型。

这部分最后一章是罗伯特·威克斯（Robert Wicks）撰写的《媒介信息处理》。本章综合了前五章的大量材料，还有许多新的讨论，例如对图式和框架的阐释。

反应过程

在《反应过程》部分，探讨了我们选择和接收媒介信息中获得娱乐的机制和过程。这部分共14章，占了本书的大部分内容。

帕蒂·法肯堡（Patti Valkenburg）和约臣·彼得（Jochen Peter）探讨了"幻想与想象"在接触娱乐的整个过程中的作用。他们提出并探讨了许多深思熟虑的假设，以阐明幻想和想象在各种娱乐现象中的作用。

南希·罗德斯（Nancy Rhodes）和詹姆斯·C. 汉密尔顿（James C. Hamilton）在《归因与娱乐：不是谁是，而是为什么他是》一章中，研究了因果思维在娱乐过程中的作用。作者提出归因思维在娱乐体验中的角色，探讨了高质量小说如何与有效的归因思维相比较。

娱乐研究者最常用的一个理论是倾向理论。在《媒介享受心理：基于倾向理论》一章中，亚瑟·A.兰尼（Arthur A. Raney）批判性地考察了倾向理论的各种假设和机制，并阐述了基于倾向理论共有的六项原则和特征。

道尔夫·齐尔曼（Dolf Zillmann）在《共情：对他人情绪体验的情绪反应》一章中探讨了媒介娱乐最复杂但最基本的过程之一。本章介绍了各种共情理论以及共情的三因素理论（three-factor theory），并检视共情在不断变化的媒介环境中所扮演的角色。

娱乐理论最棘手的主题之一是认同的概念，乔纳森·科恩（Jonathan Cohen）在《媒介人物的受众认同》一章中对此进行了阐述。作者综合运用文献分析、批判研究和传统社会科学研究等多种方法，全面探讨了认同的机制和过程。

沃纳·沃斯（Werner Wirth）考察了"卷入"及其与娱乐体验的关系。从卷入的各种特征和概念化开始，他探究了卷入的强度和效价对娱乐的影响等问题，并提供了与娱乐理论相关的卷入的综合性概念。

道尔夫·齐尔曼撰写的另一章是《虚构叙事中情感的戏剧技法》。在批判性地分析了"怀疑的悬置"（willing suspension of disbelief）的各个层次之后，他重点讨论了兴奋过程在情绪体验和认知过程在激动反应调解中的作用。

西尔维亚·诺布洛赫-韦斯特威克（Silvia Knobloch-Westerwick）在《情绪管理：理论、证据和进展》一章中系统地描述和评估了一个重要的媒介理论。除了仔细分析和整合现有的实证研究外，文章还讨论了情绪管理研究的趋势。

萨宾·特雷普特（Sabine Trepte）在《社会认同理论》一章，考察了人们所在的群体是如何影响其对不同消费媒介的接收以及享受的。同时它研究了媒介娱乐对社会认同（娱乐的另一面）的影响，以及在虚拟环境中娱乐是如何改变社会认同过程的。

媒介享受中的"公平与正义"问题是娱乐理论中一个未被充分研究的主题。曼弗雷德·施密特（Manfred Schmit）和于尔根·马斯（Jurgen Maes）在《娱乐中的公平与正义》一章中检验了正义的动机，展示了它在各娱乐类型中的作用，并且研究了有关公平和正义对娱乐价值影响的几个假设。

拟社会互动永远是娱乐理论界的热点话题。克里斯托夫·克里姆斯（Christoph Klimmt）、蒂罗·哈特曼（Tilo Hartmann）和霍尔格·施拉姆（Holger Schramm）解释了"拟社会互动和关系"的概念，研究了它们在娱乐过程中的作用和功能。他们总结出拟社会互动与媒介角色互动的过程导向（process-oriented）模型，及其对娱乐反应的影响。

乔安妮·坎托（Joanne Cantor）在《为何恐怖永不消亡：恐怖性娱乐持久而吊诡的影响》一章中，研究了恐惧反应和娱乐体验之间的交互作用，在研究痛苦与快乐这一混合体时，应考虑媒介特征和相应的发展差异。

玛丽·贝丝·奥利弗（Mary Beth Oliver）、金珍熙（Jinhee Kim）和梅根·S.桑德斯（Meghan S.Sanders）探讨了媒介娱乐中"个性"的复杂作用。本章的独特之处在于，他们将娱乐相关的变量划分为"选择性"和"享受"，及其与娱乐体验不同维度相关且截然不同的人格模式。个性也被认为是媒介效果的调节变量和因变量。

多丽娜·米伦（Dorina Miron）主要依靠情感神经科学领域的学术成果，研究了"娱乐中的情绪认知"。在考虑不同层次的寻欢人（pleasure seekers）的角色时，本章不仅整合了认知和情绪方程式（emotional equation）效果，也为未来娱乐理论研究留下了许多新的议题和问题。

娱乐理论中的心理学理论和模型

本书最后一部分，首次将一些成熟的、新兴的心理学和心理生物学理论应用于娱乐研究。这部分共有四章。

马文·扎克曼（Marvin Zuckerman）在《娱乐中的感觉寻求》一章中，首先研究了感觉寻求的一般性人格维度的形成，然后解释了高感觉寻求者和低感觉寻求者如何选择和享受不同形式的娱乐。特别有趣的是研究感觉寻求对环境和生物的影响，以及考虑不同人格维度如何支持不同的娱乐偏好。

享乐心理学已经很成熟，玛格丽特·施莱尔（Margrit Schreier）在《（主观）幸福感》一章中研究了娱乐的这一传统。心理健康、媒介消费和娱乐体验之间的关系是复杂而迷人的，要理解它们之间的相互关系还需许多其他的变量。

就在我们都认为可以把净化研究束之高阁的时候，布丽吉特·舍勒（Brigitte Scheele）和弗莱彻·杜布瓦（Fletcher DuBois）在《净化：娱乐的伦理形式》一章中对这个概念及其思想史进行了完整的论述。在这一章里，作者探讨了不同的理论研究，如，对亚里士多德的净化理论和复杂的情感重塑观点进行了批判性审视。为扩展对娱乐的理解提供了更多的新的可能性。

最后，彼得·奥勒（Peter Ohler）和格希尔德·尼丁（Gerhild Nieding）在《娱乐的进化视角》一章中，把进化生物学的原理应用到娱乐研究中。从更新世（Pleistocene）的篝火到有性取向和创造智慧，都为娱乐研究提供了新视角。

总结

就像媒介沟通的典型案例一样，本书是团队和机构共同的作品。我们非常感谢这些优秀的贡献者，感谢支持我们的大学，尽管我们经常疏于提及甚至没想到它，但我们确实很欣赏它所坚持和鼓励的言论自由。

感谢出版社的好朋友劳伦斯·艾尔鲍姆（Lawrence Erlbaum），再次与你合作是愉快的，也是荣幸的。感谢琳达·巴斯盖特（Linda Bathgate），你是出版社价值观的代言人，你的指导和友谊是无价的，让这些无处不在的会议变得更加有趣。感谢在后台工作的艾尔鲍姆团队的其他成员。

我们的导师，尤其道尔夫·齐尔曼和诺伯特·格罗本（Norbert Groeben），非常感谢你们激发了我们对娱乐理论研究的兴趣。我们同样感谢你们身上所散发的最纯粹的学术热情。

还有正在成为"军团"和"传奇"的学生们,你们对我们的启发,确实比我们教会你们的要多。因为极富才情的你们,我们对娱乐理论的未来充满了信心:花开结果,只需静待。

我们两位编者从慷慨的合作者活跃的思想中学到很多东西,我们引以为豪。并且在知识的反省和发现的满足中体会到乐趣。他们创造性的作品为我们带来陶冶、启迪和享受。

简宁斯·布莱恩特
彼得·沃德勒

作者
CONTRIBUTORS

丹尼尔·R.安德森（Daniel R. Anderson）：马萨诸塞大学阿默斯特分校

克里斯多夫·克里姆特（Christoph Klimmt）：汉诺威音乐与戏剧大学

简宁斯·布莱恩特（Jennings Bryant）：阿拉巴马大学

金珍熙（Jinhee Kim）：宾夕法尼亚州立大学

乔安妮·坎托（Joanne Cantor）：威斯康星大学麦迪逊分校

希瑟·基尔科里安（Heather Kirkorian）：威斯康星大学麦迪逊分校

伊莱恩·陈（Elaine Chan）：南加州大学

西尔维亚·诺布洛赫-韦斯特威克（Silvia Knobloch-Westerwick）：俄亥俄州立大学

乔纳森·科恩（Jonathan Cohen）：海法大学

多丽娜·米伦（Dorina Miron）：阿拉巴马大学

约翰·戴维斯（John Davies）：北佛罗里达大学

格希尔德·尼丁（Gerhild Nieding）：维尔茨堡大学

弗莱彻·杜布瓦（Fletcher Dubois）：科隆大学

于尔根·马斯（Jurgen Maes）：特里尔大学

詹姆斯·C.汉密尔顿（James C. Hamilton）：阿拉巴马大学

彼得·奥勒（Peter Ohler）：开姆尼茨工业大学

理查德·J.哈里斯（Richard J. Harris）堪萨斯州立大学

玛丽·贝丝·奥利弗（Mary Beth Oliver）：宾夕法尼亚州立大学

蒂罗·哈特曼（Tilo Hartmann）：汉诺威音乐与戏剧大学

约臣·彼得（Jochen Peter）：阿姆斯特丹大学

亚瑟·A.兰尼（Arthur A. Raney）：佛罗里达州立大学

弗朗西斯·F.斯汀（Francis F. Steen）：加州大学洛杉矶分校

南希·罗德斯（Nancy Rhodes）：阿拉巴马大学

萨宾·特雷普特（Sabine Trepte）：汉堡大学

梅根·S.桑德斯（Meghan S.Sanders）：宾夕法尼亚州立大学

帕蒂·法肯堡（Patti M. Valkenburg）：阿姆斯特丹大学

布丽吉特·舍勒（Brigitte Scheele）：科隆大学

彼得·沃德勒（Peter Vorderer）：南加州大学

曼弗雷德·施密特（Manfred Schmitt）：科布伦茨-朗道大学

罗伯特·威克斯（Robert Wicks）：阿肯色大学

霍尔格·施拉姆（Holger Schramm）：苏黎世大学

沃纳·沃斯（Werner Wirth）：苏黎世大学

玛格丽特·施莱尔（Margrit Schreier）：不来梅国际大学

道尔夫·齐尔曼（Dolf Zillmann）：阿拉巴马大学

L.J.什鲁姆（L. J. Shrum）：德克萨斯大学圣安东尼奥分校

马文·扎可曼（Marvin Zuckerman）：特拉华大学

目录 CONTENTS

第一部分 准备与接收过程

第一章	动机	3
第二章	选择性接触过程	17
第三章	注意力与电视	32
第四章	感知	53
第五章	理解和记忆	69
第六章	媒介信息处理	84

第二部分 反应过程

第七章	幻想与想象	105
第八章	归因与娱乐：不是谁是，而是为什么他是？	117
第九章	媒介享受心理：基于倾向的理论	134
第十章	共情：对他人情绪体验的情感反应	148
第十一章	媒介人物的受众认同	181
第十二章	卷入	196
第十三章	虚构叙事中情感的戏剧技法	212
第十四章	情绪管理理论：证据与进展	236
第十五章	社会认同理论	253
第十六章	娱乐中的公平与正义	271
第十七章	拟社会互动与拟社会关系	289

第十八章　为何恐怖永不消亡：恐怖性娱乐持久而吊诡的影响⋯ 312
第十九章　个性⋯⋯⋯⋯⋯⋯⋯⋯⋯⋯⋯⋯⋯⋯⋯⋯⋯⋯⋯ 325
第二十章　娱乐中的情绪和认知⋯⋯⋯⋯⋯⋯⋯⋯⋯⋯⋯⋯ 337

第三部分　娱乐理论中的心理学理论和模型

第二十一章　娱乐活动中的感觉找寻⋯⋯⋯⋯⋯⋯⋯⋯⋯⋯ 361
第二十二章　（主观）幸福感⋯⋯⋯⋯⋯⋯⋯⋯⋯⋯⋯⋯⋯ 383
第二十三章　净化：娱乐的伦理形式⋯⋯⋯⋯⋯⋯⋯⋯⋯⋯ 399
第二十四章　娱乐的进化视角⋯⋯⋯⋯⋯⋯⋯⋯⋯⋯⋯⋯⋯ 415

译后记⋯⋯⋯⋯⋯⋯⋯⋯⋯⋯⋯⋯⋯⋯⋯⋯⋯⋯⋯⋯⋯⋯ 426
主题索引⋯⋯⋯⋯⋯⋯⋯⋯⋯⋯⋯⋯⋯⋯⋯⋯⋯⋯⋯⋯⋯ 428

1

第一部分

准备与接收过程

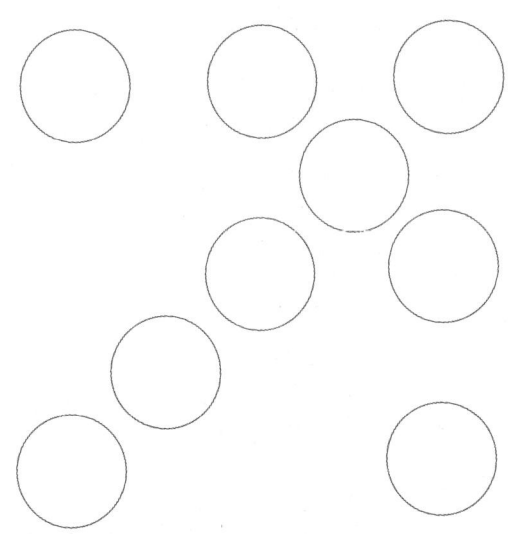

第一章 动　　机

彼得·沃德勒

弗朗西斯·斯汀

伊莱恩·陈

娱乐是一项被人类追求且享受的体验，其心理动因一直悬而未决。为什么不同文化、不同历史阶段的人都会加入到娱乐活动中来？他们为什么要选择并创建某些特定的娱乐场景让自己快乐起来，而非其他？为什么他们如此频繁地寻找娱乐，耗费大把时间在许多个不同的场景和环境里？在提出这些问题时，我们认为娱乐是对某些特定机遇的回应，而非某些媒介内容本身（Bosshart & Macconi, 1998; Bryant & Miron, 2003; Vorderer, 2001; Zillmann & Bryant, 1994）。

娱乐研究中的动机问题，试图超越"谁在什么样的环境下做什么"这种简单的叙述框架，并试图解释为何如此。本章试图系统地分析：为什么人们认为娱乐是一项有益的活动——为什么生活在不同环境中的人都想娱乐自己，并认为是值得的。不过在此之前，让我们先来看看一种典型的日常娱乐情景，以便于我们把握娱乐之于个体意义的复杂性。

星期四晚上，一位名为罗宛的大学生宅在公寓。这天晚上她不想出去参加朋友聚会，只想待在家。因为她没有心情。她拿着手提电脑坐在沙发上，又拿起遥控器打开了电视，然后用手提电脑给朋友发信息，告诉他们她不想出去。她锁定了《春天不是读书天》（*Ferris Bueller's Day Off*）的后半场，这是一档MTV的真人秀节目。尽管她之前看过这档节目，但还是决定在她最喜欢的节目《急诊室》（*ER*）开始前先看一会儿。她起身去厨房拿了一袋薯片回来，接着在网页上查看关于《急诊室》的信息，确保这周会更新。她被布勒滑稽的动作逗得哈哈大笑，直到插播广告时才想起《急诊室》，这才换了个频道，然后又去厨房拿了些薯片。当她回来的时候，电视里正在播放她熟悉的《急诊室》主题曲。

上文描述的虚构场景司空见惯，尤其对于娱乐活动丰富的西方年轻人来说更是如此。运用动机理论对娱乐以及上述情景进行分析时，存在以下问题：罗宛（或者任何一个像她这样的人）为什么这么做？是什么让她安排了这样的活动？她为什么可以保持一段时间，又是什么让她结束了观看活动？如果有的话，她从中获得了什么？

何为娱乐？

近年来，娱乐研究是传播理论及其研究面临的重要挑战之一（Bryant, 2004）。对20世纪八九十年代以来的研究进行梳理，尤其是对美国学者齐尔曼与其合作者（如，Raney & Bryant, 2002; Zillmann & Bryant, 1994; Zillmann & Vorderer, 2000）、博沙特和欧洲其他学者（Bosshart, 1979; Bosshart & Hoffman-Riem, 1994; Bosshart & Macconi, 1998）的研究，我们发现，娱乐通常被定义为对电影、电视、音乐、书本等娱乐产品的情感反应。同样，研究者将娱乐视为受相应娱乐产品影响、触发甚至塑造的人类活动。尽管如此，个体也会有意识地自愿控制娱乐活动，娱乐性不是完全由产品决定的。作为人类活动，它涵盖了很多生理、认知、情感和行为因素。因此，我们可以且应该通过人类思维、情感和行为的相关学科对娱乐进行定义。以上问题可通过心理学尤其动机心理学解决。其实，很多与齐尔曼同时期的学者借鉴心理学理论发展出自己的观点，以对心理过程、假设和模型进行阐述（参见 Bryant, Roskos-Ewoldson & Cantor, 2003）。齐尔曼本身也解释了很多不同的理论，如情绪管理理论、情感倾向理论以及兴奋转移理论，所有这些均源于对人类机能的心理理解（参见 Vorderer, 2003）。我们在分析娱乐的动机因素时所面临的挑战，是如何根据不断发展的心理学理论和人类行为因素研究来修正我们的模型。当前关于人们寻求和享受娱乐的解释，并未充分运用特定心理领域的主要理论成果。

本章重点关注心理学领域最新成果的两个关键领域，以提出更丰富、更有根据的娱乐因果理论。第一个领域是研究由内在激励驱动、目的源于自身的人类活动。尽管内在激励的研究可追溯到心理学（如，Spencer, 1872–1873），该领域近年来一直在研究人们从行为中获得满足感，将内在、外在激励形式相联系，并得出改变人类动机和偏好的因素。第二个领域是进化心理学，考察自然选择在人类认知、情感能力与倾向形成过程中的作用（Ohler & Nieding，第24章）。我们在前人研究（Steen & Owens, 2001; Tooby & Cosmides, 2001）基础上提出，游戏的自然现象可以帮助我们从其他角度更好地了解娱乐的重要因素。

借鉴以上两种新理论，我们认为合乎逻辑的娱乐理论必须从不同的视角或者立场来处理理论创新与新数据，即意向论和客观论立场。意向论立场（Dennett, 1987）指在从人的主观心理状态中寻找娱乐的成因。例如，情绪管理理论就包含了意向论立场，它认为主观心理状态、"情绪"以及管理意向均是参与者的特性，这也是人类所共有的。意向论通过对主体的整体性了解形成因果理论。

相反，客观论立场认为物质、生理过程之间的因果关系可以解释这种现象（Leslie, 1994）。这些理论认为人类的动机是此类过程引发的结果。大脑加工信息是将适应性设计与生理效应联系起来的基本理念，长期的自然选择将对有机结构的创建产生影响，从而有助于信息处理的优化。就此而论，例如人们对多人在线游戏投入时间和资源，其原因可能是伏隔核中的奖赏环路在该活动中被激活。人的主体大脑的结构都一样，该论点表明有些活动是自然选择的结果，如追逐打闹（Bjorklund & Pellegrini, 2002）等这些游戏形式和大脑奖励结构之间建立了联系，我们可以通过专业技术挖掘并激活这些结构。

意向论和客观论立场基于不同的假设，其抽象层次也不尽相同，因此长期被视为两个相互竞争的概念，它们之间的界限将"两种文化"分隔开来（Snow, 1959/1993）：人文和科学。然而，本文将给出一个总体框架，表明两种理论是必不可少且相得益彰的。

何为动机？对娱乐的意图进行研究

大部分动机心理学理论将人类活动的潜在原因区分开来，包括源于个人内部或外部的资源（Heider, 1958）。内在和外在激励行为（行动）之间的区别源于这种分法。根据该观点，外因会引发并形成外在激励行为，尤其是通过奖励和惩罚的方式。在20世纪长达几十年的时间里，行为主义作为一种学派和研究范式一直占据心理学的主导地位，并成功展示了如何在不同时间点通过一定的奖励和惩罚影响人类机能的各个方面。另一方面，内在激励行为的目的源于自身。内在激励驱动下的个体动作或行为是为了从其行动中获得满足感。满足感可以从颇有成效的积极感受中获取（参见White, 1959），也可能仅仅因为是行为的根源而获得满足感（参见deCharms, 1968）。根据这种二分法，一个人花时间学习一门课可能因为他/她想在考试中取得好成绩（外在激励），也可能因为他/她对这门感兴趣且觉得学习让他/她感到快乐（内在激励）。

尽管一些心理学家建议研究者进一步区分"结构感（structural sense）"（活动与目标之间的关系）和"实质感（substantive sense）"（活动旨在达成的目标类型）（参见Shah & Kruglanski, 2000），这里我们仍然运用二分法将娱乐视为对某些媒介产品的内在激励响应。也有人进行自我娱乐是为了实现活动之外的目标（如学生因为要完成课堂影评而去看电影，教授因为教学任务必须玩一局电子游戏等），但是这些现象并不典型。

人们通常因娱乐而娱乐，换句话说是为了体验一些积极的感受，如愉快、悬疑、消遣、宁静等（参见Vorderer, Klimmt & Ritterfeld, 2004）。当一个人选择一项具体活动或产品进行消遣时，这种渴望的体验其实发生于未来。例如，在上文所述的情景中，罗宛为自己准备了一些娱乐活动。她坐在电视机前，带了一台笔记本电脑、一些薯片，而做这些并不是因为她正在体验娱乐活动，而是为了她即将开始的活动做准备。换句话说，她的活动指向未来的心理状态，而这仅仅存在于她的脑海。此种未来状态通常被称为目标，而个体似乎能够根据这些目标对他们的活动进行调节。

什么样的活动能激发人的内在兴趣？根据瑞恩和德西（Ryan & Deci, 2000）的研究，这些活动必须具有新奇性（参见 Berlyne, 1971; 1974）、挑战性（Csikszentmihalyi, 1975）或审美价值。我们观察发现，孩子天生就是活跃、好奇、爱玩的，即使没有奖励，他们也爱玩。因此瑞恩和德西（Ryan & Deci, 2000；见 Ryan, 1995）将内在激励定义为"同化、征服、自发兴趣和探索的自然倾向"（p.70；见 Kelly, 1955，此类模型的早期案例）。这种认知评价理论（Deci & Ryan, 1985）旨在解释内在激励异变性的因素。该理论基于以下假设：人类有三种基本需求，而满足这些需求对个体的内在激励、幸福与心理健康来说都是必不可少且至关重要的。人类需要有权限和自治。其实，支持该理论的实证研究表明，与胜任有关的社会—语境因素（如反馈）在行动期间会增强该行动的内在激励，而想要摆脱负面评价的心情也能促进内在激励（Fisher, 1978; Ryan, 1982; deCharms, 1968）。他们得出结论，要想维持内在激励且表现良好，我们必须自己决定自己的行为（Reeve, 1996），且拥有自治。

瑞恩和德西所谓的自决理论（先前提到的认知评估理论似乎融入其中）将归属定义为第三种需求，当此需求被满足时，可促进内在激励。换句话说，个体与他人（父母、老师、同事、朋友等）之间稳定的联结性不仅仅能帮助婴儿探索早期环境，还会影响（内在）他们在一生中进行的内在活动。瑞恩和德西认为，尽管这些需求的重要性和满足方式会随年龄的增长而改变，但是它们仍然显示出普遍性和可持续性。毫无疑问，在不同的文化中这些需求的表达方式也不尽相同："事实上，文化认可的价值观和行为的内化与整合可以促进需求的满足，这表明在不同价值观的文化中，个体表现权限、自治和归属的方式各不相同。"（Ryan & Deci, 2000, p.75）

娱乐是一种由内在激励驱动的体验

我们运用自决理论阐述人类对娱乐的总体兴趣，认为一般的媒介消费，尤其娱乐媒介产品使用，提供了满足基本心理需求的特定方法。首先，接触娱乐产品就是目的本身，因此将其划分为内在激励。它有助于满足权限、自治和归属需求，尽管这些需求因不同的年龄段、文化、情景和性格会呈现出不同的形式。然而，我们几乎随时随地都在用娱乐产品。

在权限方面，比较有趣的是，我们通常认为看电视很"轻松"，而阅读却是一件"困难"的事或者说需要付出努力。所罗门（Salomon, 1984）的研究显示看电视时我们不会投入过多的认知行为，大部分观众都会选择比较简单轻松的电视节目（可参考 Weidenmann, 1989）。亨宁和沃德勒（Henning & Vorderer, 2001）通过研究表明看电视对认知水平的要求很低。格罗本和沃德勒（Groeben & Vorderer, 1988）支持柏琳（Berlyne, 1971; 1974）的审美动机理论，认为文学作品的读者通常会选择具有挑战性的文本——

但前提是他们仍然看得懂。总而言之，娱乐通常被视为挑战性较小的活动，或者说这种挑战在媒介用户的可控范围内。当然，这种挑战是有好处的，人们可从中获得较强的成就感。这种情况下，我们不需要付出太多努力就能保证取得一定的成就感。还有什么能让人如此频繁且轻松地获取成就感呢？作为当今最吸引人的娱乐活动之一，尤其对年轻男性而言（概述见 Vorderer & Bryant，印刷版），电子游戏就是一个很好的例子。不同游戏的复杂程度、难度和挑战性各不相同，这主要取决于玩家自己或者游戏本身的设置。游戏本身可以根据玩家之前展示出的技能或知识为他们选择最合适的难易水平。换句话说，电子游戏通常能保证玩家在可控的范围内挑战自己，而不至于无聊或受打击。很多学者认为比赛和挑战对于电子游戏玩家的娱乐体验来说十分重要（如 Vorderer, Bryant, Weber & Pieper），这似乎验证了个体想在娱乐活动中寻求成就感的观点。在上文提到的罗宛的娱乐体验中，我们可以看到她为了避免无聊、寻求挑战做了很多准备（这就是她同时使用各种不同媒介的原因），确保自己不会产生挫败感或能从中获得成就感。

在自治需求方面，我们参加娱乐活动不应该受到他人的强迫或影响。毫无疑问，人们在选择娱乐产品时通常受周围人的态度、偏好和价值观影响，但是很多人并不认为自己会被这种影响控制。大部分人认为自己不受外界影响，他们都是根据个人兴趣和偏好做出选择的，但其实他们太高估自己了。这种有偏见的自我观念会对使用与满足的总体研究范式产生影响（Rosengren, Wenner & Palmgreen, 1985; Rubin, 2002），而这些研究试图通过分析参与者的各种反应解决动机问题。使用与满足范式的前提是研究对象已经充分意识到自己的动机，可以并且也愿意正确表达这些动机。因此，研究对象提供的口头报告被当作有效且充分的证据。该方法由于各种原因经常受到质疑和批判（如 Zillmann, 1985），但当下最重要的是，该方法高估了人类的自治。当然，它证实了人都自以为拥有高度自主性。人们随时随地都能使用媒介娱乐产品，这为用户维持自主性提供了客观环境。用户在选择时没有受到任何约束，因此认为此类活动不受外界控制。在我们最开始给出的例子中，罗宛觉得她选择了自己最喜欢的电视节目《急诊室》，但朋友对该节目的积极评价可能在很大程度上影响她的决定。

最后，在归属方面，即与他人保持联系的感觉，大量文献表明电视可以为观众带来关联感，即使独自一人看电视时也是如此。观众能感受到与主播、主持人、女性或其他看似同观众交流的媒介人物之间的联系，这就是所谓的拟社会交往或拟社会关系（Horton & Wohl, 1956；见 Klimmt, Hartmann & Schramm，第17章）。本研究表明媒介用户不会感到孤独。他们总会跟电影、节目、小说甚至电子游戏中的人物产生联系。正是由于这种拟社会交往或者与媒介人物之间的关系，大家对特定的节目产生了兴趣。有些人可能仅仅因为电影、书本或游戏中的人物角色，而去崇拜一些媒介人物或者选择这些媒介产品。拟社会交往使娱乐产品中的名人显得尤为重要，很多人进行媒介消费的目的就是与名人产生联系。

情感倾向理论表明，观众对角色行为的道德判断会对人物的命运产生期待或恐惧，从而同情或厌恶这些角色。在上文罗宛的例子中，她给朋友发信息，可能是想探讨电视节目或者节目中的人。这个人可能是自节目1994年开播起就存在的人物卡特博士，也可能是人物扮演者诺亚·怀勒（Noah Wyle）。这个例子表明媒介用户受真实或虚构传媒人物以及娱乐产品的影响，从而满足瑞恩和德西（Ryan & Deci, 2000）提出的第三类基本需要。

到目前为止，我们主要关注内在激励行为心理学的最新研究。现在，我们通过进化论观点分析内在激励行为，站在客观论立场通过调用因果过程解释思想的设计和功能。

何为功能？寻找客观主义的娱乐

乍一看，人类行为理论认为人类行为是出于自身，这似乎挑战了进化论。进化论是功能性结果的故事，对其结果无动于衷的活动，似乎完全避开了步入生物学的后尘。我们将证明这种推理的荒谬，消除这种谬误能让我们更准确地描述娱乐的独特之处。

法国唯物主义哲学家莫佩尔蒂（Maupertuis, 1745）早于达尔文一个多世纪就意识到，有机设计可以用代代相传的动态变化过程来解释（参见 Glass, 1959）。在各种各样的个体事件中，更适合环境的生理学的有机物更可能存活下来。莫佩尔蒂认为，没有嘴的生物无法进食，毫无疑问会死亡。莫佩尔蒂的核心观点是生物学功能的概念，后由达尔文正式提出。器官（例如嘴）的生物学功能的理论解释了嘴巴精确的有机设计——存在开口、牙齿、舌头、唾液腺等——是经过许多代历史演变的结果。那些拥有精心设计的嘴的个体，适应当地环境，一般倾向于留下更多的后代，因此这种特殊的设计在人类中更为普遍。

在进化论中，将生理学设计概括为一种行为是有问题的。例如，有机体的设计是长期自然选择的结果这一观点就没有遵循这一规律，有机体的行为同样由这一历史决定。以人类为例，我们的所有活动无法通过对历史的考察来确定，无论它多么详尽。原因很简单：我们的生理机能，包括大脑和神经系统的生理机能，使我们能够从事比自然选择更为活跃的活动。因此，我们必须区分特定器官的生物学功能及其现实功能。用米利肯（Millikan）的术语来说，嘴的生物学功能是嘴的设计功能，凭借其过去的成功（Millikan, 1984, 1993），它的现实功能会进化出新的活动，比如抽烟、给气球充气和吹口琴。

总之，心理的调节削弱自然选择与行为之间的因果关系。在此，我们发现了进化论无法解释的第一条线索——内在激励活动。然而，另一方面，要在彻底的进化还原主义的史凯拉（Scylla）和不受生物学历史影响的人类心理学的查理比由斯（Charybdis）的僵局之间穿梭，这绝非易事。

想想人类发现的那些本来就让人愉悦的活动，不过它们不具备娱乐性，例如吃饭、睡觉、性交等活动。做这些事，我们通常不需要外部奖励，它们有其自身的目标。当我们处于这种生理和精神状态，就坐下来吃饭，津津有味；当这种状态过去时，就停止进食。这样看来，这是否意味着我们的行为是由我们的生物学历史引起的？

在某种程度上说，我们不得不回答"是"——这和莫佩尔蒂的观点一致，那些缺乏饥饿感、对摆放在面前的食物没有渴望的个体执意不进食，直至死亡，除非获得足够的营养。饥饿具有生物学功能：确保我们进食、养活自己。因此，用于解释设计嘴的理由，可以扩展到包括食欲的设计和调节对于食物的偏好。然而，与此同时，我们今天摆在餐桌上的，主要是进化而来的食物，而非自然选择的。薯片和裹满糖霜的甜甜圈不是我们祖先的食材，因此我们的喜好无法演变为偏爱它们。实际上，我们刚刚吃的食物可能根本没有什么营养；相反，如果我们加入了前所未有的全国性肥胖流行病队伍，它很可能正在慢慢把我们杀死。

尽管自然选择建立了维护我们动力系统基础的结构，但这些结构仅在类似于或近似再现这些结构自身演化的环境中才能正确运行。仿若大自然设计了三轮车，而文化则为其架设了高速公路。或反过来打个比方：自然界似乎在建造一台超级计算机，而文化则是购买哪种颜色的肥皂的问题。大多数进化产生的环境，即鲍比（Bowlby, 1969；参见，Foley, 1995）称之为"进化适应的环境"，它与我们当前的社会和技术变革的现实之间存在根本的脱节。这种脱节被称为适应性（adaptive）或表现型延迟（phenotypic lag），是环境条件变化的结果。在人类案例中，我们通过想象和创造现实的能力极大地加快和放大了这种效果，这在大自然里从未有过。因此，我们所说的饥饿状态和饮食行为具有生物学功能，并不是说在任何给定的进餐中，它们实际上都提供了适应性饮食旨在提供的益处。人类心理针对不再存在的环境进行优化，并且文化产品以心理适应为目标，无论是在生存还是复制方面，都不一定对个体有利。

尽管自然选择取决于结果，但行为本身不被继承。相反，在可感知的环境下从事特定类型行为的能力和倾向，是可以通过遗传物质传递下来的。这种能力、倾向和感知属于心理学范畴的问题。然后，进化产生了一种具有其自身优先级的心理，与自然选择的逻辑仅是间接相关。赫尔伯特·斯宾塞（Herbert Spencer）用一种著名而恶毒的表述将达尔文的理论压缩为一个短语："适者生存。"（1861年）他用这个短语来证明社会的某种愿景，即社会达尔文主义，在那里自然被认为是对成功的社会竞争者的一种标准的赞许（normative blessing）。斯宾塞的座右铭不经意间消解了自然选择的人类动机心理的逻辑。仅仅因为生物学家发现适应的概念有助于理解有机设计的兴起，这并不意味着人类有心理动机让这种设计最大化。如果人类真是最大限度地提高适应水平，那么按照自然界的召唤，他们要留下尽可能多的后代，那么他们会取出最后的储备，将其卵子和精子捐献给无子女的夫妇和精子库。显然，这并没有发生：人类心理学中没有任何东西致力于最大化生物学家所说的适应性。

就像吃饭、睡觉和性交，不难说明这些活动符合进化范式，当然是在一定的条件下，即必须赋予心理一定的自主性。尽管这些行为在主观上会获得内在奖励，但进化论会指出，这种心理中介本身是通过自然选择来设计的，以鼓励和维持获得营养、休息和繁衍后代的生物学功能。按照这种观点，这些行为本质上是有回报的，因为在进化史上，它们基本上促进了潜在的生物学功能。

但是，这种推理方式仍未解决本章要回答的问题：娱乐的生物学功能是什么（如果有的话）？回到前面提到的罗宛的情况，她的现代行为是否具有古老的先例，她对电视的品味和对某些节目的偏爱是否反映了祖先对环境的适应？可以肯定的是，不能仅仅通过自然选择来解释她对电影《春天不是读书天》的享受，特别对电视和电影的整体性享受。为了说明进化历史与当代娱乐形式的关系，我们需要一个更好的模型解释娱乐活动的独特之处。

我们认为，娱乐与其他形式的具有内在动机活动的区别在于，如吃饭、睡觉和性交之类的活动，其目的是改变世界。当有人饿了，他喜欢吃东西，吃东西的行为将营养从身体外部转移到内部。如果因某些原因而没有发生，则该行为将无法完全满足。例如，想象一下，有人端来美食，他把它放入嘴里咀嚼，但是却不允许咽下去。这种经历可能让人非常沮丧，我们将其归因于设计特征，是为了确定饮食这一行为其实是提供营养的生物学结果。

娱乐让人费解的是，娱乐似乎无法传递真实的东西、注定要失败（fail by design）。娱乐的核心特征是虚拟，例如，像罗宛的情况，她以某种方式将屏幕上闪烁的灯光视为她正在观察的真实事件，而电影中的演员则假装有担忧的情绪。实际上，即便建筑物、街道和自然环境也可能是虚拟的纸板房、虚拟的工作室、摆设的街道以及涂有油漆或以数字方式添加的背景墙。当患者被送往急诊室的手术台时，他或她实际上并未接受手术，只是假装有剪线和缝线。然而，与其他具有内在动机的活动相反，当某人娱乐时，他可能在伪装中感到满意，并且实际上对假象的喜爱程度超过现实本身。

这些特征表明，娱乐的生物学功能与其他形式的内在动机行为特征有所不同。要了解这些功能是什么，我们需要对大脑参与娱乐行为时正在做的事情有更详细的了解，我们需要认知模型。

娱乐研究的认知模型

基于虚拟的娱乐形式的第一个融贯论（coherent theory）是亚里士多德（公元前350年）的观点，即口语艺术和音乐是模仿的形式，传统上翻译为"模仿"（imitation）：

> 史诗和悲剧、喜剧和酒神颂（Dithyrambic poetry），以及长笛音乐和七弦琴的大多数形式，都属于模仿的范畴（Poetics, I.i）。

继斯蒂芬森（Stephenson, 1967）和奥特莱（Oatley, 1994）之后，现代技术为我们提供了更有效的艺术概念，即仿真（simulation）。在仿真中，替代物被用于建立目标现象的核心因果关系。例如，气候建模通过虚构太阳实现，使用计算机生成数字化大气变暖的虚拟地球，从而可以系统地研究真实地球与太阳之间的因果关系。该模型必须是局部的，只能提供蕴含结构性的选择一致性，否则就没有用，如博尔赫斯故事中的地图，完整地覆盖整个领土。

由于仿真有选择地保留因果关系，所以它们对训练日的很有用，是你可以了解因果关系的重要方法，而不会付出试验的对象本身所产生的代价。例如，F16飞行模拟器可使新手掌握操纵单座飞机的经验和实践技能，而不必冒生命损失和失去数百万美元战斗机的风险。

类似地，基于虚拟的娱乐形式可以连贯地理解为一种模仿。例如，罗宛观看的《急诊室》并不是实际急诊室的文字记录，是使用演员编排的模拟场景，而非真的有医生、护士、患者和医院。娱乐模拟优于实际录制主要有两个原因：首先，文字记录很难理解。如果没有人，现场录音将缺少语境和背景信息，外界将无法理解正在发生的事情。相反，虚构的事件重现通常将焦点放在可控数量的患者和医生上，并向观看者提供语境信息。实际上，虚拟娱乐不仅描述了目标现象的核心因果关系，而且它会让这些关系十分清晰（参见 Steen, 2005）。在科恩（Cohn, 1999）的《小说的区分》（*The Distinction of Fiction*）一书中，小说叙事的特征是"敞开人物内心想法的叙事情境"（vii），使感知、思想、情感和行为之间的关系，在读者或观众那里透明可见。要获得关于虚拟的神奇技术的新近例子，请想想电视剧《甜心俏佳人》（*Ally McBeal*）中女主人公精神状态的生动形象化。基于小说娱乐形式的特征，如以下观点：所描绘的事件是模拟，而不是事件的模仿；通过使用场景、演员和剧本，它们建立了表征目标现象的核心关系。

虚构要优于文字的历史记录的第二个原因是，在大多数情况下，后者会让人感到无聊。虚构不仅是一种超清晰的模拟，而且还揭示了相空间（phase space）模型化的一系列差异和可能性。在建模的核心关系层面上，不断有新的溢价，通常是通过在每个情节中引入一些新元素，并从不同角度探索新元素的含义来实现的。正如瑞恩和德西（Ryan & Deci, 2000）所论证的那样，这种新颖性的持续产生与娱乐性作为一种内在的奖励紧密相关。

然后，我们将娱乐认知模型定位为一种模拟形式，一种动态模型，它依赖于替代性中介和目标，以维持蕴涵（entailments）的选择一致性。模拟的原型通常集中在人类行为的领域，其特征包括：人类关系的可理解性超过了现实生活中的相互作用，持续探索核心关系的变化，且具有内在动机。从进化的角度来看，要提出的问题是：为什么人类完全投入这种模拟活动，为什么主观地将其视为内在激励？为什么巧妙地创建虚构的急诊室演示会很有趣？

作为游戏的娱乐

回答此问题的关键是游戏现象（有关概述请参见 Vorderer, 2001; 2003）。亚里士多德将模仿行为追溯到动物的本能倾向。他认为：“模仿的本能是从小就植入人体的，与其他动物相比人是最能模仿的，他通过模仿获得最早的经验。模仿之中的愉悦感同样具有普遍性。"（Poetics, I.iv）亚里士多德在此确定了游戏的四个自然维度：它在一些动物中也存在，它在发展中有可靠的表达，它有教育效果以及内在动机。从当代角度来看，人们发现游戏主要是哺乳动物的行为（Burghardt, 1984），在婴儿期尤其重要（Fagen, 1981）。它的主要教育效果可能是行为适应性（Fagen, 1975）。格罗斯（Groos, 1898）之后的传统做法是试图让看上去显得轻浮或无目的的游戏变得有意义；游戏有一个定义是，它包括"人出生后所有肌动活动（motor activity）似乎都是无目的的。在这种活动中，其他情境下的运动模式通常在调适后的形式、更改的时间顺序中使用"（Bekoff & Byers, 1981, pp.300–301）。如鲁宾、费恩和范登堡（Rubin, Fein & Vandenberg, 1983）所述，"游戏有其内在激励"。

游戏是我们今天从事更复杂的娱乐形式可靠的发展和进化的前奏。动物和人类的游戏之间存在明显的连续性。在对儿童游戏基本形式的研究中，斯汀和欧文斯（Steen & Owens, 2001）试图证明，追逐游戏的活动被系统地组织为一种逃避掠食者的训练形式，一种在哺乳动物中普遍存在的游戏形式。他们认为游戏是一种进化的教学法，它利用模拟来降低学习成本。儿童游戏具备模拟的核心特征，例如，蕴涵与模型化情境的一致性。卡文诺和哈里斯（Kavenaugh & Harris, 1994）在一系列实验中证明，参与游戏的儿童更可能发现佯装操纵（pretend manipulations）的前因后果，例如，如果你将泰迪熊浸入浴缸中假装洗澡，它就会变湿（参见 Harris, 2000）。理解《急诊室》所需的复杂认知机制具有悠久的生物学发展史。

进化论认为生物学上，通过自然选择，认知适应能力支持在最初相对危险的情况下进行模拟的能力和倾向（即在需要高水平的技能和失败风险很高的情况下）（Steen & Owens, 2001）。典型的情况是遭遇捕食或与更多的高风险对抗。简而言之，自然选择可能偏爱那些从事游戏形式的人，这些人训练与捕食相关的技能。这样的游戏有培养技能的作用，而不必付出实际遇到捕食者的代价。

适应从游戏中学习需要内在激励。对尚未发生的事件进行行为模拟，这一优点将在幼小动物和儿童身上消失；他们缺乏想象力，无法想象因掠夺者来临而未做好应对之策所带来的致命后果。这就是为什么说游戏本质上是让人满足的，而无须关心结果：自然选择让人们对一系列活动产生自然愉悦，这是因为个体无须关心自身。游戏和娱乐的自然教学法同样有效，尽管我们没有意识到这项活动的生物学功能是学习。

游戏的进化论以娱乐的认知模型作为模拟形式，得出了一个非常简单的命题。它表明娱乐的生物学功能是学习，这种学习是通过对运行、理解和解析模拟的认知适应来实现的，而我们在虚拟的娱乐形式中感到愉悦和享受，它们是这个自然的教学系统必要的设计特征。由于适应的实际功能可能与其生物学功能或进化功能大不相同，因此娱乐的进化论并不意味着现代娱乐形式实际上带来了真正的好处。最重要的是，进化模型的理论意义是使我们警觉，即使在一个已经超越人类进化环境的世界中，潜在的生物学功能还是在于调适娱乐偏好。

走向娱乐的融合模式

本章介绍了两种模型，解释是什么促使人们寻求娱乐。我们认为，娱乐理论将受益于意向论和客观论两种立场的混合。内在动机行为心理学的最新工作，使我们能够将娱乐定位为对一系列娱乐的内在激励的反应。具体来说，我们将瑞恩和德西（Ryan & Deci, 2000）的自决理论应用于娱乐现象，并强调自治、权限和归属的中心作用。我们对游戏中娱乐演变的理解，既能解释又能被解释娱乐的内在动机维度，本章以演绎这个问题作为结束。

为了有意义地勾连意向论和客观论，我们尝试建立娱乐的核心认知模型。我们在亚里士多德（公元前350年）、斯蒂芬森（Stephenson, 1967）和奥特莱（Oatley, 1994）的基础上，提出娱乐可以被融贯地理解为一种模拟形式。我们现在认为，模拟非常适合于促进自治和拥有权限的体验，而瑞恩和德西（Ryan & Deci, 2000）提出的模拟是内在激励经验的核心特征。模拟通过使用替代中介（agents）和对象、选择性地保留因果关系而对现象进行建模。现实与娱乐之间这种松散和可选择的关系，为创作者和观众提供了广阔的机会空间。因为因果关系是有选择地引入的，所以中介保留了在现实生活中无法实现的模型自治权。此外，这种自治可以用来对因果关系的选择性输入进行微调，从而产生最佳的挑战水平，并产生让人满意的技能体验。

我们认为，娱乐的这些特征反过来又可被识别为进化系统的设计特征，其生物学功能是学习。通过创造一个虚拟场景，让孩子在特定可控情况下，佯装成可怕的狮子或逃避怪物的猎物，孩子对自己的情况有自主性，并可以指导希望加入剧本的成年人的行为（Steen & Owens, 2001）。这样，孩子也能够有动力提出挑战，这些挑战针对他的个人和暂时的特定技能进行恰到好处的优化。这为孩子提供了无与伦比的机会，以创造持续的、令人欣喜的获得掌控能力的体验。正如塞克斯森特·米哈利（Csikszentmihalyi, 1975）指出的那样，掌控的乐趣不仅仅是对常规技能和经过检验的能力的肯定，它还是一次成功进入新领域的活动。在生物学功能方面，能力的主观现象学对生物体来说是一个标志，表明它已经掌握了适应重大挑战的能力。

瑞恩和德西（Ryan & Deci, 2000）的自决理论的第三个基本要素是相关性，我们先前已经进行了详细讨论，认为娱乐为彼此紧密联系提供了丰富的机会和经验。就进化模型而言，关系维度因独特的人类而扩展，补充了本文所述的泛哺乳动物模型。对于动物游戏，我们认为一个核心的适应目标是对抗高风险。尽管追逐和致命冲突的主题无疑是娱乐的核心主题（例如，《急诊室》可能通过处理生与死来提高人们的兴趣），但显然这本身不足以使电视连续剧吸引人们观看。那么是什么使该系列具有娱乐性？实际上，从幼儿开始的人类游戏为潜在的灵长类动物和哺乳动物群增加了截然不同的维度。从小开始，儿童游戏主要关注相关性，特别是感知、思想和行动之间的复杂关系，以社会角色扮演和协作叙事游戏为代表。在成人的娱乐形式中，基本的虚构形式被细化为神话、悲剧和好莱坞大片（参见Goldman, 1998）。于是，娱乐通过模拟探索人与人之间的关系。该模拟允许个人与替代性中介进行识别（参见Steen, Greenfield, Davies & Tynes，印刷中），从而创造关系的主观体验。

我们在本章中阐述的模型，将内在动机的心理学，与基于虚构的娱乐形式的认知分析以及游戏的进化和发展心理学等方面的工作结合起来，为娱乐研究提供了综合的因果模型。该模型为娱乐动机的系统实验研究打开了大门。最重要的是，这种整体理论有帮助我们设定连贯的研究假设，即受众在电视、电影屏幕、电视剧或表演短片结束时会搜索哪些类型的信息，或在有空的时候他们会随意在朋友面前玩些什么。

参考文献

Aristotle (350 BC). *Poetics*. Trans. S. H. Butcher, 1955. Available at http://classics.mit.edu/Aristotle/poetics.1.1.html

Baron-Cohen, S. (1995). *Mindblindness: An essay on autism and theory of mind*. Cambridge, MA: MIT.

Bekoff, M., and Byers, J. (1981). A critical reanalysis of the ontogeny and phylogeny of mammalian social and locomotor play: An ethological hornet's nest. In K. Immelmann, G. W. Barlow, L. Petrinovich, & M. Main (Eds.), Behavioral *Development: The Bielefeld Interdisciplinary Project*. Cambridge, UK: Cambridge. 269–337.

Berlyne, D. E. (1971). *Aesthetics and psychobiology*. New York: Appleton-Century-Crofts.

Berlyne, D. E. (1974). *Thenewexperimental aesthetics: Steps towardan objective psychology of aesthetic appreciation*. Washington, D.C.: Hemisphere.

Bjorklund, D. J., & Pellegrini, A. D. (2002). *Phylogeny and ontogeny: The emergence of evolutionary developmental psychology*. Washington, D.C.: American Psychological Association.

Bosshart, L., & Hoffmann-Riem, W. (Eds.). (1994). *Medienlust und Mediennutz. Unterhaltung als oeffentliche Kom- munikation. Muenchen*: Verlag Oelschlaeger GmbH.

Bosshart, L. (1979). *Dynamik der Fernseh-Unterhaltung. Eine kommunikationswissenschaftliche Analyse und Syn- these*. Freiburg: Universita¨tsverlag Freiburg Schweiz.

Bosshart, L., & Macconi, I. (1998). Defining "Entertainment." *Communication Research Trends, 18*(3), 3–6. Bowlby, J. (1969). *Attachment and loss*. London, UK: Hogarth.

Bryant, J., & Miron, D. (2003). Excitation-transfer theory and three-factor theory of emotion. In J. Bryant, D. Roskos-Ewoldson, & J. Cantor (Eds.), *Communication and emotion. Essays in honor of Dolf Zillmann* (pp. 31–59). Mahwah, NJ: Lawrence Erlbaum Associates.

Bryant, J. (2004). Presidential address: Critical communication challenges for the international era. *Journal of Com- munication, 54*, 389–401.

Bryant, J., Roskos-Ewoldson, D., & Cantor, J. (Eds.). (2003). *Communication and emotion. Essays in honor of Dolf Zillmann*. Mahwah, NJ: Lawrence Erlbaum Associates.

Burghardt, G. M. (1984). On the origins of play. In P. K. Smith (Ed), *Play In Animals and Humans* (pp. 5–41). Oxford: Blackwell.

Cohn, D. (1999). *The distinction of fiction*. Baltimore, MD: Johns Hopkins.

Csikszentmihalyi, M. (1975). *Beyond boredom and anxiety*. San Francisco: Jossey-Bass.

deCharms, R. (1968). *Personal causation*. New York: Academic Press.

Deci, E. L., & Ryan, R. M. (1985). *Intrinsic motivation and self-determination in human behavior*. New York: Plenum.
Dennett. D. (1987). *The intentional stance*. Cambridge, MA: Bradford.
Fagen, R. (1975). Modelling how and why play works. In J. S. Bruner, A. Jolly, & K. Sylva (Eds.), Play: *Its role in development and evolution*. New York, NY: Penguin.
Fagen, R. (1981). *Animal play behavior*. New York, NY: Oxford.
Fisher, C. D. (1978). The effects of personal control, competence, and extrinsic reward systems on intrinsic motivation. *Organizational Behavior and Human Performance, 21*, 273–288.
Foley, R. (1995). The adaptive legacy of human evolution: A search for the environment of evolutionary adaptedness. *Evolutionary Anthropology, 4*, 194–203.
Glass, B. (1959). Maupertuis, pioneer of genetics and evolution. In B. Glass, O. Temkin, & W. Straus (Eds.), *Fore- runners of Darwin: 1745–1859* (pp. 51-83). Baltimore, MD: Johns Hopkins.
Goldman, L. R. (1998). *Child's play. Myth, mimesis, and make-believe*. New York: Berg.
Groeben, N., & Vorderer, P. (1988). *Leserpsychologie: Lesemotivation—Lektuerewirkung*. Muenster: Aschendorffsche Verlagsbuchhandlung.
Groos, K. (1898). *The play of animals*. (E. L. Baldwin, Trans.). New York: Appleton. Heider, F. (1958). *The psychology of interpersonal relations*. New York: Wiley.
Harris, P. L. (2000). The work of the imagination. Malden, MA: Blackwell.
Henning, B., & Vorderer, P. (2001). Psychological escapism: Predicting the amount of television viewing by need for cognition. *Journal of Communication, 51*, 100–120.
Horton, D., & Wohl, R. (1956). Mass communication and para-social interaction: Observation on intimacy at a distance. *Psychiatry, 19*, 215–229.
Kavenaugh, R. D. & Harris, P. L. (1994). Imagining the outcome of pretend transformations: Assessing the competence of normal children and children with autism. *Developmental Psychology, 30*, 847–54.
Kelly, G. A. (1955). *The psychology of personal constructs*. New York: Norton.
Leslie, A. M. (1987). Pretense and representation: The origins of "theory of mind." *Psychological Review, 94*, 412–426.
Leslie, A. M. (1994). ToMM, ToBy, and Agency: Core architecture and domain specificity. In L. A. Hirschfeld and S. A. Gelman (Eds.), *Mapping the mind. Domain specificity in cognition and culture*. New York: Cambridge.
Maupertuis, P. L. M. de (1745). *Venus physique*. La Haye.
Millikan, R. G. (1984). *Language, thought, and other biological categories: New foundations for realism*. Cambridge, MA: MIT Press.
Millikan, R. G. (1994). A common structure for concepts of individuals, stuffs, and real kinds: More mama, more milk and more mouse. *Behavioral and Brain Sciences, 9*, 55–100.
Oatley, K. (1994). A taxonomy of the emotions of literary response and a theory of identification in fictional narrative. *Poetics, 23*, 53–74.
Rosengren, K. E., Wenner, L. A., & Palmgreen, P. (Eds.). (1985). *Media gratifications research. Current perspectives*. Beverly Hills, CA: Sage.
Raney, A. A., & Bryant, J. (2002). An integrated theory of enjoyment. *Journal of Communication, 52*, 402–415.
Reeve, J. (1996). *Motivating others*. Needham Heights, MA: Allyn & Bacon.
Rubin, A. M. (2002). The uses-and-gratifications perspective of media effects. In J. Bryant & D. Zillmann (Eds.), *Media effects. Advances in theory and research* (pp. 525–548). Mahwah, NJ: Lawrence Erlbaum Associates.
Rubin, K. H., Fein, G., & Vanderberg, B. (1983). Play. In P. Mussen & E. M. Hetherington (Eds.), *Handbook of child psychology: Vol. 4. Socialization, personality, and social development* (pp. 693–774). New York: Wiley.
Ryan, R. M., & Deci, E. L. (2000). Self-determination theory and the facilitation of intrinsic motivations, social development, and well-being. *American Psychologist, 1*, 68–78.
Ryan, R. M. (1982). Control and information in the intrapersonal sphere: An extension of cognitive evaluation theory. *Journal of Personality and Social Psychology, 43*, 450–461.
Ryan, R. M. (1995). Psychological needs and the facilitation of integrative processes. *Journal of Personality, 63*, 397–427.
Shah, J. Y., & Kruglanski, A. W. (2000). The structure and substance of intrinsic motivation. In C. Sansone & J. M. Harackiewicz (Eds.), *Intrinsic and extrinsic motivation. The search for optimal motivation and performance* (pp. 105–127). San Diego, CA: Academic Press.
Snow, C. P. (1959/1993). *The two cultures*. New York: Cambridge.
Salomon, G. (1984). Television is 'easy' and print is 'tough': The differential investment of mental effort in learning as a function of perceptions and attributions. *Journal of Educational Psychology, 4*, 647–658.
Spencer, H. (1872-3). *The Principles of Pychology*. New York, NY: Appleton.
Steen, F. F. (2005). The paradox of narrative thinking. *Journal of Cultural and Evolutionary Psychology, 3*(1), 87–105. Steen, F. F. & Owens, S. A. (2001). Evolution's pedagogy: An adaptationist model of pretense and entertainment. *Journal of Cognition and Culture, 1*, 289–321.
Steen, F. F., Greenfield, P. M., Davies, M. S., & Tynes, B. (in press). What went wrong in The Sims Online? Cultural learning and barriers to identification in a MMORPG. In P. Vorderer and J. Bryant (Eds.), *Playing computer games: Motives, responses, and*

consequences. Mahwah, NJ: Lawrence Erlbaum Associates.

Stephenson, W. (1967). *The play theory of mass communication*. Chicago, IL: University of Chicago.

Tooby, J. & Cosmides, L. (2001). Does beauty build adapted minds? Toward an evolutionary theory of aesthetics, fiction and the arts. *SubStance, 30*, 6–27.

Vorderer, P. (2001). It's all entertainment—sure. But what exactly is entertainment? Communication research, me- dia psychology, and the explanation of entertainment experiences. *Poetics. Journal of Empirical Research on Literature, Media and the Arts, 29*, 247–261.

Vorderer, P. (2003). Entertainment theory. In J. Bryant, D. Roskos-Ewoldsen, & J. Cantor (Eds.), *Communication and emotion: Essays in honor of Dolf Zillmann* (pp. 131–153). Mahwah, NJ: Lawrence Erlbaum Associates.

Vorderer, P., & Bryant, J. (Eds.). (in press). *Playing computer games—Motives, responses, and consequences*. Mahwah, NJ: Lawrence Erlbaum Associates.

Vorderer, P., Bryant, J., Pieper, K., & Weber, R. (in press). Playing computer games as entertainment. In P. Vorderer & J. Bryant (Eds.), *Playing computer games—motives, responses, and consequences*. Mahwah, NJ: Lawrence Erlbaum Associates.

Vorderer, P., Klimmt, C., & Ritterfeld, U. (2004). Enjoyment: At the heart of media entertainment. *Communication Theory, 4*, 388–408.

Weidenmann, B. (1989). Der mentale Aufwand beim Fernsehen. In J. Groebel & P. Winterhoff-Spurk (Eds.), Empirische Medienpsychologie (pp. 134–149). Muenchen: PVU.

White, R. W. (1959). Motivation reconsidered: The concept of competence. *Psychological Review, 66*, 297–333.

Zillmann, D., & Bryant, J. (1994). Entertainment as media effect. In J. Bryant & D. Zillmann (Eds.), *Media effects: Advances in theory and research* (pp. 437-461). Hillsdale, NJ: Lawrence Erlbaum Associates.

Zillmann, D., & Vorderer, P. (Eds.). (2000). *Media entertainment: The psychology of its appeal*. Mahwah, NJ: Lawrence Erlbaum Associates.

Zillmann, D. & Bryant, J. (1985). Affect, mood, and emotion as determinants of selective exposure. In D. Zillmann & J. Bryant (Eds.), *Selective exposure to communication* (pp. 157-190). Hillsdale, NJ: Lawrence Erlbaum Associates.

第二章 选择性接触过程

简宁斯·布莱恩特

约翰·戴维斯

所谓主权型消费者（sovereign consumer）是20世纪早期信息时代"单纯的人"（innocent）的部分反映。轻而易举访问大量信息与娱乐可视为被赋权，是令人陶醉的。然而，随着那个乐观时代演变成一个更为现实甚至更悲观的21世纪的信息时代，在现代媒介里，每种可能的娱乐信息和媒介类型都提供过量的内容，主权型消费者正被负荷型消费者（overwhelmed consumer）所取代。例如，电视实现了500个频道的升级版电视（enhanced-TV）的承诺（尽管仍然"内容平平"），并且屏幕搜索和访问系统严重滞后于频道的可用性，观众在搜寻节目中浪费时间，愉快观看的时间变少。卫星广播和网络广播运用几乎是无限的，国家和国际数字键盘取代了20世纪有限的拨号盘，消费者可以随时随地与任何音频信息建立联系。如今让人难以置信的是，消费者每天点点鼠标就能看到各类网络报纸（Net papers）和来自世界各地的所有周报，这改变了过去的一镇一报纸的模式。几近无穷的专业杂志和各种电子杂志，为现代期刊读者提供了巨量的信息和娱乐的宝库。说到电影、电影院和视频商店，它们正让位于60厘米屏幕的多银幕影院和网络DVD租赁商店，它们与PPV电缆或卫星系统协同运作，提供的电影数量远比最资深的影迷所看到的要多得多。

大量媒介频道与信息反映了真实模型（veridical models）和消费者选择理论。亟须理论模型帮助我们理解和预测消费者的选择行为，理解这些已成为万众媒介之海（myriad media sea）挤压的现代渔夫。如果希望在这个信息时代的下一次迭代中理解娱乐，那么传播学学者对消费者要有更全面而深入的了解就尤为重要。从根本上讲，理解选择性接触理论是构建有效的娱乐心理学的前提。

本章目标是通过阐明选择性接触发生的过程来考察选择性接触现象。首先，简要回顾选择性接触（包括回顾重要的已有理论研究）；其次，概述娱乐服务中人们在媒介使用中的情感和认知特征；再次，考察当代选择性接触理论文献，尤其侧重齐尔曼和布莱恩特（Zillmann & Bryant, 1985）的基于情感的刺激安排理论（theory of stimulus arrangement）；最后，对选择性接触理论的现状进行评述。

历史

选择性接触研究与宣传研究历史紧紧地交织在一起。20世纪50年代初期，电视已成为美国家庭的必备家电，心理学家普遍相信这个观点，即人们回避与自己观点相左的信息。（Cooper & Jahoda, 1947）。

人们亦认为，确实遇到不一致的信息时，人们会采取各种策略来调适因这些信息产生的不适感。第二次世界大战后，在哥伦比亚大学应用社会研究部门的一系列研究证明了这一现象。这些研究揭示，对设计好的同一动画，心怀偏见者与无偏见者的解释不一样（Cooper & Jahoda, 1947）。研究者得出结论，持偏见的读者根据自己的信念理解动画片的含义。这些宣传研究支持这一观点，即同一大众媒介信息，在不同人的眼里意味着是不同的事物。

这一发现的先决条件是：不同的人总会收到相同的信息吗？很显然不是，但是信奉选择性接触理念的人断言，通过那些构成听众的个体的种种特征，可以预测信息的接收情况。

在大众传播中，最早为选择性接触假说提供实证支持的是1940年总统大选中经典的伊利县研究。根据拉扎斯菲尔德等人的说法，采用小组调查技术的原因是"我们缺乏描述性观点，在制作过程中进行研究"（Lazarsfeld, Berelson & Gaudet, 1968, p.xxii）。不过研究表明，少有人因媒介报道而产生新的想法。相反，媒介似乎强化了选民原有的想法。得到这一结论的证据是，大概三分之二的坚定选民看到和听到的自己政党的宣传比反对派的宣传要多，而竞选活动很少转变选民的投票意图。报告显示，在与党派有更强隶属关系的选民中更为明显。

当然，在20世纪40年代初期拉扎斯菲尔德等人（Lazarsfeld等，1968）的研究中，广播和报纸是最常用的媒介。直至"二战"后，电视才真正普及（Comstock & Scharrer, 1999）。如果雄心勃勃的总统候选人运用现代电视技术，可能就是另一种结果。然而，施拉姆和卡特（Schramm & Carter, 1959）对电视政治选举的研究动摇了人们的这一猜想。他们的研究重点是当时议员威廉·诺兰德为劝服选民而进行的马拉松式的媒介报道的效果。1958年10月31日晚上到翌日晚7点，共和党人诺兰德连续20多个小时出现在电视节目中。调查显示，在看电视的选民中，共和党的支持者是民主党支持者的两倍。在研究者采访的65位观众中，只有两位选民表示诺兰德的节目帮助他们下定决心投票，一位选民表示节目改变了他的投票想法。

诸如此类研究无疑影响约瑟夫·克拉珀名为"大众传播的效果"的调查研究。贯穿全书的一个主题是媒介无法实现劝服，但能增加劝服效果。克拉珀说："一般来说，大众传播并不能成为影响受众的必要和充分条件，它只是处在中介因素和影响之间并通过它们之间的联系发挥作用。"（Klapper, 1960, p.8）克拉珀认为，影响受众的主要调节因素是选择性接触、选择性感知和选择性记忆的过程。他给选择性接触下的定义是："人们倾向于按照他们已有的观念和兴趣接触大众传媒，并回避不一致的内容。"（p.19）

克拉珀（Klapper, 1960）的这一定义源于费斯汀格（Festinger, 1957）著名的认知失调理论。简而言之，该理论认为，人同时持有两种相互矛盾的思想、态度或信念时，就会产生心理不适。意识到这种矛盾，失调便产生了，人就会想方设法通过行为调适其中一方来减轻这种矛盾。减少失调的办法便是，避免产生失调的信息，或者寻找与自己信念共振的信息。

大众媒介是现代社会主要的信息来源，因此费斯汀格（Festinger, 1957）的理论似乎在大众传播过程和效果方面具有广阔的前景。但是，至少在一些研究者看来，该理论未达到预期的效果。例如，弗里德曼和西尔斯（Freedman & Sears, 1965）声称，实地调查研究和实验研究产生的矛盾令人费解。他们承认，大众传播的受众更多由支持媒介所表达的信息的人构成，而非相反。但是实验研究并没有提供足够的证据证实这一理论。弗里德曼和西尔斯提出疑问，受众在一般情况下可以清楚地表现出选择性接触倾向，而在实验室中无法找到支撑性信息，这是为什么？他们认为其他替代性动机（比如信息实用性）可能是潜在的选择性接触现象。

其他研究者没有他们这么悲观，卡兹（Katz, 1968）推出支持性—选择性假设（supportive-selectivity hypothesis），虽说还未在当时的研究中得到有力的支持，但它终会被证明是有效的。同时，他主张将探索效用和（或）兴趣作为选择性的基础性观念。

实际上，早期儿童使用电视的研究已确定了促使电视使用的一般性因素。例如，施拉姆、李尔和帕克（Schramm, Lyle & parker, 1961）发现，娱乐动机是选择看电视的主要动机。此发现看似显而易见，但它是20世纪60年代的研究重点。卡兹准确地指出，大众传播研究已从"媒介对人做了什么"转变为"人对媒介做了什么"（Katz, 1968, p.88）。

这次转向从认知因素（作为选择性的基础）转向兴趣和娱乐因素，标志着以媒介使用的情感前提为中心的传播研究浪潮的兴起。

理解媒介使用的情感结果

绝大多数传媒学者（以及非专业人士）都担心接触媒介会产生社会或心理问题。以下这些问题说明了这种担忧的某个侧面："我们是否从媒介中学习，如果是的话，学到了什么呢？"问题的第一部分已得到很多经验主义的关注，并且答案总被证明，"是，所有的媒介使用关乎学习"（比如，Bandura, 2002）。此外，认知心理学领域的研究告诉我们，反复接触特定的刺激会增强该刺激与其相关结构成分（construct）之间的联系（例如，Higgins, 1996）。显然，仅仅激活大脑中的一个部分会增加相同或相关结构成分的可能性。这种现象很明显意味着记忆是动态的而非静态的系统，因为与刺激的每次"相遇"，无论多么微弱，都可能强化某种心理联系（同样，从某种意义上讲，仅仅由于无法强化联系，它就会被削弱）。因此，就逐步地激活记忆中的心理表征而言，所有媒介使用（实际上是所有的感官体验）都是一种学习体验。

那么，我们从媒介中学到什么呢？很大程度上，这个问题的答案取决于我们所消费的内容。但是，并不是说所有媒介的使用都如此独特，以至于我们无法明确大多数媒介体验（如果不是全部）所涉及的一些非常基本的步骤。在下一节中，我们将确定其中一些流程。

经典条件反射 大概在大众传播学者开始关注"人对媒介做了什么"的时候（Katz, 1968, p.88），许多心理学家就采用了相反的方法研究人类行为。行为心理学假设环境因素决定人的行为，因人类思想在很大程度上是无法洞悉的黑匣子，通过观察生物体对环境的反应，我们可以对人性做出推断。因此，预测人类行为的关键是观察其对各种刺激的反应。尽管早期行动主义者的许多假设已过时，但他们创建的许多学习范式在今天仍在用。例如，某些临床疗法依靠经典的调节技术治疗恐惧症。在任何情况下，考虑到大多数媒介消费发生的环境，很难想象人们从媒介那里学不到知识（经典调节意义上的）。

根据经典条件范式，接触某些刺激（无条件刺激）自然而然会引起反应（无条件反应）。当无条件刺激与其他刺激（条件刺激）反复配对时，条件刺激可能会引起与无条件刺激非常相似的反应（条件反应）。简而言之，我们学会了以相同的方式对彼此反复关联的两个刺激做出反应。例如，儿童看到蛇时可能会感到恐惧。如果孩子每次看到蛇也听到铃铛，即使没有蛇，每次敲响铃铛孩子也可能会感到恐惧。

这个流程也可以用来解释媒介使用。在最初的媒介体验中，我们可能看到一个图像或听到某个声音，并会对这种刺激有所反应。这种反应的实质是什么？几乎可以肯定的是其中具有情感反应。许多媒介研究已证实，对媒介的情感反应是媒介消费体验的重要组成部分（如，Bradley & Lang, 2000; Reeves & Nass, 1996）。研究表明，接触媒介的不同结构特征（比如节奏、编辑、信息复杂度）会导致不同的情感结果（如，Grabe, Zhou, Lang & Bolls, 2000）。最后，经过反复联想，某些结构特征开始与情绪相关联。相同过程可能发生在更复杂的刺激上（比如，媒介信息内容），并且相似的结构特征和内容与情绪相关。因此最终，特定的内容将与特定的情感相联系。

兴奋转移（Excitation Transfer） 除经典条件之外，其他过程还可以说明媒介与情感之间的联系通常是积极的，否则人们就没有令人信服的动机反复寻求娱乐体验。大多数媒介娱乐（特别是电视），尤其擅长于唤醒消费者（Zillmann, 1991）。可是这并不是创造者有意设计的，可能它本性如此，一个好的故事会让受众兴奋，而电视是当代文化故事的主要来源（Gerbner & Gross, 1976）。除了由媒介叙述者功能引发的特征之外，结构特征（所谓的"形式特征"，比如编辑、声音效果）也有助于激发受众的媒介使用体验。其他娱乐媒介依靠故事以外的刺激来娱乐受众，也呈现类似的兴奋（excitation）效果。这里的兴奋指的是生物学意义上的，是自主神经系统交感神经活动的增加。

好故事如何产生兴奋作用？通常，注意力由主角的当前状态与其期望目标的某种冲突或阻碍所吸引。从根本上讲，冲突是一种不愉快的体验，而正是这种不愉快才引起观众的兴奋。冲突是媒介娱乐的主要内容，因此，我们应该期待消费者处于类似不愉快状态。这就引发了一个有趣的悖论。一个处于不愉快的困扰状态的人如何将这种体验与积极的情感联系起来？兴奋转移理论很好地解释了这个看似矛盾的问题（Zillmann, 1971；另见 Bryant & Miron, 2003; Zillmann, 2003）。从根本上讲，目睹不愉快的冲突引发的兴奋增强了克服冲突后的解脱感。由此产生的积极感觉被误以为是体验的享受。这个过程在娱乐体验中自然而然就发生了，并且大多数情况下是无意识的。实际上，意识的不在场在转移过程中至关重要（Cantor, Zillmann & Bryant, 1975）。通常我们过度专注于对故事情节的认知，无法过多关注情绪波动所提供的微妙的生理线索，结果便是我们摆脱了娱乐体验中潜在的痛苦体验。

当然，冲突只是兴奋转移实践的媒介内容的多个领域之一。唤醒的不必都是负面的。研究表明转移效应也表现在喜剧（Cantor, Bryant & Zillmann, 1974）、色情刺激（Cantor 等，1975）等情境中。所以说，兴奋转移理论是将媒介体验与积极情感联系起来的一种解释。

纯粹接触（Mere Exposure） 媒介接触与积极情感之间联系的另一种机制是纯粹接触效应（mere-exposure effect）（Zajonc, 1968）。扎荣茨在一项开创性的研究中证明，仅让参与者接触刺激（土耳其形容词、汉字或照片）会增强他对该刺激的喜好。之后有200多个已出版的研究成果证实了这种效应既稳健又可信（Bornstein, 1989）。通过这些研究，心理学家才慢慢整理出最有可能产生纯粹接触效应的条件。

这些条件里最重要的一点是刺激的持续作用。一个典型的纯粹接触实验包括：熟悉阶段，参与者在短时间内发现一些刺激；测试阶段，这个阶段参与者一般通过从"喜欢"到"讨厌"的七级量表来完成测试。一般来说，更强的熟悉阶段往往会产生更强效应。实际上，一些研究者发现，潜意识接触所产生的效应要强于有意识地感知的刺激作用（Kunst-Wilson & Zajonc, 1980; Seamon, Marsh & Brody, 1984）。博恩施泰因（Bornstein, 1989）的荟萃分析得到的结论是，潜意识的纯粹接触的组合效应量为0.53，非潜意识（或有意识）单纯接触的实验的组合效应量为0.1，两者差异明显。

这种趋势有一个有趣的例外，那就是对实验室之外自然产生的刺激的研究。这些自然实验没有熟悉阶段，因此没有控制接触时间。即使如此，这些研究与潜意识的纯粹接触研究相比，也会产生更高的效应量（Bornstein, 1992）。

广告商和营销商常常采用类似方法，培养消费者对品牌的积极态度。也就是说，广告被反复播放或刊载，希望消费者对其产生积极的感觉。这种策略并不总是有效，至少在看待广告的态度上，消费者最初可能对广告有积极的感觉，但如果反复播出，好感便会在所谓"磨损"效应中消耗殆尽，直至变成厌恶。

广告在持续产生纯粹接触效应的失败中有这样几个原因可以解释。首先，实验室中的研究通常比广告商有更复杂的刺激（比如姓名、汉字、面部相片）。其次，广告的最终目的是说服，人们自然会抵制那些操纵其态度或行为之举。的确，一些纯粹接触的研究表明，如果参与者察觉到实验的熟悉阶段与之后的测试阶段有关，那么纯粹接触的效应便会减弱或消失（Bornstein & D'Agostino, 1992, 1994; Murphy & Zajonc, 1993）。同样，如果观众意识到广告商试图让消费者去熟悉品牌与别有用心的目标（例如，喜欢上品牌、了解品牌）有关，那么广告的说服目标无法实现，或者适得其反。广告商知道成功的广告是强娱乐性的，它吸引眼球；娱乐性不足而无法引起关注的广告会让消费者质疑广告商的动机。这种现象在详尽的可能性模型（elaboration-likelihood model）的理论框架下得到了很好的研究（Petty & Cacioppo, 1986）。

娱乐媒介的一个目的是激发情感，除非情节过于夸张或内容太平淡而无法引起兴趣，否则受众不会拒绝这种尝试。因此，娱乐媒介可能是纯粹曝光效应进行自然主义实验的很好刺激。接触媒介自然发生的刺激会使受众对这些刺激产生喜好。也就是说，通过反复接触相似的媒介内容，我们会觉得这些内容有亲和力。只要刺激物之间某些特征是相同的，那么纯粹接触效应就可推而广之（Gordon & Holyoak, 1983; Monahan, Murphy & Zajonc, 2000）。所以媒介消费者不必为了喜好而非要看到完全相同的刺激内容。

随之而来的问题是：什么东西构成的合适刺激才可以产生纯粹接触效应？有些抽象的主题，例如战胜邪恶，可能都不能让受众与其建立联系。回想一下，纯粹接触实验中的大多数刺激都更真实可感。但是，任何典型的节目都反复向受众显示情节中出现的角色镜头。从这个层次看来，纯粹接触效应可能会产生。也有几项实验通过人脸照片证明了纯粹接触效应（如，Bornstein & D'Agostino, 1994; Harmon-Jones & Allen, 2001; Zajonc, 1968）。其中有研究甚至发现，在实验后期，参与者无意识接触到"同伴"（confederate）的照片，会对他与同伴的互动方式有影响，尽管实验并没有发现参与者与同伴在实际喜好方面之间的差异（Bornstein, Leone & Galley, 1987）。的确，扎荣茨（Zajonc, 1968）具有开创性研究的出发点是理解接触在动态的社会交流与合作过程中的促成作用。

如果仅仅接触媒介角色会提升受众对这些角色的喜好，那么可以预测，相较不常出现的角色，观众对他们反复看到的角色有更强的情感倾向。这种现象有一系列的含义，它可能始于我们喜欢的角色处于危险当中时的焦虑，当我们喜欢的角色逃离伤害时，我们会感到欣慰，这个过程以兴奋转移而结束。

不幸的是，据我们所知，目前还没有研究检验过纯粹接触是否会增加受众对角色的喜好、对角色的共情产生什么影响。尽管如此，从理论上讲，当人们学习将媒介与情感结果联系起来时,纯粹接触似乎会发生作用,而这种学习过程在选择性接触中起到关键作用。

内隐记忆(Implicit Memory) 纯粹接触研究发现了学习中另一个潜在的重要因素。潜意识接触效应比有意识接触效应更强,这个发现让一些研究者认为,潜意识的纯粹接触效应用内隐记忆最好理解(Seamon, Williams, Crowley, Kim, Langer, Orne & Wishengrad, 1995)。根据沙克特(Schacter, 1987)的观点,内隐记忆是在特定情境中编码的信息,随后表现为有意无意的回忆。因此,潜意识接触研究的参与者,更喜欢他们在实验的熟悉阶段看到的刺激,尽管他们不能自觉地认识到已经看到了刺激。因此,内隐记忆和喜好显然具有重要的关系。

近来的研究使用心理生理学和神经学方法,明确了这种关系的性质。利伯曼认为基底神经节(basal ganglia)是内隐学习的神经学基础。他进一步声称,基底神经节在评估积极情感刺激和各级情感体验方面发挥了作用。他说:"只要进行反复具象化的接触,基底神经节学习能够预测重要事件的时间模式,无论它是不是有意地去了解预测因子与回报之间的关系。"(Lieberman, 2000, p.116)因为随着时间的推移,对产生奖励的刺激的识别是缓慢发展的,反复接触必不可少。仅仅通过接触研究就可以找到支撑这些观点的证据。哈蒙-琼斯和艾伦(Harmon-Jones & Allen, 2001)发现,熟悉的刺激会引发更多的颧骨活动,这表明积极效价被唤醒。另一方面,陌生刺激未能引发眉骨活动的增加,这就表明纯粹曝光效应会增强正面影响,而非减少负面影响。艾略特和多兰(Elliot & Dolan, 1998)利用正电子发射技术,发现与认知判断相比,纯粹曝光范式中的参与者进行喜好判断时,不同的大脑区域被激活。具体来说,他们发现了大脑中的尾状核活动。尾状核是基底神经节的组成部分。

这些研究表明,与内隐记忆有关的大脑结构也在正向奖励的登记(registration)中发挥作用。利伯曼(Lieberman, 2000)利用这一证据提出,直觉与内隐学习的积极奖励有关。很大程度上,这些研究被理所当然地为选择性暴露研究领域提供了解释。到目前为止,研究者利用选择性接触范式假定媒介消费者从过去的经验中学到东西,这些刺激为实现理想的情绪状态提供了有效的手段。例如,当一个人坐下来看电视时,他可能会在不同的频道中浏览(flip),抽取可看的选项,发现感兴趣的东西才坐下来观看。一般来说,这种采样行为在不到500毫秒的时间内接触某个频道而完成(Davies, 2004)。在这么短的时间里,观众如何判断一个节目是情绪管理的有效途径?我们似乎凭直觉就知道某些内容是值得观看的。实际上,这种方式也呈现在内隐记忆的学习之中。

如果说内隐记忆确实是将积极的情感奖励与媒介联系起来的机制,那么一些与媒介相关的行为就显而易见了。首先,当有新的刺激(即从未看到的节目、网站、音乐)出现时,电视迷比不怎么看电视的观众更快做出媒介使用的决策。其次,儿童没有成人那么擅长选择符合心情的媒介内容。最后,即使接触媒介刺激的时间极短,媒介消费者也应该能够快速做出媒介使用的决定。

总而言之，选择性接触理论假设我们通过以往的经验学习，将媒介与积极的情感结果联系起来，这种学习过程和机制包括经典条件（反射）、兴奋转移、纯粹接触和内隐记忆。接下来我们转向支持选择性接触理论的最新研究，并详细介绍媒介使用决策的具体过程。

选择性接触过程

大量文献表明，人之所以选择媒介内容，是因为它会影响情绪状态。齐尔曼和布莱恩特（Zillmann & Bryant, 1985）有关刺激安排的情感依赖理论（affect-dependent theory）（另见本书第14章，Knobloch-Westerwick的"情绪管理"）是这个领域较成熟的理论。该理论有两个基本前提：它假设一方面人们有动力将负面、有害或厌恶的刺激接触降至最低，另一方面人们有动力将积极、愉快的刺激接触最大化。该理论进一步认为，个体为最大化实现这些目标，会尝试着寻找外部刺激。一般是通过选择大众媒介中各种常见的诱发情感的节目、音乐、故事或其他娱乐节目来实现这一目标。除了媒介娱乐之外的各种情绪管理，情感依赖理论还广泛运用在其他领域。

这个理论讨论了使用媒介作为情绪管理的四个关键领域：刺激平衡（excitatory homeostasis）、信息的干预潜力（intervention potential of a message）、信息—行为的亲和力（message-behavioral affinity）、享乐效价（hedonic valence）。有一些研究找到了支持这些假设的证据。

刺激平衡　刺激平衡是指个体倾向于选择娱乐以达到最佳的唤醒水平（即情感处于厌恶和刺激不足状态的人倾向于选择刺激性的内容，刺激过度的人倾向于选择让人镇静的内容）。布莱恩特和齐尔曼（Bryant & Zillmann, 1984）的一个研究对此有所揭示。当人们无聊时，会选择接触媒介信息，有可能的话还会放弃一些让人松懈的内容。另一方面，相对来说，有压力的个体会选择让人放松的节目。马斯特罗、伊斯汀、坦博里尼（Mastro, Eastin & Tamborini, 2002）在互联网用户中发现了类似的模式。在前测中，他们发现快节奏浏览网站比慢节奏更容易带来压力。相反，后者比前者的体验更无聊。马斯特罗等人在实验中发现，有压力的网上冲浪行为与慢节奏冲浪模式相关联；而无聊的人倾向于更快浏览网页（与慢节奏的相比，它与承受压力的冲浪行为更相关）。在另一个研究中，研究者做了一系列调查，并注意到电视的选择性接触与有压力的生活之间的关联（Anderson, Collins, Schmitt & Jacobvitz, 1996）。总之，调查发现电视支持情绪管理理论，但也显示出性别差异。正如预测的那样，相对来说，压力大的男性会更关注电视，但对女性来说，无论压力大小，都关注电视。有压力的生活与女性的电视上瘾有关，而与男性无关。正如预期的那样，压力大的男性与女性都倾向于观看喜剧片，但压力大的男性比压力小的会看更多的暴力、动作或恐怖节目。

干预潜力 信息的干预潜力，是指信息吸引被唤醒的个体的注意力与认知处理资源的能力。高度参与的信息会阻止个人沉迷于特定的情感状态，因此会降低其感知强度。布莱恩特和齐尔曼（Bryant & Zillmann, 1977）指出，信息的干预潜力会缓解被试者对惹恼他们的人的反击。也就是说，高吸引力的信息会减少反击，而低吸引力的信息无此效果。另一个研究发现，高卷入度的电视节目会阻碍人们对观看之前发生的体验的记忆（Davies, 2004）。

信息—行为的亲和力 与情感状态高度相似的传播意味着它具有消息—行为的亲和力。一般来说，信息与个体情绪之间的相似度越高，信息改变或缓和情感状态的可能性越低。这种解释回应了齐尔曼、赫泽尔与梅多夫（Zillmann, Hezel & Medoff, 1980）的发现，即实验中受到冒犯的参与者看电视时，倾向于回避不友善的喜剧。梅多夫（Medoff, 1982）的结论为以下预测提供了有力的支撑：烦恼的人会被激发避免使用喜剧节目来让他意识到自己的情感状态。布莱恩特和齐尔曼（Bryant & Zillmann, 1977）调查也初步显示类似的现象。瓦克什拉格、维尔和坦博里尼（Wakshlag, Vial & Tamborini, 1983）通过使用形象生动的犯罪纪录片和限制级电影，影响影片观看者对犯罪的理解。当让这些观众选择另一部电影时，他们选择了正义十足的片子。

享乐效价 所有的传播信息可大体上分为正面连续体和负面连续体（continuum）。正面信息可以用令人振奋、安心、有趣、快乐等词描述；负面信息可用充满威胁的、有害的、令人痛苦的、悲伤的等词来形容。享乐效价指的是信息的正面或负面特征。刺激安排的情感依赖理论认为，心情不好的人喜欢具有正面效价的媒介（或体验）。诺布洛赫和齐尔曼（Knobloch & Zillmann, 2002）的结论与该预测一致，处于负面情绪状态中的学生听音乐时，他们听的时间要长于处于正面情绪状态中的。一般来说，信息的享乐效价与个体的情感状态相反时，信息会有效降低情绪的强度。不过，这种关系只在某些条件下才行得通。享乐效价与信息的刺激潜能（excitatory potential）相结合会产生不同的效果。例如，一项有关色情攻击性的荟萃分析显示，攻击性与色情刺激之间存在不同效价的相关性（Allen, D'Allessio & Brezgel, 1995）。在这个研究中，接触非色情裸露与低攻击性相关，而接触非暴力或暴力色情制品与攻击性正相关。另外有一个研究也有类似的发现：如果信息的刺激潜能高，正效价的信息会减少负面情绪的影响，而信息的刺激潜能高的话，信息则会加剧攻击反应（Zillmann, Bryant, Comisky & Medoff, 1981）。

女性月经周期与情绪控制之间关系的研究，更有力地支持人们通过媒介管理情绪的观点。文献表明，在月经期间她们最容易沮丧，也更有可能看喜剧片（Helgrel & Weaver, 1989; Meadowcroft & Zillmann, 1987），并且更可能选择较多性爱和浪漫内容的节目，期间她们也可能增加性欲（Weaver & Baird, 1995）。

绝大多数情绪管理研究集中在厌恶情绪状态对选择的影响方面。在调查研究中，重点是生活事件或状态与看电视之间的相关性；在实验中，研究者会引起参与者的不良情绪，然后给他们机会看电视。总之，文献发现可以通过媒介管理情绪。人们发现使用媒介可以减轻无聊（Bryant & Zillmann, 1984）、压力（Anderson, Collins, Schmitt, & Jacobvitz, 1996）、恐惧感（Wakshlag, Vial & Tamborini, 1983; Wakshlag, Bart, Dudley, Groth, McCuthcheon & Rolla, 1983）、烦恼（Medoff, 1982）和抑郁症状（Dittmar, 1994; Helgrel & Weaver, 1989; Meadowcroft and Zillmann, 1987; Potts & Sanchez, 1994, Weaver & Baird, 1995）。其他研究表明，人们为应对烦恼而选择不看电视（Christ & Medoff, 1984）。

相反，少有研究探讨积极情感效应对选择的影响。一二年级的学生如能选择的话，更可能选择快节奏幽默片段的节目（Wakshlag, Day & Zillmann, 1981），背景音乐对他们选择的影响也有类似结果（Wakshalg, Reitz & Zillmann, 1982）。珀斯（Perse, 1998）对频道变更的调查显示，积极情感与切换节目无关，而负面情感则增加观众切换频道的可能性。但是，这些研究只考虑了观众对电视节目的情感反应，而忽视其最初的情绪状态。

理论评述

大量文献支持刺激安排的情感依赖理论的基本原理。但是这并不意味该理论已发挥其全部潜能。例如，经过设计，该理论能够聚焦于微观心理学而解释行为。因此，同一行为的社会心理和社会影响被忽略。在此理论背景下，我们对小群体或两人小组如何做出媒介消费决策，或其他人如何影响个体媒介使用决策了解得较少。同样，关于个体在进行媒介使用决策时，哪些更广泛的宏观社会力量、机构或社会结构与个体有互动作用，我们知之甚少。

情感倾向理论的核心有这样一个假设，个体通过媒介使用最大限度地实现心理满足。实验研究表明，选择性被描述为最大限度减少负面情绪的媒介选择。研究还表明，在较低的程度上，个体选择媒介以最大化满足与积极情绪相关的感觉。不过，选择可能会受到个体情绪状态之类的因素影响。例如，个体可能会因他人在场而改变构成心理满足的内部定义。例如，根据理论所说的，个体可能会依据节目的娱乐效价来寻找节目，使娱乐最大化。但是，他人的存在可能会使之考虑行为的社会规范。如果另一个人在场且处于相同状态，则社会规范要求他同时考虑他自己和另一个人的情感状态。因此，构成心理满足感的解释从个人层面转移到群体层面，而行为则是根据最大化的群体心理满足来理解的，而非从个体层面。在这种情况下，观看选择可能根本不符合该理论，因为如今最大程度的愉悦是相对小群体整体情绪的享乐效价而言的。如果考虑到小群体情绪的不确定性，群体凝聚力比媒介满足感、群体的异质性等更为重要的因素，那么情境可能会更复杂。进一步说，个体可以从解决不确定性中得到满足；也就是说，个体可以仅通过找到最适合的节目来实现情绪优化的目标——一种与媒介内容对个体的适用性无关的效应。

情感倾向理论的另一个假设是，个体让愉悦感最大化、厌恶感最小化。从短期行为和长期行为来看，可能完全不同。一般来说，该理论以及对该理论的研究都关注了短期的影响和结果，但是个体可以采用（或具有更大能力采用）长期策略。因此，该理论虽预测短期行为，但个体可以根据长期策略行事。公平地说，该理论的最新版本引入了自发性和目的性的享乐主义（Zillmann, 2000），不过该领域的研究不多。

最大化/最小化的假设还表明，个人在情绪管理上是优化者，实际上他们可能是满足者。也就是说，需要付出很多努力才能完美地平衡情绪，并且个体会选择降低厌恶状况，而非消除。诸如选择的总量的复杂因素也可能存在。也就是说，一个人可能必须切换500个频道才能找到最佳解决方案，而不是耗费大量精力对每个频道进行采样，他可能选择第一个频道，因为它无限接近他最优的情绪管理目标。

或许出于简约性的考虑，除了干预力的概念以外，该理论侧重情感状态，在认知状态和选择性接触方面几乎毫无作用。它还从媒介选择是情感状态（affective state）的功能这一视角出发发挥作用。因此，该领域大多数研究媒介消费选择引发的情感并对其进行测量。在这种范式中认知过程作用不大，但在现实生活中可能起着重要作用。例如，费斯汀格（Festinger, 1957）的认知失调理论就提出，当个体同时持有两种相互矛盾的思想、态度或信念时，就会产生心理不适感。当个体意识到矛盾时，就会产生失衡，他就会设法通过行为调适其中一方来减轻这种矛盾。信息的选择性接触是失衡（dissonance）研究的一个分支，它揭示的是人们会寻找支持其决策的信息。柯特姆（Cottom, 1985）对信息的选择性接触理论的早期研究做了回顾，得到的结论是，尽管初期研究并不令人满意、自相矛盾，但之后的研究表明，人们会为了减少失调而接触信息。近年的研究在某些情境下证实了这些结论（例如，D'Alessio & Allen, 2002; Jonas, Greenberg & Frey, 2003）。

调查研究表明，对特定类型内容的偏好，比如犯罪剧，可能是出于管理情绪的动机，但是认知激励的渴望是阅读新闻杂志的主要动机（Hawkins等, 2001）。

认知作用也可能在情绪管理实验的控制组中体现出来，这些参与者的情绪状态没有变化，因此被认为处于相对中性的情感状态。在这种情况下，消费可能是诸如启动媒介效果心理模型的结果（即，如果我看这个节目，就会感到被唤醒、获得积极的感受）。因此，媒介选择可能是基于认知和潜在影响，而不仅仅基于影响（这对理论来说不一定有问题，它只是没包含这一过程）。

情感倾向理论尤其适合娱乐的情感管理，目前它与其他类型媒介（这些媒介以告知和教育为宗旨）的关联情况尚不清楚。信息效用的概念对理解媒介使用行为有帮助，但研究尚未区分享乐主义和信息效用对选择性接触的影响。至于所谓"娱乐信息（infotainment）"和"娱乐教育（edutainment）"的兴起，这是一个有待解决的重要问题。

并且，如前所述，关于积极情绪状态对媒介的选择性接触的研究不多。由于这些研究模棱两可，需要对它们进行澄清。

最后，干预潜力的概念假定媒介用户希望打破负面体验的认知操演（rehearsal），而保持正面的认知操演。但是，有时用户为了理解体验或寻找问题的解决方法，详述负面经验是有益的。某些人格类型可能喜欢沉湎于负面体验之中，其他人可能唯恐避之不及。例如，神经质人格与沉湎于负面情绪和经历的倾向有关（Roberts, Gilboa & Gotlib, 1998）。使用媒介的干预潜力可能是其问题解决的策略和人格类型的功能，而非情绪管理本身。的确，戴维斯（Davis, 2004）指出，神经质会对负面体验的感知产生负面影响，他预测神经质人格更可能接触干预潜力低的媒介，但只是在他处于负面情绪较弱的状态下。在极端状态下，情绪比个性更可能预测媒介接触。

结论

乍一看，选择性接触理论的基本前提很简单：让我们看看是什么让我们感觉良好。我们作为媒介用户的个人经验似乎证实了这一点结论。但是，作为研究者，这样简单的结论只是冰山一角。显然，媒介消费决策所涉及的过程是复杂且"剪不断，理还乱"的。在本章中，我们已经总结现有研究，以找出合理的选择性接触的过程。在这个研究缝隙中，我们试图对这些过程的性质做出推测，并确定需要进一步研究的领域。

我们要确立研究领域，提供一种促进选择性接触的一般方法。也就是说：哪些因素可以预测使用媒介来管理情绪？换句话说，情绪管理行为的前提是什么？哪些人更喜欢将媒介作为解决情感困扰的方案，哪些人通过其他方式调节情绪？回答这些问题能大大提高我们对选择性接触行为基本过程的理解，并有助于我们预测功能失调行为或有害影响的能力。

我们认为内隐记忆可能在选择性接触中起到重要作用。此推测尚未得到检验，但如果得以检验，说明它在选择性接触实验中能够得到更好的控制。对一般的实验刺激进行前测，确保刺激在关键维度（比如，兴奋电位）上的差异。尽管确保让观看者的媒介选择在关键维度上有不同的步骤，但它不能直接解决实际的选择性现象。也就是说，我们不能保证提供给受众的内容里包含了媒介内容与积极结果联系起来的线索。但是，如果研究者除了对关键维度进行一般的前测之外，还可以使用内隐记忆检测来证明特定媒介内容是受众的首选，那么我们更有把握将其行为归因于选择性接触过程，而非其他因素。

提出其他尚未确定的理论概念，对我们更好地理解群体决定如何使用媒介很重要。媒介使用越来越成为一种单纯的个体追求，但是许多媒介使用决策都是在家人、朋友等其他人的陪同下进行的。群体决策的过程是否与个体的过程类似，还是不同的过程？本章主要关注心理过程，但社会过程在媒介使用决策中也发挥作用。

同样，理解所谓目的性享乐主义、情绪满足（而不是情绪优化）的过程、何时、如何，以及即便在媒介使用决策的影响上，认知因素对情感成分的影响更重要。要解决此类问题，考虑人格因素和个体差异有助于理解个体的媒介使用决策。

我们也要调整研究范式，以更好适应各种媒介选择的现实情境。实验法和评估法通常包括有限的观看、收听和阅读选择。显然目前这种模式外部效度不高，因为丰富的媒介是我们所生活的世界的特征（如果不是一种负荷的话）。这很可能意味着，如果事实证明在实验室中无法适应生态的有效性，接下来对选择性接触研究应运用田野实验或其他可控的自然主义方法进行探讨。

总而言之，我们已经知道了媒介使用决策的心理基础，在一定程度上还有充分的把握预测媒介使用效果。但是，目前显现出来的还只是冰山一角。的确，更深入了解选择性接触过程，更接近现实的信息时代的选择，很可能是我们更好理解娱乐心理要面临的一个最基本的挑战。

参考文献

Allen, M., D'Alessio, D., & Brezgel, K. (1995). A meta-analysis summarizing the effects of pornography II: Aggression after exposure. *Human Communication Research, 22*, 258–283.

Anderson, D. R., Collins, P. A., Schmitt K. L., & Jacobvitz, R. S. (1996). Stressful life events and television viewing. *Communication Research, 23*, 243–260.

Bandura, A. (2002). Social cognitive theory of mass communication. In J. Bryant & D. Zillmann (Eds.), *Media effects: Advances in theory and research* (2nd ed., pp. 121–153). Mahwah, NJ: Lawrence Erlbaum Associates.

Bradley, M. M., & Lang, P. J. (2000). Measuring emotion: Behavior, feeling, and physiology. In R. D. Lane & L. Nadel (Eds.), *Cognitive neuroscience of emotion* (pp. 242–276). New York: Oxford University Press.

Bornstein, R. F. (1989). Exposure and affect: Overview and meta-analysis of research 1968-1987. *Psychological Bulletin, 106*, 265–289.

Bornstein, R. F. (1992). Subliminal mere exposure effects. In R. F. Bornstein & T. S. Pittman (Eds.), *Perception without awareness: cognitive, clinical, and social perspectives* (pp. 191–210). New York: Guilford Press.

Bornstein, R. F., & D'Agostino, P. R. (1992). Stimulus recognition and the mere exposure effect. *Journal of Personality and Social Psychology, 63*, 545–552.

Bornstein, R. F., & D'Agostino, P. R. (1994). The attribution and discounting of perceptual fluency: Preliminary tests of a perceptual fluency/attributional model of the mere exposure effect. *Social Cognition, 12*, 103–128.

Bornstein, R. F., Leone, D. R., & Galley, D. J. (1987). The generalizability of subliminal mere exposure effects: Influence of stimuli perceived without awareness on social behavior. *Journal of Personality and Social Psychology, 56*, 1070–1079.

Bryant J., & Miron, D. (2003). Excitation-transfer theory and three-factor theory of emotion. In J. Bryant, D. Roskos-Ewoldsen, & J. Cantor (Eds.), *Communication and emotion: Essays in honor of Dolf Zillmann* (pp. 31–59). Mahwah, NJ: Lawrence Erlbaum Associates.

Bryant, J., & Zillmann, D. (1977). The mediating effect of the intervention potential of communications on displaced aggressiveness and retaliatory behavior. In B. D. Ruben (Ed.), *Communication Yearbook 1* (pp. 291–306). New Brunswick, NJ: Transaction.

Bryant, J., & Zillmann D., (1984). Using television to alleviate boredom and stress: Selective exposure as a function of induced excitational states. *Journal of Broadcasting, 28*, 1–20.

Cantor, J. R., Bryant, J., & Zillmann, D. (1974). Enhancement of humor appreciation by transferred excitation. *Journal of Personality and Social Psychology, 92*, 231–244.

Cantor, J. R., Zillmann, D., & Bryant, J. (1975). Enhancement of experienced sexual arousal in response to erotic stimuli through misattribution of unrelated residual excitation. *Journal of Personality and Social Psychology, 32*, 69–75.

Christ, W. G., & Medoff, N. J. (1984). Affective state and the selective use of television. *Journal of Broadcasting, 28*, 51–63.

Comstock, G., & Scharrer, E. (1999). *Television: What's on, who's watching, and what it means.* New York: Academic Press.

Cooper, E., & Jahoda, M. (1947). The evasion of propaganda: How prejudiced people respond to anti-prejudice propaganda. *Journal of Psychology, 23*, 15–25.

Cotton, J. L. (1985). Cognitive dissonance in selective exposure. In D. Zillmann & J. Bryant (Eds.), *Selective exposure to communication* (pp. 11–34). Hillsdale, NJ: Lawrence Erlbaum Associates.

D'Alessio, D., & Allen, M. (2002). Selective exposure and dissonance after decisions. *Psychological Reports, 91*, 527–532.

Davies, J. J. (2004). The effects of neuroticism, mood, and the intervention potential of media messages on selective exposure to television. Unpublished doctoral dissertation, University of Alabama, Tuscaloosa.

Dittmar, M. L. (1994). Relations among depression, gender, and television viewing of college students. *Journal of Behavior and Personality, 9*, 317–328.

Elliot, R., & Dolan, R. J. (1998). Activation of different anterior cingulated foci in association with hypothesis testing and response selection. *Neuroimage, 8*, 17–29.

Festinger, L. (1957). *A theory of cognitive dissonance.* Evanston, IL: Row & Peterson.

Freedman, J. L., & Sears, D. O. (1965). Selective exposure. In L. Berkowitz (Ed.), *Advances in experimental social psychology* (Vol 2, pp. 58–98). New York: Academic Press.

Gerbner, G., & Gross. L. (1976). Living with television: The violence profile. *Journal of Communication, 26(2)*, 173–199.

Grabe, M. E., Zhou, S., Lang, A., & Bolls, P. D. (2000). Packaging television news: The effects of tabloid on information processing and evaluative responses. *Journal of Broadcasting and Electronic Media, 44*, 581–598.

Gordon, P. C., & Holyoak, K. J. (1983). Implicit learning and generalization of the mere exposure effect. *Journal of Personality and Social Psychology, 45*, 492–500.

Harmon-Jones, E., & Allen, J. J. B. (2001). The role of affect in the mere exposure effect: Evidence from psychophys- iological and individual differences approaches. *Personality and Social Psychology Bulletin, 27*, 889–898.

Hawkins, R. P., Pingree, S., Hitchon, J., Gorham, B. W., Kannaovakun, P. Gilligan, E., Radler, B., Kolbeins, G. H. & Schmidt, T., (2001). Predicting selection and activity in television genre viewing. *Media Psychology, 3*, 237–263.

Helgrel, B. K., & Weaver, J. B. (1989). Mood management during pregnancy through selective exposure to television. *Journal of Broadcasting and Electronic Media, 33*, 15–33.

Higgins, E. T. (1996). Knowledge activation: Accessibility, applicability, and salience. In E. T. Higgins & A. W. Kruglanski (Eds.), *Social psychology: Handbook of basic principles* (pp. 133–168). New York: Guilford Press.

Jonas, E., Greenberg, J., & Frey, D. (2003) Connecting terror management and dissonance theory: evidence that mortality salience increases the preference for supporting information after decisions. *Personality and Social Psychology Bulletin, 29*, 1181–1189.

Katz, E. (1968). On reopening the question of selectivity in exposure to mass communication. In R. P. Abelson, E. Aronson, W. J. McGuire, T. M. Newcomb, M. J. Rosenberg, & P. H. Tannenbaum (Eds.), *Theories of cognitive consistency: A sourcebook* (pp. 788–796). Chicago: Rand McNally and Company.

Klapper, J. T. (1960). *The effects of mass communication.* New York, Free Press.

Knobloch, S., & Zillmann, D. (2002). Mood management via the digital jukebox. *Journal of Communication, 52*, 351–366.

Kunst-Wilson, W. R., & Zajonc, R.B. (1980). Affective discrimination of stimuli that cannot be recognized. *Science, 207*, 557–558.

Lazarsfeld, P. F., Berelson, B., & Gaudet, H. (1968) *The people's choice: How the voter makes up his mind in a presidential campaign* (3rd ed.). New York: Columbia University Press.

Lieberman, M.D. (2000). Intuition: A social, cognitive, neuroscience approach. *Psychological Bulletin, 126*, 109–137.

Mastro, D. E., Eastin, M. S., & Tamborini, R. (2002). Internet search behaviors and mood alterations: A selective exposure approach. *Media Psychology, 4*, 157–172.

Meadowcroft, J. M., & Zillmann, D. (1987). Women's comedy preferences during the menstrual cycle. *Communication Research, 14*, 204–218.

Medoff, N. J. (1982). Selective exposure to televised comedy programs. *Journal of Applied Communication Research, 10*, 117–132.

Monahan, J. L., Murphy, S. T., & Zajonc, R. B. (2000). Subliminal mere exposure: Specific, general and diffuse effects. *Psychological Science, 11*, 462–466.

Murphy, S. T., & Zajonc, R. B. (1993). Affect, cognition and awareness: Affective priming with optimal and suboptimal exposures. *Journal of Personality and Social Psychology, 64*, 723–739.

Perse, E. M. (1998). Implications of cognitive and affective involvement for channel changing. *Journal of Communi- cation, 48*(3), 49–68.

Petty, T. E., & Cacioppo, J. T. (1986). *Communication and persuasion: Central and peripheral routes to attitude change.* New York: Springer-Verlag.

Potts, R., & Sanchez, D. (1994). Television viewing and depression: No news is good news. *Journal of Broadcasting & Electronic Media, 38*, 79–90.

Reeves, B., & Nass, C. (1996). *The media equation.* Stanford, CA: CLSI Publications.

Roberts, J. E., Gilboa, E., & Gotlib, I. H. (1998). Ruminative response style and vulnerability to episodes of dysphoria: Gender, neuroticism, and episode duration. *Cognitive Therapy and Research, 22*, 401–423.

Schacter, D. L. (1987). Implicit memory: History and current status. *Journal of Experimental Psychology: Learning, Memory, and Cognition, 13*, 501–518.

Schramm, W., & Carter, R. F. (1959). Effectiveness of a political telethon. *Public Opinion Quarterly, 23*, 121–126.

Schramm, W., Lyle, J., & Parker, E. (1961). *Television in the lives of our children.* Palo Alto, CA: Stanford University Press.

Seamon, J. G., Marsh, R. L., & Brody, N. (1984). Critical importance of exposure duration for affective discrimination of stimuli that are not recognized. *Journal of Experimental Psychology: Learning, Memory, and Cognition, 10*, 465–469.

Seamon, J. G., Williams, P. C., Crowley, M. J., Kim, I. J., Langer, S. A., Orne, P. J., & Wishengrad, D. L. (1995). The mere exposure effect is based on implicit memory: Effects of stimulus type encoding conditions, and number of exposures on recognition and affect judgments. *Journal of Experimental Psychology: Learning Memory, and Cognition, 21*, 711–721.

Wakshlag, J., Day, K., & Zillmann, D. (1981). Selective exposure to educational television programs as a function of differently paced humorous inserts. *Journal of Educational Psychology, 73*, 27–32.

Wakshlag, J. J., Bart, L., Dudley, J., Groth, G., McCuthcheon, J., & Rolla, C. (1983). Viewer apprehension about victimization and crime drama programs. *Communication Research, 10*, 195–217.

Wakshlag, J., Reitz, R., & Zillmann, D. (1982). Selective exposure to and acquisition of information from educational television programs as a function of appeal and tempo of background music. *Journal of Educational Psychology, 74*, 666–677.

Wakshlag, J., Vial, V., & Tamborini, R. (1983). Selecting crime drama and apprehension about crime. *Human Com- munication Research, 10*, 227–242.

Weaver, J. B. III, & Baird, E. A. (1995). Mood management during the menstrual cycle through selective exposure to television. *Journalism and Mass Communication Quarterly, 72*, 139–146.

Zajonc, R. B. (1968). Attitudinal effects of mere exposure. *Journal of Personality and Social Psychology Monographs, 9*(2 Pt. 2), 1–27.

Zillmann, D. (1971). Excitation transfer in communication-mediated aggressive behavior. *Journal of Experimental Social Psychology, 7*, 419–434.

Zillmann, D. (1991). Television viewing and physiological arousal. In J. Bryant & D. Zillmann (Eds.), *Responding to the screen: Reception and reaction processes* (pp. 103-133). Hillsdale, NJ: Lawrence Erlbaum Associates.

Zillmann, D. (2000). Mood management in the context of selective exposure theory. In M. E. Roloff (Ed.), *Commu- nication Yearbook 23* (pp. 103–123). Thousand Oaks, CA: Sage.

Zillmann, D. (2003). Theory of affective dynamics: Emotions and moods. In J. Bryant, D. Roskos-Ewoldsen, & J. Cantor, (Eds.), *Communication and emotion: Essays in honor of Dolf Zillmann* (pp. 533–567). Mahwah, NJ: Lawrence Erlbaum Associates.

Zillmann, D., & Bryant, J. (1985). Affect, mood, and emotion as determinants of selective exposure. In D. Zillmann and J. Bryant (Eds.), *Selective exposure to communication* (pp. 157–190). Hillsdale, NJ: Lawrence Erlbaum Associates.

Zillmann, D., Bryant, J., Comisky, P. W., & Medoff, N. J. (1981). Excitation and hedonic valence in the effect of erotica on motivated intermale aggression. *European Journal of Social Psychology, 11*, 233–252.

Zillmann, D., Hezel, R. T., & Medoff, N. J. (1980). The effect of affective states on selective exposure to televised entertainment fare. *Journal of Applied Social Psychology, 10*, 323–339.

第三章　注意力与电视

丹尼尔·R.安德森

希瑟·基尔科里安

简　　介

无论哪种媒介，为了娱乐，内容创作都必须吸引观众的注意力。当然，这并不是说注意力是娱乐的代名词。例如，我们可能在全神贯注地关注龙卷风动向却丝毫不觉得有趣。不过我们可能会发现，一部关于龙卷风的特效电影会引起我们的关注，它充满娱乐感。因此最好将注意力视为娱乐的必要条件而不是充分条件。

无法用一个简单的定义囊括注意力的各种面向。不过，总的来讲，注意力指的是一种心理过程，通过这个过程，外部环境的信息才可能用于认知和情感分析。注意力通过身体，尤其头部和眼睛，以各种生理活动的方式明显地表现出来，这些生理活动具有增强刺激的作用。尽管认知研究者对注意力的类型进行了区分，比如警惕性、方位感、对物体的注意、对位置的注意等。媒介研究者通常更关注注意力的发生与偏移以及注意力参与的强度。此外，认知研究者研究注意力在有动机的成年受试者中的作用，他们被要求要专注，并且分配到毫无娱乐性的任务。另外，认知学者致力于注意力的细微之处，因为它持续的时间不到一秒。因此，认知科学对媒介注意力的研究影响有限，而这种影响主要在注意力强度上。

很少有研究将注意力直接和娱乐的心理体验联系起来，相反，目前的研究多考察娱乐媒介（通常是电视）的注意力，目的是制定预测注意力产生、持续、强度和偏移的规则。这一章总结了有关电视注意力的研究和理论。关于交互式娱乐媒介注意力的文献不多，因此在这里不做回顾。

电视研究一般分为两类，并各有其法。对于儿童的研究绝大多数集中在他们看电视的视觉行为上，而观看活动（looks）（对电视屏幕的视觉感知）是衡量电视注意力的主要行为。对成年人的研究通常集中在注意力强度的相关问题上,并使用可测量强度的方法,例如,次级反应时任务(secondary reaction time task)和一些生理测量。当然,这两个方向在方法上有一些重叠,例如在一些关于儿童的研究中使用强度测量,而在某些成年人研究中则对观看行为进行测量。

尽管已经做了一些田野调查,但是大多数研究还是实验室的实验。儿童研究侧重于婴儿和学龄前儿童,成人研究侧重于大学生。本章在1991年安德森(Anderson)和伯恩斯(Burns)研究的基础上进行评述,首先简要介绍常用方法,然后概述观看和强度研究。我们试图描绘当前的知识和理论情况,并提出未来研究要解决的空白。

方 法 论

观看行为

即使人们可能都没意识到,但他们看电视时视线从电视屏幕上移开(look away)也是有一定频率的。看的次数通常根据一个人在看电视时的视频来记录测量。实验员留意观看者会在观看开始和结束时分别记录视频帧数。在我们的实验室,这个过程目前是通过视频编辑软件Adobe Premiere的磁带来完成的。观察者在观看开始时按下适当的键,在结束时按下另一个键。每个事件的视频帧数都自动记录在计算机文件夹里,这个文件与电视上发生的事件同步。这样就获得了连续观看和没有观看的时间记录。观察者之间几乎没有分歧,信度很高(比如,Anderson & Levin, 1976)。

视觉癖好

直到最近,鉴于典型屏幕尺寸、观看者与屏幕之间的距离以及细节分辨率相比较差的美国标准视频,观看者可以很好地人为摄取屏幕图像,而无须仔细端详(参见Nathan等,1985)。或许正因为如此,很少有研究试图确定电视屏幕上观看者的视线指向何方。此类研究需要使用可以精确确定观看人凝视方向的设备。尽管现在有这种设备,但媒介研究者仅在特殊情况才能使用,例如在电视节目情境下的文本使用(比如,Flagg,1978)。因此,缺乏关于观众在看电视节目中多久眨一次眼睛的规范研究,更没有他们观看内容的详细信息。这是未来值得研究的领域,尤其随着大屏幕电视机的普及,大范围的视觉扫描(visual scanning)成为可能。

次级任务反应时

评估观看者看电视期间的注意力的另一种方法是测量观看者对次级任务的反应时间。这种方法的理论来源于"可用于处理的认知资源池是有限的"那种观点。首要任务占用的资源越多，响应次级任务的等待时间就越长（如，Navon & Gopher, 1979）。电视研究中的次级任务通常需要指向另一种间歇性视觉刺激（比如，幻灯片干扰），或按下按钮以响应整个电视观看过程中随机出现的音调。这种方法已被用于测量婴幼儿（如，Richards & Turner, 2001）、学前儿童（如，Lorch & Castle, 1997）以及成年人对电视的注意力（如，Geiger & Reeves, 1993）。

生理测量

有关媒介注意力的生理测量集中在心率和脑电活动中。在这两种情况下，表面电极都放在胸部或头皮上。对传导体积的电势进行记录、放大、数字化并进行分析。

人遇到新的或改变了刺激时，可能会以定向反应（orienting response）进行回应。定向反应会影响包括心脏系统在内的许多生理系统。心率反映出大脑中血流的变化，心率明显会减缓。随着注意力的保持，心率持续减慢，心跳之间的变化减少。在儿童研究（如，Richards & Casey, 1992）和成人研究（如，Lang, 1990）中，心率反应都是测量注意力的方法。

根据研究，脑电活动是通过头皮电极测量的，阵列中的头皮电极的数量从几个到一百个不等。在媒介使用过程中对脑电活动进行研究通常采用α波抑制作为注意力的主要衡量标准。α波的节奏频率大约是8Hz，它反映了人处于注意力不集中的放松状态。缺少α波可以推断为注意力集中在媒介上，尤其是α波阻断时可推断为注意力被锁定于节目中的某些事件（比如场景更改）。

看 电 视

一般特征

关于看电视的大部分研究已由我们研究小组完成。在一项针对儿童或成人的典型实验室研究中，一个人被安排在一个布置舒适的房间里录像，房间里有电视机、零食或其他替代活动的物品，如儿童玩具、杂志以及成人手持式的非电子游戏。在我们的田野调查中，装有电视机的房间安装了自动视频设备。电视机一打开，设备就会自动记录，关掉电视机时记录停止。在这两种情况下，录像带都是对看电视的行为进行的编码。

有一些观察在看电视的研究中很常见。除非观众在一个黑暗、空荡荡的房间里，否则他们会在一小时内无数次地看电视又离开电视。在家里或在典型的实验室研究中，他们每小时会看电视120到150次（如，Anderson, 1985; Anderson & Levin, 1976; Burns & Anderson, 1993）。其他研究小组也报告了相同的现象（比如Hawkins等，2002; Richards & Cronise, 2000）。观看时间长度不是正态分布的，这里的偏差在于，一些持续几秒的短时观看，夹着少部分长时间的、可能持续10分钟及以上的观看。观看时间长度的分布可以进行定量化描述：从婴儿到成人的群体和个人数据都严格符合对数正态分布规律（有关详细的回顾和分析，请参见Richards & Anderson, 2004）。

与注视水平一般（观众观看节目的时长约占该节目时长的50%，我们称此类节目为"注视水平一般"）的电视节目相比，对于注视水平高（观众观看节目的时长约占该节目时长的90%）的电视节目，受众在观看时仍然会把目光从电视上移开，但是看的间隔变得更短，而长时间观看则变得更长。注视水平低（观众观看节目的时长约占该节目时长的20%）的节目仍会有少量的观看，但长时注视几乎没有，并且随着观众开始从事其他活动（就像玩玩具或阅读杂志），注视的间隔会变得更长（此为我们实验室未发表的分析；另请参见Hawkins等，2005）。从根本上说，对电视节目的高度关注反映在更长的注视上，在长时间注视之间只有短暂的停顿。

看电视的发展

在20世纪90年代之前，实验室实验和田野研究发现，婴儿期的观看水平较低，到5岁时增加到相对较高的水平，在12岁左右达到高峰，在成年人中观看水平有一些下降（参见Anderson, Lorch, Collins, Field & Nathan, 1986，田野研究；Anderson & Smith, 1984，实验室研究的摘要）。观看的绝对水平取决于与观看者年纪相关的电视节目类型。不足为奇，儿童最关注儿童节目，成年人最关注成人节目（Bechtel, Achelpohl & Akers, 1972; Schmitt, Anderson & Collins, 1999）。大多数情况下，人们在家里看电视的水平会随年龄的增长而增加，因为随着年龄的增长，孩子会关注更多的节目。

安德森和洛奇（Anderson & Lorch, 1983）认为，年龄越大，理解能力越强。他们假设，节目的可理解性（comprehensibility）是幼儿关注电视的最大因素。因为3岁以下的婴幼儿无法理解，所以他很少关注电视。这个假设在很多相关研究中得到验证。例如，在一些实验中，向学龄前儿童播放《芝麻街》片段，这些片段要么是正常的部分，要么使用外语或慢语言进行播放，要么随机对镜头重新进行了编辑，增加了理解的难度，在此情况下，观看它的儿童比看正常片段的要少（Anderson, Lorch, Field & Sanders, 1981; Lorch & Castle, 1997; Pingree, 1986）。

尽管从历史上看，在正常观看条件下，婴幼儿在家里看电视的时间相比较少，但是随着《天线宝宝》（针对幼儿的电视节目）、《小小爱因斯坦》系列视频的成功，这种情况在20世纪90年代开始发生变化。从那时起，娱乐业就发现婴幼儿的视频制作有利可图。婴儿将大量注意力投入到幼儿视频中。雷切尔·巴尔（Rachel Barr）和她的同事（Barr等，2003）在婴儿家中进行的一项研究发现，观看这些视频的婴儿比例约为60%。

婴儿对电视有较高的关注度这一事实引发这样一个问题：为什么他们关注电视。这基本有两种可能：第一，他们只是正在懵懂地看着千变万化的显示器；第二，他们像大孩子那样，注意力至少部分是由理解引起的。休斯敦和赖特（Huston & Wright, 1983, 1989）认为，人们早期的电视观看行为是通过定向（orienting）到明显的形式特征（例如剪辑、镜头运动和听觉变化）来被动地驱使的，但是随着年龄和经验的增长，在理解和娱乐中，注意力会更系统地由认知来推动。如果是这样，在婴儿期观看时可能没有理解力，但是随着年龄的增长，他逐渐变得更有认知能力。

在一个复杂的实验中，理查兹和克罗妮丝（Richards & Cronise, 2000）给6、12、18和24个月的婴儿播放电影《小鸡带路》（Follow that bird）中的剪辑片段，将电脑剪辑片段与计算机生成的具有协调声音并随机移动播放的片断进行比较，可以看出6个月和12个月大的孩子在两个显示器上看的都一样，但是18个月和24个月大的孩子更关注《小鸡带路》。这个实验表明，18个月之后，婴儿开始偏爱带有动画人物的结构化视频。由于两个显示器之间存在许多差异，因此无法进行特定的解释，我们与理查兹合作复制该实验。在此实验中，我们使用正常视频、随机镜头、调慢对白等三种版本的《天线宝宝》。三个版本中镜头和声音是相同的，主要的区别在于顺序或语言的可理解性。我们已经在国际婴儿会议上介绍了针对18个月和24个月婴儿的研究结果（Frankenfield等，2004）。简而言之，与理查兹的早期发现一致，即其明显差异在于，两个年龄组的婴儿对标准版本的《天线宝宝》的观看时间，比对两个失真版本的观看时间更长。这表明在18个月大的时候（也许更早），婴儿的注意力至少部分由他们对内容的认知处理来指导。

有研究表明，观看这一行为对内容的反应要早得多。从大概6个月起，婴儿被放在并排的电视屏幕前，上面画着他的母亲和父亲的图像，他们有选择地观看与讲述者说的"妈妈""爸爸"或在家庭中使用的其他术语相匹配的图像，来确定父亲和母亲（Tincoff & Jusczyk, 1999）。与音轨不匹配的图像相比，6个月大时，他们还更喜欢看具有协调音频的电视节目（Hollenbeck & Slaby, 1979）。到14个月大时，与解说员错误地描述了动作的视频相比，婴儿更喜欢观看配音解说员正确描述动作的视频（Hirsh-Pasek & Gollinkoff, 1999）。这些简单的例子表明，至少在原则上，婴儿可以基于内容而不只是基于显而易见的形式特征来观看视频。

但是，诸如《天线宝宝》的儿童视频和节目，比婴儿实验研究使用的大多数刺激要复杂得多。比如，《天线宝宝》是一个经过编辑的节目，它有大量剪辑和其他过渡。要理解这种过渡需要很好的感知和推理能力，才能理解内容的连贯性（参考Anderson & Smith, 1984）。尽管研究（Frankenfield等，2004）表明，18个月大的婴儿对一般的过渡顺序很敏感，但尚不清楚年龄较小的婴儿是否如此。此外，2岁以下儿童理解视频的能力非常有限，且好像对同样现实生活的理解能力也要差得多（有关回顾参阅Anderson & Pempek, 2005）。总体而言，尚不清楚婴幼儿对婴儿视频的关注度是基于内容还是基于万花筒效应。然而，婴幼儿会观看为他们制作的婴儿视频和电视节目，弄清他们为什么会这样，这一点是未来研究的重要任务。

形式特征

形式特征是电视节目的特点，它可以跨多种类型文本并用于传达内容。最典型的是剪辑。电视节目通常拍摄多个连续的视频，这些视频通过剪辑（或其他手法，比如渐隐、擦除、淡入、淡出等）设备进行编辑和合并。剪辑以不同形式传达内容。有时，它们只是摄像机角度或距离的变化。它们有时会显示对话中的人，或者显示听众的反应；还有时可能传达出连续动作序列的错觉，就像汽车追逐的场景，即使追逐可能是在多个地点、时间拍摄的。

电视的其他特征不是电视形式的一部分，而是电视内容本身。但是，它们通常被归入为形式特征的"范畴"，包括动画、视觉动作、角色类型（男人、女人、男孩、女孩、木偶、动物）、音频功能，例如音效、掌声和声音类型（男人、女人、儿童、特殊声音）。

电视制片人可以采用形式特征作为传达内容的必要手段（例如，在追逐场景中使用剪辑），也可以采用剪辑来提供视觉或听觉上的变化和节奏（例如，在独白中使用剪辑）。问题是，形式特征是否会独立于它们所传达的内容而影响注意力。

关于这个问题，还没有研究系统地讨论独立于传达内容的形式特征对观看的影响。有三个研究检验了常规视频中形式特征（运动、剪辑和角色类型）与注意力的关系，这些研究的结果非常一致。

在各个年龄段和研究中，最一致的形式特征是运动（movement），这与观看增强有关（Alwitt, Anderson, Lorch & Levin, 1980; Anderson & Levin, 1976; Schmitt 等，1999）。从婴儿期到成年期，观众对于运动画面会看得更多（Schmitt 等，1999）。此外，如果观众在屏幕上有移动物体的那一刻没有看，那么他接下来很可能就要开始看了，这可能是因为周边视觉对运动的敏锐性所致（Alwitt 等，1980）。观众对于剪辑的反应也是一致的，剪辑后观看的间隔时间比不剪辑的要大。尽管剪辑具有保持注意力的能力，但是它并不能像运动那样吸引不专心的观众的目光（Alwitt 等，1980）。

角色类型方面的结论取决于观看者是成人还是儿童，并且基于声音的效果要比基于角色的视觉效果更好。语音效果的增强主要是，观众即使没看电视也能听到语音。因此，特定类型的语音可以抑制或引发观看，以及在语音发出时保持或阻止正在进行中的观看。对于儿童观众来说，这三项研究发现，在屏幕或声音轨道上有男性出现比没男性出现的情境下，他们的观看行为会更少（Alwitt 等，1980; Anderson & Levin, 1976; Schmitt 等，1999）。这个现象对成年观众来说不成立（Schmitt 等，1999）。儿童观众对于女性角色的观看态度是中性与积极的，成年女性观众对女性角度的观看态度则是积极的。在这三个研究中，儿童观众对于儿童角色非常积极，但是成年观众对于儿童角色的态度，其数据不足以得出任何确切的结论。儿童观众对于木偶和动画角色始终是积极的。

声音效果、掌声等音频特征，结果始终是积极的。音乐与观看无关，它在注意力上的效果取决于音乐的类型和语境。

休斯敦和赖特（Huston & Wright, 1983, 1989）关于形式特征对注意力的影响提出了明确的理论，对此我们也同意。他们注意到最重要的形式特征有引起定向反应的力量，对于年轻观众来说，它们是形式特征的基础。然而，随着孩子的认知变得更加成熟，在看电视方面的经验进一步丰富，他们越来越意识到形式特征在传达内容中的作用。因此，形式特征在内容方面变得越来越重要。孩子意识到电视上那些成人内容，通常就与成年人有关。对于孩子来说，这些内容基本上没法理解，他们也没有兴趣。成年男性在电视里，就会给孩子发出信号说，这些不是你的菜。孩子了解到，如果奇怪的声音、色彩鲜艳的布景、木偶以及其他特征组合在一起，就意味着这是他们的节目。男孩认识到那些刚烈的剪辑风格和声音效果是为他们准备的内容，女孩则认识到柔和的内容是为她们准备的。

休斯敦和赖特的研究团队通过实验检验该理论。坎贝尔、赖特和休斯敦（Campbell, Wright & Huston, 1987）论述了以儿童格式（使用具有儿童节目特点的形式特征）或成人格式的公共服务、公告式视频。尽管两种格式之间的内容尽可能相似，但孩子还是更加关注以儿童格式呈现的视频。休斯敦、格里尔、赖特、韦尔奇和罗斯（Huston, Greer, Wright, Welch & Ross, 1984）向儿童播放了抽象的视频图像，分别针对男孩、女孩的商业广告进行制作和剪辑。孩子们以完全与他们的性别和制作技巧一致的方式分别观看视频。

节奏调整与形式特征

电视节目的形式特征的密度差异很大。一般而言，每单位时间的形式特征越多，播放节奏就越快。虽说快节奏会引发更多的关注，尤其在儿童眼里，不过这个领域尚未有系统的研究。帕兹、休斯敦和赖特（Petts, Huston & Wright, 1986）在一项关于暴力的研究中，研究了快节奏与慢节奏的暴力儿童节目和非暴力儿童节目。他们发现，儿童对快节奏节目的注意力高于慢节奏的，其中暴力不会对注意力产生影响。值得注意的是，注意力的差异可能是由于播出内容的变化而非节奏的影响。尽管如此，他们的结论与节奏更快的节目获得更高关注度的观点是一致的。

尽管在其他条件相同的情况下，加快节奏可能会加强注意力，但也应指出，加快节奏会增加观看者的信息处理负担。如果负担太大，节目就令人费解，因此可能失去关注。考虑到信息处理的负担，最近针对学前儿童的成功电视节目有意放慢了节奏，在形式特征的密度方面进行调整（Anderson, 2004）。这些节目，比如《蓝色斑点狗》，一直受到学龄前观众的高度关注（Crawley, Anderson, Wilder, Williams & Santomero, 1999; Crawley 等，2002）。

内容和个体差异

我们注意到，尽管在关注电视方面，形式特征有重要作用，但关注主要还是服务于观众处理内容的。例如，与成人节目相比，孩子更关注儿童节目；与儿童产品广告相比，他们对儿童节目的关注也更多（Schmitt, Woolf & Anderson, 2003）。就商业广告趋向于快节奏和形式特征密集而言，后一种观察更为重要。诸如幽默地传达内容的技巧，也可以增加对节目的关注（Zillmann, Williams, Bryant, Boynton & Wolf, 1980）。总体而言，对电视的关注似乎更多地由内容驱动，而非形式功能和节奏。

但是内容的意义因人而异，个人的需求、兴趣、能力和其他心理因素决定他对特定节目的关注度。尽管心理特征可能会促进人们对电视产生特定的关注方式，但相关研究屈指可数。

心理特征之一就是性别。在小学早期阶段（5岁及以上），儿童在节目中的性别差异和个性偏好开始出现。尤其男孩对同性角色的偏爱有所转变，在这种转变之中实现稳定的性别观念。性别稳定是由人们开始认识到的，即自己的生物学性别，是相对稳定不变的，而非由诸如衣服或发型之类的肤浅特征所决定的（Slaby & Frey, 1975）。有了这种理解，人们可能会认为，孩子们会开始对同性角色产生极大的兴趣，因为这些角色可能会提供一些信息，这些信息有关于如何在举手投足之间符合性别角色的文化期待。

在安德森等人（Anderson 等，1985）关于在家观看电视的研究中，对5岁前后的儿童进行性别稳定性测试。吕克-阿列克萨、安德森、柯林斯、施密特（Luecke-Aleksa, Anderson, Collins & Schmitt, 1995）检验了家庭录制的儿童看电视的录像带，在孩子观看时和孩子在场但不观看时，他们对屏幕上角色（如果有）的性别进行了编码。测试发现，不论角色是成人、儿童还是非人类（例如木偶），未获得稳定性别认知的男孩和女孩观看女性角色的比例都高于男性角色。这与人们对婴幼儿的测试结果是一致的（比如，Anderson & Levin, 1976）。另一方面，已获得稳定性别认知的儿童则更多关注同性角色，无论其类型如何。也就是说，性别认知稳定的女孩仍然偏爱女性角色，而性别认知稳定的男孩则始终更加关注男性角色。斯拉比和弗雷（Slaby & Frey, 1975）预测，获得稳定性别认知的孩子的注意力会发生转变，当孩子们观看一男一女各自组装自行车的电影时，他们也发现了这种转变现象。

最近，在几项采用视觉焦点（visual fixation）方法的研究中，林里博格和切尔宁（Linebarger & Chernin, 2004）发现的结果与吕克-阿列克萨等人（Luecke-Aleksa 等，1995）和斯拉比和弗雷（Slaby & Frey, 1975）的一致。性别稳定的孩子看着屏幕时，当存在多个角色时，他们优先选择同性。性别未稳定的没有这种偏好。相反，他们倾向于专注于女性角色。

暂时性的心理因素也可能引发对内容的注意力偏移。安德森、柯林斯、施密特、雅各布维兹（Anderson, Collins, Schmitt & Jacobvitz, 1996）对安德森等人（Anderson 等，1985）家庭观看研究进行成人电视观众的考察，通过标准生活事件量表（standard Life Events Scale）进行测量，研究了观看行为与压力的关系。他们发现节目偏好与压力有关（比如，压力大的观众倾向于喜剧），注意力也是如此。当他们在家里看电视时，与没有压力的男人相比，有压力的男人实际上看电视的时间更多，这个研究结果被认为与情绪管理理论（比如Zillmann & Bryant, 1994）一致，该理论假设媒介使用替代了焦虑的思维模式。

霍金斯等人（Hawkins, 2005）向大学生播放了几种不同类型的电视节目。尽管他们发现观看模式随类型的不同而变化，但他们在测量学生对媒介使用和媒介对其满足程度方面却与个人差异几乎没有关系。因此，并非所有个体差异特征都会影响电视观看。

停止观看

关于注意力为什么会终止的问题还鲜有研究。我们确实知道，在其他条件相同的情况下，对电视的关注在内容边界处（content boundaries）结束（如，Alwitt 等，1980），这与内容理解作为观看的主要驱动力的概念相一致。也就是说，理查兹发现在持续关注结束前几秒，婴幼儿的持续心率会减速，这意味着外在行为终止前某些内容状态的变化（如，Richards & Gibson, 1997）。尚不知道这种现象是否会出现在年长的观众中，他们的注意力更多受到图式驱动（schema-driven），因此对内容界限更敏感。

安德森、洛奇、史密斯、布拉德福德、列文（Lorch, Smith, Bradford & Levin, 1981）在一项实验中，分析比较了3岁和5岁儿童在关注开始与消失方面的相似性。年龄差异揭示了：关注开始时，3岁孩子之间的相似性比5岁的更少，但是当关注结束时，5岁孩子之间的相似性比3岁孩子低。通常，儿童关注的出现比消失情况更相似。作者将这些发现解释为：一是关注的出现与消失是由不同因素决定的；二是有了这些经验，孩子会变得更加刻板，关注可能会受到上述形式特征暗示；三是关注消失可能反映了电视内容中的特质。年龄较小的孩子在经验和兴趣上彼此更相似，因此更有可能同时对内容失去兴趣。大一点的孩子在发展和经历方面都不太相似，他们对内容的兴趣水平更高，因此在不同的时间终止观看。

在焦距放大过程中，儿童一定会对电视失去关注（Alwitt 等，1980; Anderson & Levin, 1976; Susman, 1978），也许可能是因参照系不断变化而迷失方向。此外，如上所述，成年男性的电视角色往往让幼儿终止对电视的关注（Alwitt 等，1980; Anderson & Levin, 1976）。当然，电视外部的干扰可能也会终止关注（Anderson, Choi & Lorch, 1987），但是我们所知甚少，尽管注意力消失与产生一样重要。

重复与熟悉

随着家用录像机的出现，人们可以重复看电视节目或电影。有证据表明，儿童对喜欢的视频的重复播放有较大的容忍度，可以多次观看（Mares，1998）。雷切尔·巴尔和她的同事（Barr，2003）在12至15个月大的婴儿的家中为其播放熟悉或不熟悉的两种视频。他们发现，与不熟悉的视频（50%）相比，婴儿对熟悉的视频（67%）的观看效果更好。在研究之前，婴儿们大概平均观看了30次他们熟悉的婴儿视频，这表明熟悉度是婴儿关注的重要因素，并且他们可以忍受不断重复的播放。

克劳利等向3岁、4岁和5岁儿童播放他们从未看过的《蓝色斑点狗》（*Blue's Clues*）片段。一名儿童在连续5天里只看同一个片段。5天之后，只有5岁组的儿童对节目的关注略有下降。通过仔细检查，研究者将节目中的教育内容与娱乐内容进行区分。一开始教育内容的关注度更高，但经过3次重复后，关注度下降到了与娱乐内容相同的水平。克劳利等（Crawley等，1999）认为原因是，3次播放后，孩子掌握了教育内容，所以它沦为与非需求（nondemanding）的娱乐内容相同的地位。要注意的是，尽管对电视片段的关注有些下降，但是在5天后，该节目的观众参与率稳步上升。

克劳利等（Crawley等，2002）通过对整个系列《蓝色斑点狗》熟悉程度的考察，扩展了这一研究范围。他们将观看该节目两年的孩子与很少看过该节目的孩子进行了比较（通常是因为基本电缆盒一般不提供尼克国际儿童频道的节目）。当研究者向两个小组播放他们从未看过的《蓝色斑点狗》的新剧集时，有经验的观众对这集的整体关注要比没有经验的观众少。这种影响主要是由于节目的重复部分，即节目的各个部分之间非常相似。经验丰富和经验不足的观看者会分别关注该集独特的部分。

如上所述，《蓝色斑点狗》吸引了观众的参与，学龄前的孩子们会大声喊出答案、指向屏幕、随音乐跳舞等。克劳利等（Crawley等，2002）分析了关注、观众参与和理解模式，他们认为，高水平的关注表明孩子们在进行信息处理和学习。在这些高度关注的时间内，观众参与度相对较低。当年轻的观众掌握了素材并熟悉剧集（重复播放）或整个系列时，注意力会下降，但参与度会增加。他们认为，观众的参与反映了他们掌握了知识，而高度关注则反映了他们在进行信息处理和学习。

"收听"电视

显然，节目的听觉成分即便对婴儿而言，也是关注电视的重要预测指标。如前所述，婴儿对语言和音频与视频的一致性很敏感。而且，如果音轨因方式颠倒或使用外语而失真，婴儿和学龄前儿童在电视上的观看次数会减少。此外，听觉形式特征在吸引不专心的观众上非常有效。显然，听是关注电视的重要方面。

值得注意的是，关于电视的听觉注意力的研究很少。主要原因是听觉注意力不好测量。与具有明确的行为相关性（即注视）的视觉注意力不同，听觉注意力不能被直接监测。只有很少的间接研究可做一些推断。

在一项研究中，5岁的孩子在观看《芝麻街》剧集时，被分为在玩各种玩具和没有玩玩具的情况下观看节目。没有玩玩具的孩子看节目的时间多出一倍，但令人惊讶的是，随后的理解力测试中，两组的结果是相同的。对于以视觉方式呈现的，以及仅通过音频通道呈现的节目信息都是如此。此外，考虑到可以回答问题的关键信息出现的确切时间，可以预测问题是否得到正确回答，但仅适用于有玩具的小组（Lorch, Anderson & Levin, 1979）。这些发现表明，与不玩玩具的孩子不同，玩玩具的孩子只有在提供理解所必需的关键信息时才选择性地看屏幕。研究者得到的结论是，到5岁时，孩子们就制定了一种在电视观看过程中执行双重任务的策略，即他们从表面上监听音轨，以获取可理解的核心信息的提示，然后在视觉上进行屏幕定向。该策略针对双重关注（无玩具的情况下）无法进一步提高理解力的情况非常有效。这些发现也符合以下假设：婴幼儿在看屏幕时，主要以语言能理解的水平进行聆听。

弗尔德和安德森（Field & Anderson, 1985）之后的研究重复了这一发现，即孩子的关注预测了他们对纯听觉信息的理解。他们还发现，5岁的孩子的这种联系比9岁的孩子更强，这表明年幼的孩子更依赖视觉和听觉方式。也就是说，当9岁的孩子实际上不看电视时，他们似乎可以更好地收听电视。作者假设，观看和收听对于幼儿来说有很强的联系，但是随着年龄的增长，听觉注意力越来越可以独立于视觉注意力。

成年人也存在这种联系。博恩斯和安德森（Burns & Anderson, 1993）研究了大学生识别简短（3—4秒）视听片段的能力，这些片段是从他们刚刚看过的电视节目中截取下来的。毫不奇怪，如果他们看这些刚看到的片段时，识别精度很高。但是，如果学生们不看，那么仅靠音频进行识别，不仅识别度降低，而且识别度还会随着他的最后一次看完与剪辑时间之间的间隔变长而逐渐降低。博恩斯和安德森将此结果解释为，成人观众不看电视的时间越长，就会逐渐从电视上撤出听觉注意力。这也揭示了为什么越来越多的人参与其他一些非电视观看活动（例如看杂志）。

弗里德兰德和科恩（Friedlander & Cohen, 1973）通过使用双位开关，允许儿童在具有正常音轨和降噪音轨的视频之间进行选择，研究了5至8岁儿童选择清晰的、可理解对话能力的个体差异。受试者被告知要握住一侧的开关，他们有不超15秒钟来选择特定的音轨，一旦选定，他们必须松开开关，并再次按一下以找到相同的音轨。在这个研究中，75%的儿童更喜欢正常的对话，而非降噪的对话，这些对话选择的标准是对正常音轨投入65%的关注度。

罗兰德利、赖特、休斯敦和埃金斯（Rolandelli, Wright, Huston & Eakins, 1991）采用了类似的技术研究儿童对电视的视觉和听觉注意。观察5岁和7岁的孩子看电视的情况，他们随机降低视频和（或）音频的质量，并告诉孩子，如果电视无法正常工作时，他们可以按下操纵杆来"固定"电视。逐渐通过引入白噪声（white noise）降低音频质量，视频在"胡椒盐"[1]似的画面中渐渐消失。还有一种视听质量下降的情况，其中两种模态同时降级。降级的刺激被用作测量注意力的潜在因素。结果表明，所有的筛选时间与三种降级形式的反应时间相关。唯一的例外是女孩对音频质量下降的反应延迟，这表明该年龄段的女孩比男孩更独立地利用听觉。毫无疑问，孩子们对视听质量下降反应的延迟时间最短，因为他们可以采用其中一种或两种方式来检测变化。对纯音频降级的反应最慢，说明他们对音频的整体关注较少。更重要的是，在看屏幕时，孩子们对于音视频和纯视频质量下降的反应延迟时间更短，而纯音频降级的反应时间则没有变化，这表明这些孩子能够发现音轨的变化，而这与视觉节目的视觉注意力无关。此外，在对视频进行叙述时，7岁儿童对音频质量下降的反应延迟比5岁儿童短，这表明至少在刺激物包含语言时，年龄较大的孩子比年龄较小的更可能关注音轨。与先前的研究一致，看电视可以预测年龄较小儿童的听觉理解力，但无法预测年龄较大的儿童，这进一步支持了听觉和视觉注意力与年龄无关的观点。

注意力强度

总的来说，人们对电视注意力的参与程度的了解，远比看电视要少。估计次级任务反应时是估测参与强度最常见的程序，它相对简单，却能间接测量注意力。相反，生理测量可能是对注意力参与的更直接测量，但尚未被广泛采用。这部分是由于何为最优的生理测量还存在争议，也是因为擅长使用这种测量方法的研究者的兴趣不在媒介上。的确，已有研究集中在由媒介引起的自动定向回应与持续关注的区别上。实验涉及的内容甚广，例如，情感上令人回味或引起人们注意的材料。研究还考察了注意力与故事结构发展的相关的程度。这一领域大量的最新研究都强调形式和内容对注意力分配的交互效果。

次级任务反应时研究

次级任务反应时（STRT）研究基于以下假设：随着对主要任务（比如观看电视）的注意力增强，对次要任务的响应时间（比如，按下按钮以响应音调）也会延长，这是由于可用于在任何给定时刻处理传入刺激的认知资源是有限的。因此，本节将注意力强度的增加视为对于干扰物或对于次要任务的反应时间变慢。

诸如剪辑的形式特征，至少在定向回应的无意识水平上引起注意（例如，Geiger &

---

[1] 美国俚语，指的是以白点或黑点的形式出现在图像表面，严重降低了图像质量。——译者注

Reeves, 1993）。尽管已知特定结构特征的出现会引起人们的注意，但盖格和里夫斯发现，通过对STRT的测量，增加剪辑次数并不能增强对电视消息的整体关注。一项使用STRT来衡量注意力的研究发现，与复杂视频相比，受试者对于主题结构简单的视频的参与度更高（Thorson, Reeves & Schleuder, 1985）。这项研究的复杂性是由镜头运动、平移、缩放、编辑和剪辑的数量决定的，而不是由节目的内容决定的。尽管看似反常，但这一发现与早期的注意力研究一致：简单或有意义的材料可能更有吸引力（如，Britton, Glynn, Meyer & Penland, 1982; Britton, Holdredge, Curry & Westbrook, 1979）。此外，这种效果似乎与模态有关。当次级任务涉及对音调的响应时，脚本中命题或有意义的单元的密度不会影响反应时间。这项对视觉次要任务（响应闪光灯）进行的重复研究呈现相反的效果：受试者与听觉任务少的广告有更深入的互动，但是不受视觉特征复杂结构的影响。这些作者认为，当其他资源被第二个任务所消耗时，受试者会从一种模态中"借用"资源。

在看电视过程中，参与度似乎也会有所变化。盖格和里夫斯（Geiger & Reeves, 1993）使用STRT来衡量注意力，发现在观看过程中，随着时间的推移，观看者应对剪辑变得更加容易，消耗的资源更少，因此紧接剪辑后的STRT变得更短。相反，洛奇和卡斯特（Lorch & Castle, 1997）在对5岁儿童的研究中发现，在观看的后半段时间里，随机提问需要最长的反应时间。

至于内容，一些研究调查了哪些节目和信息类型最吸引观看者。电视上播放的节目有连续性或非连续性的，并根据故事或情节进行了分类。成人受试者最关心的核心内容是情节，而非偶然的细节（Meadowcroft & Reeves, 1989）。其他研究将注意力作为内容的一个功能，将能唤起情感的内容与使人平静或中性的内容进行比较。朗、波尔兹、波特和考拉赫尔（Lang, Bolls, Potter & Kawahara, 1999）发现，唤醒情感的内容比使人平静的内容受到更多的关注。

洛奇和卡斯特（1997）发现，5岁的孩子在不看电视时的反应时间比在看时要短，并且在看电视时，相对易懂的《芝麻街》版本的反应时间要长于语言失真版本的节目。这一发现表明，在理解材料的过程中，认知能力会更多地参与其中，这进一步支持了容易理解的材料更具有吸引力的观点。

一些STRT研究已经检验了形式特征与内容之间的相互作用。一项工作考察了连续性的与非连续性画面的影响。朗、盖格、史蒂克韦达和萨姆纳（Lang, Geiger, Strickwerda & Sumner, 1993）证明，不连续的剪辑比连续的画面需要更多的处理能力。盖格和里夫斯（Geiger & Reeves, 1993）研究了注意力对于连续性和非连续画面的即时反应。他们发现，与逐渐减少对连续性画面的关注相比，处理非连续性画面所需的整体能力需要保持较高水平。更具体地说，这些研究者发现，对连续性画面的关注有短暂的陡增，然后即刻下降。相反，非连续的画面会导致注意力最初短暂减少，这表示观看者从之前的内容中"释放"出来,然后参与新的内容连续的画面之时,注意力急剧增加。从本质上讲,这些研究者发现,形式特征对观众注意力的影响至少部分取决于总体内容。例如,对所有画面都有一个自动的定向回应,但是处理和理解非连续的画面要更费神(Geiger & Reeves, 1993)。

最后,朗及其同事(Lang等,1999)研究了电视消息的注意力的唤醒和节奏调节(pacing)之间的相互作用。结果表明,对于平稳的讯息,总体的注意力会随节奏加快而增加。相反,人们对唤醒性的内容的关注度由于节奏调节的速度更快而降低了。换句话说,节奏慢、四平八稳的信息,以及节奏快、激发情感的信息,受到的关注最少。另一方面,大量的认知资源被分配给节奏快、平稳的消息和节奏慢、激发情感的信息。这一发现表明,唤醒和节奏调节都可以影响资源分配,并且在认知资源不超负荷时,唤醒和节奏调节的最佳组合使得注意力最大化。综上所述,STRT研究表明,注意力的自动调节控制(controlled attention)与形式和内容有关,但要充分预测参与的强度,需要考虑两者的相互作用。

心率研究

有研究探讨电视的结构特征(即画面)对与心率测量相关的注意力的影响。例如,商业广告的出现会引发定向反应(OR),其中一部分反应是心率降低(Lang, 1990)。当屏幕出现一个画面后,观众的心率会减速约4秒钟(Lang等,1993)。理查兹和吉布森(Richards & Gibson, 1997)还发现3至6个月大的婴儿的心率随场景变化而降低。

尽管一些研究认为,整体的节奏调整不会影响观看期间的心率大范围变化(Lang等,1999),但朗、周、施瓦兹、波尔兹和波特(Lang, Zhou, Schwartz, Bolls & Potter, 2000)发现,在观看的后半场里心率变慢,面对快节奏信息尤其如此。这与上述洛奇和卡斯特(1997)的STRT研究一致。

娱乐媒介一个有意思的特征是,注意力与屏幕尺寸有关。里夫斯、朗、金和塔塔尔族(Reeves, Kim & Tatar, 1999)证明,与中等尺寸(约33厘米)或小尺寸(约5厘米)屏幕相比,在大尺寸(约142厘米)屏幕上看电视时,成年人的心率下降幅度更大且一直维持较低的水平,不管内容的唤醒或情感效价如何。他们认为,几种已知的媒介效果在大屏幕上更明显,并建议在未来的研究中要考虑屏幕尺寸。

关于节目内容影响心率的研究主要集中在情感效价上。在观看过程中,受试者看到有关情感刺激的内容,心率会增加,但是在看到理性或理性与情感相结合的信息时,心率会降低(Lang, 1990)。此外,朗(Lang, 1990)发现情绪信息增加了诱发心脏反应的强度。也就是说,定向回应在屏幕上发生变化时产生,但是反应的强度随着情感刺激的增加而增加。里夫斯等人(Reeves等,1999)发现,负面信息比正面信息让心率下降更多,尽管这种影响只是微不足道的。朗等人(Lang, 2000)认为,区别于不相关的画面，相关的画面不会增加认知负担。与此一致的是，他们发现相关和不相关画面均会导致心率降低，但只有相关画面显示出受试者对播放内容的记忆力有所增加。此外，这些发现对生产的影响在于，创作者可以在不影响认知能力的情况下，增加节目引人注意的特征，尽可能地让观众从节目中获得信息。心率研究的许多结果与次级任务反应时的研究结果相似。

电生理学研究

有一些研究使用脑电图（EEG）研究受众对电视节目的注意力。罗斯柴尔德、索森、里夫斯、赫希和戈德斯坦（Rothschild, Thorson, Reeves, Hirsch & Goldstein, 1986）证明，脑电图可用于识别获得与保持注意力的场景，即识别那些一旦获得但又失去关注以及从未被成功关注的场景。α波抑制时期（表示关注）通常始于某些视觉变化，例如剪辑、镜头运动或商业广告。叠加的画外音还会引起α波抑制。罗斯柴尔德等人（Rothschild等，1986）在他们的电视刺激中确定了"兴趣点"，其中在成人受试者中观察到了最多的α波抑制。朗（Lang, 1990）使用相同的刺激，发现这些兴趣点还可以根据心率测量值引发定向反应，但是她无法确定所有或大多数这些点共有的特定形式特征。罗斯柴尔德等（Rothschild等，1986）提出，在视觉或听觉线索的定向过程中，α波可能会迅速衰减，但注意力的维持可能取决于观看者的动机或对内容的兴趣。据我们所知，还没有研究探究节目内容对脑电图的影响，但是这种预测与本章前面提到的注意力测量的研究结果是一致的。

西蒙斯、德威博和卡斯伯特（Simons, Detenber & Cuthbert, 2003）向成年人播出定格画面或简短的视频短片，有观点认为这些短片会引起情绪反应。他们在颅顶骨区域发现了意味着是注意力集中的α波衰减现象。积极和消极的情绪片段都能引起注意，运动画面比定格画面更能吸引注意，这与其他注意力测量方法一致。

史密斯和格文斯（Smith & Gevins, 2004）研究了电视广告的脑电图反应，发现α波衰减与场景变化有关。在低频率的α波范围中，正面α波衰减与受试者发现有趣的广告有关；在较高频率α波范围中正面α波衰减与回忆广告有关。就像基于观看、STRT和心率的研究一样，脑电图研究表明，与更持久的注意力相比，初始定向的注意力过程更明显，定向是通过形式特征和对内容的认知参与而引起的持续关注。

注意力强度中的议题

总体而言，本节中所引的研究都是成年人参与进行的。我们对注意力强度的了解大部分源自对成年人的研究。直到最近，有关看电视的研究记录了婴儿的STRT（如，Richards & Turner, 2001）、心率（如，Richards & Cronise, 2000）和大脑活动（如，Richards, 2003）。只有几项研究针对年龄较大儿童使用了一些测量注意力强度的方法，即STRT（如，Lorch & Castle, 1997）。这些研究主要集中在注意力惯性上，接下来对其进行介绍。

注意力惯性

总的来说，看电视的研究解决的问题与注意力强度的研究有些不同。然而，有关电视注意力的研究出现两种趋向一致的现象。这种现象被称为注意力惯性。注意力惯性的定义与注意力的开始有关（通常是观看）：电视开始时，注意力强度较低，并且"脆弱"、容易被打断。但是，随着情节的持续发展，情节变得越来越稳健，不易受到干扰，信息处理也变得更加密集。打个比方，随着对电视的注意力持续不断，惯性便产生了。

这个术语出现在爱德森、奥威特、洛奇、列文（Anderson, Alwitt, Lorch & Levin, 1979）的分析报告中。他们绘制了儿童的观看长度数据，并将其作为一种风险函数。风险函数描述了某种实体发生故障的概率，条件是该实体的生存时间。例如，风险函数被用作人寿保险计算的一部分，这就涉及根据某人目前的年龄来决定他在明年死亡的概率。安德森等（Anderson等，1979）将该分析方法应用于看电视。对于一群在有着诱人玩具的房间里看《芝麻街》的5岁儿童来说，从开始到在3秒内结束的风险函数约为0.57。当观看行为可以保持3秒钟，在6秒钟之前停止看电视的风险函数降至0.34。观看行为保留6秒，不久后停止的风险函数进一步降至0.24，依此类推。基于3秒间隔的整个曲线显示出随着时间的推移，负函数的平衡下降。换句话说，观看的时间越长，在每个后续的时间段里停止观看的风险就越小。

安德森等（Anderson等，1979）表明，这种风险函数既可以描述单个儿童的数据，也可以用于群体数据，并且适用于12岁的儿童以及成人。随后，理查兹和他的同事表明，该函数可以描述6周至24个月婴儿看电视的风险数据（Richards & Cronise, 2000; Richards & Gibson, 1997; Richards & Turner, 2001）。注意力惯性不限于看电视。在学龄前儿童玩玩具（Choi & Anderson, 1991）和听音乐（Sims, 2001）的过程中也发现了可描述的风险函数。

一系列研究探讨了注意力惯性的本质。研究发现，持续看电视的时间越长，观看者的注意力越分散（Anderson等，1987; Richards & Turner, 2001），与此同时，这也在玩玩具中有所发现（Choi & Anderson, 1991; Ruff, Cappazolli & Salterelli, 1996）。注意力分散是伴随注意力强度或参与度增加而减少的，而注意力强度或参与度是通过对干扰物或次级任务反应时来确定的（Anderson等，1987; Choi & Anderson, 1991; Lorch & Castle, 1997）。在玩玩具时，随着情节的持续，孩子更有可能进入一种高度集中的状态，即聚精会神（Oakes, Ross-Sheehy & Kanass, 2004; Ruff等，1996）的状态。

理查兹及其同事在对心率的分析中也发现，随着对电视的持续观看，观看者的参与度逐渐加深（Richards & Cronise, 2000; Richards & Gibson, 1997; Richards & Turner, 2001）。电视信息处理在持续观看之中得到增强。伯恩斯和安德森（Burns & Anderson, 1993）发现，在测试内容出现时，持续观看的时间越长，节目内容的识别记忆就越多。洛奇（Lorch等，2004）发现，当呈现有关电视叙事的信息时，孩子们越能搞清它们之间的因果关系就越能理解它们。

注意力惯性似乎是娱乐媒介（包括电视、玩具和音乐）关注的一般属性。注意力惯性有什么功能呢？在发现注意力惯性之前，许多理论家认为，注意力系统必须有方法维持对任务或话语来源的注意力，而不管趣味性、可理解性或其他方面短暂的波动（Hebb, 1949; Hochberg & Brooks, 1978; James, 1890）。例如，霍奇伯格和布鲁克斯（Hochberg & Brooks, 1978）认为，为了看电影，一定要在剪辑所界定（defined）的视觉内容边界做到吸引注意力。换句话说，在时间结构化的娱乐媒介中，以及在电视剧和其他的类型中，必须存在一种"胶水"，以保持观众对内容或动作边界的关注。

安德森和他的同事们发现，在内容完全改变之前，观看的时间越长（从节目到商业的转变），那么内容改变后的观看时间也就越长（Andersont Lorch, 1983; Burns & Anderson, 1993）。因此，注意力惯性有助于维持对全新内容的关注。安德森及其同事认为，由于注意力惯性是在幼儿中发现的，它贯穿于无关联的内容片段之中，所以它可能是持续关注的基础生物学过程。

在婴儿能够理解之前，在他们看电视过程中发现了注意力惯性，当婴儿观看诸如计算机生成的随机形式和声音之类的刺激时，也会发现注意力惯性。然而，在观看分布的定量分析中，大约从18个月开始，如果刺激是精心组织的、典型的电视镜头，婴儿会表现出更大的惯性（Richards & Anderson, 2004）。大一点的孩子比年幼的惯性要大。总之，这些结果表明，认知理解过程会增强注意力惯性。该结论也与上文所述的注意力强度的研究一致，与无关联的、编辑过的系列镜头相比，受试者对于有关联镜头的注意力强度会更高。

霍金斯及其同事对这种现象有更充分的探索，发现跨内容边界驱动观看的程度随边界的类型而变化（Hawkins等，2002; Hawkins, Tapper, Bruce & Pingree, 1995）。他们认为，有一些通过训练的、有策略的步骤会改变注意力惯性的强度，而情绪化的步骤也可以。比如，可以预测，从娱乐节目向商业广告过渡产生的惯性，比从商业广告向娱乐节目过渡产生的要少；此外，与娱乐性较低的节目相比，娱乐性高的节目产生更高水平的注意力惯性。

理论与未来方法

在我们已知的研究领域里，那些引起注意的、短暂增强注意力和持续增强注意力的电视特征之间都存在区别。特定的形式特征会引发观看行为，在次级任务反应时有短暂的增加，产生定向反应的心率会减弱，并减弱颅顶骨区域的α波水平。产生持续注意力的因素没有得到很好的描述，但主要是内容因素。这些内容因素包括可理解性、趣味性、情感效价以及对观众的个人意义。另外，随着注意力的持续，如注意力惯性所揭示的，参与会逐渐加深。后者显然是由内容理解产生的，并且可以在成人中进行策略性修改。但在注意力惯性将注意力持续吸引到新的无关内容时，后者似乎也是一个自动过程，它发生在前认知（pre-cognitive）婴儿中，并可能在无意义的刺激下产生。

阅读本章时，让我们震惊的是，目前缺乏注意力与娱乐相关的理论。尤其，关于任务状态下的持续注意力与娱乐状态下的持续注意力之间的差异的理论很少。为什么在承担任务的情境下保持持续关注很费力，而在娱乐情况下保持持续关注则轻松可及？在这些截然不同的情境中，持续关注在本质上是否有所不同？它们呼吁人们关注不同的潜在神经机制吗？尽管有许多工具可用于研究，但我们还没看到系统地探讨这一问题的研究。

我们还发现，尽管音频很重要，但对娱乐媒介的听觉关注的研究不多。同样，尽管儿童能够忍受甚至要求重复，但是原因还知之甚少。有证据表明，只要过了幼儿园年龄，重复看视频的次数会减少（Mares, 1988），但除了上文引用的，还没有其他系统的调查。

虽然对电视注意力的研究已到了临界值，甚至允许节目设计的系统原则的研制（Anderson, 2004），但在其他娱乐媒介上还没有类似的文献。例如，尽管很多文献集中于在阅读方面的眼动研究，但没有人去研究一个人开始阅读，读了一段时间，又停下来的原因（类似于看电视）。例如，我们不知道注意力惯性是否也适用于娱乐阅读。在电子游戏方面也没有相关文献。

随着大屏幕高清电视和环绕立体声的普及，美国电视正在成为数字媒介。此外，数字电视还有互动的可能性。虽然我们对电视注意力的理解可能适用于这一进化的媒介，但很多东西会改变。另一方面，手机用户可以在5厘米的屏幕上收看电视。这种进化的媒介的注意力本质是什么？无论这些媒介给娱乐带来什么，注意力仍然是必要的。系统地研究新媒介的注意力，我们能够更好地了解其影响，并助力于内容的合理设计。

参考文献

Alwitt, L. F., Anderson, D. R., Lorch, E. P., & Levin, S. R. (1980). Preschool children's visual attention to attributes of television. *Human Communication Research, 7*, 52–67.

Anderson, D. R. (1985). On-line cognitive processing of television. In A. Mitchell & L. Alwitt (Eds.), *Psycho- logical processes and advertising effects: Theory, research and application*. Hillsdale, N.J.: Lawrence Erlbaum Associates.

Anderson, D. R. (2004). Watching children watch television and the creation of *Blue's Clues*. In H. Hendershot (Ed.), *Nickelodeon nation: The history, politics, and economics of America's only TV channel for kids* (pp. 241–268). New York: New York University Press.

Anderson, D. R., Alwitt, L. F., Lorch, E. P., & Levin, S. R. (1979). Watching children watch television. In G. Hale & M. Lewis (Eds.),

Attention and cognitive development (pp. 331–361). New York: Plenum.

Anderson, D. R., & Burns, J. (1991). Paying attention to television. In D. Zillman & J. Bryant (Eds.), *Responding to the screen: Perception and reaction processes*. pp. 3–26. Hillsdale, NJ: Lawrence Erlbaum Associates.

Anderson, D. R., Choi, H. P., & Lorch, E. P. (1987). Attentional inertia reduces distractibility during young children's television viewing. *Child Development, 58*, 798–806.

Anderson, D. R., Collins, P. A., Schmitt, K. L., & Jacobvitz, R. S. (1996). Stressful life events and television viewing. *Communication Research, 23*, 243–260.

Anderson, D. R., Field, D. E., Collins, P. A., Lorch, E. P., & Nathan, J. G. (1985). Estimates of young children's time with television: A methodological comparison of parent reports with time-lapse video home observation. *Child Development, 56*, 1345–1357.

Anderson, D. R., & Levin, S. R. (1976). Young children's attention to Sesame Street. *Child Development, 47*, 806–811.

Anderson, D. R., & Lorch, E. P. (1983). Looking at television: Action or reaction? In J. Bryant & D. R. Anderson (Eds.), *Children's understanding of TV: Research on attention and comprehension* (pp. 1–34). New York: Academic Press.

Anderson, D. R., Lorch, E. P., Collins, P. A., Field, D. E., & Nathan, J. G. (1986). Television viewing at home: Age trends in visual attention and time with TV. *Child Development, 57*, 1024–1033.

Anderson, D. R., Lorch, E. P., Field, D. E., & Sanders, J. (1981). The effect of television program comprehensibility on preschool children's visual attention to television. *Child Development, 52*, 151–157.

Anderson, D. R., Lorch, E. P., Smith, R. Bradford, R., & Levin, S. R. (1981). The effects of peer presence on preschool children's television viewing behavior. *Developmental Psychology, 17*, 446–453.

Anderson, D. R., & Pempek, T. A. (2005). Television and very young children. *American Behavioral Scientist, 46*, 505–522.

Anderson, D. R., & Smith, R. N. (1984). Young children's television viewing: The problem of cognitive continuity. In F. Morrison, C. Lord, & D. Keating (Eds.), *Advances in applied developmental psychology* (pp 116–165). New York: Academic Press.

Barr, R., Chavez, M., Fujimoto, M., Garcia, A., Muentener, P., & Strait, C. (2003, April). *Television exposure during infancy: Patterns of viewing, attention, and interaction*. Poster presented at the Biennial Meeting of the *Society for Research in Child Development*, Tampa, FL.

Bechtel, R., Achelpohl, C., & Akers, R. (1972). Correlates between observed behavior and questionnaire responses on television viewing. In E.A. Rubinstein, G.A. Comstock, & J.P. Murray (Eds.), *Television and social behavior* (Vol. 4), *Television in day to day life: Patterns of use* (pp. 274–344). Washington, DC: U.S. Government Printing Office.

Britton, B. K., Glynn, S. M., Meyer, B. J. F., & Penland, M. F. (1982). Effects of text structure on use of cognitive capacity during reading. *Journal of Educational Psychology, 74*, 51–61.

Britton, B. K., Holdredge, T. S., Curry, C., & Westbrook, R. D. (1979). Use of cognitive capacity in reading identical texts with different amounts of discourse level meaning. *Journal of Experimental Psychology: Human Learning and Memory, 5*, 262–270.

Burns, J. J., & Anderson, D. R. (1993). Attentional inertia and recognition memory in adult television viewing. *Communication Research, 20*, 777–799.

Campbell, T. A., Wright, J. C., & Huston, A. C. (1987). Form cues and content difficulty as determinants of chil- dren's cognitive processing of televised educational messages. *Journal of Experimental Child Psychology, 43*, 311–327.

Choi, H. P., & Anderson, D. R. (1991). A temporal analysis of toy play and distractibility in young children. *Journal of Experimental Child Psychology, 52*, 41–69.

Crawley, A. M., Anderson, D. R., Wilder, A., Williams, M., & Santomero, A. (1999). Effects of repeated exposures to a single episode of the television program *Blue's Clues* on the viewing behaviors and comprehension of preschool children. *Journal of Educational Psychology, 91*, 630–637.

Crawley, A. M., Anderson, D. R., Santomero, A., Wilder, A., Williams, M., Evans, M. K., & Bryant, J. (2002). Do children learn how to watch television? The impact of extensive experience with *Blue's Clues* on preschool children's television viewing behavior. *Journal of Communication, 52*, 264–280.

Field, D. E., & Anderson, D. R. (1985). Instruction and modality effects on children's television attention and comprehension. *Journal of Educational Psychology, 77*, 91–100.

Flagg, B. N. (1978). Children and television: Effects of stimulus repetition and eye activity. In J. W. Senders, D. F. Fisher & R. A. Monty (Eds), *Eye movements and the higher psychological functions* (pp. 279–291). Hillsdale, NJ: Lawrence Erlbaum Associates.

Frankenfield, A. E., Richards, J. R., Lauricella, A. R., Pempek, T. A., Kirkorian, H. L., & Anderson, D. R. (2004, May). *Looking at and interacting with comprehensible and incomprehensible* Teletubbies. Poster session to be presented at the biennial International Conference for Infant Studies, Chicago, IL.

Friedlander, B. Z., & Cohen de Lara, H. C. (1973). Receptive language anomaly and language/reading dysfunction in "normal" primary-grade school children. *Psychology in the Schools, 10*, 12–18.

Geiger, S., & Reeves, B. (1993). The effects of scene changes and semantic relatedness on attention to television. *Communication Research, 20*, 155–175.

Hawkins, R. P., Pingree, S., Hitchon, J. B., Gilligan, E., Kahlor, L., Gorham, B. W., Radler, B., Kannaovakun, P., Schmidt, T., Kolbeins, G. H., Wang, C.-I., & Serlin, R. C. (2002). What holds attention to television? *Communi- cation Research, 29*, 3–30.

Hawkins, R. P., Pingree, S., Hitchon, J., Radlor, B., Gorham, B. W., Kahlor, L., Gilligan, E., Serlin, R. C., Schmidt, T.,

Kannaovakun, P., & Kolbeins, G. H. (2005). What produces television attention and attention style? *Human Communication Research, 31,* 162–187.

Hawkins, R. P., Tapper, J., Bruce, L., & Pingree, S. (1995). Strategic and non-strategic explanations for attentional inertia. *Communication Research, 22,* 188–206.

Hebb, D. O. (1949). *The organization of behavior.* New York: Wiley.

Hirsh-Pasek, K., & Golinkoff, R. N. (1999). *Origins of grammar: Evidence from early language comprehension.* Cambridge, MA: MIT Press.

Hochberg, J., & Brooks, V. (1978). Film cutting and visual momentum. In J. W. Senders, D. F. Fisher & R. A. Monty (Eds), *Eye movements and the higher psychological functions.* (pp. 293–316). Hillsdale, NJ: Lawrence Erlbaum Associates.

Hollenbeck, A., & Slaby, R. (1979). Infant visual responses to television. *Child Development, 50,* 41–45.

Huston, A. C., Greer, D., Wright, J. C., Welch, R., & Ross, R. (1984). Children's comprehension of televised formal features with masculine and feminine connotations. *Developmental Psychology, 20,* 707–716.

Huston, A. C., & Wright, J. C. (1983). Children's processing of television: The informative functions of formal features. In J. Bryant & D. R. Anderson (Eds.), *Children's understanding of television: Research on attention and comprehension* (pp. 35–68). New York: Academic Press, Inc.

Huston, A. C., & Wright, J. C. (1989). The forms of television and the child viewer. In G. Comstock (Ed.), *Public communication and behavior: Volume 2* (pp. 103–158). New York: Academic Press, Inc.

James, W. (1890). *Principles of psychology.* New York: Holt.

Lang, A. (1990). Involuntary attention and physiological arousal evoked by structural features and emotional content in TV commercials. *Communication Research, 17,* 275–299.

Lang, A., Bolls, P., Potter, R. F., & Kawahara, K. (1999). The effects of production pacing and arousing content on the information processing of television messages. *Journal of Broadcasting & Electronic Media, 43,* 451–475.

Lang, A., Geiger, S., Strickwerda, M., & Sumner, J. (1993). The effects of related and unrelated cuts on television viewers' attention, processing capacity, and memory. *Communication Research, 20,* 4–29.

Lang, A., Zhou, S., Schwartz, N., Bolls, P. D., & Potter, R. F. (2000). The effects of edits on arousal, attention and memory for television messages: When an edit is an edit can an edit be too much? *Journal of Broadcasting & Electronic Media, 44,* 94–109.

Linebarger, D. L., & Chernin, A. R. (2004). *Gender Differences in Young Children's Eye Movements While Watching Television: Implications for Attention and Comprehension.* Unpublished manuscript, University of Pennsylvania.

Lorch, E. P., Anderson, D. R., & Levin, S. R. (1979). The relationship of visual attention and comprehension of television by preschool children. *Child Development, 50,* 722–727.

Lorch, E. P., & Castle, V. J. (1997). Preschool children's attention to television: Visual attention and probe response times. *Journal of Experimental Child Psychology, 66,* 111–127.

Lorch, E. P., Eastham, D., Milich, R., Lemberger, C. C., Sanchez, R. P., & Welsh, R. (2004). Difficulties in compre- hending causal relations among children with ADHD: The role of attentional engagement. *Journal of Abnormal Psychology, 113,* 56–63.

Luecke-Aleksa, D., Anderson, D. R., Collins, P. A., & Schmitt, K. L. (1995). Gender constancy and television viewing. *Developmental Psychology, 31,* 773–780.

Mares, M. L. (1998). Children's use of VCRs. *Annals of the American Academy of Political and Social Science, 557,* 120–131.

Meadowcroft, J. M., & Reeves, B. (1989). Influence of story schema development on children's attention to television. *Communication Research, 16,* Special issue: Social cognition and communication. 352–374.

Nathan, J. G., Anderson, D. R., Field, D. E., & Collins, P. A. (1985). Television viewing at home: Distances and viewing angles of children and adults. *Human Factors, 27,* 467–476.

Navon, D., & Gopher, D. (1979). On the economy of the human-processing system. *Psychological Review, 86,* 214–255.

Oakes, L. M., Ross-Sheehy, S., & Kanass, K. M. (2004). Attentional engagement in infancy: The interactive influence of attentional inertia and attentional state. *Infancy, 5,* 239–252.

Pingree, S. (1986). Children's activity and television comprehensibility. *Communication Research, 13,* 239–256.

Potts, R., Huston, A. C., & Wright, J.C. (1986). The effects of television form and violent content on boys' attention and social behavior. *Journal of Experimental Child Psychology, 41,* 1–17.

Reeves, B., Lang, A., Kim, E. Y., & Tatar, D. (1999). The effects of screen size and message content on attention and arousal. *Media Psychology, 1,* 49–67.

Richards, J. E. (2003). Attention affects the recognition of briefly presented visual stimuli in infants: an ERP study. *Developmental Science, 6,* 312–328.

Richards, J. E., & Anderson, D. R. (2004). Attentional inertia in children's extended looking at television. In R. V. Kail (Ed.), *Advances in child development and behavior* (Vol. 32, pp. 163–212). Amsterdam: Academic Press.

Richards, J. E., & Casey, B. J. (1992). Development of sustained visual attention in the human infant. In B. A. Campbell, H. Hayne, & R. Richardson (Eds.), *Attention and information processing in infants and adults* (pp. 30–60). Hillsdale, NJ: Lawrence Erlbaum Associates.

Richards, J. E., & Cronise, K. (2000). Extended visual fixation in the early preschool years: Look duration, heart rate changes, and attentional inertia. *Child Development, 71,* 602–620.

Richards, J. E., & Gibson, T. L. (1997). Extended visual fixation in young infants: Look distributions, heart rate changes, and attention. *Child Development. 68*, 1041–1056.

Richards, J. E., & Turner, E. D. (2001). Distractibility during the extended viewing of television during the early preschool years. *Child Development, 68*, 963–972.

Rolandelli, D. R., Wright, J. C., Huston, A. C., & Eakins, D. (1991). Children's auditory and visual processing of narrated and nonnarrated television programming. *Journal of Experimental Child Psychology, 51*, 90–122.

Rothschild, M. L., Thorson, E., Reeves, B., Hirsch, J. E., & Goldstein, R. (1986). EEG activity and the processing of television commercials. *Communication Research, 13*, 192–220.

Ruff, H. A., Cappozolli, M., & Salterelli, L. M. (1996). Focused visual attention and distractibility in 10-month-old infants. *Infant Behavior and Development, 19*, 281–293.

Schmitt, K. L., Anderson, D. R., & Collins, P. A. (1999). Form and content: Looking at visual features of television. *Developmental Psychology, 35*, 1156–1167.

Schmitt, K. L., Woolf, K. D. & Anderson, D. R. (2003). Viewing the viewers: Viewing behaviors by children and adults during television programs and commercials. *Journal of Communication, 53*, 265–281.

Simons, R. F., Detenber, B. H., & Cuthbert, B. N. (2003). Attention to television: Alpha power and its relationship to image motion and emotional content. *Media Psychology, 5*, 283–301.

Sims, W. L. (2001). Characteristics of preschool children's individual music listening during free choice time. *Bulletin of the Council for Research in Music Education, 149*, 53–63.

Slaby, R. G., & Frey, K. S. (1975). Development of gender constancy and selective attention to same-sex models. *Developmental Psychology, 46*, 849–856.

Smith, M. E., & Gevins, A. (2004). Attention and brain activity while watching television: Components of viewer engagement. *Media Psychology, 6*, 285–305.

Susman, E. J. (1978). Visual and verbal attributes of television and selective attention in preschool children. *Devel- opmental Psychology, 14*, 565–566.

Thorson, E., Reeves, B., & Schleuder, J. (1985). Message complexity and attention to television. *Communication Research, 12*, 427–454.

Tincoff, R., & Jusczyk, P. W. (1999). Some beginnings of word comprehension in 6-month-olds. *Psychological Science, 10*, 172–175.

Zillmann, D., & Bryant, J. (1994). Entertainment as media effect. In J. Bryant, & D. Zillmann (Eds.), *Media effects: Advances in theory and research*. Hillsdale, NJ: Lawrence Erlbaum Associates.

Zillmann, D., Williams, B., Bryant, J., Boynton, K., & Wolf, M. (1980). Acquisition of information from educational television programs as a function of differently paced humorous inserts. *Journal of Educational Psychology, 72*, 170–180.

第四章 感　　知

L.J.什鲁姆

感知（Perception）是一个难以捉摸的概念。笔者在为准备这一章时进行的阅读和对话中，没看到有关感知的一致的定义。这也许能理解，因为该术语和它的同源词的用法在不同领域存在差异。规则、感知场、感知的流畅性（认知心理学）、人际感知、社会感知、选择性感知（社会心理学）、感知真实以及对社会现实（沟通）的感知，这些只是用法里的一小部分。术语从规则到对社会现实感知的发展，实际上呈现了信息处理的各个阶段，从基本刺激的分类和编码阶段到对人的特质推理的形成，再到关于复杂社会刺激的更详细的推论和判断，如群体、社会、事件。

不管以上哪个领域、术语或阶段都能更好地反映出感知方面的共识，显然，它们都是传播的基础，尤其是在对娱乐问题的处理方面。此外，正如本章将要（希望）阐明的那样，这些进程是动态的、交互的。个人和情境因素影响个人和事件的感知，后者的频繁处理又对前者在随后的感知和判断中产生影响。

在下一节中，笔者将概述认知心理学上的感知观。其目的是为理解感知的构成过程与传播过程如何互相影响奠定基础。感知和传播之间的这些动态和交互的关系构成了大众媒介（尤其娱乐媒介）是如何被感知及其消费是如何影响感知的。

认知心理学视角下的感知

人们可能会认为，将感知的概念专注于某一特定领域可以减少歧义，尤其该领域（认知心理学）是与感知最密切的领域，但这种想法是错误的。尽管它们在定义的某些方面有很大程度上的共识，但这种共识打破了感知与其他过程之间的界限，比如当感知变成记忆（Erdelyi, 1992）。然而，正如前面提到的跨领域的歧义一样，这种歧义也是可以理解的。当前的感知观不是一种"轨迹"，也不是单一事件，而是由多个阶段组成的"巨大加工厂"（Erdelyi, 1974, p.14）。这种对处理阶段和一般信息加工的动态性质的关注最初是由感知中被称为"新面貌"的东西所引发的（Bruner, 1957），而对信息加工模型的早期研究中的重组则被称为"新面貌2"（试比较Erdelyi, 1974 & Greenwald, 1992）。这一开创性研究对当下认知心理学和社会心理学的影响是难以估量的，因为它为心理学中的信息加工革命奠定了基础。

感知的"新面貌"

感知最基本的层面是一个归类过程（Bruner, 1957）。当刺激信息作为感觉输入被接收时，感知过程试图通过将信息归入一类事物（如水果、动物、女人等）来理解这些信息。请注意，这些输入可能来自各种感官（视觉、听觉等），对于视觉而言，可以是图片或者文字的形式。感知过程包括获取刺激的表面特征（如颜色、音调、形状、字幕等），并将其归入语义范畴。

在"新面貌"运动之前，感知研究体现了实证主义的观点，即存在一种客观现实（Bruner, 1992, p.780），这种现实被感官以相对被动的方式处理，通常只受到外部因素（如强度、新奇性）的影响。"新面貌"采取建构主义的视角，即感知是一个适应性的过程，因此受到期望和动机等内部结构的影响。在一系列研究中，布鲁纳、波兹曼以及其他同事证明了这些内部结构（Internal constructs）影响"感知意愿"，或者影响刺激分类的难易程度（详见Bruner, 1957; Erdelyi, 1974）。例如，波兹曼、布鲁纳和麦金妮（Postman, Bruner & McGinnies, 1948）的研究表明，参与者识别奥尔波特-弗农（Allport-Vernon）价值观列表（Allport & Vernon, 1931）对应的单词的速度，取决于这些价值在每个个体心中的位置。被个体列为更重要的价值观往往比那些被列为不太重要的价值观更容易被识别。布鲁纳（Bruner, 1951）后来指出，一个模棱两可的图像（如一个弯腰的人）的分类（诠释）因奥尔波特-弗农价值观的重要性而有所不同。因此，具有强烈宗教价值观的参与者倾向于将其描述为正在祈祷，而具有强烈经济价值观的人往往将其描述为正在工作。

其他与价值、动机或需求无关的内部结构产生了波兹曼等人（Postman, 1948）研究中的结果。布鲁纳和波兹曼（Bruner & Postman, 1949）表明过去的经验可以产生预期，进而影响分类的感知过程。扑克牌是以速视仪（tachistoscopically）呈现给参与者的：一些牌是正常的（如红桃8），而另一些则不是（黑色的方块3）。就识别阈值而言，异常牌明显高于正常牌。然而，一旦有异常牌出现，那么其他异常牌的识别阈值都会被降低，但仍然到达不了正常牌的水平。布鲁纳（Bruner, 1958）用预期、假设或感知理论解释了这些结果。随着时间的推移，人们发现了"什么牌和什么牌一起出现"。随时间的推移，假设的强度因结果的一致而增加。这进而影响了布鲁纳和波兹曼（Bruner & Postman, 1949）的识别阈值所代表的感知过程。此外，一旦因出示了异常牌而降低了信心，那么参与者就会表现出更小的期待效应。

人们感知（分类）刺激能力的增强取决于被称为"感知警觉"的内部状态（Bruner & Postman, 1947b）。然而，还有另一组同样新颖的发现：人们也表现出对某些情感刺激的认知能力下降（术语为"感知防御"），而这些多与"忌讳"的词相关（如婊子、阴茎、死亡；Bruner & Postman, 1947a）。

这两个概念（警觉和防御）从认知到社会再到临床，都对心理学产生了深远影响。首先，防御机制的概念为弗洛伊德心理学的临床性质（clinical nature）和认知心理学中更科学的实验工作提供了明确的联系。也就是说，类似于压抑机制的临床研究发现，以前总是由于缺乏科学的严谨性和可证伪性而受到批评，现如今已有了这些证据。此外，在参与者不知道任何选择性过程的情况下，感知的选择性清楚地表明了活跃的潜意识运作。事实上，正如布鲁纳（Bruner, 1992）所指出的，在精神分析论争占优势之前不久，弗洛伊德和认知心理学的联系就已形成（参见 Lazarus, Erikson, & Fonda, 1951; Erdelyi, 1974, 1983）。其次，感知警觉或感知意愿的概念为构念可及性（construct accessibility）的轰动性研究提供了动力（详见 Higgins, 1996; Wyer & Srull, 1989）。具体来说，人们总是做好了感知（分类）的准备，他们可以通过在众多分类中进行选择来实现这一点。选择哪个类别取决于该类别可及性的功能，类别可及性又由内部（如动机、需求、态度）或外部（如环境、情境）因素决定。因此，对那些饥饿的人而言，罗夏测验（Rorschach inkblot）更倾向于诠释与食物相关的物体，或是一个模棱两可的行为（坐在公园的长椅上）可能会因最近接触过种族歧视或是性别偏见而产生负面解释。

"新面貌2"

布鲁纳、波兹曼及其同事的研究发现对当时公认的认知过程观提出了重要问题。按照当时的理论，感知系统被视为在刺激系统和反应系统中间运作，沿着从刺激到感知（Perception）再到反应的明确顺序进展，信息就可以储存在长期记忆（Long-term memory）中。然而，布鲁纳及其同事明确指出，在某些时候，长期记忆一定会对感知过程产生影响。也就是说，感知意愿因过去的共变（convariation）经验而增强，感知防御因过去的不悦刺激而增强。

埃尔德利（Erdelyi, 1974）解决了这个难题，他将感知概念化为一个多阶段过程，这个过程处于认知控制（通过长期记忆）之下但又发生在意识之外。因此，个体通常（但并不总是）不知道为什么特定的类别或构造会在感知/分类的刺激过程中被激活。换句话说，人们通常不知道为什么特定类别会"被选中"（感知警觉）或"被淘汰"（感知防御），尽管长期记忆监测感官输入，以便以最适应的方式执行这些选择任务。

感知选择性的基本概念为向社会心理学视角的感知过渡奠定了基础。如前所述，布鲁纳及其同事对社会感知理论的发展起了重要作用，尤其是涉及构念可及性时。此外，虽然据我所知，它尚未直接以这种方式应用，但感知选择性和构造可及性都与选择性感知有一定关系，因为传统上，它在心理学和传播学研究中都有论述。下一节将讨论这些概念。

感知的社会心理学视角

社会感知和构念可及性

就本讨论而言，社会感知指的是对他人或群体形成印象的过程。构念可及性指的是特定构念（在本例中为特征概念）被激活的容易程度。布鲁纳及其同事对简单物件（如苹果、橙子）感知的研究（参见 Bruner, 1957）被应用于对人的感知研究。布鲁纳指出"如果感官输入同样适合的两个互不重叠的类别，则更容易访问的那个类别将会'捕获'输入"（Bruner, 1957, p.132）。它对特征的推断是直截了当的。几乎在任何社会情境下，一组受限的行为都可以用若干特征概念（trait concepts）来解释。换言之，仅给出少量信息，执行特定行为的动机则是模棱两可的。例如，一个人之所以会坐在公园长椅上，可能是出于无事可做（懒惰）或是刚刚结束工作（勤奋）。而一个跳伞者可能会被认为是鲁莽的或是具有冒险精神的。在这两种情况下，由于缺乏任何额外的判断信息，对同一行为的感知都可沿着多个特征维度进行分类。根据布鲁纳的说法，适用特征构念的相对可及性决定了行为是如何被感知以及它如何被编码成给人的印象的。反言之，特征概念的可及性也会受到外部（如传播）和内部（如需求、动机、态度）因素的影响。

外部诱导可及性 布鲁纳（Brnner, 1957）暗示的情境可及性效应的预测在赫金斯、罗兹和琼斯（Higgins, Rholes & Jones, 1977）以及斯鲁尔和韦尔（Srull & Wyer, 1979, 1980）的一系列研究中得到证实。在这两项研究中，特征概念被激活，因而通过启动程序更易获得。不同的研究启动程序不同。在赫金斯等人的研究中，参与者通过一项表面上不相关的斯特鲁普任务（Stroop task）接触到两种特征中的一种，即顽固的或执着的。在斯鲁尔和韦尔的研究中，参与者通过完成一个打乱的句子任务，以激活敌对或善良的特征概念。随后，在这两项研究中，参与者要么阅读一份情况描述，要么阅读一份可能与他们暗示的特征模棱两可的行为清单。例如，拿定主意并基本不改变，它可能被认为是顽固的或执着的；而乘坐帆船横渡大西洋，可能被认为是鲁莽的或是有冒险精神的。

所有的研究结果都得出了相同的结论。当独有的特征概念通过启动程序更易获得时，参与者倾向于根据这些启动概念来判断目标人物（target person）的行为。因此，在赫金斯等人（Higgins, 1977）的研究中，尽管所有参与者都阅读了完全相同的特征描述。被激活时，执着的特征比顽固的特征更容易给目标人物留下印象。斯鲁尔和韦尔（Srull & Wyer, 1979, 1980）也发现了类似的结果。除此之外，他们还指出，尽管这些可及性效应会随着时间的推移而减少（如5分钟、1小时、1天），但当启动频率较高时，启动的可及性效应在24小时后可被观察到。

重要的是，要注意意识对激活构念（construct activation）的影响，或者更具体地说，在启动研究中产生效应时，要注意到意识的缺乏对它的影响。情境因素使某些特征概念更易被获得，因而更有可能用于社会感知，但人们一般不会留意这个关系。在赫金斯等人以及斯鲁尔和韦尔的研究中，参与者自觉保持启动（prime）意识，但他们没有意识到它可能产生的影响。巴格和彼得罗摩纳哥（Bargh & Pietromonaco, 1982）证实了这一推论，他们在印象形成任务之前，潜移默化地为参与者提供了特质概念。因此，参与者显然不知道启动事件与判断任务之间的关系，因为他们甚至都没有意识到启动事件的发生。此外，马丁（Mortin, 1986）还指出，当参与者意识到所想到的特征概念可能还受到外部因素影响时，他们可能会避免使用它来形成自己的判断（参见Lombardi, Higgins & Bargh, 1987）。

启动研究的最后一个方面很重要。在赫金斯等人以及斯鲁尔和韦尔的研究中都表明，只有当这些特征类别适用于行为时，它的启动才会产生影响。因此，在赫金斯等人（Higgins, 1977）的研究中，适用的特征概念（鲁莽、冒险）的启动会影响对诸如跳伞等行为的解释（相对消极的，目标人物更喜欢积极的特征概念），而对不适用的特征概念（整洁的、失礼的）的启动则没有任何效果，即使这些概念的效价不同。在斯鲁尔和韦尔的研究中（Srull & Wyer, 1979, 1980），启动了一种特征，例如按适用于敌意的维度（如不友好）对目标人员进行影响评估，而不是沿着与敌意无关的维度特征（如无聊的）。这些研究发现，正如布鲁纳（Bruner, 1957）所指出的，引导感知的不仅仅是可及性本身，还有构念可及性和刺激特征的相对适用性。因此，在刺激感知中，构念可及性不一定是随意使用的，只有在相对契合的情况下才能使用。[1]

内部诱导可及性 构念可及性也可能根据人特有的因素产生。如前所述，各种临时的或情境需要的状态（如饥饿、口渴）可能会影响刺激输入的分类。然而，个体在特定结构上的高度可及性，随时间和情况的推移，其持续存在的程度各不相同。这些个体差异可能是性格等内部因素（如人格）造成的，也可能是外部因素（如作为职业、爱好、社会角色等因素产生的激活频率）造成的。在后一种情况下，尽管概念的激活是外部诱导的，但随着时间的推移它被内化了。当某些构念显示出这种持久的可及性时，它们被称为"长期可及性"（Higgins, 1996）。

一些研究提供了长期可及性效应（chronic accessibility effects）的证据。赫金斯、金和马文（Higgins, King & Mavin, 1982）最早确定了参与者的可及性水平。通过观察他们在回答各种问题时首先列出了哪些类型的特征概念，来了解各种特征的长期性。一

---

[1] 然而，有一些证据表明，高程度的可访问性可以弥补低程度的适用性（Higgins & Brendl, 1995）。

周后，参与者们阅读了单独定制的短文（基于他们的长期性），其中包含了一些特征描述，有些是长期的，有些则不是。结果表明，目标人物的自发印象和行为描述的召回，与非长期的特征概念相比，与参与者的长期特征概念更相关。巴格、邦德、伦巴第和陶塔（Bargh, Bond, Lombardi & Tota, 1986）通过观察长期的和实验启动的可及性可能产生的附加效应，扩展了这些发现。他们从先前的实验中确定了参与者的长期可及性，然后下意识地让这些参与者的长期可及性具备被发现的特质。巴格等人发现，无论是长期的还是启动的可及性都对目标人物的印象形成具有独立、附加的效应。

同样值得注意的是，长期可及性的影响通常会持续一段时间。赫金斯等人（Higgins, 1982）指出，在接触目标信息两周后，仍能检测到对印象和记忆的长期可及性效应。在不同的背景下，刘（Lau, 1989）发现，这种长期可及性结构可以多年保持稳定，并影响对各种与政治有关的人物和事件的信息处理（参见 Higgins, 1996）。

刻板印象　刚刚的回顾性研究提供了可信的证据，表明社会感知是从记忆中获得适用性特征的可及性的功能，它由目标人物的特征所激发。在这项研究中，启动的观念是特征，人的特征通常是行为或关于行为的描述。然而，目标人员除行为以外的其他特征，如头发的长度、皮肤颜色、性别，也有可能激活特定概念。事实上，这一过程完美描述了刻板印象的本质。某些概念，在这种情况下是刻板印象本身，可能仅仅在接触到人时就会被激活。一旦被激活，这种刻板印象就会与各种同样被激活的特征概念相关联，使得这些特征概念更有可能用于形成对目标人物的印象。

想想前面那个坐在公园长椅上的人的例子。如果知道这个人的肤色是黑色或是白色，头发是长还是短，再来考虑这种行为的动机（没有工作或是刚下班），那么对这个人的印象（懒惰、勤奋）会有所不同吗？关于启动的研究表明，肤色可能会激活与种族相关的刻板印象特质，这些特质将被用来形成对人的判断。同样，头发的长度（马尾辫、光头）可能也会激活刻板印象从而影响判断。

有相当多的研究证实了这一推论。关于刻板印象激活的主流观点是，作为感知过程的一部分，刻板印象是预先被激活的。如果一个人或群体的刻板印象在记忆中是可用的，那么它只要接触到目标人物或群体时就会被激活（Devine, 1989; Lepore & Brown, 1997; 有关综述参见 Bodenhausen & Macrae, 1998）。由于这种激活是无意识发生的，个体并不知道它的激活和使用，这一过程通常被称为内隐刻板印象（Banaji & Greenwald, 1994）。然而，这并不意味着如果刻板印象存在于记忆之中就一定无法避免。如果人们意识到这种刻板印象，他们可能会积极抵制它的作用。迪瓦恩（Devine, 1989）表明，尽管刻板印象的激活是自动的，但低偏见的个体往往比高偏见的个体更大程度地抑制其使用。在最近的研究中，莫斯科维兹、所罗门和泰勒（Moskowitz, Salomon & Taylor, 2000）为这些研究提供了一些条件。他们发现，一些个体（如那些长期追求平等的人）可以抑制刻板印象的自动激活，并且这种抑制是在意识之外自动发生的。

态度可及性　特征概念并不是唯一可以影响感知的可及性观念。回想布鲁纳（Bruner, 1957）的观点，许多心理因素如期望、目标、动机、价值和态度都可以影响感知。布鲁纳以及其同事表明最重要的价值不仅是最易辨识的，而且可以用来诠释模棱两可的行为（Bruner, 1951; Postman 等，1948）。态度也是如此。态度研究的主要发现之一是态度为处理模棱两可的环境提供了组织和结构的功能（Eagly & Chaiken, 1993）。当奥尔波特注意到"个体的态度决定了他的所见所闻、所思所行"时，他预测到选择性感知研究的趋势（Allport, 1935, p.306）。态度功能理论（Katz, 1960; Smith, Bruner & White, 1956）假设态度简化了个人与世界的互动，尤其是通过他们的目标评估功能。这种态度为个人对态度目标定位提供了有用的功能。（Fazio, 1989; Roskos-Ewoldsen & Fazio, 1992）。

图式和脚本　图式和脚本也可用于感知过程。图式是表示与对象或事件相关的一种知识结构。"它们是有组织的先验知识，是从特定实例的经验中抽象出来的。"（Fiske & Linville, 1980, p.543）脚本是一种特定类型的模式，是关于事件序列的程序知识（Abelson, 1976; Eagly & Chaiken, 1993）。因此，图式和脚本是一种分类辅助工具，允许感知者在过去经验的背景中解释传入的信息。正因如此，它们一旦被激活，就会引导人们对应该和不应该发生事情的期望。与所有构念一样，图式和脚本的可及性程度有所不同，因此在任何特定的情况下激活它们的可能性也有所不同。

选择性感知

先前关于构念可及性、态度和感知的讨论为心理学和传播学的核心主题提供了一个有用的切入点，即选择性感知。在关于选择性感知的传播学文献中，有三项研究经常被引用。这些研究分别是库珀和贾霍达（Cooper & Jahoda, 1947）、哈斯托夫和坎特里尔（Hastorf & Cantril, 1954）以及维德玛和罗卡奇（Vidmar & Rokeach, 1974）的。虽然这些研究很少用布鲁纳（Bruner, 1957）的理论和研究来讨论（但参见Bruner, 1994; Fazio, Roskos-Ewoldsen & Powell, 1994; Fazio & Towles-Schwen, 1999），但正如下面将要讨论的一样，他们都是非常一致的。

哈斯托夫和坎特里尔（Hastorf & Cantril, 1954）在一项经典研究"他们看了一场比赛"中，调查了观众对于普林斯顿大学队和达特茅斯大学队之间一场异常激烈的足球比赛的看法，而这场比赛最终是普林斯顿大学队获胜。哈斯托夫和坎特里尔发现，观众对比赛中的小动作（dirty play）的程度、责任、数量的感知与观众的态度倾向密切相关。普林斯顿大学的学生认为普林斯顿队比达特茅斯队犯下了更多的违规行为，更卑鄙，比赛也不如达特茅斯队的大学生公平。

库珀和贾霍达（Cooper & Jahoda, 1947）以及维德玛和罗卡奇（Vidmar & Rokeach, 1974）的研究都着眼于用流行的大众传播学来改变偏见。库珀和贾霍达发现，读者以非常负面的角度观看一本描绘了带有偏见人物的卡通连环画（"Mr. Biggott"）时，有偏见的读者和没有偏见的读者对此的感知不同。他们得出的结论是，有偏见的读者通过误解潜在的信息来避免心理冲突。维德玛和罗卡奇在电视节目《全家福》(*All in the Family*)中发现了类似的反应模式，其中核心人物阿奇·邦克（Archie Bunker）被描述成一个"可爱的偏执狂"（Vidmar & Rokeach, 1974, p.36）。他们发现，偏见程度高或偏见程度低的观众都喜欢这个节目，但原因不同。偏见程度低的观众认为这个节目是对偏执的讽刺，他们看到的阿奇·邦克是被嘲弄的，而偏见程度高的观众则认为该节目更多的是一种诚实的描述，并且比偏见程度低的观众更倾向于敬佩阿奇·邦克。

在这三项研究中，研究结果得出了一致的结论，个体的感知偏向于先前存在的态度和信仰。尽管因这些研究的调查性质而无法对过程进行任何评估（Cooper & Jahoda 也注意到了这一点），但结果与感知警觉和防御的过程是一致的。当人们接触复杂的社会环境时，很可能会根据记忆中最可及的构念来诠释行为和事件。正如波兹曼等人（Postman, 1948）所证实的，重要的个人价值观通常是最可及的构念。因此，在刚刚描述的三个选择性感知研究中，参与者很可能根据他们个人的价值观（如达特茅斯好/普林斯顿坏，与种族偏见相关的价值观）来诠释事件，选择与现有价值观相匹配的实例，并去除那些不匹配的。此外，正如布鲁纳（Bruner, 1957）和埃尔德利（Erdlyi, 1974）指出的，这些过程很可能是无意识发生的。即使哈斯托夫和坎特里尔没有使用布鲁纳和埃尔德利的认知过程语言，但他们对结果的描述恰好符合这一范围。

因此，不同个体在足球比赛中经历的事件，是来自他们可能遇到的各种事件中的一种。人们体验到了那些被重新激活的、对他们来说具有重大意义的事件，但那些没有被重新激活的过去有意义的事件是无法体验的（Hastorf & Cantril, 1954, p.132）。

感知与娱乐媒介

关于感知及其潜在过程的研究，为理解感知与娱乐媒介之间的关系提供了基础。其中，有两个特别的进程非常重要。首先，个体如何感知娱乐媒介。此过程的一部分由通常被称为媒介的"感知现实"所表征。例如，当人们看电视节目时，其感官收到的信息必须在现有的知识结构中被组织起来，无论这些是简单的态度和特征概念，还是更详细的模式、脚本和刻板印象。在感知过程中被激活的构念类型明显影响着对媒介信息的认知和情感反应，对接收的信息的解释以及信息（及其含义）与现有信仰结构的整合。

感知与娱乐媒介关系的第二个重要过程是，娱乐媒介的频繁消费如何影响构念，后者在感知中扮演着重要角色。换句话说，娱乐媒介的消费可能会影响在感知过程中重要的内部因素，比如态度可及性、刻板印象、模式和脚本。这一过程属于媒介效果范畴，并在所谓的"社会现实感知"研究中得到了验证。

感知娱乐媒介

观众在观看娱乐节目时有一定的期待。期待的可能是一般的叙事或故事模式，也可能是特定的节目类型（电影、新闻、情景喜剧、肥皂剧等）。有趣的是，布鲁纳本人指出了叙事作为一种组织对感知过程帮助的重要性。

> 我们创造意义最有力的手段之一就是我们的叙述能力：我们将创造和使用故事的能力作为手段，把秩序和感觉带入经验中。故事并不是"在事实之后"：我们在过程中感知故事——我们的所见所闻让我们感知英雄，我们根据里面的情节认知处境的安危（Bruner, 1994, p.283）。

部分影响我们对感知和分类的情境是危险的、卑鄙的、暴力的，这些都是与节目类型的模式有关。所有的叙事结构都一样（如情节、事件、问题解决），但不同类型的电视节目之间也存在一定的差异。电视连续剧（连续的情节、问题从一集延续到另一集）和情景喜剧（通常是在一集内解决一个问题）之间就存在着明显的差异。此外，我们还为不同节目类型中描绘的信息提供了模式。因此，同样的行为，例如，在争吵中推打另一个人也可能是不同的。例如，如果一个人知道在情景喜剧中，这种行为很可能与幽默相关而具有恶意，或者至少这个问题最终会愉快地解决。

娱乐媒介尤其在虚构性娱乐媒介中另一个有趣的点，是观众在多大程度上让（或是不让）虚构"妨碍"叙事的进程，并由此妨碍叙事进程在创造和维护信条上的影响（Green, Garst, & Brock, 2004）。笔者曾在其他地方论证过，观众不让娱乐媒介的虚构方面受影响的方式之一是通过柯勒律治（Coleridge, 1967）所说的"怀疑的悬置"（参见 Shrum, forthcoming; Shrum, Burroughs, & Rindflfleisch, 2004）。虽然观众清楚地知道这个节目是虚构的，但它更加令人愉快，更让人"身临其境"地处理信息，就好像它真实存在一样。这反过来又影响了悬置怀疑的难易程度，也就影响了观众观看虚构娱乐节目时对现实的感知程度。

娱乐媒介的感知现实[1]

相当多的研究都聚焦在与感知现实相关的问题上（参见 Busselle & Greenberg, 2000）。本研究的大部分内容涉及的是，感知现实在多大程度上缓和了媒介形象对态

---

[1] 讨论的主要焦点是虚构形象被判断为真实的程度。新闻、纪录片、体育节目等非虚构节目被观众判断为是真实的，因为观众知道这些场景要么是实时发生的，要么是被记录的，再或是基于真实事件的。但值得注意的是，如果一些节目包含传统新闻、纪录片或体育节目的非典型特色，那么这些节目中的任何一个都可能会被认为有一点真实。

度、信仰和行为上的影响。早期关于媒介与攻击性的关系研究是利用技术来操纵感知现实，比如告诉参与者事件是真实的或虚构的，或是告诉他们所观看的视频片段来自电影或是真实事件的新闻短片（参见Feshbach, 1972; Berkowitz & Alioto, 1973; for a review, see Berkowitz, 1984）。一般性的发现是，当媒介对暴力的描述被认为是真实情况时，这种描述对暴力行为的影响最大。一些研究进一步表明，这些有关现实的感知对生理和心理都有影响。被认为是真实的暴力更令人兴奋，这一点从皮肤电反应中得到证明（Geen, 1975; Geen & Rakosky, 1973）。而被认为是虚构的暴力似乎允许观众远离事件，因此可能对其影响较小（Berkowitz, 1984）。

关于感知现实及其与媒介效果关系的其他研究，测量了电视节目在多大程度上被观众感知为真实，以及由此带来的对社会感知的影响。尤其，感知现实作为培养效应的潜在调节者已被证实。然而，就感知现实的作用而言，这项研究并没有产生任何一致的结果模式。（Shrum, 2002）。其中，部分原因可能只是测量问题。正如布塞尔和格林伯格（Busselle & Greenberg, 2000）指出的，测量感知现实的方式缺乏明确性和一致性。此外，考虑到节目类型之间明显的差异（如新闻和情景喜剧）[1]，目前尚不清楚衡量一般电视节目对于观众感知现实意味着什么（Wilson & Busselle, 2004）。正如布鲁纳（Bruner, 1957）所指出的那样，人、事件和情境都是根据最易可及性的构念来诠释的，一般来说，对电视感知现实的判断很可能是基于最先出现在脑海中的电视构念类型（参见Busselle, 2004，有关这种可能性的证据）。

直到最近，有一些研究关注观众在观看节目时感知现实的潜在感知过程。也就是说，人们是如何对感知现实做出判断的，是什么使一个节目、场景或是人物看起来比其他的更真实？夏皮罗及其同事（Shapiro & Chock, 2003; Shapiro & Fox, 2002）试图解决这些问题。他们的研究表明典型性在现实感知中扮演着重要的角色。典型性是指在现实生活中一个描绘性事件在多大程度上会发生，其本身有可信度和可能性的功能。夏皮罗和乔克（Shapiro & Chock, 2003）发现非典型事件的文本被认为比典型事件的文本更不现实，但非典型事件比典型事件更易回忆。随后的研究表明，非典型事件经过深层次的处理，从而提高了回忆能力（Craik & Lockhart, 1972）。霍尔（Hall, 2003）发现了感知现实的六个维度。除典型性和可信度之外，她还确定了事实性、情感卷入、叙事一致性和感知说服力。

感知现实及其潜在过程的影响　那么感知现实会产生什么样的影响呢？首先，正如前文所述，感知现实很可能与传输（transportation）的概念相关（Gerrig, 1993; Green & Brock, 2000）传输是指观众在多大程度上会被他们处理的叙事所吸引。传输通过更多的注意力、形象的发展以及情感来例证。如果一个节目被认为是非典型性的，因而不那么

---

[1] 为了向已故者致敬（尼尔·波兹曼《娱乐至死》一书的作者），我们应该注意到新闻与情景喜剧之间的相似之处，事实上，新闻与任何其他类别的娱乐节目之间的相似性也正在迅速增加。

真实（Shapiro & Chock, 1993），那它应该把更多的注意力放到非典型事件中，留下少许资源来关注叙事本身。如果这样，那么这种叙事的说服力可能会降低。

越来越多的证据支持这样一种观点，即感知现实与传输有关，传输则与说服有关。威尔逊和布塞尔（Wilson & Busselle, 2004）发现，感知现实与传输呈现正相关。思维列表数据（Thought-listing data）表明，当参与者的想法被引导到远离节目的叙事中，以及他们对节目的评价为消极时，他们对节目的感知现实度最低。格林和布洛克（Green & Brock, 2000）提供的证据表明，在阅读一篇叙事性文章时，传输程度较高的参与者比被传输程度较低的参与者在叙事中的错误更少，对主人公的印象也更好。

格林等人（Green等，2004）表明这些影响是由处理风格造成的。当人们认为一个叙事是虚构时，他们会利用这一信息作为线索，变得不那么挑剔，更易于传输。普伦蒂斯和格里格（Prentice & Gerrig, 1999）指出，事实和虚构遵循着不同的处理路径，对虚构的处理不那么系统化。他们还指出，当虚构以经验而非理性的方式回应时，是最具影响的。恩斯万（Zwaan, 1994）提供了一些证据，证明这一推理与处理事实或虚构的电视节目相关。他发现，仅仅表明一段文字来自新闻或是小说，就会影响参与者如何与文本互动以及他们从中得到了什么。那些被告知这篇文章是虚构的人需要花更长的时间来阅读文本，并逐字逐句记住更多的表面特征。而那些被告知这篇文章是真实的人则回忆了更多的情境信息，并倾向于深度处理而非停留于表面。

娱乐媒介消费和社会感知

上一节讨论了观众如何感知娱乐媒介，这些感知如何影响信息处理的后续阶段。此外，还讨论了观察与情境有关的内在品质（如构念可及性、先验信念）是如何指导感知及其影响的。本节将进一步讨论整个过程。媒介消费，尤其是频繁的消费，本身就会影响构念可及性，这反过来不仅会影响人们对媒介的感知，还会影响日常生活中对人和事件的感知。

娱乐媒介消费和构念可及性　媒介消费影响构念可及性的概念很简单。有许多因素可以增加构念可及性。前面几节讨论了两个内部因素，即期待和动力。然而，有一些外部因素也可能影响可及性（有关回顾参见 Higgins & King, 1981; Roskos-Ewoldsen, 1996）。特别相关的是激活的频率、激活的近因以及信息的生动性。信息可以是简单的示例（exemplars），也可以是更复杂的信念、态度和价值。

在记忆中频繁被激活的信息很容易被回想起来。这在重述效应（rehesal effects）中最容易看出来。在尝试记住姓名、事件清单或是测试的答案时，重述能够增加我们以后回忆信息的可能性。新近信息也是如此：最近激活的信息（以及在记忆中再储存的信息）也很容易被回忆起来。最终，储存信息的生动性影响可及性。生动的示例要比不那么生动的更容易被忆起。据推测，生动性影响处理的深度，从而有助于回忆。

鉴于这些发现，我们预测娱乐媒介消费会产生特定的结果。想想看电视，电视源源不断地为人们提供有关人物和事件公式化、一致化的描述。（有关讨论参见 Gerbner, Gross, Morgan, Signorielli & Shanahan, 2002）。至少，频繁观看应该使这些示例更易从记忆中被访问。此外，频繁激活与形象有关的评价概念（即态度和价值观）也使其更可及。而且，所描绘的示例和评价概念的激活往往是生动的或情绪化的，反之也增加了构念可访问性。

事实上，如果电视节目所描绘的内容反映了真实，那么增加观众在看电视期间激活的构念可及性就不会成问题。然而内容分析清楚地表明并非如此。所有网络在开发电视节目时首要目标都是尽可能吸引更多的人收看。为了培养大众吸引力，这些节目使用了一些一致的特性。例如，为了娱乐和刺激，他们强调戏剧性和悬念。结果是犯罪和暴力的频繁运用，其发生率是真实世界发生率的十倍以上（Gerbner, Gross, Morgan & Signorielli, 1986）。电视节目也必须快速而有效地讲述故事：电视时间宝贵而观众的注意力短暂，要快速讲故事的一个方法是使用刻板印象。刻板印象是一种方便的数据化约技术或是启发式技术（Bodenhausen, Macrae & Sherman, 1999）。只要观众熟悉刻板印象，就可以传达关于人物或情境的大量信息，而无须诉诸冗长的对话。然而，与许多刻板印象一样，角色的特征很少是中性的。有些是积极的（英雄），有些则是消极的（罪犯）。更令人不安的是，当特定的刻板印象（如罪犯、英雄、成功人士、平民百姓）和特定的属性（如种族、性别、阶级、年龄）的结合变得系统化时（如 Oliver, 1994），就会出现问题。

越来越多的证据表明，看电视与电视上经常描绘的构念可及性呈正相关。布塞尔和什鲁姆（Busselle & Shrum, 2003）测量了某些样本的易回忆性，其中一些经常在电视上被描绘（如谋杀、法庭审判、公路事故）。他们发现媒介的例子更容易被回忆起来，因为这些事件经常出现在电视中但个人很少经历（如审判、谋杀）。当这些事件在现实生活中经常发生时，亲身经历的事件更易被忆起，即使这些事件也经常在电视上被描述（如交通事故、约会）。此外，检索媒介示例的容易程度与电视的观看时间有关，但仅限于频繁描绘事件的电视节目，以及对事件的直接体验可能很低的电视节目。

间接证据表明，观看电视增加了可及性，这是在测量参与者判断社会现实速度的研究中获得的。更高的可及性有望导致更快的判断，因此预计重度电视观众会比轻度电视观众反应速度更快。这些期望在一系列研究中得到证实，这些研究改变了因变量的类型、概念操作化和控制变量（参见 O'Guinn & Shrum, 1997; Shrum, 1996; Shrum & O'Guinn, 1993; Shrum, O'Guinn, Semenik & Faber, 1991）。

在刚刚描述的研究中，可及性的构念（accessible constructs）是示例，或是某个类别的例子（如医生、罪犯）。然而，外部因素如激活的频率和新近性也会影响态度的可及性（Roskos-Ewoldsen, 1996）。因此，频繁（和近期）观看应该与人们对电视上所描绘信息的态度的激活程度呈正相关。什鲁姆（Shrum, 1999）在一项研究中提供了支持这一推理的证据。根据预测试的规定，参与者被分为重度或轻度肥皂剧观众，并在两个月后被招募参加研究（他们不知道选择标准）。这项研究对当前肥皂剧的内容进行分析，以确定突出的主题，即物质主义、婚姻不和以及信任缺失。在此内容分析的基础上，参与者表明了他们对拥有奢侈品的态度，认为配偶会欺骗他们，同时他们对一般人特别是对律师不信任。态度可及性被操作化为参与者表达态度的速度（通过计算机输入来测量）。结果表明，即使控制了极端态度，重度肥皂剧观众的反应还是比轻度肥皂剧观众更快，因此也显示出更可及的态度和信念。

媒介诱导的可及性对感知的影响　现在的问题是，由于接触娱乐媒介而提高的可及性在多大程度上影响了他人的感知？到目前为止，预测应该很清楚了。更可及的构念更有可能在社会或决策环境中被激活，因此相对不可及的构念更有可能作为判断的基础。许多研究证实了这一预测，主要是在测试培养理论的情况下进行的。什鲁姆及其同事（有关回顾参见Shrum, 2006）表明，电视收视影响着社会观念的两种程度（参与暴力犯罪的人的百分比、律师的劳动力百分比等），以及示例的可及性。更重要的是，这种可及性调节了观看行为对社会认知的影响。因此，电视观看行为影响构念可及性，反过来又影响到社会感知的程度。

态度可及性也可能对信息处理的后期阶段产生影响。从记忆中获得的态度通常更强，更自信、更持久、更抗拒变化，并且比不太容易获得的态度更有可能影响行为（有关回顾参见Petty & Krosnick, 1995）。因此，即使两组态度极其相似，他们的态度可及性也可能不同。进而他们对这些态度采取行动的可能性也会不同。考虑到什鲁姆（Shram, 1999）的结果，在这项研究中，观看频率无法可靠地预测人们对拥有奢侈品的态度，但它确实预测了态度可及性。因此，尽管重度肥皂剧观众与轻度肥皂剧观众的态度并无不同，但重度观众比轻度观众更有可能对这些态度采取行动（如通过购买行动或者根据财产判断他人等）。

总　　结

正如引言所示，感知的确切概念无法下定论。它类似于埃尔德利所说的"前理论"概念：一般通过外行话理解，但不是一个已形成的科学概念（Erdelyi, 1992, 2004）。然而，尽管对感知的精确定义可能难以理解，但就娱乐媒介如何被感知以及如何塑造感知而言，它仍然是一个基础性概念。传播学研究刚刚开始利用认知和社会心理学的开创性工作，研究媒介如何被感知，以及这些感知如何影响对相互关系的判断。同样的，传播学研究也在利用构念可及性的最新研究成果，了解媒介诱导的可及性如何构建对于社会刺激的感知。虽然很难预测未来，但似乎可以肯定，这些观点将为一些重要的研究提供新的线索。

参考文献

Abelson, R. P. (1976). Script processing in attitude formation and decision making. In J. S. Carroll & J. W. Payne (Eds.), *Cognition and social behavior* (pp. 33–45). Hillsdale, NJ: Lawrence Erlbaum Associates.

Allport, G. W. (1935). Attitudes. In C. Murchison (Ed.), *Handbook of social psychology* (pp. 798-844). Worchester, MA: Clark University Press.

Allport, G. W., & Vernon, P. E. (1931). *A study of values*. Boston: Houghton-Mifflin.

Banaji, M. R., & Greenwald, A. G. (1994). Implicit stereotyping and unconscious prejudice. In M. P. Zanna & J. M. Olson (Eds.), *The psychology of prejudice: The Ontario Symposium* (Vol. 7, pp. 55–76). Hillsdale, NJ: Lawrence Erlbaum Associates.

Bargh, J. A., Bond, R. N., Lombardi, W. J., & Tota, M. E. (1986). The additive nature of chronic and temporary sources of construct accessibility. *Journal of Personality and Social Psychology, 50,* 869–878.

Bargh, J. A., & Pietromonaco, P. (1982). Automatic information processing and social perception: The influence of trait information presented outside of conscious awareness on impression formation. *Journal of Personality and Social Psychology, 43,* 437–449.

Berkowitz, L. (1984). Some effects of thoughts on anti- and prosocial influences of media events: A cognitive- neoassociation analysis. *Psychological Bulletin, 95,* 410–427.

Berkowitz, L., & Alioto, J. (1973). The meaning of an observed event as a determinant of its aggressive consequences. *Journal of Personality and Social Psychology, 28,* 206–217.

Bodenhausen, G. V., & Macrae, C. N. (1998). Stereotype activation and inhibition. In R. S. Wyer, Jr. (Ed.), *Advances in social cognition*, (Vol. XI, pp. 1–52), Mahwah, NJ: Lawrence Erlbaum Associates.

Bodenhausen, G. V., Macrae, C. N., & Sherman, J. W. (1999). On the dialectics of discrimination: Dual processes in social stereotyping. In S. Chaiken & Y. Trope (Eds.), *Dual-process theories in social psychology* (pp. 271–290). New York: Guilford.

Bruner, J. S. (1951). Personality dynamics and the process of perceiving. In R. Blake & G. Ramsey (Eds.), *Perception: An approach to personality*. New York: Ronald.

Bruner, J. S. (1957). On perceptual readiness. *Psychological Review, 64,* 123–152.

Bruner, J. S. (1958). Social psychology and perception. In E. E. Maccoby, T. M. Newcomb, & E. L. Hartley (Eds.), *Readings in social psychology* (3rd ed., pp. 85–94). New York: Holt, Rinehart and Winston.

Bruner, J. S. (1992). Another look at New Look 1. *American Psychologist, 47,* 780–782.

Bruner, J. S. (1994). The view from the heart's eye: A commentary. In P. M. Niedenthal & S. Kitayama (Eds.), *The heart's eye: Emotional influences in perception and attention* (pp. 269–286). New York: Academic Press.

Bruner, J. S., & Postman, L. (1947a). Emotional selectivity in perception and reaction. *Journal of Personality, 16,* 69–77.

Bruner, J. S., & Postman, L. (1947b). Tension and tension release as organizing factors in perception. *Journal of Personality, 15,* 300–308.

Bruner, J. S., & Postman, L. (1949). On the perception of incongruity: A paradigm. *Journal of Personality, 18,* 206–223.

Busselle, R. W. (2004). Television realism measures: The influence of program salience on global judgments. *Communication Research Reports, 20,* 367–375.

Busselle, R. W., & Greenberg, B. S. (2000). The nature of television realism judgments: A reevaluation of their conceptualization and measurement. *Mass Communication and Society, 3,* 249–268.

Busselle, R. W., &, Shrum, L. J. (2003). Media exposure and the accessibility of social information. *Media Psychology, 5,* 255–282.

Coleridge, S. T. (1967). Biographia literaria. In D. Perkins (Ed.), *English romantic writers*. New York: Harcourt, Brace, & World.

Cooper, E., & Jahoda, M. (1947). The evasion of propaganda: How prejudiced people respond to anti-prejudice propaganda. *Journal of Psychology, 23,* 15–25.

Craik, F. I. M., & Lockhart, R. S. (1972). Levels of processing: A framework for memory research. *Journal of Verbal Learning and Verbal Behavior, 11,* 671–684.

Devine, P. G. (1989). Stereotypes and prejudice: Their automatic and controlled components. *Journal of Personality and Social Psychology, 56,* 5–18.

Eagly, A. H., & Chaiken, S. (1993). *The psychology of attitudes*. New York: Harcourt Brace Jovanovich.

Erdelyi, M. H. (1974). A new look at the New Look: Perceptual defense and vigilance. *Psychological Review, 81,* 1–25.

Erdelyi, M. H. (1983). *Psychoanalysis: Freud's cognitive psychology*. New York: W. H. Freeman.

Erdelyi, M. H. (1992). Psychodynamics and the unconscious. *American Psychologist, 47,* 784–787.

Erdelyi, M. H. (2004). Subliminal perception and its cognates: Theory, indeterminacy, and time. *Consciousness and Cognition, 13,* 73–91.

Fazio, R. H. (1989). On the power and functionality of attitudes: The role of attitude accessibility. In A. R. Pratkanis, S. J. Breckler, & A. G. Greenwald (Eds.), *Attitude structure and function* (pp. 153–179). Hillsdale, NJ: Lawrence Erlbaum Associates.

Fazio, R. H., Roskos-Ewoldsen, D. R., & Powell, M. C. (1994). Attitudes, perceptions, and attention. In P. M. Niedenthal & S. Kitayama (Eds.), *The heart's eye: Emotional influences in perception and attention* (pp. 197–216). New York: Academic Press.

Fazio, R. H., & Towles-Schwen, T. (1999). The MODE model of attitude-behavior processes. In S. Chaiken & Y. Trope (Eds.), *Dual-process theories in social psychology* (pp. 97–116). New York: Guilford.

Feshbach, S. (1972). Reality and fantasy in filmed violence. In J. Murray, E. Rubinstein, & G. Comstock (Eds.), *Television and social behavior* (Vol. 2, pp. 318–345). Washington, DC: Department of Health, Education, and Welfare.

Fiske, S. T., & Linville, P. W. (1980). What does the schema concept buy us? *Personality and Social Psychology Bulletin, 6,* 543–557.

Geen, R. (1975). The meaning of observed violence: Real versus fictional violence and effects of aggression and emotional arousal. *Journal of Research in Personality, 9,* 270–281.

Geen, R., & Rakosky, J. (1973). Interpretations of observed violence and their effects of GSR. *Journal of Experimental Research in Personality, 6,* 289–292.

Gerbner, G., Gross, L., Morgan, M., & Signorielli, N. (1986). Living with television: The dynamics of the cultivation process. In J. Bryant & D. Zillmann (Eds.), *Perspectives on media effects* (pp. 17–48). Hillsdale, NJ: Lawrence Erlbaum Associates.

Gerbner, G., Gross, L., Morgan, M., Signorielli, N., & Shanahan, J. (2002). Growing up with television: Cultivation processes. In J. Bryant & D. Zillmann (Eds.), *Media effects: Advances in theory and research* (2nd ed., pp. 43–67). Mahwah, NJ: Lawrence Erlbaum Associates.

Gerrig, R. J. (1993) *Experiencing narrative worlds*. New Haven, CT: Yale University Press.

Green, M. C., & Brock, T. C. (2000). The role of transportation in the persuasiveness of public narratives. *Journal of Personality and Social Psychology, 79,* 701–721.

Green, M. C., Garst, J., & Brock, T. C. (2004). The power of fiction: Determinants and boundaries. In L. J. Shrum (Ed.), *The psychology of entertainment media: Blurring the lines between entertainment and persuasion* (pp. 161–176). Mahwah, NJ: Lawrence Erlbaum Associates.

Greenwald, A. G. (1992). New Look 3: Unconscious cognition reclaimed. *American Psychologist, 47,* 766–779.

Hall, A. (2003). Reading realism: Audiences' evaluations of the reality of media texts. *Journal of Communication, 53,* 624–641.

Hastorf, A. H., & Cantril, H. (1954). They saw a game: A case study. *Journal of Abnormal and Social Psychology, 49,* 129–134.

Higgins, E. T. (1996). Knowledge activation: Accessibility, applicability, and salience. In E. T. Higgins & A. W. Kruglanski (Eds.), *Social psychology: Handbook of basic principles* (pp. 133–168). New York: Guilford Press.

Higgins, E. T., & Brendl, C. M. (1995). Accessibility and applicability: Some "activation rules" influencing judgment. *Journal of Experimental Social Psychology, 31,* 218–243.

Higgins, E. T., & King, G. (1981). Accessibility of social constructs: Information processing consequences of individual and contextual variability. In N. Cantor & J. F. Kihlstrom (Eds.), *Personality, cognition and social interaction* (pp. 69–121). Hillsdale, NJ: Lawrence Erlbaum Associates.

Higgins, E. T., King, G. A., & Mavin, G. H. (1982). Individual construct accessibility and subjective impressions and recall. *Journal of Personality and Social Psychology, 43,* 35–47.

Higgins, E. T., Rholes, W. S., & Jones, C. R. (1977). Category accessibility and impression formation. *Journal of Experimental Social Psychology, 13,* 141–154.

Katz, D. (1960). The functional approach to the study of attitudes. *Public Opinion Quarterly, 24,* 163–204.

Lau, R. R. (1989). Construct accessibility and electoral choice. *Political Behavior, 11,* 5–32.

Lazarus, R. S., Eriksen, C. W., & Fonda, C. P. (1951). Personality dynamics and auditory perceptual recognition. *Journal of Personality, 19,* 471–482.

Lepore, L., & Brown, R. J. (1997). Automatic stereotype activation: Is prejudice inevitable? *Journal of Personality and Social Psychology, 72,* 275–287.

Lombardi, W. J., Higgins, E. T., & Bargh, J. A. (1987). The role of consciousness in priming effects on categorization. *Personality and Social Psychology Bulletin, 13,* 411–429.

Martin, L. L. (1986). Set/reset: The use and disuse of concepts in impression formation. *Journal of Personality and Social Psychology, 51,* 593–504.

Moskowitz, G. B., Salomon, A. R., & Taylor, C. M. (2000). Preconsciously controlling stereotyping: Implicitly activated egalitarian goals prevent activation of stereotypes. *Social Cognition, 18,* 151–177.

O'Guinn, T. C., & Shrum, L. J. (1997). The role of television in the construction of consumer reality. *Journal of Consumer Research, 23,* 278–294.

Oliver, M. B. (1994). Portrayals of crime, race, and aggression in "reality-based" police shows: A content analysis. *Journal of Broadcasting & Electronic Media, 38,* 179–192.

Petty, R. E., & Krosnick, J. A. (Eds.). (1995). *Attitude strength: Antecedents and consequences*. Mahwah, NJ: Lawrence Erlbaum Associates.

Postman, L., Bruner, J. S., & McGinnies, E. (1948). Personal values as selective factors in perception. *Journal of Abnormal and Social Psychology, 43,* 142–154.

Prentice, D. A., & Gerrig, R. J. (1999). Exploring the boundary between fiction and reality. In S. Chaiken & Y. Trope (Eds.), *Dual-process theories in social psychology* (pp. 529–546). New York: Guilford.

Roskos-Ewoldsen, D. R. (1996). Attitude accessibility and persuasion: Review and a transactive model. In B. R. Burleson (Ed.), *Communication yearbook 20* (pp. 185–225). Newbury Park, CA: Sage.

Roskos-Ewoldsen, D. R., & Fazio, R. H. (1992). On the orienting value of attitudes: Attitude accessibility as a determinant of an object's attraction of visual attention. *Journal of Personality and Social Psychology, 63,* 198–211.

Shapiro, M. A., & Chock, T. M. (2003). Psychological processes in perceiving reality. *Media Psychology, 5,* 163–198.

Shapiro, M. A., & Fox, J. R. (2002). The role of typical and atypical events in story memory. *Human Communication Research, 28,* 109–135.

Shrum, L. J. (1996). Psychological processes underlying cultivation effects: Further tests of construct accessibility. *Human Communication Research, 22,* 482–509.

Shrum, L. J. (1999). The relationship of television viewing with attitude strength and extremity: Implications for the cultivation effect. *Media Psychology*, 1, 3–25.

Shrum, L. J. (2006). Cultivation and social cognition. In D. Roskos-Ewoldsen & J. Monahan (Eds.), Communication: Social Cognition Theories and Methods. Mahwah, NJ: Lawrence Erlbaum Associates.

Shrum, L. J., Burroughs, J. E., & Rindfleisch, A. (2004). A process model of consumer cultivation: The role of television is a function of the type of judgment. In L. J. Shrum (Ed.), *The psychology of entertainment media: Blurring the lines between entertainment and persuasion* (pp. 177–191). Mahwah, NJ: Lawrence Erlbaum Associates.

Shrum, L. J., & O'Guinn, T. C. (1993). Processes and effects in the construction of social reality: Construct accessibility as an explanatory variable. *Communication Research, 20,* 436–471.

Shrum, L. J., O'Guinn, T. C., Semenik, R. J., & Faber, R. J. (1991). Processes and effects in the construction of normative consumer beliefs: The role of television. In R. H. Holman & M. R. Solomon (Eds.), *Advances in consumer research* (Vol. 18, pp. 755–763). Provo, UT: Association for Consumer Research.

Smith, M. B., Bruner, J. S., & White, R. W. (1956). *Opinions and personality.* New York: Wiley.

Srull, T. K., & Wyer, R. S. (1979). The role of category accessibility in the interpretation of information about persons: Some determinants and implications. *Journal of Personality and Social Psychology, 37,* 1660-1672.

Srull, T. K., & Wyer, R. S. (1980). Category accessibility and social perception: Some implications for the study of person memory and interpersonal judgment. *Journal of Personality and Social Psychology, 38,* 841–856.

Vidmar, N., & Rokeach, M. (1974). Archie Bunker's bigotry: A study in selective perception and exposure. *Journal of Communication, 24,* 36–47.

Wilson, B., & Busselle, R. W. (2004, May). *Transportation into the narrative and perceptions of media realism.* Paper presented at the meeting of the International Communication Association, New Orleans.

Wyer, R. S., & Srull, T. K. (1989). *Memory and cognition in its social context.* Hillsdale, NJ: Lawrence Erlbaum Associates.

Zwaan, R. A. (1994). Effect of genre expectations on text comprehension. *Journal of Experimental Psychology: Learning, Memory, and Cognition, 20,* 920–933.

第五章　理解和记忆

理查德·杰克逊·哈里斯

伊丽莎白·泰特·卡迪

途安·阔克·特兰

想象一下，你正在电影院看新放映的恐怖片，随着屏幕上的紧张气氛越来越浓，此时主角正在房子里寻找杀手，突然一位观众喊道："往门后看！"虽然之前并没有看过这部电影，但他根据以往对类似恐怖片的经验、理解和记忆猜出了凶手藏在哪里。

当我们通过媒介娱乐时，也在不断地理解和记忆信息，这一过程在生命早期就开始了。幼儿经常通过歌曲学习新信息，如字母表中的字母。文化通过歌曲将传统和其他社会知识传递给下一代，对旋律的记忆有助于记住这些单词（Rubin, 1995）。在能够学习或娱乐之前，我们必须先理解一些东西，而这些东西不一定是生产者的意图。为了对事物做出比即时反应更长久的反应，我们必须记住所理解的一些东西。理解和记忆在心理学研究中有着悠久的历史，两者是不可分割的。事实上，记忆可能被视为不可避免的，是不完美的产物（Craik & Lockhart, 1972）。我们理解事物的方式对记忆事物的方式有影响。而记忆的内容在很大程度上取决于最初的理解。

本章回顾了理解和记忆在娱乐媒介消费中的主要过程。在大多数情况下，我们把讨论对象限制在传统意义上的娱乐媒介，即电视娱乐节目、电影和流行音乐。当然，许多"非娱乐媒介"也经常被当作娱乐消费，如新闻、通讯稿和广告。事实上，人们对于消费媒介的使用和满足可能会影响对内容的理解和记忆（Rubin, 2002）。首先，我们从认知心理学的角度对理解和记忆的研究与理论进行综述；其次，讨论特定类型媒介的特定认知处理问题；最后，从娱乐应用的角度考察当代的理解模型。

记忆与理解的心理

在理解过程中，记忆会发挥作用，因为感知会输入与过去相关联的知识或经验，从而构建对媒介事件的理解。这种构建的记忆表征可以作为解释未来经验的参考。这种理解和记忆的持续互动影响许多媒介经验，包括来自媒介事件的记忆，记住来自电影或现实生活的事情，并构建基于媒介输入的世界观。本节首先简要概述记忆，最后讨论记忆和理解的相互成就之道。

记忆概述

受始于20世纪50年代的计算机隐喻的影响，在过去半个世纪的大部分时间里，理论家们将记忆概念化为不同的离散结构来存储信息，每个阶段不仅具有不同的存储容量和持续时间，而且还有不同类型的处理器（Atkinson & Shiffrin, 1968）。最早的记忆存储被称为感官记忆，因为在这个初始阶段，信息是通过视觉、听觉或其他感官（如字母特征）来处理的。感官记忆容量大，但"寿命"短（仅持续几秒钟）且不稳定（Bower, 2000）。许多进入我们感官记忆的媒介内容都没有被注意到，因此就不会进一步发展或进入意识，比如我们毫不在意的背景中的电视或广播。

为了防止记忆衰退，感官记忆中的信息必须被注意到并转移到容量有限的短期记忆中，或是目前所称的工作记忆（working memory）中，这涉及同时存储和处理相关的信息，并且抑制和忽略与当前任务无关的信息（Neath & Surprenant, 2003）。在工作记忆中，信息是由复述机制暂时维持的，而直接处于注意焦点的信息主要是根据其视觉或语言代码来处理的。工作记忆的资源是有限的，在任何给定的时间都只有有限的注意资源可用（Lang, 2000）。未经转述或注意的材料会在18秒内从工作记忆中衰退（Peterson & Peterson, 1959）。

该存储和处理系统允许将最近提供的信息和正在处理的信息集成在一起，从而形成有关当前环境、情境或经验的新兴心理模型。虽然关于工作记忆的观点很多，但受到广泛认可和影响最大的是巴德利（Baddeley, 1986）提出的模型。在这个模型中，工作记忆被解析成三个主要的系统：一个作为注意力控制系统的中央执行系统（central executive）及其两个子系统，一个语音回路系统（phonological loop）（负责口语材料的存贮和处理），一个视觉空间模板系统（负责视觉空间材料的存贮和处理）。虽然巴德利提出的模型有助于解释许多实验和神经现象，如字长效应、语音抑制以及长期记忆完整的患者有严重短期记忆缺陷，但它没有考虑到刺激的意义。也就是说，该模型对不同信息的权重相等，但不依赖于对感知者的意义。根据尼斯和苏普南特（Neath & Surprenant, 2003）的研究，在许多利用工作记忆的任务中，刺激意义是一个重要的因素，比如记忆广度任务在工作记忆中保持某项内容几秒钟，然后将其重复一遍。为了解决这一需求，巴德利（Baddeley, 2000）最近提出了一个名为情景缓冲区（episodic buffer）的附加系统，试图缓解该模型的这种限制和其他潜在缺陷。情景缓冲区提供了长期记忆的链接，即一个附加的存储空间和一个可以整合视觉空间和语言信息的平台。

遗憾的是，迄今为止，很少有实验研究检视情景缓冲区的作用。

　　与工作记忆相比，长期记忆中的信息主要是经过语义编码的，或多或少是可以永久储存的，检索失败是由于被动记忆衰退或其他材料的干扰。虽然记忆理论家对长期记忆的类型没有普遍的共识，但确实存在几种分类（Roediger, Marsh & Lee, 2002）。一种流行的分类方式是将记忆分为程序性记忆（"知道如何做"）和陈述性记忆（"知道是什么"）（Squire, 1987）。程序性记忆包括运动和认知技能，这些技能往往缺乏现成的口头描述（比如，如何骑自行车，如何设定您的录像机），而陈述性记忆又分为语义记忆和情景记忆两大类。语义记忆可以被看作一本关于世界事实的"心理词典"（如赫伯特·胡佛是美国第31任总统），情景记忆可以被认为是一种在特定时间和地点被标记的经验，例如，列表上的"睡眠"一词是刚刚听到的，也可能是去年夏天的假期在约塞米蒂国家公园听到的（Roediger等，2002）。

　　对不同类型的记忆进行分类时产生的问题来自记忆的重叠和多面性（Roediger等，2002）。随着时间的推移，情节记忆会失去其独特的时间和地点的标记，并成为语义记忆的一部分，例如，当你忘记了你第一次学习乘法表的上下文时，你仍然记得 $8 \times 7 = 56$。语义记忆在情景记忆中起着重要的，有时甚至是误导性的作用。例如，美国前总统罗纳德·里根有时会把电影情节当作真实的故事来讲述（例如，一名飞机机长在飞机上被防空火力击中坠毁后，与一名受伤男子待在一起的英雄故事）。尽管这个故事是真实的，但细节是从一部电影和一本杂志的故事中提取出来的（Loftus & Ketcham, 1994）。这种信息来源的混乱被称为来源遗忘（source amnesia），且这种情况并不罕见。

自传体记忆

　　自传体记忆（autobiographical memory）包括在生活中发生的事件或经历的知识（Conway, 2001）。这些记忆通常是由一些情境式记忆组成的，如某人的高中毕业舞会或与爷爷在公园里骑自行车。当然，语义记忆或程序性记忆的元素可能也是记忆表征的一部分（Roediger等，2003）。

　　自传体记忆的结构描述了个体记忆的三个特定层次：人生阶段、一般事件和特定事件知识（Conway & Pleydell Pearce, 2000）。最普遍的层次是由一个人一生中的一段时间来定义的，比如大学或生活在某个城镇的时期。这一层次的知识点包括起点和终点，以及当时的重要人物和事件。媒介事件可能与某一特定的人生阶段有着不可分割的联系，比如记得在中学时代听到尼拉·艾斯（Vanilla Ice）的歌曲 *Ice, Ice, Baby*，或是在高中时代观看的电影《泰坦尼克号》。某个特定的人生阶段的知识库可能包括一个评价成分，这些态度可能被用来在以后的时间构建记忆，当听到某首歌而引起好感时，是因为它唤起了愉悦的人生阶段，而不是因为这首歌的曲调或是歌词。

自传体记忆的第二个结构是一般事件，包括重复的或单一的事件，或事件的主题序列。这种层次的记忆是高度组织化的，它专注于目标导向和其他类型的自我发现行为。当人们试图回想起一段记忆时，一般事件通常是最容易回忆的（Conway，2001）。

自传体记忆的最终层次是特定事件知识（event-specifific knowledge，ESK），它引发了记忆本身的意象和其他细节的出现。当一个人回忆起一段经历时，他对事件的感知体验会带来生动的记忆。媒介信息可能是ESK的一部分，也可能是被它记住的情境的一部分。虽然ESK的存在与否通常是记忆真实性的一个指标（我们不倾向于从没有发生过的事件中记住太多支持性细节），但有时人们确实对没有发生过的事件有着生动但虚假的记忆（Garry, Manning, Loftus & Sherman, 1996; Sharman, Manning & Garry, 2005）。在某些情况下，这些记忆可能在感知上暂时清晰，但实际上可能包含与产生记忆有关的认知记忆。回忆事件的人的动机、偏见和经验以及元认知技能都会影响现实的这些归因（Mitchell & Johnson, 2000）。

自传体记忆可以通过呈现某种线索，并询唤与该线索相关的记忆来研究。在媒介研究中，所提供的线索与某人一生中某个时刻的事件、人物、观看节目的自传体记忆有关。这种方法允许研究反社交媒介对儿童的影响，如性或暴力（Harrison & Cantor, 1999; Hoekstra, Harris & Helmick, 1999; Cantor, Mares & Hyde, 2003），但没有让年轻的参与者接触它。虽然它存在无法验证媒介事件记忆的固有问题，但其目标变量是记忆如何影响人们对媒介和世界的看法，因此，与参与者的反应相比，记忆的客观准确性不那么受关注。

这项研究的一般方法包括要求参与者在观看某一特定事件时，思考该事件及其所涉及的环境或人物（Harris, Bonds-Raacke, & Cady, 2005）。例如，参与者可能被要求回忆他们童年观看恐怖或性主题电影的总体经历，或是回忆他们在电影或电视中看到的某个特定少数群体中的特定角色。一旦回忆起体验和角色，参与者就会在多个维度上对事件或人物的各个方面进行评价，例如可以根据体验到的消极影响（如失眠）或积极影响（如享受）来对恐怖电影进行评价，而角色可以根据性格维度（如可爱、健康）对少数群体中的典型性进行评价。以这种方式使用自传体记忆技术，可以研究在正常情况下对人物或事件的感知，而不是研究在更人为的情况下所观看到的短片段。

音乐在自传体记忆中也起着重要作用。一项研究为37—76岁的成年人提供了歌曲标题和钢琴演奏片段。结果显示，如果他们使用相关的自传体记忆作为线索，那么在听到旋律后，歌曲的回忆效果会更好，并且可以更好地估计歌曲的流行时间（Bartlett & Snelus, 1980）。另一项研究（Schulkind, Hennis & Rubin, 1999）对大学生和66—71岁的成人进行了测试。结果表明两组人都更易记住和偏爱青少年时期的流行音乐，尽管老年人也不记得早期的歌曲，除非这首歌引起了强烈的情感反应（Schulkind等，1999）。

记忆对理解的贡献

传统上，人们会认为信息是以线性方式从一个记忆存储区流向另一个存储区；也就是说，信息首先被认为是进入感官记忆，然后是工作记忆（working memory），最后是长期记忆（Atkinson & Shiffrin, 1968）。更为流行的观点（如，Cowan, 1995）认为，对与现有记忆概念具有相似特征的新旧信息进行编码，在工作记忆中使用长期记忆知识创建临时表征。事实上，一些理论家（如，Anderson & Lebiere, 1998; Cowan, 1995; Shiffrin & Schneider, 1977）将工作记忆重新概念化为长期记忆暂时激活的部分。在这种情况下，输入的信息，例如刺激A进入感官记忆，并与长期记忆表征相匹配，形成工作记忆中刺激A的临时心理表征。刺激A是通过工作记忆中的复述机制来维持或存储的，而刺激B则被编码在感官记忆中，并被引用到不同的长期记忆中。在工作记忆中，刺激A和刺激B可以连接在一起形成新的关联，并作为一种新的长期情节记忆存储和记录下来（Cowan, 1995）。将工作记忆视为长期记忆的激活部分的观点，提出了以下信息处理的时间流：传入的信息进入感官记忆，根据长期记忆表征进行匹配和解释，然后暂时存储在工作记忆中，在工作记忆中，不同的信息可以形成新建立的链接。最后，这些新形成的关联存储在长期记忆中。因此，该过程明确地指出，长期记忆在解释或者从输入信息中提取意义方面起着主要作用。换句话说，长期记忆在理解中起着重要作用。应用到媒介事件上，这意味着我们以前对媒介事件的经验会影响我们如何解释当前的媒介事件。例如，观众先前看过一部恐怖电影，其中一名受害者被一名躲在门后的刺客诱骗进入卧室并被杀害。现在再观看恐怖片观众就会预想，当一个电影角色走进一间空卧室时，会发生一些不好的事情。

理解对记忆的贡献

传统的记忆观（如，Atkinson & Shiffrin, 1968）假定从长期记忆中检索信息的概率取决于在工作中重复了多少信息，随着重复的次数增加，检索能力也会提高（Bower, 2000）。然而，克雷克和洛克哈特（Craik & Lockhart, 1972）发现简单重复的演练并不一定会导致更持久的记忆。相反，检索取决于信息最初的处理方式——处理越深，记忆就越持久。处理的深度取决于一个人对信息的理解和提取的程度，从而与现有知识形成有意义的关联和阐述（Bower, 2000）。例如，电视节目中发生的事件可能会让你想起自己人生中发生的事件。为了深入理解这个过程，你会考虑与生活相关的方面，并将你的经历与角色的经历进行比较。因此，我们理解材料的能力会影响这些材料在长期记忆中的耐用性和可及性（Craik & Tulving, 1975）。如果非常仔细地关注一部电视纪录片，我们很可能会很好地记住内容，如果它仅仅是作为背景，而我们的主要注意力集中在其他地方，那么我们可能不会记住。

来自娱乐媒介的信息是如何在理解和记忆过程中发挥如此大的作用的？一些来自传播学和认知心理学的研究发现可以帮助我们解答这个问题。

示范论（Exemplification Theory）和认知启发

我们世界丰富的感官体验必须以某种方式组成有意义的类别，以便在记忆中解释和存储，这是人类思维的自然组成部分。事实上，如果不是这样，感官输入只会是一个杂乱无章的刺激变化，或者充其量是一堆无组织的案例。

在这个分类过程中隐含的事实是，特定类别、事件类别、娱乐类别等类别的特定范例或实例将代表整个类别，不管它们是否真正有代表性。哪一个案例将在心理定义上占上风取决于两个主要因素：（1）频繁性；（2）生动性。首先，一个实例发生得越频繁，它就越具有代表性。例如，如果电影中有过多的非裔美国人是罪犯或毒贩，那么许多观众（特别是那些对非裔美国人生活经验有限的观众）就会把这种刻板印象视为典型的黑人特征。

其次，一个特别生动的例子非常让人难忘，因此在思考到这一类别时很容易想起它。例如，1975年轰动一时的经典电影《大白鲨》（Jaws）描绘了许多鲨鱼袭击新英格兰海滩的游泳者，此后的一两年，全国各地的海滨度假胜地报告称在商业上损失惨重，许多勇敢的游客也仅在水中度过不多的时光。《大白鲨》中生动逼真的虚构攻击虽然在现实生活中极为罕见，但却很容易被人记住，并被认为是比实际情况更为典型的海滩体验。引起强烈情感的生动案例（如鲨鱼攻击）尤其令人难忘，而经常重复的生动案例也是如此。

两种认知启发式方法（cognitive heuristics）可以帮助我们描述这些过程（Kahneman & Tversky, 1972, 1973; Tversky & Kahneman, 1973）。代表性启发式（representativeness heuristic）指出，我们根据事件在多大程度上反映（A）该类的所有成员以及（B）生成事件的过程，来评估该类的代表性。例如，许多人认为"正正正正正正"比"正反反正反正"的抛硬币序列概率可能要小得多，尽管给定的六枚硬币抛硬币序列的可能性与其他的相同。如果一个序列的两种可能的结果都以不系统的顺序表示，那么这个序列将被认为更具代表性。有时判断代表性伴随着忽视关键的基准率信息。例如，如果我们听到Robert喜欢阅读法国文学、参加品酒会，我们可能会认为他更像哲学家而不是卡车司机。虽然这些兴趣似乎更能代表哲学家的刻板印象，但卡车司机比哲学家更多，因此Robert更有可能是一个卡车司机。

第二个启发式方法是可得性启发法（availability heuristic）。假设我们基于从记忆中检索范例的容易程度来得出关于事件或实例的频率或典型性的结论。容易检索的例子就会被看作是高度典型的，而事实上，它们不可能是这样的。如果首先想到的阿拉伯人的例子是电视和电影娱乐中的恶棍以及新闻中的恐怖分子,我们会认为阿拉伯人中恐怖分子的比例远远超过了实际情况。超过70%的有精神障碍的人物被描绘为暴力分子,而真正有精神障碍的人只有11%,难怪人们害怕精神病患者(Teplin, 1985)。这一原则的积极潜力也是相当大的。例如,如果流行的情景喜剧《威尔与格蕾丝》(*Will and Grace*)中威尔成为男同性恋者的原型,那么对该群体的社会认知可能会大大改善。娱乐节目中呈现出众多生动而令人难忘的人物和情境的范例:当这些范例的分布与现实世界的分布严重背离时,观众对世界看法偏颇的风险就会显著增加。

齐尔曼(Zillmann, 2002)对示范论做了讨论。

少数群体形象

虽然自20世纪60年代以来,美国电视上的非裔美国人人数大幅增加,现在已接近一般人口的比例,他们往往不成比例地出现在情景喜剧或警察剧集中,而男性角色的增加并没有延续到非裔美国女性身上(Greenberg, Mastro & Brand, 2002)。相比之下,西班牙裔美国人虽然在总人口中比非裔美国人还要多,但在黄金时段的电视人物中仅占2%(Poniewozik, 2001),并且多为幽默、犯罪的角色与警察的角色。出现在电视和西部电影中的美洲原住民过去几乎全都是平原印第安人,但最近他们几乎完全在娱乐媒介上消失了。少数群体角色加上媒介的刻板印象,可能导致人们对这些群体的偏见,特别是那些对被提及的群体成员生活经验认识有限的观众(Greenberg, Mastro & Brand, 2002)。

内容分析的方式考查了电视和电影中少数族裔角色的比例和质量,但这并没有说明这些形象是如何影响观众对这些少数群体的看法的。特别在一个非常受欢迎的节目或连续剧中,一个"强大的"角色可能会用少数人的形象使观众"沉浸"其中,尽管观众可能会看到其他的描述。例如,《考斯比一家》(*The Cosby Show*)中扮演比尔·考斯比(Bill Cosby)的克里夫·哈克斯特波(Cliff Huxtable)或者《威尔与格蕾丝》中埃里克·麦考马克(Eric McCormack)扮演的杜鲁门。通过这种方式,某些演员和角色更大地影响了人们对被塑造群体的看法,改变了观众对他们的刻板印象(Greenberg, 1988)。

有时候,一个极有魅力或受人尊敬的人或角色会以积极的方式对观众行为产生极大的影响。例如,20世纪80年代,在一部流行的巴西肥皂剧中,一位性感的"帅哥"演员出演了聋人角色,此后人们对学习手语的兴趣飙升。同样的,NBC新闻主持人凯蒂·库里克(Katie Couric)在2000年邀请《今日秀》的观看者在现场观看她接受结肠检查的过程后,当年要求做结肠镜检查的人数比例上升了20%,可以肯定这挽救了无数人的生命(Bjerklie, 2003)。

培养理论

关注和回顾这些类型的描述可以理解长期影响。培养理论描述知识是如何因理解和记忆媒介经验而扭曲的。它着眼于随着时间的推移,对娱乐媒介的大量重复接触逐渐形成了我们对世界和社会现实的看法,格伯纳、格罗斯、摩根、西涅利和沙那罕(Gerbner, Gross, Morgan, Signorielli & Shanahan, 2002)都对该理论的有过概述。对世界观的培养是通过建构过程来实现的,观众通过观察电视中的世界来了解现实世界。看电视留下来的记忆痕迹相对来说是自动存储的(Shapiro, 1991),随后我们通过存储的记忆来形成对真实世界的信念(Hawkins & Pingree, 1990; Potter, 1991a, 1991b, 1993; Shrum & Bischak, 2001)。一个人看的电视越多,他的世界观就越像电视呈现的那样。例如,看过很多暴力电视的人认为世界是一个比实际情况更暴力的地方(冷酷世界综合征)(Signorielli, 1990)。涵化的社会现实包括许多类型的知识:性别角色(Morgan & Shanahan, 1995)、政治态度(Morgan, 1989)、犯罪风险评估(Shrum, 2001; Shrum & Bischak, 2001)、科学与科学家的理解(Potts & Martinez, 1994)、对环境的态度(Shanahan & McComas, 1999; Shanahan, Morgan, & Stenbjerre 1997)、青少年职业选择(Morgan & Shanahan, 1995)以及长期观看脱口秀的影响(Rössler & Brosius, 2001)。

作为教育的娱乐

通过娱乐媒介向公众传播社会正面信息是一种日益流行的方式。全球至少有40个国家开展了75次以上这样的娱乐—教育运动(entertainment-education, E-E),在发展中国家尤为普遍(Sherry, 2002; Singhal & Rogers, 1999)。在许多国家,广播和电视长期以来一直被视为促进发展和积极变革社会的合法工具,而不仅仅是娱乐的工具。因此,许多流行的娱乐节目是为了促进性别平等、提升成人识字率、推广性责任意识和计划生育而制作的。

有时这些娱乐节目广受欢迎且有利可图,同时也带来了相当大的知识和行为的改变。例如,1993年至1998年,坦桑尼亚的广播剧《让我们与时俱进》(*Twende na Wakati*)覆盖了全国55%的人口,82%的观众说他们已经改变了行为,以减少感染艾滋病毒的机会(Rogers, Vaughan, Swalehe, Rao, Svenkerud & Sood, 1999)。南非电视、广播和公共卫生运动推出的《灵魂之城》(*Soul City*)(Singhal & Rogers, 1999)涉及艾滋病毒预防、妇幼保健、家庭暴力和酗酒,成为南非收视率最高的电视节目。它引起了人们的讨论和进一步的信息搜寻。在《灵魂之城》之前,只有3%的人同意应该将自己的HIV阳性状态告知给伴侣,但之后75%的人认为应该告知伴侣。

虽然在美国还没有广泛普及流行的娱乐—教育运动,但该运动越来越多地出现在美国的娱乐电视上。最早是20世纪80年代末的指定驾驶员运动,当时哈佛大学公共卫生学院与250名NBC编剧和制片人合作,将"指定驾驶员"的新理念融入电视剧情。到1994年,指定驾驶员信息已经出现在160个黄金时段节目中,成为25个节目的主题。三分之二的公众在电视节目中注意到"指定驾驶员",超过半数的年轻人表示他们曾担任过"指定驾驶员"。到20世纪90年代末,酒后驾车的死亡率比10年前下降了三分之一,部分原因是更多地使用指定驾驶员(Rosenzweig, 1999)。

自1998年以来,疾病控制中心一直协助电视剧编剧在流行电视节目中植入积极的健康信息。在《飞越比弗利》(*Beverly Hills 90210*)中,Steve吹嘘他的皮肤完美无瑕,但他的女朋友注意到他脖子后面有一颗可疑的痣。出于对皮肤癌的担心,他后来拿着扩音器去了海滩,大力宣传使用防晒霜的好处。《急诊室》中有一集有使用紧急避孕的情节,有报告称在该剧的3,400百万观众中有600万人从节目中了解到了紧急避孕的知识(Rosenzweig, 1999)。恺撒家庭基金会的一项研究发现,《急诊室》三分之一的观众表示,他们从节目中学到了一些有助于自己家庭做出医疗保健决策的信息(Stolberg, 2001)。其他嵌入的健康信息包括肥皂剧中的艾滋病意识主题和情境喜剧《老友记》(*Friends*)(Brown & Walsh-Childers, 2002)以及面向青少年的《费丽丝蒂》(*Felicity*)和《恋爱时代》(*Dawson's Creek*)(Rosenzweig, 1999)节目中有关安全套的信息。

这种叙事形式的娱乐可能是置入有说服力信息的有效形式(Slater & Rouner, 2002)。一个好的E-E节目可以增加观众/听众的自我效能感,增强一个人对影响自己生活事件的控制能力的信念。这些信念可能导致亲社会行为,比如使用安全套,寻求医疗建议或是维护自己的生殖健康。它有助于形成一种集体效能感,一种将个人利益纳入共同议程的共同能力的信念(Bandura, 1995)。例如,《灵魂之城》中有殴打妻子的情节,看过该剧的观众聚集在发生家暴的邻居家中,敲打他们的平底锅以示谴责,这种行为曾在电视剧中出现过,这便是集体效能实现的体现(Singhal & Rogers, 2002)。

发展问题

对来自媒介信息的理解和记忆有时会随着年龄的增长而变化,或者更具体地说,是观众认知发展水平的变化。

认知发展极其重要的一个领域是幼儿对节目和商业广告差异的理解。从成年人的角度来看,电视节目显然是娱乐节目,而广告则完全是另外一回事。然而,婴幼儿无法区分商业广告和节目内容,也不理解广告的说服意图;对他们来说,电视提供了一个稳定的、不间断的娱乐流。虽然孩子们在很小的时候就会识别广告,但是这种识别是基于肤浅的音视频方面的特征,而不是基于对节目和商业广告内容的理解(Raju & Lonial, 1990)。学前儿童几乎不知道广告是用来销售的,小学生在认识广告目的的过程中表现出不同的中间阶段(见Martin, 1997)。在节目和广告之间插入音视频分隔符并没有有效区分,在5到7岁的孩子中,只有三分之一知道广告的目的,几乎所有的孩子要到11岁才能理解（Wilson & Weiss, 1992）。小学中年级学生对广告的典型解释主要集中在材料的真实性（或缺乏）上；直到高年级，他们才会基于对广告商销售动机的理解而产生不信任。

对媒介的理解随着年龄增长而发生巨大变化的第二个领域是对暴力娱乐的恐惧反应（Cantor, 1996, 1998b, 2002）。不同的刺激和事件会导致不同年龄观众产生恐惧反应。对学龄前儿童来说，自然形态的扭曲（例如怪物和突变体）是非常可怕的，但对年龄较大的孩子来说通常就不那么可怕了。描述危险和伤害（例如袭击、自然灾害）对大龄儿童来说比对学前儿童更可怕，部分原因是年龄较大的儿童能够在认知上预见危险及其可能的后果，从而在实际事件发生之前感到恐惧。只有青少年或成年人才可能非常害怕抽象的威胁，这可能是观众从影片的对话中想象出来的。孩子年龄越大，抽象的思维能力就越强，看到危及他人的情况就会感到害怕。

想想看两个兄弟在看一部关于一个从外太空来访的友善的外星人的电影，学龄前儿童可能害怕外星人的奇异外形，而年长的孩子可能在他认识到友好的外星人或有同情心的人可能会受到他人的潜在危险时而害怕。或者，年幼的孩子可能一点也不害怕，事实上，他可能也喜欢这个可爱的小外星人，也可能无法抽象地理解为什么他的哥哥害怕这种善良的生物具有潜在的危险。每个孩子对娱乐程度及其原因的了解显然会随着孩子的年龄增长以及他们对引起恐惧的刺激理解不同而有所不同。

童年时期往往对媒介有长期的恐惧，甚至有创伤性的记忆。一些项研究（Cantor & Oliver, 1996; Harrison & Cantor, 1999; Hoekstra, Harris & Helmick, 1999）发现，几乎所有的年轻人都能很容易地想起小时候被电影吓到的情景。至少记忆，也许还有一些长久的影响。据报道，这些影响包括普遍的恐惧/焦虑、特定的恐惧（如在看到大白鲨后害怕游泳，看到小丑之后害怕他们）、睡眠障碍以及噩梦。

然而，有时候，自我报告并不能完全衡量一个人的理解或记忆。例如，斯帕克斯、佩莱基亚以及欧文（Sparks, Pellechia & Irvine, 1999）发现，一些人在观看恐怖片至25分钟的片段时，报告的负面情绪水平较低，但通过皮肤电导测量，他们的生理唤醒水平较高。佩克（Peck, 1999，引用于Cantor, 2002）发现，女性在观看《猛鬼街》（*A Nightmare on Elm Street*）中的恐怖场景时其恐惧反应比男性更强烈，但在某些情况下，如果场景中的受害者是男性，男性的生理反应比女性更强烈。

不同年龄的成年人对媒介的理解可能不同，例如，在大获成功的印度电视剧《我们人民》（*Hum Log*）中，许多年长女性观众更多地认同传统的家庭母系角色，而不是她更独立的女儿（Brown & Cody, 1991）。同样，20世纪70年代美国情景喜剧《全家福》上映后，年长和更传统的观众认同固执的阿奇·邦克，发现他比制片人预想的要积极，也比年轻观众看到的要积极（Vidmar & Rokeach, 1974）。观众意外地认同了影片中负面形象的现象已经在几个国家被观察到，这被称为"阿奇·邦克效应"。

娱乐的理解和记忆模型

我们现在以沃尔特·金奇（Walter Kintsch, 1988, 1998）的理解模型在娱乐认知中的应用来总结本文。由于记忆有助于理解，而理解的程度有助于记忆，因此，理解和记忆之间互动过程的图景就显现了。领悟或理解媒介事件的过程可以被描述为利用记忆中的先验知识来解释或提取感知输入的意义，同时整合这些输入来构建工作记忆中有关媒介事件的连贯的整体的内部心理模型。然后，这个心理模型将被转移并储存在长期记忆中，以帮助解释未来的经历或事件（Kintsch, 1988）。根据金奇（Kintsch, 1988, 1998）的建构整合理论（construction integration, CI），理解过程包括在建构和整合两个主要阶段内创造三个层次的心理表征，这两种情况都发生在工作记忆中。更确切地说，发生在爱立信和金奇（Ericsson & Kintsch, 1995）或巴德利（Baddeley, 2000）所描述的长期记忆中。虽然金奇的理论最初是在文本理解的语境下提出的，但建构整合理论可以推广到理解媒介事件等其他语境中。

根据金奇的说法，理解某事需要建立一个心理模型。这个心理模型是按顺序和周期建立的。在建构整合理论模型中，作为一个整体心理表征的三个层次从低到高分别是表层、文本基础层和情境模型。对于电视、电影和流行音乐等娱乐领域，建构整合理论的构建阶段涉及表层和文本基础层。表层是人们从媒介中感知和编码的实际最小处理的信息。在阅读文本时，它由文本的准确单词和词语表示。在媒介娱乐中，它可以反映一个人从电视节目或音乐编码中获得的真实的视觉图像和声音。在文本基础层，表层信息被转换成命题表征，即意义或思想的最小组成部分（Anderson & Bower, 1973; Kintsch, 1974; Bower, 1981）。命题表征涉及谓词（用动词、形容词或副词的表面形式来表示）、论点以及媒介事件中明确提到的时间和地点。

金奇认为，在这个建构阶段，文本基础层激活了许多信息，这些信息与当前的情境无关，与记忆既相关又无关。例如，在电影《第六感》(*The Sixth Sense*)的文本基础层，当由布鲁斯·威利斯（Bruce Willis）扮演的主角马尔科姆（Malcolm）被枪杀时，我们对一个人被枪击时所发生的事情（例如重伤、瘫痪、死亡）的理解来自以前看过的电影，这些电影都涉及枪击事件，且在我们的记忆中被激活。此外，有关布鲁斯·威利斯之前角色的认知将在文本基础层被激活。直到建构整合理论的第二阶段（整合），通过我们对当前媒介事件类型知识的了解（如，《第六感》是一部惊悚片），心理模式才适用于特定的上下文（例如，观众在保留其受到伤害或死亡设想的同时，也使威利斯以前的角色形象失效）。在整合阶段之后仍然被激活的想法或概念以知识网络的形式嵌入我们的心理模型或情境模型中，即我们对当前环境的理解（如人物被枪击后很可能会死去）。心理模型是建立在编码信息和对以前知识和经验解释基础上的；因此，我们的心理模型可能并不总是准确的。

心理模型中的不准确可能是因为我们对所感知的事件的曲解或误解。有时编剧故意引起这样的误解，比如《第六感》，故意引导我们构建一个不正确的动作情境模型。紧接着主角被枪击的场景，我们看到他坐在一张长凳上。这个画面引导许多观众构建了一个他从枪伤中恢复过来的心理模型。直到接近尾声时，电影才提供线索，让观众认识到它所建构的关系、最初场景引导观众搭建的心理模型及其结果是不正确的（即主角没有在枪击中幸存）。

在建构整合理论中，我们的心理模型由保持活跃的信息组成，并嵌入知识网络中。这些信息被用来解释媒介事件后续信息；也就是说，与我们的心理模型一致的后续信息仍然被激活并可能被整合。在知识结构中，与心理模型不一致的后续信息往往是无效的。这就可以解释为什么许多观看《第六感》的人都未意识到编剧把主角嵌入电影中的微妙暗示，而是继续接受与心理模型一致的信息，即他在重伤中幸存了下来。除了对娱乐媒介的解读具有重要的指导意义外，思维模式也是影响我们先前讨论的娱乐体验诸多方面的一个重要结构，例如，为使用认知启发法（cognitive heuristics）提供上下文，进行现实监控，培养观众的世界观以及对音乐的记忆。

总　　结

这种适用于媒介娱乐的理解模式，使人们更好地理解了媒介的某些效应是如何产生的，例如，将一个节目中有关某个少数群体的信息与另一个节目中类似人物的信息相结合，可能会导致观众形成对该特定社会群体所有成员的看法。这个过程以及这里讨论的其他过程来自媒介的范例，在人们寻找和享受媒介娱乐的过程中被重复了很多次。此外，这些媒介经历的记忆可能会影响观众一生。在这种情况下，理解和记忆媒介事件在我们的生活中起着重要作用。

参考文献

Anderson, J. R., & Lebiere, C. (1998). *The atomic components of thought.* Mahwah, NJ: Lawrence Erlbaum Associates.
Anderson, J. R., & Bower, G. H. (1973). *Human associative memory.* Washington: Winston and Sons.
Atkinson, R. C., & Shiffrin, R. M. (1968). Human memory: A proposed system and its control processes. In K. W. Spence & J. T. Spence (Eds.), *The psychology of learning and motivation: Advances in research and theory* (pp. 90–197. New York: Academic Press.
Baddeley, A. D. (1986). *Working memory.* New York: Oxford University Press.
Baddeley, A. D. (2000). The episodic buffer: A new component of working memory? *Trends in Cognitive Sciences, 4,* 417–423.
Bandura, A. (1995). Exercise of personal and collective efficacy. In A. Bandura (Ed.), *Self-efficacy in changing societies* (pp. 1–45). New York: Cambridge University Press.
Bandura, A. (1997). *Self-efficacy: The essence of control.* New York: Freeman.
Bartlett, J. C., & Snelus, P. (1980). Lifespan memory for popular songs. *American Journal of Psychology, 93,* 551–560.
Bower, G. H. (1981). Mood and Memory. *American Psychologist, 36,* 129–148.
Bower, G. H. (2000). A brief history of memory research. In E. Tulving & F. I. M. Craik *(Eds.), The Oxford handbook of memory* (pp.

3–32). New York: Oxford University Press.

Brown, W. J., & Cody, M. J. (1991). Effects of a prosocial television soap opera in promoting women's status. *Human Communication Research, 18,* 114–142.

Bjerklie, D. (2003, July 28). *Time,* p. 73.

Brown, J. D., & Walsh-Childers, K. (2002). Effects of media on personal and public health. In J. Bryant and D. Zillmann (Eds.), *Media effects* (2nd ed.) (pp. 453–488). Mahwah NJ: Lawrence Erlbaum Associates.

Cantor, J. (1996). Television and children's fear. In T.M. Macbeth, (Ed.), *Tuning in to young viewers: Social science perspectives on television* (pp. 87–115). Thousand Oaks CA: Sage.

Cantor, J. (1998a). Ratings for program content: The role of research findings. *The Annals of the American Academy of Political and Social Science, 557,* 54–69.

Cantor, J. (1998b). *"Mommy, I'm scared": How TV and movies frighten children and what we can do to protect them.* San Diego: Harcourt Brace.

Cantor, J. (2002). Fright reactions to mass media. In J. Bryant & D. Zillmann (Eds.), *Media effects* (pp. 287–306). Mahwah NJ: Lawrence Erlbaum Associates.

Cantor, J., & Oliver, M. B. (1996). Developmental differences in responses to horror. In J.B. Weaver and R. Tamborini (Eds.), *Horror films: Current research on audience preferences and reactions* (pp. 63–80). Mahwah NJ: Lawrence Erlbaum Associates.

Cantor, J., Mares, M.-L., & Hyde, J. S. (2003). Autobiographical memories of exposure to sexual media content. *Media Psychology, 5,* 1–31.

Conway, M. A. (2001). Sensory-perceptual episodic memory and its context: Autobiographical memory. In A. Baddeley, J. P. Aggleton, & M. A. Conway (Eds.), *Episodic memory: New directions in research* (pp. 53–70). Oxford: Oxford University Press.

Conway, M. A., & Pleydell-Pearce, C. W. (2000). The construction of autobiographical memories in the self-memory system. *Psychological Review, 107,* 261–288.

Cowan, N. (1995). *Attention and memory: An integrated framework.* New York: Oxford University Press.

Craik, F. I. M., & Lockhart, R. S. (1972). Levels of processing: A framework for memory research. *Journal of Verbal Learning and Verbal Behavior, 11,* 671–684.

Craik, F. I. M., & Tulving, E. (1975). Depth of processing and the retention of words in episodic memory. *Journal of Experimental Psychology: General, 104,* 268–294.

Ericsson, K. A., & Kintsch, W. (1995). Long-term working memory. *Psychological Review, 102,* 211–245.

Garry, M., Manning, C. G., Loftus, E. F., & Sherman, S. J. (1996). Imagination inflation: Imagining a childhood event inflates confidence that it occurred. *Psychonomic Bulletin & Review, 3,* 208–214.

Gerbner, G., Gross, L., Morgan, M., Signorielli, N., & Shanahan, J. (2002). Growing up with television: Cultivation processes. In *Media Effects* (2nd ed.) (pp. 43–68). Mahwah NJ: Lawrence Erlbaum Associates.

Greenberg, B. S. (1988). Some uncommon television images and the drench hypothesis. In S. Oskamp (Ed.), *Television as a social issue* (pp. 88–102). Newbury Park, CA: Sage.

Greenberg, B. S. Mastro, D., & Brand, J. E. (2002). Minorities and the mass media: Television into the 21st century. In J. Bryant & D. Zillmann (Eds.), *Media Effects* (2nd ed., pp. 333–351). Mahwah, NJ: Lawrence Erlbaum Associates.

Harris, R. J., Bonds-Raacke, J. M., & Cady, E. T. (2005). What we remember from television and movies: Using autobiographical memory to study media. In R. Walker & D. J. Herrmann (Eds.), *Cognitive technology: Essays on the transformation of thought and society* (pp. 130–148). Jefferson NC: McFarland Publishers.

Harrison, K., & Cantor, J. (1999). Tales from the screen: Enduring fright reactions to scary media. *Media Psychology, 1,* 97–116.

Hawkins, R. P., & Pingree, S. (1990). Divergent psychological processes in constructing social reality from mass media content. In N. Signorielli & M. Morgan (Eds.), *Cultivation analysis* (pp. 35–50). Newbury Park, CA: Sage.

Hoekstra, S. J., Harris, R. J., & Helmick, A. L. (1999). Autobiographical memories about the experience of seeing frightening movies in childhood. *Media Psychology, 1,* 117–140.

Kahneman, D., & Tversky, A. (1972). Subjective probability: A judgment of representativeness. *Cognitive Psychology, 3,* 430–454.

Kahneman, D., & Tversky, A. (1973). On the psychology of prediction. *Psychological Review, 80,* 237–251.

Kintsch, W. (1974). *The representation of meaning of memory.* Hillsdale NJ: Lawrence Erlbaum Associates.

Kintsch, W. (1988). The use of knowledge in discourse processing: A construction-integration model. *Psychological Review, 95,* 163–182.

Kintsch, W. (1998). *Comprehension: A paradigm for cognition.* New York: Cambridge University Press.

Lang, A. (2000). The limited capacity model of mediated message processing. *Journal of Communication, 50,* 46–70.

Loftus, E. F., & Ketcham, K. (1994). *The myth of repressed memory.* New York: St. Martin's Press.

Martin, M. C. (1997). Children's understanding of the intent of advertising: A meta-analysis. *Journal of Public Policy and Marketing, 16,* 205–216.

Mitchell, K. J., & Johnson, M. K. (2000). Source monitoring: Attributing mental experiences. In E. Tulving & F. I. M. Craik (Eds.), *The Oxford handbook of memory* (pp. 179–195). New York: Oxford University Press.

Morgan, M. (1989). Television and democracy. In I. Angus & S. Jhally (Eds.), *Cultural politics in contemporary America* (pp. 240–253). New York: Routledge.

Morgan, M., & Shanahan, J. (1991). Television and the cultivation of political attitudes in Argentina. *Journal of Communication,*

41(1), 88–103.

Morgan, M., & Shanahan, J. (1992). Comparative cultivation analysis: Television and adolescents in Argentina and Taiwan. In F. Korzenny & S. Ting-Toomey (Eds.), *Mass media effects across cultures* (pp. 173–197). Newbury Park, CA: Sage.

Morgan, M., & Shanahan, J. (1995). *Democracy tango: Television, adolescents, and authoritarian tensions in Ar- gentina.* Cresskill NJ: Hampton Press.

Neath, I., & Surprenant, A. M. (2003). *Human memory: An introduction to research, data, and theory* (2nd Ed.). Belmont, CA: Wadsworth.

Peterson, L. R., & Peterson, M. J. (1959). Short-term retention of individual items. *Journal of Experimental Psychology, 58,* 193–198.

Poniewozik, J. (2001, May 28). What's wrong with this picture? *Time,* pp. 80–82.

Potter, W. J. (1991a). Examining cultivation from a psychological perspective: Component subprocesses. *Communi- cation Research, 18,* 77–102.

Potter, W. J. (1991b). The relationships between first- and second-order measures of cultivation. *Human Communi- cation Research, 18,* 92–113.

Potter, W. J. (1993). Cultivation theory and research: A conceptual critique. *Human Communication Research, 19,* 564–601.

Potts, R., & Martinez, I. (1994). Television viewing and children's beliefs about scientists. *Journal of Applied Devel- opmental Psychology, 15,* 287–300.

Raju, P. S., & Lonial, S. C. (1990). Advertising to children: Findings and implications. *Current Issues and Research in Advertising, 12,* 231–274.

Roediger, H. L., Marsh, E. J., & Lee, S. C. (2002). Varieties of memory. In D.L. Medin & H. Pashler (Eds.), *Stevens' Handbook of Experimental Psychology, Third Edition, Volume 2: Memory and Cognitive Processes* (pp. 1–41). New York: John Wiley & Sons.

Rogers, E. M., Vaughan, P. W., Swalehe, R. M. A., Rao, N., Svenkerud, P., & Sood, S. (1999). Effects of an entertainment-education radio soap opera on family planning behavior in Tanzania. *Studies in Family Planning, 30*(3), 193–211.

Rosenzweig, J. (1999). Can TV improve us? *The American Prospect, 45,* 58–63.

Rössler, P., & Brosius, H.-B. (2001). Do talk shows cultivate adolescents' view of the world? A prolonged-exposure experiment. *Journal of Communication, 51*(1), 143–163.

Rubin, A. M. (2002). The uses and gratifications perspective of media effects. In *Media Effects* (2nd ed.) (pp. 525–548). Mahwah NJ: Lawrence Erlbaum Associates.

Rubin, D. C. (1995). *Memory in oral traditions: The cognitive psychology of epic, ballads, and counting-out rhymes.* New York, NY: Oxford University Press.

Schulkind, M. D., Hennis, L. K., & Rubin, D. C. (1999). Music, emotion, and autobiographical memory: They're playing your song. *Memory & Cognition, 27,* 948–955.

Shanahan, J., & McComas, K. (1999). *Nature stories.* Cresskill NJ: Hampton Press.

Shanahan, J., Morgan, M., & Stenbjerre, M. (1997). Green or brown? Television's cultivation of environmental concern. *Journal of Broadcasting & Electronic Media, 41*(3), 305–323.

Shapiro, M. A. (1991). Memory and decision processes in the construction of social reality. *Communication Research, 18,* 3–24.

Sharman, S. J., Manning, C. G., & Garry, M. (2005). Explain this: Explaining childhood events inflates confidence for those events. *Applied Cognitive Psychology, 19,* 67–74.

Sherry, J. L. (2002). Media saturation and entertainment-education. *Communication Theory, 12,* 206–224.

Shiffrin, R. M., & Schneider, W. (1977). Controlled and automatic human information processing: II. Perceptual learning, automatic attending, and a general theory. *Psychological Review, 84,* 127–190.

Shrum, L. J. (2001). Processing strategy moderates the cultivation effect. *Human Communication Research, 27,* 94–120.

Shrum, L. J., & Bischak, V. D. (2001). Mainstreaming, resonance, and impersonal impact: Testing moderators of the cultivation effect for estimates of crime risk. *Human Communication Research, 27,* 187–215.

Signorielli, N. (1990). Television's mean and dangerous world: A continuation of the Cultural Indicators perspective. In N. Signorielli & M. Morgan (Eds.), *Cultivation analysis: New directions in media effects research* (pp. 85–106). Newbury Park, CA: Sage.

Singhal, A., & Rogers, E. M. (1999). *Entertainment-Education: A communication strategy for social change.* Mahwah NJ: Lawrence Erlbaum Associates.

Singhal, A., & Rogers, E. M. (2002). A theoretical agenda for entertainment-education. *Communication Theory, 12,* 117–135.

Slater, M. D., & Rouner, D. (2002). Entertainment-education and elaboration likelihood: Understanding the process of narrative persuasion. *Communication Theory, 12,* 173–191.

Sparks, G. G., Pellechia, M., & Irvine, C. (1999). The repressive coping style and fright reactions to mass media. *Communication Research, 26,* 176–192.

Squire, L. R. (1987). *Memory and brain.* New York: Oxford University Press.

Stolberg, S. G. (2001). *C.D.C. injects dramas with health messages.* www.nytimes.com/2001/06/26/health/26CDC.html

Teplin, L. A. (1985). The criminality of the mentally ill: A dangerous misconception. *American Journal of Psychiatry, 142,* 593–599.

Tversky, A., & Kahneman, D. (1973). Availability: A heuristic for judging frequency and probability. *Cognitive Psychology, 5,* 207—232.

Vidmar, N., & Rokeach, M. (1974). Archie Bunker's bigotry: A study in selective perception and exposure. *Journal of Communication, 24*(1), 35–47.

Wilson, B. J., & Weiss, A. J. (1992). Developmental differences in children's reactions to a toy advertisement linked to a toy-based cartoon. *Journal of Broadcasting & Electronic Media, 36,* 371–394.

Yalch, R. F. (1991). Memory in a jingle jungle: Music as a mnemonic device in communicating advertising slogans. *Journal of Applied Psychology, 76,* 268–275.

Zillmann, D. (2002). Exemplification theory of media research. In J. Bryant and D. Zillmann (Eds.), *Media effects* (2nd ed.) (pp. 19–42). Mahwah NJ: Lawrence Erlbaum Associates.

第六章　媒介信息处理

罗伯特·威克斯

简　介

处理媒介信息是享用媒介的基本组成部分。信息处理理论考虑的是个体处理他们所遇到的感官信息的方式。它解释了不同想法之间的关系，即个体是如何筛选这些大量涌入的信息、如何决定是否关注这些信息，如何在既有知识背景下考虑这些信息，以及最后，他们又如何将这些信息转化为记忆。

信息处理理论涉及信息选择理论、注意理论、编码理论、图式激活理论、信息检索理论和信息存储理论之间的关系，同时还涉及个人过滤或忽略无关信息的机制。因此，它更多是一种理论的组合，解释人们如何感知符号、图像和声音，然后将它们转换为心理表征。当这些表征能够在记忆中以相似或变换的形式再现时，这个信息处理的过程就完成了。

本部分的前几章探讨了诸如动机、选择性接触、认知、知觉、理解和记忆等问题，这些都是信息处理理论的基础。本章将这些概念连接成一个连贯的模型。要做到这一点，就需要考虑与信息框架、记忆、严谨的处理和接收过程有关的概念。

信息处理理论的基础可以追溯到社会心理学（Lachman, Lachman & Butterfield, 1979）。然而，媒介效果学者（如，Berger & Chaffee, 1989）很快就认识到这一理论在媒介语境中的潜力。心理学家解释道，信息处理理论试图通过考虑刺激和反应过程中的四个基本步骤来解释事件的顺序（Fiske & Taylor, 1991）：（1）理解信息的意义；（2）查找主题信息；（3）验证答案；（4）陈述答案。波特（Potter, 2004）认为媒介信息处理包括：（1）信息过滤和编码；（2）信息与知识储备的匹配任务；（3）意义的最终建构。

关于媒介信息处理的几个典型传播报告（如，Basil, 1994; Lang, 2000; Potter, 2004）说明了上述过程，解释了在信息处理过程中，人类如何凭借有限的处理技能，熟练地从感官刺激中筛选信息，并决定在哪里投入认知资源。这些报告表明，人们完全有能力根据需要转移、处理资源，以应对他们所接触到的大量感官信息。

本章在许多重要方面与这些研究有所不同。首先，信息处理理论是在消息框架中进行评估的。生产者如何构造一条消息，以引起特定的认知或情感反应，对于理解受众为何以及如何处理该消息非常重要。因此，尽管本章的大部分内容着重于人们如何接收和处理信息，但同时也着重强调了刺激的来源和刺激类型的重要性。因此，本章考虑了消息源、消息和接收者之间的动态交互。

其次，虽然信息处理理论经常被用来解释人们如何解读新闻内容，但由于各种原因，信息处理理论也与娱乐体验有关。随着新闻和娱乐之间的界限继续模糊，一些传媒观察者断言，事实上，绝大多数新闻都是娱乐（有时也被称为信息娱乐）。耸人听闻的谋杀案或名人的怪异行为常常会挤掉那些可能真正与观众相关的新闻（例如，经济、健康或政治类）。因此，无论是严肃的新闻，还是越来越像娱乐节目的新闻，信息生产者都在努力刺激受众处理信息。

最后，信息处理理论在娱乐领域变得越来越重要。电视早期的网络审查员禁止使用像怀孕这样的词。已婚夫妇（例如《迪克·凡·戴克秀》中的罗伯和劳拉·皮特里）睡在两张单人床上。喜剧演员乔治·卡林（George Carlin）因在广播节目中说了七句脏话而引发了联邦通信委员会的怒火。简而言之，一直到20世纪80年代，受监管的广播媒介会确保将性主题和暴力画面保持在最低水平。但是，随着媒介渠道的爆炸式增长，包括有线电视和卫星电视网络的出现以及互联网的显著普及，广播电视网络和广播电台不得不尝试设计那些旨在吸引观众注意力的节目。因此，像《恐惧因素》（*Fear Factor*）和《拉什·林堡秀》（*Rush Limbaugh*）这类节目出现，以及真人秀节目的激增，都是通过使用令人惊叹的技巧来争夺观众的注意力，而这些技巧在几年前是不可能被允许使用的。这些节目类型需要在信息处理理论的背景下加以考虑。

信息处理理论的发展

信息处理理论基于以下过程：接受或忽略信息，将信息与已有的知识储备进行匹配并构建意义。一旦一条媒介信息成功地吸引了一个人，搜索就会发生，在搜索中，人们试图将信息与已有的知识储备相匹配。这是通过在记忆中搜索来实现的。连接是在进入感官的符号、单词、声音或图像与存储在被称为模式的知识结构中的信息之间形成的（Anderson, 1990）。

麦奎尔（McQuail, 1994）认为，关注人们是如何处理信息和构建意义代表了与信息处理理论相关的第四次范式转向。20世纪初到20世纪30年代的第一个范式认为，媒介在塑造态度、观点和信念方面具有强大效果（例如，Lasswell, 1927; 1948）。第一次世界大战期间有效的宣传活动表明，媒介可以改变公众的意见。

第二个范式被称为有限效果阶段，它表明，当媒介确实具有强大效果时，它就偏离了规范，因为媒介主要是强化信念。克拉珀（Klapper, 1960）认为，许多变量减轻了媒介的影响，其中包括：（1）信息内容；（2）传播者构建信息的方式；（3）个人在接触信息之前所持有的知识、态度、信念和倾向。

第三种范式始于20世纪70年代，侧重于寻找更强的效应（Noel-Neumann, 1984），并着重于媒介如何从认知上影响个人（Beniger & Gusek, 1995）。20世纪70年代还产生了议程设置研究传统（McCombs & Shaw, 1972）、使用与满足理论（Rubin, 2002）和培养理论（Gerbner & Gross, 1976）。这些方法，每一种都从不同的角度提出，媒介所产生的影响绝不是微不足道的。

到了20世纪80年代中期，心理学领域信息处理研究的迅速发展促使加德纳（Gardner, 1985）提出了一场认知革命。米塔林诺斯解释道："认知是一个过程，在这个过程中，经过分类和强化的信息被解码、解释，并转化为整体单位。认知是理解、认识、理解、解释的同义词。"（Metallinos, 1999, p.433）

这场认知革命在议程设置、劝服、沉默的螺旋、使用与满足、培养理论等领域深刻地影响了传播学研究。它还加速了传播学者和心理学家的合作研究，引发相关领域之间的重要交叉研究（如，Bryant & Zillmann, 2002; Reeves & Anderson, 1991; Reeves & Thorson, 1986）。这些都有助于推进信息处理研究，因为学者们从不同的角度研究了受众如何使用媒介信息构建意义。

麦奎尔的判断可能是正确的，即对信息处理和意义构建的关注代表了传播学的最新范式，但它作为传播学理论的根源可以追溯到20世纪早期。早在1922年，沃尔特·李普曼就写道，人们都是"脑海中画面"的俘虏（Lippmann, 1922, p.3）。李普曼认为，人类倾向于在已存储的知识背景下处理信息，以强化信念和刻板印象，这为40年后约瑟夫·克拉珀的成果埋下了伏笔。因此，信息处理理论作为早期的建构可以追溯到20世纪初。但是，在20世纪80年代，这些想法关注的焦点已经转向人们如何处理媒介信息，而不是媒介信息如何影响人们。

消息内容、结构和框架

要了解人们是如何处理媒介信息的，我们必须首先考虑诸如信息内容、结构以及用来吸引受众的框架等问题。媒体的主要目标是制作内容来吸引受众，并通过广告盈利。因此，要采用能吸引注意力的手段（Bickham, Wright & Huston, 2001）。观众会过滤掉那些无聊、不相干的或不重要的信息（Potter, 2004）。因此，新闻和娱乐节目的编导和记者用"框架"解释新闻故事或问题，以引起观众的共鸣，并使他们保持注意力。

恩特曼将框架定义为选择"感知现实的某些方面","使它们在交流文本中更加突出……"来促进特定问题的定义、因果解释、道德评价和对所述项目提出处理建议（Entman, 1993, p.52）。里斯（Reese, 2001）将框架定义为组织的原则，这些原则在社会中随着时间的流逝而共享并保持不变，象征性地构建社会世界。恩特曼和舍费尔（Entman & Scheufele, 1999）说，框架为观众简化了复杂的问题，选择和唤起他们对一个问题的特定方面的注意力，从而有意识或无意识地将注意力从该问题的其他方面转移。麦库姆斯和加尼姆（McCombs & Ghanem, 2001）认为，尽管大众媒介不会告诉受众该思考什么，但他们会强调一个话题的某些方面，影响受众对这个话题的看法。

恩特曼认为，突出（将某一信息突出使其更容易被观众记住）是框架的核心。人们更容易注意、考虑和记住重要的信息。金姆、舍费尔和萨纳汉（Kim, Scheufele & Shanahan, 2002）说，更突出地报道一个问题的某些方面，显然可以提高观众对这些方面的重视程度。

艾扬格（Iyengar, 1991）认为，框架提供了语境和线索，比如使用特定的词语或语言帮助观众理解记者报道的方向。例如，在1972年的总统竞选中，水门事件最初被认为是一个党派问题。它最初被称为"水门事件"，然后是"水门丑闻"，最后被描述为尼克松政府中普遍存在的腐败（Lang & Lang, 1983）。媒介框架是指大众媒介新闻报道中所呈现的关于议题的主题或突出观点，它可以影响受众如何理解该主题或问题（Entman, 1991; Gamson & Modigliani, 1987; Price, Tewksbury & Powers, 1997; Scheufele, 1999）。

早在20世纪60年代，当电视对社会、文化和个人产生明显影响时，理论家就开始考虑媒介框架（如，Burke, 1968; Gitlin, 1980; Goffman, 1974; McLuhan, 1964; Schramm, 1971）。框架研究现在正在跨学科同步推进，如传播学（D'Angelo, 2002; Entman, 2003; Entman & Rojecki, 1993; Neuman, Just & Crigler, 1992; Price & Tewksbury, 1997; Scheufele, 2004）、社会学（Gamson, 1988; 1992）、政治学（Norris, Kern & Just, 2003）、新闻学（Pan & Kosicki, 1993; 2001; Reese, Gandy & Grant, 2001）和政治心理学中均有研究（Iyengar, 1991）。

在新闻信息的语境中，媒介框架始于记者和编辑决定呈现什么新闻内容。然后，使用机制，把信息放在一个意义领域。就生产方式而言，这些机制可能是结构性的，或者它们可能反映了创作者有意或无意识地传达意义的努力（Crigler, Just & Neuman, 1994; Lang, Zhou, Schwartz, Bolls & Potter, 2000）。恩特曼认为新闻信息的框架过程有四个组成部分：（a）发现问题；（b）评估事件的原因并分配责任；（c）在法律、道德或道德原则的范围内审议问题；（d）确定和建议解决问题的办法。

里斯对恩特曼的模型进行了扩展，他认为信息框架也代表了能够对公众舆论施加影响和权力的系统。他声称："框架的力量取决于获得资源、知识储备和战略联盟的能力。"（Reese, 2001, p.20）综上所述，里斯和恩特曼认为，一个既定信息的呈现或构建方式，会在观众的态度、观点和信念上产生差异。最后，如果有适当的资源，可以操纵框架来影响公众意见。

当人们的感官接触到图像、符号或声音形式的刺激时，信息处理就开始了。然而，光靠接触并不能保证一个消息将被处理。为了进行处理，感知者必须以注意力的形式投入认知能量，这意味着他必须刻意地意识到信息（Cowan, 1995）。因此，尽管一个人在没有接触的情况下无法注意到一个信息，但仅仅接触并不能保证他注意到它。为了吸引和保持观众的注意力，媒介信息生产者使用框架或其他技术。

信息提供者使用结构特征来吸引观众处理信息。音乐和节奏、镜头的选择、剪辑技术、特效和叙事顺序，都可能会或多或少地引导观众参与到信息中来（Lang, Geiger, Strickwerda & Sumner, 1993）。结构和内容之间的相互作用也可以引起观众的兴趣（Geiger & Newhagen, 1993）。代表候选人制作的政治广告可能会包含充满希望的信息，并配以鲜明的爱国形象和鼓舞人心的音乐。用来攻击在职者犯罪记录的广告可能会带有灰色调，伴随着非法毒品和警察活动的图像，并且在阴沉的叙事中描述执政当局的无能（Kern & Wicks, 1994; Wicks & Kern, 1993）。因此，消息内容和结构之间的交互可能会影响人们关注、处理和存储媒介内容。

媒介信息还包含上下文线索，以帮助人们理解。艾扬格指出，新闻信息以情景或主题框架的形式提供信息。情景框架是针对突发新闻事件的导向型报道，而主题框架则是针对公共问题提供背景和观点的报道。艾扬格解释说：

> 事件的新闻框架采用个案研究或事件报告的形式，并以具体实例来描述公共问题（例如，无家可归者或青少年吸毒者的困境，一架客机的爆炸或企图谋杀）。与此相反，主题框架将公共问题放在一些更一般或抽象的背景中，并采取背景报告的形式，针对一般结果或条件进行报告。专题报道的例子，包括有关政府福利支出变化的报告、国会就就业培训项目资金问题进行的辩论、从事恐怖活动的团体对社会或政治的不满，以及刑事司法程序的积压情况（Iyengar, 1991, p.14）。

最后，框架可以由观察新闻报道的个人或信息生产者自己（记者、编辑、生产者等）创建。各种总统行政管理方式都利用了"二战"后发展起来的冷战框架。"善"与"恶"的框架可以产生反弹效应（rally effects），加强对总统和其他民选官员的支持（Norris, Kern & Just, 2003）。布什（George W. Bush）政府最初将2003年入侵伊拉克列为一项防御措施，以保护美国在反恐战争中的利益。但是，当伊拉克不再拥有大规模杀伤性武器的事实变得明朗时，他们的话语又变成了解放被压迫的人民，在中东播下民主的种子。

活跃受众

编码和过滤过程

在本章的后半部分,我们将讨论个体框架的概念,即媒介框架与受众所持有的框架相互作用的过程。要理解这一过程,我们必须首先将受众视为媒介传播过程中的积极参与者。受众在信息加工中起积极作用的概念可以追溯到之前提到的有限效应范式的时期(Bauer, 1964)。观众的活动是指他在情感和智力上参与到信息中(Biocca, 1988)。这个概念暗示媒介可以改变观众的情绪、性格甚至生理状态(Zillmann, 1991)。例如,恐怖和色情电影提供了令人恐惧或偷窥的经历,可能影响人的生理状态,导致出汗或心跳加快(Cantor, 1991; Tamborini, 1991; Weaver, 1991)。信息处理模型始于两个假设:第一个假设是,人是信息处理器,因为他们有能力利用刺激以现有的知识为基础,改变或产生态度、观点和信念。第二个假设是,人们的精神资源是有限且固定的。一个人也许能够同时思考几件事情,但如果信息量达到了一个阈值,他就无法处理更多的信息(Basil, 1994; Graber, 1988; Lang, 2000)。

编码任务是理解信息处理过程的关键。第一个过程发生在眼睛、耳朵、鼻子、嘴或皮肤等感觉接收器遇到信息时。感官收集的信息进入感官存储(Zechmeister & Nyberg, 1982)。中介信息应该会自动进入感官存储,但它们所包含的信息中只有一小部分能进入短期或活跃的工作记忆。编码过程的第一步包括区分哪些信息将被处理,哪些将被过滤。自动(无意)过程和受控(有意)过程都会影响信息选择过程(Schneider & Shiffrin, 1977; Shiffrin & Schneider, 1977)。因此,编码包括将信息转换为心理表征。接触和关注被认为是复杂的过程,在这种过程中,传递的信息必须与感官接受器接触并进入感官储存库,其中只有一小部分的选择(自动控制处理的结果)和转化为心理表征的信息存在于一个人的工作记忆中(Lang, 2000, p.49)。

观众有意识和无意识地决定要处理和过滤哪些媒介信息(Zillmann & Bryant, 1985)。当人们有意识地决定关注一个信息时,就发生了信息的有意识加工。尽管信息制作者可能不会从心理上考虑刺激受控过程,但他们的主要目标是制作能吸引观众并抓住他们注意力的节目。因此,受控处理意味着对媒介信息的高度关注,其根源在于以某种认知与情感方式进行学习,或者出于与信息进行互动的动机。

自动信息处理是无意识的、非自愿的、毫不费力的、自主的和外部意识支配的(Schneider & Shiffrin, 1977; Shiffrin & Schneider, 1977)。这种处理过程不需要一个特定的目标且相对容易。一个例子是,观众在忙于做家务或从事其他活动的同时,将电视转到新闻节目。他可能只是在跟踪新闻,而没有付出太多认知上的努力。许多过滤任务并不需要使用重要的认知资源,因为对认知能力的需求将是压倒性的。因此,每天遇到的大量信息会被自动过滤掉，从而为那些被认为是有趣的、重要的或有用的信息提供认知能力。

在继续之前，重要的是要注意自动地控制处理表示连续体的端点，而不是分裂的（Shiffrin, 1988）。虽然看电视看起来是一种相对被动和不动脑筋的活动，但研究表明，处理信息和图像需要大量的训练和技巧（Davis, 1990; Davis & Robinson, 1989; Graber, 1988; Robinson & Davis, 1990; Robinson & Levy, 1986）。嘈杂的内容增加了处理信息所需的资源，使注意力更多地向受控处理方向转移（Lang, Potter & Bolls, 1999）。这或许可以解释电视真人秀节目的迅速普及以及霍华德·斯特恩（Howard Stern）和拉什·林堡等电台名人的成功。节目制作人和人物展示的内容是为吸引和抓住观众的注意力而设计的，通常会使用奇怪的噱头或有争议的评论。

影响信息处理的变量

一旦开始进行信息处理，了解可确保处理过程继续进行的变量是很重要的。保持注意力和处理信息取决于许多变量，包括理解、情绪、知觉满足和参与度。

理解

关于阅读文本和看电视是否会产生不同的信息处理策略，争论一直没有停止。牟伯（Noble, 1983）认为看电视是一种更消极的活动，因为它更倾向于激发情感而不是认知。但是，同时对视频、音频进行编码可能会强化主题，这给观众带来了巨大的处理上的挑战（Singer, 1980）。

一些理论家推测，人们在阅读报纸文章时必须创造出心理意象，而电视和电影则为观众提供了这些意象。因此，人类需要消耗认知能量来解读文本。然而霍伊格尔（Hoijer, 1989）认为，构建心理意象的过程并不一定局限于印刷媒介。电视观众也创造了一种心理意象，它们是解释印象。这个过程需要利用存储在记忆中的解释模式。本章稍后将讨论模式，通常认为存储和组织的知识有助于人们理解传入的信息。此外，在观看过程中产生的情绪可能会影响解释（Zillmann, 1983）。寻找或赋予外来刺激意义的过程就是理解。

情感或情绪调适

与媒介接触相关的情绪调节或管理研究表明，受众积极利用信息来改变自己的情绪状态或提升精神状态。一场电视转播的足球比赛可能会给观众带来同样的刺激感。当最受欢迎的球队击败对手时，能给人带来狂喜，甚至足以让人开怀大笑（Zillmann, 1983; 1985）。有经前综合征的抑郁女性被发现更倾向于观看喜剧而不是严肃的电视剧节目或游戏节目（Meadowcroft & Zillmann, 1987）。虽然观众可能不会有意识地通过选择媒介节目来调整自己的情绪，但心理机制鼓励他们主动选择节目来改变自己的心理状态。总而言之，人们使用特定的媒介和节目类型作为情感释放的手段（Hearn, 1989）。

选择性注意和媒介满足

受众也会有选择性地关注一些能提供满足感的信息（Blumler & Katz, 1974; Rosengren, Wenner & Palmgreen, 1985）。引人注目或令人恐惧的新闻事件，如2001年9月11日的恐怖袭击或第二次伊拉克战争，可能会导致人们选择性地关注新闻。当观众接触到媒介信息时，即使是电视内容的细微特征也会对人们从信息中构建意义产生重要影响。例如，纽瓦根（Newhagen, 1994a; 1994b）通过实验，研究了1991年波斯湾战争期间审查制度免责声明（即指出审查员清除了新闻内容的文字）的影响。他报告说，尽管许多参与者很难记住他们看过免责声明，但他们对新闻报道的解读与那些没有看过有免责声明的报道的参与者完全不同。接触免责声明中的参与者不太可能相信这些信息的可信度。因此，一旦有听众注意到一个信息，就会处理更多的内容，而不仅仅是信息的主题。

卷入

对受众有影响的或重要的信息也会被处理。珀斯（Perse, 1990）通过测试以下各项之间的关系来检验本地电视新闻中的受众活动：（1）新闻观看动机强度与卷入强度之间的关系；（2）新闻观看动机类型与卷入取向；（3）认知和情感卷入。她发现，受众是功利的（即新闻被认为是有用的）。受众的新闻观看与较高的认知参与度和愤怒感有关。新闻可以转移注意力，可以作为放松或逃避的手段，使观众产生快乐的感觉。她发现了新闻认知和情感卷入之间的联系。

总之，文献并没有表明人们总是媒介内容的活跃处理者。相反，框架技术、消息结构（例如，使用图形、色彩、节奏、音乐等）、消息内容（节目类型或流派）和信息卷入程度等因素可以刺激人们积极主动地处理信息（Burnkrant & Sawyer, 1983）。

将信息与知识储备进行匹配

记忆

到目前为止，我们已经考虑到信息可能会引起受众的注意并启动处理任务的程序。但是为了理解信息是如何被处理的，我们必须转向记忆的基本模型。虽然关于记忆如何运作存在分歧，但某些原则已被广泛接受。首先，刺激必须进入感官，如眼睛和耳朵（Broadbent, 1958; Craik & Lockhart, 1972; Kellermann, 1985）。大脑中被标记为感官登记器（sensory register）的区域（Atkinson & Shiffrin, 1968a; 1986b），由感官储存器（sensory stores）（Wyer & Srull, 1980; 1981）或感觉缓冲区（sensory buffer）解释外部刺激，诸如视觉、声音或气味。（Hastie & Carlston, 1980, p.453 "Subject Index"）

记忆模型一般认为，大脑的整体记忆系统包括短期记忆（stort-term memory, STM）和长期记忆（long-term mermory, LTM）子系统（Anderson, 1983; Guillund & Shiffrin, 1984; Murdock, 1982）。我们所接触到的所有环境刺激构成了STM中的全部信息。人们认为STM的容量有限，因为其中的记忆衰减相当快（Baddeley, 1976）。LTM能够无限期地存储信息，甚至可以存储一辈子。短时记忆的一个区域被称为工作记忆（working-memory, WM），它被认为是人们思维发生的地方。

基于通信的记忆模型，例如多资源理论（multiple resource theory）（如，Basil, 1994）或有限容量模型（the limited capacity model）（如，Lang, Newhagen & Reeves, 1996; Lang, 2000）认为，不同的智力任务是同时执行的，这与早期模型假设的顺序处理相反（如，Craik & Lockhart, 1972）。从理论上讲，人类拥有有限的信息处理资源，但他们可以根据需要转移这些资源来帮助处理信息。处理任务的要求决定了资源是集中在编码、解码还是检索存储的信息上。受众根据需要转移资源，以关注和处理媒介信息。

工作和短期记忆

WM是STM的一个子系统，是活跃的部分。当我们正在思考某事时，我们使用WM（Baddeley, 1986; Gathercole & Baddeley, 1993）。心理学家曾经认为，人们可以（打个比方）在一个特定的时间内保持大约7个活跃状态的信息块（如，Bower, 1972; 1977; Ehrlich & Johnson-Laird, 1982; Miller, 1956; Simon, 1974）。信息块被认为是在20到30秒内衰减的有限信息集，如单词或图像。然而，这种记忆的概念化并没有认识到人们能够同时监测许多环境刺激（Anderson, 1990; Basil, 1994; Rumelhart & McClelland, 1986）。

开车是一个自动的过程，所以人们在上班的路上习惯性地打电话、听广播或喝咖啡。如果路线是习惯性的，人们会非常善于过滤掉不相关的信息，比如街道名称标志。问题不在于没有能力，而在于无法维持大量信息的高激活状态。一些研究已经开始表明手机使用和汽车事故之间存在相关性，使用手机时司机的驾驶技能可能受损，导致他对道路的关注减少。但是一个滚到街上的球（可能有一个孩子在后面不远）会导致个体将驾驶资源转换为WM的高激活状态（Baddeley, 1986）。

因此，一个令人惊讶的、有趣的、激动人心的或令人恐惧的电视新闻故事可以把我们的注意力从WM中的自动模式（即监控模式）转变为受控模式（即活跃模式）。当世界贸易中心燃烧的火红画面，或巴格达爆炸的震撼画面突然出现在电视屏幕上时，观众的情况就是如此。

长期记忆

长期记忆子系统包括语义长期记忆（semantic long-term memory, SLTM）和情景长期记忆（episodic long-term memory, ELTM）（Rumelhart, Lindsay & Norman, 1972; Tulving, 1972）。SLTM存储通过反复接触信息或情况而积累常识。ELTM包含有关特定事件或情节的信息。简而言之，ELTM涉及使用信息来解决特定问题，它不断改变以适应新的事件和信息。SLTM保持稳定，因为它与一般事件、原则或思想有关。

人类倾向于在接触到新刺激后不久就利用情景记忆（Bower, Black & Turner, 1979）。但是，随着时间的推移，记忆过程变得更加抽象和更具建设性，因为新的信息和已有知识储备之间形成了推断关联和链接。基本上这是将新信息集成到模式的过程（稍后讨论），该模式表示一般信息或知识，而不是关于特定事件的记忆。

重构知识意味着在已有知识的背景下解释新的信息。重建可能导致不正确的结论或解释，因为个人可能不记得他们最初是在哪里得到的事实（Brosius, 1993）。人们在处理信息方面相当熟练，但在记住信息最初的来源方面却远没有那么熟练。负面政治广告有效的一个原因是人们记错了他们是在哪里获得对候选人不利信息的。他们有时会认为自己是在报纸文章中读到的或在电视新闻广播中了解到这些信息的，而不是在竞选广告中（Biocca, 1991; Jamieson, 1992; Kern & Wicks, 1994）。

研究还表明，注意力可以但不一定导致回忆（Grimes & Meadowcroft, 1995; Kahneman, 1973）。相反，在工作记忆中思考信息（即排练）可能会使记忆的发展更强、更持久，而这些记忆在长期记忆中被忽视了。强烈的记忆是那些很容易习得的，并且相对容易从长期记忆中恢复的，因为它们已经被定期排练过了（Baddeley, 1986）。

关联网络

理论学家认为，工作记忆中的概念可以激活长期记忆中储存的一组相关概念和联想。这种激活的原理在许多理论观点中得到了确认，包括柯林斯和洛夫特斯（Collins & Loftus, 1975）的激活扩散理论（spreading activation theory），哈斯蒂（Hastie, 1986）的关联网络的记忆模型（the associative network model），鲁美哈特和麦克莱兰（Rumelhart & McClelland, 1986）的联结主义网络知识模型（the connectionist network model）。这些理论假设在工作记忆中处理一条新闻可能会导致对相关新闻的其他记忆的访问。因此，当媒介以音频或视觉刺激的形式提供线索时，受众会努力通过搜索相关的信息来理解这些新信息。这个过程可能会向模式中添加新的内容，从而细化信息解释所通过的框架。

关联记忆理论假设，当记忆被使用时，相关的记忆更容易被激活（Eysenck, 1993）。雷杰梅克斯和希弗林（Raaijmakers & Shiffrin, 1980; 1981）将记忆概念化为一个心理"公寓"，其中相关的概念被分层且紧密地储存在一起。因此，狗的概念属于动物范畴，而电视的概念属于媒介范畴。集中在一个特定的领域或区域，会倾向于检索该领域的内容，而不是其他不相关的概念。例如，提到狗更有可能检索到与猫等动物有关的想法，而不是与电视或报纸有关的想法。这些心理过程使得内部暗示成为可能。

内部暗示可能导致记忆的访问（Tulving & Pearlstone, 1966; Tulving, 1974）。这种暗示代表了一种网络，最终导致相关想法和概念之间联系的发展。一个人可能会观看新闻，但未能回忆起电视新闻报道中有关洛杉矶附近一家便利店店员被谋杀的许多细节。然而，在办事时，他或她可能有意识或无意识地避免开车经过那个社区。通过推理，个人可能会认为在那个社区强奸、入室盗窃和袭击的发生率也很高。所储存的信息使这个人推断避开这个社区是明智的，因为它已与犯罪模式（例如谋杀、入室盗窃、袭击和强奸）相关联。

总而言之，关联记忆理论于20世纪七八十年代开始出现（有关历史记载，请参见Brewer & Nakamura, 1984; Hastie, 1981; Markus & Zajonc, 1985; Murdock, 1982）。这些理论表明，增量（即召回某件物品的行为）使得某项目在未来更有可能被唤醒。忘记是因为检索存储信息的过程是困难的，而且随着时间的推移和新的记忆的增加而变得更加困难（Raaijmakers & Shiffrin, 1980; 1981）。这与一般的信息处理理论是一致的，后者认为，在长期记忆和工作记忆之间，变动的项目可以增强记忆，从而使存储的信息更容易获得（Anderson, 1976; 1983; 1990）。

图式

图式是记忆理论、联想记忆理论和整体信息处理理论的重要组成部分。图式理论可以追溯到1932年，当时弗雷德里克·A.巴特利特（Frederick A. Bartlett）开始尝试找出人们对数字和故事的记忆方式。他认为，人们可以将信息按照逻辑关联的群集来组织，以使理解更容易、有效。图式被定义为一种认知结构，包括对一个概念、人或事件的认识（Fiske & Taylor, 1991; Hastie, 1981; Rumelhart, 1984; Wicks, 1992; 2001）。图式思维使人们在日常的人际交往中能够快速地使用信息，并帮助人们做出判断。图式还具有解释和推理的功能，因为它们指导人们进行决策，并帮助他们从一套不完整的事实中进行推测。

图式被认为具有四种主要功能（Fiske & Taylor, 1991; Fiske & Linville, 1980）。

1. 图式指导注意和储存信息的过程，便于日后从记忆中检索。
2. 图式有助于组织和评估新信息。它使人们能够将相关的信息存储在一起，从而不必为每条新信息建立一个新的概念域。
3. 图式通过帮助人们在信息不完整时填补空白来提供推断功能。
4. 图式允许人们使用关于类似场景的信息来评估新信息，从而解决问题。这有助于人们决定在某些情况下如何行动。

媒介信息能够从长期记忆中召唤出一个或多个图式。在工作记忆中，新信息在这些模式的上下文中进行分析。当新的信息被添加到一个图式中时，结构会变得更加复杂，这使得它能够与其他相关的图式交互。例如，长期反复报道以色列和巴勒斯坦的冲突会降低以色列和平以及中东和平实现的可能性。完善的图式比简单的图式更难改变，因为创建它们需要更多的认知努力。

图像、符号和声音刺激我们感官，使我们在已有的图式中思考新的信息（Bobrow & Norman, 1975）。引起注意的媒介消息可能会导致受控处理。这将导致从LTM检索图式以理解新信息。如果我们定期访问存储在这些图式中的信息，那么这些图式将变得更持久、更有条理，并且将来更容易访问。因此，人类能够快速处理信息的根本原因与记忆的组织有关。这可以解释为什么研究表明，离散的新闻故事可能很快被遗忘，但当提示时，人们可以检索在故事中显示的信息，这些信息被添加到相关架构中。

图式理论认为，图式可以通过新的相关知识的增加而得到强化。此外，随着时间的推移，当个体对信息进行评估时，相关图式之间的联系也会加强。与连接主义模型一致的是，由于记忆痕迹加深，信息的检索变得更容易。换句话说，一个人练习得越多（即思考最近遇到的信息越多），就越有可能检索到以前储存的知识。

总之，理解我们如何与媒介互动涉及认知图式的使用，这有助于解释新信息。信息整合发生在长期记忆中，随着LTM和WM之间的心理通道加深，演练信息的行为增强了记忆，产生了持久的痕迹（Anderson, 1990; Baddeley, 1976）。如果恰当的线索被激活或启动，则可能会唤起已经储存了相当一段时间的记忆（Raaijmakers & Shiffrin, 1980; 1981; Roskos-Ewoldson, & Carpenter, 2002）。

建构意义

个体框架

正如本章前面所提到的，要充分理解信息处理理论，就需要理解信息源、信息和接受者之间的动态交互作用。在本章的第一部分，我们探讨了媒介信息生产者如何架构信息来刺激人们对信息的关注。我们考虑了媒介信息如何包含由专业传播者提供的语境线索，以帮助人们理解信息（Reese, Gandy & Grant, 2001）。然后，我们考虑了处理信息时发生的步骤。现在，我们考虑人们是如何使用共享的概念结构，通过各个框架来评估和解释信息，从而建构意义的。

人们根据他们的生活经历和模式来解释信息。许多这样的经历被储存在记忆中，并被用来理解新的信息。个体研究关注的是接受者如何根据个人的倾向、态度和信念来解释信息。这一领域汇集了接受理论学者（reception theorists）（Hall, 1980）、批评文化理论家以及社会科学家（D'Angelo, 2002; Scheufele, 1999）。个体框架既是个体记忆的认知表征，也是通过公共话语传播的手段（Pan & Kosicki, 1993; 2001）。受众框架概念的核心思想是，人们更容易接受与先前持有的信念和态度一致的信息。人们有选择地关注或避开那些他们觉得不愉快的信息。政客们可能会使用诸如"支持我们的军队"或"在税收问题上坚持立场"之类的流行框架，然后新闻机构会放大这些框架。这些突出的信息可能与个别的画面产生共鸣，从而吸引和抓住观众的注意力。

一些学者认为，个体框架涉及议程设置理论的第二层（Golan & Wanta, 2001），因为记者通过选择和重复过程，突出问题的属性。甘姆森（Gamson, 1992）还指出，新闻工作者用来构建信息的不同故事框架为公民提供了一套基本的思想工具，这些工具被他们用于思考和谈论政治与公共政策问题。因此，框架将新闻媒体信息与个人持有的思想、目标、动机、感受和态度等认知元素联系起来（Shah, Watts & Fan, 2002; Price, Tewksbury & Powers, 1997）。

当媒介框架与受众的态度、观点、信仰和模式相互作用时，就会产生个体框架效应，这可能会激活特定的信息元素（如，Iyengar, 1991; Pan & Kosicki, 1993）。从媒介对事件的报道中产生的认知因素更有可能影响观众对该事件的解释、评价和判断（Gamson, 1992; Iyengar, 1991; Lau, Smith & Fiske, 1991; Long, 1989; Neuman 等, 1992; Zaller, 1992）。

因此，个体框架可以被视为一种抽象的原理、工具或解释的"方案"，它通过媒介文本来构建社会意义。媒介积极地设定读者或观众用来解释和讨论公共事件的参考框架。同时，人们对信息的加工和解释也会受到预先存在的意义结构或模式的影响（Wicks, 1992）。当受众成员接受媒介框架时，每个成员都会有意识或潜意识地选择、接受、拒绝或塑造该框架以适应现有的模式。换句话说，每个受众成员决定是否将媒介框架融入个人框架中。

信息处理和娱乐体验

在接下来的章节中，来自传播学、营销学和心理学的专家讨论了多种娱乐类型、伴随的反应过程和心理娱乐理论的应用。我们将这些章节整合成一个综合的娱乐心理模型。这个娱乐理论的模型将包含较多的理论，包括幻想和想象、共情、卷入的作用，兴奋和情绪的作用，寻找恐惧，以及认知和情感如何相互影响观众。从而说明，虽然理解信息处理依赖于某些步骤，但我们将继续学习更多有关大脑如何与不同类型的媒介娱乐内容相互作用的知识。

理解当前和正在发展中的娱乐类型背景下的信息处理理论是很重要的，原因有很多。我们能接触到的无数的娱乐资源将继续增长。为了吸引观众的注意力，创作者会引进新的吸引注意力的技术。程序员很可能会继续测试性、暴力和现实编程的极限。竞争激烈的新闻环境很可能会继续以生动的、无耻的甚至是色情的新闻报道来吸引观众。受众应该认识到他们是媒介的目标，应该理解信息是如何以及为什么被开发和处理的。这样做，观众可能成为有文化素养的媒介消费者。研究媒介的学者和学生应该理解他们如何以及为什么关注信息，以及这些信息最终如何占据记忆空间。

媒介素养在新闻信息处理方面尤为重要。最近对巴格达陷落前几天的内容分析显示，CNN和半岛电视台的大部分新闻报道都是在解释，为什么这场战争是中东和全球历史上的一个重要转折点，并分析了其潜在影响。相比之下，福克斯新闻则倾向于采用冷战式的框架，即代表着"善"的美国（现存的超级大国）被迫摧毁邪恶（萨达姆·侯赛因政权），以确保全球和平与稳定（Wicks & Wicks, 2004年）。在制定有关国家未来发展的重大决策时，媒介专业的学生和学者应该了解他们如何处理信息和发展信仰体系。而受众应该理解信息是如何以及最终为什么是被用来传达、说服和娱乐的。

结　　论

总之，无数因素构成了我们理解生活世界的方式。电视新闻故事和娱乐节目的内容影响人们如何和为什么这样理解信息（Epstein, 1973; Gans, 1979; Tuchman, 1978）。媒介机构建构信息，试图说服人们接受一个观点，购买产品并引起注意。就新闻内容而言，专业传播者所持有的新闻惯例和偏见有助于形成信息框架。

作为媒介消费者，我们必须意识到解读媒介信息是一条双行道。我们持有的态度、信念、观点和倾向不可避免地有助于社会现实的构建（Berger & Luckmann, 1966）。解读媒介信息涉及复杂的过程，其中的内容与每个接受者相互作用。因此，没有两个人会以完全相同的方式解释媒介信息，尽管很多人可能会构建非常相似的意义（Pinker, 1997）。在某些情况下，强烈的态度或信念会导致不同的人赋予同一信息不同的含义。就构建意义而言，这个过程是正常和健康的。然而，要具备媒介素养，我们必须了解为什么以及如何解读和误解媒介信息。

参考文献

Anderson, J. R. (1976). *Language, memory and thought.* Hillsdale, NJ: Lawrence Erlbaum Associates.
Anderson, J. R. (1983). *The architecture of cognition.* Cambridge, MA: Harvard University Press.
Anderson, J. R. (1990). *Cognitive psychology and its implications* (3rd ed.). New York: W. H. Freeman and Company.
Atkinson, R. C., & Shiffrin, R. M. (1968a). Human memory: A proposed system and its control processes. In K. W. Spence & J. T. Spence (Eds.), *Advances in the psychology of learning and motivation: Research and theory* (Vol. 2). New York: Academic Press.
Atkinson, R. C., & Shiffrin, R. M. (1968b). The control of short-term memory. *Scientific American, 225,* 82–90.
Baddeley, A. (1976). *The psychology of memory.* New York: Basic Books.

Baddeley, A. (1986). *Working memory*. New York: Oxford University Press.
Bartlett, F. C. (1932). *Remembering: A study in experimental and social psychology*. London: Cambridge University Press.
Basil, M. D. (1994). Multiple resource theory 1: Application to television viewing. *Communication Research, 21,* 177–207.
Bauer, R. (1964). The obstinate audience. *American Psychologist, 19,* 319–328.
Beniger, J. R., & Gusek, J. A. (1995). The cognitive revolution in public opinion and communication research. In T. L. Glasser & C. T. Salmon (Eds.), *Public opinion and the communication of consent* (pp. 217–248). New York: Guilford.
Berger, P. L., & Luckmann, T. (1966). *The social construction of reality*. Garden City, NY: Doubleday.
Berger, C. R., & Chaffee, S. H. (1989). *Handbook of communication science*. Newbury Park, CA: Sage.
Bickham, D. S., Wright, J. C., & Huston, A. C. (2001). Attention, comprehension and the educational influences of television. In D. G. Singer & J. L. Singer (Eds.), *Handbook of children and media* (pp. 101–119). Thousand Oaks, CA: Sage.
Biocca, F. (1988). Opposing conceptions of the audience: The active and passive hemispheres of mass communication theory. In James Anderson, (Ed.), *Communication Yearbook 11* (pp. 51–80). Beverly Hills: Sage.
Biocca, F. (1991). Viewers' mental models of political commercials: Towards a theory of the semantic processing of television. In F. Biocca (Ed.), *Television and political advertising: Psychological processes* (Vol. 1, pp. 27–89). Hillsdale, NJ: Lawrence Erlbaum Associates.
Blumler, J., & Katz, E. (1974). *The uses of mass communication*. Newport Beach: Sage.
Bobrow, D. G., & Norman, D. A. (1975). Some principles of memory schemata. In D. G. Bobrow & A. G. Collins (Eds.), *Representation and understanding: Studies in cognitive science* (pp. 131–150). New York: Academic Press.
Bower, G. H. (1972). A selective review of organizational factors in memory. In E. Tulving & W. Donaldson (Eds.), *Organization of memory*. New York: Academic.
Bower, G. H. (1977). *Human Memory*. New York: Academic Press.
Bower, G. H., Black, J. B., & Turner, T. J. (1979). Scripts in memory for text. *Cognitive Psychology, 11,* 177–220.
Brewer, W. F., & Nakamura, G. V. (1984). The nature and functions of schemas. In R. S. Wyer, Jr., & T. K. Srull (Eds.), *Handbook of Social Cognition: Vol. 1* (pp. 119–160). Hillsdale, NJ: Lawrence Erlbaum Associates.
Broadbent, D. E. (1958). *Perception and communication*. London: Pergamon Press.
Brosius, H. B., (1993). The effects of emotional pictures on television news. *Communication Research, 20,* 105–124.
Bryant, J., & Zillmann, D. (2002). *Media effects: Advances in theory and research*. Mahwah, NJ: Lawrence Erlbaum Associates.
Burke, J. (1968). *Language as symbolic action: Essays on life, literature, and method*. Berkeley: University of California Press.
Burnkrant, R. E., & Sawyer, A. G. (1983). Effects of involvement and message content on information-processing intensity. In R. J. Harris (Ed.), *Information processing research in advertising*. Hillsdale, NJ: Lawrence Erlbaum Associates.
Cantor, J. (1991). Fright responses to mass media productions. In J. Bryant & D. Zillmann, (Eds), *Responding to the screen: Reception and reaction processes* (pp. 169–198). Hillsdale, NJ: Lawrence Erlbaum Associates.
Collins, W. A., & Loftus, E. (1975). A spreading activation theory of semantic processing. *Psychological Review, 82*(6), 407–448.
Cowan, N. (1995). *Attention and memory: An integrated framework*. New York: Oxford University Press.
Craik, F. I. M., & Lockhart, R. S. (1972). Levels of processing: A framework for memory research. *Journal of Verbal Learning and Verbal Behavior, 11,* 671–676.
Crigler, A. N., Just, M., & Neuman, W. R. (1994). Interpreting visual audio messages in television news. *Journal of Communication, 44*(4), 132–149.
D'Angelo, P. (2002). News as a multiparadigmatic research program: A response to Entman. *Journal of Communica- tion, 43*(4), 870–888.
Davis, D. K. (1990) News and politics. In D. L. Swanson, & D. Nimmo (Eds.), *New Directions in political communi- cation*. Newbury Park, CA: Sage.
Davis, D. K., & Robinson, J. P. (1989). Newsflow and Democratic society in an age of electronic media. In G. Comstock (Ed.), *Public communiation and behavior,* Vol. 3. New York: Academic Press.
Ehrlich, K., & Johnson-Laird, P. N. (1982). Backward updating of mental models during continuous reading of narratives. *Journal of Experimental Psychology: Learning, Memory, and Cognition, 21,* 296–306.
Entman, R. (1991). Framing U.S. coverage of international news: Contrasts in narratives of the KAL and Iran air incidents. *Journal of Communication, 41*(4), 6–27.
Entman, R. (1993). Framing: Toward clarification of a fractured paradigm. *Journal of Communication, 43*(4), 51–58.
Entman, R. M. (2003). Cascading activation: Contesting the White House's frame after 9/11. *Political Communication, 20,* 415–432.
Entman, R., & Rojecki, A., (1993). Freezing out the public: Elite and media framing of the U.S. anti-nuclear movement. *Political Communication 10*(2), 151–167.
Epstein, E. J. (1973). *News from nowhere*. New York: Random House.
Evans, W. (1990). The interpretive turn in media research. *Critical Studies in Mass Communication, 7*(2), 145–168.
Eysenck, M. W. (1993). *Principles of cognitive psychology*. Hillsdale, NJ: Lawrence Erlbaum Associates.
Fiske, S. T., & Linville, P. T. (1980). What does the schema concept buy us? *Personality and Social Psychology Bulletin, 6,* 543–557.
Fiske, S. T., & S. E. Taylor (1991). *Social cognition* (2nd ed.). New York: McGraw Hill.

Gamson, W. A. (1988). The 1987 distinguished lecture: A constructionist approach to mass media and public opinion. *Symbolic Interaction, 11*(2), 161–174.

Gamson, W. A. (1992). *Talking politics*. Cambridge, England: Cambridge University Press.

Gamson, W. A., & Modigliani, A. (1987). The changing culture of affirmative action. In R. Braungart, & M. Braungart (Eds.), *Research in political sociology 3* (pp. 137–177). New Haven, CT: Yale University Press.

Gans, H. (1979). *Deciding what's news*. New York: Pantheon Books. Gardner, H. (1985). *The mind's new science*. New York: Basic Books.

Gathercole, S. E., & Baddeley, A. D. (1993). *Working memory and language*. Hillsdale, NJ: Lawrence Lawrence Erlbaum Associates.

Geiger, S., & Newhagen, J. (1993). Revealing the black box: Information processing and media effects. *Journal of Communication, 43*(4), 42–50.

Gerbner, G., & Gross, L. P. (1976). Living with television: The violence profile. *Journal of Communication, 26*(2), 172–199.

Gitlin, T. (1980). *The whole world is watching: Mass media in the making and unmaking of the New Left*. Berkeley, CA: University of California Press.

Goffman, E. (1974). *Frame analysis: An essay on the organization of experience*. New York: Harper and Row.

Golan, G., & Wanta, W. (2001). Second-level agenda setting in the New Hampshire Primary: A comparison of coverage in three newspapers and public perceptions of candidates. *Journalism and Mass Communication Quarterly, 78,* 247–59.

Graber, D. A. (1988). *Processing the news: How people tame the information tide* (2nd ed.). New York: Longman.

Grimes, T., & Meadowcroft, J. (1995). Attention to television and some methods for its measurement. In B. Burleson (Ed.), *Communication Yearbook 18*. Thousand Oaks, CA: Sage.

Guillund, G., & Shiffrin, R. C. (1984). A retrieval model for both recognition and recall. *Psychological Review, 91,* 1–67.

Hall, S. (1980). Encoding and decoding in the television discourse. In S. Hall, (Ed.), *Culture, media, language*. London: Hutchinson.

Hastie, R. (1981). Schematic principles in human memory. In E. T. Higgins, C. P. Herman, & M. P. Zanna (Eds.), *Social cognition: The Ontario Symposium: Vol. 1.* (pp. 39–88). Hillsdale, NJ: Lawrence Lawrence Erlbaum Associates.

Hastie, R. (1986). A primer of information processing theory for the political scientist. In R. R. Lau, & D. O. Sears (Eds.), *Political cognition: The 19th annual Carnegie symposium on cognition* (pp. 11–40). Hillsdale, NJ: Lawrence Erlbaum Associates.

Hastie, R., & Carlston, D. (1980). Theoretical issues in person memory. In R. Hastie, T. M. Ostrom, E. B. Ebbesen, R. S. Wyer, D. Hamilton, & D. E. Carlston, (Eds.), *Person memory: The cognitive basis of social perception*. Hillsdale, NJ: Lawrence Erlbaum Associates.

Hearn, G. (1989). Active and passive conception of the television audience: Effects of a change in viewing routine. *Human Relations, 42,* 857–875. Hillsdale, NJ: Lawrence Erlbaum Associates.

Hoijer, B. (1989). Television-evoked thoughts and their relation to comprehension. *Communication Research 16*(2), 179–203.

Iyengar, S. (1991). *Is anyone responsible? How television frames political issues*. Chicago: University of Chicago Press.

Jameson, K. H. (1992). *Dirty politics: Deception, distraction and democracy*. New York: Oxford University Press.

Kahneman, D. (1973). *Attention and effort*. Englewood Cliffs, NJ: Prentice-Hall.

Kellermann, K. (1985). Memory processes in media effects. *Communication Research, 12*(1), 83–131.

Kern, M., & Wicks, R. H. (1994). Television news and the advertising-driven "new" mass media election: A more significant role in 1992. R. Denton (Ed.), *The 1992 Presidential campaign: A communication perspective*. Westport, CT: Praeger.

Kim, S. H., Scheufele, D. A., & Shanahan, J. (2002). Think about it this way: Attribute agenda-setting function of the press and the public's evaluation of a local issue. *Journalism and Mass Communication Quarterly, 79*(1), 7–25.

Klapper, J. T. (1960). *The effects of mass communication*. New York: Free Press.

Lachman, R., Lachman, J. L., & Butterfield, E. C. (1979). *Cognitive psychology and information processing: An introduction*. Hillsdale, NJ: Lawrence Erlbaum Associates.

Lang, A. (2000). The limited capacity model of mediated information processing *Journal of Communication, 50*(1), 46–70).

Lang, A., Geiger, S., Strickwerda, M., & Sumner, J. (1993). The effects of related and unrelated cuts on television viewers; attention, processing capacity, and memory. *Communication Research, 20,* 4–29.

Lang, A., Newhagen, J., & Reeves, B. (1996). Negative video as structure: Emotion, attention, capacity and memory. *Journal of Broadcasting and Electronic Media, 40*(4), 460–478.

Lang, A., Potter, R. F., & Bolls, P. D. (1999). Something for nothing: Is visual encoding automatic? *Media Psychology, 1,* 145–163.

Lang, K., & Lang, G. E. (1983). The unique perspective of television and its effect: A pilot study. In W. Schramm (Ed.), *Mass Communications, 2nd Edition* (544–560). Urbana: University of Illinois Press.

Lang, Z., Zhou, S., Schwartz, N., Bolls, P. D., & Potter, R. F. (2000). The effects of edits on arousal, attention, and memory for television messages: When an edit is an edit can an edit be too much? *Journal of Broadcasting and Electronic Media, 44,* 94–109.

Lasswell, H. D. (1927). *Propaganda technique in the World War*. New York: Alfred A. Knopf.

Lasswell, H. D. (1948). The structure and function of communication in society. In L. Bryson (Ed.), *The communication of ideas* (pp. 37–51). New York: Harper.

Lau, R. R., Smith, R. A., & Fiske, S. T. (1991). Political beliefs, policy interpretations, and political persuasion. *J. Polit, 53,* 644–

75.

Lippmann, W. (1922). *Public opinion*. New York: Macmillan.

Markus, H., & Zajonc, R. B. (1985). The cognitive perspective in social psychology. In G. Lindzey, & E. Aronson, (Eds.), *The handbook of social psychology:* (3rd ed.) (Vol. 1, pp. 137–230). New York: Random House.

McCombs, M. E., & Ghanem, S. I. (2001). The convergence of agenda-setting and framing. In S. D. Reese, O. H. Gandy, Jr., & A. E. Grant (Eds.), *Framing public life: Perspectives on media and our understanding of the social world* (pp. 7–31). Mahwah, NJ: Lawrence Erlbaum Associates.

McCombs, M. E., & Shaw, D. L. (1972). The agenda-setting function of mass media. *Public Opinion Quarterly, 36,* 176–187.

McLuhan, M. (1964). *Understanding media*. New York: American Library.

McQuail, D. (1994). *Mass communication theory: An introduction* (3rd ed.). Thousand Oaks, CA: Sage.

Meadowcroft, J. M., & Zillmann, D. (1987). Women's comedy preference during the menstrual cycle. *Communication Research, 14,* 204–218.

Metallinos, N. (1999). The transformation of biological precepts into mental concept in recognizing visual images. *Journal of Broadcasting and Electronic Media, 43,* 432–442.

Miller, G. A. (1956). The magical number seven, plus or minus two: Some limits on our capacity for processing information. *Psychological Review, 63,* 81–97.

Murdock, B. B. Jr., (1982). A theory for the storage and retrieval of item and associative information. *Psychological Review, 89,* 609–626.

Neuman, W. R., Just, M. R., & Crigler, A. N. (1992). *Common knowledge: News and the construction of political meaning.* Chicago: University of Chicago Press.

Newhagen, J. E. (1994a). Effects of censorship disclaimers in Persian Gulf War television news on negative thought elaboration. *Communication Research, 21*(2), 232–248.

Newhagen, J. E. (1994b). Effects of televised government censorship disclaimers on memory and thought elaboration during the Gulf War. *Journal of Broadcasting & Electronic Media, 38*(3), 339–352.

Noble, G. (1983). Social learning from everyday television. In M. J. Howe (Ed.), *Learning from television: psycho- logical and educational research.* New York: Academic Press.

Noelle-Neumann, E. (1984). *The spiral of silence—Our social skin.* Chicago: University of Chicago Press.

Norris, P., Kern, M., & Just, M. (2003). *Framing terrorism: The news media, the government and the public.* New York: Routledge.

Pan, Z., & Kosicki, G. M. (1993). Framing analysis: An approach to news discourse. *Political Communication, 10,* 55–75.

Pan, Z., & Kosicki, G. M. (2001). Framing as a strategic action in public deliberation. In S. D. Reese, O. H. Gandy, Jr., and A. E. Grant (Eds.), *Framing public life: Perspectives on media and our understanding of the social world* (pp. 35–65). Mahwah, NJ: Lawrence Erlbaum Associates.

Perse, E. M. (1990). Involvement with local television news: Cognitive and emotional dimensions. *Human Commu- nication Research, 16*(4), 556–81.

Pinker, S. (1997). *How the mind works*. New York: W. W. Norton.

Potter, W. J. (2004). *Theory of media literacy: A cognitive approach.* Thousand Oaks, CA: Sage.

Price, V., & Tewksbury, D. (1997). News values and public opinion: A theoretical account of media priming and framing. In G. Barnett & F. J. Bolster (Eds.), *Progress in communication sciences* (pp. 173–212). Greenwich, CT: Ablex.

Price, V., Tewksbury, D., & Powers, E. (1997). Switching trains of thought: The impact of news frames on readers' cognitive responses. *Communication Research,* 24, 481–506.

Raaijmakers, J. G. W., & Shiffrin, R. M (1980). SAM: A theory of probabilistic search of associative memory. In G. H. Bower, (Ed.), *The psychology of learning and motivation: Vol. 14* (pp. 207–262). New York: Academic Press.

Raaijmakers, J. G. W., & Shiffrin, R. M. (1981). Search of associative memory. *Psychological Review, 88,* 93–134.

Reese, S. D. (2001). Prologue—Framing public life: A bridging model for media research. In S. D.

Reese, O. H. Gandy, Jr., & A. E. Grant (Eds.), *Framing public life: Perspectives on media and our understanding of the social world* (pp. 7–31). Mahwah, NJ: Lawrence Erlbaum Associates.

Reese, S. D., Gandy, O. H., Jr., & Grant, A. (2001). *Framing public life: Perspectives on media and our understanding of the social world.* Mahwah, NJ: Lawrence Lawrence Erlbaum Associates.

Reeves, B., & Anderson, D. R., (1991). Media studies and psychology. *Communication Research, 18*(5), 597–600.

Reeves, B, & Thorson, E. (1986). Watching television: Experiments on the viewing process. *Communication Research, 13,* 343–361.

Robinson, J. P., & Davis, D. K. (1990). Television news and the informed public: An information processing approach. *Journal of Communication, 40*(3), 106–119.

Robinson, J., & Levy, M. (1986). *The main source: Learning from television news.* Beverly Hills, CA: Sage. Rosengren, K. E., Wenner, L. E., & Palmgreen, P. (1985). *Media gratification's research: Current perspectives.* Beverly Hills, CA: Sage.

Roskos-Ewoldson, D. R., Roskos-Ewoldson, B., & Carpenter, F. R. D. (2002). Media priming: A synthesis. In D. Zillmann, & J. Bryant (Eds), *Media effects: Advances in theory and research* (pp. 97–120). Mahwah, NJ: Lawrence Erlbaum Associates.

Rubin, A. M. (2002). The uses-and-gratifications perspective of media effects. In J. Bryant, & D. Zillmann (Eds.), *Media effects: Advances in theory and research (2nd ed.).* Hillsdale, NJ: Lawrence Erlbaum Associates.

Rumelhart, D. E. (1984). Schemata and the cognitive system. In R. S. Wyer, Jr., & T. K. Srull (Eds.), *Handbook of social cognition* (Vol. 1, pp. 161–188). Hillsdale, NJ: Lawrence Erlbaum Associates.

Rumelhart, D. E., Lindsay, P. H. & Norman, D. A. (1972). A process for long-term memory. In E. Tulving, & W. Donaldson (Eds.), *Organization of memory*. New York: Academic Press.

Rumelhart, D. E., & McClelland, J. L. (1986). *Parallel distributed processing* (Vol. 1). Cambridge: MIT Press.

Scheufele, B. T. (2004, May). Making frames: Testing a model of news production, Paper presented at the meeting of the *International Communication Association,* New Orleans, LA.

Scheufele, D. A. (1999). Framing as a theory of media effects. *Journal of Communication, 49,* 102–122.

Schneider, W., & Shiffrin, R. M. (1977). Controlled and automatic human information processing: 1. Detection, search, and attention. *Psychological Review, 84,* 1–66.

Schramm, W., (1971). The nature of communication between humans. In W. Schramm, & D. Roberts (Eds.), *The process and effects of mass communication* (Rev. ed., pp. 3–53), Urbana: University of Illinois Press.

Shah, D. V., Watts, M. D., & Fan, D. V. (2002). News framing and cueing of issue regimes: Explaining Clinton's public approval in spite of scandal. *Public Opinion Quarterly, 66,* 339–370

Shiffrin, R. M. (1988). Attention. In R. A. Atkinson, R. J. Herrnstein, G. Lindzey, & R. D. Luce (Eds.), *Stevens' handbook of experimental psychology:* Vol. 2, *Learning and cognition* (pp. 739–811). New York: John Wiley.

Shiffrin, R. S., & Schneider, W. (1977). Controlled and automatic human information processing: II. Perceptual learning, automatic attending and a general theory. *Psychological Review, 84,* 127–190.

Simon, H. A. (1974). How big is a chunk? *Science, 183,* 482–488.

Singer, J. L. (1980). The power and limitations of television: A cognitive-affective analysis. In P. H. Tannenbaum, & R. Ables (Eds.), *The entertainment functions of television* (pp. 31–65). Hillsdale, NJ: Lawrence Erlbaum Associates.

Tamborini, R. (1991). Responding to horror: Determinants of exposure and appeal. In Bryant J., & Zillmann, D. (Eds.) *Responding to the screen: Reception and reaction processes* (pp. 305–328). Hillsdale, NJ: Lawrence Erlbaum Associates.

Tuchman, G. (1978). *Making news: A study in the construction of reality.* New York: Free Press.

Tulving, E. (1972). Episodic and semantic memory. In E. Tulving & W. Donaldson (Eds.), *Organization of memory*. New York: Academic Press.

Tulving, E. (1974). Cue-dependent forgetting. *American Scientist, 62,* 74–82.

Tulving, E., & Pearlstone, Z. (1966). Availability versus accessibility of information in memory for words. *Journal of Verbal Learning and Verbal Behavior, 87,* 1–8.

Weaver, J. (1991). Responding to erotica. Perceptual processes and dispositional implications. In Bryant J., & Zillmann, D., (Eds.) *Responding to the screen: Reception and reaction processes* (pp. 329–354). Hillsdale, NJ: Lawrence Erlbaum Associates.

Wicks, R. H. (1992). Schema theory and measurement in mass communication research: Theoretical and method- ological issues in news information processing. In S. Deetz (Ed.), *Communication Yearbook 15* (pp. 115–145). Beverly Hills, CA: Sage.

Wicks, R. H. (2001). *Understanding audiences*. Mahwah, NJ: Lawrence Erlbaum Associates.

Wicks, R. H., & Kern, M. (1993). Cautious optimism: A new proactive role for local television news departments in local election coverage? *American Behavioral Scientist, 37*(2), 262–271.

Wicks, R. H., & Wicks, J. L., (2004). Televised coverage of the War in Iraq on Al Jazeera, CNN and Fox News. Presented at the annual meeting of the *International Communication Association*, New Orleans, LA, and May 2004.

Wyer, R. S., & Srull, T. K., (1980). The processing of social stimulus material: A conceptual integration. In R. Hastie, T. M. Ostrom, E. B. Ebbesen, R. S. Wyer, D. Hamilton, & D. E. Carlston, (Eds.), *Person memory: The cognitive basis of social perception*. Hillsdale, NJ: Lawrence Erlbaum Associates.

Wyer, R. S., & Srull, T. K. (1981). Category accessibility: Some theoretical and empirical issues concerning the processing of social stimulus information. In E. T. Higgins, C. P. Herman, & P. Zanna (Eds.), *Social cognition: The Ontario Symposium* (Vol. 1, pp. 161–197). Hillsdale, NJ: Lawrence Erlbaum Associates.

Zaller, J. (1992). *The nature of origins of mass opinion*. New York: Cambridge University Press.

Zechmeister, E. B., & Nyborg, S. E. (1982). *Human memory: An introduction to theory and research*. Monterey, CA: Brooks/Cole.

Zillmann, D., & Bryant, J. (1985). Affect, mood and emotion as determinants of selective exposure. In D. Zillmann, & J. Bryant (Eds.), *Selective exposure to communication* (pp. 157–190). Hillsdale, NJ: Lawrence Erlbaum Associates.

Zillmann, D. (1983). Transfer of excitation in emotional behavior. In J. T. Cacioppo, & R. E. Petty (Eds.), *Social psychophysiology: A sourcebook* (pp. 215–240). New York: Guilford.

Zillmann, D. (1991). Television viewing and physiological arousal. In J. Bryant J., & D. Zillmann, (Eds.) *Responding to the screen: Reception and reaction processes* (pp. 103–134). Hillsdale, NJ: Lawrence Erlbaum Associates.

第二部分

反应过程

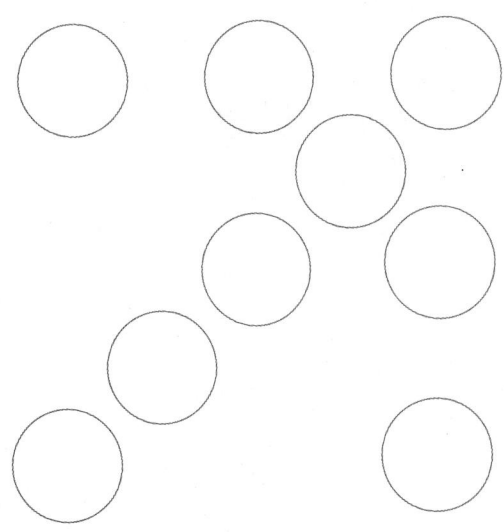

第七章　幻想与想象

帕蒂·法肯堡
约臣·彼得

在过去的 30 年里，人们对幻想与想象的起源、内容和影响的实证研究急剧增长。然而，幻想与想象的确切含义仍不清楚。许多研究者都没有给出定义，目前的定义也并不统一。而且，这两个术语也被混用，表明它们捕捉了相同的经验。这种将幻想和想象等同起来的倾向，在日常生活和学术界都存在。

当然，幻想和想象在某种程度上是重叠的。这两种活动都需要产生思想，并且联想思维都会发挥作用。但是，这两种活动至少有两点差异。第一，幻想（包括心理过程，如白日做梦、内心对话和思绪漫游）通常与想象出现的语境不同。幻想或白日梦是一种意识状态，其特征在于"将注意力从正在参与的身体或心理活动，或者是对外部刺激的感知反应，转向对某些内部刺激的反应"（Singer, 1966, p.3）。根据这个定义，一个人不能在幻想的同时参与身体或心理活动（Knowles, 1985）。相比之下，想象不一定与外部环境分开。一些学者甚至认为，外部刺激的感知或感觉是想象过程的重要组成部分（如，Sartre, 1948）。思格尔认为，想象是"人类思想的一种形式，由此，个人能够从基本的感官之中汲取和再生产图像或概念，但只能反映在个人的意识中。"（Singer, 1999, p.13）

第二，幻想与想象的区别在于目标导向的程度。虽然幻想有时可以被故意唤起，但幻想通常是一种自由浮动的心理活动（Klinger, 1990）。而想象更多地通过目标导向来表征。根据列文的观点，想象的典型例子是努力想象书中描述的怪物，在朋友不在场时去"看到"她的脸或"听到"她的声音，或者准确描述刚才看过的电影。（Lewin, 1986, p.51）

变化中的幻想和想象理论

幻想和想象一直被认为是人类意识中原始的和不好的一面。弗洛伊德（1908, 1962）认为幻想是对剥夺状态（deprication state）或潜在冲突的解决方案。而且，他认为幻想和想象会破坏人们有意识的理性思维。柏爵（Piaget）也把幻想和想象看作是一种不成熟的思维方式，在理性和现实思维的发展中会被舍弃（Harris, 2000）。

然而，在过去的几十年中，幻想和想象的适应性功能逐渐得到认可（如，Klinger, 1990; Singer, 1999）。目前的理论认为幻想和想象有一些重要的功能。幻想和想象可以帮助个人理清他们的想法，与自身的需求和感受保持联系，以此来增强自我认知和自我理解。幻想和想象可以通过推测个人选择的预期后果来促进决策；同时，可以调节心情和情绪，缓解紧张，比如，通过释放和之前经历相关的积极或消极情绪（Klinger, 1990）。

当代认知心理学家一致认为，人类思维由两种信息处理模式组成，每种模式都有自己的适应值（adaptive value）（参见 Epstein, 1994）。例如，杰罗姆·布鲁纳认为人类思想可以按照两个互补的维度排列：范式（Paradigm）维度和叙事（Narrative）维度。范式维度涉及逻辑和语言思维，其目的是检验经验的真理。范式思维寻求良好的论证、严密的分析和可证实的经验发现。相比之下，叙事维度需要故事，如想象思维，其对象不是真理，而是"经典性"或"生命力"（Bruner, 1986, p.11）。叙事思维寻求"好故事，扣人心弦的电视剧，可信（但不一定是真实）的历史记录"（Bruner, 1986, p.13）。幻想和想象在叙事思维中起着至关重要的作用。

爱泼斯坦（Epstein, 1994）的认知经验理论也承认联想或者想象思维功能的重要性。像布鲁纳一样，爱泼斯坦将两种信息处理系统——理性思维和经验思维区分开来。理性思维是有意的、口头的、抽象的、逻辑的和分析的；而经验思维是自动的、毫不费力的、具体的以及情感驱动的，它在具体的图像和叙事中编码现实。

爱泼斯坦的理论通过重视情绪在经验系统中的作用，扩展了早期的双模式信息处理理论（dual-mode information processing theories）。这种强调情感作为信息处理的一个方面与想象的哲学理论相吻合，这种理论早于心理学理论的记载，即与认知、想象和情感紧密相关。在现象学论文《想象的心理学》中，萨特（Sartre, 1948）认为人类的想象由两个层面组成：原生层（Native layer）或者说构成层（Constituent layer, a primary or constituent layer），涉及对外部刺激的心理图像的形成；以及第二层，包括对这些心理图像的情感反应（例如，爱、恨）和运动反射（例如，恶心）。

总之，幻想和想象逐渐被认为是人类信息处理的基本特征。从出生开始，我们就致力于构建环境经验和事件的心理表征。一旦这些表征被编码存储在大脑中，就可以在理性思考中检索它们，例如在逻辑推理时。然而，在富有想象力的活动中它们也会再次出现，为创意产品提供丰富的资源，或者只是为了自我娱乐（Singer, 1999）。

本章将回顾媒介娱乐接触与幻想和想象有关的文献。区分幻想和/或想象与娱乐体验相关的三个阶段，即在接触之前、期间和之后。我们对文献的评论将分为三个部分，分别对应这三个阶段。正如后面将要厘清的那样，大多数实证研究都集中在接触娱乐信息之前和之后的幻想和/或想象的功能，而对接触期间作用的关注却少得多。因此，相较于对接触前后作用的讨论，我们在接触期间对幻想和想象作用的论证更具探索性。

接触娱乐前的幻想和想象

幻想和想象在接触娱乐之前的作用，是它们会潜在地影响一个人选择性地接触媒介娱乐。尽管我们认为幻想和想象都会影响人们对某些类型的媒介娱乐的选择性接触，但已有的接触前研究只将幻想作为选择性接触娱乐的预测因素，而不包括想象。关于某些类型的幻想如何引起人们接触媒介娱乐的变化，有三个假设：逃避假设（escapism hypothesis）、主题一致假设（thematic correspondence hypothesis）和主题补偿假设（thematic compensation hypothesis）。

逃避假设

根据逃避假设，接触媒介娱乐前的行为受到不愉快幻想过度生产的刺激。我们已经确定了逃避假设的两个版本，思维阻塞假设（thought-blocking hypothesis）和无聊逃避假设（boredom-avoidance hypothesis）。思想阻塞假设认为，遭遇许多不愉快幻想的人为了消除不愉快的想法，会观看更多的娱乐节目。无聊逃避假设认为，遭受"注意力控制不佳"幻想的人会花更多时间观看娱乐节目。注意力控制不佳的人很容易感到厌倦和分心，因此会经历大量的幻想、思考和漂浮的思绪。

两种版本的逃避假设仅在相关研究中进行了探讨，未建立因果关系。与思想阻塞假设一致，具有不愉快幻想风格的人观看了更多的电视节目（McIlwraith, 1998; McIlwraith & Schallow, 1983）。目前尚不清楚这些人是否也观看了更多娱乐节目，因为在调查这一假设的研究中只采用了一般观察方法。

与无聊逃避假设一致，注意力控制不佳的人们观看了更多的电视节目，特别是更多的娱乐节目（Schallow & McIlwraith, 1986）。这些人不怎么看新闻和信息类节目。后一个发现与施拉姆、莱尔和帕克（Schramm, Lyle & Parker, 1961）的观点一致，即比起娱乐节目，新闻和信息节目不太可能实现逃避现实的功能。

主题一致假设

主题一致假设（thematic-correspondence hypothesis）认为人们幻想的主题直接影响其娱乐节目类型的偏好。例如，它认为人们如果有更积极的或英雄主义的幻想，会选择更具暴力或英雄气概的娱乐内容。该假设得到了一系列研究的支持（如，Huesmann & Eron, 1986）。然而，幻想是否是这种关系中的诱因，是一个悬而未决的问题。费什巴赫和思格尔（Feshbach & Singer, 1971）的实验、法肯堡和范德沃特（Valkenburg & van der Voort, 1995）的因果关系研究表明，暴力类娱乐信息是诱因，暴力幻想是结果。然而，由于因果关系的证据仍然很少，因此断定主题对应假设是错误的为时尚早。幻想—娱乐关系可能是互惠的：某些类型的娱乐节目可以刺激相应的幻想主题，反过来这些幻想可以激发人们观看这类娱乐节目的兴趣（有关回顾，请参阅Valkenburg & van der Voort, 1994）。

主题补偿假设

主题补偿假设认为人们会选择那些自己幻想不出的娱乐主题。例如，无法产生性幻想的人可能会转向黄色书刊和影片。这个假设与弗洛伊德（1908, 1962）的假设是一致的，即一个人对幻想的动机在于不被满足的愿望。

主题补偿假设假定幻想特定内容与观看相应节目内容之间存在负相关。然而，迄今为止的研究仅显示了特定媒介接触与相关幻想之间的无效和正相关。综上所述，频繁观看过激的媒介内容与更多关于攻击性和英雄主题的幻想有关。经常观看色情内容与幻想类似主题有关（Leitenberg & Henning, 1995）。这些研究结果表明，主题补偿假设可能不成立。

娱乐信息在接触时幻想和想象的角色

娱乐时的幻想和想象可能会影响认知和情感的参与。重要的是要注意，虽然我们假设想象对娱乐参与会产生重要影响，但我们并不认为幻想可以发挥这样的影响。在本章的开头部分，我们将幻想定义为注意力从正在进行的身体或精神活动中转移到回应一些内部刺激（Singer, 1966）。根据这个定义，幻想与任何其他正在进行的任务或活动都是互斥的，因此，不能与媒介娱乐中的认知和情感参与相结合。

在本节中，重点将放在接触虚构媒介娱乐（即电影、电视剧和其他叙事形式）时想象的作用。然而遗憾的是，过去研究娱乐经历的文献完全忽略了接触期间想象的作用。在过去10年出版的大多数关于娱乐的书籍中，"想象"这一词条甚至没有出现在索引中。这种研究的缺乏使我们的文献梳理变得复杂，因为我们无法利用现有的假设和研究。因此，我们只能从诸如情感理论、电影研究和信息处理理论中获取跨学科知识。

在接触娱乐信息过程中缺乏对想象功能的研究是值得注意的，因为在我们看来，想象是与娱乐体验相关的所有认知和情感过程中的重要方面。如果有人想解释为什么我们喜欢虚构的娱乐，以及为什么我们在情感上对虚构的人物和事件做出反应，那么必然要研究虚构与想象、想象与情感以及情感与虚构之间的关系。

虚构、想象和情感

对于娱乐和情感研究者来说，最令人费解的问题之一就是我们为什么会对虚构的娱乐产生幸福感或者其他情感，在那个想象世界里，描绘那些现实中从未存在过的角色和事件。大多数传统的情绪理论认为情绪只能通过真实的刺激和事件来引发（Frijda,

1988, Lazarus, 1991）。根据尼科·弗里达（Nico Frijda）关于显性现实的定律（Law of apparent reality），"情绪是由真实的事件引发的，其强度与这个情境的真实程度相对应"（Frijda, 1988, p.352）。这种情绪法排除了人们在接触小说中的虚构事件时能够体验情感的可能性。

然而，我们都熟悉在电影或小说中体验强烈情感的感觉。这些对艺术和小说的情感反应被称为"审美"或"想象"情绪（Boruah, 1988; Scruton, 1974）。弗里达的显性现实定律因无视审美情感而受到了严厉批评（如，Walters, 1989）。在一篇后续文章中，弗里达（1989）不得不承认审美情感是真实的情感，是一个普遍的现象。根据弗里达的观点（1989），观众体验审美情感，因为他们认为电影中的事件在想象世界中是真的。观众并不认为这些事件的发生是不真实的；他们只是对电影中任何证明它不真实的证据打了折扣。

哈里斯（Harris, 2000）对弗里达的解释做出了有力的扩展。哈里斯认为虚构的娱乐有两种消费形式。第一，在默认模式中，观看者不会用他们对电影现实状态的知识来抑制他们的情绪。在这种默认模式下，观众被电影所感动，不是因为他们经常认为电影是真实的，而是因为他们在评价中不包括他们对电影现实状态的知识。

第二，在观众消费虚构娱乐的过程中，他们确实运用有关电影现实状态的知识。例如当主角行为无法令人信服时，他们很自然地认为这是在看电影。观众有时也会毫不犹豫地这样做，例如当他们看到一个令人震惊的场景，如肢体残缺时，他们故意提醒自己是在看电影以保护自己免受情绪的影响。"这只是假装的"就是一种这样的保护性声明。

观众消费虚构作品时的这两种方式可能源于爱泼斯坦（1994）所区分的两种信息处理系统。当以非默认模式消费娱乐时——当情感参与被最小化时——观众依赖于信息处理的理性系统，利用逻辑和理性来实现对虚构世界的评价。当在默认模式下消费虚构作品时，即由情绪主导时，观众依赖于信息处理的经验系统。经验系统包括以快速、自动、快乐为导向，以情感为驱动，并以情感反应为主要特征。

信息处理的经验模式也可能成为虚构娱乐中情感参与的基础。根据爱泼斯坦的（1994）观点，在经验系统中表征世界结构的模式称为图式（schemata）。这些图式与其他图式相关联，可以表征思想（现实或想象）、情感和行为倾向。如果外部刺激或事件（例如，看电影）激活这些图式中的一个或多个，就可以同时触发个体大脑中的许多其他相关图式。并非所有这些模式都必然与外部刺激或事件相关。激活扩散原则（the spreading-activation principle）（Collins & Loftus, 1975）意味着思想、幻想和情感都可以自动和预先地相互激活，因此，在观看虚构的娱乐信息时，所有这些都可以同时发生。

虚构娱乐与想象的作用

为什么我们能够体验快乐与其他情绪，以回应虚构娱乐中展示出来的虚构事件，对此，爱泼斯坦的信息处理的经验模式提供了一个合理的解释。在本节中我们关注的是，在接触虚构娱乐的过程中，想象是如何影响不同心理历程的。如上所述，我们假设想象是虚构娱乐情感体验过程的重要组成部分，再通过沉浸、共情和拟社会互动三个娱乐过程来说明这一假设。

沉浸　大多数人都有过在书本或电影中入迷的感觉，在想象的世界里，沉浸这一现象，在文学中已有些概念涉及。在实证文献研究中，这被称为传输（transportation）（Green & Brock, 2002），在电影理论中被称为剧情效应（diegetic effect）（Burch, 1979），而在虚拟现实研究中被称为在场（presence）（Salter, Usoh & Steed, 1994）。尽管这些概念所描述的过程有一些差异，但在一些重要机制上是相同的。第一，在这三个概念中，媒介消费者的心理系统变得专注于想象空间中发生的事件，而现实世界则被暂时压制。第二，在这三个概念中，媒介消费者目睹了在想象空间中发生的事件，并且这些事件驱动着他/她的情绪系统（Polichak & Gerrig, 2002; Tan, 1996）。第三，这三个概念从我们的想象中获取力量。

波利恰克和格里格（Polichak & Gerrig, 2002）关注的是在看电视剧时参与式回应（participatory responses）的类型，其分类与我们的主题相扣，多种参与式回应都涵盖在有关想象的定义中。他们确定了五种参与式回应并且都与电视剧相关。

1. **推论（inferences）**：这些反应用于填补不可见场景中的空白，但属于一种因果或时间上的暗示。
2. **"似乎"反应（"as if" responses）**：这是观众作为参与者在观察现场情景时的直接反应。例如，在一部侦探电影中，当某人被杀害，观察者可能会在心中生成潜在犯罪者的清单，并评估每个人犯罪的可能性。
3. **问题解决反应（problem-solving responses）**：观众经常战略性地从故事中收集证据，这些证据可以使他们更加自信地预测故事结局，尤其是他们想看到的结局。
4. **重置反应（replotting responses）**：这些与"解决问题反应"类似，但属于回顾性的。例如，如果故事的发展与预期不同，观众可能感到不适，他们可能会重新编写故事，以减少这种不适感。
5. **评估性反应（evaluatory responses）**：这些反应是观众对电影故事中的一般或特殊事件或者信息的评价。例如，当观众看到一部充满攻击性的拳击电影，他们可能会质疑拳击是否是一个合格的体育运动分支。

波利恰克和格里格的研究表明，对娱乐性体验，观众会产生大量的想象以及参与性回应。这些回应的数量和类型取决于几个变量，包括虚构故事的性质、观众的想象力、他们的信仰和早期经历，以及他们选择性接触特定娱乐类型的动机。

共情　想象是对虚构人物产生同情反应的必要条件。根据博鲁亚（Boruah, 1988）

的观点，共情包含两个维度：情感和想象。对于娱乐体验，情感维度是指对主角所处情境的代入反应，然而，观众和主角的情感不一定非要相同。在这样一个情境中，一个凶残的外星人躲在暗处，伺机袭击一个毫无戒备的天真孩童，尽管在这种情况下同情的反映很常见，但观众和孩子的情感是不一样的。这种现象被称为预期性共情（anticipatory empathy），即在没有实际看到主人公的情绪时产生的同理心。

共情的想象维度包括观众对主角思想和情感的认知表现，观众通过接受主角的心理看法来想象主角思想、情感和心理状态。在预期性共情的例子中，观众想象外星人袭击孩子的影响，这种参与性或前瞻性的反应正是一个人想象的表现。根据博鲁亚（1988）的观点，共情包含一个人精神状态中想象和情感的融合。没有想象，就不可能同情主角，而没有对主角的同情，就不可能参与娱乐。

拟社会互动　想象在对拟社会交往即媒介消费者与媒介角色或名人发展的单方面想象关系中至关重要（Horton & Wohl, 1956）。约翰·考伊（John Caughey）讨论了许多案例，在这些案例中，人们幻想他们与名人存在关联。他书中一个著名的例子是约翰·欣克利（John Hinckley）的故事，他试图在1981年暗杀罗纳德·里根总统。欣克利看了电影《出租车司机》（*Taxi Driver*），并迷上了由朱迪·福斯特（Jodie Foster）饰演的年轻妓女爱丽斯（Iris），欣克利给她写情书并开始想象她是自己的情人，他最后开始相信可以通过杀死总统里根来赢得她的芳心。欣克利的案例反映了想象力失调的一个极端例子。更常见的拟社会关系是个人想象与媒介角色进行交谈或互动。在现实生活中，这些人往往是孤独的。(Caughey, 1984; Honeycutt & Cantrill, 2001)。

接触娱乐之后幻想与想象的作用

最后一节在讨论娱乐接触后，娱乐媒介如何影响人们的幻想和想象。本节中的效果假说将媒介娱乐视为观众幻想和想象变化的原因。我们讨论了刺激假说和四种类型的折扣假说（reduction hypothesis）：可视化假说（visualization hypothesis）、快节奏假说（passivity hypothesis）、被动假说（passivity hypothesis）和唤醒假说（arousal hypothesis）。

刺激假说

根据刺激假说，媒介娱乐会根据人们观看的节目内容影响人们的幻想与想象。对于幻想，这一假说认为，如果观众经常使用某一特定类型的娱乐媒介会更加倾向于幻想与之内容相关的主题。在想象方面，这一假说认为媒介娱乐为观众提供了丰富的创意来源，通过这些创意，当观众在从事绘画或者讲故事之类的富有想象力的任务时，其结果是他们的想象力作品的质量或者数量会得到提升。

幻想的证据　环境刺激可以激发幻想，特别是当这些刺激与我们当下所想相契合时

（Klinger, 1990）。由于媒介娱乐在人们日常生活环境中扮演了重要角色，因此幻想很可能不仅受到现实生活事件的影响，也受到媒介娱乐的影响。因此，大多数关于娱乐—幻想关系的研究结果与刺激假说一致并不奇怪（参见 Valkenburg & van der Voort, 1994）。然而，关于主题对应假设的部分指出，关于幻想娱乐关系的相关研究都没有给出任何确凿的因果解释。刺激假说和主题对应假说都可能是对电视娱乐和幻想主题之间积极关系的有效解释。

想象力的证据　电视娱乐可以丰富观众对节目的想法。一系列的媒介对比试验证明了孩子们刚看完一部电影后会将电影中的元素融入他们的故事或绘画中（如，Greenfield & Beagles-Roos, 1988）。然而，目前少有证据表明，他们富有想象力作品的质量或者数量是通过接触这些电影故事来得到提高的。事实上，有关媒介接触和想象力的积极关系，并没有任何有关媒介与想象力的影响的研究用以证明。因此，很少有迹象表明刺激假设在想象方面是成立的（Valkenburg & van der Voort, 1994）。

折扣假说

有关幻想和想象的所有折扣假说都集中在视听娱乐的负面影响上。没有研究者相信看图书或者听故事阻碍了幻想或想象。视听娱乐具有众多结构性特征（如快节奏、现成图像），这阻碍了幻想和想象的发展，折扣假说全部基于这一观点。

可视化假说

在这种折扣假设中，主要是视听娱乐的视觉本质对想象产生了负面影响。与文字娱乐不同，视听娱乐向观众展示现成的视觉图像，这大大降低了媒介消费者的视觉想象力。这一假设认为，当人们在从事想象工作时，很难将自己与视听娱乐所提供的图像分离开来，其结果是一个人难以再产生新的想法。

可视化假说仅对儿童进行了调查。在这种被称为媒介比较的研究中，孩子们将面临一个故事或者一个问题。故事或者问题的内容通常保持一致，但呈现形式（即印刷、音频或视听）却有所不同。

很明显，相比听觉或印刷媒介，视听媒介的消费者通常更少进行可视化输出。毕竟在印刷或者音频模式中，读者和听众需要将口头信息转化为自己的视觉图像。然而，这并不一定意味着读者或者听众在接触纸质或者音频故事时能够激发更多的具有想象力的思维（imaginative thoughts）。格里格和普伦蒂斯（Gerrig & Prentice, 1996）观察到，某些形式的想象思维，如对于角色看法或者对故事更广义的反思，更多的是由视听故事而非印刷故事引发的。作者对此的解释是视听娱乐通常比口头娱乐更具吸引力。

在思考过程中观众难以将他们自身与视听图像剥离开来，这一假设从未在媒介比较试验中进行过调查。因此，视觉图像是否是折扣效果的前提仍旧是一个悬而未决的问题。克恩斯（Kerns, 1981）的媒介比较试验表明，相对语言媒介，一部仅包括视觉信息的无声电影引发了更多的想象力反应。作者将他的发现归于这样一个事实，即无声电影比语言媒介更模糊，留下了更多解释空间。这一发现与可视化假说相矛盾，即预设现成的视觉图像是很难将刺激元素与人分离的原因。

可视化假说的最终设定，即与语言故事相比，视听故事导致想象力匮乏，这一假设得到了各种媒介比较试验的支持。当把一个视听故事与一个书面故事进行比较时，研究发现，视听故事有微弱的负面影响（Kerns, 1981），而另一项研究没有发现显著差异（Meline, 1976）。与听觉故事相比，视听故事导致想象力（即无刺激）的反应略微减少，但对7岁以下的孩子并非如此（Valkenburg & Beentjes, 1997），且当刺激故事难以理解（Greenfield & Beagles-Roos, 1988）或与想象任务无关（Runco & Pezdek, 1984）时也并非这样。最后，当我们用视觉想象力来完成任务时，相比音频故事，视听故事更少让孩子去描绘。（Vibbert & Meringoff, 1981）。

总之，尽管可视化假说在各种文献中仍然常见，但没有一个假说能有足够的证据证明其有效性。

快节奏假说

在这一假说中，娱乐的还原效应（reductive effect）与其快节奏以及连续运动有关。快节奏的娱乐使得观众少有时间处理信息、思考节目内容。因此，视听娱乐带来了认知的超负荷和非反思性的思维方式。而反思是想象的前提，因而想象受阻。

快节奏假说还从未被直接研究过。虽然尚不明确快节奏假说所提出的机制是否构成了电视对想象力的还原效应的基础，但我们可以研究现有证据是否表明这些机制完全有效。首先，相比慢节奏的节目，快节奏的节目使观众反思的余地更少。然而，直到现在，没有迹象表明快节奏的节目导致认知超负荷，冲动性思维（impulsive thinking）与注意力区间短缩（shortened attention spans）（Anderson, Levin & Lorch, 1977）。齐尔曼（1982）甚至认为快节奏的教育节目会带来更好的关注和信息获取。因为没有证据表明快节奏的节目对观众的认知方式有不良影响，快节奏不大可能是减少娱乐效果（reductive entertainment effects）影响想象力的潜在原因。

被动假说

这种折扣假说尤其集中体现在电视上。电视被视为一种"简单"的媒介，只需要很少的脑力劳动就能理解其含义（Salomon, 1984）。在脑力劳动最小化下，观众会直接采纳他人产生的幻想。这导致了一种消极的"让你来娱乐我"的态度，这种态度削弱了人们利用自己想象力的意愿。

被动假说的有效性也从未被直接研究过。然而，一些研究检验了被动假说所基于的一些假设。被动假说首先假定处理电视信息需要很少的脑力劳动,并且在看电视时所产生的这种低水平的脑力劳动,会导致在其他活动中很少投入脑力劳动的倾向。也可以说,观众的想象受到了破坏,因为他们接受了别人产生的幻想。

尽管几项研究表明,观众在看电视或电视剧时,认知上远不是被动的(Collins, 1982; Polichak Gerrig, 2002),但有一些证据表明,电视观看比阅读需要更少的思考(Salomon, 1984)。然而,人们从未调查看电视是否会导致很少深思熟虑的普遍倾向。

当然,正如消极假说中所提出的那样,电视观众会直接利用其他人产生的幻想,但没有理由认为这会降低想象力。读故事、听故事或看电视剧的人也会使用别人产生的幻想。然而,从来没有人认为口头故事或电视剧会阻碍想象的发展。因此,没有理由认为电视对想象性游戏和创造力的还原效应是由电视引发的消极的"让你娱乐我"的态度造成的。

唤醒假说

就像快节奏假说一样,这个假说认为电视导致过度活跃和冲动的行为。然而,过度活跃并不是电视节目快速发展的结果,而是由于动作导向和暴力节目的振奋效果。这种振奋效果被认为会在观众中培养出一种身体活跃和冲动的行为取向,从而扰乱了想象力所必需的连续思维和计划。

尽管电视观看似乎通常与放松有关,但暴力节目可以产生强烈的振奋作用(Zillmann, 1991)。此外,有证据表明,儿童观看暴力或动作导向的节目的频率与候车室的躁动(singer, singer & rapaczynski, 1984a)和校园暴动(Anderson McGuire, 1978)呈现出正相关。

因为研究确实表明暴力节目会引起冲动行为,所以毫无疑问一些电视想象效果研究已经证明观看暴力节目会对儿童的想象力产生不利影响(如,Singer, Singer & Rapaczynski, 1984b)。然而,尽管这些研究证实暴力节目会阻碍想象,但他们没有调查是否是电视暴力节目引发的振奋作用导致了想象力的减少。

总结与结论

在本章中,我们阐明了幻想和/或想象在娱乐体验之前、期间和/或之后发挥着重要作用。进入娱乐体验之前的幻想和想象可能会指导媒介消费者的选择性接触。该部分提出的三分之二的假设似乎是有效的。逃避假设表明,人们的幻想生活使他们倾向于观看更多的电视和媒介娱乐,这一假设得到了相关研究的支持,相关研究将某些幻想风格与媒介接触联系起来。主题一致假设表明,某些幻想主题使媒介消费者倾向于选择类似的娱乐内容,这也得到了支持。然而,主题补偿假设,即人们选择与他们的幻想相反的娱乐主题,似乎是无效的。

在很大程度上，娱乐体验中的情感过程是建立在想象之上的。幻想不能在娱乐体验中发挥作用，因为我们将幻想定义为与任何正在进行的体力或脑力工作相互排斥的活动。尽管对娱乐体验中想象的实证研究还不充分，但我们首次提出了想象在娱乐体验中的作用的概念化。未来的研究应该对想象在接触过程中的具体作用进行一些假设的制定和测试。这些假说在一定程度上可以受到娱乐前后环境的启发。测试一些关于接触期间信息处理的折扣假说是否有效是有意思的。例如，快节奏假说认为视听娱乐排除了观看时的反应。比较人们在观看不同类型的娱乐节目时，以不同的方式进行思考的反应是值得去探究的。

在娱乐体验之后，幻想和想象的作用是相当复杂的。在幻想的情况下，刺激效果似乎是最合理的，而在想象的情况下，轻微的削弱效果似乎最合理。然而，现有的研究太少，无法让我们从本章提出的假说中找出最合理的。遗憾的是，媒介想象/幻想关系的实证研究通常没有明确的理论模型指导。大多数研究都关注了媒介接触与作为输入输出过程的幻想或想象之间的关系，而没有具体说明假定关系的基本机制。未来媒介对想象和/或幻想作用的研究应来源于更复杂的理论模型，并更加关注想象和幻想如何以及为什么会影响娱乐体验的问题，反之亦然。

参考文献

Anderson, D. R., Levin, S. R., & Lorch, P. E. (1977). The effects of TV program pacing on the behavior of preschool children. *AV Communication Review, 25,* 159–166.

Anderson, C., & McGuire, T. (1978). The effect of TV viewing on the educational performance of elementary school children. *The Alberta Journal of Educational Research, 24,* 156–163.

Boruah, B. H. (1988). *Fiction and emotion: A study in aesthetics and the philosophy of mind.* Oxford: Clarendon Press.

Bruner, J. S. (1986). *Actual minds, possible worlds.* Cambridge, MA: Harvard University Press.

Burch, N. (1979). *To the distant observer.* Berkeley: University of California Press.

Caughey, J. L. (1984). *Imaginary social worlds.* Lincoln, NE: University of Nebraska Press.

Collins, A. M., & Loftus, E. F. (1975): A spreading-activation theory of semantic processing. *Psychological Review, 82,* 407–428.

Collins, W. A. (1982). Cognitive processing in television viewing. In D. Pearl, L. Bouthilet, & J. Lazar (Eds.), *Television and behavior: Ten years of scientific progress and implications for the eighties* (pp. 9–23). Washington, DC: U.S. Government Printing office.

Epstein, S. (1994). Integration of the cognitive and the psychodynamic unconsciousness. *American Psychologist, 49,* 709–724.

Feshbach, S., & Singer, R. D. (1971). *Television and aggression: An experimental field study.* San Francisco, CA: Jossey-Bass.

Freud, S. (1908, 1962). Creative writers and daydreaming. In J. Strachey (Ed.), *The standard edition of the complete psychological works of Sigmund Freud.* Vol IX. London: Hogarth.

Frijda, N. H. (1988). The laws of emotion. *American Psychologist, 43,* 349–358.

Frijda, N. H. (1989). Aesthetic emotions and reality. *American Psychologist, 44,* 1546–1547.

Gerrig, R. J., & Prentice, D. A. (1996). Notes on audience response. In D. Bordwell & N. Caroll (Eds.), *Post-Theory: Reconstructing film studies* (pp. 388–403). Madison, WI: University of Wisconsin Press.

Green, M. C., & Brock, T. C. (2002). In the mind's eye: Transportation-imagery model of narrative persuasion. In M. C. Green, J. J. Strange, & T. C. Brock (Eds.), *Narrative impact: Social and cognitive foundations* (pp. 315–343). Mahway, NJ: Lawrence Erlbaum Associates.

Greenfield, P. M., & Beagles-Roos, J. (1988). Radio vs. television: Their cognitive impact on children of different socioeconomic and ethnic groups. *Journal of Communication, 38*(2), 71–92.

Harris, P. L. (2000). *Understanding children's worlds: The work of the imagination.* Oxford, UK: Blackwell.

Honeycutt, J. M., & Cantrill, J. G. (2001). *Cognition, communication, and romantic relationships.* Mahwah, NJ: Lawrence Erlbaum Associates.

Horton, D., & Wohl, R. R. (1956). Mass communication and para-social interaction: Observations of intimacy at a distance. *Psychiatry, 19,* 215–229.

Huesmann, L. R., & Eron, L. D. (1986). The development of aggression in American children as a consequence of television violence viewing. In L. R. Huesmann & L. D. Eron (Eds.), *Television and the aggressive child: A cross-national comparison* (pp. 45–80). Hillsdale, NJ: Lawrence Erlbaum Associates.

Kerns, T. Y. (1981). Television: A bisensory bombardment that stifles children's creativity. *Phi Delta Kappa, 62,* 456–457.

Klinger, E. (1990). *Daydreaming: Using waking fantasy and imagery for self-knowledge and creativity.* Los Angeles, CA: Tarcher.

Knowles, R. T. (1985). Fantasy and imagination. *Studies in Formative Spirituality, 6,* 53–63.

Lazarus, R. S. (1991). Progress on a cognitive-motivational-relational theory of emotion. *American Psychologist, 46,* 819–834.

Leitenberg, H., & Henning, K. (1995). Sexual fantasy. *Psychological Bulletin, 117,* 469–496.

Lewin, I. (1986). A three dimensional model for the classification of cognitive processes. *Imagination, Cognition and Personality, 6,* 43–54.

McIlwraith, R. D. (1998). "I'm addicted to television": The personality, imagination, and TV watching patterns of self-identified TV addicts. *Journal of Broadcasting, 42,* 371–386.

McIlwraith, R. D., & Schallow, J. R. (1983). Adult fantasy life and patterns of media use. *Journal of Communication, 33*(1), 79–91.

Meline, C. W. (1976). Does the medium matter? *Journal of Communication, 26*(3), 81–89.

Polichak, J. W., & Gerrig, R. J. (2002). Get up and Win! In M. C. Green, J. J. Strange, & T. C. Brock (Eds.), *Narrative impact: Social and cognitive foundations* (pp. 71–97). Mahwah, NJ: Lawrence Erlbaum Associates.

Runco, M. A., & Pezdek, K. (1984). The effect of television and radio on children's creativity. *Human Communication Research, 11,* 109–120.

Salomon, G. (1984). Television is "easy" and print is "tough": The differential investment of mental effort as a function of perceptions and attributions. *Journal of Educational Psychology, 76,* 647–658.

Sartre, J. P. (1948). *The psychology of imagination.* London: Routledge.

Schallow, J. R., & McIlwraith, R. D. (1986). Is television viewing really bad for your imagination? Content and process of TV viewing and imaginal styles. *Imagination, Cognition and Personality, 6,* 25–42.

Schramm, W., Lyle, J., & Parker, E. (1961). *Television in the lives of our children.* Stanford, CA: Stanford University Press.

Scruton, R. (1974). *Art and Imagination.* London: Methuen & Co.

Singer, J. L. (1966). *Daydreaming.* New York: Random House.

Singer, J. L. (1999). Imagination. In M. Runco, & S. R. Pritzker (Eds.) *Encyclopedia of Creativity,* Vol. 2, (pp. 13–25). New York: Academic Press.

Singer, J. L., Singer, D. G., & Rapacynski, W. S. (1984a). Family patterns and television viewing as predictors of children's beliefs and aggression. *Journal of Communication, 34*(2), 73–89.

Singer, J. L., Singer, D. G., & Rapacynski, W. S. (1984b). Children's imagination as predicted by family patterns and television viewing: A longitudinal study. *Genetic Psychology Monographs, 110,* 43–69.

Slater, M., Usoh, M., & Steed, A. (1994). Depth of presence in virtual environments. *Presence: Teleoperators and Virtual Environments, 3,* 130–144.

Stotland, E. (1969). Exploratory investigations of empathy. In L. Berkowitz (Ed.), *Advances in experimental social psychology* (pp. 271–314). New York: Academic Press.

Tan, E. (1996). *Emotion and the structure of narrative film: Film as an emotion machine.* Mahwah, NJ: Lawrence Erlbaum Associates.

Valkenburg, P. M., & Beentjes, J. W. J. (1997). Children's creative imagination in response to radio and TV stories. *Journal of Communication, 47,* 21–38.

Valkenburg, P. M., & van der Voort, T. H. A. (1994). Influence of TV on daydreaming and creative imagination: A review of research. *Psychological Bulletin, 116,* 316–339.

Valkenburg, P. M., & van der Voort, T. H. A. (1995). The influence of television on children's daydreaming styles: A one-year panel study. *Communication Research, 22,* 267–287.

Vibbert, M. M., & Meringoff, L. K. (1981). *Children's production and application of story imagery: A cross-medium investigation* (Technical Report No. 23). Cambridge, MA: Project Zero, Harvard University. (ERIC Document Reproduction Service No. ED 210 682.)

Walters, K. S. (1989). The law of apparent reality and aesthetic emotions. *American Psychologist, 44,* 1545–1546.

Zillmann, D. (1982). Television viewing and arousal. In D. Pearl, L. Bouthilet, & J. Lazar (Eds.), Television and behav- ior: Ten years of scientific progress and implications for the eighties. (Vol. 2.) Washington, DC: US Government Printing Office.

Zillmann, D. (1991). Television viewing and psychological arousal. In J. Bryant, & D. Zillmann (Eds.), *Responding to the screen: Reception and reaction processes* (pp. 103–133). Hillsdale, NJ: Lawrence Erlbaum Associates.

第八章 归因与娱乐：
不是谁是，而是为什么他是？

南希·罗德斯

詹姆斯·C.汉密尔顿

典型的悬疑小说的打开方式是：一个毫无戒备的老百姓，在他的日常生活中发现一具尸体。然后，他或其他不大可能是英雄的人物（例如Marple小姐）试图去拼凑死者死亡的情形。不可避免地，人们发现，在死者生活中有很多人都有充分的谋杀动机。紧张感因业余侦探的失误导致人们怀疑无辜的人。然后，在引人入胜的高潮中，侦探突然发现谁真正谋杀了受害者，并在成为第二个受害者之前就与行凶者正面交锋。

在一部悬疑小说铺陈的情节中，最吸引读者的是拼凑谋杀动机，尤其是探讨凶手为何杀害受害者这一问题。鉴于我们对凶手性格特征的了解，问题症结在于试图理解为何他要夺走另一个人的生命。是因为受害者是一个该死的可怕之人，而凶手只是替天行道？还是说凶手是一个恶徒？也许凶手和受害者之间有某种奇怪的关系，由此导致了凶手的卑劣行径。

社会心理学最早且影响最深远的成果，是科学地理解因果思维在调节人的行为和情感中的作用。这一早期工作和随后的研究被统称为归因理论，研究表明我们对世界、其他人和我们自己的经验是基于我们对行动和事件的因果解释。例如，负面情绪不会直接源于失败或者损失，而是源自一种信念，即失败或损失是我们个人能力或个体品性不佳的反映（Carver, DeGregorio & Gillis, 1980; J. Greenberg, Pyszczynski & Solomon, 1982）。由其他儿童造成的意外伤害或侮辱引发的攻击性反应，不是对这些伤害或侮辱的直接反应，而是由敌对意图的归因所调节的（Dodge & Newman, 1981; Nasby, Hayden & DePaulo, 1980）。

归因研究很普遍。如果你访问一个计算机平台的科学出版物索引，比如PsychInfo，搜索"归属"（或"归因"）的标题，你会得到近10,000个结果。除了对因果思维的基本心理学研究外，归因理论还被用于理解一系列令人眼花缭乱的社会现象。然而，搜索标题包含"娱乐（entertain）""消遣（amuse）""享受（enjoy）"，或这些词的名词形式的归因文章，只得到了一个结果——一篇关于在减肥计划中保持锻炼的论文（Hodgins & Fuller）。换句话说，因果思维在基于媒介的娱乐（mediated entertainment）体验中的作用是未知的。

在本章中，我们将探讨归因过程可能影响人们从各种娱乐来源中获得乐趣的一些方式。我们会讨论几个与归因在娱乐体验中的作用有关的研究领域。然后，提出一个关于归因思维在虚构电视剧欣赏中作用的新假设。不过，让我们先重新回顾归因理论基本原则，重点关注那些与我们分析归因和娱乐相关的原则。

归因理论的发展

在现代社会心理学中，海德（Heider, 1958）认为，普通人在日常生活中扮演着试图了解他们社会世界的天真科学家的角色。一般而言，归因理论是指观察者是否会将行为者的行为归因于内部或外部原因的一种预测。回想一下引言中所说的神秘故事。如果观众认为犯罪者是邪恶的，就会同时进行内部归因——杀人行为是由犯罪者内在的某些东西造成的。相反，如果观众假设是受害者对犯罪者一再反复的恶行驱使凶手犯罪，则观众是在进行外部归因。具体而言，是外部力量导致了行凶者的行为。而在这种情况下，观众可能同样对受害者做内部归因，受害者可能是死有应得。这是归因思维的一个特例，我们将在后面讨论，这是公正世界理论的基础。

总体而言，似乎人们倾向于将他人的行为归于内因。回溯到海德最初的描述，特别是琼斯和戴维斯（Jones & Davis, 1965）的一致推断理论（theory of correspondent inferences），人们早就认识到，对观察到的行为进行内部归因，总体上会存在偏差。假设其他人的行为是由稳定的倾向引起的，这才具有极大的适应性：它有助于观察者预测，甚至可以控制其他人的未来行为。如果没有稳定的假设，社会就会变成一个混乱的海洋，到处都是随机事件。

在早期，这种对内部归因的偏好被打上了基本归因错误的标签（Ross, 1977）。具体来说，当要求对另一个人的行为进行归因时，大多数人都偏向于根据行动者的个性来解释其行为。想想你上次开车的时候，另一位司机违规插队，你是否会将这一行为解释为被情势所迫？例如驾驶员赶时间，或者他那天过得很糟糕。通常不会！在这种情况下，大多数美国人会对驾驶员的不良品格抱有微词，也就是说，他们会做出内部归因。

基本归因错误的一个显著例外被称为行为者—观察者效应（actor-observer effect）（Jones & Nisbett, 1972）。有趣的是，当观察者试图理解别人的行为时，倾向于内部归因的情况更为普遍。当有人在解释他自己的行为时，即从行为者的角度进行归因时，更有

第八章 归因与娱乐：不是谁是，而是为什么他是？

可能强调情境而不是性格。回想一下那个司机的例子，如果你意识到你曾经有过类似的驾驶失误经历，你更有可能会说这是由这种情况所致：交通不好，灯光太差，而且你快要迟到了。在这种情况下，当你解释其他驾驶员的行为时，很快就会内部归因，毕竟你不太可能认为自己是一个混蛋。

对基本归因错误和行为者—观察者效应有很多种解释。可能接受度最广的解释聚焦在对行动者的明显认知、情境或者他们的观点上。当行为者在特定的情形下工作时，表面上，他的注意力通常集中在与他想要完成的事情相关的情境特征上。然而，从观察者在这一情境中的个人作用角度来看，被观察者成为感知焦点；这个人几乎就像电视节目中明星的行为一样被瞩目。因此，所做的归因与注意力焦点一致：作为情境中的行动者，人们将环境视为最突出的，并将行动的原因归于该环境。相反，对于某个特定情境中的观察者，执行该动作的个体最为突出，该行为被归因为行为者的特征。

对倾向归因的感知焦点解释源于吉尔伯特和马龙（Gilbert & Malone, 1995）所描述的情境的"隐形"。观察者通常不清楚约束行为的情境。实际上，媒介有时会对这一情形夸大其词从而做出内部归因。比如，参考民主党霍华德·迪安（Howard Dean）在2004年提名总统候选人的行为。在爱荷华州预选会议之后，迪安并没有表现得和期望的一样，他做了一个看似歇斯底里的演讲，该演讲在媒介上反复播放，伴随着"原始尖叫（primal scream）"达到高潮，这就造成了他选举资格的丧失。显然，新闻摄像机紧跟候选人以及只获取迪安声音的定向麦克风，促成了各种内部归因。许多评论员总结说他情绪不稳定，没有"总统范"。有趣的是，将电视镜头与从集会场地拍摄的其他视频进行对比，可以得出截然不同的解释。由大厅里的业余爱好者拍摄的视频，呈现了候选人的一个小图像，该图像被吵闹的支持者的前景部分遮挡。地面上声音响亮，且伴随着大量的叫喊和吟唱；事实上，很难听到迪安对吵闹人群所说的话。那些在电视新闻报道中看起来太过情绪化和完全不合实际的咆哮，与业余爱好者视频中高涨的情绪相一致。显然，情形的突出性会影响我们所做出的归因。

对行为者—观察者效应的另一个解释是，个人选择最能积极展示自己的方式做出归因。这些自我服务式归因有助于保全自尊。成功和失败经历的归因通常伴随着自我服务式预测（self-serving predictions）（McFarland & Ross, 1982; Miller & Ross, 1975; Weiner, Russell & Lerman, 1978）。成功经历归因于内部原因，而失败经历归因于外部原因。这种类型的归因被认为是一种机制，这种机制使拖延行为能够得到强化。拖延建立了一个自我服务式归因，无论其结果如何均能适用。具体来说，如果你拖延一个项目并得到一个差的分数，这很容易解释失败，当然是因为你没有足够的时间来做好项目。相比之下，尽管你拖延了，如果你设法做好了这个项目，你还是可以尽情享受这样的荣耀——你用很少的时间来完成这个项目，但你仍然表现出色。

对内部归因的偏好已在大量研究中被证明是普遍存在的（Ross & Nisbett, 1991）。然而，这种偏见似乎并不像最初想象的那样是"根本性"的。跨文化研究表明，这种内部归因的偏见可能是一个人成长中文化的作用。特别是在西方个人主义文化中长大的人，似乎比东方集体主义文化中长大的那些人更容易出现基本归因错误（Miller，1984）。研究结果表明，归因过程在东方文化中的作用有所不同，东方文化的人比西方文化的人更频繁地为他人的行为做出情境归因（Knowles 等，2001; Lee, Hallahan, Herzog, 1996; Morris & Peng, 1994）。

最近对归因过程的研究集中在这种可能性，即这些发现最好能通过双过程理论进行（dual-process account）解释。双过程理论通常描述一种初始的、基于记忆的、启发式（heuristic）的判断以回应刺激，这种刺激可以通过对手头案例的具体特征进行更仔细、系统的考虑来进行调整（Chaiken & Trope, 1999; Smith & DeCoster, 2000; Strack & Deutsch, 2004）。一般而言，双过程理论认为在大多数情况下，基于启发式处理的初始判断就足够好了。只有当人们有动力和能力进一步思考他们的判断时，他们才会花时间并付出努力去考虑他们判断的其他方面，并对其进行修改。在归因思维中，当有一个重要的理由来进一步考虑归因时，对应偏差就会大大减少，归因也就更准确地反映了情境的限制。有研究支持这种双过程：研究结果表明，确实存在一种内部归因偏向的最初倾向，后来人们在有充分理由的情况下，会通过更仔细地考虑情境加以纠正（Gilbert, Pelham & Krull）。因此，基本归因错误似乎是根本性的，因为在大多数情况下，它代表了对个人特定行为方式有足够好的理解。

根据我们所知道的，关于归因思维如何在社交刺激的日常情境中发挥作用，我们转而考虑这些归因过程在娱乐媒介的处理中如何发挥作用。

归因和娱乐

有两种方法可以概念化归因思维在娱乐中的可能作用。其中，第一个涉及归因思维与参与娱乐体验的行为方式。第二个问题涉及归因思维与人们在娱乐体验中获得的娱乐程度的方式。更明确地说，第一个问题涉及促使我们去看电影，打开书或坐在电视机前的归因过程；第二个问题是影响我们对故事享受的归因过程。我们围绕这两个相关问题进行讨论。

参与娱乐体验：第三人效果和媒介娱乐的障碍

某一活动的娱乐性和愉悦性程度，不仅取决于它提供的乐趣，还取决于体验的感知成本。在过去的 20 年中，社会科学家已经确认一些流行和令人愉快的媒介体验会带来严重的社会问题。最值得注意的是，研究者发现媒介对暴力的描绘与观众的暴力行为之间存在有力联系（Anderson & Bushman, 2002; Bushman & Anderson, 2001）。同样，人们发现对女性有侮辱性的色情描写会减少公众对遭受强暴的受害者的同情（Sharp & Joslyn, 2001）。与这些媒介体验的重大社会成本类似的还有媒介对于更多图像暴力的广告宣传，特别是在电影和视频游戏中色情内容的泛滥，互联网上的图像和视频尤甚。假设一般的媒介消费者不支持或宽恕谋杀、性侵犯，为什么人们会享受导致暴力或女性堕落的媒介体验呢？

被称为第三人效果的社会心理学效应为这一问题提供了答案。作为一种影响力广泛的强效果理论，第三人效果认为，相比其他人，人们相信自己受到媒介的影响要小很多（Hoffner 等，2001; Scharrer, 2002）。这种认知活动与其他有据可查的社会心理现象有相似之处。值得注意的是，第三人效果似乎是一个一般倾向于不切实际乐观主义的具体例子（Weinstein, 1980, 1987）。在许多领域，温斯坦（Weinstein）和其他人已经表明，相较他人，人们相信自己经历事故、疾病或伤害的可能性微乎其微。对于负责促进预防性健康行为的官员，或那些试图改变儿童电视观看习惯的官员来说，这种认知偏见是一个挑战。人们不仅必须确信特定行为模式与不良后果之间的一般性联系，还必须说服自身作为个体，自己不免会受到这些影响。

就本章而言，第三人效果与盲目乐观主义的现象不同，因为它与因果性归因的联系更加清晰。不切实际的乐观主义范式关注的是，我们对坏事发生在我们身上的可能性的预测。相比之下，第三人效果特别关注各种媒介体验导致我们从事不良行为的可能性的估计。从这个意义上讲，对第三人效果的研究，是通过对控制信念（control beliefs）的研究得出的。控制信念的研究表明，人们低估了他们的行为和结果由无法控制的外部因果因素决定的程度（Thompson, Armstrong & Thomas, 1998）。

如上所述，归因的行为者—观察者偏见表明，相较于情境对他人的影响，人们更容易承认情境（外部）对自己行为的影响。他们尤其可能将不理想或不受欢迎的结果归因于外部原因，即做出自我服务式归因。这些偏见或许能预测个体会高估受媒介暴力等情境因素影响的可能性。尽管行为者—观察者偏见似乎与第三人效果不一致，但通过区分解释过去行为的原因和预测未来行为，可以很容易地协调二者。行为者—观察者效应和自私偏见在过去的行为结果中可观察到。第三人效果考虑的是媒介在影响未来行为上的作用。这两种效应通过自我归因的自我强化理论进行了较好的协调。对于已经发生的失败或不良行为，将其解释为对减轻情境因素的反应最为讨喜。预测未来行为时，将自己描绘成有能力区分于他人，不受媒介影响的人，这种形象也是讨喜的（David, Liu & Myser, 2004）。戈尔克及其同事最近的一项研究发现了这种关于过去和未来失败的因果思维模式（Goerke 等，2004）。

实用的小说：娱乐作为一项理由不充分的产品

> 人们总是倾向于过度夸赞一本厚书，因为读完了它。
> ——E. M. 福斯特（E. M. Forster, 1936, p.142）

至于人们为何会喜欢媒介娱乐，一个似乎合理的答案是他们认为自己必须如此。来自美国和加拿大的评估表明，有电视机的人每天平均看3到5个小时电视（Inc, 2004）。在当代西方社会，没有任一活动能在生活中占这么多时间（Kubey等，2004）。现代社会多数人都表示，工作和家庭的多种竞争性需求，几乎使得他们没有时间锻炼或参与社区活动。在这种情况下，每天花几个小时看电视的做法不仅是科学解释，更是个人解释。换句话说，人们如何解释他们花这么多时间在看电视上。

有关使用与满足的文献为观众了解为何看电视提供了一些观点。一般来说，人们觉得看电视有一些工具性功能，例如，了解世界、管理情绪或者是一种仪式作用，比如习惯或惯例（Rubin, 1984）。还有一些社交期望维度上的功能。例如，在一项研究中，70%的受访者（Rubin, 1984）表示，他们看电视是为了了解人和事件，大多数人认为这是一种有价值的打发时间的方式。然而，很多人也承认看电视是为了逃避，或者因为看电视花费更小，或者出于习惯——所有这些都不是什么崇高的理由。

社会心理学的认知失调理论和自我感知理论进一步解释了行为对态度的因果影响。认知失调理论假定，当我们以一种与自身信念或态度不一致的方式行事时，我们心理上会感到不适，并会通过形成与我们的行为一致的态度恢复平静感（Festinger & Carlsmith, 1959）。自我感知理论确信，关注特定行为时，我们会产生一种自我归因来解释行为（Fazio, Zanna & Cooper, 1977）。在任何一种情况下，如果我们的行为存在明显的情境归因，态度就不会改变。在大多数情况下，我们看电视的决定并非受于强迫，没有人要我们一次看几个小时。我们大多数人也赞同这是消磨下班回来几个小时的最好方式。因此，当看电视引起我们注意时，可能会使我们对观看行为做出合法的但是因果错置的解释。

许多关于使用和满足方法的研究，完全依赖于有关观众为什么看电视的自我报告。只有一小部分研究收集了可以验证观众自我报告的额外数据。在没有验证信息的情况下，很难确定观众用来解释他们看电视的行为与从中获得满足的程度，仅仅是他们自己的解释，还是对真实心理过程的准确描述。有一份涉及使用与满足的文献，为看电视作为逃避和消遣这一观点提供了有力支持，并且观众也承认这一点。对于电视观看行为的一些较为恭维的解释，比如那些与学习或智力刺激有关的解释，就很难得到支持。例如，亨宁及其同事表明，更高层次的认知，即成熟思维倾向，与电视观看呈负相关关系（Henning & Vorderer, 2001）。在一项更令人不安的研究中，凯耶（Kaye）及其同事发现，受众接触新闻媒体越久，他们对能充分获知信息的幻想就越强（Kaye & Johnson, 2002）。

享受娱乐体验

看电影是种典型的娱乐体验。电影放映时，我们坐下看。这一雏形（prototype）的主要构成包括积极娱乐的演员或实体（entity）以及被动的受众。娱乐雏形的另一个重要方面是体验这种感觉既适用于自身，也适用于当下。在那一刻，我们认为娱乐的东西除了给我们带来快乐之外，并不适用于其他任何目的。正如娱乐界对娱乐的期望很少，也很少谈及娱乐。[1]我们不会说人们娱乐是好或坏。娱乐不需要任何特殊技能或才能，并且随着时间的推移也不会有任何改变。一旦娱乐消遣开始承担这些属性，它就不再被视为娱乐。娱乐的定义的确不讨喜，我们很少关注，对我们来说意义不大而且价值持续性不强。

社会科学家很少关注娱乐研究，原因可能是娱乐仅用来消遣。与为理解文学、影视艺术、文化和技术方面而形成的所有学科相比，少有注意力被放在媒介娱乐的心理体验上。很少有人能从娱乐中区分什么是非常有趣的消遣，什么是无聊或者烦心的消遣。然而，过去十年里，旨在了解媒介娱乐的实证研究有所增加。迄今为止，这项研究主要集中在使用媒介的情感结果上，例如，使用娱乐来调节情绪（Zillmann, 1991; Zillmann & Bryant, 1985）。媒介娱乐对情绪调节作用的认知过程，或者关于媒介娱乐的认知结果的研究，这方面的成果少之又少。

倾向理论

倾向理论（disposition theory）为置于哪种媒介中可以有愉快经历的条件做了解释（Raney, 2003; 2004; Raney Bryant, 2002）。具体而言，该理论描述了一个过程，观众通过这个过程与他们在虚构媒介中遇到的角色建立情感联结。根据该理论，观众对电影、电视节目中的人物进行道德判断。这些道德判断构成了受众对人物情感反应的基础：那些表现符合受众道德准则的人物将得到积极评价；与观众道德准则背道而驰的人将得到负面评价。然后，这些评价会触发观众与角色的情感联系。由于这些情感联系，观众对电视剧的结果产生了期望，因此他们希望好的事情发生在他们喜欢的角色上，他们不喜欢的角色会遭遇坏事。当结局如预期时，对节目或者电影的愉快感由此产生。

尽管倾向理论并没有明确地与归因理论联系起来，但我们认为归因就像在倾向理论中一样，可能在娱乐体验中起着重要作用。具体而言，我们认为基本归因错误，或倾向于将某人的行为视为由其长期的个性特质引起的，是观众对某一角色情感倾向这一判断

---

[1] 对某些人来说，他对媒介的兴趣和专业知识可能是一种重要的自我定义。

的核心。事实上，这证明了对媒介角色（mediated characters）的评判，和人们在现实生活中遇到的对真实人物进行评判的方式别无二致。

有趣的是，对这一模型的最新拓展表明（Raney, 2004），与双过程的考虑一致，电视节目和电影的观众并不总具有动机和认知资源，来对媒介虚构作品中的人物进行合理的道德评价。例如，观众的目标可能是在一段时间内逃避现实，并将自己转移到另一个选择性的现实中（Green, Brock & Kaufman, 2004a）。这种动机不利于对人物行为的判断做出高水平处理。此外，有证据表明，如果快速对人物的善或恶进行判断，那么这些判断往往依赖于虚构媒介对人物塑造出的典型的刻板印象（Green, Garst & Brock, 2004b）。这些正是条件类型，在这一条件类型下，像基本归因错误这种认知捷径被大量使用。

一种看起来特别相关的启发式方法是维护公正世界的信念（比如，Hafer & Begue, 2005）。这是启发式思维走捷径的一个例子，它允许人们在面对悲剧时保持乐观。具体而言，当遇到一个遭遇不幸的人时，观察者通常会使用归因思维，以将不幸的原因归咎于不幸的受害者。这是一种保护，因为观察者能够使他或她自己远离不幸。例如，假设在大城市的街上遇到一个无家可归的人，其无家可归是因为自身缺点，这就能够降低人们遭受贫困和无家可归之害的可能性。

总之，根据倾向理论，观众对角色的道德判断导致了对剧情结局的期待。一个人期望的满意度与对影视剧的享受有关。对人物行为的归因是一种可能的机制，通过这种机制进行道德判断，事实上，公正世界中的基本归因错误和信念可能是启发式的，它允许观众迅速而轻松地对虚构的角色得出满意的评判。通过暗示，当观众所认同的主角遭遇不好的结果时，他便会感到不快。这种不满可能因为其结果与我们对公正世界的信念相矛盾有关。

归因思维在娱乐体验中的一个新论点

大多数关于娱乐吸引力的心理学理论，如倾向理论，都集中在娱乐对情绪调节的价值上。当然，情绪调节是娱乐的重要功能，但我们觉得，仔细的研究最终会揭示，娱乐体验中所涉的认知过程是复杂的，娱乐体验会影响我们的思维过程和思维成果。我们相信娱乐体验就像儿童的游戏。虽然游戏乍一看似乎是一种无意义的消遣，但心理学家不断发现，游戏是促进儿童认知和社会发展的重要方式。我们认为，媒介娱乐，特别是虚构小说、电影和电视剧，将会产生类似的意义。具体而言，我们认为这些娱乐形式有助于发展和运用认知技能，这种认知技能可以用来形成并检测有关社会行为因果的假设。简而言之，我们的论点是，虚构的电视剧会让观众练习思考影响人类社会行为背后性格因素和情境因素的丰富多样。

以上论点基于三类观察。第一类涉及人类身份本质的历史变迁与虚构文学的相似性。第二类涉及有效小说创作的现代规则所包含的技术对归因思维的唤醒程度。第三类讨论了与我们论点一致的娱乐偏好中的性别差异。

历史趋势

归因理论的重要前提是，理解他人行为的原因有着重要的个体或者社会功能。如果虚构小说有助于发展或改进归因思维，那么人们理所当然地认为，这些功能的历史变迁，应该与虚构小说和电视剧性质的变化相对应。

鲍迈斯特（Baumeister）提出了一个有争议的观点：在过去的16个世纪里，人们对自我即人们怎样思考和看待他们自己，这一概念发生了戏剧性的变化（Baumeister, 1986; 1987）。他认为，在中世纪时期，身份是确证无疑的。中世纪，人在世界和基督教宇宙论中的位置，在出生时是固定的，并且在他的一生中不太可能改变。从正确认识一个人与他人关系的实际角度来看，除了了解他们在社会秩序中的位置，对他人作为个体的了解并不多。由于社会和经济结构、基督教道德和救赎观念的变化，身份变得更加复杂，更加依赖于个人的自我认定。一个人的职业、在社会等级中的位置、基督救赎都取决于个人的决定。身份成为人们可以做出艰难选择的一个功能，实现各种外部和内部定义的自我评估标准。随着这些变化的产生，社会关系相应变得更复杂，社会关系的成功越来越依赖于将他人视为独特的个体。

就我们的目的而言，鲍迈斯特最有趣的观察是关于17世纪对欺骗的担忧，这种担忧和自我认知的出现与维多利亚时代公共生活的衰退有关。在17世纪和18世纪初，长老会（Calvinists）认为有些人注定会得到救赎，有些则不会。他们很想知道谁能得到救赎，而谁又不会，并最终相信一个人的行为或影响可能会提供细微的线索。这种信念最终导致人们害怕虔诚的行为可能是"当选者"一种愚弄自己或他人的方式。这种心态产生了一个普遍的观点，即一个人的外在行为和外表不能准确揭示他真实的内在本质。换句话说，很明显，有效的社会功能依赖于对他人行为和动机的准确解释。

鲍迈斯特认为，这些对真诚和欺骗的担忧在维多利亚时代重新出现，但又有了一些变化。对维多利亚时代的人来说，让人恐惧的是，行为者的外表或行为可以向观察者提供一些甚至行为者自己都不知道的真实自我。除此之外，这种信念使得维多利亚人为了逃避对陌生人的深入审视而退回私人生活。这种变化限制了维多利亚人与人亲密接触的数量和多样性。总结维多利亚时代困境的一种方法是，理解人们独特的性格和动机同时变得更加重要——因为人可能不是他们看起来那样的，而是更难看清——因为人们将自己从公众观察中解脱出来。这些情况在当代西方社会基本没有变化。

根据鲍迈斯特的观点，自我和身份开始出现问题的同时，虚构人物的性质开始发生变化。作者们开始关注角色的个人经历，而将角色作为解决一般性主题（如寓言故事）的工具的频率也减少了。此外，鲍迈斯特指出，19世纪后半期和20世纪初的小说关注维多利亚时代人们对欺骗的迷恋和人类动机的复杂性。诸如流行的夏洛克·福尔摩斯故事这样的小说，清楚地反映能够洞察蛛丝马迹的机敏观察者的主题，他们能够发现关于人隐藏的重要真相。而且，现代小说依赖于现实的表征。也就是说，它们是关于普通人的故事。当理解他人内心生活变得如此重要，对他人的亲密认知又很受限时，小说提供了一种独特的亲密方式来了解他人的私人生活。

以下引自20世纪早期的小说家爱德华·摩根·福斯特，他清楚地对比了通过真实的人与虚拟人物实现的亲密关系。

> 在日常生活中，我们永远不会相互理解，不存在完完全全的洞察与忏悔。我们通过外部迹象大致了解彼此，这些足以作为社会乃至亲密关系的基础。小说家的愿望是读者可以完全理解小说中的人物；他们的内心世界和外在生活都可以完全展露。这就是为什么他们往往比历史上的人物甚至我们自己的朋友更加清晰；我们被告知所有关于他们的事情；即使它们不完美或不真实，它们也没有任何秘密，而我们的朋友则有且必须有秘密，相互保密是这个地球上生活的条件之一。（Forster, 1974, p.54）

19世纪晚期，文学的另一个发展是使用不同的叙事视点。在17世纪之前，故事叙述仅限于从观察者的角度对事件进行描述，对人物的思想和情感没有特别的见解。随着18世纪小说的发展，作者开始使用一种被称为第三人称全知的视点；叙述者不仅描述了人物的行为，还描述了人物的思想和他对情节展开的感受。该策略与两种归因思维的方式相关。首先，它允许作者快速直接地塑造读者对角色性格的看法。这就形成了一种情境，在这种情境中，可以创建符合或违反读者对角色期望的情节事件。其次，它允许作者调整读者的参考框架：作者可以将读者置于角色的位置，或者将读者置于角色之外。正如我们对行为者—观察者效应的讨论所表明的那样，这些视点的改变导致人和情境归因相对强度的变化。

总而言之，现代小说的演变，与理解人类社会行为的困难和复杂的历史发展相似。尽管这些相似之处并未提供在阅读小说的过程中运用归因思维的证据，但是对现代小说特征的具体描绘反映了归因的关键要素。

"好"小说的特征

关于小说和剧本写作的建议可以从很多资料中找到，并且它们在优秀小说的关键因素上称得上内行。没有明确的方法来确定这些建议者的专业知识。然而，大家似乎对现代小说创作的三个要素的重要性形成了共识：人物、情节和视点（point-of-view）。对虚构故事中这些元素的种种推崇，与小说和电影在归因思维过程中引人入胜的程度是一致的：人物塑造和视点定义了真实的人物，其思想、感受和意图，至少部分可供观众进行倾向性推理；情节将这些人物置于各种道德和人际关系的困境中。小说阅读的本质在于，预测角色会如何解决这些困境，并在这些预测失败时修正关于他们的推论。简而言之，一本好小说的秘诀几乎与激发归因思维的方法相同。

人物塑造　现代小说家的建议证实了现实主义人物的重要性，并经常明确地指出阐明故事人物动机的重要性。艾因·兰德（Ayn Rand）的这句话明确指明了这一点。

> 人物塑造是故事中人物本质的表现。人物塑造是动机的呈现。如果我们理解是什么让他按照他的方式行事，我们就会理解一个人。（Rand & Boeckmann, 2000, p.59-60）

福斯特（Forster, 1972）对扁平人物与圆形人物进行了阐释。文学评论家罗伯特·迪亚尼（Robert Diyanni）引用的一句话道出，人物塑造是引导读者对人物进行推理的过程。

> 为了推断人物，我们寻找联系，寻找他们在故事中的作用和意义的蛛丝马迹。在分析角色或角色关系时，我们将一个动作、一场演讲、一个具体细节与另一个相关联，直到理解角色。（DiYanni, 1998, p.60）

关于虚构故事的特定因素给观众带来愉悦感的心理学分析很少。有一项关于虚构故事反应的研究考察了读者对所描述情境的典型性、故事的现实性，以及他们的兴趣和快乐等不同感知之间的关系（Shapiro & Chock, 2003）。结果表明，在虚构电视剧中，典型情节中的典型人物描绘得越现实，虚构电视剧就会被认为越真实、有趣且令人愉快。值得注意的是，这些模式并不适用于其他类型的小说。例如，电视剧越脱离现实则越令人开心。这种模式与我们的假设是一致的，即虚构的电视剧可能有独特用途，这种用途和观众成员的人际生活有关。迪亚尼的另一句话强调了现实主义人物的重要性：

> 我们应当一视同仁地关注虚构人物，就像接近一个人。我们要谨慎地思考如何接受他们，要对他们做出什么；需要了解他们如何反映我们自己的经历；我们需要观察他们的行为，倾听他们说了什么，怎么说的；注意他们与其他角色的关系，其他角色又是如何回应他们，特别是他们对彼此的看法。（DiYanni, 1998, p.60）

情节曲折和未遂事件　如果一个好小说的决定因素是故事引发因果思维的能力，那么它应该具有呈现出这种效果的文学技巧（literary devices）。而且，虚构电视剧消费者所享受的乐趣与这些技巧的使用有关。两种常用的文学技巧可能符合要求——情节曲折和未遂事件。

情节曲折可以作为故事事件（story events）操作，这种事件让读者难以预测主角会怎样表现，或者行为违反作者在消费者心中形成的角色期待。忠诚与贪婪、爱情与权势等的内在冲突，将读者置于预测角色行为的位置上。令人意外或者吃惊的行为会促使读者将角色行为与他们对角色基本倾向的理解重新调整。福斯特的话证实了栩栩如生的角色在挑战读者期待上的重要性。

> 对圆形人物的考验，是能否以令人信服的方式产生意外。如果不能，那他就是扁平的。如果他并不能令人信服，那他就是假装圆形的。（Forster, 1974, p.231）

令人惊讶的是，很少有社会心理学研究明确地回答促使人们参与归因思考的情境因素是什么。然而，匹茨辛斯基和格林伯格（Pyszczynski & Greenberg, 1981）的早期研究表明，当目标对象表现出乎意料时，参与者会积极尝试了解目标行为的原因。其他研究重复了这一发现（Gendolla & Koller, 2001; Hammer & Ruscher, 1997）。有趣的是，在这些研究中没有发现，参与者对目标对象有进一步互动的期待。相反，参与者对意外行为的解释似乎更具学术性而非操作性。这种对"为其自身"（for its own sake）归因思维的观察为我们的论点提供了至关重要的支撑。

未遂事件指的是某种故事事件，这类事件将读者注意力吸引到对故事发展产生影响但没发生的事件上，从而制造紧张。典型的例子是，主角就快获得武器来保护自己免受恶棍攻击，但最终还是没有实现。悬疑和冒险故事有很多类似的未遂事件。浪漫故事也存在，一个典型的例子是，一个角色即将表白，但被某种干扰因素阻拦，观众或读者可以想象如果表白后会发生什么。

社会心理学家将这种对未遂事件的认知反应称为反事实思维（Roese, 1997）。对反事实思维的研究表明，反事实是在应对意外事件时自发产生的（Sanna & Turley, 51996）。似乎反事实思维也受到容易产生替代结果的影响。例如，体育节目主持人在比分接近的比赛中，甚至是在比赛快结束时，会比在输赢状态呈一边倒时发表更多的反事实言论（例如，"要是……就好"）。尽管研究者并未完全确定反事实推理和因果归因是如何相关的，但反事实思维显然关乎事件的前因，以及事件与其后果之间的因果关系（Spellman & Mandel, 1999）。

有证据表明作家和导演都意识到反事实推理的娱乐价值。有几十部电影几乎完全基于一连串的"擦肩而过"、"失误"和"错误"。马丁·斯科塞斯（Martin Scorsese）1985年导演的电影《下班后》（After Hours）就是一个典型的例子。假日经典剧《生活多美好》（It's A Wonderful Life）的前提是，如果主角乔治没有活着，小镇上每个人的生活将会完全不同。这些电影旨在通过吸引观众注意力，唤起反事实推理的情节元素，从而使观众思考不同的故事情节。

在电影和文学中频繁使用这种技巧是无可厚非的。问题是，这些技巧如何提升观众的娱乐体验？一个明显的可能是这些时刻会产生紧张或悬念。它们增加了自主唤醒（autonomic arousal），这样做可能会通过让观众在希望与失望、恐惧和安慰之间产生情感波动，而提高其对故事的情绪反应。事实上，反事实策略并不总是产生紧张感，这表明有其他心理过程卷入的可能。每个未遂事件都有两个故事要讲：作者或编剧决定的故事、每个观众成员在他们想象中创建的故事，主角拿到武器，或者羞怯的校园男孩有足够的时间来宣布他对返校女王的爱。

女人和虚构的电视剧

小说刺激归因思维这一观点的最后一个间接证据，与女性作为印刷品（图书/杂志）、电影和虚构电视连续剧消费者所发挥的突出作用有关。在关于英国阅读习惯的讨论中，布罗姆（Bloom, 2002）指出，在整个20世纪，所有图书购买和图书馆借阅行为中，女性占四分之三。美国国家艺术基金会的一项调查发现，在2002年的美国公民中，有55%的女性表示在过去的12个月内读过一本书，而男性只有37%。虽然女性阅读总体上比男性更多，但女性阅读的优势，主要集中在浪漫小说和侦探小说。美国浪漫派作家的一项调查发现，女性占言情小说观众的91%。

有趣的是，阅读习惯存在互补的趋势。布罗姆指出，男孩和女孩的阅读率在6岁左右时相当，但成年男女的差异阅读率在十一二岁时就十分明显。此外，男女之间的成人模式的差异，在13岁对言情小说的偏好上就体现出来了。

类似的性别差异模式可以在看电视以及对电影或电视节目类型的偏好上看到。根据一份报告，女性看电视的次数多于男性，看电视剧的时间是男性的五倍。肥皂剧的观众91%是女性。这些趋势也体现在电影消费上。虽然男性和女性在观影数量上旗鼓相当，在书籍和电视节目类型的偏好上也是如此，但是在电影主题上，女性更专注于浪漫和人际关系的电影，而男性更喜欢动作和冒险主题。

因此，不同媒介有一致性的模式揭示，女性比男性对虚构电视剧更感兴趣。有一些研究有助于解释女性偏好以关系为中心的小说其用途是什么，从中获得了怎样的满足感。在上一节中，我们强调了归因思维是由意外事件引发的观点。因此，如果浪漫电视剧或小说的吸引力在于它刺激了归因思维，人们会期望这些娱乐类型充满人际冲突、矛盾和道德困境。卡沃斯和亚历山大（Carveth & Alexande, 1985）在日间电视剧的内容分析中发现了这一点。他们表示，在白天所播出的电视剧中的生活磨难出现的频率远超普通人群。这与福斯特的准则一致，肥皂剧代表的是特殊情况下的普通（即现实）角色。

当女性被直接问及为何观看肥皂剧时，她们的回答惊人地一致，她们认为通过观看这些节目了解社会。在一项关于肥皂剧和观众动机的研究中，格林伯格和伍兹

（Greenberg & Woods, 1999）回顾了相关文献：卡巴西（Compesi, 1980）指出，所列举的女性观看这些节目的原因之一是社会效用/建议；格林伯格、诺因多夫、伯克尔-罗斯弗斯和亨德森（Greenberg, Neuendorf, Buerkel-Rothfuss & Henderson, 1982）的报告称，在他们的研究中，女性将肥皂剧视为帮助她们应对自身生活问题的信息来源；巴伯（Barbow, 1987）的参与者在回答为什么看肥皂剧的问题时，实际上引用了角色的复杂性和预测他们行为的问题。此外，与男性相比，女性与书籍和电视互动的方式更多的是参与到角色中，并将其视为真实的人（Bleich, 1978）。所有这些发现都表明：对于一些观众而言，肥皂剧是了解社会运作的工具。

大量研究探讨了妇女在发展和维持社交网络，特别家庭网络方面的突出作用。性别差异是天生的还是后天的，争论仍悬而未决（Travis, 2003; Wood & Eagly, 2002），但研究表明，女性一般比男性更关注人际关系（Hoyenga & Hoyenga, 1993）。对性别角色的研究表明，与男性相比，女性拥有更多与情感表达和照顾他人相关的特征，而男性倾向于表现出更多与社会支配相关的特征（Deaux, 1985; Eagly & Steffen, 1984; Eagly & Wood, 1991; Spence & Helmreich, 1980）。无论这是社会角色中性别分布的原因还是结果，女性在群体中的功能不同于男性。例如，即使在任务导向型的群体中，女性也比男性更关注促进群体的和谐互动，而男性更关注通过成功完成任务来建立统治地位（Eagly & Karau, 1991; Hyde, 1990; Wood & Rhodes, 1991）。此外，女性更加注重人际关系，与男性相比，其自我概念更有可能与她们对关系质量的评价密切相关。

据我们所知，女性相对强调公共价值以及家庭和社交网络的维护，我们可以合理地猜测，她们大量消费小说可能与这些价值观和社会角色有关。虽然那些有关使用与满足的自我报告的准确性可能并不理想，但有这些媒介经历的女性消费者往往赞同观看日间剧的工具价值，同样，使用与满足的观点适用于分析浪漫小说和电影的消费。

理解娱乐的归因角色的研究议题

鉴于对媒介娱乐体验的认知过程研究的缺乏，有必要提出各种问题和方法来解答。我们认为阅读或观看虚构故事是一种认知训练，这一理论提出了几个可验证的假设。第一类假设关于虚构电视剧消费的个体差异。首先，如果小说的消费与女性角色相关的各种社会凝聚力价值相关，那么有可能说明消费虚构电视剧的人对相关问题更加关注。其次，如果小说的消费有助于消费者更好地理解和预测他人的行为，那么消费更多戏剧性小说的人，可以更好地对他人行为的原因做出评判。这些测试可能会利用范式来查验归因对特殊性和一致性信息的反应程度。

第二类假设关于特定故事特征引起归因思维的检验。例如，我们的论证可以预测，使用全知观点会比局限于行为和事件的叙述刺激更多的归因思维。我们的假设也表明，故事是愉快的，在某种程度上，它们涉及在特殊情况下的现实人物。这个想法可以在研究中进行测验，其中对角色的真实性、具有挑战性的情境的独立评级可以预测故事的享乐。

影响

如果事实证明，虚构电视剧的消费实际上与归因思维的运用有关，那么这些信息会如何被使用呢？这个发现的一个含义是，文学可以成为那些因社交技能差而遭受心理障碍的人的有用工具。对于那些社交技能缺失但乐于倾听的人（也就是那些难以理解他人行为潜在意义的人）来说，这种方法特别有用；对他们而言，精心挑选的小说作为指定阅读书目，可以作为传统个人心理治疗方法的有效辅助。有关小说的作业也可能是小组治疗的有用工具，故事人物的行为和动机是学习理解群体生活中人们行为的基础。

另一个含义可能涉及小说的创作艺术。在一般的层面上，理解影响媒介娱乐享受的认知过程，应该为寻求提高作品娱乐价值的作家提供指导。如果前面的分析是正确的，那么作者似乎已经在对归因理论原则进行间接或直观的理解。然而，这些更明确的技术应用作为小说写作指南，可能会进一步提高读者的娱乐体验的质量。例如，与行为者—观察者偏见相关的发现，可用于训练新作家如何使用观点来操纵读者，并对角色的行为做出归因。

我们的假设也可能对新兴的媒介娱乐形式产生影响，例如，电子游戏和互动小说。这些媒介体验通常不依赖于突出虚构电视剧的各种丰富描写。如果进行归因思维的机会是娱乐的一个组成部分，那么需要理解动机复杂的角色，或者至少是理解动机复杂角色的创造，这些互动体验的价值可能会提高。如果我们的假设是正确的，那么在电子游戏和互动小说中加入人物塑造的元素，会提高这些活动所提供的整体乐趣，但这也可能是促进女性参与这些活动的一种特别有效的方式。

参考文献

Anderson, C. A., & Bushman, B. J. (2002). The effects of media violence on society. *Science* (*295*, p. 2377): American Association for the Advancement of Science.

Barbow, A. S. (1987). Student motives for watching soap operas. *Journal of Broadcasting and Electronic Media, 31*, 309–321.

Baumeister, R. F. (1986). *Identity: Cultural change and the struggle for self*. New York: Oxford University Press.

Baumeister, R. F. (1987). How the self became a problem: A psychological review of historical research. *Journal of Personality and Social Psychology, 52*(1), 163.

Bleich, D. (1978). *Subjective criticism*. Baltimore: The Johns Hopkins University Press.

Bloom, C. (2002). *Bestsellers: Popular fiction since 1900*. Houndmills, Basingstoke, Hampshire; New York: Palgrave Macmillan.

Bushman, B. J., & Anderson, C. A. (2001). Media violence and the American public: Scientific facts versus media misinformation. *American Psychologist, 56*(6/7), 477.

Carveth, R., & Alexander, A. (1985). Soap opera viewing motivations and the cultivation and the cultivation process. *Journal of Broadcasting and Electronic Media, 29*, 259–273.

Carver, C., DeGregorio, E., & Gillis, R. (1980). Field-study evidence of an ego-defensive bias in attribution among two categories of observers. *Personality & Social Psychology Bulletin, 6*(1), 44.

Chaiken, S., & Trope, Y. (1999). *Dual-process theories in social psychology*. New York: Guilford.

Compesi, R. J. (1980). Gratifications of daytime TV serial viewers. *Journalism Quarterly, 57*, 155–158.

David, P., Liu, K., & Myser, M. (2004). Methodological artifact or persistent bias? Testing the robustness of the third-person and reverse third-person effects for alcohol messages. *Communication Research, 31*(2), 206.

DiYanni, R. (1998). *Literature: Reading Fiction, Poetry, Drama, and the Essay*. Fourth Edition. Boston: McGraw Hill, p. 60.

Deaux, K. (1985). Sex and gender. *Annual Review of Psychology, 36*, 49–81.

Dodge, K., & Newman, J. (1981). Biased decision-making processes in aggressive boys. *Journal of Abnormal Psy- chology, 90*(4), 375.

Eagly, A. H., & Karau, S. J. (1991). Gender and the emergence of leaders: A meta-analysis. *Journal of Personality and Social Psychology, 60*, 685–710.

Eagly, A. H., & Steffen, V. J. (1984). Gender stereotypes stem from the distribution of women and men into social roles. *Journal of Personality and Social Psychology, 46*, 735–754.

Eagly, A. H., & Wood, W. (1991). Explaining sex differences in social behavior: A meta-analytic perspective. *Per- sonality and Social Psychology Bulletin, 17*, 306–315.

Fazio, R. H., Zanna, M. P., & Cooper, J. (1977). Dissonance and self-perception: An integrative view of each theory's proper domain of application. *Journal of Experimental Social Psychology, 13*(5), 464.

Festinger, L., & Carlsmith, J. M. (1959). Cognitive consequences of forced compliance. *Journal of Abnormal & Social Psychology, 58*, 203.

Forster, E. M. (1936). *Abinger harvest*. Harcourt, Brace & Co.: Orlando, Florida, pp. 141–148.

Forster, E. M. (1967). Flat and round characters. In P. Stevick (Ed.), *The Theory of the Novel* (pp. 223–231). New York: Free Press.

Forster, E. M. (1974). *Aspects of the novel and related writings* (Vol. 12). London: Edward Arnold.

Gendolla, G. H. E., & Koller, M. (2001). Surprise and motivation of causal search: How are they affected by outcome valence and importance? *Motivation And Emotion, 25*(4), 327–349.

Gilbert, D. T., & Malone, P. S. (1995). The correspondence bias. *Psychological Bulletin, 117*(1), 21–38.

Gilbert, D. T., Pelham, B. W., & Krull, D. S. (1988). On cognitive busyness: When person perceivers meet persons perceived. *Journal of Personality and Social Psychology, 54*, 73–740.

Goerke, M., Mo¨ller, J., Schulz-Hardt, S., Napiersky, U., & Frey, D. (2004). "It's not my fault, but only I can change it": Counterfactual and prefactual thoughts of managers. *Journal of Applied Psychology, 89*(2), 279.

Green, M. C., Brock, T. C., & Kaufman, G. F. (2004a). Understanding media enjoyment: The role of transportation into narrative worlds. *Communication Theory, 14*, 311–327.

Green, M. C., Garst, J., & Brock, T. C. (2004b). The power of fiction: Determinants and boundaries. In L. J. Shrum (Ed.), *The psychology of entertainment media* (pp. 161–176). Mahwah, NJ: Lawrence Erlbaum Associates.

Greenberg, B., & Woods, M. (1999). The soaps: Their sex, gratifications, and outcomes. *Journal of Sex Research, 36*(3), 250–257.

Greenberg, B. S., Neuendorf, K., Buerkel-Rothfuss, N., & Henderson, L. (1982). The soaps: What's on and who cares? *Journal of Broadcasting, 26*, 519–535.

Greenberg, J., Pyszczynski, T., & Solomon, S. (1982). The self-serving attributional bias: Beyond self-presentation. *Journal of Experimental Social Psychology, 18*(1), 56.

Hafer, C. L., & Begue, L. (2005). Experimental research on just-world theory: Problems, developments, and future challenges. *Psychological Bulletin, 131*, 128–167.

Hammer, E. D., & Ruscher, J. B. (1997). Conversing dyads explain the unexpected: Narrative and situational expla- nations for unexpected outcomes. *British Journal Of Social Psychology, 36*, 347–359.

Heider, F. (1958). *The psychology of interpersonal relations*. New York, NY: Wiley.

Henning, B., & Vorderer, P. (2001). Psychological escapism: Predicting the amount of television viewing by need for cognition. *Journal of Communication, 51*(1), 100.

Hodgins, M., & Fuller, R. (2001). "Come for the weight loss, stay for the enjoyment"—Exploring attributions for initiating and maintaining exercise. *Irish Journal of Psychology, 22*(2), 38–50.

Hoffner, C., Plotkin, R., Buchanan, M., Anderson, J., Kamigaki, S., Hubbs, L. (2001). The third-person effect in perceptions of the influence of television violence. *Journal of Communication, 51*(2), 283–299.

Hoyenga, K. B., & Hoyenga, K. T. (1993). *Gender-related differences: Origins and outcomes*. Boston, MA: Allyn and Bacon.

Hyde, J. S. (1990). Meta-analysis and the psychology of gender differences. *Signs: Journal of Women in Culture and Society, 16*, 55–73.

Inc, W. A. E. G. (2004). *Average U.S. television viewing time, October 2002* (No. 00841382): World Almanac Education Group Inc.

Jones, E. E., & Davis, K. E. (1965). A theory of correspondent inferences: From acts to dispositions. In L. Berkowitz (Ed.), *Advances in Experimental Social Psychology (Vol. 2)*. New York: Academic Press.

Jones, E. E., & Nisbett, R. E. (1972). The actor and the observer: Divergent perceptions of the causes of behavior. In E. E. Jones, D. E. Kanouse, H. H. Kelley, R. E. Nisbett, S. Valins & B. Weiner (Eds.), *Attribution: Perceiving the causes of behavior* (pp. 79–94). Morristown, NJ: General Learning Press.

Kaye, B., & Johnson, T. (2002). Online and in the know: Uses and gratifications of the web for political information. *Journal of Broadcasting & Electronic Media, 46*(1), 54–71.

Knowles, E. D., Morris, M. W., Chiu, C., & Hong, Y. (2001). Culture and the process of person perception: Evidence for automaticity among East Asians in correcting for situational influences on behavior. *Personality and Social Psychology Bulletin, 27*, 1344–1356.

Kubey, R., Csikszentmihalyi, M., R, K., & M, C. (2004). Television addiction is no mere metaphor. *Scientific American 14*, pp. 48.

Lee, F., Hallahan, M., & Herzog, T. (1996). Explaining real-life events: How culture and domain shape attributions. *Personality and Social Psychology Bulletin, 22*, 732–741.

McFarland, C., & Ross, M. (1982). The impact of causal attributions on affective reactions to success and failure. *Journal of Personality and Social Psychology, 43*, 937–946.

Miller, D. T., & Ross, M. (1975). Self-serving biases in attribution of causality: Fact or fiction? *Psychological Bulletin, 82*, 213–225.

Miller, J. G. (1984). Culture and the development of everyday social explanation. *Journal of Personality and Social Psychology, 46*, 961–978.

Morris, M. W., & Peng, K. (1994). Culture and cause: American and Chinese attributions for social and physical events. *Journal of Personality and Social Psychology* (67), 949–971.

Moskalenko, S., & Heine, S. J. (2003). Watching your troubles away: Television viewing as a stimulus for subjective self-awareness. *Personality & Social Psychology Bulletin, 29*(1), 76.

Nasby, W., Hayden, B., & DePaulo, B. (1980). Attributional bias among aggressive boys to interpret unambiguous social stimuli as displays of hostility. *Journal of Abnormal Psychology, 89*(3), 459.

Pyszczynski, T., & Greenberg, J. (1981). role of disconfirmed expectancies in the instigation of attributional processing. *Journal of Personality & Social Psychology, 40*(1), 31–38.

Rand, A., & Boeckmann, T. (2000). *The art of fiction: A guide for writers and readers*. New York: Plume.

Raney, A. A. (2003). Disposition-based theories of enjoyment. In J. Bryant, D. R. Roskos-Ewoldsen, & J. Cantor (Eds.), *Communication and emotion: Essays in honor of Dolf Zillmann* (pp. 61–84). Mahwah, NJ: Lawrence Erlbaum Associates.

Raney, A. A. (2004). Expanding disposition theory: Reconsidering character liking, moral evaluations, and enjoyment. *Communication Theory, 14*, 348–369.

Raney, A. A., & Bryant, J. (2002). Moral judgment and crime drama: An integrated theory of enjoyment. *Journal of Communication, 52*, 402–415.

Roese, N. J. (1997). Counterfactual thinking. *Psychological Bulletin, 121*(1), 133.

Ross, L. (1977). The intuitive psychologist and his shortcommings: Distortions in the attribution process. *Advances in Experimental Social Psychology (Vol. 10)*. New York: Academic Press.

Ross, L., & Nisbett, R. E. (1991). *The person and the situation: Perspectives of social psychology*. New York: McGraw-Hill.

Rubin, A. M. (1984). Ritualized and instrumental television viewing. *Journal of Communication, 34*(3), 67.

Sanna, L., & Turley, K. (1996). Antecedents to spontaneous counterfactual thinking: Effects of expectancy violation and outcome valence. *Personality & Social Psychology Bulletin, 22*(9), 906–919.

Scharrer, E. (2002). Third-person perception and television violence, *Communication Research* (Vol. 29, pp. 681): Sage Publications Inc.

Shapiro, M. A., & Chock, T. M. (2003). Psychological processes in perceiving reality. *Media Psychology, 5*(2), 163.

Sharp, E., & Joslyn, M. (2001). Individual and contextual effects on attributions about pornography. *Journal of Politics, 63*(2), 501–519.

Smith, E. R., & DeCoster, J. (2000). Dual process models in social and cognitive psychology: Conceptual integration and links to underlying memory systems. *Personality and Social Psychology Review, 4*, 108–131.

Spellman, B. A., & Mandel, D. R. (1999). When possibility informs reality: Counterfactual thinking as a cue to causality. *Current Directions in Psychological Science, 8*(4), 120.

Spence, J. T., & Helmreich, R. L. (1980). Masculine instrumentality and feminine expressiveness: Their relationships with sex role attitudes and behaviors. *Psychology of Women Quarterly, 5*, 147–163.

Strack, F., & Deutsch, R. (2004). Reflective and impulsive determinants of social behavior. *Personality and Social Psychology Review, 8*, 220–247.

Thompson, S. C., Armstrong, W., & Thomas, C. (1998). Illusions of control, underestimations, and accuracy: A control heuristic explanation. *Psychological Bulletin, 123*(2), 143.

Travis, C. B. (2003). Talking evolution and selling difference. In C. B. Travis (Ed.), *Evolution, gender, and rape*. Cambridge, MA: MIT Press.

Weiner, B., Russell, D., & Lerman, D. (1978). Affective consequences of causal ascriptions. In J. H. Harvey, W. J. Ickes & R. F. Kidd (Eds.), *New directions in attribution research* (Vol. 2). Hillsdale, NJ: Lawrence Erlbaum Associates.

Weinstein, N. D. (1980). Unrealistic optimism about future life events. *Journal of Personality & Social Psychology, 39*(5), 806.

Weinstein, N. D. (1987). Unrealistic optimism about susceptibility to health problems: Conclusions from a community- wide sample. *Journal of Behavioral Medicine, 10*(5), 481.

Wood, W., & Eagly, A. H. (2002). A cross-cultural analysis of the behavior of women and men: Implications for the origins of sex differences. *Psychological Bulletin, 128*, 699–727.

Wood, W., & Rhodes, N. (1991). Sex differences in interaction style in task groups. In C. L. Ridgeway (Ed.), *Gender, interaction, and equality*. New York, NY: Springer-Verlag.

Worell, J. (1988). Women's satisfaction in close relationships. *Clinical Psychology Review, 8*, 477–498.

Zillmann, D. (1991). Television viewing and physiological arousal. In J. Bryant & D. Zillmann (Eds.), *Responding to the screen: Reception and reaction processes* (pp. 103–133). Hillsdale, NJ: Lawrence Erlbaum Associates.

Zillmann, D., & Bryant, J. (1985). Affect, mood, and emotion as determinants of selective exposure. In D. Zillmann & J. Bryant (Eds.), *Selective exposure to communication* (pp. 157–190). Hillsdale, NJ: Lawrence Erlbaum Associates.

第九章　媒介享受心理：基于倾向的理论

亚瑟·兰尼

正如本书其他章节所证明的那样，媒介娱乐的享受（enjoyment）确实是一个复杂的现象。理解"为什么我们喜欢那些我们喜欢的东西"，是社会科学家和媒介内容提供者共同探讨的目标。在这个问题中，有件事已经变得非常明确：享受——或许不是全部，但肯定在很多方面它是一种个体层面的现象，性格特征和主观评价起着关键作用。对媒介娱乐享受过程的一个主要解释集中在个人如何评估和形成与媒介角色的关系上，以及这种享受如何受到这些角色所发生的事情的影响上。总的来说，这些解释以几种方式被提及：一般性的倾向理论（disposition theory）、不同的媒介倾向理论（disposition theories）、情感倾向理论（affective disposition theory）和基于倾向的理论（disposition-based theories）。

第一个理论是由齐尔曼和坎托（Zillmann & Cantor, 1972）提出的，用以描述人们如何对待涉及贬损某个人或某个群体的笑话。所谓幽默的倾向理论后来被应用于对戏剧和体育的欣赏（appreciation），分别产生了戏剧的倾向理论（Zillmann & Cantor, 1976）和体育观众的倾向理论（Zillmann, Bryant & Sapolsky, 1989）。从那以后，娱乐学者运用这些理论的关键概念来检验恐怖诱导的娱乐（Hoffner & Cantor, 1991a; Oliver, 1993）、动作电影（King, 2000）、纪实节目（Oliver, 1996）、犯罪小说（crime-based fiction）（Raney & Bryant, 2002）和新闻节目（Zillmann, Taylor & Lewis, 1998）。这些媒介内容之间的差异决定了理论应用的细微差别，使得发展媒介内容的一般性的倾向理论（disposition theory）这一努力变得困难。然而，无论媒介内容如何，通过之后对媒介角色的情感预期来获得享乐的过程非常相似。

考虑到这一点，本章的目的是探讨各种倾向理论所预测的媒介娱乐享受的心理构成。为了实现这一目标，我们首先提供一个基于倾向的享受理论（disposition-based theory of enjoyment）的总述，然后探讨这些理论之间的共性，重点是倾向形成、倾向维持、共情反应和享受的心理过程，同时对未来研究和理论发展提出建议。

幽默的倾向理论

直到20世纪70年代早期，我们对幽默欣赏的理解在很大程度上依赖于优越论（superiority theories）（参见 Hobbes, 1976）；因此，早期的这类作品几乎都包含对他人贬损或轻视的幽默情境。一些研究者试图解释人们如何以及为什么会觉得这样的情景很幽默（如，Priest, 1966; La Fave, 1972; Wolff, Smith & Murray, 1934）。简而言之，文献的结论是，只要被轻视的一方不属于我们隶属的群体，或者可以被认为属于其他群体，我们就可以在包含贬损的情况下恰当地找到幽默。也就是说，只要我们不是洋基队（Yankee）的球迷，我们就可以对取笑洋基队的笑话大笑特笑。然而，对群体成员的简单二元概念化之举证明是不可取的。例如，早期的幽默研究仅考虑听到（或读到）笑话的人是否喜欢提供笑柄的这个群体或个人。这种观点没有考虑到幽默情境中所涉各方可能不喜欢的情况。使用前面的例子，洋基队球迷可能不会喜欢调侃纽约洋基队的笑话，但波士顿红袜队的支持者可能会非常喜欢这个笑话。

为了突破这一局限，齐尔曼和坎托（Zillmann & Cantor, 1976）指出，当看到一个带有贬损（disparagement）的笑话时，我们会对被笑话的主角产生一种持续性的情感倾向：从极度消极到中性再到异常积极。这种情感包含了当事人对被贬低的团体或群体的积极或消极联系的可能性；同样他也可能感知到对被冒犯者和正在被冒犯者的巨大（存在或者缺席截然相反）影响。正如读者将注意到的那样，"情感倾向的连续统一体"是所有基于倾向理论的媒介享受的关键要素。

早期群体成员的幽默的第二个局限是理解和享受贬损性笑话需付出认知努力。以洋基队的笑话作为例子，目击者必须将该笑话中的角色确定为洋基队球员或球迷，然后在心理上将该群体成员与他自己对其的忠诚态度（与洋基队的特定关系）进行比较。齐尔曼和坎托（Zillmann & Cantor, 1972）指出，这样的过程似乎不太可能。这些学者认为，目击者倾向于对一个笑话中的人物快速反应（或"本能反应"），他们不需要上述费力的认知工作。相反，当我们碰到某个幽默情境时，我们首先确定人物的角色和活动，然后（1）当那些角色和活动与积极体验相联系时，做出共情反应；（2）当那些角色和活动与消极体验相联系时，做出反共情反应；（3）两者兼备。因此，同理心决定了我们如何在一个含有贬损的幽默情境中对角色做出反应：共情反应使我们与那些在经历上更接近的人结盟，而反共情的反应则使我们与那些在经历上与我们相差甚远的人结盟。

齐尔曼和坎托还认为，我们对幽默情境的反应随时间而变化，因为我们的情绪状态在其中起重要作用。这与之前的幽默理论不同，之前的幽默理论将从属关系作为个性的表现，因此才能稳定和一致。通过暗示情感倾向更多地取决于情绪状态而非个性特质，研究者认识到并顾及个体情感的动态。

同样，研究者通过考察情感动态的研究，有助于解释我们如何在一个笑话中找到幽默，这个笑话很少或根本没有描述其角色，比如"两个女人走进酒吧"。当然，在这样的笑话中，一方冒犯或挑衅另一方，后者以新颖幽默的方式占据上风。根据以前的理论，我们对这个例子的幽默回应，取决于我们根据笑话中的线索对这两位女性进行分类和评估的能力（参见 Freud, 1960）。问题是这个笑话没有提供这样的暗示；因此，我们无法确定要赞同或者反对哪个女性。然而，齐尔曼和坎托认为我们可以发现这个笑话是幽默的，因为我们可以对角色所产生的负面情绪做出反应，为复仇者拍手称快（可能是出于正义的考虑）。反面人物得到了她的报应，我们就笑得很开心。

为了总结他们思想的新方向，齐尔曼和坎托提出了一种幽默的倾向理论，这种理论将一个贬损性笑话的幽默反应的特性，描述为对笑话中角色所形成的情感倾向的一种功能。当遇到一种含有贬损的幽默情境或笑话时，接受者会对人物产生从极端积极到中立再到非常消极的情感反应。这些倾向的强度和效价受到对人物的共情反应的支配。当接受者拥有相关积极的经历时，对角色的倾向会更加积极，反之倾向则更加消极。对被贬角色的倾向越负面，以及/或者对实施贬损行为的角色倾向越积极，幽默欣赏就越高。对被贬角色的倾向越积极，以及/或者对实施贬低行为的角色倾向越消极，幽默欣赏就越低。最终，齐尔曼和坎托认为："当我们的朋友羞辱我们的敌人时，欣赏应该是最多的，而当我们的敌人设法贬低我们的朋友时，欣赏应该是最少的。"（Zillmann & Cantor, 1976, p.101）

尽管已经有大量研究支持幽默的倾向理论，但我们将会把讨论限制在两个关键的部分。如上所述，齐尔曼和坎托（Zillmann & Cantor, 1972）为该理论的正式发展奠定了基础。在这项研究中，研究者最初旨在质疑事实上的参考群体分类作为含有贬损笑话的幽默反应的预测因素。作者认为，对人物形成的倾向取决于感知到的经验相似性（既是短暂的也是动态的），而不是易于识别的社会群体。使用含有上下关系（即父亲—儿子，教授—学生和雇主—雇员）的笑话，因为这种区别不属于先前确定的社会群体分类。由于现有的权力动态以及随后两者之间的怨恨情绪，我们假设那些在经验上更接近于在笑话中占上风的人，会更多地享受这个笑话，反之亦然。

大学生和专业工作人员获得了实验材料。研究要求学生群体在经验上更接近下级，以更好地符合这些角色，并以更幽默的方式回应下级占上风的笑话。同样，专业人士被期望在经验上与上级更相似，以更好地符合这些角色，并以更加幽默的方式回应上级占上风的笑话。该研究的结果支持这些假设，反过来，对社会群体分类的情感倾向至上是幽默欣赏的预测因素。

齐尔曼、布莱恩特和坎托（Zillman, Bryant & Cator, 1974）的研究进一步支撑倾向理论。对时任总统理查德·尼克松，或者他的民主党总统候选人乔治·麦戈文造成实质伤害的政治漫画，被大学生视为幽默。之前的研究（例如，Priest, 1966）表明，仅偏好一个候选人足以预测一个人对这些政治漫画的幽默反应。然而，为了验证情感倾向的重要性，研究者仅将候选人偏好视为一种不充分的从属性标准。研究者也收集了候选人的欣赏数据（即你在多大程度上同意候选人的政策？）。如果那些参考者对候选人有偏好但并非特别喜欢，其数据则不在最初的分析之列。正如假设的那样，对不受欢迎的候选人的漫画攻击引起的幽默欣赏程度，明显高于受到青睐的、同样被攻击的候选人。然而，正如齐尔曼和坎托（Zillmann & Cantor, 1976）所报告的那样，对废弃数据的重新审查表明，简单的候选偏好——没有通过欣赏预测的情感倾向——不足以重复调查结果。因此，幽默依赖情感倾向作为其欣赏预测因素的倾向理论在相关文献中得到佐证。可以说，在这一点上，幽默的倾向理论的引入改变了幽默研究以及所有娱乐欣赏研究的方向。

戏剧的倾向理论

幽默的倾向理论这一原则被应用到戏剧的欣赏中（Zillmann & Cantor, 1976），由此产生的戏剧的倾向理论认为，对媒介内容的享受是一种机能，是观众对角色的情感倾向以及对这些角色展开叙事的体验。简单地说，它断言，当喜欢的角色经历正面的结果或当不喜欢的角色经历负面结果的时候，享受会增加。相反，当喜欢的角色经历负面结果或不喜欢的角色经历正面的结果时，享受将被削弱。

与幽默的倾向理论一样，对人物的看法（feelings）之于观众的享受至关重要。与上面的讨论相一致，戏剧的倾向理论认为，观众与角色形成从极端正面到中立、再到极端负面的持续性情感联结。因此，作为戏剧观众，我们喜欢某些角色并为其欢呼，同时鄙视和反对其他角色。然而，人性要求我们在角色选择时不能反复无常；我们的情感偏向必须合乎道德。由于幽默的倾向理论，笑话的存在可能提供了必要的道德赦免以迅速形成情感倾向；也就是说，这个笑话为我们提供了一个违反现有社会约束的借口，而这个约束便是防止在其他人的不幸中找到幽默（Zillmann & Cantor, 1976）。戏剧中我们无法做到毫无愧疚地从他人的幸与不幸中取乐。

相反，观众必须保持警惕，监督角色的道德，不断对角色行为的正确性或错误性做出判断（Zillmann, 2000）。例如，如果在戏剧中有罪的一方受到惩罚，那么就可以毫无愧疚地享受这种情况，因为惩罚有罪的一方在道德上是合理的（Zillmann & Bryant, 1975）。通过对戏剧角色的行为和动机进行道德审查，观众能够证明他们的情感侧重。具体来说，当角色的行为和动机是恰当的或道德上正确时，我们会形成积极倾向，当角色的行为和动机不纯或者道德上不正确时，则会形成消极倾向。并且，由于我们不断地进行道德监督，这种情感倾向的强度、持续影响的范围会随着戏剧的进程而变化。类似这种情感倾向和道德判断的交织，允许并控制着我们在戏剧观看时的情感参与。

以上情感很可能产生，因为一旦角色被喜欢上，我们就能同情他们的困境，并希望他们胜利。相反，一旦角色被憎恨，我们就无法理解他们，并且可以肆无忌惮地希望他们垮台。事实上，假设正面情绪越强，我们的共情反应越强，这很合乎逻辑。同样，负面影响越强，消极或反共情反应越强烈。最终，随着我们所希望的结果被呈现，享受与我们的倾向成比例增加。如果戏剧中没有出现我们希望的结果，那么享受会与所持有的倾向成反比。关键是倾向：对角色缺乏正面或负面的感觉（即中立）并不会引发我们对戏剧的情绪反应。没有情感，享受无从谈起。

正如人们想象的那样，确定角色情绪反应的一个关键因素是共情，这种情感一再被认为是享受戏剧的关键机制（Hoffmann, 1987; Zillmann, 1991, 1994, 2000）。研究者一致表示，具有不同共情水平的观众对媒介角色的反应不同。例如，拉尼（Raney, 2002）证明，具有较强共情能力的人更可能同情媒介犯罪的受害者，反过来更有可能享受报复犯罪的描述。但是，只有在倾向形成之后才能共情。正如齐尔曼所指出的那样，"对人或人物角色的情感倾向实际上控制着共情……共情似乎受到这种道德上衍生的倾向支配"（Zillmann, 1994, pp.44-45）。

其他学者试图分析这个道德判断过程，道德判断首先可能导致倾向产生。我们已经注意到，由于个体独一无二的道德结构，观点之间的倾向强度（甚至可能效价）会有所不同。大多数发展的观点都假设人们在道德推理上的方式和复杂程度各不相同（参见Kohlberg, 1981; Rest, 1979）。此外，道德推理被认为受复杂因素的支配和影响。因此，人们以不同的方式思考和回应角色并引发不同结果。因为倾向是基于对角色行为和动机的道德评价，并且我们倾向于采用不同的道德评价方式，所以对角色的倾向因人而异。反过来，观众不必惊讶他们更喜欢某些角色，或者与朋友的想法有所不同。由于享受取决于喜欢的角色，观众也可能比他们的朋友更多（或更少）享受某些戏剧节目。为了进一步研究如何对媒介角色形成确切的倾向，一些学者试图找出支配道德判断的心理因素。

奥利弗（Oliver, 1996）发现，权威主义更加喜欢现实题材犯罪剧；其他人（Raney, 2005; Raney & Bryant, 2002）将警告性和惩罚性处罚的态度视为基于犯罪剧享受的预测指标。实际上，拉尼和布莱恩特（Raney & Bryant, 2002）提供了一个模型来描述情感和认知方面的倾向形成过程。研究者发现，在罪与罚（crime-punishment）的娱乐道德判断中，情感和认知变量都可以预测犯罪，这些道德判断（分别称为罪有应得和受害者同情）的结果可以预测整体性享受。

总而言之，根据戏剧的倾向理论，从属关系（affiliations）随着观众监督角色的行为和动机发展起来，通过他们主观持有的道德视角，不断评估这些行为和动机的道德适当性。作为回应，观众不同程度地喜欢或不喜欢角色。这些情感倾向的效价和强度导致观众对与这些角色相关的结果产生预期。对于喜欢的角色，希望其成功，担心其失败。对于讨厌的角色，希望其失败，担心其成功。享受是与所描绘的实际结果相关的那些预期的产物。因此,对于非常喜欢的角色,观众会对其产生强烈的愿望,当愿望实现时他会放松、愉悦和享受。然而,当他没有看到这些希望的结果或者当他看到到担心的结果时,享受就会大打折扣。这就是戏剧的倾向理论的基本准则。

支撑戏剧倾向理论的文献很丰富(Hoffner & Cantor, 1991a; Oliver, 1993, 1996; Raney, in press, 2002; Raney & Bryant, 2002; Zillmann & Cantor, 1977)。在最早的一项研究中,齐尔曼和布莱恩特(Zillmann & Bryant, 1975)确立了道德判断在戏剧形成情感倾向中的作用。这项研究中有三个版本的童话故事,处于不同道德发展阶段的儿童观看了其中一个,故事讲的是,一位好国王有机会惩罚一个试图驱逐他的敌方国王。三个版本的不同之处在于,善良国王所施加惩罚的严厉程度:重罪轻判(敌方国王被宽恕)、公平惩罚(敌方国王接受了国王的流放)以及过度惩罚(敌方国王被公众殴打以及终身监禁)。在道德发展后期阶段,儿童能够独立在公平报复的版本中得到乐趣,而不是在其他违反公平制裁的版本中。相反,处于早期发展阶段的儿童无法做出这种基于道德判断的区分,从而享受敌方国王受到最严厉惩罚的情形。这些预测完全得到支持。因此,道德判断在戏剧欣赏中的重要作用开始得到支持。

最近,拉尼(Raney, 2002)进一步研究了道德判断在戏剧中对角色性格形成和维持所起的作用。作者断言,不同的罪行会引起不同的价值判断。惩罚以及个体对罪行的认知,对犯下这些罪行的个人不同道德评价,这都将影响享受。观众看犯罪—惩罚电影两个片段中的一个,然后评价他们的喜好。其中一个所描述的罪行是强奸、身体虐待和财产损失;另一个是非性虐待和财产损失。这两个版本的其他方面都是相同的,包括对犯罪者的惩罚。

正如预测的那样,虚构的犯罪至少产生了两种道德判断:对受害者的同情与对其所受惩罚的评价(公平或应得)。此外,在无强奸情况下,这两种道德判断的结果预示着对电影的整体享受,那些更加同情受害者(罪犯最终会遭到报应)的观众表现出更高水平的享受。此外,认为行凶者应受到较轻惩罚的观众也表现出更高水平的享受。另外,对受害者同情的道德判断可以通过观众的共情水平以及对社会正义的态度(如上所述)做出预测。

然而,在强奸情况下,只有对受害者同情的道德判断才能预示享受;观众的共情水平预示了对受害者的同情。罪有应得的道德判断既不是由各种人格因素预测的,也不预示享受。作者指出,强奸这种令人发指的性质,显然消除了对应得道德判断的所有差异;换句话说,所有观众都感觉这种罪行令人厌恶、罪犯罪有应得。结果是,不同观众之间在更多认知因素(即对警告性和惩罚性处罚的态度)方面的差异微乎其微。这些发现为一般性的倾向理论及其几个关键组成部分提供了额外的支持,包括道德判断在倾向形成和享受中的作用。

体育观众的倾向理论

体育观众的倾向理论（见 Raney, 2003; Zillmann, Bryant & Sapolsky, 1989; Zillmann & Paulus, 1993）是将基于倾向的原则应用于体育赛事而形成的。该理论认为，粉丝团队对球队或球员的忠诚形成了现在熟悉的，从强烈喜欢到中立、再到强烈讨厌的情感连续性。观看体育赛事的享受程度与赛事结果、对竞争对手倾向强度和效价有关。具体而言，观众喜欢的队伍胜出和/或讨厌的队伍失败，享受程度就会增加。相反，观众不喜欢的队伍胜出、喜欢的队伍失败，享受程度就会下降。因此，一些研究者建议，观看体育赛事的享受高潮来自一个最喜欢的队伍打败了一个最不喜欢的队伍。相反，当喜爱的球队被讨厌的球队打败时，观众有失望至极的"负面感受"（Zillmann & Paulus, 1993）。

一些研究通过分析各种赛事找到了支持体育观众倾向理论的证据。齐尔曼、布莱恩特和萨波斯基（Zillmann, Bryant & Sapolsky, 1989）详细介绍了几项研究，其中两项研究如下所述。首先，研究者研究的是，对两支国家橄榄球联盟（NFL）的倾向可能会影响他们的电视观感。对两支球队的粉丝进行测试，每支队伍的参与者都具有积极、中立或者消极的倾向。参与者随后观看了两队之间的现场直播比赛。研究者测试了他们对每场比赛和整体节目的享受程度。预测那些对胜利球队有积极倾向的观众，和对胜利球队怀有负面倾向、对那些对输掉比赛的球队持积极倾向的观众更能享受比赛的胜利。事实上，预测那些真正喜欢的球队获胜而讨厌的球队失利的观众，这场赛事的享受程度是最高的。同样，预测那些喜欢的球队失利而不喜欢的球队获胜的观众，这场比赛的观感最差。所有的这些预测都在研究中被观察到了。

齐尔曼及其同事另一个关于篮球比赛的研究，又一次证明了体育观众的倾向理论。大学生们观看了1976年美国和南斯拉夫之间男子金牌争夺赛的部分赛事。受访者再一次评价他们对每场比赛的享受程度。正如预期那样，美国学生表示，当美国队得分时享受增加，当南斯拉夫得分时享受减少。研究者通过对曾在该研究所在大学打过球的美国球员打球时的反应进行单独分析，发现了对该理论的更多支持。受访者表示，与其他美国球员相比，有两名球员的得分更高。研究者得出的结论是，尽管对美国队普遍持有积极倾向，但在美国队的球员中，观众的期望与得分最高的两名队员的联系最强；因此，当其得分时，享受也是最高的。在职业网球研究（Zillmann, Bryant & Sapolsky, 1989）、全白队和全黑队（Sapolsky, 1980）之间的高中篮球比赛中也已发现对体育观众倾向理论的额外支持。

基于倾向理论的心理因素

回顾了倾向理论的各种表述之后，我们发现了几个相同的原则和特征。在剩下的篇幅里，将检视以下六个原则和心理因素。

1. 该理论涉及对媒介内容的享受或者欣赏。虽然这些理论无法最终预测一个人是否喜欢特定的角色或故事，但它们可以用来理解人们享受这些事物的过程。

如上所述，究竟这是什么样的享受尚未完全确定。最早关于倾向的文献提及对媒介内容的享乐反应时使用了"欣赏（appreciation）"而非享受（enjoyment）"一词。大概十年后才开始使用"享受"一词。也许我们需要确定这两个术语是否是同义词，至少需要更好地理解何为享受。有一个定义说的是，享受是消费媒介娱乐所获得的愉快经历，这无益于理解是什么带来了快乐、不同个体之间的快乐有何不同、为什么不同，以及媒介之间的内容有何差异。人们使用"享受"一词来指代他们听古典音乐、看恐怖电影和玩最新视频游戏的经历。这些经历在许多方面肯定各不相同；只有少数研究者开始探索这些与享受有关的差异（Carpentier, Yu, Butner, Chen, Hong, Park & Bryant, 2001; Oliver & Raney, 2005）。

沃德勒、克利姆特和里特菲尔德（Vorderer, Klimmt & Ritterfeld, 2004）讨论了享受的复杂性，并指出它在媒介娱乐体验中的核心作用。研究者提出一个概念模型，它包含了这种复杂性，并确定了经验所需的几种必要的心理因素（比如，怀疑悬置、共情、兴趣）和动机（比如，情绪管理、逃避现实）。研究者承认倾向理论部分解释了享受谜团（enjoyment puzzle），但也指出了任何一个理论对解释、描述或预测所有媒介娱乐现象的局限性。我们完全赞同这种观点。

我们需要进一步研究倾向理论所描述的原则与现象，它是如何与享受体验的心理和动机条件进行交互与互补的，后者是沃德勒及其同事所讨论的。例如，使用与满足理论的研究者多年来一直主张，人们主要把目光投向媒介内容，试图摆脱他们在日常生活中遇到的压力（如，Herzog, 1940; Katz & Foulkes, 1962; McQuail, Blumler & Blumler, 1972年）。事实上，所谓的逃避动机与许多媒介内容有关（参见 Henning & Vorderer, 2001）。然而，到目前为止，还没有任何工作试图研究倾向理论的原则如何缓解逃避动机。对于角色形成的情感倾向如何有助于逃避？在被动环境中行使道德判断是否构成了逃避现实的一部分？或者对角色强有力的道德推理是否能够减轻逃避？情感倾向与社会交往、存在、怀疑和情绪的悬置之间的关系，以及所有这些关系在媒介中如何影响和生成享受等类似问题应需讨论。探索这些差异非常值得，基于倾向的理论肯定会在这些探索中发挥重要作用。

2. 该理论关注对媒介内容的情绪反应。情感是倾向理论的核心，共情被认为是导致观众对媒介角色产生情绪反应的主要机制。更具体地说，共情的个体差异会影响观众对媒介角色的反应程度和方式。此外，研究者还承认，认知——特别是道德判断——在情绪形成过程中起着巨大的作用（特别是在戏剧中）。事实上，与道德判断相关的某些认知结构可能先于情感反应并与其共存（Raney, 2004）。

值得注意的是，尽管在理论上较容易讨论情感—认知之间的区别，但由于两者相互依赖，要严格区分（如果有可能区分的话）是很难在现实中进行衡量的。但是，不要误解，在享受过程中（根据倾向理论）解释的最大差异，是由观众对角色的情感反应和这些角色所经历的结果共同决定的。虽然传播学者继续研究体验中的其他心理功能和过程的作用，但情感仍然是首要的。

3. 该理论认为，媒介享受一开始是由观众对角色的感觉促成和驱动的。 如前所述，大量关于倾向的研究试图找出影响这些感受的心理因素，例如共情和社会公正态度。然而，这些变量只描绘了倾向形成的冰山一角。例如，可以假设各种内容特征（比如，摄像机运动、声音效果、音乐）会影响对角色倾向的形成和维持。一个人的观看娱乐内容时的环境、年龄或道德成熟度也可能影响他对角色的喜好。

同样，提前对演员进行曝光，可能会影响对该演员随后演绎角色的倾向形成。例如，关于演艺人员私生活的信息，很自然地影响观众对他们描绘的角色的评价。一个演员屏幕外的不忠，可能影响他作为银幕上令人同情的爱情受害者的可信度。类似地，观众曾经观看过一个演员扮演某一类型的角色（比如恶棍），可能之后很难喜欢上他随后扮演的另一角色（比如英雄）。在这些情况下，倾向关系的程度受到影响，随后享受亦受到影响。到目前为止，倾向的研究文献在很大程度上忽视了这些先前的态度；它们完全依赖于对特定内容形成的倾向。

最近，有学者试图进一步思考倾向性关系的形成，以及先前知识如何影响这些构成。虽然没有专门的案例，但拉尼（Raney, 2004）认为图式理论可以提供解释（Brewer, 1987; Fiske & Kinder, 1981; Wyer & Gordon, 1984）。特别是，作者注意到故事图式（参见 Rumelhart, 1980; Mandler, 1984）经常帮助观众在角色被引入叙事时立即确定喜欢与否。正如这些理论所认为的，倾向关系是观众对角色行为和动机的道德监督所致。然而，作者认为，在许多叙事中，这种道德判断是不必要的，特别是当观众试图确定对某一角色的初始倾向效价时。通过对媒介娱乐的反复接触，观众可以了解故事是如何构建的，各种情节是如何相关联的，以及主题是如何是被重复的，等等。随着时间的推移，观众形成各种图式结构，这些图式结构随后在相关媒介文本的接触期间被激活。然后，这些结构引导了我们对所涉角色的期望、对正在进行的叙述做出解释，这些解释对我们的目标很重要。

因此，可能的情况是，观众对于大多数故事并不是两手空空或者脑子空空。现有的故事图式或是通过大量不同的叙述长时期发展而成的，一旦在观众的头脑中被激活，他就能够快速理解叙事的各种元素并立即对叙事形成期待。例如，戏剧的观众通常几乎能够立即将角色分类为"好"或"坏"。因此，要初步确定角色的倾向性效价可能很少需要或根本没有进行道德考量。现有图式有助于引导观众对角色进行初始解读。结果，观众通常几乎可以立即识别出我们可能喜欢和不喜欢的角色。

这一新的影响还有待探索；事实上，这些断言尚未经过实证检验。然而，图式理论与倾向理论的这种整合可能对娱乐学者有用，因为它们有助于进一步理解与复杂的倾向形成过程相关的心理特征。

4. 该理论认为，从极其正面到中立、再到极其负面的情感是连续性的，维持着对角色的联系。幽默的倾向理论为已有的幽默理论提供了一个好处是，强调倾向的强度或量级（magnitude）。将隶属关系简单地定义为二分法在预测享受上是无效的。此外，连续的情感包含了对媒介角色的矛盾（或中立）和消极（或不喜欢）反应，这对我们理解戏剧和体育欣赏至关重要。

尽管这种从属关系的概念化对娱乐研究人员非常有用，但还需要进一步研究理解这些关系如何在娱乐体验中运作。拉尼（Raney, 2004）发现情感的连续体（affective continuum）在实践运作中的局限。在讨论预先存在的故事图式可能影响角色的初始倾向判断时，作者认为图式可能同样会限制任何一个角色将经历的情感反应的界限。具体来说，如果图式允许观众立即将角色分类，比如好或坏，则可以合理地假设随后观众将通过解释镜头评估这些角色。或者说另一种方式，虽然观众对一个角色的情感反应的界限可以被概念化，且存在于从极其积极到中立，再到极其消极的情感的连续体中，但故事图式提供了道德判断捷径，从理论上限制了对角色完整的连续性情感投入。因此，观众应该只需要评估刻板的好人（比如，警察、医生）是好的和坏人（比如毒贩、歹徒）是坏的。因此，理论上将道德判断的标准限制在连续体的一端。

因此，拉尼（Raney, 2004）假设观众与情感连续体中的某些角色形成了联系，这种联系（只能从非常正面到中立的）是基于他们对主角的期待（从而在道德上可接受）。反对者的情况恰恰相反。换句话说，作者认为图式会妨碍观众以某种可预测的方式评估某些角色。应该注意的是，这些新想法的应用仅限于相当标准的叙事结构（即在主流的好莱坞风格的产品中经常使用的故事准则类型）。此外，这些倡言并未进行实证检验。然而，这些想法确实可能为倾向研究、为媒介享受过程的理解提供新的见解和指导。

5. 因为基于倾向的理论依赖于对角色之间冲突结果的评价，正义的思考是该理论的必要组成部分。如前所述，倾向理论家一再表明，在效价和强度方面的倾向都受到观众对角色行为和动机的道德判断影响。此外，由于角色（特别是在戏剧中）通常被置于冲突的情境中，因此，很明显，情境的享受将受限于对冲突解决方案的评估。观众支持的一方胜利，他就享受得多。胜利的一方得到的支持越少，它给观众带来的享受就越少。在导致最初倾向形成的判断中可以找到这种道德方面的理由。不仅是因为我们喜欢他们所以享受角色的成功，而且因为我们认为他们应该成功所以喜欢他们（从而享受他们的成功）。人们认为喜欢的角色在道德上是合理的，并且在胜过别人时是合理的；我们对他们的行为和动机的初步判断为我们的思考提供了理由。因此，正义、公平和正当的道德判断对任何基于倾向的享受理论都是必不可少的；该领域现存的实证研究均支持这些主张。

根据图式理论在一些娱乐体验中的作用，拉尼（Raney, 2004）还提出正义在道德判断中起作用的观点。首先，他认为，在现实生活中，对一个角色的情感倾向的初步形成，有时可能先于对角色的特定道德评价。这一提法前面已介绍。各种故事图式可以帮助观众轻松确认对角色的情感效价，这一期望似乎是合理的。也就是说只要角色出现在屏幕上（甚至出现之前）就能知道谁好谁坏。结果是，角色的初始倾向效价和相应的情感反应界限，可能在不考虑正义发挥作用的情况下就被设定。这些最初的效价随后控制着对这些角色的期望，因此期望角色将以善良的方式行事，而反对者和反派应该以备受谴责的方式行事。因此，在某些情况下，倾向可能先于道德判断和正义的考虑。

此外，拉尼（Raney, 2004）认为，由于观众希望喜欢的角色做好事、讨厌其去做坏事，这些期望应该引导观众根据既定的倾向性效价来解释角色的行为和动机，而不是在道德上仔细审视每一个行为和动机。被用来证明或谴责现实中其他人行为的各种态度维持策略，例如集体偏袒（Brewer, 1979; Levine & Campbell, 1972; Sherif, Harvey, White, Hood & Sherif, 1961）、选择性感知（Billig & Tajfel, 1973; Rabbie & Horwitz, 1969; Tajfel, 1970）、群体归因谬误（Allison & Messick, 1985; Taylor & Doria, 1981）和道德推脱（Moral Disengagement）（Bandura, 1986; 1999），似乎在娱乐消费期间也被激活。

因此，可能这样说比较合理，观众有时候阅读或者解释其喜欢的角色的行为在道德上是正确的，是为了维护和捍卫他们对这些角色的正面态度，而不是在道德上评价它们的正当性。对于不喜欢的角色，无疑也是如此。作者进一步认为，在这个过程中，观众扩展了对喜欢角色的道德包容度，使其获得额外的道德空间，以便观众可以继续喜欢他们的"不羁"。类似的过程可能同样适用于对不喜欢角色的态度，对这些角色的负面情绪是持续的，尽管他们可能处于"上风"。事实上，我们原谅或捍卫与期望不一致的行为或动机的意愿，随着我们对角色的倾向的强烈程度而增加，这似乎是合理的。

如前所述，这些提法尚未经过实证检验。然而，至少在理论上，它们指出了观众个人持有的态度、图式发展、道德判断和正义以及其提供的水到渠成的其他知识，让我们了解影响享受的各因素之间的复杂关系。

6. 该理论进一步承认并依赖个体在情绪反应、个人经历、基本道德以及许多其他心理和社会心理因素方面的差异。 如上所述，这些心理因素在享受过程中的作用已然确立。此外，倾向理论（也许本质上）承认人类是不断变化的物种。因此，我们对媒介内容的回应同样是动态的，而且往往是不可预测的。例如，情绪（情绪理论，参见Zillmann, 1991）、参与叙事的能力或意愿（说服的详尽可能性模型，参见Petty, Priester & Brinol, 2002）、预先存在的关于类型的态度（选择性接触，参见Zillmann & Bryant, 1985）、观看的动机（使用与满足，参见Rubin, 2002）以及其他因素也会影响享乐过程，这似乎是合理的。到目前为止，很少有人尝试将这些已有的传统与媒介研究以及倾向理论相结合。这一工作随着娱乐学者试图解开当下的享受之谜而得到证明。

最后的思考

本章的目的在于,向读者介绍倾向理论所解释的媒介享受体验涉及的各种心理因素和过程。倾向形成的过程在各种媒介类型中都差不多,涉及观众在感知和评估媒介角色时的状态和特性。迄今为止,已经确定的基本特征包括共情和影响道德判断的各种态度。当然还有其他因素尚未确定。此外,额外的用户输入(user input)似乎与倾向形成和维护过程具有合理的关联性,例如现有的角色和故事模式,对各种原型和陈规角色的先前态度、情绪和观看动机,所有这些肯定会影响享受。最后,因为享受是一种心理(和生理)现象,所以每个个体的媒介娱乐体验影响所有未来的体验也是合理的。倾向理论可以解释其中很少的一部分体验,但十分重要。

参考文献

Allison, S. T., & Messick, D. M. (1985). The group attribution error. *Journal of Experimental Social Psychology, 21*, 563–579.

Bandura, A. (1986). *Social foundations of thought and action: A social cognitive theory.* Englewood Cliffs, NJ: Prentice-Hall.

Bandura, A. (1999). Moral disengagement in the perpetuation of inhumanities. *Personality and Social Psychology Review* [Special Issue on Evil and Violence], *3*, 193–209.

Billig, M., & Tajfel, H. (1973). Social categorization and similarity in intergroup behaviour. *European Journal of Social Psychology, 3*, 27–52.

Brewer, M. B. (1979). In-group bias in the minimal intergroup situation: A cognitive-motivational analysis. *Psycho- logical Bulletin, 86*, 307–324.

Brewer, W. F. (1987). Schemas versus mental models in human memory. In P. Morris (Ed.), *Modeling cognitions* (pp. 187–197). London: Wiley.

Carpentier, F. D., Yu, H., Butner, B., Chen, L., Hong, S., Park, D., & Bryant, J. (2001, April). *Dimensions of the entertainment experience: Factors in the enjoyment of action, comedy, and horror films.* Presented at the annual meeting of the Broadcast Education Association, Las Vegas, NV.

Fiske, S. T., & Kinder, D. R. (1981). Involvement, expertise, and schema use: Evidence from political cognition. In N. Cantor & J. F. Kihlstron (Eds.), *Personality, cognition, and social interaction* (pp. 171–190).

Freud, S. (1960). *Jokes and their relation to the unconscious.* (James Strachey, Ed. and trans). New York: W. W. Norton & Company. (Original work published 1905).

Henning, B., & Vorderer, P. (2001). Psychological escapism: Predicting the amount of television viewing by need for cognition. *Journal of Communication, 51*, 100–120.

Herzog, H. (1940). Professor quiz: A gratification study. In P. Lazarsfeld (Ed.), *Radio and the printed page* (pp. 64–93). New York: Duell, Sloan, & Pearce.

Hobbes, T. (1976). *Leviathan.* (John Gordon Davis, Ed.). New York: Dutton. (Original work published 1651).

Hoffmann, M. L. (1987). The contribution of empathy to justice and moral judgment. In N. Eisenberg & J. Strayer (Eds.), *Empathy and its development* (pp. 47–80). Cambridge: Cambridge University Press.

Hoffner, C., & Cantor, J. (1991). Factors affecting children's enjoyment of a frightening film sequence. *Communication Monographs, 58*(1), 41–62.

King, C. M. (2000). Effects of humorous heroes and villains in violent action films. *Journal of Communication, 50*(1): 5–24.

Katz, E., & Foulkes, D. (1962). On the use of mass media for escape: Clarification of a concept. *Public Opinion Quarterly, 26*, 377–388.

Kohlberg, L. (1981). *Essays on moral development.* San Francisco: Harper & Row.

La Fave, L. (1972). Humor judgments as a function of reference groups and identification classes. In J. H. Goldstein & P. E. McGhee (Eds.), *The psychology of humor* (pp. 195–210). New York: Academic Press.

Levine, R. A., & Campbell, D. T. (1972). *Ethnocentrism: Theories of conflict, ethnic attitudes, and group behavior.* New York: John Wiley & Sons.

Mandler, J. M. (1984). *Stories, scripts, and scenes: Aspects of schema theory.* Hillsdale, NJ: Erlbaum.

McQuail, D., Blumler, J. G., & Brown, J. R. (1972). The television audience: A revised perspective. In D. McQuail (Ed.), *Sociology of mass communications* (pp. 135–165). Middlesex, England: Penguin.

Oliver, M. B. (1993). Adolescents' enjoyment of graphic horror: Effects of attitudes and portrayals of victim. *Communication Research, 20*(1), 30–50.

Oliver, M. B. (1996). Influences of authoritarianism and portrayals of race on Caucasian viewers' responses to reality-based crime dramas. *Communication Reports, 9*(2), 141–150.

Oliver, M. B., & Raney, A. A. (2005). *Exploring the multi-dimensionality of media enjoyment.* Manuscript in preparation.

Petty, R. E., Priester, J. R., Brin͂ol, P. (2002). Mass media attitudes change: Implications of the elaboration likelihood model of persuasion. In J. Bryant, & D. Zillmann (Eds.), *Media effects: Advances in theory and research* (2nd ed., pp. 155–198). Mahwah, NJ: Erlbaum.

Priest, R. F. (1966). Election jokes: The effects of reference group membership. *Psychological Reports, 18*, 600–602.

Rabbie, J. M., & Horowitz, M. (1969). Arousal of ingroup-outgroup bias by a chance win or loss. *Journal of Personality and Social Psychology, 13*, 269–277.

Raney, A. A. (2005). Punishing media criminals and moral judgment: The impact on enjoyment. *Media Psychology, 7*(2), 145–163.

Raney, A. A. (2002). Moral judgment as a predictor of enjoyment of crime drama. *Media Psychology, 4*, 305–322.

Raney, A. A. (2003). Disposition-based theories of enjoyment. In J. Bryant, J. Cantor, & D. Roskos-Ewoldsen (Eds.), *Communication and emotions: Essays in honor of Dolf Zillmann* (pp. 61–84). Mahwah, NJ: Erlbaum.

Raney, A. A. (2004). Expanding disposition theory: Reconsidering character liking, moral evaluations, and enjoyment. *Communication Theory, 14*(4), 348–369.

Raney, A. A., & Bryant, J. (2002). Moral judgment and crime drama: An integrated theory of enjoyment. *Journal of Communication, 52*, 402–415.

Rest, J. (1979). *Development in judging moral issues.* Minneapolis, MN: University of Minnesota Press.

Rubin, A. M. (2002). The uses-and-gratifications perspective in media effects. In J. Bryant, & D. Zillmann (Eds.), *Media effects: Advances in theory and research* (2nd ed., pp. 525–548). Mahwah, NJ: Erlbaum.

Rumelhart, D. E. (1980). Schemata: The building block of cognition. In R. J. Spiro, B. C. Bruce, & W. F. Brewer (Eds.), *Theoretical issues in reading comprehension: Perspectives in cognitive psychology, linguistics, artificial intelligence, and education* (pp. 33–58). Hillsdale, NJ: Erlbaum.

Sapolsky, B. S. (1980). The effect of spectator disposition and suspense on the enjoyment of sport contests. *International Journal of Sport Psychology, 11*(1), 1–10.

Sherif, M., Harvey, O. J., White, B. J., Hood, W. R., & Sherif, C. W. (1961). *Intergroup conflict and cooperation: The Robbers Cave experiment.* Norman, OK: University Book Exchange.

Tajfel, H. (1970). Experiments in intergroup discrimination. *Scientific American, 223*, 96–102.

Taylor, D. M., & Doria, J. R. (1981). Self-serving and group-serving bias in attribution. *The Journal of Social Psychology, 113*, 201–211.

Wolff, H. A., Smith, C. E., & Murray, H. A. (1934). The psychology of humor. *Journal of Abnormal and Social Psychology, 28*, 341–365.

Wyer, R. S., & Gordon, S. E. (1984). The cognitive representation of social information. In R. S. Wyer & Srull, T. K. (Eds.), *Handbook of social cognition* (Vol. 2, pp. 73–150). Hillsdale, NJ: Lawrence Erlbaum Associates.

Vorderer, P., Klimmt, C., & Ritterfeld, U. (2004). Enjoyment: At the heart of media entertainment. *Communication Theory, 14*(4), 388–408.

Zillmann, D. (1991). Empathy: Affect from bearing witness to the emotion of others. In J. Bryant and D. Zillmann (Eds.), *Responding to the screen: Reception and reaction processes* (pp. 135–167), Hillsdale, NJ: Erlbaum.

Zillmann, D. (1994). Mechanisms of emotional involvement with drama. *Poetics, 23*, 33–51.

Zillmann, D. (2000). Basal morality in drama appreciation. In I. Bondebjerg (Ed.), *Moving images, culture, and the mind* (pp. 53–63). Luton: University of Luton Press.

Zillmann, D., & Bryant, J. (1975). Viewer's moral sanction of retribution in the appreciation of dramatic presentations. *Journal of Experimental Social Psychology, 11*, 572–582.

Zillmann, D., & Bryant, J. (1985). *Selective exposure to communication.* Hillsdale, NJ: Lawrence Erlbaum Associates.

Zillmann, D., Bryant, J., & Cantor, J. (1974). Brutality of assault in political cartoons affecting humor appreciation. *Journal of Research in Personality, 7*, 334–345.

Zillmann, D., Bryant, J., and Sapolsky, B. S. (1989). Enjoyment from sports spectatorship. In J. H. Goldstein (Ed.), *Sports, games, and play: Social and psychological viewpoints* (2nd ed, pp. 241–278). Hillsdale, NJ: Lawrence Erlbaum Associates.

Zillmann, D., & Cantor, J. (1972). Directionality of transitory dominance as a communication variable affecting humor appreciation. *Journal of Personality and Social Psychology, 24*, 191–198.

Zillmann, D., & Cantor, J. (1976). A disposition theory of humor and mirth. In T. Chapman & H. Foot (Eds.), *Humor and laughter: Theory, research, and application* (pp. 93–115). London: Wiley.

Zillmann, D., & Cantor, J. (1977). Affective responses to the emotions of a protagonist. *Journal of Experimental Social Psychology, 13*, 155–165.

Zillmann, D., & Paulus, P. B. (1993). Spectators: Reactions to sports events and effects on athletic performance. In R. N. Singer, M. Murphey, & L. K. Tennant (Eds.), *Handbook on research in sport psychology* (pp. 600–619). New York: Macmillan.

Zillmann, D., Taylor, K., & Lewis, K. (1998). News as nonfiction theater: How dispositions toward the public cast of characters affect reactions. *Journal of Broadcasting and Electronic Media, 42*(2), 153–169.

第十章 共情：对他人情绪体验的情感反应

道尔夫·齐尔曼

共情（Empathy）是人将自己置于被观察的他人的情感体验中进行调节的一种情感状态，多数情况下，这种换位思考是有意为之的，当然，偶尔也有自发的时候。和那些观察对象的情感相比，这种由此而生的情绪被解释为"同感"或"共情"，是一种"替代（vicarious）"情绪。不论如何理解，本章所探讨的情感都能促进人们对观察对象命运有更深的理解，而且，在条件允许的情况下，能激发出相应的支持行为。

共情能力往往被当作一种持久的性格或特点。每个人可能都有不同程度的共情能力，也就是说，任何人都可能拥有适度、充足的共情能力；当然，也可能会有人缺乏此种能力。毫无疑问，人与人之间的共情能力有很大的差异，因此，共情能力应作为某种结果的单个差异变量来对待。共情能力理应得到关注，尤其是考虑到其构成、发展的决定性因素时。但通常情况下，过分关注共情作为特质的能力，不利于观察过渡体验状态中人们共情反应的变化（variation），特别是在人际倾向（interpersonal dispositional circumstances）的情况下。众所周知，人们可以在某些情境中显示出极强的共情关注，而有些情况下则不然。那么，共情理论，不仅要解决个体间的反应性差异，还应解释个体内部共情敏感性的变化（vicissitudes）。在这些变化当中，能准确彰显（manifest）共情敏感性的情境条件完全丢失了，观察者与观察对象的情感从相容变为极端不一致，从而造成了大多数理论的僵化，对此，我们需要加以阐述和说明。

此外，针对共情现象的理论方法必须处理一种事实，即共情反应并不局限于那些可即刻目睹到的社会情境。它还应该提供令人满意的解释，说明人们为什么同情那些只存在于描述或图像中的人，或者那些类人类之物（personallike entities）。特别是，有关共情的理论方法必须解决这样的事实，即为何那些现实存在的人们，被以不同形式，如以新闻方式呈现出来的事件所激发出的共情反应的强度，与那些即时性的社会情境所引发的共情反应强度可相提并论？更重要的是，这些理论方法必须解释，为何我们会对媒介展示出的虚拟人物的情感产生共情反应？而且大家都知道，这种情况下的人物不过是创造者的想象或虚构而已。难解的是，任何形式的故事讲述（storytelling）都是共情反应发生的首要场所（forum），事实上，这种共情参与（empathy engagement）激发人们对虚构或非虚构故事感兴趣的原因，如果不是出于喜爱去关心他们，或者不是出于鄙视而希望他们倒霉，那么我们将会丧失所有参与揭示人物命运的动力。因此，对于任何通过媒介传播的故事所带来的兴趣或满足感来说，共情的概念都非常关键。

本章探讨了共情现象的各种概念方法的优点，概述了共情的主要理论，并提出了一个完整的共情理论模式，该模式包含并整合了许多已有理论。接着还讨论了相关的研究发现。最后还展示了该模式对情感发展的启示。考虑到共情体验生态的变化，本章特别关注了新传播技术及其巨大能力，这是一种以抽象的、模拟的、中介事件（mediated events）来替换即时的（immediate）、能产生情感影响力的社会交流的能力。

共情的概念化

对于不同的学者来说，共情有不同的含义，无论是哲学（如，Scheler, 1913; Smith, 1759/1971; Stein, 1970）还是心理学（如，Berger, 1962; Hoffman, 1977, 1984, 1987; Stotland, 1969）都是如此。比如，它被解释为能够准确地感知他人情绪的能力（如，Borke, 1971; Ickes, 1997; Tagiuri, 1969）；把自己放入他人遭遇中的熟练度（如，Dymond, 1949, 1950; Katz, 1963; Mead, 1934）；理解他人情感体验的技巧（如，1960; Celine & Richards; David等, 1987; Truax, 1961）；有目的地和他人分享特定的情绪（如，Aronfreed, 1968; Feshbach, 1978; Lipps, 1907）；模型（model）角色和观察者之间情感的享乐一致（如，Berger, 1962; Stotland, 1969; Stotland等, 1978）；与自主反应模式相关的观察者与观察对象情感行为之间的密切关系（如，Berger, 1962; Hygge, 1976a, 1976b; Tomes, 1964）；有意识或无意识地，通过一个认同的过程来同化另一个自我（如，Fenichel, 1954; Freud, 1921/1950, 1933/1964）；从精神上进入另外一个人或事件而导致的意识融合（如，Hart, 1999; Lipps, 1903, 1906; Worringer 1908/1959）；直觉式的情感增殖，原始的、鼓动行为的情感传染（如，McDougall, 1908; Trevarthen, 1984）；还有，为减轻他人痛苦而采取行动的煽动力（如，Mehrabian & Epstein, 1972; Stotland等, 1978）。

共情的多样性规范有可能会给人一种印象，即不同的研究者针对的现象不同，至少有些不相符（discrepancy）的规范是不可调和的（Duan & Hill, 1996; Thornton & Thornton, 1995）。此概念因为不精确而变弱，而这种不精确到了一个完全违背其效用的程度（Levy, 1997）。这种印象太过悲观，因为，退一步来讲，定义方法上是有足够共性的，而这些共性可以用来对某种特定的、尽管是多面向的行为现象加以描述。

规范不相容的印象似乎是由于人们对共情不同面向的选择性注意造成的：比如，有些定义集中关注共情行为的特定机制，讨论几种行为表现的有限性。而另一些则集中于行为的内涵,例如帮助他人的动机。也有人强调共情过程的效用,假定它涉及个人的敏感程度和诊断技能。不过,除了李普斯(Lipps, 1903)和沃林格(Worringer, 1908/1959)的命题涉及了审美体验之外,所有的定义方法似乎都讨论了一种过程,在这一过程中,人们对他人的情感体验做出情绪上的回应。对他们来说,这个过程往往会在目击者的情感体验与被目击者的情感体验之间产生相当程度的亲和力。

就我们的目的而言,这种共情的描述是不够的,因为它太过狭隘,把共情概念限定在他人的情感回应和情绪表达上。先前,亚当·斯密(Adam Smith)观察到,仅仅期待典型角色的情绪反应,就可以诱发出一种亲眼看见反应之后所产生的情感回应。他写道:"当我们看见那种精准的一击将要落在另一人的腿上或胳膊上时,我们会自然地退缩并且抽回腿或胳膊。"(Smith, 1759/1971, p.3)斯托特兰回顾了一项研究,证实了这种"预期共情反应(anticipatory empathetic reaction)"的存在,并认为有必要把这种反应纳入以共情为首的理论之下,他把共情定义为"观察者的情绪性反应,因为他察觉到另外的人正在经历或者将要经历一种情绪"(Stoland, 1969, p.272)。不论这种情绪表达是正在展现出来的还是将要发生的,该定义依然把共情局限在他人的情绪上。这种限定是不可接受的,因为,观察者只要接触到那种看似可以突然加快典型角色面部或身体情绪的信息时,典型角色与其之间就会经常发生明显的情感共鸣。特性上,观察者对以下两者都会做出回应:(a)*典型角色产生情绪反应的情境*;(b)*反应的表达性因素*。有鉴于此,霍夫曼把共情定义为"对他人或他人处境所带来的情感暗示的回应,这种回应大多是非自愿的、间接的"(Hoffman, 1978, p.227;包含斜体字)。阿尔弗雷德(Aronfreed, 1968)则认为,有必要把两种潜在的情感来源在概念上区分开来,并建议共情应该只限于因接触到他人情绪表达所引发的情感反应。他进一步提出,在目睹他人产生情绪反应的情境时所产生的回应,或者对这些回应的间接了解,应以"替代性反应(vicarious reactions)"来称呼之。

这两种方法似乎都有优点。首先,最重要的是要认识到:(a)明显引发典型角色情感的信息;(b)典型情感的表达。这种(a)与(b)的联合操作可以被认作为一种"自然混淆(natural confounding)",这是一种从生态上无法否认的共现(concurrence)。分离混淆元素似乎可导致一定程度上的模糊,从而阻止有意义的情感回应。或者,有意义的反应只出现在观察者"推断"出有害的事件之后,比如,不舒服的面部表情,有可能对观察者产生一种明显的影响,这种情况的发生可能是由于面部模仿以及由此产生的传入反馈所导致的。不过,不可排除的是,回应者猜到了一个不舒服的理由,并且只有在此之后才会产生那种类似共情的情感反应。可以说,通过特定的刺激情境,反应者根据其自身的情感经历来理解典型角色的表情,然后在这些经验的基础上做出反应。在接触到面部表达出的情感后,通过对其刺激的假设,观察者有可能释放出更加容易获取的情感记忆,而这些记忆可能会激发观察者们的情感。

无论情绪反应对典型角色的情感表达如何具体调节,有一些表达往往太过含糊,以至于人们无法对同胞的情感做出有意义的共情反应。例如,人们会因欢乐和痛苦而掉下流泪,笑声可以伴随绝望和希望,微笑也不一定是处于幸福状况下的标志。不过,通常的观察是,共情很少被"不恰当"的情感表达错误地激发出来。比如,当看到他人因为一个幸福的重逢而哭泣时,人们会因此做出伤心的回应,甚至自己也会掉下眼泪来,这应该是一个罕见的例外。这证明了一个事实,即激发表现者(displayers)情感的信息,对于确定观察者潜在的共情体验状态而言是有压倒性意义的。因此,关于典型角色情感回应的信息,有可能是不完整的。总的来说,如果共情能得到一种生态的、有效的理解并且在人类事务中发挥功能性作用,那么在典型角色情感回应中,有关"因果关系"信息的作用必须得到承认。

应当清楚的是,论点是可反转的。因果关系可能是模棱两可的,这会让特定的人不知如何回应它们;而如果一个人的回应没有展现出来,观察者很有可能准确地,也可能错误地预测出某种特定的反应及表达方式;而对特定反应的预期则可能创造出共情的感觉。

其次,对典型角色情感的因果和表达性因素的概念区分虽非必要,但却有用,因为它能保证人们去关注对共情反应相对有贡献的那些成分。可以想象,在某些情况下,人们看到的情感表达有实质性意义,而在某些情况下则并不重要。这两种成分似乎是先后相依的(sequentially dependent),人们先前对典型角色情感展现出来的因果关系的知识,理应促进那些显著的共情反应。如果人们接触到展现出来的类似情感,而该情感的因果关系在接触中不清晰的话,则产生出相对克制的反应。更为重要的是,概念的分离导致了人们对不同类型因果关系的关注,而这些因果关系加速了典型角色的情感反应,也引发了人们对典型角色与观察者对因果条件反应之间关系的关注。

因果条件的呈现和再现是极其多变的:诱发情感的情况可以口头提供(直接口述),可以迂回(繁复)或精确地报告,也可以有不同程度的戏剧性修饰。在我们的日常生活中,不能亲眼看见的情绪事件都会受制于以上变化的影响。小说偏向于展现情绪事件,而且明确地受限于言语叙述。在能直接看到的情绪事件中,这些因果关系倾向于以听觉和视觉的形式来界定,能生动地以动作表现出来,更重要的是,这些事件本身就能引起旁观者的情绪反应。对于它们的影音再现,也就是说那些盛行于电视和电影中的名场面,照例能引起旁观者的情绪反应。

至于呈现的类型,可以说,带动典型角色情绪的那些细节描绘得越逼真,观察者受到的情感影响可能会越强。例如,目击者的面部、身体表情(面部表情、身体)中的害怕和恐慌情绪,可能是他被困在着火的房子里的明显结果,而看到整个场景的人,其情感反应至少有一部分会是因为目睹了典型角色害怕的表情。但也有可能,其情感反应是因为接触到了描述类似情境的语言或影音方面的信息,即那种火苗吞噬典型角色的信息。有人可能会相信一点：即对这场模拟大火的实际诱因条件表现得越细致，这种情感反应的影响就越大。推理表明，影音再现（或者符号学术语，图像式表征）有可能比其他形式催生出更大的影响。因此，可以想象，在引发人的情感反应方面，口头或其他非符号性的再现（representation）也同样强大，因为它们会激发个体根据其过去的经验来想象具体的场景。当然，这有可能与刺激性情感体验的卷入适用于所有的表现方式有关。比如，直接经历过火灾威胁的人，应该比那些没有经历过类似情境的人表现出更强烈的回应。不论火灾是以生动的图像或是口头呈现出来，这种推理都是成立的，因为在这两种情况下，人们的情感经历都会被激活。

我们的解释给共情的概念化带来了巨大的难题。在目睹一位典型角色面临生命危险的情境后所产生回应中的负面情感里，部分可能源自其接触到引发情感的刺激，比如家中起火。作为个体的人们不太可能知道在他们的情感反应里，哪一部分是接触到情感刺激的结果，哪一部分源于对典型角色的绝望情绪所做出的回应。实际上，个体是不太能分别出这些情形的，因为在这类情感的归因上，他们通常是非常低效的（Zillmann, 1978, 1983）。一般来说，个体将会完全按照那些最令人信服的，当下发生的状况来领会他们的反应。在引发共情的多种条件下，典型角色突兀的行为有可能就是这种情况的引发者（candidate）。如果聚焦来看，个人可能会误以为其反应完全是共情的，虽然这些反应可能大多是因为接触到一些隐秘的刺激才产生的。可以想象，更为复杂的是某情感反应中的非共情反应成分，完全可以提高共情反应。比如，因接触到一种特殊的、威胁性情境而产生的情感（因为它扩大了典型角色处于危险的状况）。在大火这一例子中，通过家中起火而触发的情感，必定促进了观察者对那些受困者危险的感知，从而加深了观察者对其困境的共情，也就是沮丧感。当然，对于共情反应中那些积极的情感，这种考虑同样也是适用的。观察者可能会对一个典型角色所获得的回报做出强烈回应，并且，在专注于典型角色满足、满意的表情时，会由此认为他们的回应是纯粹的共情。

最后，当回应者在某种程度上真正分享典型角色的满意感或危机感时，共情体验中对情感贡献的误解可能会出现。这就是说，典型角色得到的恩惠也可能有益于观察者，同样，典型角色的危险也可能对观察者构成威胁。例如，当父母看到自己的子女因获得大学文凭而欣喜若狂时，他们可能会把自己的情感回应解释为共情，虽然他们的兴奋大多是源于其自我满足以及因此而产生的期待（比如，源于他们对自我成就感的庆祝）。同样地，对于那些因为遗传疾病而倒下的兄弟姐妹的共情式悲伤，有可能会因为害怕他们自身也会成为这种疾病的受害者而加深。

考虑到概念方面的困难，以及构成情感反应的那些特定的刺激和条件难以测量，而且，在可预见的将来也会如此，那么，把个体反应中的情感反应想成共情似乎是合适的。在这种情况下，在另一个人身上发生的事情，或通过此人对他们的表情和行为的回应，都可以看成情感反应。因而，共情可看作观察对象处于某一特定情形下所带来的一种情感状态。该情感状态是特殊的，因为，并非所有的情感反应都能被或都将被看作共情。显然，那种可观察到的与他人相反的情感，不太可能被理解为"同感（feeling with）"或者"感受（feeling for）"；唯一符合资格的反应是与快乐相容或相匹配的，如果某人的痛苦是观察者的快乐，或者某人的快乐是观察者的痛苦，把主观体验看成共情则不适用。在以下情况下努力保持共情（比如，通过把不协调的情感体验贴上负面共情或者反向共情的标签）可能会被当成招来混淆的行为，因为它们可以被理解为，暗示反向共情（counter-empathy）的体验也是共情的一种形式，而事实上，这正是体验的一种缺乏，或者说是缺乏这种体验的偶然性回应。因此，反向共情不是一种共情反应。不过，反向共情的概念可以被赋予一种描述性效用，来明确地规范一种与共情的享乐效价相反的情感反应。

共情概念化中归因过程的卷入，让享乐一致（hedonic concordance）或亲密情感（affect affinity）的客观性规范不再有用，这也带来了属于它自身的问题。不论这个过程被人认为有多含蓄、多不完善，对偶然归因的依赖，都是以那些概念、语言技巧尚未成熟的孩子为前提的。因此，在评价这些孩子的共情时，概念化似乎是有所欠缺且无用的。但这种情形可以补救。首先，可以把这些归因前（pre-attributional）儿童的共情看成不完整的反应，因为这种可能性的情感状态里缺乏意识的成分。其次，这个问题可以在操作层面解决，通过第三方来建立：（a）小孩以典型角色遇到事件的方式来关注这些事件，也可以关注典型角色对事件所做反应的表情和行为；（b）所产生的情感与典型角色展示的情感在享乐上是一致的，不过，只考虑这种一致的情感反应而非全面的共情体验，似乎更可取。

在将这些考量正式化为共情的定义前，有必要依次做出澄清。首先，在所引的定义以及之前努力表达的概念中，已有假设假定情感是一种回应，这种回应与显著增强的唤醒相关。那些已经测试情感唤醒成分的（Cacippo &Tassinary, 1990; Grings & Dawson, 1978; Wagner & Manstead, 1989）人不约而同地把情感当作同情反应（sympathetic reaction）来操作。也就是说，它是一种自动神经系统中交感兴奋的增强，我们将遵循这项传统，把情感概念化为一种与同情活动明显增强的相关反应，但不局限于到底何种规范才算是明显增强。

其次，在我们考虑共情和情感时，会避免"替代性反应"一词。如果把"替代（vicarious）"当作"代替（instead of）"或"取代（in place of）"的意思，"替代性反应"会投射出一种共情的机制，导致回应者产生某种自我融合或自我混淆（self-infusion or confusion）的假想。当面对典型角色的情境和行为时，观察者明显被看作在典型角色的位置上想象自己，然后产生相应的感觉并做出回应。因为不可能把所有对他人的情绪，或他们明面上的原因所引起的情感反应都看成是回应者换位思考的结果，所以，使用"替代"一词似乎太过不负责任且不当，明确使用这个词就相当于把共情机制当成了一种定论。在这方面，阿尔弗雷德（Aronfreed, 1968）把所有因接触到那些引发典型角色情绪的情境而产生的情感视为替代性情感的建议，似乎特别容易误导人。对有诱发性环境（如房屋着火）的反应如何替代？它如何去代替他人的立场？尤其是，当人们几乎无法定义典型角色，或者根本就没有给出任何定义时。

最后，我们建议，应当把共情看作一种体验状态，在该状态下，观察者把与典型角色一致的情感归因为对典型角色的接触。可以看出，这种全局性归因有可能带来情感反应中某些元素的错误归因。尤其是情感的兴奋成分，该成分可能会聚集一些对自身显著的刺激元素，而非考虑典型角色的利益。为防止共情回应中含有这种刺激元素，避免共情回应主要由这些元素组成的情况出现，有人可能会倾向于把类似情感反应称为"伪共情（pseudo-empathy）"。这种特征的可能性是基于阿尔弗雷德（1968）提出的概念区分，因而该区分得以保留下来。这种特征的效用似乎存在问题，因为它很难操作，更重要的是，对观察者情感成分归因的误解，并未减损他们在共情回应中的经验性现实（experiential reality）。

那么，可以将共情定义为，它回应了：（a）假定的，会引起其他个体情绪的情境性信息；（b）他人面部或身体表达出的情绪；（c）假设其他个体的外在行动是由其情绪激发而来的，这种回应与之相关；（d）明显增强的兴奋感；（e）一种与他人感同身受的、经历完整的评价。

共情理论

共情理论可以归为两大类：（1）考虑共情反应的行为功能的理论——主要在生物进化的背景下；（2）关注共情反应的认知与兴奋的调解作用的理论——很大程度上会忽视最终可能由这类反应所服务的特定目标。其中，第二类理论可以进一步分为以下亚类（subcategories）：（a）认为共情反应是由内在固有的，通常是自反过程来调节的理论；（b）认为共情反应是通过学习获得的，不需要明显的、刻意的认知操作的理论；（c）认为共情反应是明显的、刻意的认知操作的直接结果的理论。接下来我们将简要讨论所有分类中的理论。

进化路径

无数学者强调过自反性（reflexive）表达的适应性意义，即在一个物种内部触发他人的自反性行动，并借此来影响其行为的社会协调性（如，Darwin, 1872; Elibesfeldt, 1970; Lockard, 1980; MacLean, 1958, 1967, 1990; Plutchik, 1980）。一个物种的生存，显然可以由一些个体表达出的危险信号来进行良好的维护，这些无意表达出来的危险信号可以使他人随时战斗或逃跑，也可以提醒其他人获得至关重要的机会，特别是获取食物、住所和性的途径。在安全的环境中，这种信号可能会更进一步促进个人和群体之间的相互协商、社会联结（social bonding）等行为。

人们普遍认为，这种物种间的信号是先天的。巴克和金斯伯格说过，"社会知识"是一种原初的传达方式，也就是"包含了天生的展示、预调（preattunements）的自发传播体系"（Buck & Ginsburg, 1997, p.37），发出信号并回应信号的行为，是一种基因固定（genetically fixed）的共情过程。他们用更有力的拟态化语言指出，"如果发送者制造了一种展示（display），而接受者注意到了这种展示的话，则接受者会直接明白它的含义，它是一种可以遗传的知识"（p.17）。此类知识的传达被视为"共情的根源"（p.22）和"一种引导教程（bootstrap）"，通过它，"简单的生命形式能获得更高形式的组织"（Buck & Ginsburg, 1991, p.166）。人类的共情大多可以通过以上术语来理解，尽管人们已经承认，通过后天学习来扩大共情反应范围是可能的。

普鲁奇克（Plutchik, 1980, 1987）还探讨了共情发生的系统性根源，他研究了动物行为的模式，认为这些模式与人类的共情行为是同源的（homologous）。他调查了鱼类的集结行为、鸟类成群结队的行为以及无数哺乳动物结队寻食的行为，此外，他还研究了各种物种之间发出警报呼叫的特定行为，分析后得出结论：未经学习的、天生固有的信号回应联系比比皆是。使用斯科特（Scott, 1959, 1969）提出的互相仿效（allelomimetic behavior）行为的概念，普鲁奇克发现了大量的证据，证明在动物群体中存在战斗和逃跑反应的适应性协调行为（adaptive coordination）。例如，明显害怕的表情是基因固定的，这种基因固定的表达会引发与之平行的情绪反应，这种情绪传染主要是物种内的传染，也可以是相关物种间的传染。然而，有一点很清楚，这种天生固有的信号回应关系，除了触发类似动物的反应之外，还具有其他功能。例如，在一个物种中，威胁的展示可以触发未经习得的反应，这些未经习得的反应明显有利于那些发出威胁的动物，却不适用于那些受到威胁的动物。起初，受威胁的动物可能会很好地反击，因而会做出相应的反应。然而，最终的反应并不相似，因为受到威胁的动物很可能会诉诸战斗或逃跑。类似于共情的行为，也就是那些信号提供者和信号接收者之间，同时发生的激励型共情，很明显，只限于小部分先天性的传播行为。

尽管有这一限制，但毫无疑问，基因固定的相互仿效行为构成了众多动物物种行为库中一个本质的、看似普遍的部分，其适应性效用不容置疑。因而，把这种行为看作人类共情进化的先兆似乎是有道理的。

然而，问题不在于共情在互相仿效行为方面有一个原始的先兆，而在于这种行为与人类共情体验的性质相似与否。我们是否需要像巴克和金斯伯格（Buck & Ginsburg, 1997）那样明显地做出假设：回应先天固有的编码信号，就可以引发对行为意义的理解，揭示出信息发送者的某些情感状态或动机？接受基因固定的信号，触发基因固定的回应，而且接受这就是我们所知道的一切，难道不是更省事吗？看起来，认为诱发出的那些平行的动机行为具有传染性的看法，是比较谨慎的，因为只有传染性的行为才能确保可以观察到。

按照这些思路，普鲁奇克（Plutchik,1987）认为：共情是一种第三方必须基于观察才能推断的状态，或者说共情是某一共情人不得不披露的状态。这种立场与我们的概念化是一致的。我们定义的c部分对共情的推理方面做了规定，此外，e部分规定，个人必须把自身对他人情绪的反应理解为一种共情反应。尤其是定义的后面部分，因为它使共情必须满足于一种内省的评价，迫使我们通过基因固定的联系，以及我们学习到的信号回应联系，来理解与之相应的动机行为的诱发性，并把这种诱发性理解为互相仿效的。我们认为促进该行为的过程是以符号为中介的行为传染或者"伪"共情，而非恰当的共情。

作为自反性反应的共情

这类理论隐含在跨物种行为的分析中，这些物种的生存主要取决于其协调性行动，比如战斗或逃跑。因此，它们是生物进化理论的一部分，但也被用来解释人类更广范围内的共情反应。

麦克杜格尔（McDougal,1908）和李普斯（Lipps,1907）提出过共情的自反性调节（reflective mediation of empathy）理论。麦克杜格尔认为，一种天生的回应倾向（response disposition），只会迫使观察者体验他人的情绪。他把这种天生的回应倾向称为"原始的消极同情（primitive passive sympathy）"；他担心，事实上，个人可能会陷入对他人的欢乐、痛苦的同情中，特别是对后者，这种天生的倾向被证明是适应不良的；后来他发展了修正理论，以显示如何防止衰落的共情并保持神志正常（如，McDougall,1922）。李普斯的相关建议更强烈地集中在情绪体验的表现元素上，他假设了一种具体情况：在屈服于先天倾向时，观察方会模仿被观察方的姿态和手势表达，这种运动模仿的传入反馈机制释放了共通情感，因为它与观察者的情感体验有关，而这些情感体验与我们所讨论的表达有关。比如，自我的痛苦体验与来自特定面部表情的传入反馈是有关的。通过模仿引起的相应表情，特别是来自这种表情的传入反馈，被认为在某种程度上产生了痛苦的体验。李普斯共情理论的第二步（即假定的情绪表达能力，特别是面部表情，可以产生情感状态）是最近几个情绪理论组成整体当中的一部分（如，Izard,1977; Levenson, Ekman & Friesen,1990; Tomkins,1962,1963; Zajonc,1980）。

运动和面部模仿的证据来自儿童和成人的研究，例如，婴儿会随着其他婴儿的哭声而哭，不会随着其他"有害的"哭声而哭（如，Sagi & Hoffman,1976; Simner,1971）。在所谓的微笑回应中，他们会对着笑脸微笑（如，Spitz & Wolf,1946; Washburn,1929）。总之，儿童模仿一系列的面部表情（如，Hamilton,1972），而成人在观察到他人口吃或高频率眨眼时，其嘴唇运动和眨眼频次也会随之增加（如，Berger & Hadley,1975;

Bernal & Berger, 1976）。众所周知，即使是个人打哈欠的频率也会随着模型角色打哈欠的不同而发生变化（Cialdini & McPeek, 1974）。

"面部肌肉的传入反馈促进了特定的面部情感"，这一提议得到了一些研究的支持，在这些研究中，受试者被要求表达出一些与外界刺激相符或不相符的情绪（Larid, 1974）。不过，要复制这些支持性证据并不容易（Tourangeau & Ellsworth, 1979）。在相关研究中，人们发现，压制情感表达成分会降低情感的感知及其兴奋程度（Cartwright-Smith, & Kleck, 1976）。另一方面，人们还观察到，夸张的面部表情放大了与情感相连的兴奋反应（Vaughan & Lanzetta, 1980）。自发的面部表情也会引发中度的，与情感相关的自动反应。总之，这些发现表明，尽管无法复制出一些关键性的研究证明（Levenson等，1990），但这些研究依然显示出，与现在考虑的一些建议所预测的能力相比，传入反馈控制情感的能力是有限的（参照Buck, 1980）。

显然，自反性共情反应的理论有赖于行为诱发的基本机制。对情境性环境的认知阐述，对那些聚焦于有意引发，或由经验所诱发的行为的反思，都不是共情行为的必要成分。人们普遍认为，对其他人"几乎同步出现的平行反应的后反应意识（post-reactive awareness），可以理解为对被观察对象行为的同感或感受。认知的卷入可以是次要的，但不管如何，它理应确保该平行反应被体验为共情的反应（见我们在《共情的概念化》那一章结尾之处对共情所做的定义）。

作为习得性反应的共情

习得性反应的理论，即那些或多或少把共情反应看作以某种机械方式才能获得的提法，暗含在很多研究者的推理当中。这种习得过程的推理机制中，数阿尔弗雷德（Alronfreed, 1970）和汉弗莱（Humphrey, 1922）的阐述最为清晰。

阿尔弗雷德认为共情反应是在与社会平行（socially parallel）的情感体验当中获得的。特别是当模型角色和观察者同时体验到一种外在的痛苦或欢乐的情况下，模型角色痛苦或欢乐的表情与这些反应是相关的。在这种重复的体验中，模型角色的表情会逐步认为引发此类感觉的力量与痛苦和欢乐是近似的。比如，两个小孩有可能会因为共同犯了错而被惩罚，而且会在受罚之后互相观察对方的沮丧表情。在看到对方相似的表情时，他们应该会感受到自己沮丧的反应与这些表情是相关的。不过，在这种行为情境下所获得的共情反应，不一定是完全平行的。许多研究者曾指出过，母婴看护关系是最有可能发展出共情的关系（如，Hoffman, 1973; Sullivan, 1940）。母亲对满足的表达主要与孩子对幸福的体验相连。同样，母亲沮丧的表达主要与孩子对沮丧的体验相连。因而，尽管在行为情境中有不对称性，模型角色正面与负面的情感表达，与观察者对同类情感的表达是一致的。

汉弗莱的理论更具包容性。他开始的前提是：情感诱发主要是来自一种所谓的远距离感受体（distance receptor）作为介质的刺激物。因为在这种环境下，那些诱发自身或他人情感的刺激通常十分相似。比如，看见自己切到了手指的视觉经验和看到他人切到了其手指的体验基本相同。与此类似的是，小孩感知到他的哭声与其他小孩的哭声也没什么区别。当然，这种感觉与这些情绪的表露是私人的、主观的。但汉弗莱坚持认为，进入自我的视觉、听觉以及嗅觉的路径，和进入他人的视觉、听觉以及嗅觉的路径相比，基本上差别不大。他写道："……我自己身体和我邻居的身体在一种不完全相同但相似的状态中。"（Humphrey, 1922, p.115）考虑到自我和他人在知觉上的相似性，他接着提出：个体在接触到与过去那些积极或消极的情感相关的、高度相似的刺激时，至少在某种程度上会重新体验到这些情感。汉弗莱认为，通过使用这种经典条件反射范式，一直与情感反应匹配或随后出现的刺激会自认为有诱发出这些反应的力量。因此，在建立起刺激—感觉这一链条之后，以及在个体接触到他人行为，尤其是其表达行为中的关键性刺激条件之后，有人会因此而期待"类"共情（empathy-like）的回应。不过，汉弗莱超越了经典条件反射理论，他提出：像感知一样，共情反应能因为接触到某些事件而被诱发，而这些事件与之前的情感反应并不相关。他建议，当缺乏充分的相似性刺激时，可以激活出一套整合了相关感知与感觉的复合体，而这个复合体能调节共情反应。比如，一个人可能从来没有见到她或他自己站在悬崖边上，特别是那种处在崩塌过程中的悬崖边上。但在看到其他人站在那里，遭遇灾难，旁观者必定会真切地共情到模型角色的失重感。根据汉弗莱的说法，共情反应是由各种刺激成分组成的复合体所导致的，是由于旁观者感知到了模型角色进退两难的境地才被激活的，比如"小心地滑"，如果旁观者缺乏地滑的情感经历，那么"失去平衡"的概念会被激活成为共情的调节者（mediator）。因此，接下来，任何知觉（percept）都可以被看成是能够激发出相关经验的复合体。如果与即时经验相关的、可整合的复合体不存在，那么那些对更偏远的经验进行的整合就会被回忆起来。因为汉弗莱不是只聚焦于情感表达的因素，他的推理，特别是他对条件范式的扩展，出于一个对偶然情况以及延后（delayed）表达行为都敏感的模型角色。不过，最重要的可能是，他创造出了一种对情感体验和情感记忆都较为敏感的模型角色。

通过某种控制，最初的中性刺激，特别是他们的兴奋伴生物（excitatory concomitants），可以拥有引发共情反应的能力，这一观点得到了相当多的支持（如，Berger, 1962; Craig & Lowery, 1969）。在这种共情反应的习得过程中，关于模型角色反应体验特性的信息（无论其即时、可感知的面部或身体表情如何），看起来比那些由经验诱发的条件信息更为重要（如，Hygge, 1976a, 1976b）。这个领域大多数的研究都聚焦于面部表情的情感诱发特征上，不过，一般而言，面部表情、自主活动以及情感自我报告的强度，都趋向于正相关（如，Zuckerman, Klorman, Larrance & Spiegel, 1981）。对于这种状态的可能性结果，在面部情感一致的情况下，对面部表情的共情反应进行控制是相对容易的，在面部情感不一致的情况下，对面部表情的共情反应进行控制则相对困难（如，Lanzetta & Orr, 1981, Orr & Lanzetta, 1980）。恩格利斯、沃恩以及兰泽塔（Englis, Vaughan & Lanzetta, 1982）的研究专注于控制人面部表情的历史所带来的情感后果。他们发现，在模型角色面部表达的情感和旁观者偶然的情感体验之间有一种对称，这种对称可以与中断偶发性刺激之后的面部情感表达产生一种特别强烈的共情反应。它们之间的不对称则正好相反，会产生一种"反共情反应（anti-empathic reactions）"（比如不协调的情感）或表现为漠不关心（indifference）。进一步的研究表明，在面部情感对称条件下所建立的共情反应的兴奋成分，比在其他情况下建立的反应更持久（如，Ohman & Dimberg, 1978）。因此，共情反应似乎更容易在某些而非其他条件下获得并维持，而学习明显偏向于生态共现的反应成分（参见 Selingman, 1970）。

还是有人会认为，习得性共情反应中的认知参与是次要的，因为它唯有在即时情感回应之后才具有操作性。通过基础的学习机制来对这种回应做出调节，并不能让认知阐释（cognitive elaboration）成为必需品，但有人重新开始考虑：可以通过自己或者他人的平行反应的后反应意识（post-reactive awareness），来提供反应的经验特质，从而使之成为共情。

作为认知调节反应的共情

最后，由斯密（Smith, 1759/1971）、斯托特兰（Stoltand, 1969）以及其他人引领的理论，在认知的面纱下变得清晰起来。在这些理论中，达成的或者快要达成的认知，以及想象中把观察者置于观察对象（他或者她的）体验状态中的换位，无论是由环境刺激有意或故意鼓动的，在引发共情的产生过程中，都被赋予了关键的功能。

在关于道德情感的经典理论当中，斯密展望了更多当代认知理论，或者更准确地讲，他展望了认知理论对情感和共情的应用。他写道，"通过想象，我们把自己放入他者的（也就是观察对象的）情境中，想象自己忍受了所有的折磨。我们进入这种情境中，有如进入他的身体里，在某种程度上变成了他，从而形成了他感知到的一些想法，甚至还略微感受到一些并不完全相同的感觉（pp.2-3）"。尽管早期对这种观点的批评认为，这是对共情过程的过度理智化（over-intellectualization）（Humphrey, 1922），这里提到的机制（也就是说，把共情作为或多或少的刻意的、有意识的换位）有可能是最知名、采用最为广泛的一个理论（参见 Katz, 1963; Mead, 1934; Rogers, 1967）。

可以认为，马修、斯托特兰及其同事（如，Mathews & Stotland, 1973; Stotland, 1969; Stoland 等，1978）的研究已经牢固确立了"想象确实能产生并增强共情"的说法，从主观体验和生理适应方面来看都是如此。尤其突出的是，已有证据表明，想象自己处于一个情感展示（affect-exhibiting）位置的指令，相比去观察没有获得类似指令的这个人，能催生更强烈的共情反应。通常可观察到的是，一旦让他人接触到令人沮丧的情形后，伴随着明确情感反应的同时，会出现大量的延迟，人们把这种情况理解为：仅仅由于接触到外部刺激就可导致共情是不大可能的，即使是有可感知的积极条件存在也不行（比如，一套共情导向的认知集合）。可以想到的是，对他人情绪的观察所产生的想象性努力，恢复了与观察者自己相关的、旧时的意象（images），而这种观念性活动触发的情感反应随后便被理解为共情。如果是这样的话，共情反应就不太可能是"把自己放到他人的位置"所导致的结果，因为，共情反应会映射（reflect）出一种影响，这种影响与在他人身上可目睹的经历的情感记忆的体验是相似的。这种把生产记忆的情感反应归为取代他人情感位置的假想，是一种偶然性归因。虽然这种归因是含蓄的、错误的，但这也为人们将情感反应视为一种共情提供了合理理由。我们应该注意，人们讨论的共情反应认知调节与汉弗莱的提法非常相似。尽管在概念和专门术语上有巨大差异，但人们认为，情感反应至少在很大程度上受到了与观察相关的记忆中被激发出来的情感体验影响，如果不是完全由它来调节的话。因此，尽管是一种主观上的约束，让"采用他人的位置"的说法不现实，但对于与他人感同身受的体验来说，的确有必要。

在这些理论中，认知阐释是首要的共情调节过程。强调和其他人一起的意图或愿望往往是共情反应的起点。人们认为，与他人感同身受的意志激发了某种情感记忆，而这些情感记忆属于一种广义的、可感知的情境，而这些情境引发了他人已表达或暗示的体验状态。这种认知关注他人的形势，特别是，由于它含有一种寻求私人相关体验的记忆，所以人们假定，该认知包含了一种对情感反应有意识的反映。如果这种反应受到有意启发，它必定会促进意识和最终的共情体验的形成。然而，这种反应，也可能因为偶然遭遇到情绪情境中的其他人而被引发，因而是自发而非刻意的。人们期待它无论如何也会促进相应情感的意识，从而赋予了它共情的特质。

面向一个整体性的共情理论

如果我们把由内在性格所控制的共情或类共情反应称为"自反性的（reflexive）"反应，把那些经由某些形式的条件所获得的反应称为"习得性的"反应，而那些通过有目的的、相对比较复杂的认知操作所中介的反应称为"刻意性的（deliberate）"反应，那可以说，对于自反性、习得性以及刻意性的反应，我们是有一些证据支撑的。同时，有一点变得越来越清晰了，那就是，没有一个单一的机制能够为所有的共情现象提供一个满意的解释。另外，还有一点也变得清晰的是，共情的基本机制在大多数与利益相关的共情体验中往往是令人困惑的。比如自反性共情，除非涉及一些形式的评估，不然，这种反应就会制造一个不完整的共情体验（Hoffman, 1978, 1987）。任何一个评估都有可能包含刻意性共情的成分或习得性共情的成分。同样，习得性共情也可能包含自发性共情的成分，从而培养出可能会提高刻意性共情的成分。刻意性共情，最终可能会利用自反性、习得性反应以及刻意生产的观念性活动。

因此，单机制共情的局限性非常明显，不难明白，比如，面部模仿能够解释为耗时、刻意的认知操作。同样，为何只要提到复杂、刻意的认知活动，就能解释习得性兴奋反应的诱发过程，且伴随着共情的习得性兴奋对体验的深度有着关键性影响？还有，只要刺激受制于即时的、现存的环境刺激因素，自反性和习得性机制就无法解释刻意通过想象过程所带来的共情。因此，将基本范式整合成一个整体的理论，而这个整体理论可以完全解释多样性的共情现象，就非常有必要了。接下来的文本就试图完成这样的一个整合，本章提出的范式不仅要将主要的机制整合在一起，而且还考虑并描述出那些机制的互动模式。

共情的三要素理论

接下来要具体讲的理论是把情绪的三要素应用到共情现象中去（Zillmann, 1978, 1979, 1983, 1984, 1996, 2003）。简单来讲，三要素理论把情绪化行为当作三个行为控制力之间的互动，其行为控制力分别是倾向的（dispositional）成分、兴奋的（excitatory）以及体验的（experiential）成分。

倾向的成分是一种回应引导机制。人们假定，从即时运动反应到诱发情绪的刺激物，大都受到了刺激物和增强因素的控制，在情绪行为中，即时性的骨骼运动反应被视为对刺激物的回应，而这些刺激物，未经认知阐释里的信息加工（比如对环境的综合评估）调节就被生产出来了。等同于它们是没有实质性延迟就被生产出来的回应，而实质性延迟是以综合认知调节为特点的。

兴奋的成分是一种回应激发（response-energizing）机制。类似于骨骼运动反应，兴奋性反应是自反性的，但也处在刺激和增强的控制之下，没有必要参与到复合认知调节里。在交感神经系统中，兴奋首先被操作为强化了的活动，为临时参与激烈活动（比如打架或飞行）做准备。在很大程度上，这种兴奋活动是独立于认知调节的。实际上，兴奋活动还在很大程度上避开了意志力认知的干预。不过，人们并不认为那些为了激烈行动做出的准备带有欲望的特质，在某种意义上，它激发了特定的目标导向型行为。

体验的成分是对骨骼运动的体验和/或对情绪启发刺激物（emotional-inducing stimuli）的兴奋性反应。人们认为，关于即时性情绪反应多面向的外部/内部感知信息可以形成意识，正是这种意识促进了回应引发的环境（response-eliciting circumstances）评估。人们认为，那些个人会不断监督他们的情绪性行为，更有甚者，他们会通过使用监控过程中的内在标准来决定情绪反应、行动的效度和适度。被视为不合适的行动会被有意地压制或中断。初期以及后续的行动同样会被评估，如有必要，压制还是终止，可以通过刻意的干预来达成。当即时性的情绪反应被视为合适的情绪时，通过认知调节，这种情绪反应会继续进行并有可能被重新定向，以达成一个更理想的结局。因此，情感的体验成分可被看成改变情绪行为、体验进程中的一种矫正，即可被看作认知控制的手段。在某种程度上，能修正或颠覆那种老套的机制，而这些老套机制的运行正是情绪行为的倾向和兴奋成分规定的。

这三个组成成分应用于共情的具体情况如下：

1. 由接触到另一人表现出来的，或即将发生的情绪行为及其因果关系的信息，而引发的自反性与习得性骨骼运动反应，构成了共情的倾向成分。行为模仿，特别是涉及面部肌肉的模仿，组成了大量特定的自反性回应。不过，许多面部和令人厌恶的运动回应是有可能被人们习得的，尤其是在遭遇到极其危险的情形时，人们会倾向于获取那些个人特有的、即时性的应对反应。

由于接触到高像似性（iconicity）的再现（比如摄影，电影）而被引发的自反性与习得性骨骼运动反应，也可以被归入共情的习得性成分中来，这种高像似性的再现展示了另一人所表现出的，或即将发生的情绪行为。所以同样的，由于接触到非图像性的再现（比如有着任意定义的刺激—参照关系的符号；实际而言，几乎所有的语言符号和符号加起来都是）里所引发的类似反应，也可以被归入共情的习得性成分中来，这种非图像性的再现规范了另一个人所表现出的，或即将发生的情绪行为。人们认为，由图像和非图像性再现施加到骨骼运动反应上的控制与自反性回应是不同的，但与习得性回应是相似的。具体来讲，人们认为，图像性再现能够引发自反性回应是因为它们与再现事件在刺激上有着极大的相似性。而非图像性再现没有这种能力，因为，对于任意建立的符号，其回应都可以被人们学到，学习使得高像似性变得无关紧要。潜在地看，所有的刺激条件都可以获得引发特定回应的力量。另外，人们认为，再现的情绪事件中，图像和非图像元素在记忆里是相互连接的，形成了复杂的网络，这种复杂的网络整合了相宜的认知和操作（Kieras, 1978; Kinstch, 1974; Lang, 1979, 1984; Pylyshyn, 1973；还可以参见 Damasio, 1994; LeDoux & Phelps, 2000; Zillmann, 2003 本书的第13章《虚构叙事中情感的戏剧技法》）。一个再现模式中的外部刺激，有可能因此激活储存在另一个模式中的再现信息，从而延伸它们的影响。

2. 由于接触另外一个人而表现出来的或即将发生的情绪行为，以及由自反性、习得性运动回应联合引发的，或是由自反性与习得性运动回应单独引发的有因果关系的信息而导致的兴奋性反应，构成了共情的兴奋成分。

由于接触到图像或非图像再现而引发的反射性以及习得性兴奋反应（这些图像或非图像再现展示了另一个人的表现或者即将发生的情绪行为），也被归入共情的兴奋成分。所有考虑到符号形态的再现同样适用于兴奋成分，这些再现是与倾向成分联系在一起被开发出来的。

3. 在共情的体验成分里，可以区分出三类附属成分，这些过程可以服务：（a）体验本身；（b）情感反应的纠正和重新定向；（c）情感反应的产生。

（a）由于接触到另一个人明显的或即将发生的情绪行为（这些情绪行为伴有有因果关系的信息），或因为接触到任何一种再现而引发的情感反应以及由此而构成的共情，其程度只能是一种观察者察觉的反应，这种反应被评估为与观察对象感同身受。人们认为，这种评估预设了观察者与观察对象的回应之间存在一种享乐一致；也就是说，观察者与观察对象之间明显相反的情感反应，是不可能被理解为观察对象的共情反应的。

由于接触到以上特定条件而引发的情感反应，以及第三方意识到观察对象表现出来与之相似的，或与其快乐一致的情感反应，才能被认为是推断性共情反应。

作为一种情感体验，完整的共情反应是由倾向的、兴奋的以及体验的回应元素组成的。

（b）由于接触到其他人明显的或者即将发生的情绪行为，或因接触到任何形式的再现而引发的情感反应，要监测其是否适当。回应者从相关的社会与道德评判来进行评价。这就是说，他们运用那种社会赞同和责备中具有普遍偶然性的知识，以及内在的道德行为标准来决定这种反应的适当性。如果认为这种反应是适当的，则允许其展开；如果这种反应被认为是不当的，则被压制或被重新转向以使其符合，这种反应至少是不违反那些已经被社会接受了的行为规则和道德意识的。

人们认为，情感反应首先是由自反性和习得性回应元素组成的。因为神经网络的调节（mediation）、骨骼运动的回应，尤其是面部肌肉的回应，是在刺激启动后几乎同时启动的。与此相对的是，由于有荷尔蒙体系过程的参与，兴奋反应的发展有着明显的延迟（appreciable latency），因此情感反应（即一个包含了倾向和兴奋成分的回应）会在稍后显示出来。人们进一步假设，运动和面部肌肉是受制于意识控制的，尽管在很大程度上，兴奋性反应活动会逃避这种控制（Zillmann, 1979, 1983, 1988）。

基于这些假设，我们提出，个体认为不恰当的共情早期反应有如下特点：在受到刺激时，骨骼运动反应以及面部回应几乎同时发生。兴奋反应会在延后的时间内展开。在某种程度上，个人会从肌肉与兴奋反应两者之间获得本体感受与外部感受的信息。对本体感受和外部感受反馈的接受，激发了评估过程。如果这些过程使得情感反应不合适，持续的运动活动及面部伴随的活动会受到抑制，重新定向为一种更符合普遍行为规则的情感反应。因为不能同样对联合激发的兴奋反应进行抑制，至少短期内无法做到，兴奋将进入并因此而影响通过认知干预和纠正手段达到的情感（Zillmann, 1978, 1983）。对正在进行的情感行为的干预、纠正和重新定向，被称为认知颠覆（cognitive override），最重要的是，人们认为这种情感反应的颠覆有转换反应之享乐效价的能力。不论这种效能转换何时出现，最初的类似于情感反应的共情——因为它们不能被理解为情感——不但在变成非共情的时候失去了共情的品质，而且还在变成反共情或对立性共情的时候，获得了与之相反的经验性特质。

情感倾向，表现为对事物喜欢与否的程度，对正在经历情感体验的观察者所持有的情感倾向，衍生出一种对情感反应的认知/认可（如喜欢）或相反（如不喜欢）的准备。积极情感倾向有益于共情。相反，消极的情感倾向则要求情感享乐转变，主要是因为类共情回应的不断持续是一种恶劣的体验，尽管反共情回应应该是愉快的。矫正准备机制把面部表情的快速调节为相反的、反转的情感回应。人们认识到，那些能被社会认可的展示规则，其情感体验应该支持指示调节（Saarni, 1982; Saarni & von Salisch, 1993）。不过，这种认识也可能会要求情感表达独立于甚至对立于情感倾向。这就是说，显示规则可能会规定，在体验到快乐时要掩饰悲伤的表情，在体验到悲伤时要掩饰快乐的表情。

（c）被理解为共情的情感反应可以由一些刻意想象的情境引发，这些想象的情境与观察者过去产生的强烈情感反应密切相关。不过，这个过程不必刻意为之，这种想象可能会因为接触到有利于引发情感反应的条件而被激发出来，由观念性刺激生发出的情感在回应外部刺激时，可能会补充或提高这种情感。

人们假定，对运动和兴奋反应设想的情境进行控制，就可以产生出这些反应（Lang, 1979, 1984）。然而，由于对运动反应大量的、有意的控制，不恰当的手势、姿势和令人不快的运动回应则通常有效地被压制了。此外，由于习惯，兴奋回应的力度有可能被消减。这些没有被撤除的特质，刺激条件下的观念再现，再到刺激条件下被控制的兴奋反应，都能在某种程度上引发这些反应（Keltner & Ekman, 2000; Levenson等，1990; Schwartz, 1977）。从这些再现能被控制的程度来看，与情感同时发生的兴奋的伴随物（concomitants），也能被刻意地生产出来。通过角色扮演的共情因而也能被视为一种调节，这种调节通过部分恢复与过去相关的经验来达成。

我们应该认识到，通过强烈刺激的观念性表征，有可能生产出情感反应和共情，这对于共情反应的抑制是有意义的。如果共情被认为是不适当的，个体可以避免强烈情感表征的意念（ideation），或者可以思考一些不相关的再现意念来停止并阻止那些人们不想要的意念。

共情的倾向性颠覆

作为三要素方法的一部分，倾向颠覆（dispositional override）的概念是偏离其他替代性模式中最为重要的，似乎也是最需要进一步解释的概念。从本质上来看，或者从系统生态学的角度来讲，该概念指出：共情式体验既包含了早已过时的古旧概念，也包含了近期发展起来的元素。人们认为，那些相较于初期的过程，比如运动模仿和非自愿的兴奋回应，都被复杂的认知过程所取代了，因为后者往往控制了最终状态里的经验。这个概念使人不由得回想起我们前面谈到的麦克杜格尔（McDougall）的主张。他曾提出过"原始的消极同情"的概念，认为当个体觉得他不想要的痛苦产生时，这种痛苦可能会被转换成快乐（mirth）。这种转换被视为维持健康情绪的一种服务。不过，本文此处的立场要宽泛得多，而且与那些涉及情绪调整和情绪适应的概念无关。不论即时情绪反应的经历特质如何，认知监测都会影响抑制或享乐转换并产生一种回应，这种回应会对社会或者个体的惩罚情绪行为达成一致。因此，有人预测，如果最初那个不适当的情感是积极的，它可以变为零或消极的，反之，它会变为零或积极的。

由于事件有连续性，这种三要素的模式可以用来理解那些其他观点未能解释的混合情感反应。比如，一个学生在一个私密的角落目睹了那位欺负人的、令人怨恨的教授爬上自行车，失去平衡摔倒地上，当他爬起来，又因为疼痛而一瘸一拐的时候，刚开始学生有可能会觉得尴尬不安，如果不能大声发笑的话，她会马上轻笑并咧嘴笑起来。这时候占主导地位的情感体验是一种愉快，尽管最初有尴尬不安，但这位学生不大可能把她的回应理解为共情。假如这位学生在公共场合之下，小声发笑或者大笑的回应有可能在最初阶段就被淹没了，这种对表情的有意克制不是愉快体验的后果，这是因为它并非来自情感表达的反馈，而是对环境的认知评估，这种评估被用作最初情感体验的决定性因素。刚才的例子可以马上改为描述倾向性准备的例子。如果那位学生不只是抱怨她的教授，而是特别害怕并且恨他，真心希望教授遭遇不幸的话，那么那辆摇摆不稳的自行车有可能会促发她对快乐的期待。如果真是如此，目睹事故有可能不会产生最初的尴尬不安，而是从开始起就会产生一种绝对的兴奋情绪。从另一方面来看，即使有大量的恶意也无法保证她会持续不断地喜悦下去。举个例子，很明显，除非那位教授因该事件而变成跛子，不然，这位学生不太可能会一直高兴下去，因为评估会使得那种持续的愉快变成一个不可接受的反应。在某种程度上，当怜悯的想法被唤起，这种经历可能会被理解为共情，这种共情的达成不会阻碍那位学生意识到其最初的反应其实是另外一种。

很明显，与享乐相反的时间顺序（即没有考虑到麦克杜格尔观点的情况）同样容易想到，例如，顽强地竞争某一奖项的学生，在回应获奖者的展示行为时，很可能会表现出片刻的胜利，然而，这种模仿很可能会被他失望、嫉妒的表情反应，被其遭受不公的感觉，或者对赢家与体制的轻蔑等反应所压制。重要的是，尽管这种复杂、混合的情感反应可能包含共情的雏形，但作为一种整体的情感体验，不太可能被理解为共情，因为占主导地位的认知是外在于感同身受的概念的。

共情的发展与倾向性颠覆

如前所述（参见进化论方法），运动模仿（motor mimicry）构成了一种古老的反应形式，具有相当大的适应性效用，然而，这种适应性特质的局限也很明显。例如，如果一个物种的成员目睹了其他成员因病而虚弱，并效仿其行为而增加成为猎物的风险，那么，运动模仿将是非常不适合的。从人类层面来看，麦克杜格尔（McDougall, 1922）曾巧妙地说明过，这种"原始同情"的价值是有问题的，共同受苦本身没有效用，只有当它推动那种致力于减少模型角色痛苦的行动时，才会变得具有适应性（Eisenberg, 2000; Hoffman, 1978; Stotlande等，1978）。为了实现适应于物种间交互所需的行为可塑性，比统领（governing）运动模仿更复杂的机制不得不进化。刺激机制和增强控制可以被视为后自反性（post-reflective）阶段，从而提供较多所需的可塑性。而人类任意处理信息的能力，特别是面对即刻出现刺激保持更强的独立性，可以被视为提供了较大程度的行为可塑性。于是，从生态系统学的角度来看，对类共情（empathylike）行为的逐步控制，来自人类的反思和学习，来自对认知调节的学习。

这种进展在个体发展中也是明显的，霍夫曼（Hoffman, 1978）和其他人（比如，Eisenberg, 2000）对共情相关的研究进行了回顾，发现它与这种发展顺序是一致的，类共情的传染行为反应最初是固定的，然后它们变得多样化，但大部分保持了不自愿的状态，最后，情感的认知修正产生后，刻意的共情成为可能。

虽然共情反应的倾向性颠覆能力的发展尚未确定，但可以肯定，它与情感的自我监控以及基本形式的道德判断出现密切相关。一旦个人认识到增强的普遍偶然性（从正确应对他们的意义上讲），当看到这些偶然性对其他人不起作用时，他们很可能会感到不安（Zillmann, 1979, 2000）。目睹不称职的一方受到恩惠时，他们会苦恼，道德感也会受到压抑，与此相反，目睹这种人受到了恶意的对待，则符合基本道德（规范），会受到人们的欢迎和赞赏。至少，当看到那些通过破坏已建立的规则，或者仅仅依靠粗暴对待他人的社会行为来获得好处，并最终因为其越轨行为受到应有惩罚时，是不会生发出共同受苦的共情的。当看到那些邪恶的一方受到恶意的对待及其遭遇所带来的影响时，在道德上，旁观者似乎有资格对人们所表现出来的非共情甚至是兴高采烈的情绪保持冷漠（Zillmann, 1980; Zillmann & Cantor, 1976）。

只能推测，从自反和刺激强化控制的共情，到情绪认知调节的转变中，儿童经历了相当大的情感冲突：一方面是共情倾向，比如恶意嫉妒（以一个模型角色不应该得到的好处和快乐为例），另一方面是非共情的情绪，比如令人满意的快乐（以一个模型角色应得的正当的惩罚和痛苦为例）。不过，也许矛盾的情感很快会给明确的情感反应让位，这种明确的情感通常以正义性和适当性的考虑来调节。在这种认知控制的影响产生反共情反应的程度上，在不协调的情感形成回应的倾向上，每一个反应都可以被看作一个学习试验。不和谐情绪最终会与亲历了不幸的一方联系在一起。简而言之，不和谐的情绪总是与恶人联系在一起，也就是说，与那些由于各种原因而被回应者厌恶、憎恨或极度鄙视的人是相连的。因此，对模型角色的负面情感倾向变成了反共情的预测。事实上，不喜欢意味着共情是不必要的，因为不协调的情感时常处于这些倾向性环境的制裁之下，它应该变成具有特色的反应模式。消极的情感应该为反共情反应做好准备，这些反应，一旦启动，在个人不需要对环境进行明确思考的意义上，就变得机械化起来。在倾向性颠覆中加入道德判断，特别是在此语境下的道德制裁的概念，在第13章《虚构叙事中情感的戏剧技法》中得到了进一步的发展。

共情的情感体验

由于不协调的情感可以变成一种高度机械式的回应（刚开始可能是由于理解和害怕，后来随着对模型角色行为的失望和谴责，不喜欢和抱怨开始增加，大家可以从这种现象中得到启发），通过角色扮演，共情也是如此。虽然起初阶段，把自身放入他人情境中去的心理锻炼完全是刻意的，但情感是有可能由回忆自身的情感经历激发出来的。一旦这种回忆出现，刻意的共情者会以一种兴奋的样式来感受到这种回应。唤醒的状态本身可以起到暗示的功能，来回忆出更多的情感经历（Clark, 1982; LeDoux & Phelps, 2000; Leight & Ellis, 1981）。可以说，实际上，最初刻意共情中"假装（make believe）"的努力并不能引发明显的情感，除非这种努力能与自身相关的情感经历挂钩（Scheler, 1913）。这种观点认为，刻意的共情与系统行为类似，也就是说，与男女演员使用其意志来获取情感记忆，从而触发他们寻求情感经历的过程是类似的（可以比较Konijn, 2000）。这种推理清晰表明，角色扮演的共情有赖于观察者的情感记忆，并且，如果观察者没有相关的经历以供复活的话，仅仅依靠假装是行不通的。许多研究者强调了这种对相关经验的依赖（如，Allport, 1924; Murphy, 1937, 1983; Sapolsky & Zillmann, 1978）舍勒（Scheler, 1913）用这个例子来表明，共情永远不能真正分享情感，但却是观察者和观察对象之间一种最为近似的情感，因为观察者只能就他们自身的、私人的、独特的情感体验做出回应。

不认可、厌恶与不和谐的情感

观察模型角色外在的行为，同时以此为基础推断其意图，是接下来的方向（请看《虚构叙事中情感的戏剧技法》第13章的图3）。

如果模型角色的行为、明显的意图被认可，被认为是值得称赞的，观察者就会形成一种喜欢和关照的倾向，这种友好的倾向反过来培育了一种双倍的预期，既希望模型角色得到好处，同时又拒绝甚至害怕模型角色受到损害。当目睹模型角色或好或坏的命运时，不论哪一种情况逐渐实现，观察者都会做出共情回应：对受益的、满意的模型角色以及受到损害、受苦的模型角色，都会报以与之相符的情感回应。在这种情况下，模型角色的喜乐悲苦就是观察者的喜乐悲苦。

如果这个模型角色的行为和明显的意图被公开谴责，招致控诉的话，讨厌和抵制的倾向便形成了。这种敌意的倾向反过来培育了一种双倍的拒绝预期：既害怕模型角色受益，同时，又欢迎甚至希望模型角色受到损害。不论哪一种情况逐渐实现了，观察者都会做出反共情回应，当目睹模型角色或好或坏的运气时，对于受益的或受苦的模型角色，都会产生不和谐的情感。在这种案例中，模型角色的欢乐是观察者的痛苦，反之亦然。

这种平行但截然相反的命题可以循环式应用。通过把后期的行动、明显的意图以及细节性条件都放入刚开始或者早期发展过程的链条上，早期发展的倾向可以被明显地或者实质性地改变。这种重复的、倾向性的调整创造出了一个动态的体系，从道德上讲，这个动态的体系可以容纳行为历史不一致的复杂性格。这种调整提供了一种和任何角色打交道的手段，包括那些从好人变成坏人，或者从极坏变为善良、体贴、优秀的人，更不用说那些稳定的，结合了好与坏、是与非特征的人。

齐尔曼和坎托（Zillmann & Contor, 1977）实施了一项调查，该调查强烈支持上面提出的事件链。他们为儿童观众特意制作了电影，具体来看，二年级和三年级的男生和女生接触的是不同版本的电影，从面部表情和结构式访谈来评估孩子们对电影的情感反应，特别是评估他们对电影主角明确的感觉和倾向。电影的主人公是他们的同龄人，这个主角要么以一个最令人愉快和热心助人的样子出现，要么以一个令人讨厌、招人敌视的样子出现。不同性格发展的完成有两种方式：在与同龄人、宠物和弟弟的互动中表现出友善和支持；或者在同样的互动中表现出刻薄和粗鲁。研究结果显示：与操控行为一致，这个角色要么是慈爱的，要么就是坏心肠的。此外，这些学生受访者们开始喜欢"好的"主人公，讨厌"坏的"主人公。这些发现证实了这一提议，人类的行为是依据支持和不支持的态度来判断的。对一个人的情感倾向是在这种支持或不支持的基础上形成的。最后，电影的版本被给予了不同的结尾，在皆大欢喜的版本中，孩子们目睹主人公收下了一个新自行车，看到礼物时，他极度愉快，脸上洋溢着笑容跳了起来。在另一版本中，悲剧发生了，当主人公跳上他那辆旧自行车从街上冲下来时失去平衡，摔了下来。他尴尬不安、呼吸困难，痛苦溢于言表。从这两个版本的结局来看，访谈测量表现出的情感反应是，只有在对主人公有积极情感倾向的条件下，学生们对欢乐结局与悲伤结局才表现出共情。在消极情感倾向的条件下，共情没有缺席，但人们观察到了不协调的情感。图10.1展示了情感倾向和情感回应之间的横向互动。这些数据模型是从这些男生和女生中获得的。

很明显，这些受访者确实对主人公们的行为好坏做出了判断，而且，与之相符的是，当这些主人公能被公平对待时，受访者们做出接受他们命运好坏的准备。让受访者在目睹那些坏心肠的、不值得同情的角色受益后感到欣喜，这样的判断是不合适的。那种被认为完全不公平、不公正的结局，似乎给受访者带来了一种非常严重的烦恼。不过，还有一种判断是适当的：目睹那些坏人，罪有应得的角色受苦时，他们是欣喜的。

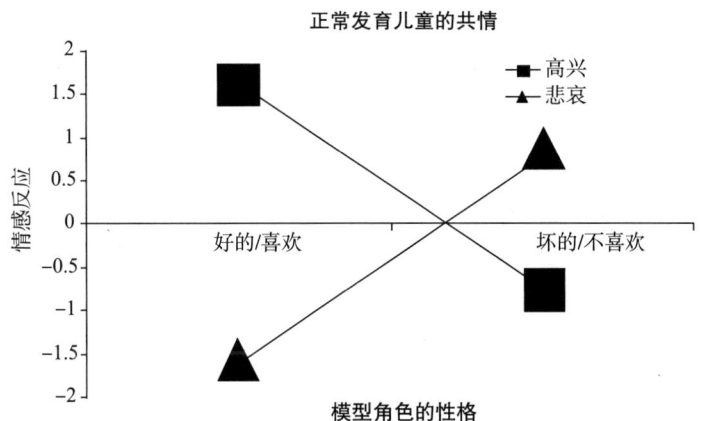

图10.1 对一个被认为是好的或坏的模型角色所表达的快乐与悲伤,是正常发育的儿童所持的共情和反共情反应。只有当模型角色是好的并令人喜欢的时候,儿童才会表现出共情。对坏模型角色的情感回应是,对其行为的不赞同会导致不喜欢,而不喜欢会产生不和谐的情感(改编自Zillmann & Cantor, 1977)。

有趣的是,对受访者面部表情的分析,没能展示出与他口头表达的共情以及不协调情感之间的密切联系。这一发现可以被理解成反对某个观点的证据,即面部反应可以视为感觉状态的首要决定性因素。在生产协调、不协调情感的过程中,认知操作的影响明显主导了面部的表情,但这个分析没有解释清楚:在产生不协调情感的条件里,到底在何种程度上,被报道的情感与面部表情之间的低相关是由于不连续的、自相矛盾的面部表情所导致的?可以想象,当那些孩子们看到那个恶人发生自行车事故时,他们起初的尴尬不安是条件反射,但随后他们的脸部表情便快速地转换到与其之前对该事件的认知评价相一致的样子。也可以想象,在坏人得到令人惊讶的好处的情况下,才出现了这种纠正。孩子们可能首先会积极回应,但只是短短一刻,然后会马上纠正他们的反应。这种可能存在的面部表情扭转,与之前提出的三要素共情模式是完全一致的。从这个模型来看,脸部可以追随认知评估,正如认知评估可以追随脸部表情一样。但这个发现并不能帮助解决这一问题,因为对脸部回应的评估是贯穿整个事件的。当人们需要一个更详细的分析时,为了保证所谓的机密,记录早已被销毁了。

那些已经发展出公平判断能力的孩子们,与那些没有发展出这种能力的孩子们相比较,他们对于共情调节的道德评价,特别是对于不协调情感的道德评判的回应,显得更加明显。威尔逊、坎托、科尔多曼和齐尔曼(Wilson, Cantor, Gordon & Zillmann, 1986)使用了齐尔曼和坎托(Zillmann & Cantor, 1977)在调查中使用的电影。他们对精神上有障碍、被认为是没有公平判断能力的孩子进行了调查。与费尔德曼、怀特和洛巴特(Feldman, White & Lobato, 1982)报告的障碍儿童的数据一致,事实证明,那些问题儿童有区分电影人物是"好"还是"坏"的能力(与那些道德发育水平最低的儿童相似,他们的感知只有部分是源于事件本身的作用,这些事件中的主人公是不能算数的,比如善良的主人公收到一件礼物时，孩子们会认为这时候的主人公比遭受厄运时更善良）。因而，这些障碍儿童似乎努力使用了模型角色行动中的认可与反对机制，至少看起来，他们给人正确地分类、贴标签，这与社会制裁和惩罚意义是一致的。不过，这些孩子没有给出证据来表明他们对应得性进行了评估，也没有形成与这些评估一致的倾向。他们似乎没有期待特别的结局，更不会畏惧他人。特别是他们没能理解讨厌的情绪，也没能理解共情不足、麻木冷淡的后果。这种道德调节的缺失导致他们无视特定的共情环境，依然以共情来回应。从图10.2来看，当坏人受益时，他们会以欣喜来回应，而当这个坏人遭遇不幸时，他们会以烦躁来回应。这些发现清楚地表明：当他们目睹一位愤怒的代理人而表现出喜悦或愤怒时，其不协调的情感实际是从理所应得（即道德评判）的角度来调节的。

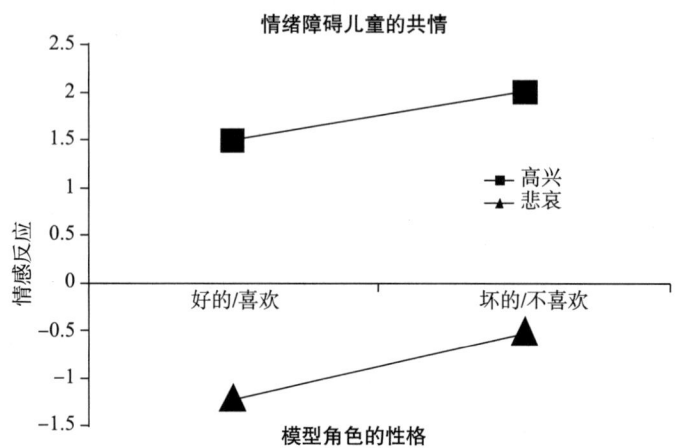

图10.2　精神障碍儿童的共情反应：这些儿童对模型角色的错误行为没有显示出厌恶的情绪，因而也没有发展出与模型角色悲喜相应的不协调情感的倾向。这些儿童在整个过程中都报以共情的回应，不论该模型角色的结局是否被认为值得（改编自 Wilson, Cantor, Gordon & Zillmann, 1986）。

另外一项针对儿童的调查，进一步建立了对不协调情感道德评判的调节（Zillmann & Bryant, 1975）机制。人们放映了一部童话影视作品来创造不同的惩罚性待遇。一个完美的王子和一个坏透了的王子进行斗争，在争斗中，坏王子占了上风，宣判好王子被流放到该王国的穷乡僻壤。后来好王子最终收回政权，并处于可以惩罚其对手的位置。这种惩罚要么公平（即好王子对坏王子采取相应惩罚），要么太过温和（即好王子非常宽容，没有报复），或者是太过严厉（即好王子的报复比坏王子最初的恶行更加残忍）。当惩罚具有正义性时，正常的孩子们会表现出对惩罚措施的喜悦（即支持并且显示出不协调、反共情的铁石心肠）。根据道德发展水平，人们有理由期待看到不同程度的赞成。道德水平发展到公平惩罚级别的儿童（Kohlberg, 1964; Piaget, 1948）理应支持公平惩罚，而非轻度或重度报复。而在这些不公平报复的案例中，他们的正义感被干扰，这种干扰应阻止并减少那种目睹惩罚被实施时欣快的反应。相反,道德水平发展到抵罪惩罚(expiatory retribution)级别的儿童,在目睹任何程度的惩罚都应由衷地感到喜悦。实际上,当他们想要从惩罚的严厉度来推断越轨的重要性时就可以推断,随着惩罚的严厉程度增加,喜悦会增加。其暗含的评价,即惩罚越严厉,破坏社会规范的行为就越能得到更好的纠正。

图10.3所示数据充分证实了一种预测,即对罪有应得的那一方施加厌恶会释放出一种喜悦,这种发现进一步支持了共情和反共情反应的过程链图式,而这个图式在本节的开头有详细讲解(另见《虚构叙事中情感的戏剧技法》一章的图10.3)。此图式规定,对后情感(post-affect)的赞成或对模型角色体验的不赞成,对观察对象有反馈情感倾向的能力。有人期待这种评估属于道德范围,而且可以调节被惩罚方与实施惩罚方之间的喜好和厌恶。这种调节实际上是可观察的,它完全符合受访者的道德评判体系。当坏王子没有受到应有的惩罚时,处于公平惩罚级别的儿童展现出了强烈的厌恶,相反,当对坏王子的惩罚过于严厉时,厌恶就变得微不足道了,他们似乎很同情坏王子。只有在好王子对坏王子充分实施了惩罚之后,这些儿童才会喜欢好王子。如果好王子没有实施惩罚,特别是当他表现出那种没必要的残忍时,则会引起他们强烈的反感。处于抵罪惩罚级别的儿童,则会表现得非常不同,他们对坏王子一直抱有一种极强的反感。实际上,他们最恨他的时候就是他受到应有惩罚之时,而他们最喜欢好王子的时候正是其充分实施了惩罚的时候。这种现象证实了皮亚杰的说法,对于这个道德发展水平的儿童来说,惩罚的严重程度与对正义的感知相关,即"越严厉,越公平"(Piaget, 1948, p.199)。

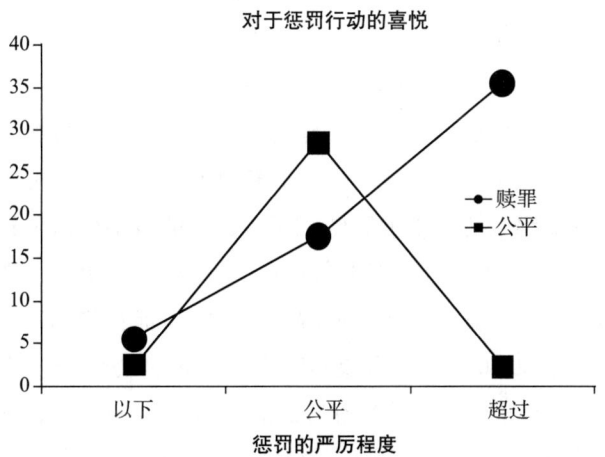

图10.3 对越轨者实施惩罚的好感度具有道德发展水平评判的功能:对于处于赎罪惩罚级别的儿童(由4岁的儿童来代表)来说,他们对于惩罚的好感会随着惩罚严厉程度的增加而增加。相比不公平的惩罚,处于公平惩罚级别的儿童(由7—8岁的儿童来代表),他们更喜欢公平成分而不会考虑不平等的方向(改编自Zillmann & Bryant, 1975)。

毫无疑问，这些关于不和谐、反共情情感的发现以及其他研究（如，Zillmann, 1980; Zillmann & Knobloch, 2001）说明，道德考虑在证明、允许和激励他人情感体验中的不和谐情感反应方面发挥着重要的作用。

信息时代的共情

新的传播技术，尤其是那些录制、储存、复制，超保真控制和传输复杂影视事件的容量似乎没有止境，人们普遍认为这种能力对公众的情绪、相关的情感经历、共情敏感以及由此而产生的共情不足，产生了深刻的影响。然而，对这种影响力的推测，人们的意见分歧很大。尽管任何假定的影响都有特定的指令，但其调节作用依然相当不明，在很大程度上，有关传播媒介影响的研究中，假定的情感提升和情感递减过程这一具体情况被忽略了。此外，对共情以及有着重要社会后果的共情敏感，我们还未能开展强有力的影响研究。

变革中的媒介格局

显然，传播技术已经极大改变了情感发展的条件，更重要的是，它也改变了情感维持的条件。与前技术时代接触到他人情感和情绪的机会相比，当代儿童和成人会被此类描述所淹没。在前技术时代，接触他人情感的机会受限于当时的社会环境和故事讲述。随着印刷材料的广泛应用，接触到他人情感的概率增加了，但也仅局限于他人的讲述之中，偶尔会以图片点缀，后来用一两张照片。就对他人情感的刻画而言，电影的发明开创了一个曝光量巨大的新纪元，见证一系列他人的（人类以及类人类角色）情绪，变成了人们的日常经历。最初在电影院，后来通过电视机和计算机播放的电影，基本上可以触达社会的所有成员，即所谓的大众传媒受众。全社会成员接触到他人情感的机会也或多或少地增加了。虽然不是很频繁，但他们有可能已经提前见证了在他们自身所处社会环境中并不存在的情感经历。以前有些成年人，可能有不少从未目睹的情感反应，比如一个受重伤的士兵的痛苦，一个遭到强暴的人的绝望，一个谋杀者虐待狂式的狂怒或一个打破纪录的运动员的兴高采烈等，而现在，他有可能目睹到这些。与此类似，现在的儿童也可能接触到很多那些在家里或同龄人当中很难物化的情绪，如害怕、生气、狂怒、憎恨或喜悦（Tannenbaum, 1980; Zillmann, 1980; Zillmann & Vorderer, 2000）。毫无疑问，现代社会中的儿童、成人等，大量接触他人深层情感的情况比较多。同样，新闻节目和档案也偏向于展示这些带有明显情感的事件，从而进一步加剧了这种接触的形势。

共情反应的含义

随着传播新技术的全面发展，自然而然，人们接触一系列对他人情感经历的影视描述的范围也飞跃发展。不过，对人们自身那些戏剧性的，同时有可能也很重要的情感经历的描述，变化并不是很明显，那些处在自己社会环境中的个体，只会对他人情感回应匆匆一瞥，来不及细细体会，而声像和影音媒介则会生动地描述出这些反应。很显然，新闻偏向于不只是细致生动地刻画出这些情感，而且会倾向于借助那些摄影技术，比如慢动作以及无数其他特效将其细致、夸张地呈现出来。受访者从而得以近距离地听到、看到这些情况，比如一对夫妇得知自己中了数百万美元的头奖后高兴得跳起来，一个女人得知自己的两个儿子淹死了而歇斯底里地尖叫，政府官员用枪指着自己的头并扣动扳机自杀，或是一个泥石流中的小女孩被慢慢淹死。例如，那个淹没在泥石流中的小女孩，其特写镜头可能是极端的，以至于受访者必定会感到自己身临其境地、眼睁睁地看到她陷入泥中而无法抵挡那些没过她眼睛和鼻子的泥淖。在某种程度上，面部表情和这些发声的情绪，在引发共情（以及随之产生的反共情）方面都发生了关键的作用。应该可以证实，这种对人类情感反应"超常"的刻画，可以扭转那些建立在非人工社会环境中的反应。

首先，可以想到，在早期阶段，模型角色超常的面部表情展示，培育了极为忠实的面部表情模仿能力，如果真是如此，儿童对于一系列他人的情感体验应该促进其共情回应。特别是对极端情感的表达，有可能在情感展示及其相关的情感回应之间培育出持久的联系。因为在情感记忆里，这些展示有可能留下几乎不可磨灭的痕迹（LeDoux, 1996; McGaugh, 1992）。其次，即使不考虑面部模仿在情感回应发展中可能起到的作用，如它告知在这些环境下所表演的反应似乎是适当的一样，频繁地接触对他人情感反应极其细致的描述，也理应进一步推进人们对情绪展示规则的习得（比较 Saarni, 1982, 1999; Saarni & von Salisch, 1993）以及提升人们在使用规则过程中的能力。假设媒介可极其准确地描述那些铺天盖地的展示规则，那么儿童（还有成人）理应对一系列类似的规则变得熟悉，而且学会在新形势下使用它们，即在那些还没有准备好的情况下，在有限的环境中学会使用它们。

在前技术和技术社会里，接触他人情感的另一个主要区别在于再现（representation）的符号形态。早期再现的形式几乎全是非象征式的，符号与所指（即在指定与被指定）的刺激之间微弱的关系，使得共情和反共情反应有赖于观念性再现的生成，从而反过来，有赖于自身引发相似情感条件的体验。简言之，来自对他人情感的口头报告，甚至是在借助报告者做鬼脸、打手势时，还包括有赖于大量想象活动中那些一致和不一致的强烈情感。如今象征式再现，由于它们在再生产中极端保真，似乎使这些活动变得多余起来，好像根本没什么可以转化的。有点似乎不太清楚，即到底是对想象过程的依赖程度过深培育出了强烈的共情或反共情，还是依赖程度过浅培育出了强烈的共情或反共情？可以想到的是，由于严重有赖于自身的相关经历，对他人情感的非象征符号与观念性表达符号的转换，特别有利于情感回应。但同样可能的是，高度保真的象征式再现也激活了相关情感记忆结构。这种象征式再现可能会充当特别强有力的情感引发器，因为，在它引发的情感里，结合了来自记忆的情感，这些情感彻底恢复了人们接触到的关于其自身象征式再现的记忆。

不过，对他人情感描述的另一个基本区别，在于前技术时代和技术时代对于再现的节奏不同。而直接感知他人情绪体验所产生的感情通常不会在短时间内减少（即人们可以专注于他们的经验，只要他们愿意），为便于情感反应的情节完全展开，口头表达倾向于跟随讲述者的节奏，或者由读者自己来定节奏，在传播媒介中，一个又一个的象征性情节链（episodic chunk）没有中断，在对一个刻画他人情绪的情节产生共情反应之前，故事就开始继续向前发展了。

比如在快节奏的动作冒险电影中，儿童可能会看过一个深受爱戴的主人公被抓获、被折磨，被坏主人公给杀死，随之主人公的朋友们深深地悲痛。所有这些情节的发生可能只需要七秒钟，故事可能会随着悬念的延长而继续追随肇事者并最终将其抓获和惩罚。同样，成年人会对一个新闻节目做出反应，这个新闻节目呈现了一个刚刚得知丈夫在煤矿爆炸中丧生的妇女的情感反应，紧接着是关于公共汽车司机罢工的报道，以及华尔街唱片交易和一则广告，其中一位女性模型角色证明古龙水对男性有增强性欲的作用。这种无关信息或娱乐的再现片段往往会被随意地排练成一个序列，显然很少（如果有的话）考虑观众对不同片段的情绪反应。

不论现实信息节奏形成的原因是什么，当代视听故事的讲述、报道，很可能对儿童和成人产生具有大量规律性的情感混乱，将兴奋活动视为情感反应的主要强度决定因素会导致一种预测：由于兴奋反应的潜伏期，对它们所属的"情感"反应，许多回应实现得太慢、表现得太晚，更为重要的是，由于兴奋活动的缓慢消失，导致了另外一种预测，即由于特定情节或报道所引发的兴奋，将会在接下来被呈现的情节或报道中得到强化（Zillmann, 1978, 1984；参见《虚构叙事中情感的戏剧技法》第13章）。例如，对一个喜爱角色的不幸（如共情式沮丧）所带来的悲痛的短暂压制，伴随接下来的幽默事件，会产生一种快乐（如，Cantor, Bryant, & Zillmann, 1974）；而对非虚构事件的共情式沮丧所产生的反应的短暂压制，有可能提高接下来的广告产品的吸引力（如，Mattes & Cantor, 1982）。

现代媒介再现中引发情感事件的快节奏化，似乎减少了情感反应，尤其是减少了共情式的情感反应：（a）通过阻止回应的完全开展来减少情感反应，因为情感被引发出来后，干扰人的、相互竞争的信息出来得太快；（b）通过强化（借助兴奋转换）后续的、潜在的、非共情式的情感来创造情感混乱。因此，共情反应的内在强度经常被剥夺，而其后续的反应通常是人工强化的。不过，有时候共情反应会被偶然接触到的、之前不相干的唤醒材料所带来的兴奋感强化（如，Zillmann, Mody & Cantor, 1974）。在某种程度上，对情节链快节奏的再现，损害了回应者对自身情感反应的反思，而这种反思对共情经历是至关重要的。另外，对引发情感内容的快速阐释，可能是让共情反应发展更为贫乏无力的又一因素（Singer, 1980; Singer & Singer, 1990）。

最后，接触他人情绪的程度高低一定会减少共情反应的强度。因为这种反应的消退会让与情感体验相关的兴奋反应成为一种习惯（Grings & Dawson, 1978; Henry, 1986; Zillmann, 1996）。在长期的情感消费中，情感反应的消减表现得最为明显（Howard, Reiffer & Lipzin, 1971; Mann等，1974; Zillmann, 1989, 1991）。在青少年对暴力动作、恐怖电影的消费中，其表现也尤其明显（Sparks & Sparks, 2000; Tamborini, 2003; Zillmann & Gibson, 1996; Zillmann & Weaver, 1996）。虽然没有直接证据显示，因频繁接触到其他情感会导致习惯性兴奋中共情反应的减少，但我们依然有足够的理由认为，上述情感的消减过程扩展到了共情领域。

考虑到媒介再现提高共情反应的可能性，本研究聚焦了共情倾向对共情、反共情的含义，研究发现：任何戏剧描述，包括新闻中的戏剧性事件，都存在清晰、明确的道德。这种结论特别适合那些处于低阶道德发育水平的儿童。对于这些儿童来说，儿童剧中那些角色毫不含糊地把有些人定义为好与歹、可爱与可恨，或简单来讲，分为英雄与流氓。这种绝对的喜欢组成了共情反应发育的最佳条件；而绝对的厌恶构成了反共情回应中所必需的麻木冷淡。对一个人的冷漠和矛盾心理构成了一种条件，在这种条件下，协调、不协调的情感都是不可能的。即使情感反应出现了，其强度也是可忽略不计的。因而这种条件无益于儿童的共情式敏感的发育。那种并不复杂且明晰的，倾向于主角与对手的戏剧，成为一种非常适合培育这种敏感性的类型。这点对于维持成年人的共情与反共情敏感也非常重要。因为它避免了把坏英雄和好流氓，善良的怪兽、有着悲剧性缺陷的英雄等角色复杂地牵扯在一起。简单来说，它避免了容易使受访者忽视这又忽视那的倾向性情况。我们还可以指望：出于保留对戏剧讨喜的情感反应的打算，有必要增加那些情感丰富的事件的描述。看起来，娱乐媒介的创造者们把各类受众情感敏感的衰落当作了生活中的事实，一直对不断增多的极端情绪事件使用生动形象的描绘，彰显了他们这种非常明显的想法。在威胁、危险、暴力及其他高度唤醒的行为描述中，这种升级非常明显，如色情描述中（Anscombe, 1987; Bryant & Zillmann, 2001; Zillmann & Bryant, 1986），这导致了一种完全过量且常常过分的情感描述，一种厌恶的螺旋式上升，这种厌恶可能培育出一种对他人情感的麻木。

很清楚，以上大多数预测都源于理论主张，以下主题的经验性探究还处在初期阶段，这些研究主题包括：传播媒介对儿童情感反应性发展；对成人情感式敏感性发展；对共情式敏感的维持；对情感的驯化；情感钝性和麻木的形成。常言道，"我们还要研究研究"，这句话非常适合本文，因为相比其他媒介影响研究而言，我们更需要研究媒介对情感、情绪的效果。

参考文献

Allport, F. (1924). *Social psychology*. New York: Houghton Mifflin.
Anscombe, R. (1987, May 4). Stranger than fiction. *Newsweek*, pp. 8–9.
Aronfreed, J. (1968). *Conduct and conscience: The socialization of internalized control over behavior*. New York: Academic Press.
Aronfreed, J. (1970). The socialization of altruistic and sympathetic behavior: Some theoretical and experimental anal- yses. In J. Macaulay & L. Berkowitz (Eds.), *Altruism and helping behavior* (pp. 103–126). New York: Academic Press.
Berger, S. M. (1962). Conditioning through vicarious instigation. *Psychological Review, 29,* 450–466.
Berger, S. M., & Hadley, S. W. (1975). Some effects of a model's performance on observer electromyographic activity. *American Journal of Psychology, 88,* 263–276.
Bernal, G., & Berger, S. M. (1976). Vicarious eyelid conditioning. *Journal of Personality and Social Psychology, 34,* 62–68.
Borke, H. (1971). Interpersonal perception of young children: Egocentrism or empathy? *Developmental Psychology, 5,* 263–269.
Bryant, J., & Zillmann, D. (2001). Pornography: Models of effects on sexual deviancy. In C. D. Bryant (Ed.), *Ency- clopedia of criminology and deviant behavior* (pp. 241–244). Philadelphia, PA: Brunner-Routledge.
Buck, R. (1980). Nonverbal behavior and the theory of emotion: The facial feedback hypothesis. *Journal of Personality and Social Psychology, 38,* 811–824.
Buck, R., & Ginsburg, B. (1991). Emotional communication and altruism: The communicative gene hypothesis. In M. Clark (Ed.), *Review of personality and social psychology* (Vol. 12, pp. 149–75). Newbury Park, CA: Sage.
Buck, R., & Ginsburg, B. (1997). Communicative genes and the evolution of empathy. In W. Ickes (Ed.), *Empathic accuracy* (pp. 17–43). New York: Guilford.
Cacioppo, J. T., & Tassinary, L. G. (Eds.). (1990). *Principles of psychophysiology: Physical, social, and inferential elements*. Cambridge: Cambridge University Press.
Cantor, J. R., Bryant, J., & Zillmann, D. (1974). Enhancement of humor appreciation by transferred excitation. *Journal of Personality and Social Psychology, 30,* 812–821.
Cialdini, R. B., & McPeek, R. W. (1974, May). *Yawning, yielding, and yearning to yawn*. Paper presented at the meeting of the Midwest Psychological Association, Chicago.
Clark, M. S. (1982). A role for arousal in the link between feeling states, judgments, and behavior. In M. S. Clark & S. T. Fiske (Eds.), *Affect and cognition: The seventeenth annual Carnegie Symposium on Cognition* (pp. 263–289). Hillsdale, NJ: Erlbaum.
Cline, V. B., & Richards, J. M., Jr. (1960). Accuracy of interpersonal perception: A general trait? *Journal of Abnormal and Social Psychology, 60,* 20–30.
Craig, K. D., & Lowery, H. J. (1969). Heart-rate components of conditioned vicarious autonomic responses. *Journal of Personality and Social Psychology, 11,* 381–387.
Damasio, A. R. (1994). *Descartes' error*. New York: Putnam.
Darwin, C. (1872). *The expression of emotions in man and animals*. London: Murray.
Davis, M. H., Hull, J. G., Young, R. D., & Warren, G. G. (1987).Emotional reactions to dramatic film stimuli: The influence of cognitive and emotional empathy. *Journal of Personality and Social Psychology, 52,* 126–133.
Duan, C., & Hill, C. E. (1996). The currant state of empathy research. *Journal of Counseling Psychology, 43*(3), 261–274.
Dymond, R. F. (1949). A scale for measurement of empathic ability.*Journal of Consulting Psychology, 14,* 127–133.
Dymond, R. F. (1950). Personality and empathy. *Journal of Consulting Psychology, 14,* 343–350.
Eibl-Eibesfeldt, I. (1970). *Ethology: The biology of behavior*. New York: Holt, Rinehart & Winston.
Eisenberg, N. (2000). Empathy and sympathy. In M. Lewis & J. M. Haviland (Eds.), *Handbook of emotions: Second edition* (pp. 677–691). New York: Guilford.
Englis, B. G., Vaughan, K. B., & Lanzetta, J. T. (1982).Conditioning of counter-empathic emotional responses. *Journal of Experimental Social Psychology, 18,* 375–391.
Feldman, R. S., White, J. B., & Lobato, D. (1982). Social skills and nonverbal behavior in children. In R. S. Feldman (Ed.), *Development of nonverbal behavior in children* (pp. 259–277). New York: Springer-Verlag.
Fenichel, O. (1954). *The psychoanalytic theory of neurosis*. New York: Norton.
Feshbach, N. D. (1978). Studies of empathic behavior in children. In B. A. Maher (Ed.), *Progress in experimental personality research* (Vol. 8, pp. 1–47). New York: Academic Press.
Freud, S. (1921/1950). *Group psychology and the analysis of the ego* (J. Strachey, Trans.). New York: Bantam Books.
Freud, S. (1933/1964). New introductory lectures on psycho-analysis. In J. Strachey (Ed. & Trans.), *The standard edition of the complete psychological works of Sigmund Freud* (Vol. 22, pp. 7–182). London: Hogarth Press.
Grings, W. W., & Dawson, M. E. (1978). *Emotions and bodily responses: A psychophysiological approach*. New York: Academic Press.
Hamilton, M. L. (1972). Imitation of facial expression of emotion.*Journal of Psychology, 80,* 345-350.
Hart, T. (1999). The refinement of empathy. *Journal of Humanistic Psychology, 39*(4), 111–125.
Haskins, J. B. (1984). Morbid curiosity and the mass media: A synergistic relationship. In J. A. Crook, J. B. Haskins, & P. G.

Ashdown (Eds.), *Morbid curiosity and the mass media: Proceedings of a symposium* (pp. 1–44). Knoxville, TN: University of Tennessee and the Gannett Foundation.

Henry, J. P. (1986). Neuroendocrine patterns of emotional response. In R. Plutchik & H. Kellerman (Eds.), *Emotion: Theory, research, and experience: Vol. 3. Biological foundations of emotion* (pp. 37–60). Orlando, FL: Academic Press.

Hinde, R. A. (1970). *Animal behaviour: A synthesis of ethology and comparative psychology* (2nd ed.). New York: McGraw-Hill.

Hoffman, M. L. (1973). *Empathy, role-taking, guilt and the development of altruistic motives* (Developmental Psy- chology Report No. 30). Ann Arbor: University of Michigan.

Hoffman, M. L. (1977). Empathy, its development and prosocial implications. In H. E. Howe, Jr. (Ed.), *Nebraska Symposium on Motivation* (Vol. 25, pp. 169–217). Lincoln: University of Nebraska Press.

Hoffman, M. L. (1978). Toward a theory of empathic arousal anddevelopment. In M. Lewis & L. A. Rosenblum (Eds.), *The development of affect* (pp. 227–256). New York: Plenum Press.

Hoffman, M. L. (1984). Interaction of affect and cognition in empathy. In C. E. Izard, J. Kagan, & R. B. Zajonc (Eds.), *Emotions, cognition, and behavior* (pp. 103–131). Cambridge: Cambridge University Press.

Hoffman, M. L. (1987). The contribution of empathy to justice and moral judgement. In N. Eisenberg, & J. Strayer (Eds.), *Empathy and its development* (pp. 47–80). Cambridge: Cambridge University Press.

Howard, J. L., Reifler, C. B., & Liptzin, M. B. (1971). Effects of exposure to pornography. In *Technical Report of The Commission on Obscenity and Pornography* (Vol. 8, pp. 97–132). Washington, DC: U.S. Government Printing Office.

Humphrey, G. (1922). The conditioned reflex and the elementary social reaction. *Journal of Abnormal and Social Psychology, 17,* 113–119.

Hygge, S. (1976a). *Emotional and electrodermal reactions to the suffering of another: Vicarious instigation and vicarious classical conditioning.* Studia psychologica Upsaliensia 2. Uppsala: Acta Universitatis Upsaliensis.

Hygge, S. (1976b). Information about the model's unconditioned stimulus and response in vicarious classical condi- tioning. *Journal of Personality and Social Psychology, 33,* 764–771.

Ickes, W. (Ed.). (1997). *Empathic accuracy.* New York: Guilford.

Izard, C. E. (1977). *Human emotions.* New York: Plenum Press.

Katz, R. L. (1963). *Empathy: Its nature and uses.* Glencoe, IL: Free Press.

Keltner, D., & Ekman, P. (2000). Facial expression of emotion. In M. Lewis & J. M. Haviland (Eds.), *Handbook of emotions: Second edition* (pp. 236–249). New York: Guilford.

Kieras, D. (1978). Beyond pictures and words: Alternative information-processing models for imagery effects in verbal memory. *Psychological Bulletin, 85,* 532–554.

Kintsch, W. (1974). *The representation of meaning in memory.* Hillsdale, NJ: Erlbaum.

Kohlberg, L. (1964). Development of moral character and moral ideology. In M. L. Hoffman & L. W. Hoffman (Eds.), *Review of child development research* (Vol. 1, pp. 383–431). New York: Russell Sage Foundation.

Konijn, E. (2000). *Acting emotions: Shaping emotions on stage.* Amsterdam, The Netherlands: Amsterdam University Press.

Laird, J. D. (1974). Self-attribution of emotion: The effects of expressive behavior on the quality of emotional experience. *Journal of Personality and Social Psychology, 29,* 475–486.

Lang, P. J. (1979). A bio-informational theory of emotional imagery. *Psychophysiology, 16,* 495–512.

Lang, P. J. (1984). Cognition in emotion: Concept and action. In C. E. Izard, J. Kagan, & R. B. Zajonc (Eds.), *Emotions, cognition, and behavior* (pp. 192–226). Cambridge: Cambridge University Press.

Lanzetta, J. T., Cartwright-Smith, J., & Kleck, R. E. (1976). Effects of nonverbal dissimulation on emotional experience and autonomic arousal. *Journal of Personality and Social Psychology, 33,* 354–370.

Lanzetta, J. T., & Orr, S. P. (1981). Stimulus properties of facial expressions and their influence on the classical conditioning of fear. *Motivation and Emotion, 5,* 225–234.

LeDoux, J. (1996). *The emotional brain: The mysterious underpinnings of emotional life.* New york: Simon & Schuster.

LeDoux, J. E., & Phelps, E. A. (2000). Emotional networks in the brain. In M. Lewis & J. M. Haviland (Eds.), *Handbook of emotions: Second edition* (pp. 157–172). New York: Guilford.

Leight, K. A., & Ellis, H. C. (1981). Emotional mood states, strategies, and stateg dependency in memory. *Journal of Verbal Learning and Verbal Behavior, 20,* 251–266.

Levenson, R. W., Ekman, P., & Friesen, W. V. (1990). Voluntary facial action generates emotion-specific autonomic nervous system activity. *Psychophysiology, 27,*363–384.

Levy, J. (1997). A note on empathy. *New Ideas in Psychology, 15*(2), 179–184.

Lipps, T. (1903). *A¨sthetik: Psychologie des Scho¨nen und der Kunst: Vol. 1. Grundlegung der A¨sthetik* [Aesthetics: Psychology of beauty and art: Vol. 1. Foundation of aesthetics]. Hamburg: Voss.

Lipps, T. (1906). *A¨sthetik: Psychologie des Scho¨nen und der Kunst: Vol. 2. Die a¨sthetische Betrachtung und die bildende Kunst* [Aesthetics: Psychology of beauty and art: Vol. 2. Aesthetic contemplation and educational art]. Hamburg: Voss.

Lipps, T. (1907). Das Wissen von fremden Ichen [Knowledge of other selfs]. *Psychologische Untersuchungen, 1*(4), 694–722.

Lockard, J. S. (Ed.). (1980). *The evolution of human social behavior.* New York: Elsevier.

MacLean, P. D. (1958). The limbic system with respect to self-preservation and the preservation of the species. *Journal of Nervous and Mental Disease, 127,* 1–11.

MacLean, P. D. (1967). The brain in relation to empathy and medical education. *Journal of Nervous and Mental Disease, 144,* 374–382.

MacLean, P. D. (1990). *The triune brain in evolution.* New York: Plenum.

McGaugh, J. L. (1992). Affect, neuromodulatory systems, and memory storage. In S.-°A. Christianson (Ed.), *The hand- book of emotion and memory: Research and theory* (pp. 247–268). Hillsdale: NJ: Lawrence Erlbaum Associates.

Mann, J., Berkowitz, L., Sidman, J., Starr, S., & West, S. (1974). Satiation of the transient stimulating effect of erotic films. *Journal of Personality and Social Psychology, 30,* 729–735.

Mathews, K., & Stotland, E. (1973). *Empathy and nursing students' contact with patients.* Mimeo, University of Washington, Spokane.

Mattes, J., & Cantor, J. (1982). Enhancing responses to television advertisements via the transfer of residual arousal from prior programming. *Journal of Broadcasting, 26,* 553–556.

McDougall, W. (1908). *An introduction to social psychology.* London: Methuen.

McDougall, W. (1922). A new theory of laughter. *Psyche, 2,* 292–303.

Mead, G. H. (1934). *Mind, self and society.* Chicago: University of Chicago Press.

Mehrabian, A., & Epstein, N. (1972). A measure of emotional empathy. *Journal of Personality, 40,* 525–543.

Murphy, L. B. (1937). *Social behavior and child personality.* New York: Columbia University Press.

Murphy, L. B. (1983). Issues in the development of emotion in infancy. In R. Plutchik & H. Kellerman (Eds.), *Emotion: Theory, research, and experience: Vol. 2. Emotions in early development* (pp. 1–55). New York: Academic Press.

Öhman, A., & Dimberg, U. (1978). Facial expressions as conditioned stimuli for electrodermal responses: A case of "preparedness"? *Journal of Personality and Social Psychology, 36,* 1251–1258.

Orr, S. P., & Lanzetta, J. T. (1980). Facial expressions of emotion as conditioned stimuli for human autonomic responses. *Journal of Personality and Social Psychology, 38,* 278–282.

Piaget, J. (1948). *The moral judgment of the child.* Glencoe, IL: Free Press.

Plutchik, R. (1980). *Emotion: A psychoevolutionary synthesis.* New York: Harper and Row.

Plutchik, R. (1987). Evolutionary bases of empathy. In N. Eisenberg & J. Strayer (Eds.), *Empathy and its development* (pp. 38–46). Cambridge: Cambridge University Press.

Pylyshyn, Z. W. (1973). What the mind's eye tells the mind's brain: A critique of mental imagery. *Psychological Bulletin, 80,* 1–24.

Rogers, C. R. (1967). *Person to person.* Lafayette, CA: Real People Press.

Saarni, C. (1982). Social and affective functions of nonverbal behavior: Developmental concerns. In R. S. Feldman (Ed.), *Development of nonverbal behavior in children* (pp. 123–147). New York: Springer Verlag.

Saarni, C. (1999). *The development of emotional competence.* New York: Guilford Press.

Saarni, C., & von Salisch, M. (1993). The socialization of emotional dissemblance. In M. Lewis & C. Saarni (Eds.), *Lying and deception in everyday life* (pp. 106–125). New York: Guilford Press.

Sagi, A., & Hoffman, M. L. (1976). Empathic distress in newborns. *Developmental Psychology, 12,* 175–176.

Sapolsky, B. S., & Zillmann, D. (1978). Experience and empathy: Affective reactions to witnessing childbirth. *Journal of Social Psychology, 105,* 131–144.

Scheler, M. (1913). *Zur Phañomenologie und Theorie der Sympathiegefühle und von Liebe und Hass*: Mit einem Anhang über den Grund zur Annahme der Existenz des fremden ich [Contribution to the phenomenology and theory of feelings of sympathy and of love and hate: With a postscript about the reason for the assumption of the existence of the external me]. Halle a. S., Germany: Niemeyer.

Schwartz, G. E. (1977). Biofeedback and patterning of autonomic and central processes: CNS-cardiovascular in- teractions. In G. E. Schwartz & J. Beatty (Eds.), *Biofeedback: Theory and research* (pp. 183–219). New York: Academic Press.

Scott, J. P. (1959). *Animal behavior.* Chicago: University of Chicago Press.

Scott, J. P. (1969). The social psychology of infrahuman animals. In G. Lindzey & E. Aronson (Eds.), *The handbook of social psychology: Second edition* (Vol. 4, pp. 611–642). Reading, MA: Addison-Wesley.

Seligman, M. E. P. (1970). On the generality of the laws of learning. *Psychological Review, 77,* 406–418.

Simner, M. L. (1971). Newborn's response to the cry of another infant. *Developmental Psychology, 5,* 136–150.

Singer, D. G., & Singer, J. L. (1990). *The house of make-believe: Children's play and the development of imagination.* Cambridge, MA: Harvard University Press.

Singer, J. L. (1980). The power and limitations of television: A cognitive-affective analysis. In P. H. Tannenbaum (Ed.), *The entertainment functions of television* (pp. 31–65). Hillsdale, NJ: Lawrence Erlbaum Assoc.

Smith, A. (1759/1971). *The theory of moral sentiments.* New York: Garland.

Sparks, G. G., & Sparks, C. W. (2000). Violence, mayhem, and horror. In D. Zillmann & P. Vorderer (Eds.), *Media entertainment: The psychology of its appeal* (pp. 73–91). Mahwah, NJ: Lawrence Erlbaum Assoc.

Spitz, R. A., & Wolf, K. M. (1946). The smiling response: A contribution to the ontogenesis of social relations. *Genetic Psychology Monographs, 34,* 57–125.

Stein, E. (1970). *On the problem of empathy* (2nd ed.). The Hague: Nijhoff.

Stotland, E. (1969). Exploratory investigations of empathy. In L. Berkowitz (Ed.), *Advances in experimental social psychology* (Vol. 4, pp. 271–314). New York: Academic Press.

Stotland, E., Mathews, K. E., Jr., Sherman, S. E., Hansson, R. O., &Richardson, B. Z. (1978). *Empathy, fantasy, and helping*. Beverly Hills, CA: Sage Publications.
Sullivan, H. S. (1940). *Conceptions of modern psychiatry*. London: Tavistock Press.
Tagiuri, R. (1969). Person perception. In G. Lindzey & E. Aronson(Eds.), *The handbook of social psychology: Vol. 3. The individual in a social context* (2nd ed., pp. 395–449). Reading, MA: Addison-Wesley.
Tamborini, R. (2003). Enjoyment and social functions of horror. In J. Bryant, D. Roskos-Ewoldsen, & J. Cantor (Eds.), *Communication and emotion: Essays in honor of Dolf Zillmann* (pp. 417–443). Mahwah, NJ: Lawrence Erlbaum Associate.
Tannenbaum, P. H. (Ed.). (1980). *The entertainment functions of television*. Hillsdale, NJ: Lawrence Erlbaum Asso- ciates.
Thornton, S., & Thornton, D. (1995). Facets of empathy. *Personality and Individual Differences, 19*(5), 765–767.
Tomes, H. (1964). The adaptation, acquisition, and extinction of empathically mediated emotional responses. *Disser-tation Abstracts, 24*, 3442–3443.
Tomkins, S. S. (1962). *Affect, imagery, consciousness: Vol. 1. The positive affects*. New York: Springer-Verlag.
Tomkins, S. S. (1963). *Affect, imagery, consciousness: Vol. 2. The negative affects*. New York: Springer-Verlag.
Tourangeau, R., & Ellsworth, P. C. (1979). The role of facial response in the experience of emotion. *Journal of Personality and Social Psychology, 37*, 1519–1531.
Trevarthen, C. (1984). Emotions in infancy: Regulators of contact and relationships with persons. In K. R. Scherer & P. Ekman (Eds.), *Approaches to emotion* (pp. 129–157). Hillsdale, NJ: Lawrence Erlbaum Associates.
Truax, C. B. (1961). A scale for the measurement of accurate empathy. *Psychiatric Institute Bulletin 1*, No. 12., Wisconsin Psychiatric Institute, University of Wisconsin.
Vaughan, K. B., & Lanzetta, J. T. (1980). Vicarious instigation and conditioning of facial expressive and autonomic responses to a model's expressive display of pain. *Journal of Personality and Social Psychology, 38*, 909–923.
Wagner, H., & Manstead, A. (Eds.). (1989). *Handbook of Social Psychophysiology*. New York: John Wiley.
Washburn, R. W. (1929). A study of the smiling and laughing of infants in the first year of life. *Genetic Psychology Monographs, 6*, 398–537.
Wilson, B. J., Cantor, J., Gordon, L., & Zillmann, D. (1986). Affective response of nonretarded and retarded children to the emotions of a protagonist. *Child Study Journal, 16*(2), 77–93.
Worringer, W. (1908/1959). *Abstraktion und Einfühlung: Ein Beitrag zur Stilpsychologie* [Abstraction and empathy: A contribution to the psychology of style]. München: Piper.
Zajonc, R. B. (1980). Feeling and thinking: Preferences need no inferences. *American Psychologist, 35*(2), 151–175.
Zillmann, D. (1978). Attribution and misattribution of excitatory reactions. In J. H. Harvey, W. J. Ickes, & R. F. Kidd (Eds.), *New directions in attribution research* (Vol. 2, pp. 335–368). Hillsdale, NJ: Erlbaum.
Zillmann, D. (1979). *Hostility and aggression*. Hillsdale, NJ: Lawrence Erlbaum Associates.
Zillmann, D. (1980). Anatomy of suspense. In P. H. Tannenbaum (Ed.), *The entertainment functions of television* (pp. 133–163). Hillsdale, NJ: Lawrence Erlbaum Associates.
Zillmann, D. (1983). Transfer of excitation in emotional behavior. In J. T. Cacioppo & R. E. Petty (Eds.), *Social psychophysiology: A sourcebook* (pp. 215–240). New York: Guilford Press.
Zillmann, D. (1984). *Connections between sex and aggression*. Hillsdale, NJ: Lawrence Erlbaum Associates.
Zillmann, D. (1988). Cognition-excitation interdependencies in aggressive behavior. *Aggressive Behavior, 14*, 51–64.
Zillmann, D. (1989). Effects of prolonged consumption of pornography. In D. Zillmann & J. Bryant (Eds.), *Pornog- raphy: Research advances and policy considerations* (pp. 127–157). Hillsdale, NJ: Erlbaum.
Zillmann, D. (1991). Television viewing and physiological arousal. In J. Bryant & D. Zillmann (Eds.), *Responding to the screen: Reception and reaction processes* (pp. 103–133). Hillsdale, NJ: Lawrence Erlbaum Associates.
Zillmann, D. (1996). Sequential dependencies in emotional experience and behavior. In R. D. Kavanaugh, B. Zimmer- berg, & S. Fein (Eds.),*Emotion: Interdisciplinary perspectives* (pp. 243–272). Mahwah, NJ: Lawrence Erlbaum Associates.
Zillmann, D. (1998). The psychology of the appeal of portrayals of violence. In J. H. Goldstein (Ed.), *Why we watch: The attractions of violent entertainment* (pp. 179–211). New York: Oxford University Press.
Zillmann, D. (2000). Basal morality in drama appreciation. In I. Bondebjerg (Ed.), *Moving images, culture and the mind* (pp. 53–63). Luton, England: University of Luton Press.
Zillmann, D. (2003). Affective dynamics, emotions and moods. In J. Bryant, D. Roskos-Ewoldsen, & J. Cantor (Eds.), *Communication and emotion: Essays in honor of Dolf Zillmann* (pp. 533–567). Mahwah, NJ: Lawrence Erlbaum.
Zillmann, D., & Bryant, J. (1975). Viewer's moral sanction of retribution in the appreciation of dramatic presentations. *Journal of Experimental Social Psychology, 11*, 572–582.
Zillmann, D., & Bryant, J. (1986). Shifting preferences in pornography consumption. *Communication Research, 13*, 560–578.
Zillmann, D., & Cantor, J. R. (1976). A disposition theory of humour and mirth. In A. J. Chapman & H. C. Foot (Eds.), *Humour and laughter: Theory, research, and applications* (pp. 93–115). London:Wiley.
Zillmann, D., & Cantor, J. R. (1977). Affective responses to the emotions of a protagonist. *Journal of Experimental Social Psychology, 13*, 155–165.
Zillmann, D., & Gibson, R. (1996). Evolution of the horror genre. In J. B. Weaver & R. Tamborini (Eds.), *Horror films: Current research on audience preferences and reactions* (pp. 15–31). Mahwah, NJ: Lawrence Erlbaum Associates.

Zillmann, D., & Knobloch, S. (2001). Emotional reactions to narratives about the fortunes of personae in the news theater. *Poetics, 29,* 189–206.

Zillmann, D., Mody, B., & Cantor, J. R. (1974). Empathic perception of emotional displays in films as a function of hedonic and excitatory state prior to exposure. *Journal of Research in Personality, 8,* 335–349.

Zillmann, D., & Vorderer, P. (Eds.). (2000). *Media entertainment: The psychology of its appeal.* Mahwah, NJ: Lawrence Erlbaum Associates.

Zillmann, D., & Weaver, J. B. (1996). Gender-socialization theory of reactions to horror. In J. B. Weaver & R. Tamborini (Eds.), *Horror films: Current research on audience preferences and reactions* (pp. 81–101). Mahwah, NJ: Lawrence Erlbaum Associates.

Zuckerman, M., Klorman, R., Larrance, D. T., & Spiegel, N. H. (1981). Facial, autonomic, and subjective components of emotion: The facial feedback hypothesis versus the externalizer-internalizer distinction. *Journal of Personality and Social Psychology, 41,* 929–944.

第十一章 媒介人物的受众认同

乔纳森·科恩

电视娱乐的本质是"通过展示他人的命运和不幸……"来取悦和启迪世人（Zillmann & Bryant, 2002, p.437）。而要让别人的幸与不幸愉悦我们，首先得引发我们的兴趣，有必要让我们关注这些人以及他们身上所发生的事情，分散我们对自己生活的注意力。我们越是参与到虚构的世界中，关注到其中的人发生了什么，我们就越有可能享受娱乐的乐趣。我们享受的不仅仅是接触到的娱乐，而且是娱乐内容向我们展示他人新奇、刺激经历，让我们分散自己注意力。娱乐通过分享他人的生活方式来激励、教育我们，让我们思考、感受，并想象我们可能没有机会体验的生活方式，将我们的情感和精神生活扩展到个人经验之外，并参与到社区和文化生活中去。娱乐和人类社会一样古老，现代的传播媒介更能让我们接触到各种各样的故事，也让呈现这些故事的方式成倍增加。

显而易见，人类对他者感同身受的能力非常重要，但人们对虚构人物产生浓厚情感则令人困惑，更大的问题在于人们参与故事的能力。观众如何在情感和认知上参与到他们明知是虚构的故事中去，则是文学理论中一个由来已久的问题。利文斯通和梅勒（Livingstone & Mele, 1997）[1]将这个问题作为小说的悖论（paradox of fiction）来讨论。大多数小说读者都很老练，不相信小说中描述的事件是真实的。尽管如此，他们还常常对虚构的情节和人物产生深切的关注。此外，读者往往拥有额外的文学知识，应该能揭示任何一个与结果（围绕特定情节）有关的悬念，但他们仍然相信它且急于知晓结局。例如，一个孩子在看哈利·波特系列电影的第一部时，他有可能清楚，既然这部系列电影还有续集，那么在电影的结尾哈利·波特必定不会死。他或她也可能读过或从朋友那

---

[1] "怀疑的悬置（willing suspension of disbelief）"一词是由柯勒律治创造的，他认为这是"诗意的信任（poetic faith）"（柯勒律治，1817/1965, Vol.2, p.6）。他认为这种怀疑的悬置是诗人写作的结果，因为诗人写的是奇幻，给读者提供了一个模拟的真相，让读者忽略了诗的虚构性。他把这一诗歌策略与描写世俗现实中看不见的美、奇观的写作策略做了对比（它也被华兹华斯使用过）。

里听过原著。然而，当年轻的读者发现这些电影充满悬念时，他们会继续观看，以找出这位年轻巫师身上到底发生了什么。如今这种例子很多，连续剧和电影也提供了不少模式化的故事，观众熟知这些故事的结局（尤其是当它们被无间断地重复播放时），其虚构性也被观众所公认，但它们仍然是网络黄金时段节目的中流砥柱。

针对这一悖论，人们给出了几个答案。"怀疑的悬置"的观念可以追溯到两个世纪前的柯勒律治身上（Coleridge, 1817/1965），这种观念试图通过抛开我们所读到的事件都是虚构的事实，来解释我们对小说做出情感反应的能力。我们心甘情愿地搁置那些令人怀疑的信念，否则我们将无法享受小说。我们有必要相信，在某些情况下（即在小说的背景下）这些事件是有意义的，这样我们才能关心它们并代入其中，从而获得快乐。

奥特莱（Oatley, 1994, 1999）提出，体验小说类似于完成一项心理模拟。我们接受一系列关于自身所参与的虚构世界的假设，并试图想象在这些给定的假设描述中的情节事件和因果序列是否有意义。另一个观点是，我们悬置怀疑不是出于"自愿（willing）"，也不是主动的，相反，我们倾向于相信虚构事件是自然的，需要精神上的努力和目标来提醒自己，我们所看到的或读的是虚构的。虽然关于小说悖论源的争论仍在继续，但显然，观众们对小说世界和栖居其中的人物都非常关心。要想娱乐吸引我们的注意力，这种参与娱乐的能力至关重要，它能缓解无聊，并转移我们对按部就班的日常乏味之事的注意力。

认同故事人物是我们对虚构事件产生兴趣的一种方式。认同感为我们提供了参与小说的几个要点：对角色的认同为我们提供了理解情节的一个视角；它引导我们理解角色动机，关注事件结局以及增加与角色的亲密感和情感联系。本章探讨的是认同的概念及其在娱乐中的作用。在对认同及其相关的卷入观念进行概念化的讨论后，又考察了一些研究，这些研究试图阐释认同人物，探究认同在电视文本解读和接收中的作用以及认同卷入在媒介效果中的不同方式。

定义认同

对媒介人物的认同是一个想象的过程，是对媒介文本中角色人物的反应。媒介化文本构建了角色的世界。观众对这些文本的反应往往是感觉自己仿佛是这些虚构世界的一部分，并从中体验发生在这些文本中的事件。认同一个角色意味着对这个角色有一种亲近感，并且这种感受十分强烈，以至于我们被文本所吸引，并对这个角色所经历的感受以及他的动机与目标有了一种共情的理解。我们体验到角色所发生的一切，就好像它发生在我们身上一样，至少有那么一刻，忘记了自己是观众，这些经历强化了我们的观看体验（Cohen, 2001）。因此，认同既有情感（共情）又有认知（理解目标和动机、视角）成分。

威尔逊（Wilson, 1993）在他的《看电视》一书中指出，观众在其身份认同中进进出出，不断地从观众转变为文本中的人物和人物在叙事中所扮演的角色。与此相似，加尔古特（Galgut, 2002）也讨论了"怀疑的悬置"作为一种积极但不稳定心理状况。当一个人忽视事件的虚构性，沉浸在文本中时，他不会丧失或抛弃辨别现实的能力。同样，当一个人认同一个角色，他不会失去自己的身份；他们只是暂时将之悬置。奥特莱（Oatley, 1994）认为，读者进入艺术家创造的世界，与作为读者而存在的现实世界之间就像隔了一层半透明的薄膜。"读者—观众"的关系把他或她的一部分自我带入了体验中，使之能够在精神上移入和移出认同。

读者可以从文本内外的多重立场体验文本，也可以同时占据多个主题点，尽管在任何给定的时刻，只有某个立场才最有可能占据主导地位。但通过导演赋予给他或她的特权，某一个观众可能比任何一个虚构人物都知道得多，可以同时认同一个或多个角色；观众还可以将来自文本之外的知识融入对文本的理解和体验中。因此，当我们喜欢的角色处于危险中时，我们可能会感到恐惧，但会立即提醒自己"这只是一部电影"。在观看喜剧时，我们可能会为拉里和莫依（Larry and Moe）感到难过，因为彼此误解导致他们争论不断（当然，我们都理解他们），但同时，从观众的立场上来看，我们发现这种冲突很有趣。在看《辛德勒的名单》时，我们可能会同情并认同受害者所遭受的恐怖，但是我们从历史教训中知道，名单上的人是相对幸运的。

通过对一个或多个人物的认同，观众才得以参与到文本中去。然而，观众的身份认同受其个人视角、价值观和兴趣的影响。实际上，认同需要从另一个人的角度出发，站在另一个人的立场上（Livingstone, 1998），但必须通过过滤自己的理解和经验来实现。

重要的是，身份不仅通过观众和角色之间任一的社会、心理距离进行过滤，而且还通过作者或导演的艺术进行过滤。作为观众，我们常常知道导演允许我们知道什么，这可能比角色被允许知道的更多、更不同。这种对已经发生和将要发生的事情的了解，或者说缺乏了解，将影响我们识别和预测角色立场的能力。

我们能够认同虚构人物并与他们产生共情，并不意味着我们是自愿这样做的。观众可以选择保持距离并维持他们作为独立观众的立场。即使观众愿意接受某些电视人物的立场，作品、演员的表演以及导演都必须有足够的资质来吸引观众。演员和导演的首要挑战之一是吸引观众认同。邀请式的认同，部分是通过提供一种现实的幻象、一种人们在现实生活中行为举止的表象、一种剧中人物与观众产生持续性共鸣来实现的。

另一个提高参与感和享受程度的因素，是文本中主题与事件的相关性以及它们与观众生活产生共鸣的程度（Cohen & Ribak, 2003）。例如，库柏（Cooper, 1999）发现，女性比男性更喜欢《末路狂花》（*Thelma & Louise*），部分原因是女性关系和性别认同与她们更为相关。安认为，认同不仅可以通过对事件的现实性再现来实现，还可以通过"对可识别的情感结构的敏感再现"（Ang, 1985, p.45）来实现，这种再现是由与观看者关联的角色所展现的，并在观看者内心产生适当的情感反应。

身份识别只是观众对角色做出反应的众多方式之一（Cohen, 2001; Cohen & Perse, 2003）。与拟社会互动不同，拟社会互动是通过模拟的互动发展起来的，在这种互动中，人物角色会为观众表演，且观看者保持在文本之外，而对于观看者的角色认同，其必须进入文本世界。其他反应，如社会比较、模仿或崇拜（狂热），也是对媒介人物很常见的反应，且往往伴随着认同，但有着不同的心理特征。

总之，认同是一种积极的心理状态，但不稳定，也不排他。它是我们面对人物的众多反应方式之一，也是我们体验娱乐的众多立场之一。身份认同的发展和强度取决于多种因素：角色的特征、观众和文本（导演、写作和表演）。最后，认同是一系列娱乐反应的一部分，是我们被别人的幸或不幸所吸引和娱乐的途径。

卷入、传输与认同

认同使观众更接近媒介表演所创造的媒介世界。菲斯克认为，身份认同促进的亲密关系损害了对娱乐的批判性评价，阻碍了对商业媒介中嵌入的意识形态的抵制。不过菲斯克也说过，"身份认同的回报是快乐"（Fiske, 1989, p.170）。菲斯克认为，从认同中获得的快乐源于愿望的实现和对角色关系的控制，但很可能，部分原因在于认同让我们更彻底地忘记自己，参与叙述的世界。

"传输（transportation）"[1]是描述被某一媒介文本所吸引、被卷入等体验的另一种方式。使用旅行这一隐喻，传输理论暗示：我们可以如此专注于叙事，专注于它所描绘的事件，就好像我们已经从自己作为观众的位置（location）进入叙事之中了一样（Gerrig, 1993）。研究表明，传输程度与文本对受众的影响有关（Green & Brock, 2000）。有一种推测是，认同与传输之间的联系是正向的，不过这样的推测还未得到验证。[2] 大多参与文本事件的观众更有可能与一个或多个角色建立强烈的情感联系，并且能共情他们的观点、兴趣和目标。即使这种推测正确，人们依然不清楚，在文本的传输/吸引/参与和角色认同之间的因果关系的方向是什么。

认同人物，可能是通过文本传输并更充分地参与观看体验的方式之一。当我们开始理解和关心人物，关心他们发生了什么的时候，我们会因此参与到情节中，并被文本传输到一个虚构的世界。同样合理的做法是，至少将身份认同视为最初由文本传输的结

---

[1] 目前尚不清楚新的心理学中传输的概念与媒介研究中历史悠久的参与概念有何实质性区别（见Kim & Rubin, 1997）。然而，由于传输理论在最近的几项研究中得到了应用，而且传输量表也越来越受欢迎，所以笔者选择在评论中使用这两个概念。

[2] 杰瑞格认为，认同既不是传输的必要条件，也不是传输的充分条件（Gerrig, 1993, p.170）。虽然他提出了一个有效的论点，但他清楚地看到，相比目前人们把认同理解为一种不稳定和非排他性的精神状态，认同应该是一种更全面的体验。此外，不用主张有条件的关系，人们就可以期待一种实质性联系的存在。

果。如果我们与文本保持距离，拒绝或不被文本传输，很难想象会出现对人物有意义的认同。

杰瑞格认为我们对故事（特别是悬念）的反应是"认知加工结构中的自然性结果"（Gerrig, 1993, p.170）。他还指出：当我们担心面对那些不知道自己有危险的人物角色时，我们正在经历没有认同的传输。然而，当我们认同一个人物的时候，我们必然是被传输的，这意味着传输可能是认同的一个条件。吉姆与鲁宾（Kim & Rubin, 1997）也将参与定位为角色之前的关系。虽然以上论点提供了一些认同如何适应于娱乐整体体验的洞察，但这些概念还缺乏明确的实证证明。不过，很明显，认同感在故事的功能中起着核心作用，使我们忘记日常生活，参与虚构世界的想象，换句话说，认同感娱乐了我们自身。

认同的前因变量

有一点鲜为人知，是人们为什么会对自己认同的人物如此着迷？不过，有些研究已经探索了观众为什么选择认同某个特定角色，以及是什么让他们或多或少地认同某个特定角色。许多研究还考察了对人物的偏好（喜欢程度）、拟社会关系（parasocial relationships）的强度或其他类型的人物关系，但没有专门考察身份认同。如果我们假设认同与其他以人物为中心的反应相关，那么，这些先前的研究可以为我们提供一些提示性数据。

相似与态度趋同

似乎很容易发现，与观众相似，且面临类似生活问题的角色，更能与观众建立联系。也许因为相似性和态度趋同是已经被广泛定义的概念，所以到目前为止，人们收集到的关于这个问题的数据并不确定。一些相似的形式似乎促进了认同，但另一些则没有。

在讨论为什么儿童会选择认同某个特定的人物以及哪些因素可能影响认同的强度时，麦克比和威尔逊（Maccoby & Wilson, 1957）提出，相似性是解释认同的一个重要因素。这种相似性指向了年龄、性别和社会阶层上的相似之处，以及观看者的动机和人物行为之间的一致。他们的研究结果表明，与榜样相比，相似性对于身份识别不那么重要；也就是说，孩子们认同他们想成为的人，而不是与他们相似的人。然而，正如诺布尔（Noble, 1975）所指出的那样，麦克比和威尔逊使用了一种非常原始的偏好测量来代替认同的测量。

特纳（Turner, 1993）发现"外貌"的相似性不是人物选择的重要因素，但态度趋同是拟社会关系中人物选择的最佳预测因子。科恩和珀斯（Cohen & Perse, 2003）发现，在态度、情感和背景方面，认同感和一般态度趋同之间存在显著的正相关（$r=.45$）。菲利岑和林恩（Feilitzen & Linne, 1975）报告了斯堪的纳维亚对儿童的研究，结果表明：

儿童通常认同的是儿童人物，即普遍认同与自己相似的角色。这种模式有个例外，女孩通常选择认同男性角色（类似的结果见 Eyal; Rubin, 2003 & Hoffner, 1996）。他们报告了儿童对动物的认同，以及稍大一点的儿童（8 岁以上）还参与了他们所希望认同的角色，这些角色年龄稍长于他们，这反映了他们想要成为什么样的人，而不是他们是什么样的人。科恩（Cohen, 1999）对青少年的研究发现，尽管在最喜欢的角色选择上观察到了人口统计学上的一致性，但基于浪漫和性吸引力，青少年通常会选择异性角色作为最喜欢的角色。十几岁的孩子也喜欢青年而非少年。

同样，普莱斯（Press, 1990）发现，工人阶级妇女比中产阶级妇女更认同电视剧《王朝》（*Dynasty*）中上层社会的人物。格雷希（Gleich, 1997）发现，大约五分之一的德国成年男性观众所选择的最喜欢的电视人物为女性，而三分之一的女性观众选择男性作为最喜欢的电视人。艾尔和鲁宾（Eyal & Rubin, 2003）发现，与非攻击性儿童相比，攻击性儿童对攻击性角色表现出更高态度趋同和认同。他们还报告说，态度趋同和认同高度相关（$r = 0.68$）。这表明，即使人口学上的相似性可能不是认同的必要条件，但可感知到的相似性似乎是认同的一个重要成分。可以说，态度的相似性能预测角色选择，而简单的人口统计学上的相似性并不是一个好的预测因素（predictor）。人们通常认同那些可以代表他们希望或者能吸引他们的人，而非认同那些和他们一样的人。看来，在形塑认同方面，心理相似性似乎比人口统计学意义上的相似性更重要。

人物特质

霍夫纳（Hoffner, 1996）发现，角色性别预测出了年轻观众用来解释他们期待认同（想要和角色一样）的特质。男性角色因其聪明才智而受到男孩和女孩观众的喜爱，女性观众也将幽默感作为理想男性角色的一个重要因素。相比之下，男孩和女孩则根据女性角色的长相来判断他们是否认同该女性人物。这些发现表明，在媒介角色的选择上，人们遵循的依然是社会的刻板印象，这反过来又反映在可供观众选择的角色中。

桑德斯（Sanders, 2004）发现，观众对英雄的认同感比对恶棍的认同感更强。霍夫纳和坎托（Hoffner & Cantor, 1991）认为，力量、幽默感和外表吸引力等人物特质可以解释哪些角色最受欢迎。他们的结论表明，我们选择电视和电影角色的标准与我们在现实生活中被人吸引的标准是相同的。虽然有几项研究支持这一观点（如，Cohen, 2003; Reeves & Naas, 1996; Tsao, 1996），但也有证据支持另外一种直观的断言，即与电视角色不完全等同于与真人有关，电视角色的某些吸引力因素取决于他们的虚构性质和故事结构（Livingstone, 1987）。例如，安（Ang, 1985）发现，许多达拉斯的粉丝认为，这部电视剧的终极反派J.R.尤因（J.R. Ewing）是他们最喜欢的角色，尽管他们明确承认他是一个消极邪恶的人，并声称他们在现实生活中不想成为他的朋友。总而言之，我们还没有完全了解电视人物的吸引力在多大程度上是独一无二的，在多大程度上类似于我们在现实生活中被人吸引的方式。

编剧的手段

除了人物的角色和特点外，文本还可以通过技术手段塑造观众对人物的态度。在文学中，允许一个人物讲述故事可以增加对该人物的认同感（Nodelman, 1991）。沃特（Auter, 1992）指出，电视片段中的人物直接面对观众，而不是人物之间相互交谈的片段，产生了更强的拟社会互动。尽管他没有对观众与角色的关系进行直接测试，但隆巴德（Lombard, 1995）发现，电视屏幕的大小对电视上人物的良好印象有影响。中等或大屏幕比小屏幕更有利于观众对人物进行判断。有趣的是，即使在对观看环境本身的判断没有差异的情况下，这些效果也会发生，这表明人们的反应不是对观看的反应，而是对出现在电视上的人物的反应。

观众的特征

一个已经被广泛研究的问题是，在与电视人物建立关系的能力方面所具有的性别差异。特纳（Turner, 1993）发现，女性与肥皂剧角色有更强的拟社会互动，但不与其他角色互动。科恩（Cohen, 1997, 2004）在三个不同的样本中发现，女性与她们喜欢的电视人物之间的拟社会关系比男性更强。格雷希没有发现德国成年人在拟社会关系上的性别差异，但指出"相比男性，女性在更大程度上容易置身于电视人物的立场中"（Gleich, 1997, p.42），这表明在身份认同上存在性别差异。科恩和珀斯（Cohen & Perse, 2003）在两个不同的样本中没有发现性别认同上的差异。麦卡钦、阿赫、胡兰和马尔特比（McCutcheon, Ahe, Houran & Maltby, 2003）等人则发现，男性和女性在对待名人的态度上没有差异。

就年龄而言，人们普遍认为儿童的认同感比成人更强，也更容易受到电视榜样的影响（如，Bandura, 1965）。然而，几乎没有直接证据支持这一说法。普遍来看，就年龄而言，格雷希（Gleich, 1997）发现，老年人（56岁以上）往往比年轻人拥有更牢固的拟社会关系。科恩（Cohen, 2003）发现，青少年的拟社会关系比成年人更强。科恩和珀斯对他们在美国和以色列收集的数据进行了重新分析（有关数据的详细信息，请参阅Cohen & Perse, 2003），但在这两个样本中，没有发现年龄与对喜欢人物的认同感之间的相关性。

心理特征也被视为对角色和名流的态度和反应的可能性预测因素。最常见的假设是，认同和拟社会互动弥补了社会互动的不足，而这一假设已经得到检验。在一篇具有开创性的文章中，基于对主持人节目和目标受众的文本分析，霍顿与沃尔（Horton & Wohl, 1956）提出，看电视和体验电视中的友谊是一种逃避，是现实生活和社交的不良替代品，当然，其他理论家也常提出这种假设。普特南（Putnam, 2000）做了进一步研究，他认为电视侵蚀了社会生活，取代了社区和社会活动。

然而，随后的众多经验检验未能对其提供支持（如，Perse & Rubin, 1990; Tsao,

1996）。鲁宾、珀斯和鲍威尔（Rubin, Perse & Powell, 1985）发现孤独并不能预测拟社会互动（parasocial interaction）的强度。特纳（Turner, 1993）发现，在交际能力方面，与肥皂剧角色的拟社会关系和自尊之间只有微弱的负相关。金泽（Kanazawa, 2002）发现，女性更多地观看电视剧以及男性更多地收听公共广播节目，与友谊的满足感更相关（而非更不相关）。曹（Tsao, 1996）进行了一项测试来确定拟社会互动是否是一种补偿机制，或者说它是否是一个包括人际关系的、更全面的交际网络的一部分，他把这项测试称为全面使用假设（global use hypothesis）。他发现，拟社会关系的强度与那些象征良好人际关系的特质相关，比如共情、外向等特征，与那些代表有人际关系问题的神经质人格的特征则不相关。

最后，阿什和麦库琴在另一项研究结束时说：

> 我们的研究结合了珀斯和鲁宾（Perse & Rwbin, 1990）以及鲁宾、珀斯和鲍威尔（Rubin, Perse & Powell, 1985）等人的研究，结果表明，两种社交焦虑的测量方法和与名人的拟社会互动强度之间的联系要么非常薄弱，要么根本不存在（Ashe & McCutcheon, 2001, p.130）。

因此，尽管有多项研究试图证明，与电视人物的关系是社交不合群者所诉诸的手段，但这类关系实际上相当正常、健康，而且在许多方面与其他人际关系相似。一些学者甚至进一步指出，我们对媒介环境及其角色的反应是与人类紧密相连的（Reeves & Naas, 1996）。

在研究观众与媒介角色的关系时，研究者们考察了这种关系与各种人格因素之间的关系。对依恋类型的研究（即对指导亲密关系的稳定态度和信念的自我报告测量）表明，渴望亲密关系并易于发展出亲密关系的人，在维持安全、牢固和稳定的关系方面存在问题，而且他们更倾向于发展强大的拟社会关系（Cohen, 1997; Cole & Leets, 1999）。因此，与人物角色的关系似乎与社会关系相互作用，且被整合到社会关系中，这种关系不是通过简单的补偿或缺乏来建立的。在支持性假说中，虽然社会和拟社会关系的动力不同，但相似的性格特质会引导我们在这两种语境下的回应。有趣的是，有人发现具有最强拟社会情感的并不是那些有安全感的受访者，而是那些渴望建立牢固关系但难以建立安全、稳定关系，具有依恋型人格焦虑的人。有可能的是，虽然对拟社会关系和社会关系的渴望源于相似的心理动机，但这两种关系的不同背景和动力机制导致了维持、发展亲密关系之间的差异。很可能那些擅长与他人交往的人，在长期的人际关系中却很难信任他人，因此往往会变得占有欲强而把身边人赶走，他们往往会发现电视剧中的角色更加忠诚。然而，那些直觉上最能从与媒介人物的关系中获益、倾向于回避亲密人际交往且缺乏良好人际交往所需心理特质的人却是与电视人物关系最弱的人。

其他人格特征也得到过检验，特纳（Turner, 1993）测试了各方面的自尊与不同体裁的电视人物的拟社会关系之间的关系。他只报告了两个显著的相关性：害羞与喜欢的肥皂剧角色的关系呈负相关（$r = -.32$），积极的自尊与喜欢的喜剧演员的关系呈正相关（$r = .37$）。麦库琴（McCutcheon, 2003）等人发现，名人崇拜与认知能力呈负相关，尽管这些关系很小。最后，吉尔斯和马尔比（Giles & Maltby, 2004）发现，在11—16岁的学龄儿童中，对名人的正常依恋与自主性、独立性以及与同龄人的关系呈显著性正相关，与父母的关系方面则呈负相关。综上所述，试图分析哪些观众与电视人物联系最紧密的研究，其最重要的结果似乎是消除了人们对使用这种关系的一些先入之见，并为未来指明了新的方向。

认同与接受

认同感较为有趣的是，它影响我们如何体验文本并从中建构意义。认同给那些指向活沃阐释（active interpretation）的数据提供了另一种解释，在这些数据中，观众在观看文本时参与了这些主动阐释。最早期的一些研究探索了阐释的重要性，以及阐释对情景喜剧《全家福》的影响（Brigham & Giesbrecht, 1976; Vidmar & Rokache, 1974）。这些研究中出现的一个令人惊讶的发现是，诺曼·李尔（Norman Lear）（该剧的创作者）想要影响和改变观众的政治与社会观点的努力失败了。尽管该剧的主人公阿奇·邦克和他的保守与种族主义观点一直受到嘲笑，但有偏见的观众喜欢并钦佩阿奇，认为他是成功的。

这些发现最初是根据受众在注意力和处理过程中所具有的选择性来理解的。后来，人们认为这样的研究表明，不应低估观众的阐释力，他们有时会"背道而驰"，抵制文本中的意识形态信息（Cohen, 2002; Papa等，2000）。霍尔（Hall, 1980）认为，受众之所以抵制文本中的意旨，是因为他们在观看过程中代入了文化与个人身份中的个人认知图式，而文本和观众的相遇是一个主动解读，而非被动接受的时刻。

对于《全家福》中意识形态失败的额外的、替代性的解释是：观众对角色的认同与他们理解连续剧具有重要意义。如果认同采用的是某一角色的视角，那么每一集中的冲突和解决方案都是从这个角色的视角来看的，用来解释现实，保护自己免受负面事件影响的认知机制与偏见则是用来解释文本的。在《全家福》中，作者诺曼·李尔将他的自由主义思想融入情节中，在情节中阿奇被刻画成一个心胸狭窄、头脑错误的人，但和所有优秀作家一样，李尔把阿奇写成了一个可爱的主人公。但李尔似乎忽略了一点，那就是他对阿奇的热爱推动了观众对该剧的理解，并最终违背了剧本的预期结局。根据这一解释，布里格姆和吉斯布雷希特（Brigham & Giesbrecht, 1976）声称"对主要人物的喜欢和认同与种族态度密切相关"，尽管这只是他们样本的一部分。具有讽刺意味的是，也许正是主角的成功,才使得这部连续剧如此受欢迎,在经济上有所收获,但削弱了其预期的社会效果。如果这种替代性的解释是正确的,那么有偏见的观众并没有回避那部分挑战其观点的信息,而是以一种与他们的意图截然相反的方式来理解这部分信息。

科恩(Cohen, 2002)支持这一观点,他发现,对《甜心俏佳人》的认同是观众如何理解该节目信息最重要的预测因素。与阿奇在《全家福》中扮演的角色不同,主角艾莉·麦克比尔(Ally McBeal)是该剧制片人观点的代言人,而不是讽刺对立观点的工具。而且,与布里格姆和吉斯布雷希特(Brigham & Giesbrech, 1976)的研究不同,偏心的观众相信阿奇是对的,尽管制片人有相反的意图,但根据那些自述对主角艾莉·麦克比尔认同度最高的观众来看,他们最有可能把这部剧看作是制片人的意图,认为这就是一部关于女强人奋斗史的剧。

菲斯克(Fiske, 1989)通过对比利贝斯与卡茨(Liebes & Katz, 1990)所称的指涉性和批判性阅读(referential and critical readings),解释了认同和阐释之间的联系。认同是文本指涉性的一部分,创作者(即其作者、演员、制作人、设计等)使文本成为一种人工制品又隐秘不现,并使观众沉浸在文本所创造的世界中。在指涉性解读中,观众接受制作人的基本假设,把文本中描述的事件想象成是真实的,或即将成为现实。一个重要的参考性阅读手段就是,采用人物的视角认同一个人物,忘记自己作为一个观众的角色。作为这种认同的结果,观众有可能会按照制片人的意图来看待并理解文本,同时更享受这种观看体验。当认同感和快乐之间的联系受到支持时,快乐可以通过与文本的协商以及采用一种占主导性地位的阐释来实现(Cohen & Ribak, 2003)。另一方面,批判性读者抵制了被卷入文本中的诱惑,他们对节目的情感距离使其有能力对节目进行评论,抵制其意识形态信息,不过,他们也放弃了节目的大部分娱乐价值。

也许借助定位(position)的概念,最容易理解认同在阐释过程中的作用。如果将文本视为作者和受众之间的一种交流行为,就可以为观看者提供文本所涉及的事件或主题的特定视角。这种视角在文本中通常由一个或多个人物所呈现,尽管这种呈现可能不是直接的。电视节目的导演们使用各种手段试图定位观众,以便让观众看到导演希望他们看到的,并以导演想让他们看到的方式来看。因此,导演们试图创造一种结构化的文本体验,以期达到预期的效果(娱乐、说服等)。他们利用情节线和人物发展,以及镜头角度、布景设计等手段来定位观众。

定位允许导演与受众建立一种共享话语,在这种话语中,他们使用某些文化假设、共鸣符号、参照物和图标。在新闻中,人们期望的立场是那些关心时事的公民的立场,而话语则是公众共同关注的话语。体育节目把观众定位为粉丝;谈话节目把受众定位为愤怒或同情的旁观者。相比之下,戏剧和喜剧的观众则被要求通过身份认同进入剧情而不是仅仅以观众的身份去体验。他们被要求在情感上做出反应,关心故事、亲密地理解人物,并关联起他们正在经历的事件。通过对人物的认同,观众可以看到这些人物的视角和目标,并将自己定位为不断演变的情节参与者。如果观众认同主角,他们会按照原意解码文本并使其具有意义,而且很可能产生预期的反应并享受这种体验。

认同与效果

与缺乏对认同动机和认同过程的研究相比,许多研究都将对媒介角色的认同看作是媒介文本的一种效果,而且大多是将对媒介角色的认同作为媒介文本对受众影响的中介。在讨论认同时,莫利认为:"没有这种认同,很难想象电视文本会产生何种效果。"(Morley, 1992, p.209)已有研究中有证据支持莫利在行为、态度和情感领域的主张。

在健康传播研究中,人们发现对名人的态度会增强这些名人传递健康信息的效果(Basil, 1996; Brown, Basil & Bocarnea, 2003)。布朗等人(Brown等,2003)发现,与棒球运动员马克·麦圭尔(Mark McGuire)的拟社会交往导致受众对他的认同,并更愿意遵从他赖以出名的话题(防止虐待儿童和使用肌肉锻炼作为补给)。帕博等人(Papa等,2000)还认为,在娱乐—教育背景下与电视人物的关系可能是一个重要的变革因素,因为他们充当了榜样,创造了一个社会学习环境。帕博等人认为,这种社交学习是通过对角色的认同来促进的,但涉及两个步骤,需要随后的人际对话。

有很多理论上的争论解释了为什么认同可以放大媒介效果。首先,认同创造了视角的统一,或如伯克(Burke, 1950)所说的共实质性。伯克声称,有效的修辞学家成功地使听众采纳了他们对某个话题的观点。同样,凯尔曼(Kelman, 1961)认为,通过认同的说服导致态度的内化,这种内化可能比通过其他方式的说服更强烈、更持久。最近,格林和布洛克(Green & Brock, 2000)发现,在叙事文本中,传输与说服力的程度呈正相关。

在情感层面,威德、齐尔曼和奥德曼(Wied, Zillmann & Ordman, 1994)发现,对悲剧电影的共情和共情反应增加了观众在电影中经历的痛苦,也增强了他们对电影的享受。塔博里尼、斯蒂夫和海德尔(Tamborini, Stiff & Heidel, 1990)也发现,共情增加了观众对恐怖电影的情绪反应,但在这项研究中,这些反应导致了回避而不是愉悦。因此,身份认同似乎使观众更深入地参与到文本中,但这种参与的结果似乎因文本类型而异。

认同与媒介效果相关的第二个原因是,它可以增加对人物周围事件的接触和关注,或增加认同对象发出的消息。麦克比和威尔逊(Maccoby & Wilson, 1957)发现,认同某个角色的孩子会记住更多与该角色相关的事件,以及传递该角色信息。鲁宾和斯德(Rubin & Step, 2000)发现,谈话电台主持人的拟社会互动与以下几个结果指标呈正相关:接触率、从主持人那里获得的信息的重要性感知、主持人的感知影响以及采纳主持人观点的意图。斯库曼里奇和金斯法勒(Skumanich & Kintsfather, 1998)发现,电视购物主持人的拟社会关系强度与看电视购物节目有关。阿尔珀斯坦(Alperstein, 1991)对观众进行了深度访谈，了解了他们观看名人广告的情况。他报告说，观众利用这些广告来了解自己最喜欢的名人，并形成自己对这些名人的形象建构。观众似乎会关注他最喜欢的名人参与的广告，并详细阐述这些广告的含义。

对媒介人物的认同能够促进改变的另一个原因是，我们与媒介人物之间的持续关系与我们的自我认同有关。菲舍克勒（Fisherkeller, 1997）在她对三个城市青少年的民族志中发现，青少年并不接受电视英雄所描绘的价值观。相反，她认为，青少年倾向于接受来自家庭或亲密环境的价值观，而电视榜样则允许他们探索实现这些价值观和角色的可能途径。因此，电视更多地涉及教人如何去做，而不是教人做什么。菲舍克勒认为，这样一来，电视角色的扮演者在塑造这些年轻人的自我意识方面发挥了重要作用，并为他们提供了更好地想象自我可能性的机会。认同对于这类学习非常重要，因为它涉及想象力，允许观众替代性地"尝试"各种角色、行为和态度，并想象在此情况下他们自己的样子、感受如何以及后果如何。

值得注意的是，并非所有的研究都表明身份认同与媒介效应有关。威格曼、库特施鲁特和巴尔达（Wiegman, Kuttschreuter & Baarda, 1992）发现，虽然认同暴力角色与观看更多暴力内容有关，但认同与暴力行为之间并不存在关系。谢汉（Sheehan, 1983）报告了不一致的结果：在他的研究中，三年级和四年级学生对电视角色的认同与同龄人的攻击性有关，而五年级学生则没有这个现象。总之，虽非所有，但大多数的研究指出，认同在媒介效应中起着重要的作用，而且这些研究还提出了认同强化媒介效应的几个原因。

结　　论

对媒介人物的认同，是影响我们参与媒介文本并解读它的一个过程。它既是人类想象能力的一种功能，又是对人类同时在不同层次上处理事件的一种帮助。认同是媒介信息影响我们生活和社会的重要渠道。

本文试图描述、总结、分析和评论目前我们对电视娱乐背景下身份认同的了解。不幸的是，从现有的研究中我们没有收集到足够的系统性知识。这一现象的复杂性，加上这一研究领域中概念的模糊性，导致了现有研究结果中存在冲突，这些研究发现很难被归纳为有效性概论。有人认为，要理解认同，概念清晰是处理这项工作的首要问题（如，Cohen, 2001; Cohen & Perse, 2003）。虽然探索认同和相关概念之间的差异，如拟社会互动、模仿、传输、存在等，对于理论的发展是很重要的，但是很明显，概念清晰是更为成熟的理论的一部分。因此，更为紧迫的是需要发展一个更为详尽、精确的理论，说明认同是如何、何时、为何起作用，以及它在接受和媒介效果中起何种作用。反过来，这一理论必须是更大的理论框架的一部分，并解释受众卷入。正是在这样一种理论中，人们才能够充分理解对人物各种形式的参与以及文本的其他方面。

虽然目前还没有一个全面的理论，但本结论确实提出了一些初步的观点。认同是一个富有想象力的过程，在这个过程中，我们采纳了某一角色人物的观点，并发展了对他的困境和动机的共情理解。这点与其他方面的参与相关，比如现实主义和传输等，也结合了越来越多的文本情感参与。有证据表明，身份认同与享乐、观看量有关。在某些方面，我们似乎有些倾向于认同那些既积极又相似的人物，但许多情况下，这种倾向并不成立。有证据表明，我们对媒介人物的关系和态度，类似于我们在人际交往中遇到的人的态度和关系，但我们显然需要更多地了解社会关系和媒介关系的区别。

除已知的之外，认同理论应（1）提供一个框架，以理解观众特征、角色特征及其功能，还有技术在塑造观众对角色认同等方面的相对重要性；（2）解释这一过程在不同体裁之间的差异以及它如何随着时间的推移而发展；（3）具体说明在什么条件下它会增加效果并导致主导性的阐释，以及在什么条件下它允许观众抵制并创造其他不同的阐释。

本文的大部分研究都是为了探索其他形式的观众—人物的关系。未来理论发展的另一个方向是探索这些不同类型的关系在运作时存在的差异。已有人信誓旦旦地声称，认同是一个不同于拟社会关系的心理过程，但这种差异性尚未得到令人信服的证明（Cohen & Perse, 2003）。还有待观察的是，与媒介角色的各种关系是如何与不同的媒介（如电影与电视）、体裁（如主持人节目、喜剧与戏剧）、角色类型（如英雄与恶棍），不同的观众（如性别、年龄差异与性格类型）相关联的？在我们了解这些复杂且相互关联的因素之前，有必要进行更多的研究。

关于身份识别的研究虽然不再处于起步阶段，但对这一现象的认识还很有限，在结论中，我们含蓄地勾勒了今后研究的多种途径，但如果可以从身份识别研究的历史中吸取教训，那么就知道理论驱动型研究的重要性，并且，我们需要意识到已有的研究并认真对待它们，即使这些研究违背了我们对世界的直觉和预想的信念。理论萌芽是众多研究的结果，相对于表面上处理认同的大量研究而言，这些研究提出了关于认同的经验发现，但并未认真探索或运用其现有理论。人们在某些研究上花费了太多的精力，但其研究结果无法与之前的研究进行比较和对比，因为这些研究使用了不相容的定义和测量方法。有些研究坚持探究了一些假设，尽管已经有一些研究证明它们是错误的（例如，寻找补偿关系的研究）。不过，人们对人与虚构人物的关系越来越感兴趣，对娱乐媒介也越来越感兴趣，这有助于更好地理解我们是如何参与和享受娱乐的，以及娱乐是如何增进、减损我们作为个体的生活，如何更广泛地影响现代社会的。

参考文献

Alperstein, N. M. (1991). Imaginary social relationships with celebrities appearing in television commercials. *Journal of Broadcasting & Electronic Media, 35*, 43–58.

Ang, I. (1982/1985). *Watching Dallas: Soap opera and the melodramatic imagination* (D. Couling, Trans.). London: Methuen.

Ashe, D. D., & McCutcheon, L. E (2001). Shyness, loneliness, and attitude towards celebrities. *Current Research in Social Psychology, 6*. Retrieved January 12, 2004, from http://www.uiowa.edu/ grpproc/crisp/crisp.6.9.htm

Auter, P. J. (1992). TV that talks back: An experimental validation of a parasocial interaction scale. *Journal of Broadcasting & Electronic Media, 36*, 173–181.

Bandura, A. (1965). Influence of models' reinforcement contingencies on the acquisition of imitative responses. *Jour- nal of Personality and Social Psychology, 1*, 589–595.

Basil, M. D. (1996). Identification as a mediator of celebrity effects. *Journal of Broadcasting & Electronic Media, 40*, 478–495.

Brigham, J. C., & Giesbrecht, L. W. (1976). "All in the Family": Racial attitudes. *Journal of Communication, 26*, 69–74.

Brown, W. J., Basil, M. D., & Bocarnea, M. C. (2003). The influence of famous athletes on health beliefs and practices: Mark McGwire, child abuse prevention, and Androstenedione. *Journal of Health Communication, 8*, 41–57.

Burke, K. (1950). *A rhetoric of motives.* Berkeley: University of California Press.

Cohen, J. (1997). Parasocial relations and romantic attraction: Gender and dating status differences. *Journal of Broadcasting & Electronic Media, 41*, 516–529.

Cohen, J. (1999). Favorite characters of teenage viewers of Israeli serials. *Journal of Broadcasting & Electronic Media, 43*, 327–345.

Cohen, J. (2001). Defining identification: A theoretical look at the identification of audiences with media characters. *Mass Communication & Society, 4*, 245–264.

Cohen, J. (2002). Deconstructing Ally: Explaining viewers' interpretations of popular television. *Media Psychology, 4*, 253–277.

Cohen, J. (2003). Parasocial breakups: Measuring individual differences in responses to the dissolution of parasocial relationships. *Mass Communication & Society, 6*, 191–202.

Cohen, J. (2004). Parasocial break-up from favorite television characters: The role of attachment styles and relationship intensity. *Journal of Social and Personal Relationships, 21*, 187–202.

Cohen, J., & Perse, E. (2003). *Different strokes for different folks: An empirical search for different modes of viewer- character relationships.* Paper presented to the Mass Communication Division at the 53rd annual convention of the International Communication Association (ICA), San Diego, CA, May 24, 2003.

Cohen, J., & Ribak, R. (2003). Gender differences in pleasure from television texts: The case of Ally McBeal. *Women's Studies in Communication, 26*, 118–134.

Cole, T., & Leets, L. (1999). Attachment styles and intimate television viewing: Insecurely forming relationships in a parasocial way. *Journal of Social and Personal Relationships, 16*, 495–511.

Coleridge, S.T. (1817/1965). *Biographia literaria* (Vol. 2). London: Oxford University Press.

Cooper, B. (1999). The relevancy of gender identity in spectators' interpretations of *Thelma & Louise. Critical studies in Mass communication, 16*, 20–41.

Eyal, K., & Rubin, A. M. (2003). Viewer aggression and homophily, identification, and parasocial relationships with television characters. *Journal of Broadcasting & Electronic Media, 47*, 77–98.

Feilitzen, C., & Linne, O. (1975). The effect of television on children and adolescents: Identifying with television characters. *Journal of Communication, 25*, 51–55.

Fisherkeller, J. (1997). Everyday learning about identities among young adolescents in television culture. *Anthropology and Education Quarterly, 28*, 467–492.

Fiske, J. (1989). *Television culture.* London: Routledge.

Galgut, E. (2002). Poetic faith and prosaic concerns. A defense of 'suspension of disbelief.' *South African Journal of Philosophy, 21*, 190–200.

Gerrig, R. J. (1993). *Experiencing narrative worlds.* New Haven, CT: Yale University Press.

Giles, D. C., & Maltby, J. (2004). The role of media figures in adolescent development: Relations between autonomy, attachment, and interest in celebrities. *Personality and Individual Differences, 36*, 813–822.

Gleich, U. (1997). Parasocial interaction with people on the screen. In R. Winterhoff-Spurk & T. H. A. van der Voort (Eds.), *New horizons in media psychology: Research cooperation and projects in Europe* (pp. 35–55). Olpaden, Germany: Westdeutscher Verlag.

Green, M. C., & Brock, T. C. (2000). The role of transportation in the persuasiveness of public narratives. *Journal of Personality and Social Psychology, 79*, 701–721.

Hall, S. (1980). Encoding/Decoding. In S. Hall, D. Hobson, A. Lowe & P. Willis (Eds.), *Culture, media, language* (pp. 128–138). London: Hutchinson.

Hoffner, C. (1996) Children's wishful identification and parasocial interaction with favorite television characters. *Journal of Broadcasting & Electronic Media, 40*, 389–402.

Hoffner, C., & Cantor, J. (1991). Perceiving and responding to mass media characters. In J. Bryant & D. Zillmann (Eds.), *Responding to the screen: Reception and reaction processes* (pp. 63–103). Hillsdale, NJ: Lawrence Erlbaum Associates.

Horton, D., & Wohl, R. R. (1956). Mass Communication and parasocial interaction: Observations on intimacy at a distance. *Psychiatry, 19*, 215–229.
Kanazawa, S. (2002). Bowling with our imaginary friends. *Evolution and Human Behavior, 23*, 167–171.
Kelman, H. C. (1961). Processes of opinion change. *Public Opinion Quarterly, 25*, 57–78.
Kim, J. K., & Rubin, A. M. (1997). The variable influence of audience activity on media effects. *Communication Research, 24*, 107–135.
Liebes, T., & Katz, E. (1990). *The export of meaning: Cross-cultural readings of Dallas.* New York: Oxford University Press.
Livingstone, S. M. (1987). Implicit representation of characters in Dallas: A multidimensional approach. *Human Communication Research, 13*, 399–420.
Livingstone, S. M. (1998). Relationships between media and audiences: Prospects for audience reception research. In T. Liebes & J. Curran (Eds.), *Media, ritual and identity* (pp. 237–255). London: Routledge.
Livingstone, S. M., & Mele, A. R. (1997). Evaluating emotional responses to fiction. In M. Hjort & S. Laver (Eds.), *Emotion and the arts* (pp. 157–176). NY: Oxford University Press.
Lombard, M. (1995). Direct responses to people on the screen: Television and personal space. *Communication Research, 22*, 288–324.
Maccoby, E. E., & Wilson, W. C. (1957). Identification and observational learning from films. *Journal of Abnormal Social Psychology, 55*, 76–87.
McCutcheon, L. E., Ashe, D. D., Houran, J., & Maltby, J. (2003). A cognitive profile of individuals who tend to worship celebrities. *Journal of Psychology, 137*, 309–323.
Morley, D. (1992). *Television, audiences, and cultural studies.* London: Routledge.
Noble, G. (1975). *Children in front of the small screen.* Beverly Hills, CA: Sage.
Nodelman, P. (1991). The eye and the I: Identification and first-person narratives in picture books. *Children's Literature, 19*, 1–30.
Oatley, K. (1994). A taxonomy of the emotions of literary response and a theory of identification in fictional narrative. *Poetics, 23*, 53–74.
Oatley, K. (1999). Meeting of minds: Dialogue, sympathy, and identification, in reading fiction. *Poetics, 26*, 439–454.
Papa, M. J., Singhal, A., Law, S., Pant, S., Sood, S., Rogers, E. M., & Shefner-Rogers, C. L. (2000). Entertainment- education and social change: An analysis of parasocial interaction, social learning, collective efficacy, and para-doxical communication. *Journal of Communication, 50*, 31–55.
Perse, E. M., & Rubin, A. M. (1990). Chronic loneliness and television use. *Journal of Broadcasting & Electronic Media, 34*, 37–53.
Putnam, R. D. (2000). *Bowling alone: The collapse and revival of American community.* New York: Simon & Schuster.
Press, A. L. (1990). Class, gender and the female viewer: Women's responses to *Dynasty*. In M. E. Brown (Ed.), *Television and women's culture: The politics of the popular* (pp. 144–157). London: Sage.
Reeves, B., & Naas, C. (1996). *The media equation: How people treat computers and new media like real people and places.* Cambridge: Cambridge University Press.
Rubin, A. M., Perse, E. M., & Powell, R. A. (1985). Loneliness, parasocial interaction, and local television news viewing. *Human Communication Research, 12*, 155–180.
Rubin, A. M., & Step, M. M. (2000). Impact of motivation, attraction and parasocial interaction on talk radio listening. *Journal of Broadcasting & Electronic Media, 44*, 635–654.
Sanders, M. S. (2004). *Is it a male or female thing?: Identification and enjoyment of media characters.* Paper presented to the Mass Communication Division at the 54th annual convention of the International Communication Association (ICA), New Orleans, LA, May 30, 2004.
Sheehan, P. W. (1983). Age trends and the correlates of children's television viewing. *Australian Journal of Psychology, 35*, 417–431.
Skumanich, S. A., & Kintsfather, D. P. (1998). Individual media dependency relations within television shopping programming: A causal model revisited and revised. *Communication Research, 25*, 200–219.
Tamborini, R., Stiff, J., & Heidel, C. (1990). Reacting to graphic horror: A model of empathy and emotional behavior. *Communication Research, 17*, 616–640.
Tsao, J. (1996). Compensatory media use: An exploration of two paradigms. *Communication Studies, 47*, 89–109.
Turner, J. R. (1993). Interpersonal and psychological predictors of parasocial interaction with different television performers. *Communication Quarterly, 41*, 443–453.
Vidmar, N., & Rokeach, M. (1974). Archie Bunker's bigotry: A study in selective perception and exposure. *Journal of Communication, 24*, 36–47.
Wiegman, O., Kuttschreuter, M., & Baarda, B. (1992). A longitudinal study of the effects of television viewing on aggressive and prosocial behaviours. *The British Journal of Social Psychology, 31*, 147–164.
Wied, M., Zillmann, D., & Ordman, V. (1994). The role of empathic distress in the enjoyment of cinematic tragedy. *Poetics, 23*, 61–106.
Wilson, T. (1993). *Watching television: Hermeneutics, reception, and popular culture.* Cambridge, UK: Polity Press.
Zillmann, D., & Bryant, J. (2002). Entertainment as media effect. In J. Bryant & D. Zillmann (Eds.), *Media effects: Advances in theory and research* (pp. 437–461). Hillsdale, NJ: Lawrence Erlbaum Associates.

第十二章　卷　入

沃纳·沃斯

通常，在看一部好电影的时候，有时甚至几小时后，我们的思想、情感和讨论还在围绕着电影情节转来转去。很明显，我们被"好娱乐"牵扯、带走甚至"俘获"了。因此，卷入（Involvement）似乎是和娱乐相关的概念。然而，令人惊讶的是，常常有人并不认为卷入与娱乐有关。卷入可能是传播研究和媒介心理学最成功的概念之一，但它却起源于不同研究领域的社会判断理论（Sherif & Cantril, 1947）。很快，它的变体出现在其他领域并带来了活跃的研究。如今，人们认为卷入在媒介使用及其效果中起着重要的作用。不过，它的成功也有一个不利条件，即学者们必须和"卷入"这一令人困惑，且充满异质性的定义及其操作打交道了。

不少文章曾试图系统地讨论卷入的测量及其影响（参见cf. Antil, 1984; Cohen, 1983; Costley, 1988; Greenwald & Leavitt, 1984; Johnson & Eagly, 1989, 1990; Mitchell, 1981; Muehling, Laczniak & Andrews, 1993; Petty & Cacioppo, 1990; Rothschild, 1984; Salmon, 1986; Zaichkowsky, 1986）。就理论背景和学科而言，每一篇文章都有自己的视角，本文旨在从媒介心理学视角描述一系列重要的讨论，并以人们可理解的方式将其整合。此外，我们将讨论娱乐与卷入两者之间的关系。在这种语境下，我们将试图回答卷入是否隶属于娱乐情感，以及用户的媒介娱乐卷入程度。

卷入的主要研究传统

在谢里夫及其同事关于《社会判断理论》的研究中，自我卷入（ego-involvement）起着核心作用（Sherif & Cantrill, 1947）。如果某个话题激活了自我概念的核心价值观，那么这个人就会自我卷入该情境中。相反，自我卷入处理的是个体的自我认同、自我形象的重要程度（Salmon, 1986）问题。自我卷入对社会判断理论的重要性源于其核心假设。根据这一假设推断，一个人卷入得越深，其信念改变的可能性就越小。

谢里夫和霍夫兰（Sherif & Hovland, 1961）在他们后来的研究中区分了任务卷入（task-involvement）和自我卷入。与自我卷入不同，任务卷入是由研究者进行的实验操作所导致的。实验的参与者可能被卷入任务当中，例如，他们面对的是一个私人卷入的问题，但并不一定涉及他们自我定义的核心方面。这种类型的卷入被认为是相当不稳定且脆弱的（Salmon, 1986）。在接受过程中，个人中心价值激活的程度对自我卷入至关重要。在任务卷入过程中，我们只处理与个人相关的话题（例如，计划好的学费细则）。简言之，在这种语境下，可以把卷入描述为与某个话题关联的激活（Salmon, 1986）。

对于近来有关劝服的社会心理学理论而言，卷入与社会判断理论一样，都对其极为重要（Chaiken & Trope, 1999; Johnson & Eagly, 1989, 1990; Petty & Cacioppo, 1979, 1981, 1990; Petty, Priester & Briñol, 2002）。根据精细加工可能性模型（elaboration likelihood model），高度卷入的接收者受驱动处理信息内容（中央路径），低度卷入的接收者选择较周边的刺激来进行表面判断（周边路径）。同样，启发系统模型（the heuristic systematic model）区分了系统式信息处理（高度卷入）和启发式信息处理（低度卷入）（Chaiken, 1980; Chen & Chaiken, 1999）。

半个世纪前，克鲁格曼把卷入的概念引入了消费者研究。在卷入的定义中，克鲁格曼没有提到关于自我卷入的社会判断理论，他暗自选择了一种认知方法。对于克鲁格曼来说，卷入是观众每分钟在他自己的生活与刺激之间建立的有意识的"桥梁经验"、联结或个人参照的数量（Krugman, 1965, p.356）。这种概念化与认知转向时期后发展的信息处理方法能很好地匹配（see Bransford, 1979; Craik & Tulving, 1975; Graesser & Clark, 1985）。克鲁格曼的研究激发了后来无数的研究和理论。例如，人们发现静态的效果层次模型是有差异的（Batra & Ray, 1985; Chaffee & Roser, 1986; Ray, 1973）。目前，低或高卷入情形下的影响等级是不同的。最近，消费者研究探讨了电视广告效果和作为语境变量的诱导型节目观众卷入之间的相互关系（如，Bryant & Comisky, 1978; Norris & Colman, 1993, 1994; Park & McClung, 1986; Soldow & Principe, 1981）。

在消费者研究的刺激下，受众研究也开始从大众传播的角度来研究卷入（Donnerstag, 1996）。具体来看，低卷入条件下的媒介使用似乎特别有趣。人们对电子媒介（广播、电视）的使用通常只是偶然发生的、习惯性的，没有投入太多的注意力（如，Barwise & Ehrenberg, 1988）。另外，在使用与满足的方法中，卷入被明确地整合为受众活动概念的一部分。利维与华美尔（Levy & Windahl, 1984, 1998）提出了一个三阶段模型。在媒介接触之前，卷入表现为使用意图；在媒介接触期间，一方面，卷入被理解为可感知的个人与大众媒介内容之间的联系，另一方面，卷入还可以被理解为个人与媒介或媒介信息在大众心理上相互作用的程度；在曝光后或者说人接触到媒介之后，卷入会被概念化为一种长期的认同或拟社会关系（Levy & Windahl, 1985; Roser, 1990）。但卷入也很符合其他研究传统，比如，唐纳斯塔格（Donnerstag, 1996）就强调了卷入和议程设置研究之间的相似之处，认为个人关注、需求导向这两个重要的调节变量是可以与卷入相匹配的（McCombs & Reynolds, 2002）。

以上四个最重要的研究领域的简介已呈现出卷入的多样性。接下来，我们将从不同角度对各种概念进行系统化分析，包括卷入的对象、卷入的发生地、卷入的持续性、卷入的成分和卷入的效价（与Andrews, Durvasula & Akhter, 1990; Roser等在1990年的研究类似），本文在讨论结束后进行总结。

卷入的对象

人们无法想象无参照、无方向的卷入！在比较实证研究的结果时，人们总是要考虑卷入测量所指的对象（Muehling, Laczniak & Andrews, 1993）。总之，不论卷入针对的对象是什么，比如媒介的信息、某主角、某节目、某连续剧、某一媒介、接受情况、媒介信息的某个主题或者是某个社会问题等，都会产生不同的影响。消费者研究中所涉及的对象更是多种多样。在这里，卷入是针对广告信息、传播者、广告产品、广告品牌或节目上下文来进行描述的（Costley, 1988）。原则上，每个人应该经常提及卷入的对象。然而，从娱乐研究的角度来看，大多数情况下，我们关心的是娱乐媒介内容的卷入。应该指出的是，我们不是在处理一种独立类型的卷入（例如娱乐卷入），而是特指与娱乐有关的卷入。

卷入的位置

毫无疑问，从媒介心理学的角度来看，卷入是一种位于个人内在的心理结构。不过，有些缩减版，尤其是在有关卷入的早期出版物中，人们似乎是根据卷入对象的属性来定义卷入的。在赛门（Salmon, 1986）的元分析中，他区分了四种不同的视角。通常，卷入被当作一种内部状态或过程。然而，在一些研究中，卷入被阐释为一种人格特征（另见Roser, 1990; Zaichkowsky, 1986），被看成某一主题的显著性或相关性，还会被理解为某一刺激物、某种媒介或某种情境的准特征（Rothschild & Ray, 1974）。比如，克鲁格曼（Krugman, 1965）和所罗门（Salomon, 1984）就认为，电视是一种低度卷入的媒介，而杂志和其他印刷媒介则是高度卷入的媒介。特别是在消费者研究中，卷入度低的产品（如卫生纸）与卷入度高的产品（如汽车）被区分开来。

当然，这种归因是概括性的：人们可以假设，在大多数情况下，人们看电视的卷入度低，看书的卷入度高；或者，一般观众收听经济话题的卷入度要高于新闻自由等抽象话题（Andrews et.al, 1990; Shoemaker, Schooler & Danielson, 1989）。以上假设是否成立只能由经验数据来验证，而且，这些结果可能会让人大吃一惊。例如，一项有关选举的研究显示，与预期相反，电视并不总是卷入度低的媒介（Shoemaker等，1989）。实际上，卷入度有多高取决于受众，取决于人们接受的情况，也取决于信息的框架。因此，对卷入的确切位置而言，不应一概而论。

卷入的持续性

卷入的概念化可以按照其时间持续性进行分类并相应地排序。简言之，人们可以把持久的、持续的、相对稳定的卷入形式和更具情境性的、短期的、易变的卷入类型区分开来（Andrews等，1990; Houston & Rothschild, 1978）。

持久的卷入通常被理解为一个话题/物体对个体来说具有的（预先存在的）个人相关性（personal relevance）（Apsler & Sears, 1968; Celsi & Olson, 1988; Chaffee & Roser, 1986; Petty & Cacioppo, 1979, 1981; Richins & Bloch, 1986; Zaichkowsky, 1986）。如果人们对某个物体感觉到持续依恋，他们就会将私人相关性归因于该对象。从主观上看，这样做的原因可能是，它触及了自我/一个联系密切的人的核心价值观或目标，它对自我或联系密切的人有明显的影响（Apsler & Sears, 1968; Havitz & Howard, 1995; Richins & Bloch, 1986）。这在很大程度上符合社会判断传统中自我卷入的定义（Sherif & Hovland, 1961）。希尔西和奥斯隆（Celsis & Oslon, 1988）区分了个人相关性的内在来源和情境来源（分别是ISPR和SSPR）。内在来源的个人相关性是与个人相关的知识结构，它相对稳定且持久，是源自过去的经验并储存在记忆中。相反，情境来源的个人相关性是个体在即时环境中遇到的各种各样的特定刺激、暗示和偶然事件，这些特定刺激、暗示和偶然事件激活了与自我相关的后果、目标和价值观，并与个人密切相关。因此，情境个人相关性是对长期目标或价值观的情境性激活，这些目标或价值观在接受过程中逐步指导行动，从而影响信息加工。休斯敦和罗斯柴尔德（Houston & Rothschild, 1978）认为过程导向（process-oriented）的回应式卷入是持久卷入和情境卷入之间交互作用的结果（见Andrews等，Burnkrant & Sawyer, 1983; Patwardhan, 2004; Richins & Bloch, 1986; Richins, Bloch & McQuarrie, 1992）。

许多作者认为卷入是信息加工本身的一种属性（如，Cameron, 1993; Greenwald & Leavitt, 1985; Putrevu & Lord, 1994; Rubin & Perse, 1988; Step, 1998；见后面关于强度的章节）。以过程为导向的卷入定义，直接指向了媒介使用阶段，包含了对媒介信息的个体认知、情感或意向性卷入的强度。

最后，有作者将卷入概念化为一种接受模式，而不是一种疏离的或分析式的媒介使用模式（Liebes & Katz, 1986; McQuail, 1985; Vorderer, 1993）。这些作者一致认为，观众至少是暂时的在情感、认知上"生活在"媒介呈现的世界中，这种现象最近被称为非中介或在场（non-mediation, or presence）（Lombard & Ditton, 1997; Vorender, Klimmt &

Ritterfeld, 2004)。

当然，作为接受模式的卷入，与概念化为某一过程的卷入是一致的。每种接受模式都应有相应的思考和阐述。它们将个体对故事或信息的卷入描述为一种审美产物，这种产物既可以是消极的，也可以是积极的（参见下面关于卷入的效价的一节）。参考利伯斯和卡茨（Liebes & Katz, 1986）的研究，苏德（Sood, 2002）区分了参照性反思（关于媒介内容和相关个人经历的思考）和批判性反思（关于媒介节目审美建构的思考）。

在谭和奥特莱的研究中，我们可以在情感层面上找到相应的区分。比如，在"卷入"接受模式中体验到的情绪被称为"虚构情绪"（Tan, 1996）或"内在情绪"（Oatley, 1994），并与那些把媒介信息看作人工制品的接受者的感觉形成对比（参考Tan研究中的"人工情绪"；Oatley研究中的"外在情绪"）。

卷入的成分

许多作者将卷入分为认知、情感（或情绪）与意动（conative）三大成分。这种区别可以追溯到罗斯柴尔德和雷（Rothschild & Ray, 1974），他们比较了各种不同的定义。

认知成分最常出现在有关卷入的文献中（如，Bryant & Comisky, 1978, Flora & Maibach, 1990; Lo, 1994; Perse, 1990a, 1990b, 1990c, 1990; Rubin & Perse, 1988）。克鲁格曼（Krugman, 1965, 1966）已经将卷入定义为刺激、体验和个人观点之间的"桥梁体验"或"个人联系"。所罗门（Salomon, 1981）也将他的"AIME（投入的心力）"概念化为认知卷入。然而，认知卷入的基础是认知反应路径（Petty, Ostrom & Brock, 1981）。其原理如下：态度改变的持久性取决于人们对媒介信息论据考虑的程度和质量。由此，佩蒂和卡西奥波（Petty & Cacioppo 1981, 1986）发展了劝服的精细加工模型，即一个积极、有能力的人在媒介使用过程中会被高度卷入，也就是说，他会对相关媒介信息进行广泛而细致的思考，同时考虑这些媒介信息对他而言的意义。

在这种信息处理过程中，输入的信息与已存的知识、图像相联系。在这个过程中还附加了内涵意义和联想意义（Perse, 1990c）。由于注意力是这种精细信息加工的前提，一些作者也将注意力作为卷入的认知成分的一部分（Perse, 1998, see Greenwald & Leavitt, 1984）。卡梅隆（Cameron, 1993）将认知卷入定位于激活扩散理论（如，Anderson, 1983; Collins & Loftus, 1975；有关评论，请参见 Ratcliff & McKoon, 1981）。对于卡梅隆（Cameron, 1993）来说，认知卷入是认知激活的增强，因为对媒介信息的强烈的认知参与可以增加知识获取。还有一些学者将知识和回忆理解为认知卷入（如，Chaffee & Roser, 1986; Greenwald & Leavitt; 1984; Perse, 1990b）。比如雷伊（Ray, 1973）将注意力、意识、理解和学习纳入认知卷入的范畴。不过，给认知卷入加上如此宽泛的概念，就是一个死胡同。把认知卷入限制在高阶的思维过程（阐述、思考）中似乎更有意义。

意识和注意力应被视为认知卷入的先决条件，而知识、学习和回忆应被视为认知卷入的结果（如，Shoemaker等，1989）。

情感（情绪）卷入的研究频次略低于认知卷入。如果情感卷入是研究问题的话，人们通常会在理论和/或经验上对认知和情感卷入进行区分（如，Hoffman & Batra, 1991; Park & McClung, 1986; Zaichkowsky, 1987）。帕克和麦克隆（Park & McClung, 1986）认为，情感卷入意味着媒介使用的主观体验（例如，商业场所），不过，认知卷入是以话题为导向的信息加工。有研究者将拟社会互动纳入情感卷入（Levy & Windahl, 1985），最近这一领域的学者提出，拟社会互动本身就包含了情感、认知和意动成分（Hartmann, Schramm & Klimmt, 2004; Sood, 2002；参见本卷由Klimmt、Hartmann和Schramm撰写的第17章）。

乔杜里和巴克（如，Buck, Chaudhuri, Georgson & Kowta, 1995; Chaudhuri & Buck, 1995a, 1995b）将情感卷入定位在认知反应路径的框架中（MacInnis & Jaworski, 1989也是如此）。根据这种路径，情感反应是人们在交流后，对情绪强度感受的自我陈述。珀斯（Perse 1990a, 1990b, 1990c, 1990d）和斯德（Step, 1998）将情感卷入概念化为情绪感受的强度。在参考社会判断的研究时，苏梅克等人（Shoemaker等，1989）使用态度的极端性作为情感卷入的标准；查菲和罗斯（Chaffee & Roser, 1990）则额外使用了感知风险（另见Roser, 1990）。

卷入的意动成分很少被纳入研究。根据雷伊（Ray, 1973）的观点，意动卷入包括意图、行为和行动。消费者研究人员里辛等人（Richins等，1992）提到以下几类意动卷入：积极寻找信息、向他人提供建议和交流个人产品使用经验。在实际研究中，特定主题的媒介使用通常被用作行为卷入的指标（如，Chaffee & Roser, 1986; Rubin & Perse, 1988; Shoemaker等，1989）。

那些注重角色卷入动机特征的概念化的研究聚集在意图方面（Slater, 2002）。根据米切尔（Mitchell, 1981）的说法，卷入是个人目标和刺激之间的互动。这种互动关系决定了媒介信息加工、评价的关注度和强度，也决定了推理和阐述的方式。巴克及其同事（Buck, 1988; Buck等，1995）也强调，动机成分与情感卷入相关，因为情绪让我们准备好进行适当的行动并建议做出接近或回避的行为。可以把情绪看作一个过程，当动机潜能被激活时，此潜能通过该过程得以实现或被读出（Chaudhuri & Buck, 1995b）。

综上所述，在文献中，认知卷入被概念化为一种对信息积极的、密集的加工，这种加工从感知和注意力延伸到集中性思考、阐述和回忆上。在认知卷入语境下，我们讨论的主要是阐述活动，情感或情绪卷入是对强烈感情或情感陈述的知觉。在这一语境下，意动卷入特指在媒介中的信息寻找以及关于某一主题信息的人际交流，动机成分强调个体卷入的行为意图和信息特征。

卷入的强度

某些方法不仅可以在经验上测量卷入的强度或程度，而且理论上也可以有所区别。克鲁格曼（Krugman, 1965, 1966）就区分了高、低度卷入与那些因高、低卷入的产品或媒介派生出的广告效果不同的处理方法。在双过程理论（见上文）中，作者也区分了高度卷入和低度卷入：有研究人员根据克雷克和洛克哈特（Craik & Lockhart, 1972）的加工水平框架提出，卷入还存在更广泛的差异（Burnkrant & Sawyer, 1983）。根据格林沃尔德（Greenwald, 1984）和莱维特（Leavitt, 1985）的研究，一共有四个（认知）卷入的层次，即预先注意、集中注意、理解和阐述，它们在分析传入信息时发生的符号活动的抽象程度有所不同。卷入程度越高，人们更多地利用认知能力，投入的注意力也越多。同时，对表征系统的要求也越来越复杂。

此外，更高程度的卷入会导致更强的回忆效应（另见 Perloff, 1984）。有作者提出，他们研究的是质的不同层次，而不是一个连续体。因此，用户的思维性知识只适用于最高层次。很明显，在媒介使用期间，许多有意义的卷入过程只发生在最高级别，这就是为什么这些研究方法似乎没有明显差异的原因。为在更高的层次来更宏观地区分卷入，麦金尼斯和贾沃斯基（MacInnis and Jaworski, 1989）甚至特别提出了六个层次：特征分析、基本分类、意义分析、信息整合、角色扮演和建构过程。也有作者描述了每个层次的认知和情绪面向：一种将卷入与注意力和感知分开的方法，特别是，在更高的认知水平（阐述、思想）上将卷入分开的方法似乎更有意义，也让其差别更为清晰。例如，卡梅隆（Cameron, 1993）将卷入强度与激活扩散理论（spreading activation theory）联系起来。根据这个理论，卷入是认知结构（先前知识）和唤醒之间相互作用的连续体。因为卡梅隆（Cameron, 1993）将卷入定义为一种认知过程，可以把唤醒、先前知识和兴趣作为独立的概念来看待。

卷入的效价

一般来说，卷入被视为一种积极的、针对某物或某人的行动。据认知反应理论（Petty 等，1981）和精细加工可能性模型（Petty & Cacioppo, 1981, 1986）来看，卷入的效价是不确定的。比如，一个人如果有很强的动机和加工的能力，但却非常不信任相关信息，那么，他可能会产生消极的、不好的想法（Kramer, 1998）。卡明斯、阿塞尔和格雷厄姆（Kamins, Assael & Graham, 1990）发现，在高度/低度卷入的情况下，论据和反论据以及积极、消极的来源反应，其支持功能是不同的。在情感卷入过程中，可能会出现反对主角或反对媒介信息的情感或情绪（Perse, 1990c, 1998）。哈特曼等人（Hartmann 等，2004）也明确考虑了媒介行动者消极的拟社会互动。意动卷入也可以是防御性的，例如，愤怒、仇恨、憎恶或厌恶等负面情绪的面部表情。显然，消极的动机卷入也是可能的。消极的动机是为了逃避或防止一些不良结果，消极的动机卷入意味着努力阻止一些东西。这可能是由恐惧引起的（如，Frijda, 1986; Izard, 1993）。"消极动机"的强度随着害怕的对象或事件的接近而增加。当然，消极的动机也可能导致回避行为，因此，如果对象或事件是令人满意的，那么消极动机会随之减少。

卷入的概念化：综论

那么，卷入到底是什么？显然，研究卷入问题的方法多种多样，因此很难找到囊括所有方面的普遍定义。如果你愿意接受某种模糊性，你将得到一个界于宽泛和精确之间的卷入概念。卷入，作为一个元概念，包含了一个尽管互不相同却又互相关联的概念群，这个概念群告诉我们，用户是如何被媒介及其内容所占据，以及用户自身是如何以认知、情感、意动和动机的方式来和媒介打交道的（Salmon, 1986, p.244）。不过，人们不需要期望这种概念群的不同面向会对回忆、劝服或娱乐产生统一的影响。在这种观点下，卷入是一个框架或研究视角，我们可以将它与媒介使用和效果的其他概念之间的多重互动进行系统地研究并将其关联起来。有两点特别重要：其一是相当持久、持续的态度或特点，其二是传播期间的过程，这个过程更倾向于对研究对象进行处理和评估（例如，媒介内容）（如，Levy & Windahl, 1985; Richins & Bloch, 1986）。第二种概念化可以把卷入理解为意义更为有限的卷入。这不一定是一种肯定的、积极的努力，在这个意义上，对批判性媒介的使用也可以被视为一种卷入形式。

在特定、非特定情境下，各种形式的卷入如何连接？如果相应的内部（思想、情绪）或外部线索（媒介、任务）导致态度被激活，那么作为一种非特定情境下的态度或特性（traits）的卷入，会在媒介使用过程中被转化为一个过程变量（另见Celsi & Olson, 1988; Gotlieb & Sarel, 1991; Richins等, 1992, 1992）。因此，卷入意味着有目地的策略性加工，不仅受加工目标的影响，还受情境和刺激因素及这些因素各自显著特征的影响（Muehling, Laczniak & Andrews, 1993；另见Higgins, 1996）。接下来，重要的是要考虑卷入不同对象时的质的差异：根据斯莱特（Slater, 2002，另见Sood, 2002）的说法，依据加工目标，可能会出现不同的加工风格，如价值保护、价值肯定、结果导向、专门、信息扫描和享乐处理的。

因此，基于有着质的差异的卷入过程，我们对媒介信息的即时参与可以得到很好的理解。一方面，卷入过程意味着具有卡梅隆（Cameron, 1993）精神中精雕细琢和充满活力的特点；另一方面，根据沃德勒（Vorderer, 1993）的观点，卷入在接近和疏远之间发生变化。正如有人所言，这两个子过程（subprocess）可以是相互独立的。最后，在接触之后，接收过程被转换成紧凑的体验形式。根据持续性目标、加工目标的满足程度或新目标的刺激程度,持续性卷入可能会发生调整。总之,卷入可以被概念化为一个有时间结构的、多种组成部分的概念(另见Richins & Bloch, 1986)。

卷入:作为一种娱乐感

到目前为止,我们一直集中于对有关卷入文献的综合性回顾。现在,我们将关注卷入和娱乐之间的联系。首先,人们可能会问:卷入不是娱乐的一个方面吗?对沃德勒(Vorderer, 1998)来说,在接受过程中发生的情感加工就是娱乐体验的表现。他区分了自我情绪卷入和社会性情绪投入。自我情感的卷入意味着某一话题涉及了核心价值观、目标或自己的生活经历,而社会性情绪投入或共情则是指对主人公经历自愿的、短暂的同情(Zillmann, 1991, 1994)。这两个过程都很容易与卷入的情感成分联系起来(见上文)。在此观点中,自我卷入(核心价值观)和情绪卷入解释可作为娱乐的某个方面。

从这个意义上说,媒介心理学的各种现象也可被概念化。比如,齐尔曼(Zillmann, 1994)的情感倾向理论中,提到了主角命运中社会性情绪投入的条件。因此,观众与演员之间的互动是拟社会互动。在与演员的反复接触中(例如,在日常肥皂剧的观景中),观众与演员形成了一种拟社会关系(Perse & Rubin, 1989; Vorderer, 1996)。

情感卷入已经在各种各样信息内容的使用中表现出来,例如健康运动(Chaffee & Roser, 1986)、新闻(Perloff, 1989; Perse, 1990d)或互联网信息搜索(Patwardhan, 2004)等。乔杜里和巴克(Chandhuri & Buck, 1995b)对电视和平面广告中的情感卷入进行了比较研究。

珀斯(Perse, 1990c)发现,情绪卷入与认知卷入相关。愤怒和悲伤的感受与犯罪新闻、政府新闻的详尽报道相关。此外,将新闻视为娱乐的人表示,他们感到快乐和满足。可以看出,积极的情绪卷入与娱乐动机密切相关。

情感卷入对学习有什么影响?学习和知识的获取应该得益于个体的娱乐程度,这似乎很有意思(Vorderer等, 2004)。众所周知,认知卷入对知识获取有积极影响(如,Cameron, 1993)。情感卷入也如此吗?可惜研究结果不尽如人意。苏梅克等人(Shoemaker等, 1989)没有发现情感卷入与依赖报纸或电视的个人回忆和认知之间有任何关联。在长期的健康干预活动中,查菲和罗斯(Chaffee & Roser, 1986)没能发现,作为情感卷入指标的心脏病感知风险与态度、知识和行为的一致性之间存在任何相关性。罗(Lo, 1994)也没有发现极端态度作为情感卷入的指标与(第一次)海湾战争知识之间的相关性。在后两项研究中,有些作者认为这些指标不足以衡量情感卷入。一个人对海湾战争的态度可以是温和的,却受到强烈的情感触动(Lo, 1994, p.51)。相反,一个人可以主观地感觉到心脏病的高风险,却无法在情感上被深深触动(Chaffer & Roser, 1989, p.391)。苏梅克等人(Shoemaker等, 1989)也得出类似结果。他们研究了有关选举信息的回忆和认识，并再次使用"极端态度"作为情感卷入的指标。作为情感卷入的一个指标，珀斯（Perse, 1990d）使用了15个情绪反应项目，其中3个情绪因子（快乐、愤怒、悲伤）可以被提取出来。但结果一样，没有一个因子与新闻知识相关。

情感卷入指标的异质性表明，我们应更仔细地研究情感卷入和娱乐之间的关系。在消费者研究背景下，存在一些相关结果。而在探索性研究中，诺里斯和同事们（Norris & Colman, 1994; Norris, Colman & Aleixo, 2001）已经证明，卷入和娱乐/享乐只有小部分共同的方差，而且，会导致不同的广告效果（另见Furnham, Gunter & Walsh, 1998）。

近年来，关于享乐（enjoyment）作为娱乐核心的一些理论基础被提了出来。在这些理论贡献中，享乐被概念化为一种态度（Nabi & Krcmar, 2004），一种社会规范、观看情况和节目内容的结合（Denham, 2004），或依附于多种先决条件的问题（Vorderer等，2004）。因此，共情或非中介等情感卷入只是各种可能的先决条件之一（Vorderer等，2004）。总之，情感卷入似乎与享乐相关，但这两个概念并不相同（Nabi & Krcmar, 2004）。

娱乐内容的卷入

在娱乐内容的使用过程中，在多大程度上可以观察到卷入？在使用与满足方法的语境下，我们进行了相关研究。根据这种方法，情感、认知和行为卷入是人们在看电视节目和广播肥皂剧过程中的重要方面（如，Kim & Rubin, 1997; Rubin & Perse, 1988; Rubin & Step, 2000）。

此外，令人惊讶的是，几乎没几项研究涉及娱乐节目接触的问题。本特和费斯特（Bente & Feist, 2000; Feist, 2000）研究了观看德国脱口秀的动机。作为（四个）动机之一的拟社会互动，解释了人们接触脱口秀的大部分变异度（variance）。此外，他们发现，作为沉浸、批判性思维的卷入与对脱口秀的思考（阐述）是高度相关的。思考其他与脱口秀或自我无关的事情，则是卷入的反面。这种反卷入的思想在无唤醒、无聊的时期尤其容易出现。

两项有意思的研究报告了卷入的逐时变化。在两个动作导向的侦探电影中，沃德勒（Vorderer, 1993）以一分钟为间隔测量了电影中"卷入式接受"与"分析式接受"（自我报告："生活在电影中"与"反思电影"）。研究发现，这两种接收方式彼此高度相关。因此，它们似乎并不相互独立（Vorderer, 1993，另见Bente & Feist, 2000; Feist, 2000）。此外，沃德勒（Vorderer, 1993）将两种测量的接收模式与官方电视收视率进行了比较，有趣的是，在电影停止或中断时，卷入式接受（involved reception）而非分析式接受，会减少几分钟。

在早期的一项研究中，为了操作受试者的注意力，在每一分钟的动作冒险片段之后，布莱恩特和科米斯基（Bryant & Comisky, 1978）测量了受试者的反应时间（信号检测范式），并要求受试者对三个卷入指标（主观吸收、兴趣和认知卷入）进行评分。结果表明，在故事的高潮前、高潮马上结束时以及故事大结局后，注意力和所有三个卷入指标都产生了最高值。

安德林加（Andringa, 1996）试图回答叙事结构在多大程度上影响了不同形式的卷入。她具体调查了一段针对卷入的叙事性评论。这段公开的叙事性评论是叙述者提供的背景信息。根据安德林加（Andringa, 1996）的研究，这应该会产生叙述距离（narrative distance）。与谭（Tan, 1996）一样，作者测量了A情绪和几种F情绪，发现A情绪与一种F情绪正相关。不过，作为情感卷入的一个指标，叙述距离对F情绪的影响很小。

在一项关于电视剧《达拉斯》（Dallas）的跨文化定性研究中，利贝斯和卡茨（Liebes & Katz, 1986）发现了不同的卷入模式。在小组讨论的基础上，他们收集了以下方面的数据：（1）参照性陈述（类似于F情绪）vs.批判性陈述（类似于A情绪）；（2）现实的想法（指示的形式）vs.好玩的想法（虚拟的形式）；（3）对演员的规范性陈述vs.对演员不带价值观的陈述；（4）对"他们"的远距离指涉陈述 vs.对卷入的"我们"的指涉陈述。其中，大多数的陈述都是基于"我们"的指涉（"we"-referents），并以指示性的方式表述；基于理论上的考虑，作者将其解释为典型的卷入接受模式。许多批评性的陈述都指向远距离接受。不过，研究者们还没有测试受访者是否真的感到被卷入其中或被疏远了。

沃德勒、丘奇克和奥特莱（Vorderer, Cupchik & Oatley, 1997）的研究表明，体验性、情感性文本和行动性、描述性文本吸引读者的方式不同。当人们对主人公的体验最感兴趣时，与以行为为中心的文本相比，读者认为体验性文本更具卷入性，意义更丰富。

此外，还有研究报告了在线活动中卷入的结果。在一项跨文化研究中，帕特瓦汉（Patwardhan, 2004）发现，人们通常以适度的卷入访问娱乐网站。与信息搜索和传播应用相比，人们对网络娱乐的认知卷入和情感卷入程度相对较低。此次研究结果对美国人、亚裔印度人有效。此外，一般来讲认知卷入水平要比与情感卷入稍高。

娱乐教育是一个新的重要的研究领域。在这里，人们也深入讨论和调查了娱乐节目卷入的后交流效应（post-communicative effects）。娱乐节目可以对信仰、态度和行为产生积极影响。在印度关于娱乐教育广播肥皂剧的陈述中，苏德（Sood, 2002）发现了参照式情感（referential-affective）卷入和批判性认知（critical-cognitive）层面的卷入。该卷入的两个维度都会提高自我效能感和集体效能感。此外，参照式情感卷入刺激了对脱口秀的讨论。通常来讲，班杜拉（Bandura, 1977）的社会认知理论（如Sood, 2002）是娱乐教育的理论基础。与其相对照的是，斯莱特和鲁纳（Slater & Rouner, 2002）提到了劝服理论。他们提出了一个更加完善的精细加工可能性模型,在这个模型中,卷入没有被概念化为私人相关性(private relevance)或卷入性话题,而是被概念化为叙事及其人物之间的联系,或者说被概念化为一种沉浸式卷入。这种形式的卷入与上面提到的非中介现象比较相似,在这里,我们讨论的是对叙事世界的沉浸(Lombard & Ditton, 1997; Vorderer, 1993; Vorderer等, 2004)。格林和他的同事(Green & Brock, 2000; Green, Brock & Kaufmann, 2004)提出了另一种非中介现象:传输,它可以解释为一种基于卷入的传输。格林等人发现,传输的范围与批判性思想的数量呈负相关,从而增强了劝服效果。斯蒂芬森和帕尔姆格林(Stephenson & Palmgreen, 2001)的一项研究表明,对短小的公共服务告示的叙事加工(对叙事的认知卷入),与对药物的排斥之间的关系最为密切。

在消费者研究中,有一个新的研究分支很突出,该研究致力于娱乐节目的卷入对电视广告效果的影响。受试者对节目的卷入度、娱乐性和愉悦性的评分与广告品牌后续的评分和购买意向呈正相关(Norris & Colman, 1993, 1994)。作者将这种效应解释为节目的遗留效应,或者是情绪一致效应(Bower, 1981)。然而,研究人员发现,节目诱导的观众卷入与人们对广告的回忆之间存在负相关(Norris & Colman, 1993),娱乐感知价值与广告效果之间的相似关系无法显示(Norris & Colman, 1994)。研究人员通过指出娱乐感和卷入感之间的差异来解释这一点:电视节目卷入会以干扰回忆电视广告的方式来吸引人们的注意力。欣赏电视节目并不像卷入那样吸引观众的注意力。最近,这些发现在进一步的研究中得到了阐述和区分(Norris, Colman & Aleixo, 2001, 2003)。

卷入和娱乐的未来

如果媒介是娱乐性的,那它们也是让人卷入的!这一提议听起来极为合理,但只应被看作一种为时过早的观点。首先,娱乐和卷入之间的具体区别还不够明晰。因为娱乐体验没有得到充分的理论阐释,卷入反而是诸多理论的一部分,因此必须要有更多的娱乐理论来整合各类形式的卷入(例如,情感倾向理论,Zillmann, 1994)。在理论整合之后,需要有人对这些概念进行实证检验,而我们却没有足够的实证证据来验证上述假设。因此,将卷入概念的讨论限制在有限的意义上是有利的。卷入也因此被定义为对某一对象的强烈参与感,这种参与感包括认知、情感和意动的成分,也包括时间结构。在传播阶段,卷入可以被概念化为接近(积极卷入)或疏远(消极卷入)一个对象或事件的密集过程。实际上,一个包含认知回应、情绪感受、注意力、回忆、信息寻求和话题讨论等多种元素的概念,其实用性不高。如果卷入是一个包罗万象的概念,那么我们很容易弃之而去。

参考文献

Anderson, J. R. (1983). A spreading activation theory of memory. *Journal of Verbal Learning and Verbal Behavior, 22*, 261–295.

Andrews, J., Durvasula, S., & Akhter, S. H. (1990). A framework for conceptualizing and measuring the involvement construct in advertising research. *Journal of Advertising, 19*, 18–26.

Andringa, E. (1996). Effects of 'narrative distance' on readers' emotional involvement and response. *Poetics. Journal of Empirical Research on Literature, the Media and the Arts, 23*, 431–452.

Antil, J. (1984). Conceptualization and operationalization of involvement. *Advances in Consumer Research, 11*, 203–209.

Apsler, R., & Sears, D. O. (1968). Warning, personal involvement, and attitude change. *Journal of Personality and Social Psychology, 9*, 162–168.

Bandura, A. (1977). *Social learning theory.* Englewood Cliffs: NJ: Prentice Hall.

Barwise, P., & Ehrenberg, A. (1988). *Television and its audience.* London, Great Britain: Sage.

Batra, R., & Ray, M. L. (1983). Operationalizing involvement as depth and quality of cognitive response. *Advances in Consumer Research, 10*, 309–313.

Batra, R., & Ray, M. L. (1985). How advertising works at contact. In L. F. Alwitt, & A. A. Mitchell (Eds.), *Psychological processes and advertising effects* (pp. 13–43). Hillsdale, NJ: Lawrence Erlbaum Associates.

Bente, G., & Feist, A. (2000). Affect talk and its kin. In D. Zillmann, & P. Vorderer (Eds.), *Media entertainment. The psychology of its appeal* (pp. 113–134). Mahwah, NJ: Lawrence Erlbaum Associates.

Bower, G. H. (1981). Mood and memory. *American Psychologist, 11*, 11–13.

Bransford, J. D. (1979). *Human cognition. learning, understanding, and remembering.* Belmont, CA: Wadsworth.

Bryant, J., & Comisky, P. W. (1978). The effect of positioning a message within differentially cognitive involving portions of a television segment on recall of a message. *Human Communication Research, 5*, 63–75.

Buck, R. (1988). *Human motivation and emotion.* New York: John Wiley.

Buck, R., Chaudhuri, A., Georgson, M., & Kowta, S. (1995). Conceptualizing and operationalizing affect, reason, and involvement in persuasion: The ARI model and the CASC scale. *Advances in Consumer Research, 22*, 440–447.

Burnkrant, R. E., & Sawyer, A. G. (1983). Effects of involvement and message content on information-processing intensity. In R. J. Harris (Ed.), *Information processing research in advertising* (pp. 43–64). Hillsdale, NJ: Lawrence Erlbaum Associates.

Cameron, G. L. (1993). Spreading activation and involvement: An experimental test of a cognitive model of involve- ment. *Journalism Quarterly, 70*, 854–867.

Celsi, R. L., & Olson, J. C. (1988). The role of involvement in attention and comprehension processes. *Journal of Consumer Research, 15*, 210–224.

Chaffee, S. H., & Roser, C. (1986). Involvement and the consistency of knowledge, attitudes, and behaviors. *Commu- nication Research, 13*, 373–400.

Chaiken, S. (1980). Heuristic verus systematic information processing and the use of source versus message cues in persuasion. *Journal of Personality and Social Psychology, 39*, 752–766.

Chaiken, S., & Trope, Y. (Eds.). (1999). *Dual-process theories in social psychology.* New York, London: Guilford.

Chaudhuri, A., & Buck, R. (1995a). Affect, reason, and persuasion: Advertising strategies that predict affective and analytic-cognitive responses. *Human Communication Research*, 21, 422–441.

Chaudhuri, A., & Buck, R. (1995b). Media differences in rational and emotional responses to advertising. *Journal of Broadcasting and Electronic Media, 39*, 109–125.

Chen, S., & Chaiken, S. (1999). The heuristic-systematic model in its broader context. In S. Chaiken, & Y. Trope (Eds.), *Dual-process theories in social psychology* (pp. 73–97). New York, London: Guilford.

Cohen, J. B. (1983). Involvement and you: 1000 great ideas. *Advances in Consumer Research, 10*, 325–328.

Collins, A., & Loftus, E. (1975). A spreading-activation theory of semantic processing. *Psychological Review, 82*, 407–428.

Costley, C. (1988). Meta analysis of involvement research. *Advances in Consumer Research, 15*, 554–562.

Craik, F. I. M., & Lockhart, R. S. (1972). Levels of processing: A framework for memory research. *Journal of Verbal Learning and Verbal Behavior, 11*, 671–684.

Craik, F. I. M., & Tulving, E. (1975). Depth of processing and the retention of words in episodic memory. *Journal of Experimental Psychology: General, 104*, 268–294.

Denham, B. E. (2004). Toward an explication of media enjoyment: The synergy of social norms, viewing situations, and program content. *Communication Theory, 14*, 370–387.

Donnerstag, J. (1996). *Der engagierte Mediennutzer. Das Involvementkonzept in der Massenkommunikationsforschung* [The engaged media user. The concept of involved in mass communication research]. Munich, Germany: Fischer.

Feist, A. (2000). *Emotionale Wirkungen von Fernsehtalkshows.* Aachen: Shaker Verlag. Trans: [Emotional effects of tv talk shows]

Flora, J., & Maibach, E. (1990). Cognitive responses to AIDS information: The effects of issue involvement and message appeal. *Communication Research, 17*, 759–774.

Frijda, N. H. (1986). *The emotions.* New York: Cambridge University Press.

Furnham, A., Gunter, B., & Walsh, D. (1998). Effects of programme context on memory of humorous television commercials. *Applied Cognitive Psychology, 12*, 555–567.

Gotlieb, J. B., & Sarel, D. (1991). Comparative advertising effectiveness: The role of involvement and source credibility. *Journal of Advertising, 20*, 38–45.

Graesser, A. C., & Clark, L. F. (1985). *Structures and procedures of implicit knowledge.* Norwood, NJ: Ablex.

Green, M. C., & Brock, T. C. (2000). The role of transportation in the persuasiveness of public narratives. *Journal of Personality and Social Psychology, 79*, 701–721.

Green, M. C., Brock, T. C., & Kaufmann, G. F. (2004). Understanding media enjoyment: The role of transportation into narrative worlds. *Communication Theory, 14*, 311–327.

Greenwald, A. G., & Leavitt, C. (1984). Audience involvement in advertising: Four levels. *Journal of Consumer Research, 11*, 581–592.

Greenwald, A. G., & Leavitt, C. (1985). Cognitive theory and audience involvement. In L. F. Alwitt, & A. A. Mitchell (Eds.), *Psychological processes and advertising effects. Theory, research, and applications* (pp. 221–240). Hillsdale, NJ: Lawrence Erlbaum Associates.

Hartmann, T., Schramm, H., & Klimmt, C. (2004). Personenorientierte Medienrezeption: Ein Zwei-Ebenen Modell parasozialer Interaktionen [Person-oriented media usage: A two-level model of parasocial interactions]. *Publizistik, 49*(1), 25–47.

Havitz, M. E., & Howard, D. R. (1995). How enduring is enduring involvement? A seasonal examination of three recreational activities. *Journal of Consumer Psychology, 4*, 255–276.

Higgins, E. T. (1996). Knowledge activation: Accessibility, applicability, and salience. In E. T. Higgins, & A. W. Kruglanski (Eds.), *Social psychology: Handbook of basic principles* (pp. 133–168). New York: The Guilford Press.

Hoffman, D. L., & Batra, R. (1991). Viewer response to programs: Dimensionality and concurrent behavior. *Journal of Advertising Research, 31*(4), 46–56.

Houston, M. J., & Rothschild, M. L. (1978). Conceptual and methodological perspectives on involvement. In S. C. Jain (Ed.), *Research frontiers in marketing: dialogues and directions* (pp.184–187). Chicago, IL: American Marketing Association.

Izard, C. E. (1993). Organizational and motivational functions of discrete emotions. In M. Lewis & J. M. Haviland (Eds.), *Handbook of emotions* (pp. 631–641). New York: Guilford Press.

Johnson, B. T., & Eagly, A. H. (1989). Effects of involvement on persuasion: A meta-analysis. *Psychological Bulletin, 106*, 290–314.

Johnson, B. T., & Eagly, A. H. (1990). Involvement and persuasion: Types, traditions, and the evidence. *Psychological Bulletin, 107*, 375–384.

Kamins, M. A., Assael, H., & Graham, J. L (1990). Cognitive response involvement model of the process of product evaluation through advertising exposure and trial. *Journal of Business Research, 20*, 191–215.

Kim, J., & Rubin, A. (1997). The variable influence of audience activity on media effects. *Communication Research, 24*, 107–135.

Kramer, R. M. (1998). Paranoid cognition in social systems: Thinking and acting in the shadow of doubt. *Personality and Social Psychology Review, 2*, 251–275.

Krugman, H. E. (1965). The impact of television advertising: Learning without involvement. *Public Opinion Quarterly, 29*, 349–356.

Krugman, H. E. (1966). The measurement of advertising involvement. *Public Opinion Quarterly, 30*, 584–585.

Levy, M. R., & Windahl, S. (1984). Audience activity and gratifications: A conceptual clarification and exploration. *Communication Research, 11*, 51–78.

Levy, M. R., & Windahl, S. (1985). The concept of audience activity. In K. E. Rosengren, L. E. Wenner, & P. Palmgreen (Eds.), *Media gratifications research–current perspectives* (pp. 109–122). Beverly Hills, CA: Sage.

Liebes, T., & Katz, E. (1986). Patterns of involvement in television fiction: A comparative analysis. *European Journal of Communication, 1*, 151–171.

Lo, V. (1994). Media use, involvement, and knowledge of the gulf war. *Journalism Quarterly, 71*, 43–54.

Lombard, M., & Ditton, T. (1997). At the heart of it all: The concept of presence. *Journal of Computer Mediated Communication, 3*(2) [Online]. Available: http://209.130.1.169/jcmc/vol3/issue2/lombard.html.

MacInnis, D. J., & Jaworski, B. J. (1989). Information processing from advertisements: Toward an integrative frame- work. *Journal of Marketing, 53*, 1–23.

McCombs, M., & Reynolds, A. (2002). News influence on our pictures of the world. In Bryant, J., & D. Zillmann (Eds.), *Media effects. Advances in theory and research* (pp. 1–19). Mahwah, NJ: Lawrence Erlbaum Associates.

McQuail, D. (1985). With the benefit of hindsight. Reflections on uses and gratification research. In M. Gurevitch, & M. R. Levy (Eds.), *Mass communication review yearbook* (Vol. 5, pp. 125–141). Newbury Park, CA: Sage. Mitchell, A. A. (1981). The dimensions of advertising involvement. *Advances in Consumer Research, 8*, 25–29.

Muehling, D. D., Laczniak, R. N., & Stoltman, J. J. (1991). The moderating effects of ad message involvement: A reassessment. *Journal of Advertising, 20*, 29–38.

Muehling, D. D., Laczniak, R. N., & Andrews, J.C. (1993). Defining, operationalizing, and using involvement in advertising research: A review. *Journal of Current Issues and Research in Advertising, 15*, 21–57.

Nabi, R. L., & Krcmar, M. (2004). Conceptualizing media enjoyment as attitude: implications for mass media effects research.

Communication Theory, 14, 288–310.

Norris, C. E., & Colman, A. M. (1993). Context effects on memory for television advertisements. *Social Behavior and Personality, 21*, 279–296.

Norris, C. E., & Colman, A. M. (1994). Effects of entertainment and enjoyment of television programs on perception and memory of advertisments. *Social Behavior and Personality, 22*, 365–376.

Norris, C. E., Colman, A. M., & Aleixo, P. A. (2001). Context effects of cognitively involving, entertaining and enjoyable television programmes on two types of advertisments. *Social Psychological Review, 3*, 3–24.

Norris, C. E., Colman, A. M., & Aleixo, P. A. (2003). Selective exposure to television programmes and advertising effectiveness. *Applied Cognitive Psychology, 17*, 593–606.

Oatley, K. (1994). A taxonomy of the emotions of literary response and a theory of identification in fictional narrative. *Poetics 23*, 53–74.

Park, C. W., & McClung, G. W. (1986). The effect of TV program involvement on involvement with commercials. *Advances in Consumer Research, 13*, 544–548.

Patwardhan, P. (2004). Exposure, involvement and satisfaction witrh online activities. *Gazette: The International Journal for Communication Studies, 66*, 411–436.

Perloff, R. M. (1984). Political involvement: A critique and a process-oriented reformulation. *Critical Studies in Mass Communication, 1*, 146–160.

Perloff, R. M. (1989). Ego-involvement and the third-person effect of televised news coverage. *Communication Research, 16*, 236–262.

Perse, E. M. (1990a). Audience selectivity and involvement in the newer media environment. *Communication Research, 17*, 675–697.

Perse, E. M. (1990b). Cultivation and involvement with local television news. In N. Signorielli, & M. Morgan (Eds.), *Advances in cultivation analysis* (pp. 51–69). Newbury Park, CA: Sage.

Perse, E. M. (1990c). Involvement with local television news: Cognitive and emotional dimensions. *Human Commu- nication Research, 16*, 556–581.

Perse, E. M. (1990d). Media involvement and local television news effects. *Journal of Broadcasting & Electronic Media, 34*, 17–36.

Perse, E. M. (1998). Implications of cognitive and affective involvement for channel changing. *Journal of Communi- cation, 48*, 49–68.

Perse, E. M., & Rubin, R. B. (1989). Attribution and para-social relationships. *Communication Research, 16*, 59–77.

Petty, R. E., & Cacioppo, J. T. (1979). Issue involvement can increase or decrease persuasion by enhancing message- relevant cognitive responses. *Journal of Personality and Social Psychology, 37*, 1915–1926.

Petty, R. E., & Cacioppo, J. T. (1981). Issue involvement as a moderator of the effects on attitude of advertising content and context. *Advances in Consumer Research, 8*, 20–24.

Petty, R. E., & Cacioppo, J. T. (1986). *The Elaboration Likelihood Model of persuasion.* New York: Academic Press.

Petty, R. E., & Cacioppo, J. T. (1990). Involvement and persuasion: Tradition versus integration. *Psychological Bulletin, 107*, 367–374.

Petty, R. E., Ostrom, T. M., & Brock, T. C. (Eds.). (1981). *Cognitive Responses in Persuasion.* Hillsdale, NJ: Sage.

Petty, R. E., Priester, J. R., & Brinõl, P. (2002). Mass media attitude change: Implications of the elaboration likeli-hood model of persuasion. In J. Bryant, & D. Zillmann (Eds..), *Media effects. Advances in theory and research* (pp. 155–198). Mahwah, NJ: Lawrence Erlbaum Associates.

Putrevu, S., & Lord, K. R. (1994). Comparative and noncomparative advertising: Attitudinal effects under cognitive and affective involvement conditions. *Journal of Advertising, 23*, 77–90.

Ratcliff, R., & McKoon, G. (1981). Does activation really spread? *Psychological Review, 88*, 454–462.

Ray, M. L. (1973). Marketing communicaiton and the hierarchy-of-effects. In P. Clarke (Ed.), *New Models for Communication Research* (pp. 147–176). Beverly Hills, CA: Sage.

Richins, M. L., & Bloch, P. H. (1986). After the new wears off: The temporal context of product involvement. *The Journal of Consumer Research, 13*, 280–285.

Richins, M. L., Bloch, P. H., & McQuarrie, E. F. (1992). How enduring and situational involvement combine to create involvement responses. *Journal of Consumer Psychology, 1*, 143–153.

Roser, C. (1990). Involvement, attention, and perceptions of message relevance in the response to persuasive appeals. *Communication Research, 17*, 571–600.

Rothschild, M. L. (1984). Perspectives on involvement: Current problems and future directions. *Advances in Consumer Research, 11*, 216–217.

Rothschild, M. L., & Ray, M. L. (1974). Involvement and political advertising effect. An exploratory experiment. *Communication Research, 1*, 264–285.

Rubin, A. M., & Perse, E. M. (1988). Audience activity and soap opera involvement: A uses and effects investigation. *Human Communication Research, 14*, 246–268.

Rubin, A. M., & Step, M. M. (2000). Impact of motivation, attraction, and parasocial interaction in talk radio listening. *Journal of*

Broadcasting & Electronic Media, 44, 635–654.

Salmon, C. T. (1986). Perspectives on involvement in consumer and communication research. In B. Dervin, & M. J. Voigt (Eds.), *Progress in communication sciences* (pp. 243–268). Beverly Hills, CA: Sage.

Salomon, G. (1981). Introducing AIME: The Assessment of Children's Mental Involvement with Television. In H. Kelly, & H. Gardner (Eds.), *Viewing children through televison* (pp. 181–198). San Francisco, CA: Jossey-Bass.

Salomon, G. (1984). Television is 'easy' and print is 'tough': The differential investment of mental effort in learning as a function of perceptions and attributions. *Journal of Educational Psychology, 4*, 647–658.

Sherif, M., & Cantril, H. (1947). *The psychology of ego-involvement: Social attitudes and identifications*. New York: Wiley.

Sherif, M., & Hovland, C. I. (1961). *Social judgment: Assimilation and contrast effects in communication and attitude change*. New Haven, CT: Yale University Press.

Shoemaker, P. J., Schooler, C., & Danielson, W. A. (1989). Involvement with the media. Recall versus recognition of election information. *Communication Research, 16*, 78–103.

Sood, S. (2002). Audience involvement and entertainment-education. *Communication Theory, 12*, 153–172.

Slater, M. D. (2002). Involvement as goal-directed strategic processing. Extending the elaboration likelihood model. In J. P. Dillard, & M. Pfau (Eds.), *The persuasion handbook. Developments in theory and practice* (pp. 175–194). Thousand Oaks, CA: Sage.

Slater, M. D., & D. Rouner (2002). Entertainment-education and elaboration likelihood: Understanding the processing of narrative persuasion. *Communication Theory, 12*, 173–191.

Soldow, G. F., & Principe, V. (1981). Response to commercials as a function of program context. *Journal of Advertising Research, 21*(2), 59–65.

Step, M. M. (1998). *An emotional appraisal model of media involvement, uses, and effects*. Unpublished doctoral dissertation, Kent State University.

Stephenson, M. T., & Palmgreen, P. (2001). Sensation seeking, message sensation value, personal involvement, and processing of anti-drug PSAs. *Communication Monographs 68*, 49–71.

Tan, E. S. (1996). *Emotion and the structure of narrative film. Film as an emotion machine*. Mahwah, NJ: Lawrence Erlbaum Associates.

Vorderer, P. (1993). Audience involvement and program loyalty. *Poetics. Journal of Empirical Research on Literature, the Media and the Arts, 22*, 89–98.

Vorderer, P. (1996). *Fernsehen als "Beziehungskiste". Parasoziale Beziehungen und Interaktionen mit TV-Personen* [Television as, 'relationship box.' Parasocial interactions and relationships with TV actors]. Wiesbaden, Germany: Opladen.

Vorderer, P. (1998). Unterhaltung durch Fernsehen: Welche Rolle spielen parasoziale Beziehungen zwischen Zuschauern und Fernsehakteuren? In W. Klingler, G. Roters, & O. Zoellner (Eds.), *Fernsehforschung in Deutsch- land. Themen—Akteure—Methoden* [Television research in Germany. Issues—actors—methods] (pp. 689–707). Baden-Baden, Germany: Nomos.

Vorderer, P., Cupchik, G. C., & Oatley, K. (1997). Encountering the literary landscapes of experience and action from self-oriented and spectator perspectives. In S. Totosy de Zepetnek (Ed.), *The systemic and empirical approach to literature and culture as theory and application, Vol. 7* (pp. 559–571). Siegen, Germany: LUMIS-Publications.

Vorderer, P., & Klimmt, C., & Ritterfeld, U. (2004). Enjoyment: At the heart of media entertainment. *Communication Theory, 14*, 388–408.

Zaichkowsky, J. L. (1986). Conceptualizing involvement. *Journal of Advertising, 15*, 34–14, 34.

Zaichkowsky, J. L. (1987). Emotional aspects of product involvement. *Advances in Consumer Research, 14*, 32–35.

Zillmann, D. (1991). Empathy: Affect from bearing witness to the emotions of others. In J. Bryant, & D. Zillmann (Eds.), *Responding to the screen. Reception and reaction processes* (pp. 135–168). Hillsdale, NJ: Lawrence Erlbaum Associates.

Zillmann, D. (1994). Mechanism of emotional involvement with drama. *Poetics. Journal of Empirical Research on Literature, the Media and the Arts, 23*, 33–51.

第十三章 虚构叙事中情感的戏剧技法

道尔夫·齐尔曼

有几个议题混淆了人们对虚构的情感分析,引发了一些不必要的复杂问题,本章将对此进行澄清,在整合既有研究支持和与情绪相关的心理、生理范式的基础上,解释人们在戏剧虚构形式中情感反应的多样性。本章的核心兴趣在于电影镜头的语言表述(cinematic presentation),但也关注了其他表述形式。本章运用共情的三要素理论和兴奋转移范式(excitation transfer paradigm)解释了情绪反应的诱发与强度。在兴奋功能的分析中,本章特别考虑了戏剧手法对情感强度的提升作用,在认知功能分析的基础上,提出了情感倾向的形成及其对共情反应的影响的理论。同时,本章利用共情的倾向性颠覆(dispositional override of empathy)模式观照了一种反应,从而进一步探讨了道德制裁中情感效应的认知功能。这种反应有点像那种不合时宜的、对他人死亡心怀恶意(如果不是施虐狂的话)的快感。

初步的探讨

大家都知道,一个好故事有多吸引人,在情感上就多能激起受众的兴趣。我们都有被戏剧性故事感动和鼓舞的经历,但仔细想想,几乎没有理由相信这些故事真实发生过,大家也目睹过其他人屈服于同样的经历。不过,奇怪的是,许多"勇于"将这种反应的细节置于理性分析下的人,其回应往往是由困惑不解转而认为,借由虚构的叙事来唤起情感这件事,本身就需要合理的解释。

"如真的一般":对虚构的反应

有关分析倾向于从小说人物的虚构性描述开始。例如,霍兰德(Holland, 2003)在思考为什么我们会把虚构事件当成真实事件并做出反应时,讲述了他和其他人在电影《爱情故事》(*Love Story*)中,看到大学女生珍妮·卡瓦列里(Jenny Cavalieri)死于白血病时，是如何痛哭流涕的。他问自己，为何如此关心一个虚构人物的困境？这个人物由作家创作出来，由一个健康的女演员扮演，由一个突兀的摄影机记录，并作为一个短视频出现在屏幕上。理性的人应该会不由自主地意识到这不过是一种人造物罢了，但又很难无视它，以至于最终无法正确回应，就好像珍妮是他们认识的一个真实熟人一样。

以前，英国作家柯勒律治认为，要解决令人恼火的，对"虚构的非真实"的认识，可以设立一个诚信义务（a faith requirement）来达到他所称的文学作品所具有的诗意的真实。具体来说，他要求他的读者"悬置怀疑"（Coleridge, 1817/1960, p.169）。考虑到柯勒律治诗歌的浪漫主义性质，该义务很可能有助于他那种常见的超自然情节背景产生现实意义。现代电影以其对情绪氛围和表达经验的高保真呈现而知名，然而，只为了让观众的情绪反应得以实现，就去期望他们心无旁骛地抛弃"荧幕之光中戏剧的非现实性"，同时抛弃他们对其他人为因素（artificialities）的担忧，这听起来无疑是空洞的。电影显然具有唤起情绪的能力，不需要试图操控自我欺骗的认知去消除表述中的人为因素。在没有证据表明主观臆断地悬置怀疑是情绪反应的一个必要条件的情况下，却有文学界的许多人一直在广泛接受柯勒律治的建议，只能说这种情况是令人震惊的。

霍兰德（Holland, 2003）最近试图为柯勒律治的方法提供更坚实的基础。基于对审美感、美的概念的神经学推测（Tooby & Cosmides, 2001），他提出，小说的回应者通常被限制于安静的坐姿中，大脑高度发达的前额叶皮质忙于抑制公开的行为和他们的计划，而计划正是这种结构通常做的，因此他们无法产生对情绪诱发环境的人工认知。虽然现在还不清楚，相比实际行动计划和特定的执行计划，为什么对行动计划的抑制会对前额结构的信息处理提出更高的要求，但有人因此提出，行动抑制的必要性使得前额区域无法提醒我们注意表述中的虚构性质，我们因此成为小说诱惑的牺牲品，误认为它是现实。结果，我们的情绪被遗留给了未更新/未升级的大脑结构中的不受限制的力量。霍兰德接着通过暗示孩子们易受欺骗的特点来扩展他的推理。由于儿童的前额叶皮质尚未完全发育，对现实的感知还不成熟，儿童容易接受其大脑最初结构（未进化那部分）（archaic structures）所提供的印象。此外，根据之前的心理分析阐释（Holland, 1968），霍兰德还将神经不成熟模型应用到成人，认为阅读小说引发了人们对童年心理的回归，而现实错觉是这种回归的重要组成部分。

其他一些阐明小说中那些令人费解的现实错觉的尝试，似乎不那么做作，但也没能令人信服地描述错觉的过程（参见Tan, 1996; Turvey, 1997）。那些看起来更为连贯的解释也只是宣称存在一种心理能力，这种心理能力将小说中物理刺激转化为不受现实约束的心理表征，这种心理表征充当了情绪的关键性临时中介。卡罗尔（Carroll, 1988, 1990）认为，对真实性的评估无助于情绪激发，而心理表征或思维结构有能力触发情绪，不管这些表征和结构的真实价值如何。在提到想象的心理表征时，史密斯（Smith, 1995a, 1995b, 1997）同样认为，情绪诱导并不取决于对事件真实性的承诺。卡罗尔和史密斯（Carroll & Smith）以及其他人（如，Allen, 1993; Peters, 1989）因此认为，不必为了唤醒情绪而把小说误认为现实，而想象的过程中一旦受到小说的煽动，就极有可能唤醒真正的情绪。因此，在解释小说中的情绪时，有人认为认知错觉是可扩展的思想包袱。比如，艾伦就认为，这种错觉"被彻底揭穿了"（Allen, 1997, p.79）。

然而，揭穿并未阻止一种新的错觉出现，而且这种错觉还在最近的小说理论中占据了中心地位。新的幻想专注于那些调节情绪的现实，例如，艾伦（Allen, 1993, 1997）设想了一种"投射性错觉（projective illusion）"，也就是说，在这种错觉中，回应者通过一种表述方式来屈服于感官欺骗，尽管在接触的初期，他们就可能已经意识到那种不现实是内在固有的。这就是人们所熟悉的"从内体验小说"的过程。在这种情况下，"从内想象小说"才有望产生各种情绪（Smith, 1997; Walton, 1990）。这种来自内部的感知也被解释为"中心想象"，而非那种无名人士的、没有立场的分散的感知（Wollheim, 1987）。与此相似的是，这种感知被描述为"个人"的，而非"客观/冷淡"的（Currie, 1995）。不熟悉这种文学话语的命名和概念化的观察者们可能会怀疑"从内体验小说"是否与柯勒律治所持观点不太一样，因为柯勒律治想象的是，在进入一个虚构的世界时，读者得放弃所有怀疑，即前面他所称的"此刻自愿悬置怀疑"论。

柯里（Currie, 1995）和沃尔海姆（Wollheim, 1987）也把模拟（simulation）说成是一个采纳、分享小说里他者的信仰、性格和经验的过程，即在较少的人造环境下与一种习惯性反应切断联系的过程。沃尔顿（Walton, 1990）提了一个相似的说法，即"内在想象"，包括想象自己是另外一个人。这些观点（Gaut, 1999）通常侧重于渗透过程，即模仿并接受他人身心特征的过程（Oatley, 1995）。这些观点包含了精神分析推理的基本要素，因此，如果不是对原始概念重新拥抱，它们可以被视为弗洛伊德认同概念的一个变数（Freud, 1921/1964a, 1923/1964b）。前文的个案中，观众看到《爱情故事》中女主角遭受痛苦并死亡后产生的强烈情绪反应，会被解释为观众故意或可能不自觉地想象出对女主角体验状态的渗透和篡夺。这种"取代他人"的过程是视情况而定的，同时也与暂时放弃自我意识有关，这一事实再次让人想起柯勒律治的隐含的义务，这种义务否定普遍存在的实际情境。人们不禁要问，在这种"从内感受他人"的情况中，回应者是如何把虚构情绪当作自身情绪来体验的？

以上解读的问题，它们主要是直觉的，充其量是由有选择性的个人经验和对他人行为的非正式观察所支持的。当代心理学的相关贡献在很大程度上被忽略了，当然也没能有意义地融进所提到的理论中（Konijn, 1999）。因此，新理论的建构往往相当于对早期哲学和小说中思想表达的重新表述；例如，艾伦（Allen, 1993）的投射幻觉，可以理解为对伯奇（Burch, 1979）想法的再建构，指一种存在于虚构环境中并且是虚构环境中的一部分的死亡效应。

认为小说中的情绪是由某种心理过程调节的说法与其说是错误的，不如说是不完整和模糊的。当下的问题是要辨别并表明特定的调节过程，然后通过接触小说将它们整合成一个连贯的情绪唤醒机制。由此看来，与其依赖哲学和前经验心理学（pre-empirical psychology），不如根据心理学和神经内分泌学对情绪反应研究的现有证据构建理论来实现。因此，在接下来的论述中，我们试图用这些术语来构建理论。

贴现明显的现实：柯勒律治公式的反转

虚构性叙事表现为两种截然不同的符号形式。它要么是图标的（iconic），要么是符号的（symbolic）。在图标的案例中，刺激物会模仿被代表的刺激物的物理特征，而在符号的案例中，代表和被代表的刺激物之间的关系在形态学上是任意的，其再现必须经过各方一致同意。"符号式表征"代表了传统的、自然的语言；从进化的角度来说，"图标式表征"是这两种格式中较老的一种，通常展示在它所代表的副本中，这些副本与被代表之物之间有足够的相似性被辨识出来，不需要额外的解释。在视觉和听觉感知域里，镜头语言集中体现了图标式表征。不过，"图标式表征"也适用于其他所有形式的感官信息传递手段，包括嗅觉和触觉。毋庸讳言，虚构的展示（fictional presentation）充分地结合了图标和符号形态的再现；也就是说，文字表达可能以意象为特征，而口头语言会渗透到以图像为主的演讲中。

事实上，以极端象似性为特征的表征与它们所代表的物理刺激物条件，在本质上是无法区分的，这一事实对情绪反应有着重大影响。原因是，如果物理现实能够引发情绪反应，那么它们以图标物为媒介的表象现实也应如此。例如，实际遇到一条处于攻击状态的毒蛇，引发恐惧，那么完美的图标再现也会产生如此效果。有论点提出，图标再现的回应者将能辨识出受过调节的人造物，因此可以不对它做出情绪上的反应，至少不像他们对再现的物理现实那样反应强烈。这种论点难以令人信服，因为最近的神经生理学研究（neurophysiological research）表明，边缘系统（limbic system）的子结构，主要是脑内扁桃体（amygdala），会不断监测环境中威胁和危险的迹象，在它们相遇时，情绪反应在信息传递到新皮质之前被触发；也就是说，在意识到特定情绪诱导条件之前，情绪反应就会被触发（LeDoux, 1996; LeDoux & Phelps, 2000）。此外，已有证明显示，脑内扁桃体不仅发出检测到威胁的信号，而且估计它们的严重程度，从而决定情绪反应的强度。这里最重要的是，对情绪诱导刺激的表象状态或再现状态的任何分析和审查都只能在自主神经和初始行为之后开始。换句话说，情绪反应难以控制意志，包括那些与交感兴奋有关的情绪反应也是如此，它们作为情绪强度的决定因素，在"现实"被判定为真假之前就已经启动了。

脑内扁桃体反应调节的时间早于新皮质刺激评估，这挑战了柯勒律治（Coleridge, 1817/1960）的从小说中创造现实的概念。由此看来，对于通过小说唤醒情绪来说，"自愿悬置怀疑"是完全没有必要的，至少通过对虚构事件的高保真图标再现是没有必要的。人们没有必要摆脱疑虑，全神贯注地拥抱错觉来体验情绪。在相反的情况下也是如此，随着在归纳中对人造物意识的不断提高，人们的真实情绪强度会打折扣。图标再现的现实起着实际现实的作用，它可能会也可能不会立即出错并降级为"人为"现实。比如，对汹涌水墙的图像和声音的图标式表征就是如此，它们应该和表象现实一样能搅动我们的情绪，就像它们的物理现实所做的那样。而且，也许是不可避免的，只有在反思之后，我们才会意识到我们的情绪诱导是人为的。因此，事件的顺序并不是人们认知的那样，在情绪发生之前，人们不得不抑制对人为现实的反应，而情绪首先受表面现实诱导，然后表面现实可能会被误认为是人为的而使情绪强度打折扣。

通过虚构事件的符号式表征来唤起情绪显然不那么直接，因为表象现实需要通过理想化的方式来构建。简单地说，符号再现法，通常由口语和书面语传达，必须通过新大脑皮层神经网络中巨量的联想活动来译成任意一种呈现现实的心理表征（Damasio, 1994; Lang, 1979, 1984）。这一活动需要与符号输入的体验相关联，从而使其意义的表述个性化。通过脑内扁桃体和海马体之间的直接联系路径，情绪体验被放到海马体的长期储存区内。与符号输入体验相关的联想力也调用这个储存，并激活一些突出的情感记忆。这种激活倾向于复原，至少会部分复原那种自动的、由躯体显现出来的主要情绪体验。这种情绪记忆的恢复让输入的意义的呈现更加个性化了。然而，尽管从符号再现到"表象现实"的转换看似复杂，但观念表征一旦被构建，就应该像图标式表征的表象现实那样，更多地调节情绪。这就是说，对虚构事件的符号式再现也会诱导出真实情绪，尽管它们的主观化程度可能比图标式表征所引起的情绪主观化程度高，但随着人们对人造物认识的提高，这种情绪可能会再次被忽略。

不管虚构性表述的符号学模式如何，这些表述所唤起的情绪自动反应在很大程度上独立于主观意志力。相反，行为反应则受制于意志。在大多数目标导向反应受到抑制时，这种意志控制表现明显。如果表述的事件发生在回应者的实际环境中，这种目标导向反应将是有意义的。但抑制并不会扩展到所有与情绪相连的动作上，这些动作的意义一般由表述给予。事实上，初始的动作，与表述的事件相符，在身体和四肢的抽动中表现明显，这种初始动作可以理解成行动准备的现实征兆。然而，在意识到任何事先准备好的行动都是不恰当的时，这些动作还未被执行，就会很快被抑制。

以上分析表明，小说的反应方：(a) 迷失在再现的表象现实中，把这些再现当作真正的现实，真正地予以回应；(b) 通过抑制那些只有在再现现实中才有意义的行动，认识到它的人为性。不过，这两种状态不会同时出现。有人建议，反应方可以自由出入这两种状态，虚构的表述中充满了人为的暗示（参见 Tan, 1996），这些暗示起到了淡化表象现实、抑制外在行动的作用。那么，小说的反应方看似会被表象现实所俘虏，但不会长时间被俘虏，他们选择退出的机会似乎永远存在。

论虚构环境中的忘我

抑制规则中明显的例外，在交际行为中却相当普遍，尤其是涉及虚构人物的称呼时。众所周知，小说的反应方与这些虚构人物交谈时，就好像他们真实存在一般。当情绪投入充分时，反应方时常会警告主人公即将面临的危险，并建议采取保护行动。例如，据观察，恐怖电影《十三号星期五》的观众，当看到女主角被臭名昭著的冰球蒙面杀手杰森跟踪并被逼到墙角时，大声对她呼喊："小心！在你身后！拿着斧头，打他！打他！"（Zillmann, Weaver, Mundorf & Aust, 1986）。对虚构人物的有效应对给予认可的表达有："就是这样！"或者"那会让他明白的！"任何看过儿童对木偶剧反应的人都能理解年轻观众对这些术语表达的偏爱。可爱的主人公显然不知道凶残的鳄鱼、狮子或龙正悄悄地向他逼近，这种场景被广泛使用在世界各地，用来戏弄历代的孩子们，为了拯救他们的英雄，孩子们疯狂尖叫，拼命地警告他们的英雄。这种反应在小到4岁的儿童身上就可以观察到（Zillmann & Bryant, 1975）。虽然只是暂时的，但这些孩子似乎真的迷失在那些看起来很明显的虚构现实中了。然而，对某些不可全信的暗示的敏感性，使他们能够躲过这种现实的魔咒，而且，这种敏感性必定会很快地发育并成熟。

有人用小说（实际上，也包括非小说类的）反应方概括的交际行为来挑战曾被广泛使用的弗洛伊德的"认同"概念（Freud, 1921/1964a, 1923/1964b）。对此挑战的详细描述可以在其他地方找到（Zillmann, 1995）。在这里我们只需关注小说语境中的身份认同及其对情绪反应的影响就足够了。

弗洛伊德在一篇关于舞台剧的文章中非常直接地论述了这个问题。剧本为观众创造了一个仿真世界，在这个世界里，观众的特点是，"一个可怜的灵魂，似乎没有什么重要的事情发生，不久前，他不得不抑制或放弃自己在重要问题上占据中心地位的野心，他渴望根据自己的愿望去感受，去行动，去安排事情"（Freud, 1905, 1906, 1987, pp.656-657），去实现他受挫的愿望。根据弗洛伊德的说法，观众"想成为一个英雄，即使时间很短也行，而剧作家和演员使他能够通过'认同'一个英雄来实现这个可能"（Freud, 1905, 1906, 1987, p.657）。

著名的电影导演马丁·斯科塞斯（Martin Scorsese）在电视广告中宣传娱乐电影时，非常简洁地表达了这种想法，在提到丰富有趣的虚构人物时，他向观众宣布，当你看电影时，"你就是他们！"那么，认同就意味着虚构戏剧的反应方们"从内心"体验到其他存在物，并像它们一样去思考和感受。

谭（Tan, 1995, 1996）和齐尔曼（Zillmann, 1995）对这种概念化的作用提出了严肃挑战。这一挑战在很大程度上是基于反应方针对小说人物的交际行为。这种行为并不意味着，哪怕只是暂时的，反应方会认为他们自己可以代替完成一个虚构角色的行动或作为戏剧中一个特殊角色而存在。相反，这种交际行为有力地揭示出，那些投入了很深情感的反应方就是他们眼前事件的见证人。当这些事件定义"表象现实"时，反应方可能会被指责屈从于一种错觉，在这种错觉里，反应方认为自己是被描述事件的目击者。这种想法可以被认为是前面提到的死亡效应的一种形式（Burch, 1979; Tan, 1996），这种形式表现在已有的错觉中，并因此而成为虚构环境（fictional enviroment）的一部分。

从目击者的角度看小说，可以从有关诱导情绪的论述中，消除与"以某种形式与另一个存在物成为一体"的想法有关的神秘主义。不过，它并没有消除仿真（emulation）等概念。事实上，想要和其他某些人变得相似的愿望，对这些人的特点和习惯信以为真的表现，尤其是目击者对特定角色的同情，现在都可以理解为亲身经历之后情绪反应的某种后果。

应当注意的是，在处理小说和情绪反应时，目击者视角与拟社会互动的范式是完全一致的（Horton & Strauss, 1957; Horton & Wohl, 1956）。这种范式关注的是，在电视节目中，如肥皂剧或情景喜剧中，观众对反复观察到的虚构人物产生共情或反感的倾向是如何形成的。大量证据表明，人物角色最终会被当作朋友或敌人对待，包括'被'交谈，就好像他们是真正的朋友或敌人（如，Fabian, 1993; Gleich & Burst, 1996; Isotalus, 1995; Perse & Rubin, 1989; Rubin & McHugh, 1987）。显然，这种范式体现了目击者的视角，并导致对认同的否定（Giles, 2002）。同样明显的是，"拟社会互动"不仅指那种长时间、重复地与虚构角色相遇的情况，也包括偶尔与某个剧中的角色相遇的情况。

以下对小说情绪反应的分析完全是从目击者的角度出发的，并为其认知效能提供证据。

情绪体验中的兴奋过程

那些对实际情况、图标式或符号式再现的反应进行控制的情绪动力，与对虚构事件的表述的反应进行控制的情感动力，可能相差不大。有研究证据表明，事实上，那些不同形式的调节性情感之间具有相当大的共性（Zillmann, 2000a; Zillmann & Knobloch, 2001）。然而，有一个重要的情境，它将电影叙事和那些与事件链有关的其他手段区分开来，并且有人证明，这一情境是受众创造和修改情绪反应的关键，其问题在于，电影叙事总是压缩构成一个故事的时间进程，而之后，在传递故事的过程中，受众的接受却是实时且持续不断的（Bordwell, 1985; Branigan, 1992; Carroll, 1990; Tan, 1996）。

持续性信息吸收的后果

个人的成功或失败在现实中引起的情绪通常是可控的。一个人在达成一个重要目标后，可能会狂喜几分钟，兴高采烈几个小时；或者，令人悔恨的经历可能会导致绝望或悲伤，这样的情绪同样会持续相当长时间，这主要是生理原因，部分是反思的结果，总之，情绪并不是短暂的体验，但电影叙事却把这些情绪当成了短暂的体验。作为一项规则而非例外，在会煽动情绪的所有相关方面消退之前，在特写事件煽动情绪之后，就会出现对其他事件的表述，这种对情感和非情感事件的压缩，正如我们将看到的，对情感体验有着有趣的影响。

在这一点上应该注意的是，一般来说，电影叙事中对事件的压缩行为并不一定扩展到其他一般虚构故事中。散文允许读者在情绪激动时暂停阅读，情绪恢复后再继续阅读。所有能够加快信息接收节奏的呈现形式都能在一定程度上让接收者控制其情绪反应。无论是虚构的还是非虚构的，所有能决定信息吸收节奏的形式都没有这样做，或者它们是以最有限的方式这样做的。例如，可以想象，当观众对电影特写感到不适时，电影放映偶尔会暂停，而当观众恢复平静后，放映继续。尽管在阅读一篇散文时情绪激动，但读者依然可以违反既定的节奏规范，继续阅读。如果出现这种不间断的连续阅读，情绪煽动的毗连性近似于强加的连续接收的形式。然而，它们绝不是一模一样的，因为散文不能报道实时的偶发事件。尽管在连续接收方面存在这样的差异，但电影镜头强加于观众的实时连续信息接收，以及狂热的散文读者偶尔自我强加的对信息的不间断接收，引发了独特的唤起方式和情绪体验的升级。讨论这些方式的范式集中于兴奋转移，即从最初到随后的情绪反应转移，其中，随后的情绪反应主要是指后续反应。

情绪体验中的兴奋转移

认知活动没有充分定义情绪体验。人们普遍认为，情绪包含了激动人心、振奋人心和驱动的成分。这些情绪成分被称为唤醒或兴奋，人们一般从身体的角度来理解它们。二因素理论认为，认知与唤醒之间存在交互作用，认知决定情绪的种类，唤醒决定情绪的体验强度和行为紧迫性（Hebb, 1955; Schachter, 1964）。这一观点在三因素理论中得到了阐述，该理论更充分解释了大部分非自愿唤起的兴奋活动以及它们随时间消长的原因（Zillmann, 1978, 1983）。

三因素理论区分了情绪的倾向性、兴奋性和体验性成分。无论是倾向性成分还是兴奋性成分，都将自发性反应倾向与通过学习获得的反应结合起来，而体验性成分则在行为指导和反应矫正服务中参与认知。基本情绪，如特定恐惧和攻击性冲动，常常违背理性，不为反思所动。与这些情绪相关的兴奋显然也不受反思的控制。相当古老的机制用于调节这些反应，无论这些反应是根据实际情况还是根据图式再现做出的。然而，认知阐释可以起到纠正的作用，减少并缩短那些被认为是不恰当和毫无根据的情绪。它还可以通过促进人们对相关细节的理解和评估来加剧甚至引发情绪。

这会给我们带来一种不太熟悉的错误情绪反应，而在电影镜头中不断被故意制造出来的错误反应广为人知。认知适应是快速的、即刻的，而兴奋性适应是缓慢的、耗时的前提下，可以预见人会在认知上迅速地从一种情况转换到另一种情况，而第一种情况所激发的兴奋会持续到第二种情况或通过其他途径持续（Zillmann, 1996a）。毫无疑问，一旦激发，其衰减速度相当缓慢。出于实际目的，至少需要3分钟人才能从兴奋状态恢复到正常水平，但这一过程通常需要10分钟或更长时间，偶尔也会长达几个小时，这是体液调节差异导致的。具体地说，兴奋反应是由肾上腺激素（特别是儿茶酚胺、肾上腺素、去甲肾上腺素和多巴胺）的释放引起的，在较小程度上，性腺类固醇（主要是睾酮）进入系统循环，持续到这些因子被代谢为止（Zillmann & Zillmann, 1996）。因此，对特定刺激的兴奋反应，必然会进入随后的体验中。在连续放置离散情绪的情况下，无论这些情绪在分类上的差异如何，第一种情绪兴奋残余刺激都会强化紧接着的情绪。此外，取决于最初兴奋反应的强度和后期情绪分离的时间，兴奋残余可能会进一步强化经验，这就是兴奋转移的原理。

在考虑电影片段的情绪诱发效果之前，让我们先来看看在快速认知但兴奋缓慢适应不断变化的条件下，情绪过度反应的常见经验。让我们想象一下，一位女士在后院的草地上踩到一条蛇，在她大脑边缘系统中组织的根深蒂固的生存机制（LeDoux, 1996; LeDoux & Phelps, 2000）将被激活，使她跳回去，可能还会使她尖叫。在最初的反应后，她可能会有时间将自己的情绪行为解释为恐惧和恐慌。她也可能注意到自己在发抖，从而意识到自己非常兴奋。让我们进一步想象一下，她又看了一眼让自己害怕的对象，意识到那条蛇是个橡皮模型，很可能是她淘气的儿子埋伏在那儿的，而他冲到现场，笑得前仰后合。这种认知是对不断变化的环境进行即时认知调整的结果，证明了她最初的恐惧情绪是毫无根据的，并对她的体验状态做出新的解释。如果对儿子吓唬她感到恼火，她很可能会被激怒，但在完全理解了这个恶作剧之后，她可能会认为愤怒是不恰当的，从而再次进行认知调整，和儿子一起大笑，并将她的经历评价为有趣。整个过程中，这种从不同的体验状态到认知状态的转换，在不同程度上持续存在着。它首先决定了恐惧反应的强度，这种反应所产生的兴奋残余，接下来会加剧愤怒情绪和娱乐体验。如果这位女士表现出愤怒，她会在惩罚她儿子时反应过度，但这种强化反应，也可能通过一阵近乎歇斯底里的笑声表现出来。

这种情绪的过度反应司空见惯。在某个时候，每个人似乎都有以下某种经历，如振奋人心的努力之后的极度沮丧，突然解决了长久烦恼之后的喜悦，毫无根据的恐惧之后的欢乐，或在极端冲突之后的性愉悦（Zillmann, 1998a）。然而，不管个人经历如何，大量的研究证据表明，一切所谓的积极情绪（即与兴奋程度增加相关的情绪）体验状态及其行为表现的传递都被强化了（Zillmann, 1983, 1996a）。例如，实验证明，性兴奋产生的兴奋残余会增加愤怒和攻击性行为，但也会增强利他感受和支持行动。此外，人们还发现，性兴奋或性厌恶所产生的兴奋残余，有助于人们对音乐的享受，对幽默的欣赏以及对悲伤的感受。人们发现，残余的悲伤和恐惧感反过来会加剧对偶然事件的快乐反应，人们也观察到，挫败感会使随后的欢欣和愤怒情绪增加，即使是非情绪诱发的那种享乐的、中性的兴奋也会传递到随后的状态中。具体来看，已有实验证明，剧烈物理运动的兴奋残余可以增强愤怒感与攻击性行为，增强性唤起，促进利他行为，引起浮夸和兴高采烈的感觉，能培养对广告的良好反应并促进性吸引。

总之，从本质上讲，任一兴奋的情绪反应所产生的兴奋残余都能够强化其他一切兴奋情绪反应。强化程度当然取决于当时兴奋的残留量。图13.1展示了相邻情感强化的范式。

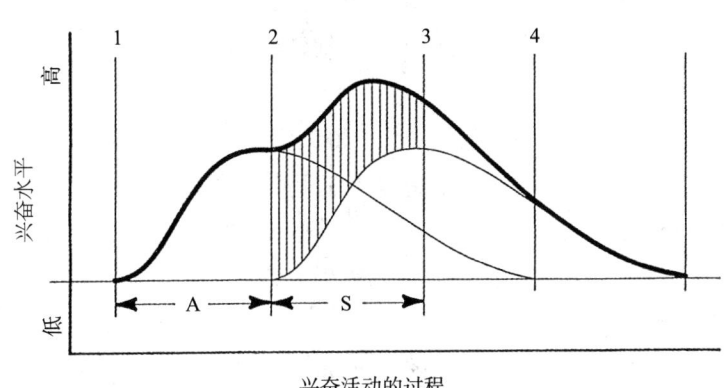

图13.1 是一种兴奋转移模型，其中，来自先前兴奋反应的兴奋残余与现时对刺激条件的兴奋反应组合相加。假设一个从时间1持续到时间2的先行刺激条件A使人产生了兴奋活动，该兴奋活动仅在时间4里完全衰减。类似地，假定从时间2持续到时间3的后续刺激条件S使人产生仅在时间5里完全衰减的兴奋活动，条件A中的兴奋残余和条件S中的特定兴奋在时间2到时间4之间组合相加，从条件A传递过来的兴奋残余增强了与条件S相关的兴奋活动，其范围如阴影区所示。

电影叙事中情感体验的传递

在电影的传达快乐的实证研究中，人们主要运用了兴奋转移范式来解释悬念悖论。为什么在悬念解决后，目睹主人公身处险境的痛苦情绪可以转化为快乐？此外，最初的强烈痛苦最终怎么会带来更多的快乐（Carroll, 1990; Vorderer & Knobloch, 2000; Zillmann, 1980）？对儿童和成人的研究已经牢固地确立了这种长期假定的关系（如，Zillmann, 1996b）。兴奋转移就是答案。具体而言，关于悬念的痛苦体验正在被唤醒，而这种被唤醒的痛苦体验的残余在人们下决心的过程中逗留徘徊，强化了人们解脱和愉悦的体验。另外，人们对决议中变化情况的认知调整是快速的，在此，兴奋性调整被牵扯进来。悬念引起的痛苦越强烈，强化快乐反应以获得满意结局的兴奋残余就越多。

对这种转移逻辑，最好的例证也许是那些看似注定要失败的主人公，仅仅为了生存，他们得不停地与恶劣环境做斗争。在这个远离美好生活的过程中，也许没有什么英雄主义可言。因此，这种决断看起来没有什么值得庆祝和高兴的。然而，如果适量的共情折磨提前存在，这种微不足道的英雄主义决心就可以得到拥戴。这种对最小英雄主义的过度反应，比那些以伟大的英雄主义成就为特征的决断所触发的反应更为突出。然而，这两种情况下的愉快反应都不能被看成是经验缓解的结果，因为这种反应并不取决于兴奋（excitedness）的急剧下降，而是取决于兴奋感（excitation）的增强。

另一个受到关注的叙事领域是悲剧（de Wied, Zillmann & Ordman, 1995; Zillmann, 1998b）。据观察，看到戏剧化的悲剧事件后，相比那些同情心较弱的人，有高度同情心的人更沮丧，会流下更多眼泪。同样，这次的决断（resolution）也没有什么值得庆祝的地方。但是，那些对悲剧事件感到特别沮丧的人，会把决断中可能存在的任何救赎价值作为满足的暗示，会因为兴奋残余而更加专注地体验这种感觉，并在总体上表示他们更享受悲剧。

其他研究表明，幽默也会在传递过程中得到强化（Zillmann, 2000b）。喜剧性安慰的概念显然集中在"安慰"上。喜剧的电影形式可以很好地服务于防止过度沮丧这一目的（King Jablonski & Zillmann, 1995; Zillmann, Gibson, Ordman & Aust, 1994）。这个概念也可以被理解为回应喜剧场景的最大限度的欢乐。喜剧素材可能平庸，但在一些紧张、唤醒的场景之后，必然会产生强烈的反应。这些娱乐的刺激性反应，特别是在笑声中公开表达时，可能会产生累积效应，并导致人们对戏剧的喜爱程度评价更高，从而频繁地为喜剧性安慰提供有利条件。

戏剧，情感的传递

很多关于促进情绪转移的研究都是在不考虑情绪因素的情况下进行的（参见Zillmann, 1979, 1996a, 1998a）。尽管如此，大多数演示，例如，痛苦中的残余唤醒可以促进随后的性兴奋，恐惧中的残余兴奋可以加强同情、支持的感觉，这些元素都被直接应用于电影戏剧学。场景可以多种方式聚合，既可以让一些人的情绪反应最大化，也可以让其他人的情绪反应最小化。例如，在性行为出现之前，暴力唤醒场面会加剧对性场景的反应；而严刑拷打场面将引起人们对打手进行报复和惩罚的欢呼。转移理论对所有场景诱发的情感反应都有这样的促进作用，前提是前面安置的场景会引发唤醒，并且唤醒的残余在这些场景中持续时间更长。

在更正式地发展兴奋转移戏剧学时，以下命题可这样表达。

（a）通过兴奋残余传递到后续场景中的唤醒场景，必须在兴奋的明显消散显现出来之前终止。理想情况下，唤醒场景以最大程度的唤醒结束。

（b）在回应后续场景中，被强化的情感是兴奋的函数值，由这些场景激发的兴奋强度加上之前场景的兴奋残余引发。

（c）情感促动越强，越能立即安置后续场景。

（d）情感促动越强，越不容易引出后续场景。

（e）如果前景和后景都有强烈的唤醒作用，则情感促动会升级。不过，兴奋体验的极大值会限制升级。初值定律规定，唤醒场景的兴奋性作用与普遍唤醒水平的高度成反比（Wilder, 1957）。换言之，随着唤醒水平的提高，从唤醒场景中获得的刺激会逐渐减少。因此，初值定律让高度唤醒场景的集合体的传递相对低效。

（f）对于因非唤醒场景与先前唤醒场景分离的场景，情感的促进作用越强，分离场景的时间越短。当然，随着兴奋残余的完全消散，促进作用会终止。

（g）除非来自先前场景的兴奋残余消散殆尽，不然，回应后续场景的情感促进作用会因延迟放置而受阻。

图13.2以简化的图形展示了主要的转移情况。

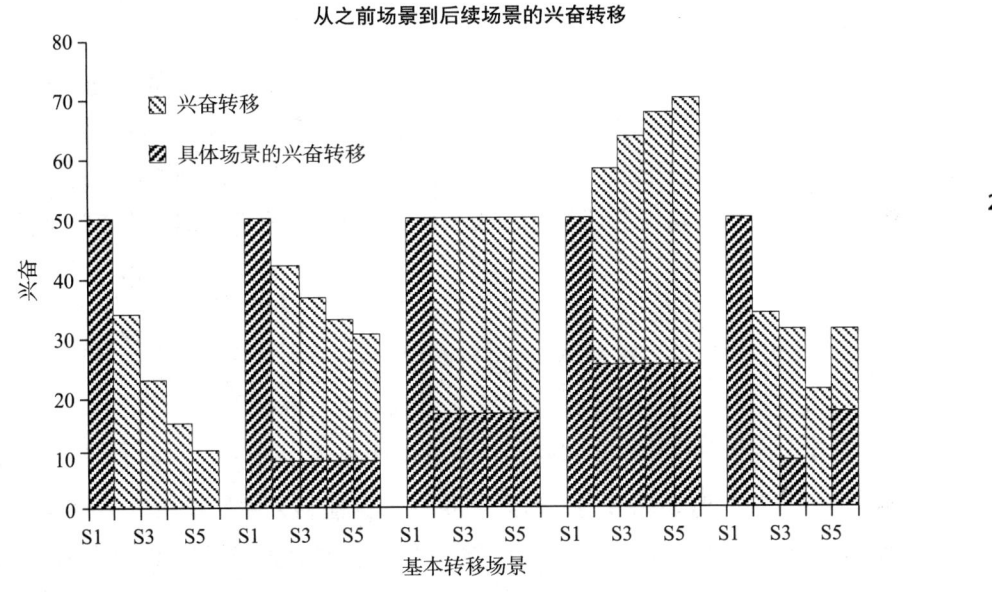

图13.2 显示，对一系列场景情绪反应的强化形式，可以作为前一个唤醒场景的兴奋残余。详细解释见正文。

最左边的第一个图式，显示了一个极具唤醒力的场景（S1），接着是四个无唤醒力的场景（S2—S5）。可以看到，从一个场景到另一个场景，兴奋残余消散了三分之一，对S2的反应，不管它的内容是什么，都将是高度情绪化的，尽管这个场景并不会带来唤醒。在随后的场景中，传递强度依次减弱。

第二个图式表示：相同条件下的传递，目前只有S2—S5有助于轻微唤醒（S1的六分之一）。正如看到的，这些贡献使S2—S5的兴奋保持在相对较高的水平。其逻辑是效果相加。S2把来自刺激物的激发和来自S1的残余结合起来。S3也结合了刺激产生的兴奋和来自前例S2的残余；然而，S2的残余结合了S1和S2的残余。与此类似，所有后来的场景都受益于它们先前场景的残余之和。

在第三个图式中，假设S2—S5补充了因衰变而丢失的兴奋量（三分之一）。如图所示，这种补充可以维持高水平的兴奋。

第四个图式，通过使接下来的场景为S1贡献一半的兴奋，为人们展示了兴奋如何升级的过程，其中S1是一个极具唤醒作用的初始场景。可以看出，升级是反向加速的，最终趋于平稳（作为初始值定律的结果）。

最后一个图式在最右边，描述了任意变化情况下的兴奋转移。其中，S2和S4是不具有唤醒力（unarousing）的，S3是有轻微唤醒力的（S1的六分之一），而S5是有适度唤醒力的（S1的三分之一）。该图式表明，混合的非唤醒（nonarousing）场景可以使其看起来具有相当的唤醒力（arousing），并且偶尔使用轻度和中度唤醒场景可以维持兴奋，从而在较高水平上维持情感强度。

通过应用（a）到（g）的命题，可以构建具有最佳情绪效果的场景合成策略。检查图13.2所示的图式，这种策略则非常明显。

我们对镜头语言中'唤起'事件的分析主要集中在叙述上。然而，毫无疑问，存在许多能够产生兴奋的非文本电影技术。谭（Tan, 1996）对这些技巧及其对情绪的可能影响进行了讨论。这里应该指出，在某种程度上，指定技术产生的唤醒与相连的叙述场景是互不相关的，基于兴奋转移理论（excitation-transfer），他们对诱发情绪强度的贡献是符合预期的。

情绪体验的认知过程

当然，认知的主要功能是为我们的社会物质环境的互动提供指导。认知在很大程度上是由前额叶皮层的活动调节的，对影响我们自身福利条件的评估，是由认知来调节的；认知还规划我们的方案，让我们得到需要的，规避有害的。如此它便评估了我们努力的有效性，如果需要的话，还纠正了我们努力的方向。

考虑到对小说的情感反应，这看起来似乎都无关紧要：反应方在明显的环境中作为目击者参与，不需要以指定的态度来做出反应。但是，尽管他们的认知机制并不为这种环境里的外显行动提供服务（这种环境可以被这种行动改变），但是这种机制正在积极地为反应方准备有意义的互动，就好像这种互动迫在眉睫一样。其中一些准备可能是条件反射性的，不需要进行认知阐释。对明显快速接近的物体，把头挪开就是一个很好的例子。比如在情感倾向形成的过程中，有些必要的阐述就不太明显。尽管虚构的反应方永远不会遇到一大批角色，但认知却为他们与角色的互动做好了准备。正如已经讨论过的拟社会互动模式所暗示的那样，反应方会有喜欢或不喜欢的虚构人物，然后他们会把这些人物当作真正的朋友或敌人来对待。剧中的角色在不同程度上类似于朋友或敌人。这种情感倾向的形成，以及它对情绪反应的影响，现在将被更详细地考虑。具体来说，我们将探讨它对角色行为持续监控的依赖，以及对这种行为的道德评估。但是，我们将首先注意那些更为直接的方式，即通过接触明显的环境来煽动情绪的方式。

来自外显环境监测的情绪

进化心理学强调了战斗—逃跑反应（Cannon, 1932; MacLean, 1990）。人们认为，人们会不断地监测周围环境是否存在危险，并在发现危险时采取攻击或逃跑的应对措施。在这种情况下，人们需要一种爆发的能量来做出反应，而被立即激活的交感兴奋就是服务这个目的的。之后，愤怒和恐惧的情绪被激发出来，为行动做准备。很显然，这种行动不会因为要对镜头语言中的危险做出反应而被唤起。然而，因为这些反应是在古老的大脑结构，特别是脑内扁桃体中被组织起来的，因此，电影场景中的危险虽然有违理性，照样能引发兴奋性反应（参见 LeDoux, 1996; Zillmann, 1998c, 2003）。

战斗—逃跑二分法逐渐被扩展至包括性活动准备在内的反应三分法。服务于物种保存而非自我保存的性，在进化上同样是根深蒂固的。由大脑隔膜来组织的性活动，也需要能量来做出阵发性的努力，这种能量同样因交感神经兴奋产生。与危险情况一样，电影中对他人的性机会和性行为的呈现也会引起性兴奋，尽管事实上可以圆满完成性行为的目标并不是短时间内就可实现的（Zillmann, 1986）。

因此，人们认为危险和性活动机会的图标式表征可能是可靠、基本的刺激条件，也因此，人们把它们理解为对情绪体验或情绪的反应。不过，把危险事件和情色诱惑的展示视为兴奋和情绪制造的唯一条件，甚至是首要条件，这似乎是一个严重的错误。电影叙事总是包含人和其他动画实体，并围绕它们进行构建。洪水、地震和火灾，还有毒蛇、咆哮的豹子和凶残的恶棍，都在威胁着别人，也就是说威胁到了故事主角。有时，这些威胁会在视觉上呈现出来，就好像它们将要伤害观众本人一样（参见 Smith, 1997）。但即使以这种方式呈现，它们仍然只是对他人处于危险中的一种补充性展示。例如，呈现在观众面前的一场雪崩，或者呈现在观众面前的一只咆哮的狗，可能会被证实是令人兴奋的，因为它们比其他的呈现更近距离地复制了个人受到刺激的条件。这样的展示可以创造唤醒，也可以帮助观众实现更好的理解，即理解那些人是如何应对面临的危险的。

但毫无疑问，电影叙事主要通过描写他人遭遇威胁性条件、偶然情况，以及在大结局中，展示其他人对其没落或发财的反应（包括情绪反应）来唤起情绪。除非叙事是互动的，并使反应方积极参与其发展走向（Grodal, 2000; Vorderer, 2000），否则反应方仍然仅仅是他人命运的见证人（Tan, 1995; Zillmann, 1995）。尽管如此，虚构故事的观众依然会对所看到的他人享受或遭受的幸与不幸做出情绪反应，有时情绪极其强烈。为了解释这种卷入他人及其命运的强烈情感，共情的概念被引用和使用，并取得了良好效果。

情绪的共情唤起

共情可以被理解为一种古老的机制，几千年来，一直服务于情绪的传染和行动的协调（Buck & Ginsburg, 1997; Hoffman, 1978, 1987; Plutchik, 1987；另见Zillmann，本卷第10章）。它完全为保护个体及其物种服务。例如，在某一群体遭遇危险时，毫无疑问，群体成员能够适应共同的兴奋，从而为有力的行动做好准备。这种个体表达恐惧的传染效应可以立即渗透到群体中，让所有成员都做好逃跑的准备，与此类似，表达愤怒和自信的行为，也可以立刻培养出协同抵抗和攻击的心理准备。

当然，当代的生活条件剥夺了共情的大部分类似效用。然而，作为一种兴奋传染机制，共情在古代哺乳动物的大脑结构中得以保留（MacLean, 1967）。如果不是这样的话，就很难解释，为什么观众会对以下场景感到痛苦：一名建筑工人从脚手架上摔到地上，痛苦地蜷缩着；或在一部电影里，主人公用指尖抓住悬崖，很明显快要摔死。

毫无疑问，常见的观察和研究证据（例如，Eisenberg & Strayer, 1987; Stotland, 1969）证明：人们对他人在实际情况或虚构的陈述中所表现出的情绪做出反应时，倾向于体验与那些亲历者相似的快乐情绪，并且通常具有相当大的强度。不久前，亚当·斯密结合他的道德情操理论，承认这种情绪投资缺乏带来的额外好处，用他的话说：

> 不管人们认为人到底有多么自私，显然他的本性中有一些原则，使他对别人的好运感兴趣，让别人幸福对他来说是必要的，尽管他除了看到它就感到有趣以外什么也得不到（Adam Smith, 1759/1971, p.1）。

然而，对他人经验和情绪表达的共情并不是一种必要的反应。显然存在着共情敏感性减弱或完全被替代反应机制抛弃、压倒的情况。在这些情形下，那些目睹他人不幸的人可以随意为他人的死亡而高兴，自古以来，人们就了解这种情况。

关于戏剧叙事，亚里士多德以否定的形式简洁地进行了表述（亚里士多德，约公元前330年/1966年）。具体来说，他发现有两个主要的叙事转移是错误的，认为它们令人极端不快。在《诗学》中，他规定：

1. 不要目睹一个好人从幸福走向悲惨；
2. 不要目睹一个坏人从悲惨走向幸福。

言下之意，他推荐那些以（1）好人从痛苦走向幸福，或（2）坏人从幸福走向痛苦为特征的情节作为产生快乐的情节。然而，涉及负面人物的命题表明，无论是以消极或积极的形式呈现，其预期结果都是缺乏共情反应的。显然，只有好的角色才值得同情，坏的角色不会被同情，坏角色从荣耀中获得的快乐不能被有效地分享；相反，他们的快乐可能会令人沮丧。与此类似，他们因受到伤害而遭受的痛苦也是不可分享的，而那些目睹坏角色死亡的人反而可以自由地鼓掌。

亚里士多德认为，他所关注的叙事转移并不能培养快乐，他说这些转移将是可恨的。然而，在讨论悲剧情节时，他阐述了自己设计愤怒和烦恼反应的理由。亚里士多德特别将道德判断与欢乐和厌恶的反应相调和，以解决各种形式的戏剧叙事。他基本上认为：追求好事业（即人们普遍同意的事业）的人应被认为是好人，好人应得好运。与此类似，追求坏事业（即人们一致谴责的事业）的人是坏人，坏人应得厄运；或者至少不应该得到好运。因此，符合道德考虑的结局是可喜的；相反，违背道德考虑的结局是抑制愉快、助长愤怒与蔑视的。

因此，有人倾向于拓展亚当·斯密关于共情的思考，并考虑放弃共情来完成其思想，尽管这种放弃可能只是过渡性的。

> 显然，人性中有一些原则使个体对他人的命运感兴趣，为避免好人命运没有保障，坏人却得偿所愿的局面，必须让坏人死亡，尽管旁观者从中除了获得看的乐趣之外什么也得不到。

从那时起，对道德的思考就在戏剧理论中占据了中心地位（如，Bordwell, 1985; Carroll, 1990; Tan, 1996），并且它们也以道德制裁的形式进入了当代戏剧赏析心理学（Jose & Brewer, 1984; Zillmann & Bryant, 1975）。特别是道德评估，它已经成为情绪性格理论的一个重要组成部分，并被用来解释戏剧欣赏中次要、主要以及总体情节的乐趣（Zillmann, 2000a）。

情绪的倾向性中介

图13.3概述了道德判断和情感倾向相互交织的运作。可以看到，可目击的行为是用道德术语来评估的（即不同程度的好与坏），这种评估将决定情感倾向。人们认为，对行为及其明显目的的认可，会促进喜欢和关心他人的倾向；相反，不认可的行为会促进厌恶和憎恨的倾向。比如，用喜爱来定义主角，用讨厌来定义其敌人。因此，人格发展被认为是道德评价的一种功能。如果没有这样的评价，漠不关心的态度将占上风，如果有这种评价的话，社会事件的目击者将很少表现出情绪卷入。可以把电影叙事中相关社会事件的目击者看成坚持不懈的道德监督者。他们不断做出的裁决必然会使人对某些人物的行为表示赞同和崇拜，反过来，对某些人物的否定必然会导致人们对这些人物的行为表示反对和憎恨。在图的c环中，道德评价和情感倾向之间的相互依赖进一步显现出来，这表明，从倾向到判断之间有反馈的可能性。有人观察到，喜欢会招致过分有利、宽容的评价，而不喜欢则招致反向的偏见。

情感倾向一旦建立起来，就被认定对预期情绪有促进作用。这些预期情绪要么是积极的，要么是消极的，它们的享乐效价随道德决定的倾向而逆转。如图13.3所示，积极的情感倾向培养了人们对积极的、有回报的事情的期待，以及对消极的、惩罚性事情的恐惧。消极的情感倾向会产生相反的期待和恐惧。当期待或恐惧的事件发生后，诱发的情绪会与预期一致。具体而言，希望和道德上认可的结果（即奖励主角和对敌对者的惩罚）将促进愉快的反应，而恐惧和道德上不合理的结果（即对敌对者的奖励和对主角的惩罚）将促成不安、不满、失望和蔑视的反应。

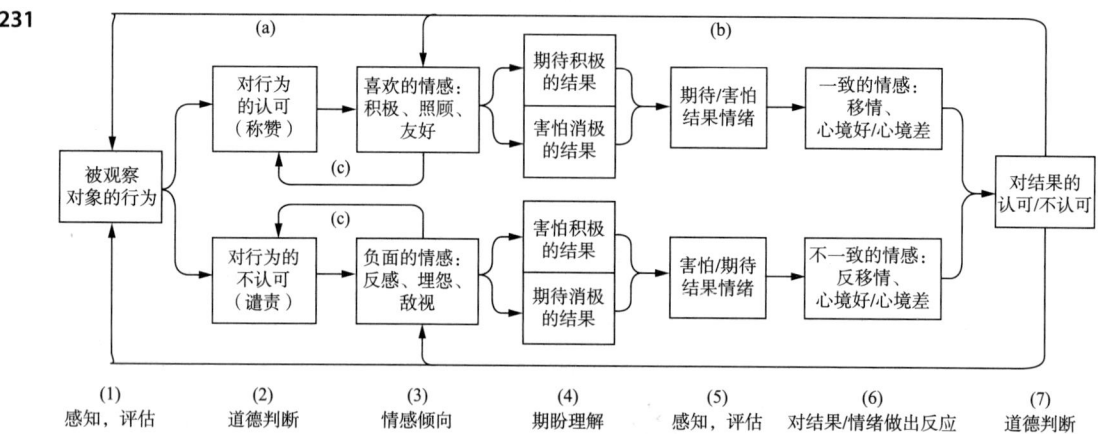

图 13.3 目睹他人行为及其有感染力的情感经历之后的情感倾向中介模型。阶段2—7显示了情感倾向形成过程中道德考量的卷入；阶段3—4显示的是后续的情感倾向以及它们对预期的情感的影响；阶段5—6显示的是对相关结果的特定情绪反应（比如满足或厌恶）及表达（比如喜气洋洋或沮丧郁闷）。图中c环的反馈显示了倾向的形成对道德判断的影响，比如"友好"促进了"容忍"，"敌视"促进了"严苛"；b环显示可目击的结果通过它们对倾向的作用，也产生了相似的影响；a环显示阶段1—7所描述的过程是循环的，这个过程可以链接到任意长度（也就是说，短小的戏剧性情节可以被链接到上一圈层的戏剧情节中）。

众所周知，积极的情感倾向能够促进与事件一致的享乐反应，而该事件能唤起目击者情绪；相反，消极的情感倾向则是那些让共情倾向松懈并将其压倒的倾向，它使目击者在面对他人的不幸和痛苦时感到高兴。消极的情感倾向也会阻碍人们对那些不值得拥有好运的人产生共情。事实上，对德不配位的满足感的感知会激起强烈的义愤情绪。这种反共情或对立共情的情绪反应显然是道德考量的结果。恶棍们只会得到他们应得的下场，而对他们福利的担心无异于是在情绪控制上做了错误努力。此外，恶棍根本没有资格获得好运。奇怪的是，正是道德解放了观众，让他们从那些被认为是罪有应得的人所得的惩罚性折磨中获得快乐。在目睹了那些完全不应该得到回报的人得到恩惠时，正是道德助长了人们的愤怒。

在回应电影叙事中戏剧性冲突解决的问题时，以上的考虑导致了接下来对快感和不快情绪的预测，从道德的角度来分类是为了突出道德评价在目击者情绪调解中的重要性。

正义的条件

1. 目睹喜欢的主角伤害一个不喜欢的角色会产生愉悦感，这种愉悦感的体验强度会随着（a）对主人公的喜欢；（b）对对手的讨厌，以及（c）认为对手应该受到某种程度的伤害而增加。
2. 目睹一个受人喜爱的主角受到恩惠会产生愉悦感,这种愉悦感的体验强度会随着(a)对主角的喜爱,以及(b)认为主角应该得到某种程度的特殊恩惠而增加。

非正义的条件
3. 目睹一个喜爱的主角被一个讨厌的角色伤害会产生反感,这种反感的体验强度会随着(a)对主角的喜爱;(b)对对手的厌恶;以及(c)认为主角不应该受到某种程度的特定伤害而增加。
4. 目睹一个讨厌的对手受恩惠会产生反感,这种反感的体验强度会随着(a)对对手的厌恶;以及(b)认为对手不应该得到某种程度的特定恩惠而增加。

对这些预测的支持来自学者们对各种戏剧形式喜爱程度的研究(Zillmann, 1996b; Zillmann & Knobloch, 2001; Zillmann & Paulus, 1993),它显然来自对戏剧本身的探索,也来自对特定体裁(如悬疑叙事或喜剧)和非虚构类的论述(如体育和新闻)的探索,这里仅举两个选定的调查来说明所概述的道德倾向机制就足够了。

在情绪调节中,道德判断力对他人的情绪反应的影响最直接表现来自共情研究(Wilson, Cantor, Gordon & Zillmann, 1986; Zillmann & Cantor, 1977):学校的孩子们会接触到特别制作的电影,在电影中,一个被爱或被恨的角色被塑造出来,在决断过程中,这个角色要么受害要么受益。他的被害使他感到极度痛苦,他的获得恩惠则使他欣喜若狂。孩子们对这些最后场景的面部反应被暗暗地记录下来,然后由研究者仔细观察。研究结果完全符合图13.3中第5、第6阶段的规范。当心爱的角色痛苦时,反应方会同情地退缩起来,而当他高兴时,他们会表现出喜悦。然而,孩子们对怨恨人物的行为表现也做出了反共情的反应。当他高兴地跳起来时,孩子们畏缩起来;当他受伤时,孩子们表示高兴。在后一种情况下,那些令人讨厌的角色显然是罪有应得;在前一种情况下,结局是不公正的,因此是令人讨厌和可憎的。

对智障儿童进行的一项横向调查表明,当公平的回报(equitable retribution)水平上的道德判断能力没有发展时,共情就变得机械起来。尤其是,对立(反)共情反应无法落实。这些智障儿童总是对可见的快乐表示高兴,对可见的痛苦表示悲痛。对智障儿来讲,不管被看者表现出来的是何种角色(可爱的角色还是被憎恨的角色),好像都毫无关系。

后一项调查令人信服地表明,共情作为一种基本的默认机制发挥作用,如果不被源于是否应得(deservingness)这一评价的情感倾向所压倒或反对,则会控制对他人命运的情绪反应,而对他人行为的谴责及厌恶,接下来便成为对他们的死亡感到喜悦,对他们的好运感到痛苦的先决条件。

戏剧冲突对道德制裁的消除

在戏剧叙事中，情节总是在充满敌意的对抗和冲突上徘徊。然而，冲突几乎总是能迅速被解决，无论在次要情节中（次要情节是就持续时间而言的）还是在主要情节（即那些跨越大部分叙述的情节，如果不是全部的话）中，冲突各方总是以一方比另一方更意外的方式脱离接触。正式解决方法可能只是由停止敌对或危害的行为组成。更有可能的是，它为一方带来光荣的胜利，给另一方带来耻辱的失败。从情绪角度而言，正式的解决方案至少能缓解共情式痛苦。然而，更具特色的是，那些充分修饰了的方法，特别是那些涵盖了某一叙事的方法，能唤起相当强烈的情绪。根据对胜败两方的态度，回应者将体验到幸福或悲伤；或者至少是体验到与这些经历有亲和力的情绪。但是，性格并不是影响情绪对决议反应的唯一因素。决议必须在道德上得到批准，才能对情绪产生预期的影响。如果这个主人公的行为被认为是不适当，甚至是可悲的，那么观众对主人公胜利后喜悦感的回应会被他/她的行为所破坏，与此类似，如果主人公性格不完美，那么人们会无法忍受她/他的"悲剧性错误"，观众的悲痛感也会因此而受损。

化解戏剧冲突所激发的情绪无疑是享受电影叙事的关键。鉴于这一点，再加上这些情绪取决于道德考量且容易妥协，我们似乎有必要对道德制裁的概念进行更仔细的审查。

在特定情况下，评估道德上是否正确可能是一个需深思熟虑，会产生具体裁决的过程。裁决可以规定对特殊违法行为进行特殊惩罚，也可对某一特定成就给予特殊奖励。而道德制裁没有这么强的特殊性，人们不考虑利用它来开处方并要求特定的结果；相反，道德制裁被认为是一种准备接受，用道德术语来说，是观察到的结果。有时，很可能会有人故意希望一个残暴的恶棍受到酷刑等特殊伤害。但是，通常情况下，期望惩罚和奖励并不是针对特定手段和结果；相反，在接受惩罚和恩惠行为/事件方面，道德制裁的特点便是让人享有相当大的自由度。例如，以强奸为特征的戏剧的观众可能会以一种迂回的方式希望强奸犯受到伤害，当看到强奸犯被抓并定罪，患上使人虚弱的疾病或被倒下的树致残时，他们会感到满足。然而，报应的自由度并不是无限的。如果唯一的惩罚性后果是受害者勉强使强奸犯流鼻血的话，观众/受众可能会感到苦恼。当观众/受众看到强奸犯被阉割或其手臂被砍掉时，他们可能也会同样感到痛苦。冲突期间的违法行为和决议期间的惩罚必须大致相当，才会令人满意。不在制裁范围内的惩罚会使观众/受众的正义受到干扰，从而最终会减少他们对冲突解决方法的喜爱。同样的道理也适用于对那些超出道德制裁范围的成就性奖励。

此外，人们不认为道德制裁的实施涉及了正式的道德判断系统的使用，如康德的绝对命令（Kant, 1785/1922）或边沁的功利主义方法（Bentham, 1789/1948），也没有必要违反其他衍生的戒律以使惩罚性事件成为可制裁的对象，回想亚里士多德在前面的建议，人们认为他开出的道德处方都是非常基本的：好人有好报（因为他们做了好事）和坏人（因为他们做了坏事）没好报。

如果道德判断因此被认为是对情境化行为的一种不完整的系统评价，也就是说，对善与恶或对与错的特殊裁定，我们必须期望道德评价中存在深刻的个体差异。例如，有些人认为死刑是对夺走他人生命的人的公平报应，另一些人则认为死刑是一种危害人类的罪行。有些人认为性偏好是道德上的权利，另一些人则认为特定的性偏好在道德上站不住脚。一些人认为拯救加州和俄勒冈州的大红杉是好的，也是正确的；另一些人则认为牺牲一点自然资源来确保伐木工人拥有持续收入或更好的生活，也未尝不可。有些人认为国旗是人人平等的政治学说的象征，因此纪念和捍卫国旗是恰当的；另一些人则准备焚烧国旗，因为他们相信在这种政治学说中缺乏对社会正义的管理，因此。有些人会接受主流社会习俗中所体现的道德；另一些人则认为这些传统是腐朽的，并宣扬这些传统在道德上早已破产，从而提升自己成为一个道德精英，成为被召唤的对象，去挑战那些被视为劣等的道德。

道德判断并不像一些伦理学家让我们相信的那样是一成不变的。事实上，把人们对戏剧的道德约束力看作统一和规范的，似乎是徒劳的。观众/受众将自己的独特道德观搬上荧屏，对符合道德观的行为和行为人进行制裁或谴责，然后根据自己评价的结果来体验情感。随着道德评估的变化，观众/受众的情绪也会发生改变。在建构以道德制裁为基本机制的戏剧欣赏理论时，必须承认并顾及广大民众基本道德的多样性。为了更准确地预测哪些与报应相关的情节能培养出愉悦感，又会培养出对谁的厌恶感，有必要标明现有的道德亚文化，描述其判断属性并加以区分。

然而，面对以上道德评估的深刻多样性，我们不应忽视其共同点，特别是考虑到胁迫与社会支持的行为时，不同亚文化成员可能会做出相似判断。此外，那种对别人可以获得满足而我们却无法获得满足的忧虑几乎是普遍的。这种担心也可以解释为什么我们看到那些占便宜并因此犯错的人受到惩罚和折磨后会高兴。也许，令人愉快的虚构论述的首要主题是在社会正义的投射中传达出来的，即满足感必须通过我们人类同胞的努力而获得，就如我们必须通过自己的努力才能获得一样；我们任何人都不能使自己免于惩罚性偶然事件的支配。违反这一正义概念，我们将招致嫌弃，而这些原则的实施则会让我们高兴。

善恶戏剧学的结语

我们对虚构叙事唤起情绪的讨论，似乎使这些叙事的道德剧呈现出多种形式。人们认为道德监督促进了人们对剧中人物的赞成或反对，从而产生了对具备善良行为的主角的同情，对有不良行为的对手的反感。在这种善恶二分法中，人们预测这些情感倾向的强度将决定共情或反共情的强度，决定希望或害怕的期待情绪的强度，也将决定所希望的结果实现后的欢乐情绪的强度，以及恐惧结果实现后的痛苦情绪的强度。纵观相关行为表现，接受者情绪反应的强度显然受倾向性卷入大小的影响。无功无过的角色（即其行为和明显意图既不引起掌声也不引起谴责的角色）将不具有吸引力。相比之下，观众/受众的情绪必然会被那些刻意去做事的人物所触发，不管出于何种特定的道德原因，这些人物有的做了受人支持的、豪气的、勇敢的或美好的事情，有的做了傲慢的、恶意的、残暴的、明显邪恶的事情。我们对在叙事发展中的人物的爱或恨越多，我们就越享受那种所爱之人战胜所恨之人的结局。事实上，如果我们的感情足够投入，我们将为邪恶的人物遭受最残酷的毁灭而鼓掌，而不必为此而产生道德疑虑。毕竟，我们可以在道德上制裁所涉及的暴行。

那么，似乎所有在戏剧可信度的范围内发展出最令人钦佩的主角以及最可怕对手的电影叙事，都有可能唤起最强烈的情绪。主人公和敌对者之间最大的性格分裂预示着解决冲突时最强烈的情绪。当至善战胜至恶时，快乐将达到极限。如果邪恶得到善的好处，就像它在悲剧性决断中所做的那样，那么可以预料到人们产生最深刻的失望、沮丧和悲伤等反应。

这些观察似乎质疑了发展和塑造复杂人物的智慧；也就是说，那些褒贬不一的人物角色，没有明显的一对一的优势。因为这种性格的复杂性违背了善或恶的纯洁性，必然被视为对戏剧的损害。戏剧的重点是触发强烈的情绪，然而，应该承认的是，情绪唤醒并非戏剧的唯一目标，甚至不是最理想的目标。戏剧可以在认知方面吸引我们，使我们着迷（Zillmann, 1991），它可以发人深省，令人鼓舞，它可能轻轻地触及我们内心，而不是把我们的情绪调动到极致。那些既能打动我们心灵，又能挑战我们思维，或者结合了这两种元素的戏剧，不失为一种极具娱乐价值的类型。

参考文献

Allen, R. C. (1993). Representation, illusion, and the cinema. *Cinema Journal, 32*(2), 21–49.

Allen, R. C. (1997). Looking at motion pictures. In R. Allen & M. Smith (Eds.), *Film theory and philosophy* (pp. 76–94). Oxford: Clarendon Press.

Aristotle. (330 BCE/1966). De Poetica (I. Bywater, Trans.). In *The works of Aristotle* (Vol. 11). Oxford: Clarendon.

Bentham, J. (1789/1948). *An introduction to the principles of morals and legislation*. New York: Hafner.

Bordwell, D. (1985). *Narration in the fiction film*. Madison: University of Wisconsin Press.

Branigan, E. (1992). *Narrative comprehension and film*. London: Routledge.

Buck, R., & Ginsburg, B. (1997). Communicative genes and the evolution of empathy. In W. Ickes (Ed.), *Empathic accuracy* (pp. 17–43). New York: Guilford.

Burch, N. (1979). *To the distant observer*. Berkeley: University of California Press.

Cannon, W. B. (1932). *The wisdom of the body*. New York: Norton.

Carroll, N. (1988). *Mystifying movies: Fads and fallacies in contemporary film theory*. New York: Columbia University Press.

Carroll, N. (1990). *The philosophy of horror or the paradoxes of the heart*. New York: Routledge.

Coleridge, S. T. (1817/1960). *Biographia Literaria or biographical sketches of my literary life and opinions*. London: J. M. Dent & Sons.

Currie, G. (1995). *Image and mind: Film, philosophy, and cognitive science.* New York: Cambridge University Press.
Damasio, A. R. (1994). *Descartes' error.* New York: Putnam.
de Wied, M., Zillmann, D., & Ordman, V. (1995). The role of empathic distress in the enjoyment of cinematic tragedy. *Poetics, 23,* 91–106.
Eisenberg, N., & Strayer, J. (Eds.). (1987). *Empathy and its development.* Cambridge: Cambridge University Press.
Fabian, T. (1993). Fernsehen und Einsamkeit im Alter: Eine empirische Untersuchung zu parasozialer Interaktion [Tele- vision and loneliness in the elderly: An empirical investigation of parasocial interaction]. Mu¨nster, Germany: LIT.
Freud, S. (1921/1964a). Group psychology and the analysis of the ego. In J. Strachey (Ed. and Trans.), *The standard edition of the complete psychological works of Sigmund Freud* (Vol. 18, pp. 69–143). London: Hogarth Press.
Freud, S. (1923/1964b). The ego and the id. In J. Strachey (Ed. and Trans.), *The standard edition of the complete psychological works of Sigmund Freud* (Vol. 19, pp. 13–66). London: Hogarth Press.
Freud, S. (1905/1906/1987). Psychopathische Personen auf der Bu¨hne [Psychopathic persons on stage]. In A. Richards (Ed.), *Sigmund Freud: Gesammelte Werke. Nachtragsband: Texte aus den Jahren 1885 bis 1938* (pp. 655–661). Frankfurt am Main: Fischer Verlag.
Gaut, B. (1999). Identification and emotion in narrative film. In C. Plantinga & G. M. Smith (Eds.). *Passionate views: Film, cognition, and emotion* (pp. 200–216). Baltimore: Johns Hopkins University Press.
Giles, D. C. (2002). Parasocial interaction: A review of the literature and a model for future research. *Media Psychology, 4,* 279–305.
Gleich, U., & Burst, M. (1996). Parasoziale Beziehungen von Fernsehzuschauern mit Personen auf dem Bildschirm [Parasocial relationships of television viewers with persons on the screen]. *Medienpsychologie, 8*(3), 182–200.
Grodal, T. (2000). Video games and the pleasures of control. In D. Zillmann & P. Vorderer (Eds.), *Media entertainment: The psychology of its appeal* (pp. 197–213). Mahwah, NJ: Lawrence Erlbaum Associates.
Hebb, D. O. (1955). Drives and the C.N.S. (conceptual nervous system). *Psychological Review, 62,* 243–254.
Hoffman, M. L. (1978). Toward a theory of empathetic arousal and development. In M. Lewis & L. A. Rosenblum (Eds.), *The development of affect* (pp. 227–256). New York: Plenum Press.
Hoffman, M. L. (1987). The contribution of empathy to justice and moral judgement. In N. Eisenberg, & J. Strayer (Eds.), *Empathy and its development* (pp. 47–80). Cambridge: Cambridge University Press.
Holland, N. N. (1968). *The dynamics of literary response.* New York: Oxford University Press.
Holland, N. N. (2003, Jan 22). The willing suspension of disbelief: A neuro-psychoanalytic view. *PsyArt: Online Journal for the Psychological Study of the Arts, 7.* Retrieved February 8, 2004, from http://www.clas.ufl.edu/ipsa/journal/2003/hollan06.htm
Horton, D., & Strauss, A. (1957). Interaction in audience-participation shows. *American Journal of Sociology, 62,* 579–587.
Horton, D., & Wohl, R. R. (1956). Mass communication and para-social interaction: Observations on intimacy at a distance. *Psychiatry, 19,* 215–229.
Isotalus, P. (1995). Friendship through screen. *The Nordicom Review of Nordic Research on Media and Communi- cation, 1,* 59–64.
Jose, P. E., & Brewer, W. F. (1984). Development of story liking: Character identification, suspense, and outcome resolution. *Developmental Psychology, 20*(5), 911–924.
Kant, I. (1785/1922). Grundlegung zur Metaphysik der Sitten [Metaphysical foundation of morality]. In *Immanuel Kant's sa¨mtliche Werke* (Vol. 5). Leipzig: Inselverlag.
King Jablonski, C., & Zillmann, D. (1995). Humor's role in the trivialization of violence. *Medienpsychologie: Zeitschrift fu¨r Individual- und Massenkommunikation, 7*(2), 122–133, 162.
Konijn, E. A. (1999). Spotlight on spectators: Emotions in the theater. *Discourse Processes, 28,* 169–194.
Lang, P. J. (1979). A bio-informational theory of emotional imagery. *Psychophysiology, 16,* 495–512.
Lang, P. J. (1984). Cognition in emotion: Concept and action. In C. E. Izard, J. Kagan, & R. B. Zajonc (Eds.), *Emotions, cognition, and behavior* (pp. 192–226). Cambridge: Cambridge University Press.
LeDoux, J. E. (1996). *The emotional brain: The mysterious underpinnings of emotional life.* New York: Simon & Schuster.
LeDoux, J. E., & Phelps, E. A. (2000). Emotional networks in the brain. In M. Lewis & J. M. Haviland (Eds.), *Handbook of emotions: Second edition* (pp. 157–172). New York: Guilford.
MacLean, P. D. (1967). The brain in relation to empathy and medical education. *Journal of Nervous and Mental Disease, 144,* 374–382.
MacLean, P. D. (1990). *The triune brain in evolution.* New York: Plenum.
Oatley, K. (1995). A taxonomy of the emotions of literary response and a theory of identification in fictional narrative. *Poetics, 23*(1/2), 53–74.
Perse, E. M., & Rubin, A. M. (1989). Attribution in social and parasocial relationships. *Communication Research, 16,* 59–77.
Peters, J. M. (1989). Het filmische denken [Cinematic thought]. Leuven, Belgium: Acco.
Plutchik, R. (1987). Evolutionary bases of empathy. In N. Eisenberg & J. Strayer (Eds.), *Empathy and its development* (pp. 38–46). Cambridge: Cambridge University Press.
Rubin, R. B., & McHugh, M. P. (1987). Development of parasocial interaction relationships. *Journal of Broadcasting and Electronic Media, 31,* 279–292.

Schachter, S. (1964). The interaction of cognitive and physiological determinants of emotional state. In L. Berkowitz (Ed.), *Advances in experimental social psychology* (Vol. 1, pp. 49–80). New York: Academic Press.

Smith, A. (1759/1971). *The theory of moral sentiments.* New York: Garland.

Smith, M. (1995a). *Engaging characters: Fiction, emotion, and the cinema.* Oxford: Clarendon Press.

Smith, M. (1995b). Film spectatorship and the institution of fiction. *Journal of Aesthetics and Art Criticism, 53*(2), 113–127.

Smith, M. (1997). Imagining from the inside. In R. Allen & M. Smith (Eds.), *Film theory and philosophy* (pp. 412–430). Oxford: Clarendon Press.

Stotland, E. (1969). Exploratory investigations of empathy. In L. Berkowitz (Ed.), *Advances in experimental social psychology* (Vol. 4, pp. 271–314). New York: Academic Press.

Tan, E. S. (1995). Film-induced affect as a witness emotion. *Poetics, 23*, 7–32.

Tan, E. S. (1996). *Emotion and the structure of narrative film: Film as an emotion machine.* Mahwah, NJ: Erlbaum.

Tooby, J., & Cosmides, L. (2001). Does beauty build adapted minds? Toward an evolutionary theory of aesthetics, fiction, and the arts. *SubStance, 94/95*, 6–27.

Turvey, M. (1997). Seeing theory: On perception and emotional response in current film theory. In R. Allen & M. Smith (Eds.), *Film theory and philosophy* (pp. 431–457). Oxford: Clarendon Press.

Vorderer, P. (2000). Interactive entertainment and beyond. In D. Zillmann & P. Vorderer (Eds.), *Media entertainment: The psychology of its appeal* (pp. 21–36). Mahwah, NJ: Erlbaum.

Vorderer, P., & Knobloch, S. (2000). Conflict and suspense in drama. In D. Zillmann & P. Vorderer (Eds.), *Media entertainment: The psychology of its appeal* (pp. 59–72). Mahwah, NJ: Erlbaum.

Walton, K. L. (1990). *Mimesis as make-believe: On the foundations of the representational arts.* Cambridge: Harvard University Press.

Wilder, J. (1957). The law of initial values in neurology and psychiatry: Facts and problems. *Journal of Nervous and Mental Disease, 125*, 73–86.

Wilson, B. J., Cantor, J., Gordon, L., & Zillmann, D. (1986). Affective response of nonretarded and retarded children to the emotions of a protagonist. *Child Study Journal, 16*(2), 77–93.

Wollheim, R. (1987). *Painting as an art.* London: Thames & Hudson.

Zillmann, D. (1978). Attribution and misattribution of excitatory reactions. In J. H. Harvey, W. J. Ickes, & R. F. Kidd (Eds.), *New directions in attribution research* (Vol. 2, pp. 335–368). Hillsdale, NJ: Lawrence Erlbaum Associates.

Zillmann, D. (1979). *Hostility and aggression.* Hillsdale, NJ: Lawrence Erlbaum Associates.

Zillmann, D. (1980). Anatomy of suspense. In P. H. Tannenbaum (Ed.), *The entertainment functions of television* (pp. 133–163). Hillsdale, NJ: Lawrence Erlbaum Associates.

Zillmann, D. (1983). Transfer of excitation in emotional behavior. In J. T. Cacioppo & R. E. Petty (Eds.), *Social psychophysiology: A sourcebook* (pp. 215–240). New York: Guilford Press.

Zillmann, D. (1986). Coition as emotion. In D. Byrne & K. Kelley (Eds.), *Alternative approaches to the study of sexual behavior* (pp. 173–199). Hillsdale, NJ: Lawrence Erlbaum Associates.

Zillmann, D. (1991). The logic of suspense and mystery. In J. Bryant & D. Zillmann (Eds.), *Responding to the screen: Reception and reaction processes* (pp. 281–303). Hillsdale, NJ: Lawrence Erlbaum Associates.

Zillmann, D. (1995). Mechanisms of emotional involvement with drama. *Poetics, 23*, 33–51.

Zillmann, D. (1996a). Sequential dependencies in emotional experience and behavior. In R. D. Kavanaugh, B. Zimmerberg, & S. Fein (Eds.), *Emotion: Interdisciplinary perspectives* (pp. 243–272). Mahwah, NJ: Lawrence Erlbaum Associates.

Zillmann, D. (1996b). The psychology of suspense in dramatic exposition. In P. Vorderer, H. J. Wulff, & M. Friedrichsen (Eds.), *Suspense: Conceptualizations, theoretical analyses, and empirical explorations* (pp. 199–231). Mahwah, NJ: Lawrence Erlbaum Associates.

Zillmann, D. (1998a). *Connections between sexuality and aggression: Second edition.* Mahwah, NJ: Lawrence Erlbaum Associates.

Zillmann, D. (1998b). Does tragic drama have redeeming value? *Siegener Periodicum zur Internationalen Empirischen Literaturwissenschaft, 17*(1), 4–14.

Zillmann, D. (1998c). The psychology of the appeal of portrayals of violence. In J. H. Goldstein (Ed.), *Why we watch: The attractions of violent entertainment* (pp. 179–211). New York: Oxford University Press.

Zillmann, D. (2000a). Basal morality in drama appreciation. In I. Bondebjerg (Ed.), *Moving images, culture and the mind* (pp. 53–63). Luton, England: University of Luton Press.

Zillmann, D. (2000b). Humor and comedy. In D. Zillmann & P. Vorderer (Eds.), *Media entertainment: The psychology of its appeal* (pp. 37–57). Mahwah, NJ: Lawrence Erlbaum Associates.

Zillmann, D. (2003). Affective dynamics, emotions and moods. In J. Bryant, D. Roskos-Ewoldsen, & J. Cantor (Eds.), *Communication and emotion: Essays in honor of Dolf Zillmann* (pp. 533–567). Mahwah, NJ: Lawrence Erlbaum Associates.

Zillmann, D., & Bryant, J. (1975). Viewer's moral sanction of retribution in the appreciation of dramatic presentations. *Journal of Experimental Social Psychology, 11*, 572–582.

Zillmann, D., & Cantor, J. R. (1977). Affective responses to the emotions of a protagonist. *Journal of Experimental Social Psychology, 13*, 155–165.

Zillmann, D., Gibson, R., Ordman, V. L., & Aust, C. F. (1994). Effects of upbeat stories in broadcast news. *Journal of Broadcasting and Electronic Media, 38*(1), 65–78.

Zillmann, D., & Knobloch, S. (2001). Emotional reactions to narratives about the fortunes of personae in the news theater. *Poetics, 29*, 189–206.

Zillmann, D., & Paulus, P. B. (1993). Spectators: Reactions to sports events and effects on athletic performance. In R. N. Singer, M. Murphey, & L. K. Tennant (Eds.), *Handbook of research on sport psychology* (pp. 600–619). New York: Macmillan.

Zillmann, D., Weaver, J. B., Mundorf, N., & Aust, C. F. (1986). Effects of an opposite-gender companion's affect to horror on distress, delight, and attraction. *Journal of Personality and Social Psychology, 51*, 586–594.

Zillmann, D., & Zillmann, M. (1996). Psychoneuroendocrinology of social behavior. In E. T. Higgins & A. W. Kruglanski (Eds.), *Social psychology: Handbook of basic principles* (pp. 39–71). New York: Guilford Press.

第十四章　情绪管理理论：证据与进展

西尔维亚·诺布洛赫–韦斯特威克

本章不仅梳理了情绪管理的基础理论，对相关的实证研究进行了概述，同时还找出现有证据中的某些差距和差异，以促进未来的实证研究工作。例如，许多与情绪管理框架相关的研究，并没有像理论所要求的那样，准确把握情绪或内容选择的问题，也未对原始理论主张中所包含的假设进行检验。此外，一些原初的建议也几乎没有得到严密调查。本章还讨论了基于情绪的媒介选择和相关动机的新近研究的进展，因为它们在应对那些来自实证结果和原创性理论的挑战方面大有裨益。

经典情绪管理理论的假设

选择性媒介接触的情绪管理目标

齐尔曼与布莱恩特（Zillmann & Bryant, 1985; Zillmann, 1988）认为，人们选择媒介内容，是为了改善自身的感觉状态。最初，人们将这些假设称为情感依赖性刺激安排理论（affect-dependent stimulus arrangement）（Zillmann & Bryant, 1985），但随后该理论在情绪管理理论的标签下变得更加突出了（Zillmann, 1988）。为减少紧张情绪以动机来引导媒介使用这一想法可以追溯到费斯汀格（Festinger, 1957；另见 Zillmann, 1988），他假定个人会避免传达与自己现有态度不一致的信息。虽然认知失调理论主要是从认知角度来阐述的，但还是可以和享乐情绪相联系。显然，逃避不和谐信息并不能屡屡奏效。通常情况下，尽管新的信息会造成不和谐，但它对适应甚至生存而言非常重要。那么，逃避这些信息的行为应该是根植于享乐动机的。

情绪管理理论的核心预测是，个体希望找到改善自己情绪的媒介内容。在这个意义上，情绪优化似乎与唤醒水平有关，个体很可能会避免令人不愉快的唤醒，诸如无聊、压力等。通过选择媒介内容，媒介用户可以根据自己的唤醒水平来调节情绪。例如，辛苦工作一天后，媒介消费者会通过看电视播放的旅游节目来享受放松。此外，理想情绪的效价显然是积极的。因此，从情绪优化的角度来看，鼓舞人心的媒介信息更为讨喜，因此媒介消费者始终欣赏诸如结局皆大欢喜的电影或喜剧节目。此外，根据理论来看，任何可能提醒个人负面情绪来源的东西都可能损害感觉状态，皆应予以避免。例如，一个经历过学业挫折的学生可能会避开一部校园题材电影。

齐尔曼（Zillmann, 2000a, p.104）总结了情绪管理理论的具体假设：

> 享乐主义的目的可以通过选择性接触以下材料来达到最优效果：（a）与普遍状态下超低或超高唤醒（hypo- or hyperarousal）的令人不悦的体验相反的兴奋感，（b）具有高于普遍状态的积极享乐主义价值，以及（c）在消极享乐性状态下，与普遍状态在语义亲和力（semantic affinity）上几乎没有关联。

媒介刺激的情绪影响特征

人们一直使用情绪管理理论来解释和预测媒介选择性，尽管其原理适用于更广泛的情绪优化领域（例如，见 Thayer, 1996）。有一点很重要，为了把情绪状态和媒介内容选择联系起来，对那些可以寻求到或可避免的媒介刺激的特点，我们得加以明确。尽管一些旨在调查情绪管理假设的实证研究仅仅着眼于媒介曝光量（见下文），但情绪管理理论显然将情绪状态与特定类型媒介内容的选择性接触联系起来了。因此，描述媒介刺激的标准是必不可少的。在情绪管理理论的启发下，齐尔曼（Zillmann, 1988）提出，可以从四个维度来区分媒介内容。

媒介信息的第一个影响情绪的属性是兴奋潜能（excitatory potential）（Zillmann, 1988），它与唤醒水平所受的影响有关。例如，快节奏的音乐可能会增加兴奋感，而慢节奏的音乐通常有一种让人沉静的效果。与此类似，视听媒介中的快速剪辑通常会增强唤醒，被认为具有较高的兴奋潜能，与之相反，那些剪辑较少，拍摄之间过渡平滑的视频，则兴奋潜能小。除形式外，兴奋潜能还与内容有关，因为暴力或色情描写往往比古典音乐令人兴奋。

在情绪管理理论背景下，区分媒介信息的第二个维度是吸收潜能（absorption potential）（Zillmann, 1988）。一种特定的感觉状态是通过反复琢磨消极事件或反复出现的积极事件来维持的。不过，媒介消费会干扰原有的情绪。根据媒介内容的吸收潜能，媒介接触将改变情绪，吸收潜能越高，情绪改变越有效。最有吸引力的信息会打断与原有情绪相关的认知排练，允许情绪发生改变。因此，当处于消极情绪状态时，人们会更喜欢那些能有效打断这种消极状态的内容。例如，当一个人情绪低落时，这种感觉状态可通过观看一个有趣的神话故事而得到改善，因为情节卷入会驱散先前存在的情绪；相反，积极情绪状态下，个体会去寻求一些不太吸引人的信息，甚至完全避免媒介消费。

可能会影响当前情绪和媒介选择的第三个因素是语义亲和力（Zillmann, 1988）。例如，一种是被恋人抛弃而引起的情绪，一种是一部浪漫电影诱发的情绪，我们来考虑它们与媒介信息之间的联系。如果这种情绪的语义亲和力很高，那么就不会诱发情绪变化，反而有可能促成与这种情绪相关的认知排练。当前情绪是积极的时，这种高亲和力是可取的，但会有害地强化消极情绪。因此，失去浪漫的人可能会避开任何与浪漫相关的媒介内容，因为他们不想被外界提醒自己曾失去过浪漫。尽管回避与负面情绪来源相关的媒介内容，会让人想到借助媒介消费来逃避的那种广义概念（Katz & Foulkes, 1962; Pearlin, 1959），但逃避主义指的是与个人生活环境疏远的一般状态，而非情境情绪状态。

最后，媒介信息的享乐主义效价（Zillmann, 1988）似乎与由媒介接触引起的情绪影响有关。媒介呈现的愉快刺激能振奋人心，而悲伤和不愉快的刺激显然会产生负面影响，然而，对积极或消极信息的特殊解读会产生复杂的情况。通常，对某些人来说是"好消息"的消息对其他人来说可能是"坏消息"（Zillmann & Knobloch, 2001）。例如，如果一个政治候选人赢得了选举，这将给他/她的党派带来喜悦，但会给他/她的对手带来痛苦。同样，那些以非传统女性为女主角的电影可能会使传统的观众对该角色感到不适，同时也会让那些拥有更激进态度的观众大饱眼福。

综上所述，简单来看，根据情绪管理理论，情绪状态及期望的改变，以及媒介信息的情绪影响特征，将会促进媒介消费者的选择性接触模式的产生。如前所述，人们已经提出了与情绪相关的媒介信息特征的四个维度，但它们的区分并不明显；例如，令人兴奋的信息可能更引人入胜。

对情绪管理过程的认识

就媒介用户而言，并不需要考虑情绪优化需求。有人认为，在媒介消费过程中，情绪管理过程通常会被行动实施者所忽视，至少很少发生认知阐述（Zillmann, 1985; 1988）。与操作性条件类似，学习不是刻意的行为，而是情绪管理过程带来的（Zillmann & Bryant, 1985）。通过媒介使用体验到情绪增强后，这种体验的痕迹会存储在个人的记忆中。这种体验最初可能是偶然的，也可能是从观察到的其他人那里获得的，在之后遇到类似的媒介选择时，在相似的情绪状态下，那些早先被更好的情绪所强化的选择的记忆将会被触发。然而，即使假设有更高的意识水平，人们还是可以预测到同样的情绪管理过程（Knobloch, 2003a），虽然那时它们的起源可能需要不同的概念化。若不考虑意识水平，情绪管理预测的经验证据已经积累了不少。不过，关于情绪管理意识水平的假设与实证研究的方法设计密切相关。如果说媒介用户并没有充分意识到自己的情绪管理兴趣，那么自我报告似乎是研究者从实证角度来研究相关理论概念的最后手段了。考虑到这些潜在的局限性，下文将回顾相关调查。

经验性证据

实验

有关情绪管理的大部分研究都是通过实验进行的。与齐尔曼（Zillmann, 1985）的假设一样，这种选择性接触模式通常不太需要认知注意力，方法学测量通常有赖于对行为的暗自观察，而不是依靠媒介用户的内省（introspection）。布莱恩特和齐尔曼的研究（Bryant & Zillmann, 1984）提供了一个好例证。

克服无聊和压力

该研究通过让参与者在规定时间内完成枯燥的手工任务或智力测验任务，以检查其唤醒状态、被诱发的厌倦或压力程度。在程序的第一部分之后，参与者经历了一段等待期，在这段时间里他们可以选择看电视。共有6个电视节目，参与者通过技术设备从中采样。该设备在参与者不知情的情况下，记录了他们的观看选择。这些电视片段被预先分为三个舒缓和三个刺激节目。观察到的观看模式显示，压力大的参与者对两类节目的等待时间大致相同，而无聊的参与者则没有看轻松的电视内容，他们几乎用整段时间来看令人兴奋、刺激的电视内容。布莱恩特和齐尔曼（Bryant & Zillmann, 1984）认为，这些发现支持了情绪管理假说中借由媒介消费来唤醒调节的观点。

改善消极情绪

与媒介辅助唤醒调节的研究相比，涉及物质享乐效价的情绪调节假说的实证检验更难识别。媒介内容的效价通常取决于个人理解，例如，面对相同的新闻内容，有人喜欢，也有人不喜欢（Zillmann & Knobloch, 2001）。此外，一个悲伤的爱情故事可能会让那些享受爱情喜悦的人感到沮丧，但会让失恋的人感到振奋，因为他们看到自己并不是唯一面临浪漫幻灭的人（Knobloch & Zillmann, 2003）。此外，人们可能会混淆效价与其他影响情绪的内容特征，例如，快节奏的音乐可能倾向于表示乐观的精神，但也可能代表高水平的能量和唤醒。这些复杂性已经反映在情绪管理的效价维度上了。

例如，在克诺布洛赫和齐尔曼（Knobloch & Zillmann, 2002）的一项实验中，参与者在收到关于社交技能测试的反馈后，可以自由选择流行音乐进行情绪诱导，以使自己产生糟糕、平庸或良好的感觉状态。这些歌曲由电脑点唱机提供，已经被预先测试了音乐表达的快乐程度和能量水平，但这些属性的评估在音乐排行榜的预先选择测试中是相关的。情绪低沉的受试者比心情一般的受试者花更多时间在充满活力的快乐音乐上，同样，心情一般的受试者比心情好的受试者花更多时间在令人振奋的音乐上。由于"能量"可能类似于音乐的吸收潜能，与音乐刺激的"愉悦性"（效价）之间存在关联，因此不完全清楚参与者是否旨在打断或改善消极情绪，或是通过选择充满活力的歌曲来同时达到这两个目的。

唤醒管理与情绪增强

两项研究（Biswas, Riffe & Zillmann, 1994; Knobloch, 2002）实际上预先测试了上述媒介刺激，以确保它们在效价方面有所不同，同时，作为同样"有趣"的项目（item），能够与吸收潜能发生联系。两者都使用了相同的情绪诱导程序（选自 Zillmann, Hezel & Medoff, 1980），尽管最近的调查使用了计算机版本。在比思瓦斯（Biswas, 1994）等人的研究中，只有女性参与者的行为符合情绪管理预测，而处于消极情绪的男性，则倾向于支持消极内容。在克诺布洛赫（Knobloch, 2002）的调查中，拥有消极情绪的参与者实际上比拥有一般情绪的参与者花更多时间在拥有积极效价的网页上。然而，与预期相反，心情好的受访者显然不太关心媒介选择方面的效价——他们花在积极网络内容上的时间介于一般情绪和消极情绪的实验条件之间，并且随着时间的推移呈现出更不稳定的模式。简言之，媒介刺激的享乐效价似乎与其他影响情绪的特征有关，并且可能不是最重要的特征，至少在媒介用户心情良好的情况下，不是最重要的特征。当处于"好心情"状态的受访者缺乏那些"选择性接触的材料时，会具有高于流行状态的积极享乐效价"（Zillmann, 2000a, p.104）。

打断愤怒和恐惧的消极情绪

在情绪管理研究中涌现出了更多复杂的问题，这与第三个理论假设中语义亲和力的作用有关。在这里，除了积极与消极效价之外，进一步区分刺激和情绪类型至关重要。齐尔曼、赫泽尔与梅多夫（Zillmann, Hezel & Medoff, 1980）的实验采用了情绪诱导程序［后来被比思瓦斯（Biswas）等人采用，1994; Knobloch & Zillmann, 2002 & Knobloch, 2002］，让参与者选择观看情景喜剧、动作剧或游戏节目。尽管最初的情绪也对娱乐选择产生了显著影响，但在涉及所接触材料的效价时，可供选择的观看模式并不完全符合情绪调节假说。例如，那些心情消极的人最不喜欢喜剧。齐尔曼等人（Zillmann 等，1980）解释说，可能是因为此类节目除了包含兴奋效能和吸收效能等效价之外，还包含了风格体裁之外的不同效价。此外，他们还推断消极情绪的根源的语义亲和力可能起到了一定作用。由于喜剧中的许多幽默源于轻蔑和敌对行为（Zillmann, 2000b），心情不好的人可能会认为这与他们在情绪诱导阶段刚刚经历的负面经历有关。因此，在检验情绪管理理论的假设时，媒介内容的情绪影响特征的混杂产生了相当复杂的问题。

为了进一步阐明齐尔曼等人（Zillmann 等，1980）的研究过程，梅多夫（Medoff, 1979, 1982）将挑衅和挫折作为消极情绪来源进行了区分，同时他还纳入了一个中立的对照组，在随后的敌对喜剧和非敌对喜剧的选择中，发现了大量的性别差异：女性的行为大多支持情绪管理假说，因为她们普遍喜欢没有敌对情绪的正效价喜剧；相反，只有在中立对照组中的男性倾向于非敌对喜剧，而沮丧的男性则把大部分时间花在敌对喜剧上，对喜剧消费产生了戒心。男性选择行为中的这些矛盾是令人困惑的（Zillmann, 1988），并且构成了一个人们经常观察到的现象，即不同性别可能会采用不同的情绪管理方式。

除了攻击性倾向，人们对恐惧及恐惧对媒介选择的影响也进行了检验。瓦克什拉格、维尔和坦博里尼（Wakshlag, Vial & Tamborini, 1983）让实验组观看令人恐惧的犯罪纪录片，而对照组则看了一部普通的电影。女性受访者通常更害怕，研究证明这种恐惧操纵是成功的。之后，受试者从14个电影描述文本中选出7个，并被告知他们将有机会选择接下来的电影。研究对电影呈现进行了操纵，给电影内容按照正义恢复和迫害的不同程度做了标记。评分者在电影描述中对这些维度的指标进行评估，以便相应地给电影内容中的司法恢复和迫害程度打分。结果显示，恐惧程度增加的参与者更喜欢受害分数低、公正分数高的电影。瓦克什拉格（Wakshlag, 1983）的研究发现，媒介用户的目标是尽量减少与负面情绪源相关的刺激。这可以用两种方式来解释，其一是媒介用户倾向于使用相对积极的有较少的暴力和更多的公正的内容，因此在享乐效价方面表现更好，这符合第二种情绪管理假说。第二种方法存在一些问题，有人可能会说，受试者回避的内容与他们恐惧的来源有语义亲和力，符合第三种情绪管理假设。然而，尽管程度不同，所有提供的媒介选择都与其来源有某种亲和力。因此，瓦克什拉格（Wakshlag 等, 1983）等人使用的设计不适合用来检验这一假设，而且这也不是其主要的研究兴趣。不过，他们的发现已经在情绪管理的框架内得到了解释（Zillmann & Bryant, 1985）。

准实验

孤独与失恋的缓解

媒介内容与反面情绪的语义亲和力的重要性已在一些准实验研究中被提及：实验中，受访者报告了自身的压力后，便可以从提供的媒介产品中选择。比如，假装是校园社交问卷的一部分，年轻人被问及他们的浪漫幸福感（Knobloch & Zilmann, 2003; Knobloch, Weisbach & Zillmann, 2004），然后，他们需要从8首通过电脑呈现的情歌中抽取样本，其中4首是悲伤的情歌，4首是快乐的浪漫情歌。显然，为了避免听到那些更成功的同龄人的故事，失恋的年轻人选择听悲伤的爱情音乐的时间明显更长。马雷斯与坎托（Mares & Cantor, 1992）的一项研究调查了老年观众的孤独感及其观看偏好，得出了类似结果：孤独的老年观众更喜欢看关于空巢老人的电视节目，而社交融合程度较高的参与者则相反。

然而，这些研究只在一定程度上支持了齐尔曼的假设，即"享乐主义目标最好是通过选择性接触来达成……在消极享乐状态中，与主流状态的语义亲和力"几乎没有关联（Zillmann, 2000a, p.104）。参与者只得到了与自己的处境有语义亲和力的媒介内容，尽管他们用积极或消极的角度描述了这个生活领域。因此，以上研究的是个人情况而不是情绪，而且参与者无法完全回避相关内容。媒介内容回避与与当前负面情绪的起源有关的假设，无法通过这些程序得到严格检验。

当实用性颠覆享乐主义时

另有两项研究确实包括了与令人不安的生活方面没有语义关联的内容选择。这两项研究都肯定了不同生活领域的个人满意度，然后让受访者挑选与这些领域相关的媒介内容。特雷普特、扎普夫和苏多夫（Trepte, Zapfe & Sudhoff, 2001）在青少年中进行了一项调查，报告了由于父母、同龄人、恋爱关系和自己长相导致的认识问题。当从电视脱口秀中选择与这些压力来源相关的标题时，青少年倾向于根据特雷普特等人报告的简单相关关系来谈论他们当前的问题（Trepte, 2001）。在哈斯托尔、罗斯曼和诺布洛赫（Hastall, Rossmann & Knobloch, 2004）的准实验中，在浏览与问卷所涵盖的生活领域相关的在线新闻之前，学生完成了一份生活满意度问卷。那些对特定领域（学习、恋爱关系）满意度较低的参与者，在有关这些领域的内容上花了更多时间，这种发现与齐尔曼所持的观点，即"人们会回避媒介上描述的个人问题"相矛盾，似乎媒介用户为了解决他们的问题，更多是从媒介中寻找指导而非回避（Atkin, 1973）。这里提到的研究将呈现的信息内容作为刺激条件，此举也非常符合情绪管理目的（如，Biswas等，1994）。不过，齐尔曼（Zillmann, 1988, 2000）提到的是消极的情绪状态，而不是更持久的问题，因此，如果把麻烦的生活状况和当前的情绪相联系，该理论可能会有很大进步。

田野研究

通过娱乐活动缓解压力

与上述研究相反，情绪管理的实地研究考察了人们对娱乐和信息费用的选择性接触，参与者坚持在每天的特定时间里，在日记中报告其情绪和电视消费的情况。安德森、柯林斯、施密特和雅各布维茨（Anderson, Collins, Schmitt & Jacobvitz, 1996）发现，压力导致电视消费时间更长。在这种情况下，压力过大的参与者会花更多时间在电视娱乐上，比如看喜剧，忽视新闻和纪录片。男性和女性在选择上有所不同，压力大的女性观看更多的游戏节目和综艺节目，压力大的男性更喜欢动作类节目。布罗修斯、罗曼恩和埃尔奈（Brosius, RoBmann & Elnain, 1999）对一个德国样本使用了相似设计，也得出同样的结论：压力大的观众喜欢娱乐，而没有这种压力的观众则在信息上花费更多时间。

全面接触与内容问题

在解释田野研究结果时，人们会偶尔忽略情绪管理理论，这与媒介消费总量无关，而与情绪状态和媒介内容类别（categories）的选择有关。换言之，根据最初的理论，在不区分喜欢的内容类型的情况下，人们无法预测出花在电视或其他媒介上的时间。然而，施密茨、阿尔斯多夫、桑和塔什（Schmitz, Alsdorf, Sang & Tasche, 1993）根据他们基于日记的实地研究结果，对情绪管理理论提出了质疑。不过，这次测试并没有区分电视内容的种类，只看了消费电视的时间总量。同样，顿斯巴赫和塔什（Donsbach & Tasche, 1999）将他们的调查也放在情绪管理理论的背景下，但他们仅仅将报告的情绪状态与电视接触的总的程度相联系，因而无法对情绪管理假设进行严格测试。缺乏对电视内容的区分的问题也适用于采用经验抽样方法的研究（Kubey, 1986; Kubey & Csikszentmihalyi, 1990），虽然情绪和电视接触在一天中是随机确定的，但由于概念上的不匹配，所得的数据也无法揭示情绪管理过程。

调查

通过调查来研究情绪管理现象是有问题的，因为自我报告更可能从合理化和社会期许层面进行回应（Zillmann, 1985）。不过，这一问题的严重程度当然取决于受访者对程序的了解度。受访者有时会被置于非常人为的情境中，例如，他们被要求去想象一个场景，并用语义差异来描述他们希望在这个场景中听到的音乐类型（如，Gembris, 1990）。其他的例子包括在使用与满足背景下的研究，这些研究经常询问受访者是否为了放松、克服无聊而使用各种媒介（如，Rubin, 1984）。可以质疑的是，这些数据对于情绪管理研究是有价值的，因为它们可能更多地反映了与情绪相关的媒介选择的非专业理论，而不是实际的情绪管理行为，然而，其他的调查程序并没有如此公开地揭示此类研究兴趣。有趣的是，激素水平和个性特征等生物因素（有研究者认为这些因素植根于生物结构，见Eysenck, 1990; Zuckerman, 1991）与选择性媒介接触有关。当研究者采用情绪起源于生物因素的说法时，出现这些模式也就不足为奇了（Thayer, 1996）。

克服荷尔蒙阶段的愤怒

例如，梅多克罗夫特和齐尔曼（Meadowcroft & Zillmann, 1983）对月经周期是否影响女性对电视类型的偏好感兴趣。在这项调查中，女大学生报告了她们当天晚上观看各种电视节目的兴趣。在调查问卷结束时，受试者被要求提供有关月经周期的信息，研究发现，经前和经期女性比其他处于周期中期的女性对喜剧更感兴趣。研究人员推断，女性的目标是通过看喜剧来克服由荷尔蒙引起的消极情绪状态。基于不引人注目的措施，这项调查证实了心情管理的假设。海雷格尔和韦弗（Helregel & Weaver, 1989）对女性怀孕期间的情绪状态给出了类似的结果。

人格特质中的情绪倾向

另一个非干扰研究情绪管理的方法，是研究媒介的选择性使用与个性特质之间的联系，不让受访者知晓情绪管理过程的调查会更有利于研究。然而，这种方法再次遭遇瓶颈，即无法检测具体情况和相关情绪，虽然这正是情绪管理理论探究的目的。基于人格数据的情绪管理的推断（inferences）依赖于这样一个假设，即有某些人格类型的人更有可能体验到某些情绪，因此，在媒介市场中选择媒介内容时，此类人也更有可能体验到这些情绪。

迪尔曼·卡朋特、克诺布洛赫和齐尔曼（Dillman Carpentier, Knobloch & Zillmann, 2003）的一项调查证实了参与者的叛逆性，并将这些有关人格的测量与叛逆和非叛逆音乐的实际选择性接触联系起来。在主动反叛中得分高的人花更多时间在反叛音乐上，尽管这类音乐通常强调冲突和紧张，但特定的性格类型更喜欢听消极的音乐。

不过，研究中更常见的是把个性特质与人们提到的体裁（genre）偏好联系起来，要么是音乐种类（如，Litle & Zuckerman, 1986; Dollinger, 1993），要么是电视节目的形式（如，Burst, 1999; Brosius & Weaver, 1994）。例如，博斯特（Burst, 1999）将"大五"人格（Costa & McCrae, 1985）和刺激寻求（Zuckerman, 1984）与电视节目体裁偏好联系起来。对体验的开放与信息体裁的使用是呈正相关的；刺激寻求与电视色情作品的使用，以及对惊悚/动作/科幻体裁的偏好是呈正相关的；相反，神经质、随和（agreeableness）以及缺乏责任感，与这一体裁呈负相关；随和与人际关系类型作品（如肥皂剧和浪漫剧）呈正相关。这些发现可以解释为：具有高度刺激寻求动机的个体会更频繁地感到无聊，因此比其他人更经常地转向具有唤醒功能的电视体裁。相比之下，那些在神经质或随和等特质上得分高的人，比寻求刺激的人更喜欢低水平的唤醒和压力，因此，从情绪管理角度来看，他们对动作类电影的回避是合理的。总之，博斯特（Burst, 1999）的研究结果与情绪管理理论一致，尽管博斯特采用了测量人格而不是测量状态的方法，且该理论关注的是情境。

近期发展

新闻消费中的情绪管理

田野研究并不是第一种以选择性接触媒介内容（包括新闻和信息）来探索管理情绪的方法。齐尔曼（Zillmann, 1988）指出，诸如此类的理论本身就包括了传播的风格（genre），因此包括对新闻、纪录片和体育节目的选择。尽管马雷斯和坎托（Mares & Cantor, 1992）使用了纪录片，但比思瓦斯、里夫和齐尔曼（Biswas, Riffe & Zillmann, 1994）首次对选择性新闻接触取决于感觉状态进行了调查研究，他们的研究程序在前文有所提及。这里，在情绪诱导后，参与者被要求从12个新闻杂志的文章页面中选择6个页面继续阅读。对于这些文章，无论是积极的或消极的，都有一个明确的效价。在预先测试中，研究人员也确保了所有选择中对'有趣的'评分的水平相同。如前所述，处于消极情绪的女性，比处于积极情绪状态的女性更喜欢积极的信息。然而，男性的偏好并不符合情绪管理预测，因为处于消极状态的男性对负面信息表现出意想不到的兴趣，尽管这种趋势没有达到显著性。这些发现虽证实了情绪管理的假设，但并没有对性别差异有所解释。

网络情绪管理

随着万维网的出现，现在的媒介内容可实现全天候随时选择（Wirth & Schweiger, 1999）。目前为止，只有两项研究考察过在使用万维网时人们的情绪管理这一问题。

马斯特罗、伊斯汀和坦博里尼（Mastro, Eastin & Tamborini, 2002）的一项调查检验了以下假设：压力大的人会比无聊的人更多地点击网页，且更喜欢放松的内容。在情绪诱导之后，参与者可以在一个表面上不相关的研究会议上自由上网。访问的网站和接触网站的时间被记录下来，编码人员将这些网站内容以'较为刺激/放松'和'不太刺激/放松'的评价来编码。马斯特罗等人（Mastro等，2002）没有发现可以直接支持情绪管理理论的假设，即'烦闷的上网者不喜欢编码员所认为的更刺激的内容'。然而，另一个假设得到了证实，因为烦闷的参与者访问的网站的数量明显多于压力大的参与者。尽管在原初的情绪管理理论（Zillmann, 1988）中没有提到内容取样的频次，但另一项研究发现它与感觉状态有关——克诺布洛赫和齐尔曼（Knobloch & Zillmann, 2002）发现，心情不好时，音乐听众在同一时间间隔内，从同一组选择中做出的选择比心情好的人少。显然，效价维度差异产生不同选择性接触模式，而非唤醒变量。

第二项关于上网时情绪管理的调查是克诺布洛赫（Knobloch, 2002）开展的。在齐尔曼等人（Zillmann等，1980）的情绪诱导程序的计算机版本生成之后，受访者被要求在一项据称无关的研究中探索一个新的互联网门户。这个门户网站在一个导航栏中有8个站点，每个站点都有一个缩略图大小的屏幕截图。这些网站在前测中被分类，包括两个正效价娱乐网站、两个负效价娱乐网站（如恐怖网站），两个正效价信息网站和两个负效价信息网站。如前所述，消极情绪者比情绪平缓者接触正效价网页时间长，但与情绪管理理论相反，心情好的人对积极内容的接触时间处于平缓情绪者和消极情绪者之间。不过，有一个超出最初理论的假设得到了证实，即处于消极情绪状态的受访者比处于平缓情绪状态的受访者更喜欢娱乐网站，而为了获得良好的情绪，处于平缓情绪状态者又比实验组中心情好的受访者花更多时间在娱乐网站上。

因此，这两项关于情绪管理的研究并没有明确支持情绪管理理论的最初假设。原因可以从如何给网页的刺激程度编码看出，这种编码的有效性有可质疑之处；也可以从影响刺激特征的各种情绪的相对重要性中看出（如前所述）。然而，这次有两个衍生的考虑得到了证实，即选择频次取决于唤醒水平和类型选择（信息与娱乐），它们是情绪效价的函数。

挑战与进步

情绪管理理论的理论命题一直面临着挑战。尤其是负面媒介内容的使用,以及和情绪相关的媒介选择中经常出现的性别差异,使情绪管理理论的普遍适用性受到了质疑(另见Zillmann, 2000a; Oliver, 2003)。

接触些带动心情不好的内容

媒介负面体裁包括引发悲伤的悲剧,煽动恐惧、厌恶的恐怖电影,以及关于灾难和"顽固"问题的新闻。尽管其他类型的作品也会带来悲伤的情绪,比如惊悚片中的悬念、神话中的不确定性,但它们并没有为解释情绪管理提供一个很好的范例。可以说,媒介消费者知道这些风格题材最终会带来安慰、解决的享受(Knobloch, 2003b),这些享受甚至会被先前的痛苦放大(Zillmann, 1996)。但是,接触的上述其他形式——悲剧、恐怖和可悲的新闻——并不能轻易用情绪管理的因素来解释,因为它们通常不会带来正向的结果(King & Hourani, 2000; Metzger, 2000; Oliver, 1993)。任何不能提供令人满意的结果的负面媒介内容都违反了享乐主义原则。对选择性接触这些媒介刺激的可能解释,与情绪管理理论和上述相关考虑都密切相关。

如前所述,在现实生活的刺激下,媒介描述的影响心情的特征常常会被混淆。这也适用于负面信息,因为它们往往会产生更高的唤醒,可能比正面信息更吸引人(Frijda, 1988)。因此,沉迷于媒介负面内容的用户,实际上可能是想要提高唤醒程度,或试图忘记持续的负面情绪状态的来源。

在整个过程中,包括结尾,接触到负面内容也可能只是无意中发生的,比如,媒介消费者无意中选择了一条信息,没有预料到该内容的悲惨、可怕的结果,因此,这种情况不会与情绪管理理论相矛盾,因为它的假设与媒介使用动机有关,并不包括实际产生的效果。这些影响并不总是个人能预想到的和期望的。

不过,文献中还提出了与各种情绪管理相关的其他解释。净化可能是最突出的一个,因为自亚里士多德时代(公元前350/1961年)以来,这个概念一直在流传。根据这一概念,不论是悲伤还是被侵略的经历,都只有靠间接体验其他悲剧经验或暴力行为来清除。这种情绪改善的效果——可以通过媒介使用来获得——对旨在终止不愉快情绪状态的个体而言,将是一个极具意义的举动。尽管人们一直呼吁建立该方面的理论,但人们一直没有获得令人信服的实证支持(回顾见Zillmann, 1998b)。净化的想法与启动效应的概念也是相矛盾的(Roskos-Ewoldsen, Roskos-Ewoldsen & Dillmann Carpentier, 2002),根据这一概念,刺激会唤起并强化相关的想法,而不是削弱它们。

其他研究建议的方法可以分为两大类型:(a)对通常被认为是消极的事物有积极的感觉,和(b)为了在给定情况下(调节情绪)发挥其功能而接受甚至寻求不愉快的感觉状态。

从消极中寻求好感

从齐尔曼的情感倾向概念可以获得一种解释（如，Zillmann, 1994），即媒介用户喜欢看到喜爱的主角的幸运，也喜欢看到不喜欢的对手的不幸。因此，任何媒介对喜剧、惊悚片、新闻等的描述，只要表现出讨喜的角色在克服困难，就会产生情绪增强的效果。尽管有些角色可能会以一种可悲的方式遭受惨痛的折磨，但只要这些角色不受欢迎，仍然会让观众精神振奋。从这个意义上说，即使是媒介上出现的负面事件，也可能被解读为正面事件。事实上，喜剧片充分运用了这一原则，否则我们为何会发现自己在嘲笑相当残忍的闹剧呢？（Zillmann, 2000b）目前还没有这些现象对实际媒介选择的影响的经验性数据，尽管这些现象的直观知识似乎可以干预情绪管理过程。

威尔斯（Wills, 1981）首次对选择性接触负面媒介内容的另一种解释进行了探讨，这实际上推动了一个全新的社会心理学研究方向。威尔斯（Wills, 1981）认为，大量的负面新闻是令人愉快的，这为他所谓的向下比较（downward comparison）提供了机会。这一观点扩展了费斯汀格（Festinger, 1954）的社会比较概念，强调将自己与处境更糟的人进行比较可能产生的情绪增强效果。新闻当然描绘了大量处于最可悲境遇中的个体，所以任何人在正常的生活境遇中都可能从新闻消费中得到安慰，毕竟，一个人自身的问题相比之下应该显得微不足道。尽管一些学者同意向下比较的解释，并将其扩展到娱乐类型（Vorderer, 1996; Oliver, 1993），但目前几乎没有关于内容选择的实证证据。马雷斯和坎托（Mares & Cantor, 1992）以及克诺布洛赫和合作者（Knobloch & Zillmann, 2003; Knobloch, Weisbach & Zillmann, 2004；参见《孤独和失恋的解脱》一节）的发现支持了媒介内容选择中的向下比较原则。许多社会—心理研究都将自尊与向下比较的选择联系起来（例如，Wills, 1991），因此克诺布洛赫（Knobloch）、韦斯特威克（Westerwick）和哈斯托尔（Hastall）的一项研究为选择性接触负面描述提供了更有力的支持。这项调查发现，在明确的正面和负面环境下，受访者的自尊会影响他们对个人的选择性接触。这些发现符合社会比较的假设，在社会比较中，看到别人处于比自己糟糕的状态，可以改善自己的感觉状态。另一方面，可以说，别人的积极状态会带给人希望，引发人共情的积极感觉，目前对这种现象还需要更多的研究。

有学者认为，媒介对负面情境的描写会使人产生负面情绪，也因此，对正面情境的描写会使人产生积极情绪。尽管目前几乎没有关于媒介内容实际选择的数据，但下文将讨论对情绪管理的各种建议和影响。奥利弗（Oliver, 1993）用一个叫作元情绪（meta-emotions）的概念解释了人们对悲伤电影的享受。她认为，一些媒介用户可能会认为悲伤的经历是有价值和令人满意的，而且随后他们应该会比其他人更经常地寻找悲剧来欣赏。倾向于在元水平上发现悲伤的回报并将其作为认知评估，从而从悲伤和共情痛苦中获得回报的人，通常是女性（Oliver, 2003）。米尔斯（Mills, 1993）认为，观看悲剧而感到悲伤这一点也可能有助于证实自我会把共情作为有利特质。正如沃德勒（Vorderer, 1996）所指出的，在这种情况下，媒介用户确实会使用媒介来"运作（work）"自我以及他们的认同。齐尔曼（Zillmann, 2000a）也思考了这样一个观点：一些人可能会认为沉溺于轻松的媒介娱乐是卑鄙的，因而会选取让人沮丧的内容来获得一个积极的自我概念。

情绪调整

克诺布洛赫（Knobloch, 2003a）曾讨论过些许令人不快的情绪，这些情绪似乎有些作用。实质上，个人可能会感觉到，与某项任务或情况相关的要求更容易在不愉快的情绪中得到满足。例如，当人们参加考试时，安静的注意力比愉快的分心更能带来好的结果，再比如，遇到不喜欢的主管来处理利益冲突的时候，讽刺、幽默的情绪可能会令人非常愉快，但也可能会让事情更难办。通常情况下，不是情绪优化，而是根据当前或即将到来的情境需求进行情绪调整，可以引导媒介消费过程中的情绪调节动机。克诺布洛赫（Knobloch, 2003a）提出了相关媒介使用行为的参数，即对与心情有关的情境需求的感知与预期，诱导出期望心情的媒介刺激，以及调整情绪的时间跨度的使用，都将影响情绪调整的过程。

有几项研究的证据证实了这些概念（见Knobloch, 2003a），克诺布洛赫（Knobloch）、韦斯特威克（Westerwick）和奥尔特（Alter）（印刷待出版）的书中有很好的例子可以用来描述这种情况：有假装来自一个联盟的测试反馈，把研究参与者置于消极的情绪状态中，联盟引导一部分人相信自己有机会报复挑衅者，对另一部分人没有给予这样的暗示。在这些实验性归纳之后，受试者可以在一项据称无关的研究中自由地从在线新闻中取样。基于实证的方法，这些新闻报道被分为坏消息和好消息。结果显示，期待报复机会的女性更喜欢好消息，而男性在报复机会出现之前更喜欢坏消息。在没有收到报复机会暗示的实验组中，男女性别没有表现出差异。这些发现可以解释为：女性通过安抚自己的情绪来抑制攻击性行为，因为女性这种行为在社会上不被接受，而且可能与女性在社会上所遵循的价值观相矛盾；相比之下，西方社会认为不还击挑衅者是"没有男子气概"的，因此，如果男人预见到有报复的机会，他们的目标则是保持愤怒。

情绪管理研究经常揭示出不同性别选择性接触媒介内容的模式。如上所述，对好消息和坏消息的情绪依赖性（mood-dependent）选择（Biswas等, 1994）、对喜剧的选择（Medoff, 1979）以及情绪调整过程，皆因性别而异。一般来说，女性遵守情绪管理理论的假设，而男性偶尔不遵守。更多关于情绪管理中性别差异的例子可以从其他实验以及田野研究中得到。鉴于情绪调整的考虑，可以推测预期的情绪要求会干扰情绪优化动机，并且这些情绪要求因性别而异，性别不同，则性别刻板印象不同；而性别刻板印象与情感相关（Fischer, 2004）。这种推理可以解释情绪依赖性媒介选择中频繁出现的性别差异现象。

关于进一步研究情绪管理的思考

情绪管理理论激发了大量研究。那些主张除了精巧有趣之外，还有令人惊讶的地方。仔细检查时可以发现，关于情绪管理的一些主张还没有经过严格检验。有一些混合的证据表明，媒介用户更喜欢享乐效价高于当前情绪的内容，然而，多数情况下，在所用材料的前测中，享乐效价和兴奋潜能以及吸收潜能并没有明显区分。这可能是由于媒介信息具有复杂性特点，在此情况下，清晰分类往往是相当具有挑战性的。此外，目前显然没有一项能严格检验语义亲和力并得出明确结论的研究。所有与这一说法相关的调查，要么发现了令人困惑的性别差异，要么关注的是生活压力而不是情绪，要么没有提供与情绪或压力完全无关的选择。很明显，我们还严重缺乏对情绪管理第三假说的清晰研究。

除了这一必要的基础工作外，还可以从现有的研究中发现一些其他的方向。最初的情绪管理理论在调查中得到了扩展，这些调查证明了选择频次以及对娱乐和信息的偏好是如何由情绪状态决定的，进一步的研究可能会发现更多影响因素。

可以对情绪管理实验的设置提出一些批评，以期对今后的情绪管理研究有所启发。强调一种情感（emotion）和一种心情（mood state）之间的概念差异是很重要的。情感是与对象相关的（object-related），相对来说是短暂的，而引发更持久情绪的原因则较为模糊（Schwarz & Clore, 1996）。换言之，特定的事件具有内在的情绪煽动性。情感一旦消散，它仍可能在个人情绪中留下痕迹。虽然情绪管理理论是针对心情设计的，但可以说，一些相关的实证研究更关注实际情感。人们可能会认为，所谓的情绪诱导（mood induction）方法更有可能激发与特定活动相关的情感，将情绪诱导部分视为不相关研究的常见程序，可能会实现研究参与者感知到情境变化的目的。然而，如果实际上这些程序影响了情绪，而没有引发情感反应（emotional reaction），这是容易让人存疑的。所产生的情感状态是否属于情绪或心情的范畴，将取决于参与者是否仍在思考那个触发情感变化的对象。正如克诺布洛赫和齐尔曼（Knobloch & Zillmann, 2002）所指出的，计算机化的程序更讨喜，因为它很难激发情绪来源的动机。另一方面，在梅多夫（Medoff, 1982）或比思瓦斯等人（Biswas等，1994）的研究中，一名实验者先通过挑衅受试者来诱发其消极情绪，然后进行会话部分，让受访者选择媒介刺激。因此，激发消极情感状态的对象仍然存在，参与者可能处于与该对象（实验者）相关联的情感状态中，而不是仅具有扩散性动机暗示的情绪状态。有可能的是，参与者，特别是男性参与者，会更多地处于愤怒而非扩散的消极情绪中。在这种情况下，所采用的研究程序并不适合用来检验情绪管理的假定。

为了进一步发展情绪管理理论，我认为区分消极情绪是至关重要的。消极情绪是指那些需要情绪修复的情绪，这些情绪本身也有助于进一步的调查。在齐尔曼（Zillmann,

1988）最初关于情绪管理的假设中，效价层面只提到了消极情绪与积极情绪。然而，不同类型的消极情绪会引发不同的情绪增强策略似乎亦有其合理性。例如，恐惧与"逃离"本能联系在一起，而愤怒则触发"战斗"本能。心理学研究已经开始进一步探讨不同负面情绪的内涵（Lerner & Dacher, 2000），而相关的差异有可能会使情绪管理研究产生丰硕成果。

虽然有充分的证据支持情绪管理概念，但各种差距仍然存在，需要在未来加以填补。人们对原有理论的发展和扩展提出了新的见解，这些见解值得进一步研究和探讨。最重要的是，传媒学者要注意到情绪状态与媒介消费之间的密切关系，也就是说，过去大量的传播研究忽略了情感的作用。

参考文献

Anderson, D.R., Collins, P.A., Schmitt, K.L., & Jacobvitz, R.S. (1996). Stressful life events and television viewing. *Communication Research, 23*(3), 243–260.

Aristotle. (1961). *Poetics* (S. H. Butcher, Trans.). New York: Hill & Wang. (original work published 350 bc)

Atkin, C. (1973). Instrumental utilities and information seeking. In P. Clarke (Ed.), *New models for mass communi- cation research* (pp. 205–242). Beverly Hills, CA: Sage.

Biswas, R., Riffe, D., & Zillmann, D. (1994). Mood influence on the appeal of bad news. *Journalism Quarterley, 71*(3), 689–696.

Brosius, H.-B., & Weaver, J.B. (1994). Der Einfluss der Persönlichkeitsstruktur von Rezipienten auf Film- und Fernsehpräferenzen in Deutschland und den USA [translation: The influence of viewers' personality structure on movie and televison preferences]. In L. Bosshart & W. Hoffmann-Riem (Eds.), *Medienlust und Mediennutz. Unterhaltung als öffentliche Kommunikation* (pp. 284–300). Munich, Germany: Ö lschläger.

Brosius, H.-B., Roßmann, R., & Elnain, A. (1999). Alltagsbelastung und Fernsehnutzung [translation: Daily strains and televison use]. In U. Hasebrink & P. Rössler (Eds.), *Publikumsbindungen: Medienrezeption zwischen Individ- ualisierung und Integration* (pp. 167–187). Munich, Germany: Reinhard Fischer.

Bryant, J., & Zillmann, D. (1984). Using television to alleviate boredom and stress: Selective exposure as a function of induced excitational states. *Journal of Broadcasting, 28*(1), 1–20.

Burst, M. (1999). Zuschauerpersönlichkeit als Voraussetzung für Fernsehmotive und Programmpräferenzen [transla- tion: Viewer personality as determinant of viewing motives and program preferences]. *Medienpsychologie, 11*(3), 157–181.

Collins-Standley, T., Gan, S., Jessy Yu, H.-J., & Zillmann, D. (1996). Choice of romantic, violent, and scary fairy-tale books by preschool girls and boys. *Child Study Journal, 26*(4), 279–301.

Costa, P. T., & McCrae, R. R. (1985). *The NEO personality inventory*. Odessa: Psychological Assessment Resources.

Dillman Carpentier, F., Knobloch, S., & Zillmann, D. (2003). The rebellion in rock and rap. A comparison of traits predicting selective exposure to rebellious music. *Personality & Individual Differences, 35*(7),1643–1655.

Dollinger, S. (1993). Research note: Personality and music preference: Extraversion and excitement seeking or open- ness to experience? *Psychology of Music, 21*, 73–77.

Donsbach, W., & Tasche, K. (1999, August). *When mood management fails. A field study on the relationships between daily events, mood, and television viewing.* Paper presented at the convention of the International Communication Association, San Francisco.

Eysenck, H. J. (1990). Biological dimensions of personality. In L. A. Pervin (Ed.), *Handbook of personality: Theory and research* (pp. 244–276). New York: Guilford

Festinger, L. (1954). A theory of social comparison processes. *Human Relations, 7*, 117–140.

Festinger, L. (1957). *A theory of cognitive dissonance.* Stanford, CA: Stanford University Press.

Fischer, A. (2004). *Gender and emotion.* Cambridge, UK: Cambridge University Press

Frijda, N.H. (1988). The laws of emotion. *American Psychologist, 43*(5), 349–358.

Gembris, H. (1990). Situationsbezogene Präferenzen und erwünschte Wirkungen von Musik. *Jahrbuch Musikpsy- chologie, 7*, 73–95.

Hansen, C. H., & Hansen, R. D. (2000). Music and music videos. In D. Zillmann & P. Vorderer (Eds.), *Media entertainment: The psychology of its appeal* (pp. 175–196). Mahwah, NJ: Lawrence Erlbaum Associates.

Hastall, M., Rossmann, M., & Knobloch, S. (2004, May). *Approach or avoidance? Selective exposure to information on distressing issues*. Paper presented at the International Communication Association conference, New Orleans.

Helregel, B. K., & Weaver, J. B. (1989). Mood-management during pregnancy through selective exposure to television. *Journal of Broadcasting & Electronic Media, 33*(1), 15–33.

Herzog, H. (1944). What do we really know about daytime serial listeners? In P. F. Lazarsfeld & F. N. Stanson (Eds.), *Radio research, 1942–1943* (pp. 3–33). New York: Duell, Sloan & Pearce.

Katz, E., & Foulkes, D. (1962). On the use of the mass media as escape: Clarification of a concept. *Public Opinion Quarterly, 26*(3), 377–388.

King, C., & Hourani, N. (2000, July/Aug.). *Don't tease me: Effects of ending type on horror film enjoyment*. Paper presented at the Congress of the International Society for the Empirical Study of Literature (IGEL), Toronto.

Knobloch, S. (2002). 'Unterhaltungsslalom' bei der WWW-Nutzung: Ein Feldexperiment [translation: 'Crisscrossing through entertainments' while surfing the WWW: A field experiment]. *Publizistik, 47*(3), 309–318.

Knobloch, S. (2003a). Mood adjustment via mass communication. *Journal of Communication, 53*(2), 233–250.

Knobloch, S. (2003b). Suspense and mystery. In J. Bryant, D. Roskos-Ewoldsen, & J. Cantor (Eds.), *Communication and emotion* (pp. 379–395). Mahwah, NJ: Lawrence Erlbaum Associates.

Knobloch, S., & Zillmann, D. (2002). Mood management via the digital jukebox. *Journal of Communication, 52*(2), 351–366.

Knobloch, S., & Zillmann, D. (2003). Appeal of love themes in popular music. *Psychological Reports, 93*, 653–658.

Knobloch, S., Weisbach, K., & Zillmann, D. (2004). Love lamentation in pop songs: Music for unhappy lovers? *Zeitschrift für Medienpsychologie, 16*(2), 116–124.

Knobloch-Westerwick, S., & Alter, S. (in press). *Mood adjustment to social situations through mass media use: How men ruminate and women dissipate angry moods*. Human Communication Research.

Knobloch-Westerwick, S., & Hastall, M. R. (submitted). *Selective social comparison with media personae: How gender, age, and self-esteem influence selective exposure to good and bad news*.

Kubey, R. W. (1986). Television use in everyday life: Coping with unstructured time. *Journal of Communication, 36*(6), 108–123.

Kubey, R., & Csikszentmihalyi, M. (1990). Viewing as cause, as effect, and as habit. In R. Kubey & M. Csikszentmihalyi (Eds.), *Television and the quality of life: How viewing shapes everyday experience* (pp. 119–148). Hillsdale, NJ: Lawrence Erlbaum.

Lerner, J. S., & Keltner, D., (2000). Beyond valence: Toward a model of emotion-specific influences on judgement and choice. *Cognition & Emotion, 14*(4), 473–493.

Litle, P., & Zuckerman, M. (1986). Sensation seeking and music preferences. *Personality and individual differences, 7*(4), 575–578.

Mares, M.-L., & Cantor, J. (1992). Elderly viewers' responses to televised portrayals of old age. *Communication Research, 19*(4), 459–478.

Mastro, D.E., Eastin, M.S., & Tamborini, R. (2002). Internet search behaviors and mood alterations: A selective exposure approach. *Media Psychology, 4*, 157–172.

Meadowcroft, J.M., & Zillmann, D. (1987). Women's comedy preferences during the menstrual cycle. *Communication Research, 14*(2), 204–218.

Medoff, N.J. (1979). *The avoidance of comedy by persons in a negative affective state: A further study in selective exposure*. Unpublished doctoral dissertation, Indiana University.

Medoff, N. J. (1982). Selective exposure to televised comedy programs. *Journal of Applied Communication Research, 10*(2), 117–132.

Metzger, M.J. (2002). When no news is good news: Inferring closure for news issues. *Journalism & Mass Communication Quarterly, 77*(4), 760–787.

Mills, J. (1993). The appeal of tragedy: An attitude interpretation. *Basic and Applied Social Psychology, 14*(3), 255–271.

Oliver, M.B. (1993). Exploring the paradox of the enjoyment of sad films. *Human Communication Research, 19*(3), 315–342.

Oliver, M. B. (2000). The respondent gender gap. In D. Zillmann & P. Vorderer (Eds.), *Media entertainment: The psychology of its appeal* (pp. 215–234). Mahwah, NJ: Lawrence Erlbaum Associates.

Oliver, M. B. (2003). Mood management and selective exposure. In J. Bryant, D. Roskos-Ewoldsen, & J. Cantor (Eds.), *Communication and emotion* (pp. 85–106). Mahwah, NJ: Lawrence Erlbaum Associates.

Pearlin, L.I. (1959). Social and personal stress and escape television viewing. *Public Opinion Quarterly, 23*(2), 255–259.

Roskos-Ewoldsen, D. R., Roskos-Ewoldsen, B., & Dillman Carpentier, F. (2002). Media priming: A synthesis. In J. Bryant & D. Zillmann (Eds), *Media effects: Advances in theory and research* (pp. 97–120). Mahwah, NJ: Lawrence Erlbaum Associates.

Rubin, A.M. (1984). Ritualized and instrumental television viewing. *Journal of Communication, 34*(3), 67–77.

Schmitz, B., Alsdorf, C., Sang, F., & Tasche, K. (1993). Der Einfluss psychologischer und familialer Rezipienten-merkmale auf die Fernsehmotivation [translation: The influences of individual and family-related characteristics on television viewing motivations]. *Rundfunk & Fernsehen, 41*(1), 5–19.

Schwarz, N., & Clore, G. L. (1996). Feelings and phenomenal experiences. In E. T. Higgins & A. W. Kruglanski (Eds.), *Social psychology: Handbook of basic principles* (pp. 433–465). New York: The Guilford Press.

Sparks, G. G., & Sparks, C. W. (2000). Violence, mayhem, and horror. In D. Zillmann & P. Vorderer (Eds.), *Media entertainment: The psychology of its appeal* (pp. 73–91). Mahwah, NJ: Lawrence Erlbaum Associates.

Tamborini, R. (2003). Enjoyment and social functions of horror. In J. Bryant, D. Roskos-Ewoldsen, & J. Cantor (Eds.),

Communication and emotion (pp. 417–443). Mahwah, NJ: Lawrence Erlbaum Associates.

Thayer, R.E. (1996). *The origin of everyday moods*. New York: Oxford University Press.

Trepte, S., Zapfe, S., & Sudhoff, W. (2001). Orientierung und Problembewa¨ltigung durch TV-Talkshows: Empirische Ergebnisse und Erklärungsansätze [translation: Orientation and coping through television talk shows]. *Zeitschrift fu¨r Medienpsychologie, 13*(2), 73–84.

Vorderer, P. (1996). Rezeptionsmotivation: Warum nutzen Rezipienten mediale Unterhaltungsangebote? [Media use motivation: Why do recipients choose entertainment content?] *Publizistik, 41*(3), 310–326.

Wakshlag, J., Vial, V., & Tamborini, R. (1983). Selecting crime drama and apprehension about crime. *Human Com- munication Research, 10*(2), 227–242.

Wills, T. A. (1981). Downward comparison principles in social psychology. *Psychological Bulletin, 90*, 245–271.

Wills, T. A. (1991). Similarity and self-esteem in downward comparison. In J. Suls & T. A. Wills (Eds.), *Social comparison. Contemporary theory and research* (pp. 51–78). Hillsdale, NJ: Lawrence Erlbaum Associates.

Wirth, W., & Schweiger, W. (1999). *Selektion im Internet* [translation: Selection on the Internet]. Opladen: West- deutscher Verlag.

Zillmann, D. (1985). The experimental exploration of gratifications from media entertainment. In K. E. Rosengren, L. A. Wenner, & P. Palmgreen (Eds.), *Media gratifications research: Current perspectives* (pp. 225–305). Beverly Hills/London/New Delhi: Sage.

Zillmann, D. (1988). Mood management through communication choices. *American Behavioral Scientist, 31*(3), 327–340.

Zillmann, D. (1994). Mechanisms of emotional involvement with drama. *Poetics, 23*, 33–51.

Zillmann, D. (1998a). The psychology of the appeal of portrayals of violence. In J. H. Goldstein (Ed.), *Why we watch: The attractions of violent entertainment* (pp. 179–211). New York: Oxford University Press.

Zillmann, D. (1998b). Does tragic drama have redeeming value? *Siegener Periodicum zur Internationalen Empirischen Literaturwissenschaft SPIEL, 17*(1), 4–14.

Zillmann, D. (2000a). Mood management in the context of selective exposure theory. In M. F. Roloff (Ed.), *Commu- nication yearbook 23* (pp. 103–123). Thousand Oaks, CA: Sage.

Zillmann, D. (2000b). Humor and comedy. In D. Zillmann & P. Vorderer (Eds.), *Media entertainment: The psychology of its appeal* (pp. 37–57). Mahwah, NJ: Lawrence Erlbaum Associates.

Zillmann, D., & Bryant, J. (1985). Affect, mood, and emotion as determinants of selective exposure. In D. Zillmann & J. Bryant (Eds.), *Selective exposure to communication* (pp. 157–190). Hillsdale, NJ: Lawrence Erlbaum Associates.

Zillmann, D., & Knobloch, S. (2001). Emotional reactions to narratives about the fortunes of personae in the news theater. *Poetics, 29*, 189–206.

Zillmann, D., Hezel, R.T., & Medoff, N.J., (1980). The effect of affective states on selective exposure to televised entertainment fare. *Journal of Applied Psychology, 10*, 323–339.

Zillmann, D., Weaver, J. B., Mundorf, N., & Aust, C. F. (1986). Effects of an opposite-gender companion's affect to horror on distress, delight, and attraction. *Journal of Personality and Social Psychology, 51*, 586–594.

Zuckerman, M. (1984). Sensation seeking: A comparative approach to a human trait. *The Behavioral and Brain Sciences, 7*, 413–471.

Zuckerman, M. (1991). *Psychobiology of personality*. Cambridge: Cambridge University Press.

第十五章 社会认同理论

萨宾·特雷普特

导 论

30岁左右的女性喜欢《欲望都市》，而男性则喜欢运动，年轻人看MTV，而年长的一代则偏爱《黄金女孩》(*Golden Girls*)（Cassata & Irwin, 2003）。从这方面来看，德国人、墨西哥人和韩国人有一个共同点：他们都喜欢本国制作的电视节目而非国际节目（Waisbord, 2004）。尽管可能是直觉，但收视率和份额清楚地表明，媒介消费者，无论其性别（Oliver, 2000; Oliver, Weaver & Sargent, 2000; Trepte, 2004）、年龄（Haarwood, 1999）、文化圈层（Greenberg & Atkin, 1982; Zillmann 等，1995）如何，都更喜欢那些涉及自身所属社会群体的娱乐，尤其是，他们会寻找偏向自己"内群体（in-group）"的娱乐活动，有时甚至会划出一条清晰的界限，将自己与"外群体（out-group）"的人区分开来。我们可以设想，社会认同影响了媒介娱乐的选择，因为人们正在创建自己的私人媒介档案来支持自我认同。而且，在信息接收过程中，社会认同的过程可能会发挥作用，并决定观看娱乐节目的效果。

社会认同理论（SIT）关注"个体中的群体"（Hogg & Abrams, 1988, p.3），并认为自我概念的一部分由我们所属的社会群体来定义。根据泰弗尔和特纳（Tajfel & Turner, 1979）的主张，人们将自己和他人归为不同的社会群体，并对这些类属进行评估。其中，成员资格，连同其被赋予的价值，被定义为社会认同。为了增强自尊，人们想要发展一种积极的社会认同，为此，他们会表现出各种不同的行为，在娱乐选择和接受的语境下，研究者也可以观察到这些行为。

在理解媒介使用的使用与满足路径中，人们发现，社会认同似乎一直可以作为与认同相关的满足理论的背景（Blumler, 1979）。布卢姆勒（Blumler, 1985, p.50）指出，"……很少有研究会注意到社会群体成员资格和隶属关系，无论这些资格和关系是正式的还是主观的。因此，观众在媒介上看到的、读过的或者听到的，都会加剧他们的担忧，从而维持和加强其社会认同"。然而，在接下来的二十年里，SIT的观点对认同过程的研究仅仅起到了非常肤浅的"启发"作用。也是从那个时候起，学者们才系统地开始了基于社会认同理论假设的研究（Harwood, 1999; Trepte, 2004; Zillmann等，1995）。因此，从它应用于媒介效果和娱乐研究的频次来看，它仍然属于一个相对较新的社会心理学理论。

本章将概述社会认同理论和社会分类理论（social categorization theory），并考虑它们在娱乐研究中的应用。首先，本章利用SIT来证明选择性接触可由群体成员身份来决定的说法，并在媒介依赖和第三人效应等模型的背景下证明身份认同的效果。此外，本章还用SIT来解释计算机中介传播过程。最后，本章将讨论娱乐研究中SIT的未来发展和研究议程。

社会认同理论

社会认同理论最初由泰弗尔（Tajfel, 1978, 1979）提出，后来泰弗尔和特纳（Turner, 1979）共同提出。它是一种试图借助群体过程来解释认知和行为的社会心理学理论。SIT假设我们作为社会认同过程的一部分，在群体内表现出各种"群体"行为，例如团结一致和对外部群体的歧视，目的是要实现积极的自尊和自我提升（Abrams & Hogg, 1988）。

对社会背景和群体的思考，激发了人们对SIT的研究（Tajfel & Turner, 1979）。泰弗尔（Tajfel, 1979）提出了"最小群体范式"，他指出，仅仅对一个或另一个群体进行分类，就可使人们对指定的外群体产生歧视，并对其内群体产生偏爱。早期实验中的群体缺乏面对面的交流，分类是随机的（Tajfel, Flament, Billig & Bundy, 1971），但即使是这些最低限度的条件，也导致了成员对内群体成员的偏袒和对外群体成员的歧视，他们试图最大化内群体和外群体的奖励差异，从而最大化自己的利益，而内群体利益对他们来说却没那么重要。

因此，与大多数其他社会心理学理论相比，社会认同理论并不是从考虑个体的假设开始，而是从涉及社会群体的假设出发的。一个社会群体由许多人组成，他们认为自己属于这个群体，并被他人称为这个群体中的一员（Tajfel & Turner, 1979, p.40）。成员间的互动可以发生，但这绝不是认为成员属于同一群体的前提。例如，足球俱乐部可以被视为一个社会群体，一个全部由妇女组成的组织也可以被视为一个社会群体。此外，要人们成为一个社会群体，其成员不必分享相互依赖的目标，也不必对同时存在的外部群体有相似的理解。泰弗尔（Tajfel, 1979）把认知成分、评价成分和情感成分组合在一起，构建了群体的定义，其中认知成分指的是对群体成员体系的了解，评价成分则指的是对群体成员的正面或负面评价，情感成分指的是与群体成员体系及其评价相关的正面或负面情绪。基于对社会群体的理解，泰弗尔提出了社会认同理论的四个基本原则：社会分类、社会比较、社会认同和自尊。下文将详细阐述这四个方面。但在此之前，我们将简要介绍作为SIT的进一步发展的自我分类理论（self-categorization theory）。

社会认同的进一步发展：自我分类理论

在许多学者的合作下，特别是泰弗尔的同事——特纳（Turner, 1987）后来提出自我分类理论后（概述见Turner, 1987, 1999; Turner & Onorato, 1999），社会认同理论得到了进一步发展。这两种理论都分享了社会认同的概念，但在自我分类理论（SCT）中，社会认同被看作人际行为向群体间行为转变的过程。SCT并没有将人际行为和群体间行为定义为一个连续体的两个端点，而是认为个人认同和社会认同代表了不同程度的自我分类。正是自我分类的不同层次的"相对"显著性，决定了行为表达个体差异或集体相似性的程度（Turner, 1999）。在某些情况下，甚至个人认同和社会认同都可能变得突出（Turner & Onorato, 1999）。

然而，在对媒介娱乐的研究中，很难划清社会认同理论（SIT）和社会分类理论之间的界限，因为学者们并没有试图"证明"这种或那种理论，而是探讨了这两种理论中出现的社会分类和社会认同过程。有一些学者特别提到了这两种理论（Mastro, 2003; Zillmann等，1995），但大多数学者提到了更一般的SIT，然后反思了SIT在SCT传统下的发展。自尊假说（Hogg & Abrams, 1990）、显著性概念（Oakes, 1987）和增强原则最初是由泰弗尔（Tajfel, 1978, 1979）提出的，但在特纳（Turner, 1987）的支持下得到了进一步发展。为了适应这一进程，本章将思考SIT中概述的社会认同原则，并补充SCT领域的理论发展。

社会分类

泰弗尔（Tajfel, 1979）指出，由于处理信息的能力降低，我们定义了编码和解码消息的类别和方案。与周围的其他实体相似，我们将人们分成不同的群体，以简化我们对世界的理解，并构建社会互动。例如，我们使用"朋克"或"溜冰者"等类别来描述那些具有相似的、特定的服装风格与习惯的群体，我们对属于某些社会类别的人有一定的期望、希望和恐惧。泰弗尔和特纳（Tajfel & Turner, 1979）总结道："在这里，社会分类是对社会环境进行分割、归类和排序的认知工具，从而使个人能够采取多种形式的社会行动。……他们创造并定义了个人在社会中的地位。"

基于群体分类，类别之间的差异（阶级间差异）被强调，同一类别内成员之间的差异（阶级内差异）被低估或限制。当分类显著、重要并与个体直接相关时，这种"增强原则"更为明显（关于增强原则的第一个理论观点，见Tajfel, 1959；关于增强原则的第一个实验，见Tajfel & Wilkes, 1963；另见Hogg & Abrams, 1988, p.20）。

如果社会类别由所有群体成员所共享的话，它们就扮演着"社会刻板印象"的角色，帮助理解、解释甚至合法化我们的行为（Tajfel, 1981）。此外，社会心理学中SIT学者的目标，就是要定义社会认同基本过程的后果与行为结果。自1969年泰弗尔发表文章《偏见的认知方面》以来，社会刻板印象就成了研究议程上的主要问题之一（Oakes, 1996）。它引发了应用社会心理学领域的大量研究（评论见Hamilton & Sherman, 1994; Oakes, Haslam & Turner, 1994）。

当然，我们也把自己分为某体育俱乐部、某电视剧的粉丝或某大学的成员。所有人都属于多种不同的群体，但这些群体在同一时间的重要性并不相同。在SIT中，泰弗尔（Tajfel, 1979）补充了最小群体的概念，即群体成员身份必须是"突出的（salient）"，才能在社会认同方面发起行为。尽管对于突显（salience）的研究有着悠久的传统，可以追溯到1947年费斯汀格（Festinger）的宗教认同思想，但那时并没有与SIT相一致的理论发展。奥克斯（Oakes, 1987）提出：突显意味着群体成员身份会影响感知和行为。这种"心理突显（psychological salience）"的概念与"刺激突显（stimulus salience）"不同，刺激突显可能是提醒群体成员的某种情景线索，起着心理突显的因果先例的作用（Oakes, 1987, p.118）。早期的突显概念提出，如果类别之间的差异是"清楚的"，那么群体成员关系更可能是突出的。相反，奥克斯（Oakes, 1987）认为，如果一个社会类别具有可及性，并且与现有信息最为适配，那么就会出现突显性。"可及性（accessibility）是某给定类别被激活时的相对'准备就绪（readiness）'；类别越容易访问，调用相关类别所需的输入就越少……（Oakes, 1987, p.127）"。可接入性取决于群体成员身份的相对中心性或重要性，以及其对一个人当前的情感或价值的意义。类别的适配性（The fit of a categorization）被称为可观察到的、人与预期的社会类别之间的相似性和差异性的关联程度（Oakes, Turner & Haslam, 1991）。因此，它是一种输入和类别规范之间的适合性。在可及性相近的条件下，类别会变得突出，以确保观察到的刺激（例如，一个有着易洛魁人发型的人）和预先定义的（刻板印象的）类别概念（例如，朋克）之间的最佳匹配。

社会比较

社会分类引发的第一种行为是社会比较。为了明确个人在社会中的地位，人们会对社会分类进行评价并与其他群体进行比较。SIT假设我们不仅对自己和他人进行分类，而且对群体进行评估。为了了解我们群体的优势或劣势，以及我们归属某个群体的理由有多合理、多充分，我们将自己所属的群体与其他群体的特征、成员、利益进行比较。这个概念是以费斯汀格（Festinger, 1954）的社会比较理论为基础的。费斯汀格认为，我们有必要将自己的观点和能力与他人进行比较，特别是在没有可参照的客观标准的情况下。

根据SIT，社会比较的目的是评估我们和他人所属的社会群体。社会比较通常发生在与自己所属群体相似的群体中，而且与构成我们群体的维度有关。另一群体的相似性和各种维度，作为跨群体（inter-group）比较赖以发生的地方，定义了跨群体比较的相关性。就我们赖以竞争的那些维度而言，其他群体与我们自己的"距离"越近，社会比较就越相关，我们就越"需要"比较，也越想要一个积极的结果，总之，社会比较的结果在很大程度上决定了我们的社会认同和自尊。

社会比较有三个前提（Tajfel & Turner, 1979, p.41）：第一，个人必须将自己的群体成员身份内化为自我概念的一部分，必须与其他内部成员有一致的认同；第二，必须有允许社会比较的情境；第三，外群体在相似性和接近性方面必须具有相关性（Hinkle & Brown, 1990）。

社会认同

泰弗尔将社会认同定义为"个人自我概念的一部分，这种自我概念来源于他对某一社会群体成员资格的了解以及该成员资格所附带的价值和情感意义"（Tajfel, 1978, p.63）。因此，社会认同是建立在内部群体和相关外部群体之间的或多或少的有利比较上的。

内群体通过区分与外群体在维度上的差异——其中内群体处于评价的积极一端，内群体获得了"积极的特殊性（positive distinctiveness）"——从而获得了相对积极的社会认同。个人的主要目标是达成积极的社会认同。积极的差异比较产生积极的社会认同，消极的差异比较产生消极的社会认同。

随着群体及其表现和地位的变化，社会比较不断发生，社会认同变得可协商。"类别来来去去（在20世纪中叶以前，没有像'计算机程序员'这样的职业类别），它们的定义，特征发生着变化（比如历史上对北美黑人刻板印象的修正），它们与其他类别的关系也在改变（性别之间的跨群体关系）。"（Hogg & Abrams, 1988, p.14）。因此，获得积极社会认同的动机始终存在并不断发展。

为达到积极的社会认同，泰弗尔和特纳（Tajfel & Turner, 1979）概念化了不同的信仰结构和相关策略。如果不能否定自己所在的群体的劣势，成员可能会离开，加入一个地位更高的群体。这种策略是基于"社会流动"的信念制定的，会受到以下几种成分的限制，比如察觉到的特征、群体的边界、反对的强度和群体的制裁。如果无法实现社会流动，或者必须避免与主导群体对抗的话，那么群体成员可能会坚持"社会变革"的信仰结构。这意味着他们采用诸如"社会竞争"或"社会创造力"等策略，与地位较低群体进行社会比较，是为了强调内群体在相关比较维度上的优势。社会创造力意味着得重新定义那些与低地位标准相关的价值观，意味着要去关注额外的比较维度，或者与不同的群体进行比较。有关策略和信仰结构的概述，请参见泰弗尔和特纳（Tajfel & Turner, 1979, p.42ff）、霍格和艾布拉姆斯（Hogg & Abrams, 1988, p.27）的论述。

自尊

社会认同理论提出了一个基本的个人自尊动机（Tajfel & Turner, 1979; Turner, 1982）。在泰弗尔（Tajfel, 1969）的早期作品中，他指出，积极的社会认同背后的动机是维护自我形象的完整性，后来，他假定其主要驱动力是要达到自我提升（Tajfel, 1972）。SIT正式的理论命题最终是将自尊作为跨群体行为背后的动机。这一观点源于社会比较理论（Festinger, 1954；见前文），意味着人们努力去确认自我定义的各个方面。就SIT而言，对积极自尊的需求是通过对自己所在群体的积极评价来获得满足的（Turner, Brown & Tajfel, 1979）。如果某一团体的成员资格对某个人的自我概念至关重要的话（例如，足球俱乐部成员资格对一个职业球员来说至关重要），那么社会比较应该导致正面的社会独特性并能增强自尊。

然而，在SIT中，自尊动机被认为是一个前提，并没有明确地融入社会认同过程。此外，人们仍然不清楚相关的经验状况，也未充分讨论认知（分类）和动机（自尊）结构合并的问题（Abrams & Hogg, 1988; Hogg & Abrams, 1990, p.32）。为此，霍格和艾布拉姆斯（Hogg & Abrams, 1988）阐述了这一问题并提出了"自尊假说"，该假说陈述了两个推论：第一，成功的跨群体歧视导致自尊的增加（自尊作为因变量）；第二，低自尊或受威胁的自尊导致了外群体歧视的增加（自尊作为自变量）。目前对这两个推论的研究都未能获得明确的支持。经过讨论，缺乏支持的几个原因大致有二（Abrams & Hogg, 1988; Hogg & Abrams, 1990）。比如，有人批评说，在大多数研究中，人们已经对自尊进行了全面测量，尽管SIT将自尊称为"持有特定自我形象的自尊"（Hogg & Abrams, 1990, p.38；另见Turner, 1982）。讨论过的另一个原因是，自尊可能是动机之一，但并不能总是当"那个"动机。应该存在其他相互竞争的需求，需通过跨群体的比较和积极的社会认同来满足（Hogg & Abrams, 1990），例如，自我认识或自我实现的一般动机。从这个意义上说，自尊是达成了更深的自我了解这一需要之后的结果，其他动机可能要通过自我分类来构建意义或达成一致性。此外，人们早先讨论过，展示出权力或控制力并达到自我效能感也是提升自尊的动机之一。在总结关于SIT中对自尊概念的研究时，霍格和艾布拉姆斯（Hogg & Abrams, 1990）指出，"虽然自尊显然起着重要的作用，但它可能只是不同形式群体行为的动机和影响之一，可能更基本的是，自尊只是自我评价动机的某种形式而已"（Hogg & Abrams, 1990, p.46）。

媒介效果和娱乐研究中的社会认同

在传播研究中，人们认为社会认同与早期的选择性接触有关（Blumler, 1979, 1985; McQuail, 2000）。然而，尽管早就有了这种认识，社会认同理论（SIT）在媒介心理学和娱乐研究中却一直被忽视。只有近十年中，根据其假设和方法论传统才有了一些经验研究。除了关于这一主题的经验数据外，有研究还开发了一些理论模型（Reid, Giles & Abrams, 2004; Trepte, 2004），这些模型概念化了媒介娱乐消费之前、中间和之后的社会认同过程。

在下面的章节中，我们将详细阐述SIT对娱乐心理的影响。通常来看，这一领域的研究和模型主要是针对社会认同如何决定媒介选择和媒介偏好的问题，和媒介如何影响社会认同的问题。以下各节将分别讨论这两个方面，另外，最后一节将讨论如何把SIT应用于计算机传播中的接收过程。

以社会认同为导向的媒介偏好

为了找出人们选择某些娱乐产品的原因，研究人员提出了各种各样的理论。就其理论范式背景而言，现在有一些截然不同的模型可以用来解释选择性接触（有关概述，请参见：Vorderer, Wulff & Friedrichsen, 1996; Zillmann & Bryant, 1985; Zillmann & Vorderer, 2000）。20世纪90年代末，人们把社会身份和社会认同理论添加到这些模式中来。SIT佐证了这一观点，即我们选择符合特定群体成员资格的娱乐，并将娱乐消费中的社会环境和个人动机联系起来。由于娱乐日益多元化且试图满足各种群体的需求，这一过程变得更加顺畅。特别是当今成功的娱乐节目，如选角节目（如《美国偶像》）、游戏节目（如《谁想成为百万富翁》）、脱口秀等，各种不同的社会背景，甚至是最罕见的社会群体类型，都获得了展示和讨论的机会（Trepte, 2005）。此外，数字录像机和数字电缆等技术发展简化了这一专业化过程（Harwood & Roy, 2005）。

特雷普特（Trepte, 2004，见图15.1）对社会认同对娱乐媒介偏好的影响进行了概念化。图中所示的过程可以位于媒介接收之前或媒介接收期间，前提是接收者会选择继续保留该节目或切换频道。该模式从娱乐内容的接收者做出选择开始（参见标有"媒介娱乐"的框）。例如，假设一位女士想在电视上选一个娱乐节目。她要么浏览频道，要么看电视指南上的简介。通过这种办法，她所属的某些社会类别（如年轻、都市、女性和单身）将会突显出来，因为有些节目（如《欲望都市》或《甜心俏佳人》）符合这些类别。对她来说，这些节目提供了一个机会，让她在内群体里"碰到"成员，并可以让自己与外群体的成员进行比较。鉴于有获得积极自尊和积极社会认同的动机，她有可能选择其中一个节目，因为该节目对她的内群体（单身女性）的表现方式相当有利。此外，这个节目提供的内容可能会体现出歧视外群体（如已婚妇女或男子），这是个颇有吸引力的结果，因此她会选择这个节目，实现其想要的积极独特性的目标。她的社会身份也因此将得到加强，因为在媒介接待期间，该节目对她的内群体的评价是积极的，这些类别的特色可能会被重新定义，随后的媒介选择也将受到这种体验的影响。

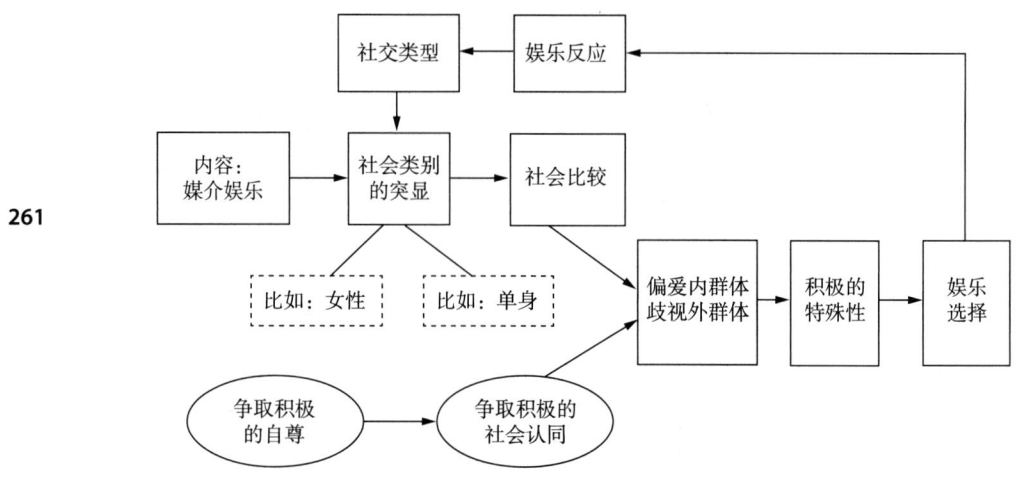

图15.1 媒介消费中的社会认同过程

该模型表明，改善一个人的社会身份和增强其自尊，可能是他进行媒介选择的动机之一。有人曾做过许多经验研究来求证群体成员身份是如何决定媒介选择的。研究人员对作为某些类别或团体成员的观众，针对其年龄（Harwood, 1997, 1999）、性别（Knobloch等，2005; Oliver, 2000; Oliver, Weaver & Sargent, 2000; Trepte, 2004）、文化、民族和民族背景（Zillmann等，1995; Mastro, 2003; Trepte, 2004）进行了专门讨论。此外，他们还对学校班级等机构化群体进行了调查（Tarrant, North & Hargreaves, 2001）。下文将概述考虑年龄、性别和文化类别的实证研究。

哈伍德（Harwood, 1997）采用内容分析法，根据所有角色的年龄，对虚构的黄金时段电视节目进行编码。根据尼尔森对这些节目的收视率整理结果，我们发现年轻人（0—20岁）、中年人（21—60岁）和老年人（60岁以上）更喜欢以自己年龄段的角色为主角的节目。在第二项研究中，哈伍德（Harwood, 1997）根据主角的年龄，操纵了他从电视指南中提取的简介，并要求学生们对他们可能选择观看该节目的频率进行打分。尽管他发现总体上参与者更喜欢具有相同年龄特征的节目，但参与者并没有按照预期的方向对所有节目进行评分。比如，所有的演出都以一对浪漫的情侣为关键因素，12场演出中只有6场取得了显著效果。其他的节目，如警察剧，即使他们以年轻人为主角，却不受年轻人欢迎。似乎对于年轻观众来说，如果考虑恋爱关系和浪漫因素，年龄认同尤其重要。在一项推论研究中，哈伍德（Harwood, 1999）试图复制这些结果。然而，年龄群体认同与以自己年龄段角色为主角的节目的偏好之间没有关联，只有年龄群体认同与年龄认同满足之间（例如，"我喜欢看自己年龄段的人"）才产生了微弱的关联。此外，自尊、年龄认同和观看行为之间的关系也相当弱。综上所述，从收视率和份额上可以观察到，观众倾向于自己年龄段的人物角色，但媒介选择本身并不完全由年龄认同演变而来的需求决定。为了支持基于尼尔森评级的结果，下一步，我们需要采用多个年龄组的研究。此外，这方面的研究实验涵盖的媒介选择不应仅仅基于一个简介，还要让学生实际观看到一个娱乐节目，如此研究才能具有较高的外部有效性。

在娱乐节目中，性别是拥有某群体成员资格最为重要的信号。"性别之战"一直是娱乐界最常谈论的话题之一。收视率和收视份额清楚地表明，女性，甚至小女孩都更喜欢以女性角色为特征的娱乐节目，而男性和男孩则更喜欢男性角色（Knobloch等，2005; Oliver, 2000）。此外，对某些内容的偏好因性别而异（Oliver, 2000; Oliver, Weaver & Sargent, 2000; Trepte, 2004），性别认同（Bem's Sex Role inventory, 1974）影响人们看多少"悲伤电影"，也影响他们如何评价"悲伤电影"（Oliver, 2000; Oliver, Weaver & Sargent, 2000）。

就社会认同理论而言，在各种娱乐节目中，男女之间划出的明显界限应会引发社会比较的过程。可以假设，由于性别分类的可接近性及其情感价值，它们很容易变得显著。此外，娱乐节目为两性提供了大量的社会比较材料，也为他们获得积极的社会认同提供了机会。对SIT和性别的研究（Trepte, 2004; Trepte & Kramer，正在准备中）证明了这一观点。特雷普特（Trepte, 2004）根据主人公的性别，对10部娱乐性电视剧的简介进行操纵。她表示，来自德国和美国的参与者显然更喜欢以自己性别的角色为特征的节目。这一结果可部分用于在英国和德国进行的实验（Trepte & Kramer，正在准备中）。在这两个国家，女性比男性更积极地评价具有女性特征的连续剧；但是，在男性观众中没有发现这种效果。在这两项研究中发生的一个有趣的副作用是，尽管可以人为控制显著性，但在评价一部娱乐性电视剧时，实验中的女性并没有受到该操作的影响。无论'性别'是否作为事先的暗示，她们对"女性连续剧"的评价都更为积极。这突出了性别的心理突显性，而这种心理突显容易影响态度和行为。尤其是女性，在许多国家的娱乐节目（Elasmar, Hasegawa & Brain, 1999）中，女性作为主角的比例仍然很小，她们非常清楚自己的性别，尽管她们选择娱乐节目来满足自己的需求，且观看电视时也更有选择性（Reid, Giles & Abrams, 2004）。

在社会认同理论领域，文化、国家和民族背景等其他类别已激发了大量研究（Hamilton & Sherman, 1994; Oakes, Haslam & Turner, 1994），后来有人把这些类别用于媒介效果中的社会认同研究。尽管它们是社会认同的关键变量，但也很难将它们从实证的角度上与娱乐联系起来。

齐尔曼等人（Zillmann等，1995）让非裔美国高中生和白人高中生观看流行摇滚、非政治说唱或激进政治说唱的音乐视频。他们认为非裔美国人可能会享受激进的政治说唱，因为这种说唱，相比其他类型的音乐，更能表达非裔美国人对权力的蔑视，也考虑了非裔美国表演者的种族性和主题问题，而且还表现了对压迫非裔美国人的权力机构的不满。作者假设白人不会欣赏这种类型音乐（Zillmann等，1995）。用SIT（社会认同理论）的话来讲，听众应更喜欢听有利于自己内群体的音乐。正如所料，相比摇滚乐，非裔美国学生更喜欢说唱，而白人喜欢摇滚乐甚于说唱。除了这些结果，"内群体音乐"对自尊、社会凝聚力或种族支持的影响没有满足研究者的预期。基于这个原因，他们认为，"说唱，尤其是激进的说唱，对非裔美国观众来说似乎是短暂的、易逝的快乐"（Zillmann等，1995, p.21），无法给他们提供积极的自尊。齐尔曼等人（Zillmann等，1995）评论说，和以前的所有听过的音乐或者每天听的歌曲相比，这个实验只反映了一个非常短暂的媒介体验。他们认为，媒介消费对自尊的某些影响可能落实已久，之后的短暂接触无法展示这种影响。

特雷普特（Trpter, 2004）开展了一项以国籍为导向的媒介选择的研究，研究重点是具有显著国籍区别（美国或德国）的电视剧是否会导致媒介偏好。实验中，研究人员告诉学生参与者们，这些电视剧有的是在德国制作的，有的是在美国制作的，研究人员要求，学生如果愿意观看这些连续剧的话，他们要对那些连续剧的简短描述是否有趣进行评分。结果显示，不同国家观众之间并没有什么区别。特雷普特等研究者们认为，美国人对"国际"制作的电视连续剧经验不足，美国公民很难对德国的节目是什么样子进行概念化。为了支持对这一结果的解释，研究人员在英国和德国观众之间做了同样的研究，因为英国观众更可能接触德国娱乐节目（Trepte & Kramer）。结果显示，德国人更喜欢德国而非英国制作的连续剧，但英国人会随意观看两个国家制作的连续剧。此外，如果人们有强烈的国家认同，则其选择不一定会受到预期方向的影响。特雷普特和克莱默认为，电视剧的类型可能不是一个适合比较的相关维度。与足球转播和其他体育节目不同，娱乐性电视剧可能不会引发不同国家人们之间的社会比较。从社会认同理论来看，如果要评价来自不同国家的电视剧的话，民族、文化等类别的心理显著性并不高。

马斯特罗（Mastro, 2003）探讨了族群内偏袒对媒介内容判断的影响。她假定白人的种族认同会降低他们为电影中拉丁裔人犯罪行为辩护的倾向。此外，她还假定，看到电视里拉丁裔人犯罪的白人观众，会比那些看到电视里白人犯罪的白人观众，显示出更高的自尊。为了验证其假设，马斯特罗（Mastro, 2003）进行了两项研究。首先，她让白人参与者阅读一部电视剧的剧本。其次，她向他们展示了一部警察类电视剧的节选，这部剧只在罪犯的种族/民族（race/ethnicity）上与剧本的不同。她把罪犯行为的正当性（通过"考虑到情况，罪行是正当的"等六项测量）和自尊（用罗森博格/Rosenberg自尊量表来测量，1991年）作为因变量，实验结果对这两个假设提供的支持都很有限：具有高度种族认同的白人为白人角色的犯罪行为辩护，但他们的种族认同与为拉丁裔人的犯罪行为辩护无关。不过，看剧本身确实对参与者的自尊有积极影响，电视剧中拉美人的犯罪行为确实增加了白人的自尊。

然而，这是唯一能显著证明媒介娱乐影响自尊的实验。在之前的研究中，学者们反复尝试寻找调节变量，以增加基于群体成员身份选择媒介娱乐的可能性。他们专门使用了自尊和群体认同的测量方法。然而，研究结果清楚表明，自尊和认同感都不能调节这种关系。如上所示，年轻人在有机会选择与年龄相关的节目后，没有表现出更高的自尊（Harwood, 1999）。选择具有自己性别特征的节目与性别自尊之间没有关系。同样的结果也出现在民族和文化的两个类别上：选择国产电视剧并不会提高自尊（Trepte & Kramer），某一民族的人发现某一外族的人在娱乐节目中受到歧视，自尊也不会提高（Mastro, 2003）。此外，即使聆听与自己族群相关，且能表达自身不满的音乐，也不能提高其自尊（Zillmann等，1995）。

自尊效应难以实现的原因可能是：在实验环境中，一次短暂的媒介娱乐接触很难操纵自尊。人们每天都会接触一些媒介娱乐，这些娱乐与实验环境提供的娱乐非常相似。因此，所有对自尊的影响都反映在参与者进入实验环境前的行为上。实验操作不太可能影响自尊的测量。此外，关于自尊假设的研究表明，社会比较的动机多达数种（Hogg & Abrams, 1990；见上文），媒介娱乐尤其如此，有研究已经表明：自我认识（self-knowledge）和自我实现（self-actualization）可能是促使观众进行媒介选择的动机（Trepte, 2005）。

同样，采用内群体的认同程度调节群体成员资格和媒介选择之间关系时，也只出现了有限的支持性证据。在众多研究中，学者们试图证明，对内群体的高度认同增强了群体成员资格与媒介选择的关系。例如，有研究就假定：对性别或年龄群体的高度认同，会加强观众所属的性别或年龄群体与他们所欣赏的具有自己性别或年龄特征的节目之间的关系（Harwood, 1999）。然而，无论是国家、文化、年龄还是性别，所有关于社会认同调节效应的假设都没有得到支持。这些结果与SIT的基础研究相一致。比如，汉克和布朗（Hinkle & Brown, 1990）引用了不同的实验，结果表明，积极社会认同的动力动机不会随着群体认同的提高而自动增加。

在媒介娱乐实验中，研究者们采用了性别、文化、年龄等心理突显度较高的社会类别。结果表明，比较的维度与群体相关，因为参与者有选择地选取了与内群体相关的媒介内容。也因此，缺乏群体的突显性，或与社会比较无关的维度，都不能成为解释结果的理由。不过，原因也可能在于媒介娱乐实验的性质。或许，与低度认同者相比的每一次社会比较里，高度认同者都没有表现出偏爱内群体，歧视外群体，但他们使用不同的方式和背景（setting）进行比较，则显示出他们有追求更高社会认同的动机。媒介娱乐可能只是允许社会比较的众多背景之一。进一步的研究应该比较不同环境下的社会比较驱动力，如工作、家庭和同龄人。

媒介娱乐对社会认同的影响

在一个娱乐产品多元化且为各类社会群体量身定制的世界里，追问它稳固、放松认同方面的作用是至关重要的。里德、吉尔斯和艾布拉姆斯（Reid, Giles & Abrams, 2004）

以及哈伍德和罗伊（Harwood & Roy, 2005）主要将媒介消费对社会流动、社会创造力和社会比较策略的影响，作为媒介消费的影响来讨论。他们认为，"媒介在维持现状的过程中起着因果关系作用（即充当社会停滞的力量），或者充当社会变革的生产者"（Reid, Giles & Abrams, 2004, p.20）。研究者里德、吉尔斯和艾布拉姆斯（Reid, Giles & Abrams, 2004）假设：媒介用户与媒介互动并形成认同，形成与某个群体的强联系；此外，形成对群体地位稳定的信念，形成群体边界的渗透性如何以及参与团队活力如何的感知。根据观众对这些变量概念的认知，它们可能会表现出社会流动性、社会创造力或社会竞争的策略，以创造一种积极的特殊性。如果群体认同度低，群体地位稳定合法，边界可渗透，内群体活力低，就有可能选择社会流动策略；而认同度较高，地位不太稳定，边界不可渗透，群体活力较高，选择社会竞争策略则成为可能。

这一模型背后最重要的理念是，人们不仅选择媒介来适配自己的认同，"传递"与认同相关的满足感，而且非常重要的是——媒介娱乐充当了群体及其合法地位的信息来源。然而，由于媒介内容受到金钱、权力和占主导地位的私人利益的影响和过滤，人们对群体、其边界和其影响的看法也受到了影响（Reid, Giles & Abrams, 2004, p.22）。

媒介如何影响群体间对外群体的态度和信念，这点已在媒介效应研究中得到证明（Bryant & Zillmann, 2002）。例如，体育赛事报道通常受到民族中心主义观点的影响，从而决定观众的民族情感（Horak, 2003）。对少数民族如拉美人或非裔美国人的刻板印象，他们的自我认知以及他们如何被他人感知，都可通过娱乐节目的影响而传播（有关概述，见Greenberg, Mastro & Brand, 2002）。阿姆斯特朗、纽恩多夫和布伦塔（Armstrong, Neuendorf & Brentar, 1992）表示，过多收看电视娱乐会导致人们误以为，从收入、社会阶层和教育程度来看，非裔美国人具有更高的社会经济地位；而过多收看电视新闻则会导致人们认为，与白人相比，非裔美国人的境况更糟。

同理，娱乐也可能影响个人对群体活力的看法。在电视上代表性不足的群体，如老年人和妇女（Elasmar, Hasegawa & Brain, 1999），可能会被认为她们的群体边界是不可渗透的，其地位是相当固定的。情况相反时也大抵如此：少数民族的媒介可能鼓励社会流动。同样，主流娱乐也能影响社会流动和社会变迁的信仰结构。例如，拉美国家的电视连续剧提供的穷人成为更高地位群体一员并获得资本主义象征的画面（Straubhaar, 1991）。研究表明，像《考斯比一家》或《芝麻街》这样的节目能够改善人们对不同种族间关系的看法（Harwood & Roy, 2005）。事实上，大量媒介效应研究都证实：娱乐圈中对刻板印象的描述影响了群体认同和群体活力。然而，这些研究并没有明确考虑社会认同的过程，也没有尝试应用社会认同理论。

除此之外，已有基于社会认同理论的研究从理论上解释了媒介效应。而基于社会认同理论、社会分类理论和第三人效应，杜克、霍格和特里（Duck, Hogg & Terry, 1999）等人也研究了社会认同对媒介劝服的影响。第三人效应意味着，人们通常认为负面媒介内容对他人的影响大于对自己的影响（Davison, 1983）。自我分类的显著性可以增强自我与内群体其他人之间的感知相似性，因此第三人效应将产生更强的影响。研究中，58名澳大利亚学生观看了11个显示艾滋病风险和影响的广告。结果显示，对学生社群有认同感的学生期望艾滋病广告对自己及他人有相同的影响。相比之下，对学生社团认同感低的学生认为广告对学生群体中的其他人有影响，但对他们自己没有影响。杜克、霍格和特里（Duck, Hogg & Terry, 1999）认为，只有在被社会接受的情况下，媒介的影响才会被承认。这意味着只有去认同有关的社会群体，人们才会接受该群体内的媒介信息。

莫顿与杜克（Morton & Duck, 2000）调查了男同性恋者的媒介使用、男同性恋者的社区认同以及男同对男同媒介信息的依赖。媒介依赖意味着，媒介效果会随受众对作为信息来源的媒介的依附程度，以及信息与他们预期的满意度相关程度而改变（Ball Rokache, 1985）。莫顿和杜克（Morton & Duck, 2000）认为，在社会认同理论方面，人们不仅按照群体成员的身份对自己的世界进行分类，而且还学会了内群体的刻板特征和规范，并在随后的行为中表现出这些规范。莫顿和杜克预计，同性恋团体成员会认为同性恋媒介的内容与他们的社会身份相关，并因此展示出对同性恋媒介性健康信息的最大依赖。此外，他们还假设，对同性恋媒介的依赖会对认同感高的个人的性安全态度产生影响。他们对76名男同性恋者的研究表明，认同同性恋群体对同性恋媒介依赖没有影响。但那些对同性恋媒介表现出更强烈依赖的认同者，对安全性行为有着十分积极的个人态度。因此，如果认同和媒介依赖相关，则在内群体媒介中传播的信息对群体成员有较强的影响；相反，那些对同性恋团体不太关心或不太认同的男同性恋者，即使他们对媒介的依赖度很高，也不会受到媒介信息的直接影响。

计算机中介传播中的社会认同

社会认同理论和社会分类理论已经应用于计算机辅助传播过程中。事实上，它们已经从根本上改变了这样一种信念：计算机中介传播必定会导致等级和权力的平衡以及反规范行为的产生。斯皮尔斯和利亚（Spears & Lea, 1994；另见Reicher, Spears & Postmes, 1995）提出了去个性化的社会认同模型（social identity model of de-individualization/SIDE）。他们将自己的框架建立在社会认同理论基础上，认为"这个框架能够解释计算机中介传播系统中解放性的、压制性的潜力，并预测每一种潜力何时，以及为何会出现"（Spears & Lea, 1994, p.427）。

"去个性化的社会认同（SIDE）"模型的主要思想是，在计算机中介传播期间，匿名用户的私人或社会认同可以或多或少地突显出来。当某一社会认同变得突出，并且此人认同这个群体时，他/她对某一内化的群体规范的遵从性就会很强。研究者认为，与面对面交流相比，匿名的"计算机中介传播（CMC）"过程中，规范性甚至刻板印象的影响更为突出，因为人们无法确定其他用户的个人特征。相反，当个人身份显著时，计算机中介传播中的去个性化增加并激活了个人规范。在2×2实验中，斯皮尔斯、利亚和李（Spears, Lea & Lee, 1990）操控了个人或社会身份的显著性，并根据匿名性和去个性化设置了不同的固定场景。在去个性化条件下，位于不同房间的与会者通过计算机中介传播的方式讨论了诸如核电站或政府为剧院提供补贴等议题。在个性化条件下，受试者在同一个房间里，被要求不要相互交谈，而是在网上讨论相同的话题。讨论结束后，研究人员询问参与者对这些问题的态度。研究结果显示了一种互动效应：与被称为个体的参与者相比，沉浸在某一群体中的去个体化的参与者，在预先建立的某一群体规范的方向上，产生了更大的两极分化。此外，与个体化群体条件相比，去个体化条件对规范的影响更大。在个体化条件下，具有显著社会认同和个人认同的主体之间没有差异。因此，我们可以总结出，在匿名和去个性化条件下，人们越是沉浸在群体中，越有可能遵循群体规范。相比之下，具有突出个人身份的人，如果发现自己处于一个匿名的计算机中介传播环境中，则最不可能遵守群体规范。

"去个性化的社会认同（SIDE）"模型为计算机中介传播娱乐建立了多种应用，如聊天室、在线电脑游戏和粉丝论坛等。然而，能证明SIDE模型对娱乐应用有影响的研究非常少。乌兹（Utz, 1999）研究了一种名为"多用户地下城（multiuser-dungeons/MUDs）"的游戏，研究发现，人们在游戏中见面实际上是为了玩（基于文本的）幻想游戏。乌兹假设参加MUDs的人一般都对幻想游戏和角色扮演感兴趣，希望能遇到同伴。因此，当玩家进入社区时，他们的社会身份应该是显著的。在一项对206名德国"多用户地下城（MUDs）"玩家的调查中，乌兹（Utz, 1999）发现，在现实生活中，互不认识的MUDs新手对这一群体的认同更强烈，而且，新手一般会高估这个群体的同质性。

虚拟群体很可能在网络上被发明出来，并创造出与在线下一样的社会认同过程。此外，SIDE模型可以解释CMC所表现出的社会影响。由于人们先前一直强调CMC的匿名和暴力是一种危险（Kiesler, Siegel & McGuire, 1984），因此这一领域的研究尤其有前途：SIDE模型提供了一种方法，可以让在线游戏玩家理解匿名社团的意义。

社会认同与娱乐：一个研究议程

本章所示的社会认同在娱乐研究中是一个发展中的领域，旨在解释基于群体成员的选择性接触，了解娱乐对认同相关问题的影响，并跟踪计算机中介传播（CMC）过程。尽管社会认同理论（SIT）最近才应用于媒介和传播研究领域，但有证据显示，它们可以解释媒介使用与效果的某些方面。不过，在将SIT应用于娱乐研究的过程中，也存在一些不足之处，而且，并不是所有使用该理论的可能性都被采用了。就此而言，先前关于SIT和娱乐的研究和理论表明，应该把三个主要问题列入未来研究议程。

首先，在社会认同理论中找出更多的动机变量似乎至关重要。是什么驱使人们依照社会类别来选择娱乐的呢，是自尊、自我实现，还是自我认识？社会认同扮演什么角色？尤其是在娱乐接触方面，动机变量在理论和经验方面的含义尚未被充分研究。本章所展示的以往研究，已经迈出了第一步。研究表明，群体成员身份与某些类型的娱乐偏好有关，例如年轻人喜欢以自己年龄段的人为主角的节目（Harwood, 1997），女性喜欢以女性为主角的系列节目（Trepte, 2004）。第二步将详细阐述激励这种行为的心理过程。

与此问题密切相关的是，社会比较并没有完全融入对SIT和娱乐的经验研究中，没有看到参与者与他们的外群体进行实际比较的实验，所有的研究都是基于对内群体和外群体的评估。我们需要更多的研究来追问社会比较的细节：或在处理媒介输入的情况下观察它，或设计出超越单纯评价的实验，抑或设计出暗含群体内偏向的相关操作。只要我们没有采取第二步，即扩大对SIT的心理与动机变量的理解，我们仅能确证："基于电视内容选择结果的认同，有可能无法反映SIT中传统的社会比较/自尊的联系，反映的只是一种更基本的团结/归属效应。"（Harwood, 1999, p.130）

其次，在以往关于SIT和娱乐的研究中，研究者使用了心理显著性特别高的社会类别，如性别、文化或民族背景等。然而，这些研究比较的维度似乎并不那么相关。来自不同国家的人们是否在"娱乐电视剧质量"等维度上进行了自我比较？可能会有观众对电视娱乐非常感兴趣，他们可能会认为这是一个相关的方面，但是常规的收看者可能不会认同这个观点。因此，为创造合理的效果，我们应该选择对受众有实际意义的比较维度。国际歌唱大赛类节目《世界偶像》汇聚了《美国偶像》（美国）、《德国寻找超级明星》（德国）、《流行偶像》（英国）和其他9个国家节目的获奖者。《世界偶像》在几乎所有欧洲国家都非常成功。然而，和那些不知名的、十几岁的业余歌手做比较，并不能定义这个节目的成功，相反，它的成功可能要归功于这些来自十多个国家的节目本身非常受欢迎。可以认为，本次娱乐活动的国际观众在《世界偶像》播出前就认识了自己国家的歌手。因此，由于之前的媒介经验，观众已经了解了比较的维度。

娱乐业另一个相关的比较维度是体育节目，它深深植根于许多观众的媒介体验中。在娱乐研究中，有很多关于体育的应用的内容。看体育比赛可能有助于形成积极或消极的社会认同感。在体育赛事中，除国籍外，还涉及其他类别，如地区、俱乐部、年龄或性别。因此，在进一步的实验中，应该考虑到娱乐媒介和相关受众的比较维度。

最后，在SIT研究领域，人们普遍忽视了媒介娱乐对少数民族的影响，这将是一个非常有前途的领域。里德、吉尔斯和艾布拉姆斯（Reid, Giles & Abrams, 2004）在《媒介使用和效果的社会认同模型》一文中讨论了这个问题。如今，少数群体比以往任何时候都有更多的机会找到他们的娱乐平台，因为各种媒介，特别是电视和互联网正在多元化发展（Greenberg, Mastro & Brand, 2002）。但与此同时，某些群体在主流媒介中的代表性不足（underrepresented）。这些群体有的是相当大的社会群体，如老一辈或妇女群体（Elasmar, Hasegawa & Brain, 1999），但也有少数群体，如同性恋者或非裔美国人（Greenberg & Atkins, 1982）。一些群体在主流娱乐中的代表性不足可能会产生一系列影响。媒介素养稍高的受众可能会在利基媒介（niche media）中找到他们的个人娱乐，并体验到积极的社会认同，因为他们能够找到反映他们对自己所属群体理解的娱乐，不歧视他们。相比之下，有些受众无法进入属于他们的少数族裔媒介，而不得不广泛依赖于主流媒介的产品。这些群体及其认同可能会受到"数字鸿沟"的强烈影响。我们需要通过进一步研究来查明，媒介娱乐如何影响与认同有关的行为，以及娱乐制作人和政府机构实际上可以做些什么，来增强少数群体和那些在媒介中代表性不足群体的积极认同。

参考文献

Abrams, D., & Hogg, M. A. (1988). Comments on the motivational status of self-esteem in social identity and inter-group discrimination. *European Journal of Social Psychology, 18*, 317–334.

Armstrong, B., Neuendorf, K. A., & Brentar, J. E. (2001). TV entertainment, news, and racial perceptions of college students. *Journal of Communication, 42*(3), 152–176.

Ball-Rokeach, S. J. (1985). The origins of individual media-system dependency: A social framework. *Communication Research, 12*(4), 485–510.

Bem, S. L. (1974). The measurement of psychological androgyny. *Journal of Consulting Clinical Psychology, 42*(2), 155–162.

Blumler, J. G. (1979). The role of theory in uses and gratifications studies. *Communication Research, 6*, 9–36.

Blumler, J. G. (1985): The Social Character of Media Gratifications. In K. Rosengren, Wenner, L. & Palmgren, P. (Eds.), *Media Gratifications Research. Current Perspectives* (pp. 41–60). Beverly Hills.

Bryant, J., & Zillmann, D. (Eds.). (2002). *Media Effects. Advances in Theory and Research*. Mahwah, NJ: Lawrence Erlbaum Associates.

Cassata, M. & Irwin, B. (2003). *Going for the Gold: The Golden Girls are a hit!* http://www.medialit.org/reading room/article411.html [25.08.2004]

Davison, W. P. (1983). The third-person effect in communication. *Public Opinion Quarterly, 47*, 1–15.

Duck, J. M., Hogg, M. A., & Terry, D. J. (1999). Social Identity and perceptions of media persuasion: Are we always less influenced than others? *Journal of Applied Social Pyscholgy, 29*(9), 1879–1899.

Elasmar, M., Hasegawa, K., & Brain, M. (1999). The portrayal of women in US prime time television. *Journal of Broadcasting & Electronic Media, 43*, 20–34.

Festinger, L. (1954). A theory of social comparison process. *Human Relations, 7*, 117–140.

Greenberg, B. S., & Atkin, C. (1982). Learning about minorities from television: A research agenda. In G. Berry & C. Mitchell-Kernan (Eds.), *Television and the socialization of the minority child* (pp. 251–243). New York: Academic Press.

Greenberg, B. S., Mastro, D., & Brand, J. E. (2002). Minorities and the mass media: television into the 21st century. In J. Bryant & D. Zillmann (Eds.), *Media effects: Advances in theory and research* (pp. 333–352). Mahwah, NJ: Lawrence Erlbaum Associates.

Harwood, J. (1997). Viewing age: Lifespan Identity and television viewing choices. *Journal of Braodcasting and Electronic Media, 41*, 203–213.

Harwood, J. (1999). Age identification, social identity gratifications, and television viewing. *Journal of Broadcasting & Electronic Media, 43*(1), 123–136.

Harwood, J., & Roy, A. (2005). Social identity theory and mass communication research. In J. Harwood, & H. Giles (Eds.), *Inter group communication: Multiple perspectives* (pp. 189–212). New York: Peter Lang.

Hamilton, D. L., & Sherman, J. W. (1994). Stereotypes. In R. S. Wyer & T. K. Srull (Eds.), *Handbook of social cognition* (2nd ed., pp. 1–68). Hillsdale, NJ: Erlbaum Associates.

Hinkle, S., & Brown, R. (1990). Inter-group comparisons and social identity: Some links and lacune. In D. Abrams & M. A. Hogg (Eds.), *Social Identity Theory: Constructive and critical advances* (pp. 48–70). New York: Harvester Wheatsheaf.

Hogg, M. A., & Abrams, D. (1988). *Social identifications. A social psychology of inter-group relations and group processes*. London: Routledge.

Hogg, M. A., & Abrams, D. (1990). Social motivation, self-esteem and social identity. In D. Abrams & M. A. Hogg (Eds.), *Social Identity Theory: Constructive and critical advances* (pp. 28–47). New York: Harvester Wheatsheaf.

Horak, R. (2003). Sport space and national identity. *American Behavioral Scientist, 46*, 1506–1518.

Keillor, B. D. & Hult, G. T. M. (1999). A five country study of national identity. Implications for international marketing research and practice. *International Marketing Review, 16*(1), 65–82.

Kiesler, S., Siegel, J., & McGuire, T. W. (1984). Social psychological aspects of computer-mediated communication. *American Psychologist, 39*, 1123–1134.

Knobloch, S., Callison, C., Chen, L., Fritzsche, A., & Zillmann, D. (2005). Children's sex-stereotyped self-socialization through selective exposure to entertainment fare: cross cultural experiments in Germany, China, and the United States. *Journal of Communication, 55*(1), 122–138.

Mares, M. L., & Cantor, J. (1992). Elderly Viewers Responses to televised portrayals of old age. Empathy and Mood Management versus Social Comparison. *Communication Research, 19*(4), 459–478.

Mastro, D. E. (2003). A social identity approach to understanding the impact of television messages. *Communication Monographs, 70*(2), 98–113.

McQuail, D. (2000). *McQuail's mass communication theory* (4th ed.). London: Sage.

Morton, T. A., & Duck, J. M. (2000). Social Identity and media dependency in the gay community. The prediction of safe sex attitudes. *Communication Research, 27*(4), 438–460.

Oakes, P. (1987). The salience of social categories. In J. C. Turner (Ed.), *Rediscovering the social group: A self- categorization theory* (pp. 117–141). Oxford: Basil Blackwell.

Oakes, P. J. (1996). The categorization process: Cognition and the group in the social psychology of stereotyping. In W. P. Robinson (Ed.), *Social groups and identities: Developing the legacy of Henri Tajfel* (pp. 95–120). Oxford: Butterworth-Heinemann.

Oakes, P. J., Haslam, A., & Turner, J. C. (1994). *Stereotyping and social reality*. Oxford: Blackwell.

Oakes, P. J., Turner, J. C., & Haslam, A. (1991). Perceiving people as group members: The role of fit in the salience of social categorizations. *British Journal of Social Psychology, 30*, 127–144.

Oliver, M. B. (2000). The respondent gender gap. In D. Zillmann & P. Vorderer (Eds.), *Media entertainment. The psychology of its appeal* (pp. 215–234). Mahwah, NJ: Lawrence Erlbaum Associates.

Oliver, M. B., Weaver, J. B. & Sargent, L. (2000). An examination of factors related to sex differences in enjoyment of sad films. *Journal of Broadcasting & Electronic Media, 44*(2), 282–300.

Reicher, S. D., Spears, R., & Postmes, T. (1995). A social identity model of deindividuation phenomena. In W. Stroebe & M. Hewstone (Eds.), *European reviews of social psychology* (vol. 6, pp. 161–197). Chichester: Wiley.

Reid, S. A., Giles, H., & Abrams, J. R. (2004). A social identity model of media usage and effects. *Zeitschrift für Medienpsychologie, 16*(1), 17–25.

Rosenberg, M. (1991). The self-esteem scale. In J. Robinson, P. Shaver, & L. Wrightsman (Eds.), *Measures of personality and social psychological attitudes* (pp. 121–123). San Diego, CA: Academic Press.

Spears, R., & Lea, M. (1994). Panacea or panopticum? The hidden power in computer-mediated communication. *Communication Research, 21*(4), 427–459.

Spears, R., Lea, M., & Lee, S. (1990). De-individuation and group polarization in computer-mediated communication. *British Journal of Social Psychology, 29*, 121–134.

Straubhaar, J. D. (1991). Beyond media imperialism: Assymetrical interdependence and cultural proximity. *Critical Studies in Mass Communication, 8*, 39–59.

Tajfel, H. (1959). The anchoring effects of value in a scale of judgements. *British Journal of Psychology, 50*, 294–304.

Tajfel, H. (1969). Cognitive aspects of prejudice. *Journal of Social Issues, 25*, 79–97.

Tajfel, H. (1972). Social categorisation. In S. Moscovici (Ed.), *Introduction à la Psychologie Sociale* (Vol. 1). Paris: Larousse.

Tajfel, H. (1978). *Differentiation between social groups*. London: Academic Press.

Tajfel, H. (1979). Individuals and groups in social psychology. *British Journal of Social and Clinical Psychology, 18*, 183–190.

Tajfel, H. (1981). *Human groups and social categories*. Cambridge: University Press.

Tajfel, H., & Turner, J. (1979). An integrative theory of inter-group conflict. In J. A. Williams & S. Worchel (Eds.), *The social psychology of inter-group relations* (pp. 33–47). Belmont, CA: Wadsworth.

Tajfel, H., Flament, C., Billig, M. G., & Bundy, R. F. (1971). Social categorization and inter-group behavior. *European Journal of Social Psychology, 1*, 149–178.

Tajfel, H., & Wilkes, A. L. (1963). Classification and quantitative judgement. *British Journal of Psychology, 54*, 101–114.

Tarrant, M., North, A. C., & Hargreaves, D. J. (2001). Social categorization, self-esteem, and the estimated musical preferences of male adolescents. *The Journal of Social Psychology, 141*(5), 565–581.

Trepte, S. (2004). Soziale Identität und Medienwahl. Eine binationale Studie zum Einfluss von Gender-Identität und nationaler Identität auf die Auswahl unterhaltender Medieninhalte [Social identity and media choices. The influence of gender identity and national identity on selective exposure]. *Medien & Kommunikationswissenschaft, 52*(2), 230–249.

Trepte, S. (2005). Daily Talk as Self-Realization. An empirical study on lay participation in daily talk shows. *Media Psychology, 7*(2), 165–189.

Trepte, S., & Krämer, N. (in preparation). Expanding social identity theory to research in media effects.

Turner, J. C. (1982). Toward a cognitive redefinition of the social group. In H. Tajfel (Ed.), *Social identity and inter-group relations* (pp. 15–40). Cambridge: Cambridge University Press.

Turner, J. C. (Ed.). (1987). *Rediscovering the social group: A self-categorization theory*. Oxford: Basil Blackwell.

Turner, J. C. (1999). Some current issues in research on social identity and self-categoization theories. In N. Ellemers, R. Spears, & B. Dossje (Eds.), *Social identity: Context, commitment, content* (pp. 6–34). Oxford: Blackwell Publishers.

Turner, J. C., Brown, D., & Tajfel, H. (1979). Social comparison and group interest in in-group favouritism. *European Journal of Social Psychology, 9*, 187–204.

Turner, J. C., & Onorato, R. S. (1999). Social identity, personality, and the self-concept: A self-categorization perspec- tive. In T. R. Tyler, R. M. Kramer, & O. P. John (Eds.), *The psychology of the social self* (pp. 11–46). Mahwah, NJ: Lawrence Erlbaum Associates.

Utz, S. (1999). *Soziale Identifikation mit virtuellen Gemeinschaften—Bedingungen und Konsequenzen*. [Social iden- tification with virtual communities—antecedents and consequences] Lengerich: Pabst.

Utz, S. (2002). Interaktion und Identitaˆt in virtuellen Gemeinschaften.[Interaction and identity in virtual communities] In B. Bente, N. C. Kra¨mer, & A. Petersen (Eds.), *Virtuelle Realita´ten* (pp. 159–180). [Virtual realities]. Ga¨ttingen: Hogrefe.

Vorderer, P., Wulff, H. J., & Friedrichsen, M. (Eds.). (1996). *Suspense. Conceptualizations, theoretical analyses, and empirical explorations*. Mahwah, NJ: Erlbaum.

Waisbord, S. (2004). McTV: Understanding the global popularity of television formats. *Television and New Media, 5*(4), 359–383.

Zillmann, D. (1988). Mood management: Using entertainment to full advantage. In L. Donohew, H. E. Sypher, & E. T. Higgins (Eds.), *Communication, social cognition, and affect* (pp. 147–171). Hillsdale, NJ: Lawrence Erlbaum.

Zillmann, D., Aust, C. F., Hoffman, K. D., Love, C. L., Ordman, V. L., Pope, J. T., Seigler, P. D., & Gibson, R. (1995). Radical Rap: Does it further ethnic division? *Basic and Applied Social Psychology, 16*(1&2), 1–25.

Zillmann, D., & Bryant, J. (Eds.). (1985). *Selective exposure to communication*. Hillsdale, NJ: Lawrence Erlbaum Associates.

Zillmann, D., & Vorderer, P. (Eds.). (2000). *Media entertainment. The psychology of its appeal*. Mahwah, NJ: Lawrence Erlbaum Associates.

第十六章　娱乐中的公平与正义

曼弗雷德·施密特

于尔根·马斯

惊喜、悬念、即时情感投入和愉悦感是娱乐活动的最重要组成部分，这里的娱乐活动包括阅读小说、看电影或玩游戏（Bryant, Roskos-Ewoldsen, & Cantor, 2003; Zillmann & Vorderer, 2000）等。这些活动如果能符合行动者的价值观和满足他们的需求，就是令人愉快的。本章关注的重点是理论中与娱乐相关的价值和需要，包括亚里士多德戏剧理论（诗学）、倾向理论（Zillmann, 2000; Zillmann & Bryant, 1975）、道德约束理论（Raney & Bryant, 2002）和结构情感理论（structural affect theory）（Brewer & Lichtenstein, 1982），即正义。

对正义的需求

勒纳（Lerner, 1980a）在一系列实验研究（Lerner & Miller, 1978; Lerner, Miller, & Holmes, 1976）中提出并证明，人们渴望生活在一个公正的世界，一个天道酬勤、邪不压正的世界。这种渴望激励人们相信存在一个公正的世界，因为忠于正义会赋予世人一种安全感、控制感和信任感。个体、团体和机构可以基于正义而互动的世界是安全的、可预测的。在这样的世界里：公平原则使人们能够预测、控制自己和他人行为的后果，即知道何种行为会得到奖励、何种行为会受到惩罚，人们可以通过遵守规则，最大限度地提高正面效果，最大限度地减少负面效果。而且，人们也会因相信其他人会遵守规则而感到安全。

相信有一个公正世界对幸福感有着积极影响，因为它的含义——安全、控制和信任——是心理健康的核心组成部分（Bandura, 1977; Rotter, 1980; Seligman, 1975）。最近的几项研究表明，对正义的信仰是一种个人资源，它降低了人们面对关键生活事件的脆弱性，并超过了如外向、神经质和乐观等其他因素，有助于人们形成幸福感和满足感

（Dalbert, 2001）。对工作满意度和缺勤的研究也符合勒纳正义建构的需要，许多组织心理学研究也揭示了所谓的公平过程效应：工作场所的公平待遇对工作满意度有着积极影响，减少了员工请病假的次数（如，Schmitt & Dörfel, 1999）。

除了作为一种个人资源，对正义的信仰是群体和社会成功运作的基本前提。如果社会成员不相信他们同胞的道德操守，就不会相信社会契约的可靠性。此外，如果公民对机构、当局和政治领导人的正直性失去信心，他们的国家认同就会减少（Tyler & Smith, 1998）。事实上，失语症（anomia）是不相信正义的最终后果（Arts, Hermkens, & van Wijck, 1995）。最后不得不提的是，人们对正义的需求可以降低社会控制的必要性，通过让群体成员遵守社会规范和契约，可以释放群体用于提高生产力的资源。来自组织心理学的研究再次直接支持了这一假设（Tyler, 1986）。有研究发现，如果上级或同事违反了公正原则，该组织的公民行为会减少，同时，诸如偷窃、旷工、恶意八卦和破坏等反公民行为则会增加（如，Skarlicki & Folger, 1997）。

勒纳（Lerner, 1977）对这种影响的解释是皮亚杰（Piaget, 1932）道德发展理论的后续。勒纳认为，道德自治和自我控制的基础有二：一是延迟满足的能力，二是相信理想的结局取决于适当的行为。当这两种属性出现在发展和社会化的过程中时，儿童开始形成自己的个人契约（personal contracts）观。他们以道德的行为来换取理想的结果：比如同行认可或学术上的成功。对公平世界的信仰似乎是两种概括的结果。儿童的归纳概括也有两种，一是从具体的契约到抽象的原则，二是从自己的推理和行为到他人的逻辑和行为。

应对正义信念威胁

当然，我们都知道，世界并不（总是）公正，或者至少没我们希望的那么公正。俗话说：烂事一堆。瞥一眼报纸的头版或快速扫一眼新闻频道就足以证明这一点。我们每个人都可以轻而易举地想起自己曾遭受的不公平待遇（Mikula, Petri, & Tanzer, 1990; Scherer, Wallbott, & Summerfield, 1986）；每个人都可以说出自己的某个朋友、亲戚或者同事，最近抱怨在工作或私人关系中受到虐待或背叛。从理性角度看，我们必须承认，不公平的事情无处不在。这种理性的认识意味着我们追求正义的欲望正在受到威胁。那么我们如何应对这种威胁？

勒纳描述了人们用来捍卫或恢复他们对正义的信仰的几种策略。帮助无辜的受害者，并惩罚加害者是直接且有吸引力的策略，因为它们不仅确认了对正义的信念，而且给旁观者一种权力和功效感。不幸的是，直接干预往往很难实现或代价高昂。这也就导致了人们采用不那么高尚的策略。他们会重新阐释形势，以使之看起来公正些，或至少不让它第一眼看起来就不公正。他们责怪受害者的不幸，使其看起来罪有应得（Maes,

1994; Ryan, 1971）。他们通过古老的原则推断好人应该得到好报，坏人应该得到恶报来贬低受害者（Heider, 1958）。旁观者将责任或不良品行归咎于受害者，以此摆脱帮助的义务（Lerner & Simmons, 1966; Montada & Schneider, 1989）。第四种则是采用时间视角转变的策略，其中，旁观者可能会承认不公正确实存在，但他们会同时假设受害者最终将得到赔偿，犯罪者将受到惩罚的结局（Maes, 1998）。以上策略加上其他机制，解释了人们为何即使面对大量的反证，还能坚持他们的正义信念。

在最近的著作中，勒纳（Lerner, 2003）对正义信念的持续性和正义动机的力量给出了另一种解释。勒纳认为，与其他两个过程理论（Devine, 1989; Strack & Deutsch, 2004）一致的是：个人通过两个截然不同的系统来处理与正义相关的信息，这两个系统同时运作，但往往又是独立运作的。在受控信息处理模式下，人们对输入的信息进行明确阐述和合理分析。当面对明显的不公正时，他们承认发生了不公正的事件，表示关切并思考恢复公正的方法。如果他们不能找到一种合理的方式来恢复正义，那么对这种情况的辩护和其他防御逻辑，将在个人所能达到的最高智力水平上发生。相比之下，在自动或隐含模式下，人们只是示意性地处理与正义有关的信息，这是无意识行为。直觉冲动的范围包括帮助受害者、攻击犯罪者以及激活防御机制，比如回避受害者等。

内隐、外显的正义动机与信念的区别，对含有正义主题的娱乐有重要影响，这是正确的。对正义的内隐和外显的信念往往是分离的（dissociated）。对正义抱有信念是天真和错误的，勒纳（Lerner, 1980）认为，大多数成年人认为这与公平世界量表的反应的偏态分布是一致的（Schmitt, 1998）。然而，尽管他们从理性而言不相信正义，但在行为表现上似乎把世界当作一个公正的世界。他们继续订立个人契约（比如用美德换取幸福），信任社会契约，对长期目标进行投资。根据勒纳（Lerner, 1980）的观点，这种情况会发生：（1）人们即使明确地承认不公正，也会含蓄地否认不公正；以及（2）不公正的经历并没有消灭正义的动机，相反，不公正的经历增加了人们对正义的渴望。人们含蓄地这样做，因为他们依然想（wanting）去相信存在一个公正的世界，而理性地承认不公正并不能阻止其假装世界好像是公正的。

作为媒介快乐因素之一的正义：
基于案例研究中内容分析的非系统性证据与一般假设

正义是一种核心需求，正义主题吸引了人们的注意力，并具有产生情感和悬念的巨大潜力（Mikula, Scherer, & Athenstaedt, 1998; Montada, 1993; Zillmann, 2003）。人们对正义的渴望使得人们更喜欢那些肯定正义的信息，而非怀疑正义的信息（Lerner, 1980）。因此，那些对公正行为的奖赏与对不公正行为的惩罚之间的偶发性事件，在本质上是令人满意的（Brewer, 1985; Raney & Bryant, 2002; Zillmann, 2000）。基于正义动机理论及其相应的实证观察，我们可以预期：（1）正义是许多文学和电影体裁中经常出现的议题；（2）对正义需求的唤起和随后的满足是一种强大的娱乐工具，将经常被各种各样的媒介使用；（3）即使观众没有意识到正义是一个议题，这种机制也是有效的。

事实上，对童话、小说和各种电影类型的内容分析与这些设想是一致的（Chatman, 1978; Friedman, 1975）。鲁宾和佩普劳（Rubin & Peplau, 1973）是首次将童话与正义动机的发展联系起来的人。他们观察到，正如前人一样，大多数童话故事都被归结为传递一个简单的信息：善胜恶败。鲁宾和佩普劳认为，这一信息在孩子理解、渴望和信仰正义的发展中起着重要作用。为了使信息更有冲击力，童话往往通过让反派以主角的痛苦为乐来扰乱正义感。主角的痛苦和反派的幸灾乐祸，与孩子对是非的直觉是不一致的（Zillmann & Cantor, 1977）。此外，对主角的刻画方式使孩子们很容易认同他们（Perrine, 1959）。在儿童和主角之间建立一种单元关系（unit-relationship）（Lerner, 1980）会增强儿童的共情能力（Zillmann, 1991），进而增强其对正义的敏感（Miller, 1998）。孩子们希望结束主角的痛苦，因为他们间接地承受着痛苦。除了想从痛苦中解脱出来外，道德直觉告诉他们，一个好人不应受苦，坏人不应得到快乐，换言之，孩子们想要公平。不用说，大多数童话故事最终满足了孩子们对正义的需求，善胜恶败：打败了怪兽的勇敢骑士与美丽的公主结婚，并继承了王国的半壁江山。

尽管在多层面的叙事背后以更为微妙和隐蔽的方式呈现，"所有戏剧的宏观观点似乎都是，所有的不公正都必然导致某种正义的恢复"（Raney & Bryant, 2002, p.404）。托尔金（Tolkien）的《指环王》就是一个很好的例子，这是一个复杂无比的三部曲。然而，它的核心主题很简单：好人打坏人。以弗罗多（Frodo）为代表的好人，拼命地致力于拯救他们的正义世界，而被索伦控制的坏人则想摧毁这个正义世界。索伦被打败了，但美德战胜邪恶的巨大代价证明，正义是宝贵的，值得成千上万勇敢士兵献出生命，他们是为正义而死，对于一个对正义世界有脆弱信念的观众来说，也许正义的事业才是最好的事业。

对正义的渴望会随着受害者的无辜而增加，儿童是受害者中最无辜的人。彼得·霍格（Peter Hoeg）的《冰雪谜案》（*Smilla's Sense of Snow*）可以说明这一点。杰西亚（Jesaja）目睹了父亲的去世，杰西亚曾被一群恪守道德规范的科学家、冒险家和自称为君王的人虐待，为抹掉他的知识，他们使他在一次伪造的事故中丧生。因纽特人斯米拉是雪地研究者，也是像杰西亚这样的失败者，她从杰西亚留在雪地上的脚印看出他的死不是意外。她意识到警察对发现真相和伸张正义不感兴趣，于是她亲自处理此案。尽管这本书从各种虚构的成分和叙事技巧中汲取了令人激动的潜力，但正义才是故事背后的首要主题和驱动力。对正义的需要让读者焦躁不安，希望在道义上完成故事。与大多数作家相同，作者霍格满足了读者对正义的需求：斯米拉冒着生命危险追捕坏人。

考虑到正义的娱乐潜力，各种电影类型中都有正义这一主题，这一主题有时是潜在的、微妙的，有时是明显的、张扬的，这都不足为奇（Raney, 2002, 2003a）。事实上，每部华特·迪士尼电影如《狮子王》（King of the Lions），经典西部片如弗雷德·金尼曼（Fred Zinnemann）的《正午》（High Noon），刑事审判剧如比利·怀尔德（Billy Wilder）的《控方证人》（Witness for the Prosecution）中，正义都扮演着重要角色。最后不能不提的是，在复仇电影中，正义是其基本的议题。

米勒在《克林特·伊斯特伍德和衡平法》（Clint Eastwoold and Equity）一章中，对这一类型的复仇进行了精彩论述。以迈克尔·温纳（Michael Winner）的《死亡请求》（Death Wish）和杰瑞·霍格威（Jerry Hogrewe）的《肮脏的哈里》（Dirty Harry）等经典电影为例，米勒的分析得出了一个易懂的结论，"现代复仇电影是关于正义的，是在伸张正义"（Miller, 1998, p.170）。米勒指出了复仇叙事的几种类型：其中，有两种可以通过主人公的角色来区分。第一种复仇者会像《死亡请求》（Death Wish）中的保罗·克西（Paul Kersey）那样，因为受冤屈而报复。第二种类型是替别人复仇的英雄，《冰雪谜案》中的斯米拉代表了这一类主人公，为米勒确定的第二种模式提供了一个很好的例子。有些复仇故事往往暗含着对国家的批评，即对国家在履行正义时的不当行为进行批评，例如把警察描绘成腐败或无能的形象，把法院描绘成低效或对违法者过于温和的样子。从正义动机理论的角度来看，这种叙事技巧之所以有效，原因有二：第一，创作者通过对正义信念施加额外的威胁，而不仅仅是通过展示恶棍所犯的错误来扩大正义的需要；第二，他们还为复仇英雄打破国家对报复性暴力的垄断提供了正当理由。最有趣的也许是，从社会正义的角度出发，根据其他作者的观察（Zillmann, 2000），米勒提出复仇者只有在其行为符合公平标准的情况下才拥有道德权威。报复力度不够的复仇者会干扰人们感受正义，同时有可能失去观众的尊重。过分忽视规范约束的复仇者，也不能满足观众对正义的需求。事实上，对观众而言，最令人失望的莫过于一个骑士般的英雄变成了一个亡命之徒，并以荣誉换取血腥的欲望。

接下来，我们将简要分析体育主题，这也是非常重要且古老的娱乐来源之一。我们还可以举几个例子来充分说明正义也是这个领域中重要的快乐因素（Raney, 2003b）。如果胜利是由比赛不公平或裁判明显错误的判罚导致的，输球方的队员和球迷将会感到愤怒。同时，这种不公平的负担将限制获胜球队以及那些认同它的人的快乐、自豪和满足感。第二个例子是兴奋剂问题。本·约翰逊（Ben Johnson）、约翰·姆莱格（Johann Mühlegg）和其他一些世界上最优秀的运动员在被判服用兴奋剂后再也没能重返巅峰。他们没能回来或许不是因为身体条件不足，而是因为需要兴奋剂才能赢的污名。对于一个为荣誉而战的人来说，还有什么比知道未来的每一次成功都会引发别人的怀疑更让人泄气、令人心智受损的呢？最后，让我们谈谈那些使观众最为满意的胜利者吧。这些胜利者都是在备受逆境打击的情况下依然能胜的赢家。也许最好的例子是威尔玛·鲁多夫（Wilma Rudoph），她是1960年罗马奥运会三枚金牌的获得者（100米，200米，4×100

米),她在5岁时患上了小儿麻痹症,左腿失去了功能。尽管她家很穷,但家人从未放弃她:兄弟姐妹轮流按摩她瘫痪的腿,母亲驱车往返90英里(将近145公里)送她到医院进行每周的例行治疗。多年的坚持治疗和训练不仅帮助威尔玛变成了一个正常孩子,还把她培养成了一个篮球明星,甚至最终使她成为世界上最好的短跑运动员。根据正义动机理论,她的成功给旁观者带来的深层满足感在于她的付出终于有了回报。如果最弱势的人能赢,世界就不会不公正。

最后,正义结局性原则(justice-finality principle)也塑造了新闻媒体所展示的非虚构戏剧的享乐价值(Zillmann, Taylor, & Lewis, 1998)。我们可以用一个真实的案例来说明这一原则,不到一年前,在德国斯图加特(Stuttgart)附近的高速公路上,一名年轻女子开着中型车,载着她的女儿,以每小时大约120公里的速度行驶,一辆跑车以每小时220公里的速度从后面驶来。超速者闪着前灯,试图将该女子赶出车道。被吓坏了的母亲右转,结果车翻了,撞上了一棵树,母女二人均在车祸中丧生。有其他司机目击了事故,并在后来的审判中作证。不幸的是,事故发生时光线太暗,没有一个目击者看清超速行驶的汽车的车牌。这件事在报纸、广播和电视上发布了好几个星期。在戴姆勒·克里斯勒(Daimler-Crysler)的试驾司机受到怀疑并被逮捕后,关于此案的报道并未结束。在经历了漫长的审判后,法庭最终根据毫无疑问的间接证据给他定了罪。在审判过程中,甚至在宣判后,此案在公众和媒体上都引起了热议。我们认为,正义困境助长了这场辩论及媒体的长期报道。事故发生后,每一个声音都表达了同情,希望能查出肇事者并予以惩罚。因此,嫌疑犯被捕给公众的安慰是巨大的。然而,法官对目击者的询问并没有找到该嫌疑人有罪的铁证,这使得公众对正义的需求没有获得满足。此外,在辩论中明显属于少数的谨慎声音提醒人们注意无罪推定原则。这一提醒毫无疑问加剧了大多数人的沮丧,因为他们只希望得到某种公正。尽管这是一场巨大的悲剧,但如果能立即、毫无疑问地确认这名超速者的身份,或者嫌疑人承认了自己的罪行,此案就不会引起太多关注。人们对正义的需要得到了满足,有关案件的报道就会很快从媒体上消失。

何为公正?来自社会正义研究的答案

到目前为止,我们只认为正义和值得在娱乐中发挥着重要作用。我们还未谈及小说和报纸读者、电影观察家、戏剧观众和体育赛事观众对公正的定义。好人有好报,坏人罪有应得,只是对这个问题的一个粗略回答,作为我们对基本道德感的经验之谈,这可能就足够了(Zillmann, 2000)。然而,从科学角度来看,如果能更详细地了解究竟是什么构成了我们的正义感,什么有助于正义的娱乐效果的话,我们会更满意。因为这样的知识将允许人们对正义事件及其叙事结构进行复杂的分析。详细的知识对于解开叙事的结构性、实质性因素,对于确定它们对戏剧欣赏、故事喜好和情节娱乐价值的一般的、条件性影响是必要的（Raney & Bryant, 2002）。幸运的是，这样的知识是可得的。

在过去的40年里，社会科学家们进行了大量研究，以了解人们何时、因何而感到被公平对待，以及他们如何应对非正义。这项工作主要是在社会心理学和社会学中展开，其中一些也在政治学和经济学中展开。与哲学、神学和法律中寻求正义问题的规范性解决方案不同，社会科学致力于从经验的视角来考察正义的主观标准如何影响判断、情感和行为。尽管规范和经验方法相互重叠并相互影响（Sabbagh, 2001），但后者更适合当前的目的，因为娱乐中真正重要的是主观感受。

正义的种类

有关社会正义的文献表明，要抓住社会互动中出现的各种正义问题，必须对四种正义进行概念上的区分，这四种类型的正义分别是：分配正义（distributive justice）、程序正义（procedural justice）、互动正义（interactive justice）和报复正义（retributive justice）。亚里士多德在他的《尼各马可伦理学》（*Nicomachean Ethic*）中已经提出了这种区别的一部分表现。

分配正义是指货物在有资格的接受方之间的公平分配。系统分配正义研究是从亚当斯（Adams, 1965）40年前提出的公平理论开始的。公平理论认为，当接受者之间的结果投入比率相等时，人们会感到回报是公平的。任何偏离比例原则的行为都会造成痛苦。分配者害怕被指责为偏袒，收获过多的人会感到内疚，而获得不足的人则会生气和愤怒。这三种情绪都会促使旁观者纠正这种分配；若不能，分配者和接受者将重新评估投入和产出，以便使其主观上是公平的。这可以通过奖励不足来实现，例如，减少自己的投入、减少另一个接受者的产出、增加自己的产出或增加另一个接受者的投入。如果这一策略失败，如不公平太过明显，接受方会逐渐退出交换关系。这种颇具吸引力的简单性使公平理论流行并产生影响（Berkowitz & Walster, 1976）。然而，实验和调查研究很快发现，人们认为其他分配原则，如平等原则（principle of equality）和需要原则（need principle）往往比公平原则（equity principle）更公正。此外，有些研究支持多伊奇（Deutsch, 1975, 1985）的推测，即对分配原则的偏好取决于社会背景和待分配的资源（Schwinger, 1980; Törnblom, 1992）。在体育和劳动等成就的背景下，公平（equity）被认为是最公正（fair）的，在亲密关系中，（报酬或地位的）对等（parity）被认为是最优先考虑的，而当资源被用于那些无法自理的接受者改善其境遇时，需要（need）被认为是最公正的。

程序正义涉及决策过程，而不是其结果。研究发现，有利的结果有时不如不愉快的结果令人满意，这吸引了研究人员对程序正义议题的注意（Lind & Tyler, 1988）。当积极的结果来自不公平的程序，不愉快的结果来自公平的决定时，就会发生这种情况。泰勒（Tyler）的群体价值模型（group valve model）为这种模式提供了一种解释（Tyler,

Degoey, & Smith, 1996），根据公平程序做出决定的上级会向上级小组成员传达出尊重和自尊。那什么程序是公平的呢？提伯特和沃克（Thibaut & Walker, 1975）在法律背景下进行了研究，他们认为程序公平包括两个广泛的组成部分，即过程控制和结果控制。基于理论推理和经验观察，勒旺塔尔（Leventhal, 1980）提出将这些组成部分分解为更小的组成部分，包括：一致性（在决策标准应用中）、公正性（在个体的处理中）、准确性（在信息的收集和整合中）、（决定或标准的）可纠正性、（所用信息的）代表性、符合伦理标准（决定规则）。

互动正义衡量了决策者与受其决策影响之人互动的方式。在一系列的理论和实证论文中，比尔斯（Bies, 1987; Bies & Moag, 1986; Bies & Shapiro, 1987）提出，程序的执行方式和公布的决定，需要与程序本身和这些程序所依据的标准区别开来。比尔斯预测，当决策者以友好和尊重的态度进行沟通时，人们会感觉这一决策更加公平，对决策可能产生的影响会表示出共情式的关注，这也有利于决策者解释决策的原因并为不利的后果辩护。比尔斯在其研究中证明，互动正义措施对公平过程的影响是独一无二的。从泰勒（Tyler）的群体价值模型来看，程序正义和互动正义是一枚硬币的两面，因为两种正义的程序及其沟通、执行的方式都有共同的正义价值观。这一共同因素对于那些使用任何可用信息来评估公平性的目标人物来说，都很重要。

报复正义包括规定何时、如何以及出于何种道德原因制裁犯罪者的原则（Miller, 2001; Vidmar, 2001）。制裁包括受害者或其亲属实施报复，惩罚行凶者所属团体以及道德权威机构根据法律规范做出正式判决。关于报复正义的研究涉及了一系列问题，如：惩罚的动机（正义与控制）和目的（均衡与重新融入群体）；共享与非共享群体成员的影响；受害者、加害者的特征及其关系；犯罪者采取不法行为后的行为（Oswald, Hupfeld, Klug, & Gabriel, 2002; Wenzel, 2002）。在这项研究的大量发现中，为了描述清楚我们会提到几项。例如，人们发现，团体成员往往比非团体成员受到更严厉的惩罚（Marques & Páez, 1994）。从社会认同理论（Tajfel & Turner, 1986）的角度来看，这种"害群之马"效应表明了对某种错误观点的反驳，在这种错误观点里，人们把某一群体成员的不当行为所带来的危害等同于这一群体其他成员的社会认同和自尊。第二项研究显示，受害者原谅和放弃报复的意愿取决于加害者对受害者的行为，大多数受害者都愿意原谅那些道歉（的人），即为自己的行为感到后悔，表示悔恨，提供赔偿，并承诺今后将诚实遵守以前所违反的规范的人（Schmitt, Gollwizer, Förster & Montada, 2004）。第三项研究实例论述了亚里士多德首次提出的报复正义和分配正义概念区别的主要原因。用现代的话来讲，亚里士多德认为报复惩罚和物品分配是不同性质的事务，不能投射到两极连续体上，因此，它们需要不同的正义标准。最近关于正负不对称的研究表明，非专业法官的行为符合亚里士多德的要求（例如Sabbagh & Schmitt, 1998）。大多数人更关心的是在收回诸如自由、金钱或荣誉等福利方面犯错误，而不是在授予这些方面犯错误。

这种不对称性类似于法律正义中的原则,如无罪推定和排除合理怀疑的证据必要性。对大多数人、陪审员和法官来说,杀死一个被控一级谋杀的无辜者的想法似乎比因为缺乏证据而释放一个真正的凶手更可怕。

正义判断与行为的个体差异

在他们提出这一建议时,所有主要的社会正义理论都声称自己具有普遍性。例如,公平理论预测所有人都会对报酬不足感到愤怒,对报酬过高感到内疚。同样,勒纳认为所有人都有一个对公平世界的需求和信念。与这种简单的假设相反,在正义的实验研究中,很大一部分的差异仍然无法得到解释。这引起了学者们对文化(如,Gergen, Morse, & Gergen, 1980)、性别(如,Major & Deaux, 1982)和个体差异(如,Rubin & Peplau, 1973)的关注。对个体差异的研究兴趣促进了正义措施的构建,这有助于仅凭实验研究的我们更好地掌握特定个体在特定情况下感受到不公平待遇的时间和原因,并以特定的反应模式做出反应。通过这一系列的研究,我们知道个体在以下方面有系统性的差异。

- 他们信仰公正世界的程度(如,Lipkus, 1991; Rubin & Peplau, 1973);
- 他们对诸如公平、需要、平等以及分配正义原则的偏好(如,Davey, Bobocel, Hing, & Zanna, 1999; Sabbagh, Dar, & Resh, 1994);
- 他们对程序正义原则的态度(如,Schmitt & Dörfel, 1999);
- 他们对违法者的惩罚(如,Schmitt, Neumann, & Montada, 1995);
- 他们赋予正义的价值(如,Dalbert, Montada, & Schmitt, 1987);
- 他们对不公正的情绪反应的强度(如,van den Bos, Maas, Waldring, & Semin, 2003);
- 他们对违反公平的敏感度(如,Huseman, Hatfield & Miles, 1985);
- 他们作为被剥夺者和受到不公正待遇的受害者的敏感度(如,Dar & Resh, 2001; Schmitt, 1996);
- 他们作为不公正受益者的敏感度(如,Montada & Schneider, 1989; Schmitt, Behner, Montada, Müller, & Müller-Fohrbrodt, 2000);
- 他们作为不公正观察者的敏感度(如,Fetchenhauer & Huang, 2004; Schmitt, Gollwitzer, Maes, & Arbach, 2005)。

正义判断与行为中的人与情境互动

其他心理学领域的研究表明,正义判断、情感和行为是由情境语境和相关个人的性格联合塑造的。虽然这个提议听起来像是一个真理,但社会正义研究很少关注人与情这方面的互动。有几个研究考虑到人格和情境因素的联合影响，确定了一种效应模式，该模式被施密特、艾德和马斯（Schmitt, Eid & Maes, 2003）称为功能对等的人和情境因素的增效作用。如果相同的心理原因影响相同的结果变量，那么这些因素在功能上是等价的。如果两个因素相互放大，使得一个因素的影响与另一个因素的值正相关，则会发生增效作用（synergistic interaction）。

在正义动机研究和分配正义研究中都发现了这种增效作用。关于前者，增效模型预测，对于正义（正义动机）信念高的观察者来说，正义动机的一般效应，比如帮助无辜的受害者或贬损受害者，应该比正义（正义动机）信念低的观察者强。这种影响模式确实存在于少数关于情境和个人司法动机因素共同影响的研究中（Schmitt, 1998）。

谈到分配正义，增效模型意味着结果的主观应得性不仅取决于接受者的投入（公平原则）或需求（需求原则），还取决于他们对分配原则的态度。更具体地说，该模型预测，与对公平持负面态度的个人相比，对公平持积极态度的个人的成就会产生更大的影响。同样，对需求原则持积极态度的接受者，比持消极态度的接受者更能对需求差异做出反应。赫尔曼和温特霍夫（Herrmann & Winterhoff, 1980）的一项研究，也关注到了该模型。人们对平等的态度应该产生相反的效果：对平等持积极态度的接受者，相比那些对平等持消极态度的接受者，其成就或需求差异的相关性不大。考虑到态度的两极性质，之前的效应可以被重新定义为增效原则：任何证明分配不均的情境信息的影响都会随着人们对平等的态度越发消极而增加。施密特等人（Schmitt等，2003）的一个简短研究以及施密特和萨巴格（Schmitt & Sabbagh，2004）的两个实验得出的结果与该预测完全一致。

作为娱乐因素的正义：具体假设

显然，社会公正研究在过去40年中取得的丰富成果，远远超出了良好行为应得到奖励和不良行为应受到惩罚的简单原则（Raney & Bryant, 2002）。相反，结合我们所讨论的正义的方方面面，可以得出许多具体的假设，比如以下几点。

- 正义的类型（分配的、程序的、互动的、报复的）；
- 情境语境（成就、友谊、教养；群体成员资格；受害人与犯罪人的关系；越轨后加害者对受害人的行为）；
- 作为行动者或观察者卷入正义事件的个人的个性（对公正世界的信念；对各种分配原则的态度；对各种程序原则的态度；正义的中心性；公平敏感性；受害人敏感性；犯罪人/受益人敏感性；观察者敏感性）；
- 个性×情境组合（关于功能对等意义上的正义因素的平等或不平等价值）。

我们可以举个例子充分说明这些多面假设的具体表现，让我们用一个包含兄弟间分配冲突的童话故事来说明吧：一对老年夫妇拥有一个小农场，他们想将它传给儿子彼得和保罗，假设他们决定平分财产。如果要观察者来看，这个决定是否公正取决于许多因素及其相互作用。如果彼得和保罗被描绘成竞争对手，他们的成就（achievement）问题突出，如果两个儿子在帮助经营农场的程度上有实质性不同，那么在大多数观察者看来，这种分配是不公平的。如果彼得和保罗被描绘成最好的朋友，和谐问题被凸显出来，大多数观察者会认为这种分配是公平的。如果把彼得描绘成一个脆弱的人，需要一个稳定的环境，只有依赖农场才能过上体面的生活，而保罗是一个精力充沛且富有创造力的人，他可以有任何成功的事业，这就突出了需要的问题，除非保罗把那一半农场给彼得，否则大多数旁观者都会为其父母的平分农场的决定而烦恼。每一种影响都将取决于观察者对平等、公平和需要的态度，即分配正义的可能原则。此外，观察者的态度和决定之间不匹配的影响将取决于他们对正义的敏感和对公正世界的信念。对于后者，他们的正义感将取决于正义信念会以何种方式占主导地位。如果对内在正义的信仰占上风，他们的不公正感就会受到更多干扰；对于那些更愿意相信终极正义的观察者来说，可能会产生相反的效果。我们可以继续把这些假设分成更具体的假设。现在清楚这些原则了，我们就不再赘述，用齐尔曼的话来说，"道德判断是高度多样的，绝不是统一和单一的"（Zillmann, 2000, p.60）。

作为媒介快乐因素之一的正义：挑选过的系统研究证据

近40年来，有关社会正义的研究已积累了大量知识，从这些知识中可以得出许多具体假设，但关于正义在戏剧欣赏和媒介娱乐中的作用的科学证据，数量依然很少，范围有限。这是真的，因为研究几乎完全集中在报复正义、人格道德与结果效价之间的偶然性上。当然，这些研究之所以有价值，是因为它们检验了正义动机理论的基本假设和由此得出的结论，即正义是戏剧欣赏的一个因素，而且可以说正义塑造了媒介叙事的娱乐价值。下文将按时间顺序来回顾研究中一些最为相关的代表性例子。

齐尔曼和布莱恩特（Zillmann & Bryant, 1975）向两个年龄组的儿童（4岁为一组，7岁和8岁为一组）展示了一个有关童话故事的录像。这个故事讲述了两个王子兄弟，其中哥哥被描绘成品行端正之人，弟弟被刻画成心狠手辣之人。弟弟憎恨其兄，企图窃取他的皇室权力，并打算将他流放。弟弟的阴谋被部分忠于其兄的皇家卫队识破，他们击溃了坏（阴险的）王子的军队，并将好（纯良的）王子置于复仇的位置。实验中报复的程度是不同的（报复不足、公平报复、过度报复）。观看结束时，孩子们要回答喜欢故事还是喜欢王子之类的问题，研究者记录下来，同时孩子们的面部表情也被记录下来，这两种记录被用来作为该实验的指标。研究发现，较年幼的儿童最喜欢过度报复，其次是公平报复,最后是报复不足,而年龄较大的儿童则最喜欢公平报复。这一模式符合认知和道德发展理论(如,Montada, 1980),同时也表明了4岁儿童还不能进行必要的心算,不会去比较经验投入产出比和规范投入产出比(公平),而7岁到8岁儿童的结果模式明显支持正义动机理论。

费恩(Fein, 1976)给她的研究参与者(幼儿园1年级和3/4年级)播放了一些录像片段,录像内容是关于一个女孩行为的系列记录,这些行为有的符合道德,有的则不符合,之后是其幸运和不幸的结局。该故事有四个片段,片段一描写女孩帮助一个朋友;片段二描述女孩从同龄人那里偷糖果;片段三给出了一个幸运的结局,女孩找到了10美元;片段四展示了一个不幸的结局,书架倒了,所有书都砸到了女孩身上。这些片段的8种不同组合被展示给8个实验组。第一组到第四组只看到四个片段中的一个。只有第五组到第八组观看了性格价值(好女孩vs坏女孩)和结局价值(好命运vs坏命运)的四种随意组合。最后四组(也就是第五组到第八组)的儿童和那些只看到结局片段的儿童被要求对女孩及其结局进行评分。费恩预计,性格价值和结局价值的组合不一致,可能会威胁到孩子们对正义的信念,并激发其进行防御性判断,从而要么给结局幸运的女孩打高分,要么给结局不幸的女孩打低分,要么根据女孩的行为来判断其结局好坏。但实际实验结果与研究者的预测只有部分一致。相比之下,幸运的坏女孩比那位行为与运气无关的坏女孩得分要高,但这并不会导致有着不幸结局的好女孩得低分。当只能基于女孩结局的信息单独评分时,实验结果出现了类似的不对称现象,这种对结局评估的影响只有部分符合公正—世界(just-world)理论。正如预测的那样,不良行为后的结局比良好行为后的结局得分更低(奖励条件下的积极性更低,惩罚条件下的消极性更强)。然而,令人惊讶的是,这种影响只发生在年幼的孩子身上。虽然费恩没有获得有关角色与故事喜欢程度的指标,但关于角色价值对角色、故事喜欢程度的影响表明:良好的行为和良好的结局对录像视频的欣赏有积极影响。

霍尔穆思和斯蒂芬(Hormuth & Stephan, 1981)预测,如果电视连续剧《大屠杀》(*Holocaust*)的观众认同纳粹,他们往往会责怪受害者;而对于那些认同犹太民族的观众和其他人来说,该节目不会让其产生防御性的反应。研究者认为,《大屠杀》只会把一个隐含的指控转嫁给那些认同纳粹的人。因此,这种观众肯定会基于他们自己的私人道德契约,害怕电视剧会有积极的结局,自欺欺人地认为那些受害者自身罪责难逃,这是这类观众应对自身恐惧的一种手段。因为观众及那些认同犹太人的其他人,没有接触到也没有经历过类似的指责,他们觉得没有必要启用责任归属的防御机制。德国和美国参与者的结果模式非常相似,更重要的是,实验结果完全符合霍尔穆思和斯蒂芬的预测,尽管这些研究人员没有将他们的发现与戏剧欣赏联系起来,但从实验来看,我们认为:只有极少数认同纳粹的观众能够观看这部电视剧,因为他们能通过责怪受害者来成功地平息自己的负罪感。

约瑟和布鲁尔（Jose & Brewer, 1984）为三个年龄组（2年级、4年级、6年级）的儿童参与者朗读了一组故事。该实验有四个不同的因素：人物性别、人物年龄（儿童vs成人）、人物效价（好vs坏）、结局效价（幸运vs不幸）。为增加或减少儿童参与者对人物的认同，实验中人物的性别和年龄是不同的，研究者认为，这反过来会影响参与者的同理心，影响他们对正义的关注。基于先前研究结果的动态变化（见前文），约瑟和布鲁尔预测"人物—结局—连贯性"效应将随着年龄的增长而增加。实验总共测量了10个变量：（孩子与人物之间的）可感知的相似性；人物喜好度；人物认同度；悬念；结局喜好度；故事喜好度；人物关心度；兴奋；惊讶；悲伤。与正义动机理论和作者的动态假设相一致，"性格—结局—连贯性"对结局喜好度有显著影响，并且这种影响随着年龄的变化而变化。二年级组最弱、六年级组最强。对年龄组中因变量的特定路径分析，进一步证实了约瑟和布鲁尔等研究人员的结构化情感理论。在当前情境下，有三个结果最为相关：（1）"性格—结果—连贯性"对故事喜好度有间接影响；（2）这种影响由结局喜好度调节；（3）在不同年龄组之间，"性格—结局—连贯性"的直接影响在模式和强度上存在差异。第三点中提到的存在的具体差异包括：（a）在最小年龄组中，人物价值观对人物喜好度有主要影响，人物喜好度通过结果喜好度来直接或间接地预测故事喜好度，结局价值可以独立影响结局喜好度，并且作为中介对故事喜好度产生间接影响，不过，"性格—结局—连贯性"，即人物价值和结局价值的互动，对结局喜好没有增量效应，但大于结局价值的主要影响；（b）在中间年龄组中，人物—结局—连贯性的增量效应出现了，但双方都弱，而且结局价值对结局喜好度依然伴有强劲的影响；（c）在最大年龄组中，结局价值对结局喜好度的主要影响消失了，这种影响不敌人物价值乘以结局价值的强大交互力。

布鲁尔提交了一份复制约瑟和布鲁尔（Jose & Brewer, 1984）研究的不太复杂的实验设计。实验参与者必须阅读两个故事，并对它们进行评分，这也许比任何其他叙述都能更直接地捕捉勒纳的正义动机概念。在其中一个故事里，一个年轻的寡妇（无辜的受害者）想成为第一个游过直布罗陀海峡的人。她已经训练了5年（投入很大），她希望从书和电影的版权中为自己和孩子们挣得一笔糊口费（好妈妈）。在结局公正的版本中，女人的意志力（美德）使她克服了劈头盖脸的潮水和海蜇的叮咬（不公平的反作用力），最终横渡了直布罗陀海峡。在结局不公正的版本中，女人被痛苦和疲惫压倒而不得不放弃追梦，这里的第二个故事和第一个故事相比，有着相似的戏剧性。布鲁尔把总体喜好度、故事喜好度、结果喜好度、故事完整性和情节安排的评分作为因变量，根据公正—世界（just-world）理论和作者的故事完成模型，相比结局不公正的版本，结局公正的版本获得的结果喜欢度和故事完整性评分更高。因此，布鲁尔从他的研究中得出结论，"研究结果支持这一假设，即结局不好的叙事将被视为缺乏完整性，这可能是因为读者的公正世界信念使他们期望故事应该继续下去，直到其错误得到纠正为止"

（Brewer, 1996, p.270）。

拉尼和布莱恩特（Raney & Bryant, 2002）、拉尼（Raney, 2002）的研究超越了我们先前描述的实验，因为该实验考虑到了个体差异。拉尼和布莱恩特提出了一个完整统一的犯罪戏剧欣赏模式。该模式假设，媒介正义序列的欣赏取决于"观众的正义感与戏剧中关于正义的陈述之间的匹配度"（Raney & Bryant, 2002, p.407）。研究假设，观众对受害者的共情会扩大其对欣赏匹配度的影响。更重要的是，在当前语境下，作者假设观众的正义感是由两个人格变量塑造的，即观众的惩罚性和警惕性。在理论上，这两个变量都可以和观众认为纠正犯罪者所犯错误的报复水平和报复种类联系起来。拉尼和布莱恩特的研究测试了模型的一部分。在实验参与者观看了包含典型犯罪剧的片段后，研究人员向他们发放了一份包含3个测量指标的调查问卷：（1）（对节目的）喜爱度（enjoyment）；（2）对受害者的同情度；（3）犯罪者所受到惩罚的公平性。与研究人员的预期一致，这3个预测因子对喜爱方差的解释都有独特的贡献。除了拉尼和布莱恩特测量的3个变量外，拉尼（Raney, 2002）的研究还包括了对共情、惩罚性和警惕性的测量。此外，他还使用迈克尔·卡顿-琼斯（Michael Caton-Jones）的《赤胆豪情》（*Rob Roy*）复仇电影的片段，操控了其中一个名为"应得惩罚（deservedness of punishment）"的变量，这种操控是通过在两种犯罪严重程度上保持报应（杀死恶棍）常数来实现的。拉尼（Raney, 2002）预计，人格变量的影响会因应得性不同而有所不同，在适当报复的情况下较弱，在过度报复和报复不足的情况下较强。因为实验中只实现了两个层次的应得性，所以对这一假设的完整检验变得不可能。然而，这一猜想得到了部分支持：与适当报复条件相比，过度报复条件下的人格变量对喜爱度的总体影响更大。不过，在与正义动机理论明显不符的情况下，应得性对喜爱度产生了负面影响。

尽管这一发现出乎意料且令人恼火，但根据我们的观点，拉尼和布莱恩特的研究朝着正确方向迈出了一步。鉴于个体在正义态度和信仰上的巨大差异（见前文），以及它们可能与信息内容和叙事结构因素的相互作用，我们似乎有必要超越过于简单的2×2实验性设计来研究戏剧欣赏。希望本文对社会公正文献的简要回顾，可以为许多有待提出并回答的研究问题提供具体的指导。

超越快乐和娱乐：媒介作为道德教育者

到目前为止，我们只考虑了媒介中正义的娱乐效果。不过，娱乐效果并不是唯一值得进行心理分析的效果，正义情节的媒介传播是有助于正义信念和正义规范发展的。经典戏剧理论将戏剧视为道德教育的工具，例如，亚里士多德就认为悲剧可以引起同情和恐惧，通过宣泄来净化情感，并通过共情来诱导归属感。同样，哥德霍尔德·埃弗拉姆·莱辛（Gotthold Ephraim Lessing）将怜悯和恐惧解释为悲剧人物认同的产物。他将这些情绪和其他情感视为一种宣泄渠道，通过这种渠道，观众能够增强其共情的能力，而这将有助于人类的道德净化，并最终提高人类的道德自主性。更需强调的是，弗里德里·席勒要求把剧院作为一种道德机构，把伦理问题更清晰可见地呈现出来，从而促进道德困境得到理想解决。

只要个人契约是由和主人公一样属于同一道德社区的道德权威社会化的，这种相似就是可能的。

将这些经典戏剧理论的规范性观点转化为梅尔文·勒纳（Melvin Lerner）的正义动机理论，表明正义情节的媒介传播有助于塑造、稳定和确认观众的个人契约。这些正义情节可以塑造个人契约，因为这些情节中的主角通常是以一种很容易被认同的方式刻画出来的。反过来，身份认同使得社会学习轻松起来。换言之，正义剧中主人公的个人契约充当了观众采纳的典范。由于大多数正义情节中的主角最终都会享受某种满足，因此这些正义情节会确立个人契约，这种满足感是读者或观众个人契约的替代性强化。有一点至少是真的，只要道德英雄的个人契约类似于接收者的个人契约，只要个人契约是由和主人公一样属于同一道德社区的道德权威所社会化的，这种相似性就是可能的。最后，个人契约是有效的，因为调解正义事件的主角倾向于履行其契约，而这些与前面概述理由中的那些观众的契约是相似的。因此，综上所述，媒介中的正义情节有助于建立和维护道德社区。

请注意，将我们分析的重点从媒介正义的娱乐效应转移到其社会化效应，扩大了需要通过实证研究来回答的问题的范围。虽然在故事喜爱程度和享受程度的研究中，正义是自变量，但现在需要把正义同时作为自变量和因变量。此外，我们对媒介社会化效应的思考需要从横向研究设计转向纵向研究，包括在不同时间点的正义、享受指标。这些研究将有助于阐明个人在正义信念和正义规范上的差异如何影响人们对某些媒介产品的选择和偏好，以及这些产品如何反过来塑造、改变和稳定人们的道德取向。据我们所知，这类研究尚未完成。

参考文献

Adams, J. S. (1965). Inequity in social exchange. In L. Berkowitz (Ed.), *Advances in experimental social psychology* (Vol. 2, pp. 267–299). New York: Academic Press.

Arts, W., Hermkens, P., & van Wijck, P. (1995). Anomie, distributive justice and dissatisfaction with material well-being in Eastern Europe. *International Journal of Comparative Sociology, 34*, 1–16.

Bandura, A. (1977). Self-efficacy: Toward a unifying theory of behavioral change. *Psychological Review, 84*, 191–215.

Berkowitz, L., & Walster, E. (Eds.) (1976). *Equity Theory: Toward a General Theory of Social Interaction* (Advances in Experimental Social Psychology, Vol. 9). New York: Academic Press.

Bies, R. J. (1987). Beyond "voice": The influence of decision maker justification and sincerity on procedural fairness judgments. *Representative Research in Social Psychology, 17*, 3–14.

Bies, R. J., & Moag, J. S. (1986). Interactional justice: Communication criteria of fairness. *Research on Negotiation in Organizations, 1*, 43–55.

Bies, R. J., & Shapiro, D. L. (1987). Interactional fairness judgments: The influence of causal accounts. *Social Justice Research, 1*,

199–218.

Brewer, W. F. (1996). Good and bad story endings and story completeness. In R. J. Kreuz & M. S. MacNealy (Eds.), *Empirical approaches to literature and aesthetics* (pp. 261–274). Westport, CT: Ablex Publishing.

Brewer, W. F., & Lichtenstein, E. H. (1982). Stories are to entertain: A structural-affect theory of stories. *Journal of Pragmatics, 6,* 473–486.

Bryant, J., Roskos-Ewoldsen, D., & Cantor, J. R. (Eds.) (2003). *Communication and emotion: Essays in honor of Dolf Zillmann.* Mahwah, NJ: Lawrence Erlbaum Associates.

Chatman, S. (1978). *Story and discourse: Narrative structure in fiction and film.* Ithaca, NY: Cornell University Press.

Dalbert, C. (2001). *The justice motive as a personal resource.* New York: Kluwer Academic/Plenum Publishers.

Dalbert, C., Montada, L., & Schmitt, M. (1987). Glaube an eine gerechte Welt als Motiv: Validierungskorrelate zweier Skalen [Belief in a just world as a motive: Validation and correlates of two scales]. *Psychologische Beiträge, 29,* 596–615.

Dar, Y., & Resh, N. (2001). Exploring the multifaceted structure of sense of deprivation. *European Journal of Social Psychology, 31,* 63–81.

Davey, L. M., Bobocel, D. R., Hing, L. S. S., & Zanna, M. P. (1999). Preference for the Merit Principle Scale: An individual difference measure of distributive justice preferences. *Social Justice Research, 12,* 223–240.

Deutsch, M. (1975). Equity, equality, and need: What determines which value will be used as the basis of distributive justice? *Journal of Social Issues, 31,* 137–149.

Deutsch, M. (1985). *Distributive Justice: A Social Psychological Perspective.* New Haven, CT: Yale University Press.

Devine, P. G. (1989). Stereotypes and prejudice: Their automatic and controlled components. *Journal of Personality and Social Psychology, 56,* 5–18.

Fein, D. (1976). Just world responding in 6- and 9-year-old children. *Developmental Psychology, 12,* 79–80.

Fetchenhauer, D., & Huang, X. (2004). Justice sensitivity and behavior in experimental games. *Personality and Individual Differences, 36,* 1015–1031.

Friedman, N. (1975). *Form and meaning in fiction.* Athens, GA: University of Georgia Press.

Gergen, K. J., Morse, S. J., & Gergen, M. (1980). Behavior exchange in cross-cultural perspective. In H. Triandis & R.W. Brislin (Eds.), *Handbook of cross-cultural psychology* (Vol. 5, pp. 121–153). Boston, MA: Allyn & Bacon.

Heider, F. (1958). *The Psychology of Interpersonal Relations.* New York: Wiley.

Herrmann, T., & Winterhoff, P. (1980). Leistungsbezogenes Aufteilen als situationsspezifische Korrektur von Gerechtigkeitskonzepten—Zum Einfluß von Personenmerkmalen auf die Gewinnaufteilung [Achievement-related allocation of goods as situation-specific correction of general justice notions—On the influence of personality on allocation behavior]. *Zeitschrift für Sozialpsychologie, 11,* 259–273.

Hormuth, S. E., & Stephan, W. G. (1981). Effects of viewing "Holocaust" on Germans and Americans: A just-world analysis. *Journal of Applied Social Psychology, 11,* 240–251.

Huseman, R. C., Hatfield, J. D., & Miles, E. W. (1985). Test for individual perceptions of job equity: Some preliminary findings. *Perceptual and Motor Skills, 61,* 1055–1064.

Jose, P. E., & Brewer, W. F. (1984). Development of story liking: Character identification, suspense, and outcome resolution. *Developmental Psychology, 20,* 911–924.

Lerner, M. J. (1977). The justice motive in social behavior. Some hypotheses as to its origins and forms. *Journal of Personality, 45,* 1–52.

Lerner, M. J. (1980). *The belief in a just world. A fundamental delusion.* New York: Plenum Press.

Lerner, M. J. (2003). The justice motive: Where social psychologists found it, how they lost it, and why they may not find it again. *Personality and Social Psychology Review, 7,* 388–399.

Lerner, M. J., Miller, D. T., & Holmes, J. G. (1976). Deserving and the emergence of forms of justice. In L. Berkowitz (Ed.), *Advances in Experimental Social Psychology* (Vol. 9, pp. 133–162). New York: Academic Press.

Lerner, M. J., & Miller, D. T. (1978). Just world research and the attribution process: Looking back and ahead. *Psychological Bulletin, 85,* 1030–1050.

Lerner, M. J., & Simmons, C. H. (1966). The observer's reaction to the "innocent victim." Compassion or rejection? *Journal of Personality and Social Psychology, 4,* 203–210.

Leventhal, G. S. (1980). What should be done with equity theory? New approaches to the study of fairness in social relationships. In K. J. Gergen, M. S. Greenberg, & R. H. Willis (Eds.), *Social exchange* (pp. 27–55). New York: Plenum.

Lind, A. E., & Tyler, T. R. (1988). *The social psychology of procedural justice.* New York: Plenum.

Lipkus, I. M. (1991). The construction and preliminary validation of a global belief in a just world scale and the exploratory analysis of the multidimensional belief in a just world scale. *Personality and Individual Differences, 12,* 1171–1178.

Maes, J. (1994). Blaming the victim—belief in control or belief in justice? *Social Justice Research, 7,* 69–90.

Maes, J. (1998). Immanent justice and ultimate justice: Two ways of believing in justice. In L. Montada, & M. J. Lerner (Eds.), *Responses to victimization and belief in a just world* (pp. 9–40). New York: Plenum Press.

Major, B., & Deaux, K. (1982). Individual differences in justice behavior. In J. Greenberg, & R.L. Cohen (Eds.) (1982). *Equity and justice in social behavior* (pp. 43–76). New York: Academic Press.

Marques, J. M., & Pae´z, D. (1994). The 'Black Sheep effect': Social categorization, rejection of ingroup deviates, and perception of group variability. In W. Stroebe, & M. Hewstone (Eds.), *European Review of Social Psychology* (Vol. 5, pp. 37–68). Chichester, UK: Wiley.

Mikula, G., Petri, B., & Tanzer, N. (1990). What people regard as unjust: Types and structures of everyday experiences of injustice. *European Journal of Social Psychology, 20*, 133–149.

Mikula, G., Scherer, K. R., & Athenstaedt, U. (1998). The role of injustice in the elicitation of differential emotional reactions. *Personality and Social Psychology Bulletin, 24*, 769–783.

Miller, D. T. (2001). Disrespect and the experience of injustice. *Annual Review of Psychology, 52*, 527–553.

Miller, W. I. (1998). Clint Eastwood and equity: Popular culture's theory of revenge. In A. Sarat, & T. R. Kearns (Eds.), *Law in the domains of culture* (pp. 161–202). Ann Arbor: The University of Michigan Press.

Montada, L. (1980). Developmental changes in concepts of justice. In G. Mikula (Ed.), *Justice and social interaction* (pp. 257–284). New York: Springer.

Montada, L. (1993). Understanding oughts by assessing moral reasoning or moral emotions. In G. Noam, & T. Wren (Eds.), *The moral self* (pp. 292–309). Boston: MIT-Press.

Montada, L., & Schneider, A. (1989). Justice and emotional reactions to the disadvantaged. *Social Justice Research, 3*, 313–344.

Oswald, M. E, Hupfeld, J., Klug, S. C, & Gabriel, U. (2002). Lay-perspectives on criminal deviance, goals of punishment, and punitivity. *Social Justice Research, 15*, 85–98.

Perrine, L. (1959). *Story and structure*. New York: Harcourt & Brace.

Piaget, J. (1932). *Je jugement moral chez l'enfant* [The moral judgment of the child]. Paris: Alcan.

Raney, A. A. (2002). Moral judgment as a predictor of enjoyment of crime drama. *Media Psychology, 4*, 305–322.

Raney, A. A. (2003a). Disposition-based theories of enjoyment. In J. Bryant, D. Roskos-Ewoldsen, & J. R. Cantor (Eds.), *Communication and emotion: Essays in honor of Dolf Zillmann* (pp. 61–84). Mahwah, NJ: Lawrence Erlbaum Associates.

Raney, A. A. (2003b). Enjoyment of sport spectatorship. In J. Bryant, D. Roskos-Ewoldsen, & J. R. Cantor (Eds.), *Communication and emotion: Essays in honor of Dolf Zillmann* (pp. 397–416). Mahwah, NJ: Lawrence Erlbaum Associates.

Raney, A. A., & Bryant, J. (2002). Moral judgment and crime drama: An integrated theory of enjoyment. *Journal of Communication, 52*, 402–415.

Rotter, J. B. (1980). Interpersonal trust, trustworthiness, and gullibility. *American Psychologist, 35*, 1–7.

Rubin, Z., & Peplau, L. A. (1973). Belief in a just world and reactions to another's lot: A study of participants in the National Draft Lottery. *Journal of Social Issues, 29*(4), 73–93.

Ryan, W. (1971). *Blaming the victim*. New York: Pantheon Books.

Sabbagh, C. (2001). A taxonomy of normative and empirically oriented theories of distributive justice. *Social Justice Research, 14*, 237–263.

Sabbagh, C., Dar, Y., & Resh, N. (1994). The structure of social justice judgments: A facet approach. *Social Psychology Quarterly, 57*, 244–261.

Sabbagh, C., & Schmitt, M. (1998). Exploring the structure of positive and negative justice judgments. *Social Justice Research, 12*, 381–396.

Scherer, K. R., Wallbott, H. G., & Summerfield, A. B. (Eds.) (1986). *Experiencing emotion: A cross-cultural study*. Cambridge: Cambridge University Press.

Schmitt, M. (1996). Individual differences in sensitivity to befallen injustice. *Personality and Individual Differences, 21*, 3–20.

Schmitt, M. (1998). Methodological strategies in research to validate measures of belief in a just world. In L. Montada & M. J. Lerner (Eds.), *Responses to victimization and belief in a just world* (pp. 187–215). New York: Plenum Press.

Schmitt, M., Behner, R., Montada, L., Mu¨ller, L., & Mu¨ller-Fohrbrodt, G. (2000). Gender, ethnicity, and education as privileges: Exploring the generalizability of the existential guilt reaction. *Social Justice Research, 13*, 313–337.

Schmitt, M., & Do¨rfel, M. (1999). Procedural injustice at work, justice sensitivity, job satisfaction and psychosomatic well-being. *European Journal of Social Psychology, 29*, 443–453.

Schmitt, M., Eid, M., & Maes, J. (2003). Synergistic person x situation interaction in distributive justice behav- ior.*Personality and Social Psychology Bulletin, 29*, 141–147.

Schmitt, M., Gollwitzer, M., Fo¨rster, N., & Montada, L. (2004). Effects of objective and subjective account components on forgiving. *The Journal of Social Psychology, 144*, 465–485.

Schmitt, M., Gollwitzer, M., Maes, J., & Arbach, D. (2005). Justice Sensitivity: Assessment and Location in the Personality Space. *European Journal of Psychological Assessment, 21*, 202–211.

Schmitt, M., Neumann, R., & Montada, L. (1995). Dispositional sensitivity to befallen injustice. *Social Justice Research, 8*, 385–407.

Schmitt, M., & Sabbagh, C. (2004). Synergistic person situation interaction in distributive justice judgment and allocation behavior. *Personality and individual Differences, 37*, 359–371.

Schwinger, T. (1980). Just allocations of goods: Decisions among three principles. In G. Mikula (Ed.), *Justice and social interaction* (pp. 95–125). Bern: Huber.

Seligman, M. E. P. (1975). *Helplessness: On depression, development, and death*. San Francisco: Freeman.

Skarlicki, D. P., & Folger, R. (1997). Retaliation in the workplace: The roles of distributive, procedural, and interactional justice. *Journal of Applied Psychology, 82*, 434–443.

Strack, F., & Deutsch, R. (2004). Reflective and impulsive determinants of social behavior. *Personality and Social Psychology Review, 8*, 220–247.

Tajfel, H., & Turner, J. C. (1986). The social identity theory of intergroup behaviour. In S. Worchel, & W. G. Austin (Eds.), *Psychology of intergroup relations* (2nd ed.; pp. 7–24). Chicago, IL: Nelson-Hall.

Thibaut, J. W., & Walker, L. (1975). *Procedural justice: A psychological analysis*. Hillsdale, NJ: Lawrence Erlbaum Associates.

Törnblom, K. Y. (1992). The social psychology of distributive justice. In K. Scherer (Ed.), *Justice: Interdisciplinary perspectives* (pp. 175–236). Cambridge: Cambridge University Press.

Tyler, T. R. (1986). Procedural justice in organizations. In R. Lewicki, M. Bazerman, & B.H. Sheppard (Eds.), *Research on negotiation in organizations* (Vol. 1, pp. 7–73). Greenwich, CT: JAI Press.

Tyler, T. R., Degoey, P., & Smith, H. (1996). Understanding why the justice of group procedures matters: A test of the psychological dynamics of the group-value model. *Journal of Personality and Social Psychology, 70*, 913–930.

Tyler, T. R., & Smith, H. (1998). Social justice and social movements. In D.T. Gilbert, S.T. Fiske, & G. Lindzey (Eds.), *The handbook of social psychology* (Vol. II, pp. 595–629). Oxford: Oxford University Press.

van den Bos, K., Maas, M., Waldring, I., & Semin, G. P. (2003). Toward understanding the psychology of reactions to perceived fairness: The role of affect intensity. *Social Justice Research, 16*, 151–168.

Vidmar, N. (2001). Retribution and revenge. In J. Sanders & V. L. Hamilton (Eds.), *Handbook of justice research in law* (pp. 31–63). New York: Kluwer Academic/Plenum Publishers.

Wenzel, M. (2002). The impact of outcome orientation and justice concerns on tax compliance: The role of taxpayers' identity. *Journal of Applied Psychology, 87*, 629–645.

Zillmann, D. (1991). Empathy: Affect from bearing witness to the emotions of others. In J. Bryant, & D. Zillmann (Eds.), *Responding to the screen: Reception of reaction and processes* (pp. 135–167). Hillsdale, NJ: Lawrence Erlbaum Associates.

Zillmann, D. (2000). Basal morality in drama appreciation. In I. Bondebjerg (Ed.), *Moving images, culture, and the mind* (pp. 53–63). Luton, England: University of Luton Press.

Zillmann, D. (2003). Theory of affective dynamics: Emotions and moods. In J. Bryant, D. Roskos-Ewoldsen, & J. R. Cantor (Eds.), *Communication and emotion: Essays in honor of Dolf Zillmann* (pp. 533–567). Mahwah, NJ: Lawrence Erlbaum Associates.

Zillmann, D., & Bryant, J. (1975). Viewer's moral sanction of retribution in the appreciation of dramatic presentations. *Journal of Experimental Social Psychology, 11*, 572–582.

Zillmann, D., & Cantor, J. R. (1977). Affective responses to the emotions of a protagonist. *Journal of Experimental Social Psychology, 13*, 155–165.

Zillmann, D., Taylor, K., & Lewis, K. (1998). News as nonfiction theatre: How dispositions toward the public cast of characters affect reactions. *Journal of Broadcasting and Electronic Media, 42*, 153–169.

Zillmann, D., & Vorderer, P. (Eds.) (2000). *Media entertainment: The psychology of its appeal*. Mahwah, NJ: Lawrence Erlbaum Associates.

第十七章 拟社会互动与拟社会关系

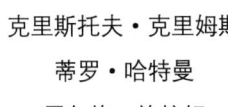

克里斯托夫·克里姆斯

蒂罗·哈特曼

霍尔格·施拉姆

娱乐媒介大都与人息息相关。电影描绘角色的信仰,脱口秀邀请擅长交际的嘉宾,体育运动报道的主角是参赛的运动员和与其惺惺相惜的评论员。显而易见,上述角色在媒介中的出现增加了节目的娱乐价值,在很多情况下,节目的成功完全取决于某个角色。如果没有杰·雷诺(Jay Leno),《今夜秀》(*Tonight Show*)可能会百无聊赖;如果没有劳拉·克劳馥(Lara Croft),《古墓丽影》(*Tomb Raider*)电脑游戏可能不会如此有趣。显而易见,媒介娱乐这种方式通常关注的是媒介人物的外表语言、行为(Flora, 2004)。鉴于人在大多数娱乐媒介中占据主导地位,上述观察完全可能产生愉悦感。

事实上,一些娱乐理论的研究强调回应媒介人物的重要性,这一点不足为奇。例如基于倾向理论(如,Zillmann, 1996; Raney, 2003),人们将媒介使用者的情感建模为对媒介人物的反应,并制定出这种情感反应如何有助于娱乐的机制(参见本书Zillmann和Raney各自的研究)。科恩(Cohen,见本书)认为,媒介人物认同这一概念对于解释娱乐体验也颇具价值。

由于娱乐媒介参与者类型多样,且他们在外表、作用、行为以及报告上的大相径庭,传播学研究者对媒介用户反应引发娱乐体验的过程和机制进行了广泛讨论。霍顿和沃尔(Horton & Wohl, 1965)引入了"拟社会互动"这一概念来定义电视观众对荧幕角色的反应,两位研究者最早系统地认识到,媒介人物试图为观众建立社会情境与现实生活的遭遇之间的相似性。他们认为,很多媒介人设或多或少会直接与观众对话,而观众的反应是基于这些人物活生生站在自己面前这一假设。媒介的特性限制了人设和观众之间互动的范围,因此观众的反应被认为是"拟社会的"。但是,霍顿和沃尔(Horton & Wohl, 1965)认为,随着时间的推移,观众与(一些)媒介人物会形成某种关系,这会提高荧幕形象在观众社会生活中的相对重要性。

媒介使用者对媒介人物的反应与使用者在真实生活中所感、所思和所做的相似这一假设让很多传播学研究者大为兴奋。他们创造了研究拟社会互动和拟社会关系的历史。许多研究也多少将拟社会互动或者拟社会关系与媒介娱乐联系在一起（如，Perse & Rubin, 1988; Vorderer, 1998），虽然这些研究没有提出对概念链接的系统解释。上述理论探讨有望在娱乐研究中取得丰硕成果，因为和现有其他理论相比，拟社会互动和拟社会关系包含了受众对媒介人物的反应的大部分内容。基于对现有拟社会互动和拟社会关系研究的简要回顾，我们提供一种以过程为导向的理解，将拟社会互动定义为一系列对媒介人设的情感、认知以及行为反应的动态集合，同时探讨拟社会互动、拟社会关系及娱乐之间的关系。最后，我们回顾了与媒介人物进行拟社会互动的娱乐经验研究。

涉及拟社会互动和拟社会关系的既有理论和研究

概念多样化原因

许多研究者对霍顿和沃尔（Horton & Wohl, 1965）的观点进行重新定义、修正以及阐释之后，将其运用在实证研究中。但是，拟社会互动和拟社会关系概念的发展存在于各种历史中。

首先，具有文化多样性的各种科学团体，例如盎格鲁-美国、德国以及斯堪的纳维亚研究者从事着拟社会互动和拟社会关系研究。拟社会互动和拟社会关系概念可能在这些地区以不同的方式发展着，这样就造成了人们对拟社会互动和拟社会关系的不同理解。

其次，一些显学，例如传播学、社会心理学、媒介心理学、电影学以及文学等都涉足过拟社会互动和拟社会关系研究，自然而然，这些研究对上述概念的定义也有所区别。例如，"使用与满足"的研究者主要将拟社会互动和拟社会关系看作选择性接触的动机（如，Palmgreen, Wenner, & Rayburn 1980）或者是一种特殊的"人际互动"（Rubin, Perse, & Powell, 1985, p.157），这种概念将诸如互动、认识以及长期认识等现象（Rubin, Perse, & Powell, 1985, p.156）与媒介人物相联系。这些定义并没有将拟社会互动和拟社会关系进行区分，而是把两者交替使用并解释为人际与媒介人物的持续互动，这种互动包含了不同的现象，并且会在媒介接触及前接触、后接触情境下发生。

除了"使用与满足"研究之外，其他领域对拟社会互动和拟社会关系的研究主要由德国研究者展开。例如，象征互动主义（Teichert, 1973; Ellis, Streeter, & Engelbrecht, 1983; Krotz, 1996）、符号学（Wulff, 1992, 1996）、媒介心理学（Gleich, 1997; Giles, 2002; Hartmann, Schramm, & Klimmt, 2004a, 2004b），与"使用与满足"研究对拟社会互动和拟社会关系的定义不同，这些研究都呼吁将两者进行区分（如，Krotz, 1996; Schramm, Hartmann, & Klimmt, 2002; Vorderer, 1998）。他们认为，拟社会互动特别关注的是媒介接

触过程中媒介人物认同的单方面过程,相对而言,拟社会关系指的是观众与媒介人物的跨情境关系,包括特定的认知和情感成分(如,Krotz, 1996, Hartmann等,2004b)。总而言之,拟社会互动和拟社会关系的条件、定义及解释模型在不同科学背景或者研究传统中的不同,使得这些概念在娱乐研究中的应用遭遇阻碍。

再次,拟社会互动和拟社会关系研究主要基于理论假设和实证推导之间区别的程度。德国关于两者的研究大部分是理论研究,相反,盎格鲁-美国(Anglo-American)传统的研究则更关注实证评价,因此这些研究更关注两种概念的数据驱动变革(如,Houlberg, 1984; Levy, 1979)。我们认为,上述关于拟社会互动和拟社会关系的丰富理论思考和实证发现仍旧需要概念整合。

最后,拟社会互动和拟社会关系的概念差异主要源于二者所处的特定媒介语境。除了电视和广播之外,两者也被运用在网络(Hoerner, 1999)、电脑游戏(Hartmann, Klimmt, & Vorderer, 2001)或教学软件(Bente, Kramer, & Petersen, 2002)中。此外,媒介人物类型以及分析形式在不同研究中大相径庭。拟社会互动和拟社会关系之前被用于不同媒介人物分析中,包括政客(Gleich, 1999)、电视购物导购(Grant, Guthrie, & Ball-Rokeach, 1991)、肥皂剧中的角色(Rubin & Perse, 1987; Visscher & Vorderer, 1998)、电视脱口秀嘉宾(Thallmair & Rössler, 2001)、电视脱口秀主持人(Trepte, Zapfe, & Sudhoff, 2001)、喜剧演员(Auter, 1992)、其他演员(Rubin & McHugh, 1987)、电台主播(Rubin & Step, 2000)、电脑游戏或网络的虚拟化身(Schramm, Hartmann, & Klimmt, 2004)、动画人物(Hoffner 1996)或有声故事中的角色(Ritterfeld, Klimmt, Vorderer, & Steinhilper, 2005)。因为拟社会互动和拟社会关系都是互动现象,两种结构都依赖于用户特征以及所接触的媒介人物类型。因此,不同研究情境中对于媒介人物和两者的定义是否相似,仍然存疑。

研究拟社会互动和拟社会关系的理论途径和传统的巨大差异,在为后续研究提供前景的同时,也可能会使概念变革失败。除了上述理论研究提到的问题,必须关注到以往研究缺少了与社会心理学理论的系统联系。吉尔斯(Giles, 2002)和科恩(Cohen, 2003, 2004)近期的研究关注了拟社会互动和社会心理学普通理论之间的关系,尤其是拟社会互动和现实互动之间的关系(Giles, 2002)以及拟社会关系和附属类型(Cohen, 2004)之间的关系。但是从整体来看,除了上述提到的不同理论运用之外,社会心理学关于人类互动和关系的大量知识并没有被完全运用,因而这是拟社会互动和拟社会关系理论面临的最严重挑战。

实证发现

尽管既有的拟社会互动和拟社会关系研究发展脉络上有很多差异性,并且研究主要关注积极评价的角色互动关系,现有实证研究文献依然为此现象提供了一些基础发现,其中一些研究成果与娱乐研究关系紧密。我们主要关注将拟社会互动和拟社会关系两个术语交替使用的研究，因此，我们将研究对象称为"拟社会互动或拟社会关系"。

形成积极（并且令人愉悦的）拟社会互动或拟社会关系的因素有哪些？与现实生活互动类似，吸引性（身体、社会以及任务吸引）以及媒介感知的相似性是重要因素（Cohen, 2001; Hartmann等，2001; Rubin & McHugh, 1987; Rubin & Rubin, 2001; Turner, 1993; Visscher & Vorderer, 1998）。人物通常展示观众喜欢的优点，因此观众的喜好也会造成影响（Caughey, 1984, 1986）。性别在此方面也扮演着重要角色。沃德勒（Vorderer, 1996）发现，相对男性观众而言，女性观众对角色崇拜倾向更显著，因此会有更强的拟社会关系。相对男性媒介人物而言，女性媒介人物的拟社会互动或拟社会关系往往程度更深（Vorderer, 1996; Vorderer & Knobloch, 1996）。但是，女性观众对男性媒介人物或男性观众对女性媒介人物展现出更强的崇拜感（Vorderer & Knobloch, 1996; Hartmann等，2001），这再次显示出吸引性对拟社会互动或拟社会关系形成所产生的重要作用。但是应当谨慎推广这些研究成果，因为这些研究可能只对特定角色有效，并且可能只与特定拟社会互动或拟社会关系类型有关（例如，恋爱关系）。

关于年龄和教育效果的研究则相对复杂。沃德勒（Vorderer, 1996, 1998）发现，与电视剧明星相关的拟社会互动或拟社会关系，在老年人群和经常看电视且受教育程度较低的人群中表现更明显，而在中年人群中则并不显著。格里奇（Gliech, 1997）和利维（Levy, 1979）发现，拟社会互动或拟社会关系与观众的年龄相关。吉尔斯和马尔比（Giles & Maltby, 2004）也发现了年轻人中拟社会互动或拟社会关系的重要性（参见McCutcheon, Ashe, Houran, & Maltby, 2003），而其他研究则没有发现年龄或者受教育程度对拟社会互动或拟社会关系有显著影响（Grant等，1991）。诺德隆德（Nordlund, 1978）通过研究发现，拟社会互动或拟社会关系的强度随着总类的减少和空闲时间替代品的减少而增加，这在老年人群中尤其明显。媒介使用强度可能会在媒介依赖性中体现出来，并且是十分重要的因素，多数研究发现该因素与强拟社会互动或拟社会关系呈正相关（Gleich, 1997; Grant等，1991; Levy, 1979; Nordlund, 1978; Rubin等，1985; Vorderer, 1996）。与上述研究类似，珀斯和鲁宾（同时参见Perse & Rubin, 1988）发现，拟社会互动或拟社会关系与肥皂剧相关，并且会随着观看肥皂剧时间的增加而加强。因此，选择何种接触参数至关重要，如果我们将电视使用时间作为控制量，关于老年人有更强的拟社会互动或拟社会关系的观点可能会被颠覆。

个人对媒介人物产生依赖并不是因为孤独（Rubin等，1985; Fabian, 1993; Ashe & McCutcheon, 2001），相反，有较强社交能力的人可能会有更强的拟社会互动或拟社会关系（Tsao, 1996; Cole & Leets, 1999）。但是害羞（通常被认为是社交能力缺乏的表现）可能会阻碍个人实现自己的人际互动。沃德勒和克诺布洛赫（Howard & Knobloch, 1996）发现，拟社会互动或拟社会关系，在害羞但对社交互动有高度需求的人群中强度最大。

总之，以往研究发现，"社交和拟社会互动相互补充，可能是因为二者需要相似的社会技巧"（Cohen, 2004, p.192）。同理，有研究发现拟社会关系的形成与现实生活关系的形成类似（Boon & Lomore, 2001; Cohen, 2004; Perse & Rubin, 1989; Rubin & McHugh, 1987）。

"使用与满足"的研究发现，拟社会互动或拟社会关系与选择接触物的动机息息相关（例如Rubin等，1985; Perse, 1990; Conway & Rubin, 1991），并且与娱乐目的尤为相关（例如悬疑期待，参见Gleich, 1997; Perse & Rubin, 1988; Rubin & Perse, 1987）。这些研究发现，拟社会互动或拟社会关系在媒介娱乐过程中扮演重要角色（Maltby等，2002）。格里奇（Gleich, 1997）认为拟社会关系是媒介接触过程中获得娱乐经历的语境框架，因此，与媒介相关的拟社会互动本身是一种让人有所收获的经历，并产生相应的积极影响。将拟社会关系与影响倾向理论相联系的研究（Zillmann, 1996）表明，拟社会关系会极大地影响对媒介人物形成的积极或消极倾向，并且最终影响悬疑体验感（Stuke, Hartmann, & Daschmann, 2005）。但是，拟社会互动或拟社会关系不仅可能在接触的情况下影响娱乐，而且在接触之后也会影响娱乐。例如有研究表明，强拟社会互动或拟社会关系会产生更多的观后讨论和观后认知（Fabian, 1993, Perse & Rubin, 1988; Rubin & Perse, 1987），这可能会增加媒介的娱乐价值（参见Giles & Maltby, 2004）。

总而言之，以往关于拟社会互动或拟社会关系的理论和实证研究，揭示了媒介人物欣赏和现实生活中社会行为之间的平行关系。此外，数据显示，媒介人物在人们感知（或建构）的社交网络中占据着特定或者重要位置。观察屏幕中的（或者其他娱乐产品中的）角色，与之产生共鸣，思考屏幕中角色或者与之交谈等，出于各种原因这些对不同的人产生吸引力，同时，一系列过程或者机制将社会互动或拟社会关系和娱乐相联系。但是，对上述联系的系统性阐释需要更多的概念整合，因为理论多样性阻碍了以往拟社会互动或拟社会关系研究对娱乐的理论思考。

拟社会互动回顾：与媒介人物进行人际互动的理论模型

新模型的优点

通过拟社会互动和拟社会关系研究的回顾，我们发现传播学研究者理应解决好概念问题，以进一步将这些概念运用到娱乐研究中。基于过程的拟社会互动观点，将观众对媒介人物的反应看作一种动态过程，并且会依赖媒介人物和观众特征，这一观点被认为是解决上述问题最有效的方法：它允许定义观众欣赏媒介人物时出现的认知、情感以及行为现象，并且将这些拟社会互动现象（例如媒介人物参与程度）和条件及结果（例如媒介效果）联系起来。在此我们建构了一个基于过程的拟社会互动模型，该模型融合了以往传播学研究成果，并且汲取了大量社会心理学的理论知识。对该模型的细致解读可以参见哈特曼等人发表的详细的讨论内容（Hartmann等，2004a, 2004b）。

媒介人物卷入的双重标准

该模型的基本理念是拟社会互动，事实上是观众（或者其他娱乐媒介使用者，下文我们一致使用"观众"指称）内心的一系列（子）过程。从社会心理学角度看，对互动角色的一系列认知、情感以及行为反应已经为人所知，这些反应在拟社会互动中也基本存在。不同拟社会互动过程的共性在于潜在变化的程度。观众可能不喜欢某个媒介人物，或是花费大量认知努力来认同其观点。他们对于某个媒介人物的情绪反应可能或强烈或消极。行为活动有时候根本不会出现，但在其他时候会达到极大的强度。

我们认为，对媒介人物的拟社会互动强度会因人而异，并且每个个体在同一个媒介接受环境中的反应也会有强弱之分。例如，与媒介人物相关的认知互动可能会在接触中增加或减少，这主要是由媒介人物的一些行为所致，或由所处环境的变化（例如观众家电话响起）、观众感受的变化引起（例如观众产生疲惫感），我们之后会讨论拟社会互动中的这种动态机制。要引入这种拟社会互动模型，就要提及拟社会互动过程中的强度变量，因为基于角色的媒介消费被看成是一种动态过程，并且会形成观众和媒介人物之间的拟社会互动。

对一个媒介人物的拟社会反应的强度可能会变化，应该被建模为一个连续体，我们将建构的模型分成两个原型级别，即高人际互动和低人际互动（Rubin等，1985）。就低人际互动而言，所有发生的拟社会互动强度等级都很低。在这种情况下，媒介人物与观众的关联程度不高，因为他们没有对媒介人物投入主要认知处理资源、情感精力以及（或者）表现行为，但如果至少有一些拟社会互动过程达到高强度，那么他们对媒介人物的总体拟社会欣赏欲望便会很强烈的，并且根据强反应过程的类型不同，会出现一种加强媒介人物互动的特定模式。这些强拟社会互动模式可能会在接受过程中快速改变，因为互动过程会呈动态变化。当然，观众对媒介人物反应强度的描述是描述性的，但是它可以使我们精确分析娱乐研究中拟社会互动的条件和结果，本章末尾将再谈该问题。

媒介人物首次接触：印象形成或认知

现实生活的社会接触和拟社会互动的一个共同点是：与媒介人物的首次接触（可能）会引起相似的自动过程，正如现实生活中人物外貌认知过程一般。这些过程会使人快速形成第一印象（Kanning, 1999）。媒介人物属性如肤色、衣着、假动作等，会被迅速发现并且与媒介人物类型自上而下的知识相联系（Brewer, 1988; Fiske, Lin & Neuberg, 1999）。基于印象的信息处理会限制很多边缘因素，将印象与现有知识快速联系在一起，这致使观众对媒介人物快速形成第一印象而仅需最小的认知努力。当然，这种印象只包含关于媒介人物的一些碎片化信息,但是观众会根据这些信息来决定对媒介人物实施的行为。例如,第一次接触形成的印象能够帮助我们区分好人和坏人,可以帮助我们判断一个人是否符合动机倾向(关于兴趣价值和/或吸引性的信息)。对媒介人物的拟社会互动过程和质量,部分依赖于印象形成过程的结果,这种过程在观众关注媒介人物的时候就开始了,与现实生活中认识他人的过程相似(Babrow, O'Keefe, Swanson, Meyers, & Murphy, 1980)。

因为很多人物会在媒介上经常出现,观众不会将认知信息和普遍类型信息(例如"这是一名年轻的女性")相连接,而是会将从过去的媒介接触中获取的信息进行激活(例如"这是格温尼斯·帕特洛")。这种信息被当作部分关系模型存储在观众心中(Baldwin, 1992;同时参见本文关于拟社会互动和媒介娱乐部分)。观众获取已认知人物信息的过程中会发现更详细的信息,并将这些信息传递到后续互动行为中(例如,这可能会使我们关注别人的外貌)。激活的拟社会互动过程的最初强度和后续动态,会随着观众第一次接触的媒介人物和已知媒介人物的变化而变化。

拟社会互动子过程:认知、情感和行为

本章建模型的核心目的:在于定义观众对媒介人物形成印象或认知之后的反应,或活动中出现的认知、情感和行为现象或过程,这些过程是拟社会互动建立的基础。我们提出12种在理论上可以彼此区分的过程,而通常对这些分类的选择需要综合起来观察。这些类别是从传播学、社会心理学和媒介心理学文献中得来的。这些分类不一定穷尽,因为关于人类互动的研究覆盖广泛,同时,人与人之间的互动过程可以从后续的文献分析中获得,并且被运用在媒介人物互动之中(例如Konijn和Hoorn 2005年提出另一种过程结构)。

基于现有的人类互动研究,我们建构了大范围观众对媒介人物的反应,这些都与人类信息处理相关(参见Wicks,本书):

- **注意力分配(Anderson,本书)** 观众和媒介人物的一种基本认知过程是注意力资源分配。观察和处理媒介人物的外貌、所言所行,即使当中介的表达围绕其他角色或对象时,也保持对人物的注意力集中,这是很多其他拟社会互动过程的基础。在高注意力分配(即高拟社会互动)情况下,观众会积极找寻关于媒介人物的新信息,而在低注意力分配(即低拟社会互动)情况下,观众仅会偶尔处理媒介人物信息而非大费周章。
- **理解与重构** 基于注意力分配过程,观众可能会尝试理解媒介人物的目标、态度以及言语等(Harris,本书)。如果观众认为某个媒介人物与自己相关并且至关重要,他们便会投入认知努力来理解媒介人物的行为或者申明。重构媒介人物的思想则展现了与认同概念的相似性。但是,认同通常意味着我们需要将与自身相

关的认知放在一边，因为我们的思维被认同对象的观点所占据。理解和重构行为并不要求我们放弃与自我相关的认知，因此其可以反映共鸣的认知成分（Omdahl, 1995; Zillmann，本书第10章）。在低拟社会互动阶段，观众会将理解媒介人物思想和行为的努力降至最低并且依赖类型信息（例如"这只是一个配角"），而在高拟社会互动阶段，观众会调动大量认知努力来理解媒介人物的思想。

- **激活先前媒介和生活经历**　观众对媒介人物的认知还在于获取记忆中与处境相关的信息。观众会将媒介人物的处境和行为与该角色之前的处境和行为做对比，或者与自身在现实生活中经历过的事件对比。媒介人物真实信息和记忆信息的结合，可以使观众对媒介人物的行为模式进行识别（例如模仿警局调查员表示他已经解决了一个问题），并且了解媒介人物现在和过去行为之间的矛盾（参见本文之后关于拟社会关系和媒介娱乐的部分）。提取记忆中的信息也可以让我们在正常情况下对媒介产品做出判断，因为，观众可能会参照假想的角色（Konijn & amp, Hoorn, 2005）及扮演该角色的演员（角色综合，参见 Wuff, 1996）来获悉记忆中的信息。

- **期待性观察**　思考媒介人物的未来，即媒介人物在观看的节目中进一步的出现或者他们在节目之外的命运，这是拟社会互动中的另一种认知过程。在高拟社会互动情况下，观众会期待媒介人物所言所行对其社会责任和职业产生影响（例如脱口秀主持人的政治性错误言论）；相反，在低拟社会互动中，观众不会对媒介角色的未来有广泛的思考和期待。

- **评价**　对媒介人物的思想、言语和行为进行判断是拟社会互动的另一个重要认知过程。它可能涉及道德层面（Zillmann, 1996），但也可以针对绩效问题（例如"这是一次糟糕的争论"）、媒介人物的外貌或他们的话的真实性。评价会帮助观众建构媒介人物的形象，这也是拟社会关系发展的关键因素。

- **媒介人物和自我关系的建构**　观众对媒介人物的思考的另一部分与观众的自我有关。观众会在多方面将自己与媒介人物进行对比（如，Mares & Cantor, 1992），并且找寻其间的相似性。与媒介人物进行社会对比（Festinger, 1954）可能会有多种作用，例如身份的建构（Trepte，本书第15章）。但媒介人物和自我的关系并不局限于比较，还可以指想象一个社会群体形象和观众所属（例如同一运动队伍的支持者），从而建立归属感，此外，观众可能会通过延伸学习来思考自己从媒介人物经历中获得了何种好处（例如看电视购物节目，Fritchie & Johnson, 2003）。当然，媒介人物和自我之间的关系在高拟社会互动中更容易形成，因为媒介人物在低度拟社会互动中，被当作相关度低的对象，并且与媒介人物确立关系并不会给观众带来大量有价值信息。

上述认知拟社会互动过程清单还可以增加很多内容，但论述受众对媒介人物思考的类型，必然涉及人们在现实互动中从事的认知活动，因此认为大部分也能代表观众在以人为基础的媒介接受过程中的认知。

根据上述模型，情绪拟社会互动过程并没有像认知拟社会互动那样有那么多子种类。我们将其分成共鸣情感（与媒介人物的感觉一样，参见Zillmann，本书）、由媒介人物形象引发的自身情绪、面具引起的自身情绪以及"情绪传染"现象（Neumann & Strack，2000）。

对媒介人物的共情反应齐尔曼已（本书第10章）开展了很多相关研究。根据他提出的倾向理论（Raney，本书第9章），观众的社会情感经历可能会随着其对媒介人物行为之道德评价的变化而变化。如果观众在道德上赞同媒介人物，那么他们可能会（真实）体验媒介人物表达的情感，如果观众在道德上不赞同媒介人物，他们会产生与媒介人物要表达的相反的情感。我们将基于共情的情感过程看作认知拟社会互动过程中"认识与重构"（参见前部分内容）的情感部分；但是，齐尔曼认为共情应该包括重现媒介人物内心情况的认知和情感过程（Zillmann，本书第10章）。就拟社会互动模型而言，共情情感反应代表了情感拟社会互动过程的大部分情感内容。因为媒介人物可能会展现多种不同情感，因此产生共情（或者反共情）的观众也会产生多种情感。

由媒介人物引起的自身情绪。除了媒介人物情感直接引发社会情感之外，观察媒介人物还可能会引发与自己相关的情感（自我情感，Vorderer, 1998）。例如，认为自己和媒介人物有很多相似性的观众可能会因媒介人物的错误政治言论而感到羞耻，因为他/她会觉得自己是失信群体的一员。积极实例则是观众看到自己支持的队伍赢得了比赛则会感到骄傲，因为他们将自己看作成功群体中的一员（"因为别人的光荣而感到骄傲"，参见Cialdini等，1976）。由媒介人物引发的自身情绪相当于媒介人物和观众之间建立的认知拟社会互动过程的情感方面内容。

情绪传染是感情自动或不经意地被传递给他人的过程（Naumann & Strack, 2000）。例如，看到开心的孩子会让人内心充满欢乐，这种过程也会在想表达某种感情的媒介人物和观众之间发生。爱情电影中的浪漫情节可能会在观众的现实生活中出现。诸如道德否定的认知情感会阻止这种情绪传染的发生，因为消极评价会抑制即时产生的情绪。即便观众没有维持情绪传染的状态，这种现象作为情感拟社会互动过程中的一种子类型依然存在。

与认知拟社会互动过程类似，情感拟社会互动过程中会展现出大量的实质性动态。无论产生的对媒介人物情感反应的机制（共情、自身情感或者情绪传染）如何，情感强度会根据时间及媒介人物和观众因素发生改变。在高拟社会互动情境中，强情感体验（例如通常会和心理社会激励相关）可能会重复发生，而在低拟社会互动情境中，我们会发现弱情感体验或者零情感体验的存在。因此情感拟社会互动过程可能会引发"情绪过山车"现象,这与现实生活中对某人的情感反应类似。

行为的拟社会互动过程可能是所有拟社会互动理论的实证基础。观众对媒介人物的反应与现实生活中人们的反应相似,这一观点得到了认可,因为人们在现实生活中会对媒介人物大喊大叫或者在电视机前激动地手舞足蹈。人们观察到的对媒介人物的反应与内部(情感和认知)拟社会互动过程相伴,但是应该在理论分析和实证研究上相区别。我们将行为拟社会互动过程分成三类:

肌动活力(moter activity),即观众将自己的注意力投注在媒介人物身上,这是与注意力分配(见本文之前内容)相关的一种基本行为过程。正如现实生活中与人接触一样,观众可能会转头或转换目光来与媒介人物保持(实际)接触。在高拟社会互动情境中,这种活动会更频繁,而在低拟社会互动情境中,观众不会花费太多精力来与媒介人物接触。

对媒介人物做出的身体活动(特别是模仿和动作)也是一种拟社会行为模式,并且与现实生活中的互动相似。模仿媒介人物的典型例子很多,例如对微笑的人物报以微笑,漂亮的人物出现时观众脸上洋溢起浪漫表情。对媒介人物的动作做出反应也是经常出现的情况,例如观众在看体育直播时会为防守对方队伍指出一条明路,愤怒的观众会对脱口秀节目中的角色做出不雅手势。通常而言,这些行为是自发且不受意识控制的。然而,媒介人物并不会注意到这些观众的行为,在现实生活中观众的社会行为开放度将由此提高,观众通过关闭自我控制的过程来防止社会制裁,比如在现实生活的互动中使用不雅手势。使观众产生模仿和行为动作的内在(认知、元认知和情感)过程非常复杂,需要更多理论和实证研究来探讨。就拟社会互动模型而言,我们将这些行为定义为拟社会互动过程的重要隐含因素。

对媒介人物的言语表达是行为拟社会互动过程的第三类。根据媒介人物和情境的不同,我们发现观众对媒介人物会有多种语言反应。例如,碰到了喜欢的媒介人物,观众会产生喜爱或愿意追随的感觉,而对不喜欢的媒介人物则会使用一些隐性的消极语言。对媒介人物的评论、推荐、理解或露出冷漠表情、声明赞同或反对等都是口头语言表达的例子。与模仿和行为动作相似,自发行为和计划行为之间的区别(根据对社会情境理解的不同)仍旧没有得到很好解决。此外,有的观众可能会假装在和某个媒介人物说话(例如谈论他们的情感或者能力),而事实上则是想向周围的观众传递信息。例如,某观众对没有踢进球的运动员大喊大叫可能是在向周围观众传递间接信息,影射其关注的某个队伍或其足球能力。这种大喊大叫可能是对自己能力或自尊的一种确信,该观众将某个媒介人物作为抒发对象。这些例子都表明,观众对媒介人物的言语回应问题是非常复杂的,但对媒介人物的言语行为毫无疑问是拟社会互动过程的行为类型之一。我们认为,在高拟社会互动中,言语反应频率较高,而在低拟社会互动中,言语反应频率较低,因为观众可能会在自己认为相关和重要的角色上抒发更多。

小结

迄今为止，基于过程的拟社会互动主要关注的是拟社会互动概念的分解，并且已经确定了一系列构成的过程，这些过程可以（但不一定）作为观众对媒介人物的反应而出现。我们提出了一系列认知、情感和行为过程，但这并不意味着现有的内容相当完整。相反，现有模型凸显了观众对媒介人物反应的复杂性，因为不同过程可能会同时出现。拟社会互动后续研究可以使用这种模型，研究媒介人物的作用并且详细探讨媒介人物在大规模交际过程中获得的欣赏（参见本章后面内容）。但要完全理解现有的拟社会互动模型，还需要研究媒介人物和观众特点对拟社会互动模型的动态影响。

媒介人物的作用

毫无疑问，观众拟社会互动的质量和强度主要取决于所考量的媒介人物的特点。媒介人物的外表、所言所行都会影响观众认知处理、情感和行为反应的类型（例如Horton和Wohl于1956年提出的"孤独女孩"）。特定的媒介人物特点可能对某些观众影响较大，我们识别了一些对拟社会互动质量和强度能够产生普遍影响的因素：

- **突出性和持续性** 在媒介中人物越突出越可能给观众带来拟社会反应。如果一个媒介的节目只突出一名主人公并且持续给他/她镜头和特写，那么他/她就非常引人注目并且会持续引人注目，这会提高他/她的受关注度并且可能会产生高拟社会互动。仅出现几次的媒介人物并不会成为焦点，因此不可能产生高拟社会互动。

- **交谈表现** 如果媒介人物将观众看作其进行现实的社会互动的对象，例如向其问好或直接与其交谈（Auter，1992），那么高拟社会互动就可能出现。这是新闻主播成为拟社会互动研究备受欢迎的对象的原因，因为他们是在很多现实生活中采取互动行为的媒介人物（Rubin等，1985）。

- **外貌** 关于媒介人物的视觉信息不仅与印象形成（见前文探讨）相关度高，而且也会影响后续的拟社会互动过程。这主要是因为观众拥有很多知识储备，来让自己通过外貌推导出媒介人物的特点，例如他们的职业、风格喜好或者性格优点（Todorov & Uleman，2002）。媒介人物的视觉信息容易获得（相反，语言信息或者与动作相关的信息较难获得），我们推断，视觉信息是拟社会互动过程中质量、强度和动态方面的重要影响因素。

强调上述三种媒介人物特征的重要性并不意味着其他因素无足轻重，相反，今后的理论推导和研究应该关注上述特征和其他变量与特定拟社会互动过程之间的联系。例如，情绪传染现象（情感拟社会互动过程）可能主要由媒介人物的面部表情决定，而期待性思维（认知拟社会互动过程）则更依赖语言信息或者动作相关信息。因为拟社会互动模式可能变化迅速，并且通常由媒介接触程度决定，媒介人物特征影响拟社会互动过程的矩阵可能会非常复杂。

观众的角色

除了媒介人物特征之外，大部分拟社会互动过程取决于观众特征，性格优点和精神状态是影响拟社会互动过程和模式的变量。例如观众感到疲惫，就可能会将认知过程限制到边缘强度，并且不会与媒介人物有高度的认知互动。观众性格优点的典型例子可以是对体验的开放程度（Costa & McRae, 1992），观众可能会将其与拟社会互动过程不同类型的强度相联系，因为较为开明的观众对内化媒介人物的语言、思想和经历都更关注并擅长，而不太开明的观众则不太会内化这些东西。通常而言，大部分情绪状态和性格优点变量，会影响与观众动机相关的拟社会互动过程，从而使观众与媒介人物互动。拟社会互动动机既指与媒介人物互动的准备，这决定了拟社会互动的高低程度，又指对具体拟社会互动类型的喜好。例如，某位观众可能会将其动机放在媒介人物外貌吸引性认知和处理之上，而另一位观众则可能会倾向于在现实生活中体现其对媒介人物的欣赏（McCutcheon, Ashe, Houran, & Maltby, 2003）。当然，拟社会互动的一项关键性决定因素是观众对媒介人物已建立的联系，因为这种联系意味着观众会对媒介人物互动产生期待（参见下文"拟社会互动以及媒介娱乐"部分）。

"动机"这一总体性概念包括观众以非常具体的、独特的方式"接近"媒介人物"提供"的社会互动。个体和情境差异使我们在本章无法进一步建立精确的模型，但是观众特征影响拟社会互动动态性的质量、强度和逐步性动态机制的程度至少与影响媒介人物特征的程度相同，这一点已毫无疑问（Hartmann等，2004b）。

归纳"模型"

基于拟社会互动研究历史，结合从传播学、媒介学和社会心理学中汲取的理论素养，我们建构了一个基于过程的拟社会互动模型，将观众对媒介人物的反应看成是由不同认知、情感以及/或行为过程（见图17.1）组成的。这些过程基于初始印象形成（或媒介人物认知），会变成不同的互动模式并会随着媒介接触程度而变化，同时受媒介人物和观众变量的影响极大。总而言之，观众对媒介人物的欣赏非常复杂且多变，对其分析应该参考大量涉及人类互动的研究。

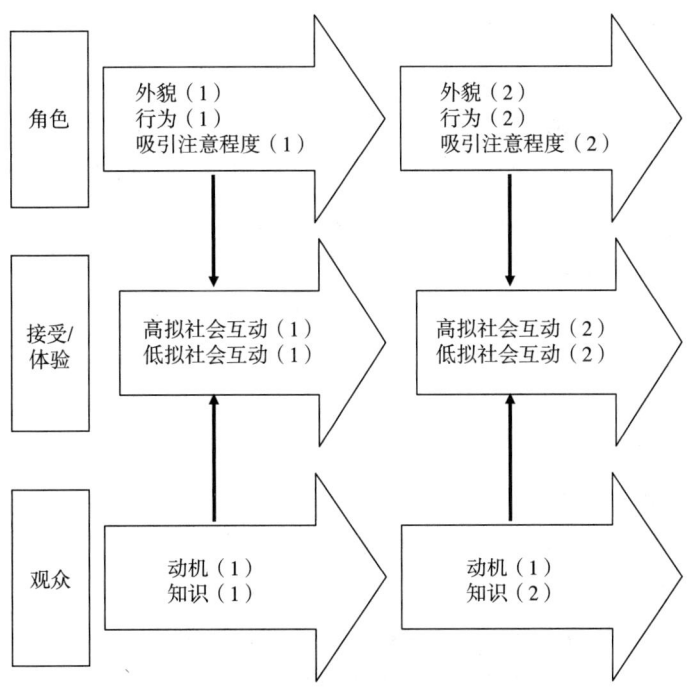

图 17.1　媒介消费过程中拟社会互动过程模型（该模型为 Hartmann 等，2004b 的精简版）。水平箭头表示的是随着时间推移的过程动态（例如，角色外表和行为的变化），垂直箭头表示因果影响（例如人物角色在1时间点的吸引注意程度会影响1时间点拟社会互动的质量和强度）。括号里的数字表明的是时间变量（例如观众的拟社会互动动机可能在时间点1和时间点2上有变化）。

拟社会互动/拟社会关系以及媒介娱乐：选择性接触、消费、经历以及媒介效果

拟社会互动和拟社会关系建构过程中的大量现象意味着要对二者和娱乐心理学之间的关系进行多方面考量。因为媒介人物是媒介生产、推广和消费的关键要素，拟社会互动和拟社会关系在理论上与娱乐相联系，并且受到娱乐媒介选择，娱乐媒介消费、处理和体验水平，以及娱乐媒介效果水平的影响。下面我们将详细讨论拟社会互动和拟社会关系在媒介娱乐的几个部分中所扮演的角色。

拟社会互动/拟社会关系与媒介娱乐的选择性接触

对很多娱乐媒介广告而言，如在好莱坞电影中，广告凸显电影主人公的位置。名人可能会更吸引观众，并且很多娱乐媒介产品的商业成功部分取决于角色的声誉（Wallace, Seigerman & Holbrook, 1993）。这对于非娱乐媒介也一样，例如主要依靠"主持人"的电视新闻（Rubin 等，1985）。

从媒介消费者角度来看，媒介节目中知名及/或有趣的人物，是选择性接触决策过程中的一个重要论点。观众会根据媒介人物的预期外表以及所期待的回报经历，来建构与该媒介人物的拟社会互动。与媒介人物的互动期待可能会由一些动机倾向引起，例如观察身材好的媒介形象或要求与成功人士近距离接触（Cialdini等，1976）。这些动机结构可能是持续性或场景化状况，并且会决定媒介选择情境中的选择行为。

相较于与很多媒介人物（例如有吸引力的外貌）形成的普遍性动机结构，与单独媒介人物形成的拟社会关系更加重要。围绕某个特定人物形成的持续性媒介接触，会引发大量拟社会互动过程，并且会让消费者积累关于媒介人物的知识。持续性接触会使社会互动关系形成：人们构建了与媒介人物关系的心理表征。这种精神反映包括媒介人物特点以及观众如何对他们进行评价，还包括观众如何看待自己在这种社会关系以及关系质量中的角色（Baldwin, 1992）。

很多媒介使用者已经建立了与诸多媒介人物的关系图式，并且将其列入自己现实生活中的社会关系网络（Gleich, 1997）。一旦出现某个具体媒介人物参与其中的媒介产品，观众会激活他们与该媒介人物的精神反映。根据关系图式的质量——观众认为媒介人物的吸引力大小，与这些媒介人物的（拟社会）历史互动的多少以及观众与媒介人物的共同点——选择媒介产品的动机会受到媒介人物外表的影响。如果观众认为他们与媒介人物形成的关系在适合他们情境动机的情况下十分有趣，那么他们选择相应媒介产品的可能性会大大增加。例如，观众记起之前与某位喜剧演员（拟社会）互动的愉快经历，并且这名观众正好希望通过某事愉悦自己（Zillmann, 1988），那么他/她就会优先选择有这名喜剧演员的节目。相反，如果之前的拟社会互动给某位观众带来了消极的互动体验，例如一位他/她不喜欢的名人出现在了某脱口秀节目中，他/她选择该节目的可能性就会减少。

因此，实现并提取与媒介人物的拟社会关系的动机是选择特定媒介节目的重要决定因素，规避与媒介人物的消极互动经历也是促使观众不观看某个节目的原因。运用所建构的拟社会互动模型，可以进一步确定拟社会互动过程在媒介娱乐选择性接触中的作用：观众可能会期待与媒介人物有普遍性互动（包括大部分拟社会互动过程）并且按自己意向的方式进行，或者可能会期待与媒介人物的某种拟社会互动变得有趣。

例如，观众可能会将某个熟悉的脱口秀主持人评价为令人愉悦的，因为该媒介人物引发了积极的情绪氛围，并且独立于现实情况。这类媒介人物可能会帮助观众处理非常基本的动机性格，例如，尽管内心羞涩却享受社会交际（Vorderer & Knobloch, 1996）。在这种情况下，任何期待性（拟社会）互动（除了消极、否定的认知和社会情绪）都会变得令人愉快。只有当观众以特殊方式组织他们的拟社会行为时，其他媒介人物才可能承诺愉快的互动体验。例如，观众没有激发评价性或批判性认知感觉而是采取同情行为，并且认同动作电影主角的暴力行为，那么这些观众可能会认为与主角的拟社会互动最令人愉悦（Zillmann，本书第10章内容）。通过这种方式，特定动机倾向会促进拟社会互动过程的产生，例如需要从现实生活中经历的无助和自卑中转移注意力（逃避主义，Katz & Foulkes, 1962）。

由于拟社会关系（可能）会包括如何处理与媒介人物关系的知识，在考虑消费涉及媒介人物的节目时，观众可能会关注与具体媒介人物的互动模式。例如，他们可能会觉得记住出现的媒介人物的信息在他们疲惫之时非常耗费精力，虽然这对于促进节目主持人和媒介人物之间愉快交谈十分有效，因此观众会倾向于选择与媒介人物更容易进行（拟社会）互动的节目。

关系图式影响媒介选择过程不仅体现在观众比较媒介节目的阶段。高拟社会关系（例如影迷）会促使人们积极寻找喜欢的媒介人物出现的节目（Giles, 2002）。例如，与某位女演员有高拟社会关系的观众，在音像出租店会尽量将该演员出演的所有电影找齐。

总而言之，娱乐媒介选择的动机受到观众与媒介人物拟社会关系的影响。很多心理学机制事实上就是关系图式和拟社会互动期待质量与观看动机和现实媒介选择之间的联系（Dohle, Klimmt & Schram, 2004; Vorderer, 1992; Vorderer, Klimmt & Ritterfeld, 2004），因为拟社会关系和拟社会互动期待是观众进行选择时，对媒介期待和评价的一部分。媒介娱乐消费决策过程分析必须将现有娱乐产品质量（屏幕出现的角色的吸引力和言语行为）和观众特点（知识和动机倾向）都考虑在内。

拟社会互动和媒介娱乐经历

从概念上看，我们提出的拟社会互动过程模型作为对媒介人物的认知、情绪和/或行为反应过程的集合，与媒介娱乐消费经历息息相关。在接触过程中考量媒介人物或与之产生共鸣或交谈，都会促生娱乐体验。例如，观看喜剧演员表演十分有趣（即令人愉悦），因为观众会对演员的动作和笑话进行处理（对媒介人物进行注意力分配和认知处理）并因此感到高兴。

感到愉悦的体验可能是拟社会互动过程的一个副作用，而有的拟社会互动（过程）可能会为自身提供愉悦感。本节我们将讨论拟社会互动与娱乐经历这两种类型。

娱乐作为拟社会互动过程的副作用

在很多情况下，与媒介人物产生的拟社会互动会促成观众的娱乐体验。媒介人物通常是理解复杂叙事和/或社会结构的关键，因此能使观众从理解情境中获得愉悦体验。例如，对间谍剧主人公思想的认知解读（将其思想和其他间谍剧现有内容进行对比，或者产生自己关于间谍的独创性想法）能够使人产生对情节发展的认知兴趣（Groeben & Vorderer, 1988）。

与自身经历相关的愉悦感也可能是拟社会互动过程的副作用。例如，观众发现所熟知的媒介人物曾经的言论与现在言论相悖（即一种认知拟社会互动过程），观众将认定该人物为骗子，这通常会使观众觉得自己能力强并产生自豪感（自尊心方面获得提升，Weiner, 1985），同时其也会与观看同一节目但未发现相悖言论的真实或假想观众比较，产生优越感。这种与自我相关的自豪和优越感，是娱乐体验中重要组成部分（Klimmt, 2003; Vorderer, Klimmt, & Ritterfeld, 2004）。

行为的拟社会互动过程会引发另一种愉悦机制。例如，观看运动直播的部分娱乐体验来源于心理社会学刺激，是体育馆内比赛的不可控制性和欢快气氛（Dohle, Klimtt, & Schramnn, 2004）所致。模仿场馆观众的一些典型行为，例如欢呼、唱歌或煽动运动员（媒介人物），都会帮助电视观众提高并保持其心理社会学刺激，进而提升娱乐体验。

我们建构的拟社会互动模型强调观众关于他们与媒介人物互动质量的知识。尽管人们可能会在某些情况下放弃这种知识，并且认为这些媒介人物接近于现实社会中真实的个体（"social present"，参阅 Lee, 2004）。意识到屏幕将媒介人物和观众分离开来这一点，有时候会引发有趣的互动（Schramm 等，2002）。脱口秀中的政客听不到观众的评论，这可以为观众提供更高程度的言论自由，甚至极端的诽谤也不会像在现实生活中那样造成社会抵制。这种"释放"的社会行为给极端或少见的互动模式提供了基础，并且会产生额外的娱乐感。在上述实例中，对政客的激进或者诽谤性言论（行为拟社会互动过程）会使观众将自己看作正直且不会对重要问题矫揉造作的社会公民，而这种自我认识反过来又与观众认为的有愉悦感的积极情绪相关。其他情况下观众会使用"有距离的亲密"（Hoerton & Wohl, 1956）的社会互动来实现娱乐目的。例如，观众可能会通过电视互动来展现对奇怪、丑陋或者恶心角色的好奇心，进而迅速产生距离感，而在现实生活中这种距离感的产生会很难（例如，这样做在社交层面不太合适）。

作为娱乐体验成分的拟社会互动过程

拟社会互动和娱乐体验之间的第二个概念联系是，拟社会互动过程可以是娱乐本身的组成部分或维度。情感拟社会互动过程与与媒介娱乐概念相关的体验现象联系最为紧密，包括娱乐、有趣事物、快乐等（Bosshart & Macconi, 1998; Vorderer, Klimmt, & Ritterfeld, 2004）。与媒介人物产生共鸣（Zillmann, 本书第 10 章）是娱乐的一部分，也是媒介人物和观众之间"情绪感染"过程（Neumann & Strack, 2002）的一部分。另一个众所周知的例子是电视观众可能会害怕自己喜欢的运动队输掉所观看的比赛（Raney, 2003, 以及本书第 9 章）。

对媒介人物的认知和行为反应成为娱乐体验的重要部分。有时候，对媒介人物的陈述和认知，可能恰恰是观众觉得有趣的一种偏离。而这种偏离被当作逃避主义（Henning & Vorderer, 2001; Katz & Foulkes, 1962），或者是娱乐认知模式（例如享受成功的概念组织或者获得与自己期待相符的满足感（Groeben & Vorderer, 1988）。这种认知拟社会互动过程，可以引起对现实生活思考的偏离，并且可以以更好的方式来重新调整观众的认知并体现娱乐过程，因此其不属于会引发娱乐体验副作用（见前）的因素。如果某种思维或者智力刺激方式是观众使用媒介娱乐的目标，那么认知拟社会互动过程就会成为相应消费经历的主要成分。

最后，行为拟社会互动过程也可能代表娱乐体验的维度，而不是娱乐的起源。例如，亲身参与自己观看的拳击比赛（例如有的观众站在屏幕前做出击打姿势，因为他们认为这种姿势在某种打斗情况下十分有效），这种身体行动产生的乐趣增加了他们欣赏节目的整体快乐。当然，这种活动需要观众对所看比赛进行有效解读，因此会伴随有认知和情感拟社会互动过程，这会影响娱乐体验的其他方面。但从分析角度看，观众自己的运动体验可能会与其他维度的娱乐体验相分离。在特定情境下，其他行为拟社会互动过程，例如与媒介人物交谈或根据歌曲拍手，都为娱乐体验添加了维度。

上述讨论中，拟社会互动在娱乐经历中的作用集中体现在拟社会互动和娱乐之间的积极关系上。但是，我们考察的关系也会以消极方式发挥作用，具体表现在拟社会互动过程会引起体验现象来使愉悦感降低（例如对媒介人物不认同会影响角色所讲笑话的可笑性），或者在拟社会互动过程中，体验现象作为娱乐体验的一部分达不到所需强度或者持久性，这至少会对娱乐造成阻碍。例如，脱口秀主持人可能无法和观众充分交流，因而没有足够的情感拟社会互动过程，这会使脱口秀的整体愉悦感降低。总之，娱乐体验会随着娱乐消费过程中观众的拟社会互动质量和强度的变化而变化。

拟社会互动和媒介娱乐效果

拟社会互动对媒介娱乐产品的一个直接影响是导向随后的选择行为。事实上，所有媒介选择理论（如，Rosen, Wenner, & Palmgreen, 1985; Slater, Henry, Swaim, & Anderson, 2003; Zillmann & Bryant, 1985）都强调过去媒介体验对媒介消费决定的重要性。观众可能会重新选择他们之前认为有趣的节目，而不是重新评价之前认为不好的节目。这种从之前体验中学习的做法，也可以运用到娱乐媒体中人物的拟社会互动过程中的后续选择行为中。每种拟社会接触都会影响观众对于特定媒介人物的关系图示（Baldwin, 1992），进而反过来决定选择接触的后续决策（见前探讨）。格里奇（Gleich, 1997）认为，拟社会互动和拟社会关系之间的联系是一个循环过程，这与斯莱特等人（Slater 等，2003）认为的媒介选择和媒介效果是螺旋模型的看法类似。

人们不仅会将从媒介人物拟社会互动过程和关系图示中获取的信息运用到媒介选择行为之中，一些媒介效果理论，例如大众传媒的社会认知理论（Bandura, 2001）认为，人们通过观察媒介上的事物、事件以及社会实体来获得信息。对所获得信息的理解、使用取决于观众所观察的"模范"的特点。例如，媒介（娱乐）节目将某种行为展示为解决问题的可行办法（例如"模范"因为这种行为受到了奖励），那么观众在类似情境下尝试这种行为的可能性就会大大增加。拟社会互动过程，例如对媒介人物的积极反应，可以调节这种社会学习过程的结果。观众效仿某些媒介人物行为，主要是因为曾经历过有回报性拟社会互动过程。此外，在某种问题解决情境中，观众可能会优先选择一些特定行为而非其他，因为他们对媒介人物的强附属性拟社会关系，提升了他们对媒介人物经常使用行为的认知可及性。最后，由拟社会互动引发的拟社会关系可能会影响动机结构：例如与犯罪电视剧主人公的相似性，可能会提升观众做符合道德事情的动机。高拟社会互动过程可能会影响观众的大部分行为，由于在此之后观众会在拟社会互动过程中了解与角色相关的现实、态度及行为（知识习得以及决策制定形成，例如"某位角色在这个情况下会怎么做？"），因此他们的关系图式会影响与行为相关的认知结构和动机倾向（例如道德推理方面）。

与娱乐媒介中拟社会互动过程特点相关的一种影响是说服。对媒介人物的拟社会反应可能会影响态度形成和改变的过程，这或多或少是由传播者决定。例如，表扬类广告已实施了一段时间，其假设是名人形象转到商品上会使产品对（潜在）顾客而言更有吸引力（Byrne, Whitehead, & Breen, 2003）。同理，有的娱乐—教育项目旨在通过知名媒介人物来传递健康行为或社会变化（Papa等，2000）。从建构的模型角度看，涉及所出现角色的一系列拟社会互动过程，（可能）会达到推荐广告和娱乐教育信息的传播者所期望的效果。例如，如果屏幕出现的角色与观众形成了积极的拟社会关系图式，该角色会吸引观众对广告产品的注意力并激发其对产品特征的认知解读和记忆。对媒介人物的情感反应（例如情绪传染）可能会将积极情感和产品联系起来，如果观众在超市看到了产品的商标，这种感觉则会被激活。对于媒介人物的拟社会反应也会引起非自发的抵抗性反应：如果观众不喜欢的人表扬了某个产品，诸如反争论和反情感行为的认知拟社会互动过程被激活（例如气愤），这样可能会引发观众对产品的消极态度并且降低观众购买的可能性。同理，个人关系图式会引发特定拟社会互动过程，这种过程可能会帮助人们理解和认同娱乐—教育信息，或造成对相应行为变化的反对和抵制。根据拟社会互动的质量和过程，我们发现媒介产品的说服效果主要由名人或其他媒介人物的特点决定。我们建构的拟社会模型作为多方面现象的集合，可能会帮助观众对媒介人物提倡的产品信息进行更加细致的欣赏。

小结

拟社会互动和媒介娱乐之间的概念联系在选择性接触、消费体验及媒介效果的各个阶段都存在。我们建构的拟社会模型作为多方面现象的集合，可以帮助我们定义媒介消费的特定过程，并且发掘媒介选择前后影响观众认知、情感和行为的因素。该模式将媒介人物在媒介娱乐选择、理解、欣赏及效果方面的重要影响，分解为具体的在实证上可以调查的过程和关系。图17.2总结了娱乐心理学拟社会互动所讨论的各个维度。

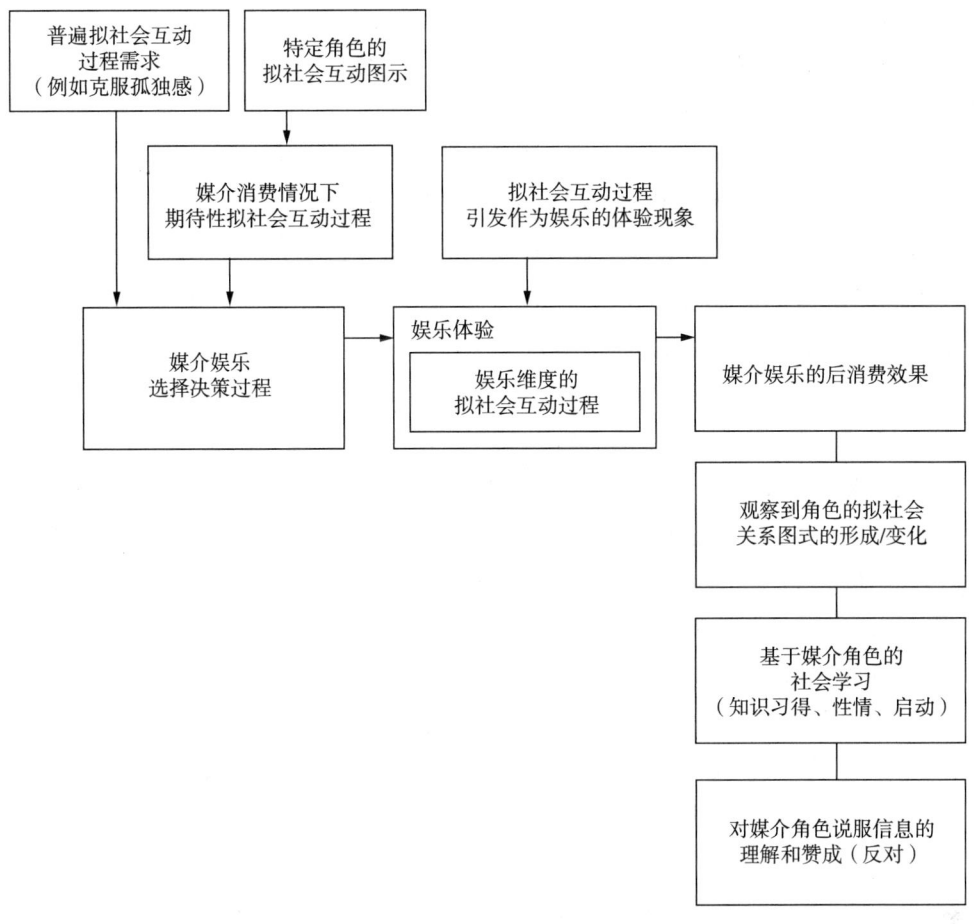

图17.2 拟社会互动/拟社会关系与媒介娱乐的理论联系

结语：娱乐拟社会互动/拟社会关系未来研究方向

本章我们建构了一个基于过程的媒介人物拟社会互动模型，并且探讨了拟社会互动、拟社会关系及媒介娱乐之间的关系。研究结果提供了大量假设，我们可以基于这些假设来推进观众对媒介人物的反应的后续研究。本研究最重要的发现是，大量内部过程会随着对媒介人物的观察而发生，并且观众对于媒介人物的欣赏是动态且非常复杂的。在此情况下，拟社会互动和拟社会关系比共情（Zillmann，本书第10章）或认同的概念（Cohen，本书第11章）更宽泛。分清这些概念的异同仍是娱乐研究的基本理论挑战。

此外，我们建构的拟社会互动/拟社会关系和娱乐之间的关系模型，还应该进一步在实证方面进行验证，因为现有大多数关于拟社会互动/拟社会关系的研究并没有对不同过程成分进行精确定义（例如同情和自我情绪、获取与角色相关的记忆和思考媒介人物未来）。或许现有模型（及其与娱乐的关系）太过精确且很难通过实证研究来解释，但是区别拟社会互动过程，可以帮助我们更好地理解很多现象。通过这种方式，上述理论的运用可能会推动娱乐理论的研究进展（Bryant, 2004），因为还需要对很多媒介娱乐的实现方式进行概念化研究（Vorderer等，2004）。

对娱乐中拟社会互动过程或拟社会关系作用的探讨，也对媒介效果研究具有理论价值。对娱乐—教育及广告的研究，可能会从现有拟社会互动过程结构中获益，辨别媒介人物行为和观众反应的各个方面，对于传播目标的实现也十分重要。对非娱乐情境中媒介人物的欣赏，例如电视新闻（Rubin等，1985），也应该被放置在拟社会互动过程与娱乐关联的情境下进行重新审视。

未来所有涉及拟社会互动/拟社会关系和娱乐的研究，都应该在方法论上有所推进。现有工具如拟社会互动量表（Rubin等，1985）应该进行修正，因为拟社会互动过程和拟社会关系图式的不同方式可对模型中观众反应进行实证研究（Hartmann等，2004b）。此外，我们还应该开发其他研究工具，而非仅仅依靠以前发布的问卷调查。网络工具，例如观察、自述法（Shapiro, 1994）、心理社会学和神经心理学方法也可以用来评价认知、情感和行为拟社会互动过程的复杂性及动态性，并且帮助检验特定角色特点、观众特性和体验过程与愉悦以及娱乐媒介效果之间的关系。

总之，娱乐情景中观众对媒介人物的反应非常重要，但也需要进行进一步的理论整合和解释。拓展霍顿和沃尔（Horton & Wohl, 1956）关于现代媒介娱乐的最初想法，可以从整体上为娱乐理论和传播学研究提供进一步参考。

参考文献

Ashe, D. D., & McCutcheon, L. E. (2001). Shyness, loneliness, and attitude toward celebrities. *Current Research in Social Psychology, 6*, 124–133.
Auter, P. J. (1992). TV that talks back: An experimental validation of a parasocial interaction scale. *Journal of Broadcasting and Electronic Media, 36*, 173–181.
Auter, P. J., & Palmgreen, P. (2000). Development and validation of a parasocial interaction measure: The audience- persona interaction scale. *Communication Research Reports, 17*, 79–89.
Babrow, A. S., O'Keefe, B. J., Swanson, D. L., Meyers, R. A. & Murphy, M. A. (1988). Person perception and children's impression of television and real peers. *Communication Research, 15*, 680–698.
Baldwin, M. W. (1992): Relational schemas and the processing of social information. *Psychological Bulletin, 112*, 461–484.
Bandura, A. (2001). Social cognitive theory of mass communication. *Media Psychology, 3*, 265–299.
Bente, G., Krämer, N. C., & Petersen, A. (Eds.). (2002). Virtuelle Realitäten [Virtual realities]. Göttingen: Hogrefe.
Boon, S. D., & Lomore, C. D. (2001). Admirer–celebrity relationships among young adults: Explaining perceptions of celebrity influences on identity. *Human Communication Research, 27*, 432–465.
Bosshart, L. & Macconi, I. (1998). Defining "Entertainment." *Communication Research Trends, 18* (3), 3–6.
Brewer, M. B. (1988): *A dual process model of impression formation*. In T. Srull & R. Wyer (Eds.), *Advances in social cognition* (Vol. 1, pp. 1–36). Hillsdale, NJ: Lawrence Erlbaum Associates.
Bryant, J. (2004). Critical communication challenges for the new century. *Journal of Communication, 54*, 389–401.
Byrne, A., Whitehead, M., & Breen, S. (2003). The naked truth on celebrity endorsement. *British Food Journal, 105*, 288–296.
Caughey, J. L. (1984). *Imaginery social worlds: A cultural approach*. Lincoln: University of Nebraska Press.
Caughey, J. L. (1986). *Social relations with media figures*. In G. Gumpert & R. Cathcart (Eds.), *Inter/Media. Inter-personal communication in a media world*. New York : Oxford University Press.
Cialdini, R. B., Borden, R. J., Thorne, A., Walker, M. R., Freeman, S., & Sloan, L. R. (1976). Basking in reflected glory: Three

(football) field studies. *Journal of Personality and Social Psychology, 34*, 366–375.

Cohen, J. (2001). Defining identification: A theoretical look at the identification of audiences with media characters. *Mass Communication & Society, 4*, 245–264.

Cohen, J. (2003). Parasocial breakups: Measuring individual differences in responses to the dissolution of parasocial relationships. *Mass Communication and Society, 6*, 191–202.

Cohen, J. (2004). Parasocial break-up from favourite television characters: The role of attachment styles and relation- ship intensity. *Journal of Social and Personal Relationships, 21*, 187–202.

Cole, T., & Leets, L. (1999). Attachment styles and intimate television viewing: Insecurely forming relationships in a parasocial way. *Journal of Social and Personal Relationships, 16*, 495–511.

Conway, J. C., & Rubin, A. M. (1991). Psychological predictors of television viewing motivation. *Communication Research, 18*, 443–463.

Costa, P. T., & McCrae, R. R. (1992). *Revised NEO personality inventory (NEO PI-R) and NEO five factor inventory (NEO-FFI): Professional Manual*. Odessa, FL: Psychological Assessment Resources.

Dohle, M., Klimmt, C., & Schramm, H. (2004, May). *Rationality in media selection processes: Analyzing the match between motivations, expectations, and ex-post evaluations*. Presentation to the 54th conference of the International Communication Association (ICA), May 27–31, 2004, New Orleans.

Ellis, G. J., Streeter, S. K., & Engelbrecht, J. D. (1983). Television characters as significant others and the process of vicarious role taking. *Journal Of Family Issues, 4*, 367–384.

Fabian, T. (1993). *Fernsehen und Einsamkeit im Alter. Eine empirische Untersuchung zu parasozialer Interaktion [Television and Loneliness in elder people. An empirical investigation of parasocial interactions]*. Münster: LIT.

Festinger, L. (1954): A theory of social comparison process. *Human Relations, 7*, 117–140.

Fiske, S. T., Lin, M., & Neuberg, S. L. (1999). *The continuum model. Ten years later*. In S. Chaiken & Y. Trope (Eds.), *Dual-process theories in social psychology* (pp. 231–254). New York: Guilford Press.

Flora, C. (2004). Seeing by starlight. *Psychology Today, 37* (4), 36–41.

Fritchie, L. L., & Johnson, K. K. (2003). Personal selling approaches used in television shopping. *Journal of Fashion Marketing and Management, 7*, 249–258.

Giles, D. C. (2002). Parasocial interaction: A review of the literature and a model for future research. *Media Psychology, 4*, 279–305.

Giles, D. C., & Maltby, J. (2004). The role of media figures in adolescent development: Relations between autonomy, attachment, and interest in celebrities. *Personality and Individual Differences, 36*, 813–822.

Gleich, U. (1997). *Parasoziale Interaktionen und Beziehungen von Fernsehzuschauern mit Personen auf dem Bild- schirm: ein theoretischer und empirischer Beitrag zum Konzept des aktiven Rezipienten*. [Parasocial Interactions and relationships of television viewers] Landau: Verlag Empirische Pädagogik.

Gleich, U. (1999). *Parasoziale Bindungen zu Politikern?* In P. Winterhoff-Spurk & M. Jäckel (Eds.), *Politische Eliten in der Mediengesellschaft* [Political elites in media society] (pp. 151–168). München: R. Fischer.

Grant, A. E., Guthrie, K. K., & Ball-Rokeach, S. J. (1991). Television shopping. A media system dependency perspective. *Communication Research, 18*, 773–798.

Groeben, N., & Vorderer, P. (1988). *Leserpsychologie: Lesemotivation – Lektürewirkung* [The psychology of readers: Reading motivation-effects of reading]. Münster: Aschendorff.

Hartmann, T., Klimmt, C., & Vorderer, P. (2001). Avatare: Parasoziale Beziehungen zu virtuellen Akteuren [Avatars: Parasocial relationships with virtual actors]. *Medien- und Kommunikationswissenschaft, 49*, 350–368.

Hartmann, T., Schramm, H., & Klimmt, C. (2004a). *Vorbereitende Überlegungen zur theoretischen Modellierung parasozialer Interaktionen im Prozess der Medienrezeption* [Preliminary considerations on modelling paraso- cial interaction in the process of media consumption]. Retrieved 01/10/2004 from http://www.ijk.hmt-hannover.de/psi/.

Hartmann, T., Schramm, H., & Klimmt, C. (2004b). Personenorientierte Medienrezeption: Ein Zwei-Ebenen-Modell parasozialer Interaktionen [Person-oriented media reception: A two-level model of parasocial interactions]. *Pub- lizistik, 49*(1), 25–47.

Henning, B., & Vorderer, P. (2001). Psychological escapism: Predicting the amount of television viewing by need for cognition. *Journal of Communication, 51*, 100–120.

Hoerner, J. (1999). *Scaling the web. A parasocial interaction scale for world wide web sites*. In D. W. Schumann & E. Thorson (Eds.), Advertising and the world wide web (pp. 135147). Mahwah, NJ: Lawrence Erlbaum Associates.

Hoffner, C. (1996). Children's wishful identification and parasocial interaction with favorite television characters. *Journal of Broadcasting and Electronic Media, 40*, 389–402.

Horton, D., & Wohl, R. (1956). Mass communication and para-social interaction: Observation on intimacy at a distance. *Psychiatry, 19*, 215–229.

Houlberg, R. (1984). Local television news audience and the para-social interaction. *Journal of Broadcasting, 28*, 423–429.

Kanning, U. P. (1999): *Die Psychologie der Personenbeurteilung* [The psychology of person judgments]. Göttingen: Hogrefe.

Katz, E., & Foulkes, D. (1962). On the use of mass media for escape: Clarification of a concept. *Public Opinion Quarterly, 26*, 377–388.

Klimmt, C. (2003). Dimensions and determinants of the enjoyment of playing digital games: A three-level model. In M. Copier & J.

Raessens (Ed.), *Level Up: Digital Games Research Conference* (pp. 246–257). Utrecht: Faculty of Arts, Utrecht University.

Konijn, E. A., & Hoorn, J. F. (2005). Some like it bad: Testing a model for perceiving and experiencing fictional characters. *Media Psychology, 7* (2), 107–144.

Krotz, F. (1996). *Parasoziale Interaktion und Identitä't im elektronisch mediatisierten Kommunikationsraum*. In P. Vorderer (Eds.): Fernsehen als "Beziehungskiste". Parasoziale Beziehungen und Interaktionen mit TV-Personen [TV as relationship machine: Parasocial relationships and interactions with TV personae] (pp. 73–90). Opladen: Westdeutscher Verlag.

Lee, K. M. (2004). Presence, explicated. *Communication Theory, 14* (1), 27–50. Levy, M. R. (1979). Watching TV news as parasocial interaction. *Journal of Broadcasting, 27*, 68–80.

Levy, M. R.(1979). Watching TV news as para-social interaction. *Journal of Broadcasting, 27,* 68–80.

Maltby, J., Houran, J., Lange, R., Ashe, D., & McCutcheon, L. E. (2002). Thou shalt worship no other gods— unless they are celebrities: The relationship between celebrity worship and religious orientation. *Personality and Individual Differences, 32*, 1157–1172.

Mares, M. L., & Cantor, J. (1992). Elderly viewers' responses to televised portrayals of old age: Empathy and mood management vs. social comparison. *Communication Research, 19*, 459–478.

McCutcheon, L. E., Ashe, D. D., Houran, J., & Maltby, J. (2003). A cognitive profile of individuals who tend to worship celebrities. *The Journal of Psychology, 137*, 309–322.

Neumann, R., & Strack, F. (2000). "Mood contagion": The automatic transfer of mood between persons. *Journal of Personality and Social Psychology, 79*, 211–223.

Nordlund, J. (1978). Media interaction. *Communication Research, 5*, 150–175.

Omdahl, B. L. (1995). *Cognitive appraisal, emotion, and empathy*. Mahwah, NJ: Lawrence Erlbaum Associates.

Palmgreen, P., Wenner, L. A., & Rayburn, J. D. (1980). Relations between gratifications sought and obtained. A study of television news. *Communication Research, 7*, 161–192.

Papa, M. J., Singhal, A., Law, S., Pant, S., Sood, S., Rogers, E. M., & Shefner-Rogers, C. L. (2000). Entertainment- education and social change: An analysis of parasocial interaction, social learning, collective efficacy, and para- doxical communication. *Journal of Communication, 50*, 31–55.

Perse, E. M., & Rubin, A. M. (1988). Audience activity and satisfaction with favorite television soap opera. *Journalism Quarterly, 68*, 368–375.

Perse, E. M., & Rubin, R.B. (1989). Attribution in social and parasocial relationships. *Communication Research, 16*, 59–77.

Perse, M. P. (1990). Media involvement and local news effects. *Journal of Broadcasting and Electronic Media, 34*, 17–36.

Raney, A. A. (2003). *Disposition-based theories of enjoyment*. In J. Bryant, D. R. Roskos- Ewoldsen, & J. Cantor (Eds.), Communication and emotion: Essays in honor of Dolf Zillmann (pp. 61–84). Mahwah, NJ: Lawrence Erlbaum Associates.

Ritterfeld, U., Klimmt, C., Vorderer, P., & Steinhilper, L. K. (2005). The effects of a narrative audio tape on preschoolers'entertainment experience and attention. *Media Psychology, 7*, 47–72.

Rosengren, K. E., Wenner, L., & Palmgreen, P. (Eds). (1985). *Media gratifications research: Current perspectives*. Beverly Hills Sage.

Rubin, R. B., & McHugh, M. P. (1987). Development of parasocial interaction relationships. *Journal of Broadcasting and Electronic Media, 31*, 279–292.

Rubin, A. M., & Perse, E. M. (1987). Audience activity and soap opera involvement: A uses and effects investigation. *Human Communication Research, 14*, 246–292.

Rubin, R. B., & Rubin, M. (2001). *Attribution in social and parasocial relationships*. In V. Manusov & J.H. Harvey (Eds.), Attribution, communication behavior, and close relationships (pp. 320–337). Cambridge, UK: Cambridge University Press.

Rubin, A. M., & Step, M. M. (2000). Impact of motivation, attraction, and parasocial interaction on talk-radio listening. *Journal of Broadcasting and Electronic Media, 44*, 635–654.

Rubin, A. M., Perse, E. M., & Powell, R.A. (1985). Loneliness, parasocial interaction, and local television news viewing. *Human Communication Research, 12*, 155–180.

Schramm, H., Hartmann, T. & Klimmt, C. (2002). Desiderata und Perspektiven der Forschung u¨ber parasoziale Interaktionen und Beziehungen zu Medienfiguren [Desiderata and perspectives of research on parasocial interactions and relationships with media figures]. *Publizistik, 47*, 436–459.

Schramm, H., Hartmann, T., & Klimmt, C. (2004). *Parasoziale Interaktionen und Beziehungen mit Medienfiguren in interaktiven und konvergierenden Medienumgebungen. Empirische Befunde und theoretische Überlegungen*. In U. Hasebrink, L. Mikos, & E. Prommer (Eds.), Mediennutzung in konvergierenden Medienumgebungen [Media usage in convergent media environments] (pp. 299–320). München: Fischer.

Shapiro, M. A. (1994). Think-aloud and thought-list procedures in investigative mental processes. In A. Lang (Ed.), *Measuring psychological responses to media* (pp. 1–14). Hillsdale, NJ: Lawrence Erlbaum Associates.

Slater, M., Henry, K. L., Swaim, R. C. & Anderson, L. L. (2003). Violent media content and aggressiveness in adolescents: A downward spiral model. *Communication Research, 30* (6), 713–736.

Stuke, D., Hartmann, T., & Daschmann, G. (2005, May). Parasocial Relationships with Drivers Affect Suspense in Racing Sport Spectators. Paper presented at the annual conference of the International Communication Association (ICA), May 26–30 2005, New York.

Teichert, W. (1973). "Fernsehen" als soziales Handeln II [Watching television as social action]. *Rundfunk und Fernsehen, 21*, 356–382.

Thallmair, A., & Rössler, P. (2001). *Parasoziale Interaktion bei der Rezeption von Daily Talk shows. Eine Befragung von älteren Talk-Zuschauern.* In C. Schneiderbauer, (Eds.), Daily Talk shows unter der Lupe [Looking at daily talk shows] (p. 179–208). München: Fischer.

Todorov, A., & Uleman, J. S. (2002). Spontaneous trait inferences are bound to actors' faces: Evidence from a false recognition paradigm. *Journal of Personality and Social Psychology, 83*, 1051–1065.

Trepte, S., Zapfe, S., & Sudhoff, W. (2001). Orientierung und Problembewältigung durch TV-Talk shows: Empirische Ergebnisse und Erklärungsansätze [Orientation and coping through TV-talk shows: Empirical findings and explanations]. *Zeitschrift für Medienpsychologie, 13*, 73–84.

Tsao, J. (1996). Compensatory media use: An exploration of two paradigms. *Communication Studies, 47*, 89–109.

Turner, J. R. (1993). Interpersonal and psychological predictors of parasocial interaction with different television performers. *Communication Quarterly, 41*, 443–453.

Visscher, A. & Vorderer, P. (1998). *Parasoziale Beziehungen von Vielsehern.* In H. Willems & M. Jurga (Eds.), Inszenierungsgesellschaft [The staged society] (pp. 453–469). Wiesbaden : Westdeutscher Verlag.

Vorderer, P. (1992). *Fernsehen als Handlung: Fernsehfilmrezeption aus motivationspsychologischer Perspektive* [Watching TV as action: TV film consumption from the perspective of motivation]. Berlin: Edition Sigma.

Vorderer, P. (1996). *Picard, Brinkmann, Derrick & Co. als Freunde der Zuschauer.* In Vorderer, P. (Eds.), Fernsehen als "Beziehungskiste". Parasoziale Beziehungen und Interaktionen mit TV-Personen [TV as relationship machine: Parasocial relationships and interactions with TV personae] (pp. 153–171). Opladen: Westdeutscher Verlag.

Vorderer, P. (1998). *Unterhaltung durch Fernsehen: Welche Rolle spielen parasoziale Beziehungen zwischen Zuschauern und Fernsehakteuren?* In G. Roters, W. Klingler, & O. Zöllner (Eds.), Fernsehforschung in Deutschland. Themen, Akteure, Methoden [TV research in Germany. Issues, agents, methods] (pp. 689–707). Baden-Baden: Nomos.

Vorderer, P., & Knobloch, S. (1996). Parasoziale Beziehungen zu Serienfiguren: Ergänzung oder Ersatz? [Parasocial relationships to TV series characters: Completion or replacement?] *Medienpsychologie, 8*, 201–216.

Vorderer, P., & Knobloch, S. (2000). *Conflict and suspense in drama.* In D. Zillmann & P. Vorderer (Eds.), Media entertainment: The psychology of its appeal (pp. 59–72). Mahwah, NJ: Lawrence Erlbaum Associates.

Vorderer, P., & Klimmt, C. & Ritterfeld, U. (2004). Enjoyment: At the heart of media entertainment. *Communication Theory, 4*, 388–408.

Wallace, W. T., Seigerman, A., & Holbrook, M. B. (1993). The role of actors and actresses in the success of films: How much is a movie star worth? *Journal of Cultural Economics, 17*, 1–27.

Weiner, B. (1985). An attributional theory of achievement motivation and emotion. *Psychological Review, 92*, 548–573.

Wulff, H. J. (1992), Fernsehkommunikation als parasoziale Interaktion: Notizen zu einer interaktionistischen Fernsehtheorie [TV communication as parasocial interaction: Notes on an interactional television theory]. *Semiotische Berichte, 3*, 279–295.

Wulff, H. J. (1996). Parasozialität und Fernsehkommunikation [Parasociality and TV communication]. *Medienpsy- chologie, 8*, 163–181.

Zillmann, D. (1988). Mood management through communication choices. *American Behavioral Scientist, 31*, 327–340.

Zillmann, D. (1996). The psychology of suspense in dramatic exposition. In P. Vorderer, H. Wulff, & M. Friedrichsen (Eds.), *Suspense: Conceptualizations, theoretical analyses, and empirical explorations* (p. 199–231). Mahwah, NJ: Lawrence Erlbaum Associates.

Zillmann, D., & Bryant, J. (Eds.). (1985). *Selective exposure to communication.* Hillsdale, NJ: Lawrence Erlbaum Associates.

第十八章　为何恐怖永不消亡：
恐怖性娱乐持久而吊诡的影响

乔安妮·坎托

　　一直以来，恐怖性娱乐是一个悖论，并向研究者提出了许多具有挑战性的问题。其中最令人感兴趣的是：在媒介中，什么样的画面和事件会引起恐惧，为什么孩子们经常会对成人不会觉得害怕的节目感到恐惧呢？在娱乐体验结束后，恐惧反应会持续多久？为什么观众明明知道观看的是虚构之物，还会体验到恐惧呢？为什么对创伤性媒介接触的长期记忆经常会导致非理性行为？最后，什么方法最适合减少因媒介接触而造成的情感创伤？本章将各种理论和发现汇集在一起，试图解决这些问题。

这不是你所想的：在媒介中让孩子们感到恐惧的年龄差异

　　一般来说，观众在大众媒介中看到的可怕东西与他们在现实生活中所遭遇的令人恐惧的事物相似。恐怖刺激的三个主要类别已经被确定为：①暴力或危害的威胁；②对自然形态扭曲的视觉描述（如怪物、变种和畸形生物）；③对其他遭遇危险或令人恐惧的人的描述（更多分析参见 Cantor, 2002）。除了这些主要类别之外，特别让人感到害怕的还有他/她的气质和以前的经历，以及共同发生的现实世界中的事件。除了这些特殊因素之外，研究表明观众的年龄是媒介引发恐惧的来源和强度的重要决定因素。

　　当孩子们被成人认为无害的节目或电影吓着时，大多数家长都会感到惊讶（Cantor, 1998）。其实不同年龄段儿童的认知发展的差异会严重影响他们对周围世界的认知和理解，包括大众媒介。越来越多的研究基于认知发展的理论和发现，调查了大众媒介刺激和令不同年龄儿童受惊吓的事件的类型。实验室实验已经对节目内容和观看条件进行了严格控制，包括自我报告、生理反应、情绪表情编码和行为测量。出于伦理方面的考虑，在实验中我们只使用了相对温和的电视节目和电影的一小段节选。作为对这些实验的补充，调查和回顾研究已经调查了那些在自然环境中没有任何研究人员介入的情况下儿童接触特定大众媒介产品的反应。尽管进行了比实验更严格的控制，这些事后的研究却允许对更可怕媒介产品的反应进行探索，并且可以记录更长的持续时间。

探索发展差异的研究已经确定了三个内容特征，它们是年龄差异的重要决定因素：外在形象、幻想（对应的是现实）和抽象性。

外在形象的重要性

对认知发展的研究表明，一般来说，孩童对刺激的反应主要是根据他们的可感知的特征，而且随着年龄的增长，他们对刺激的反应越来越多（参见Flavell, 1963; Melkman, Tversky, & Baratz, 1981）。研究结果支持了这样一种结论：随着孩子年龄的增长，恐怖的媒介产品对孩子们的影响会降低。换句话说，学龄前儿童（年龄大约5岁）更可能被看起来可怕但实际上是无害的东西吓到，而不是看起来有吸引力但实际上是有害的东西；对于小学生（约9—11岁），相对于一个角色、动物或物体的行为或破坏性潜力，外表就没那么重要了。

这一概括是1981年进行的一项调查所支持的（Cantor & Sparks, 1984），其中要求父母们说出最让孩子们害怕的节目和电影。在这项调查中，学龄前儿童的父母最常提到有怪异人的节目，例如电视剧《绿巨人》和故事片《绿野仙踪》；年长的小学儿童的父母更经常提到的节目或电影，包括没有强有力的可视化要素，需要想象力来理解的节目或电影。斯帕克斯（Sparks, 1986）重复了这项研究，使用儿童自我报告，而不是父母的观察，获得了类似的发现。这两项调查都对不同年龄组的选择模式可能存在的差异进行了控制。

一项支持类似结论的研究探讨了儿童对《绿巨人》片段的反应（Sparks&Cantor, 1986）。尽管这个电视剧讲述的是一个为了做好事而变成怪人的超级英雄的故事，坎托和斯帕克斯（Cantor & Sparks, 1984）的调查报告指出，它被学龄前儿童的40%的父母指定为让他们的孩子害怕的节目。当孩子们看到《绿巨人》电视剧的片段，并被问及他们在电视剧的不同场景下的感受时，学龄前的孩子们最害怕的是这位有魅力的、举止温和的英雄变成了怪异的绿巨人。相比之下，年纪较大的小学生表现出了最少的恐惧，因为他们明白绿巨人是另一种形式的仁慈英雄，而且他利用自己的超能力去营救一个身处危险中的角色。学龄前儿童对这个节目的强烈反应，似乎部分是由于他们对绿巨人形象的过度反应，以及他们无法超越他的外表而欣赏他的仁义行为。

另一项研究（Hoffner & Cantor, 1985）通过创造一个有四个版本的故事更直接地检验外在形象效果，主要人物要么是迷人的，要么是难看的或是丑陋的、奇怪的。这个角色的外在形象与她的行为有很大不同，她被描绘成是善良的或残忍的。研究要求受试者在判断这个人物有多好或多刻薄的同时，预测她在随后的场景中会做些什么。学龄前儿童比年龄较大的孩子（6—7岁和9—10岁）受角色的影响更大，受她的善良或残忍行为的影响较小。随着孩子年龄的增长，角色的外在形象变得不那么重要了，她的行为越来越重要。一项后续实验表明,在没有关于这个角色的行为信息的情况下,所有年龄段的孩子都有外在形象上的刻板印象,也就是说,他们认为丑女会是刻薄的,而漂亮的女人会很和蔼。

对幻想内容的反应

研究表明,区分现实与幻想的能力在童年时期逐渐发展起来(参见Flavell, 1963; Kelly, 1981; Morison & Gardner, 1978)。与这种缓慢的发展相伴随的是,儿童在认知上的成熟,他们对不可思议的危险的反应会降低,对媒介所描绘的现实威胁会更敏感。坎托和斯帕克斯从什么东西会吓到孩子的调查中发现,父母会使用虚构之物描绘现实生活中不太可能发生的事情,这随着孩子年龄的增长而减少;相反,父母使用虚构之事描绘生活中可能发生的事情的情况,会随着孩子年龄的增长而增加。斯帕克斯(Sparks, 1986)用儿童自我报告印证了这些发现。进一步的支持来自一项关于儿童对电视新闻的恐惧反应的研究(Cantor & Nathanson, 1996),它对幼儿园、二年级、四年级和六年级的儿童家长的调查显示,受幻想节目惊吓的孩子的比例随着孩子年龄的增长而下降,而受新闻故事惊吓的孩子的比例随年龄增长而增加。

回应抽象威胁

认知发展的理论和发现表明,抽象思维能力在认知发展中较晚出现(如,Flavell 1963)。与这种新能力相符,随着孩子们逐渐成熟,他们逐渐被媒介描绘的越来越抽象的概念惊吓到。支持这种概括的数据来自一项对儿童看电影《事后》的反应的调查(Cantor, Wilson & Hoffner, 1986)。虽然许多人担心幼童对这部电影的反应,其中描绘了堪萨斯社区受到核攻击的破坏场面(Schofield & Pavelchak, 1985),但对抽象思维能力发展的考虑导致了这样一种预测:较小的孩子受核攻击的影响最小。在对父母进行的一次随机电话调查中,研究者发现,这部电影播出后的晚上,12岁以下的孩子比青少年更少受到电影的困扰,而家长们最不安,较小的孩子是最不害怕的。这一发现表明影片的情感影响来自核攻击有毁灭地球的危险的思考——我们所知的这一概念超出了一个儿童的理解范围。与情节所暗示的后果相比,电影中对受伤的视觉描写是相当温和的。

对媒介引发的恐惧中的发育差异的研究出现了三个主要结论:①随着儿童年龄的增长,外在形象的重要程度降低;②随着儿童的成熟,他们变得不太可能受到媒介节目中事件的惊吓,更容易害怕关于现实的描述;③随着儿童的成熟,他们更有可能被媒介描绘的抽象事物惊到。

"你并不是少数"——媒介引发的创伤出人意料地普遍存在

尽管实验研究可以提供关于年龄差异的信息,但它们并没有显示公众对媒介的普遍而强烈的恐惧反应。对大众媒介的恐惧反应的研究可以追溯到赫伯特·布鲁默(Herbert

Blumer, 1933），他所访谈的孩子中有93%的人会对一部电影感到恐惧。尽管在随后的几十年里，媒介作为孩子们恐惧的源头（Cantor, 2002）被关注，但在20世纪七八十年代，几部轰动一时的恐怖片上映后，人们研究的重点开始集中于此。随着媒介对像《大白鲨》和《驱魔人》这样受欢迎的电影的大肆报道，公众的注意力更加聚焦。1984年的电影《夺宝奇兵》和《外星人》中出现了让孩子反应强烈的场景，这促使美国电影协会将"PG-13"添加到评级系统，以便提醒家长，这部电影可能不适合13岁以下儿童（Zoglin, 1984）。此外，随着有线电视频道数量的增加，大多数为院线发行而制作的电影，无论多么暴力或怪异，最终都是在电视上播出的，因此大量儿童可以接触到这些电影，而且往往没有父母的监管。

相关研究表明，电视接触与焦虑和睡眠障碍有关。一项针对3—8年级学生的调查结果显示，随着每天看电视时间的增加，心理创伤的症状也增加了，比如焦虑、抑郁和创伤后压力（Singer, Slovak, Frierson, York, 1998）。此外，对幼儿园到4年级的公立学校孩子的父母的调查显示，孩子们看电视的数量（尤其是在睡前看电视），以及在自己的卧室里有无电视，与睡眠障碍有很大关系（Owens, Maxim, McGuinn, Nobile, Msall, & Alario, 1999）。

尽管这些调查数据不能排除另一种解释，即儿童遭受创伤或睡眠障碍的可能性更大，他们更倾向于通过电视来分散注意力，但研究者们一致认为，在电视上看到令人恐惧和不安的画面有助于减轻孩子的压力和焦虑。事实上，在欧文斯等人（Owens等, 1999）的研究中，9%的父母报告说他们的孩子每周至少做一次电视所引发的噩梦。

一项实验研究表明，目睹可怕的媒介内容可能也会导致孩子们避免参与和所描述的事件相关的活动（Cantor & Omdahl, 1991）。在这项研究中，从幼儿园到6年级的孩子们接触了《草原上的小房子》中致命的房屋火灾的戏剧化描述，研究报告显示他们对自己生活中类似事件发生的担忧有所增加。此外，他们对在壁炉里生火的兴趣也比没有经历过的孩子要少。同样，看到溺水事件的孩子们对水上交通事故有更多关注，与没有看过这一幕的孩子相比，他们更不愿意学习划独木舟。虽然这些影响的持续时间没有被测量，但无疑是短暂的，特别是因为使用了情况介绍和安全指南，所以没有一个孩子会经历长期的痛苦（Cantor & Omdahl, 1999）。

越来越多的证据表明，大众媒介接触所引发的恐惧会在观看后持续很长时间，有时会产生强烈虚弱之感（Cantor, 1998）。在约翰逊（Johnson, 1980）的一项随机调查中，40%的受访成年人说他们看过让他们感到不安的电影。报告的干扰值的中值是3天。受访者还报告了症状的类型、强度和持续时间，例如紧张、抑郁，对特定事物的恐惧，以及反复出现的想法和图像。根据这些报告，约翰逊（Johnson, 1980）认为48%的被调查者（占总样本的19%）至少经历了两天的时间，这是观看一部电影的"重大压力反应"。

成年人对电视节目或电影的详细的恐惧记忆的回顾研究提供了更多证据，证实了媒介引发的恐惧的严重性和持续性（Harrison & Cantor, 1999; Hoekstra, Harris, & Helmick, 1999）。这些研究包括来自三所大学的本科生的样本，样本显示对持久的媒介引发的恐惧的生动记忆几乎是普遍存在的。有一项研究的所有参与者（Hoekstra等，1999）报道了这样的结果，在另一项研究（Harrison & Cantor, 1999）中，有90%的参与者对媒介描述的某些事件有强烈的恐惧反应。尽管事实上，如果受访者简单地说"不"——这意味着他们从未有过这样的体验——就可以因参与研究而获得全额额外学分，还避免了写论文和填写全部3页的问卷。

这两项研究都揭示了各种强烈的反应，包括普遍的焦虑、特定的恐惧、不必要的重复的想法，以及进食和睡眠障碍。此外，哈里森和坎托（Harrison & Cantor, 1999）报告说，这些恐惧是持久的：有1/3的人曾经受到惊吓，称恐惧效应持续了一年多。事实上，超过1/4的受访者表示，该节目或电影（平均6年前看过）对他们的情感影响仍然存在。

最近的研究通过对超过500名的大学生3年来撰写的文章进行内容分析，更详细地探讨了对特定电影的长期反应的本质（Cantor, 2004a）。学生们写的文章描述了媒介引发的强烈的恐惧体验，尽管他们可以选择写别人的故事，但93%的人写的是自己经历过的事情。令人惊讶的是，绝大多数学生（91%）都写了关于娱乐的内容（小说或幻想），而不是对现实描述的内容（新闻或纪录片），其中最常被提及的8个是超自然现象。涉及这4部电影（电影《鬼驱人》《大白鲨》《女巫布莱尔》《惊声尖叫》）的91篇文章中最多的内容是对症状的分析，这些症状已经扩散到观众的生活中。

在这些学生中，有46%的人表示，电影影响了他们的睡前行为（例如诱发睡眠障碍），75%的人报告了它们对清醒生活的影响（例如，让观看者在与电影相关的现实生活中感到焦虑）。这些论文中只有12%的学生没有提到电影本身所带来的影响。电影对现实生活的影响特别突出，包括学生观看《大白鲨》后不敢游泳，观看《鬼驱人》之后对小丑、显示"雪花"的电视和窗外的树木产生不安，观看《女巫布莱尔》之后不敢野营和进入树林，以及观看《惊声尖叫》后独自一人焦虑。大约1/3的学生报告了他们在撰写论文时这些影响仍然存在，这些电影的平均观看年龄是7岁。电影《大白鲨》给观众造成的典型且持续的影响包括在湖中或池子里游泳时感到不安（里面没有鲨鱼），在海洋里游泳也有类似结果；许多《鬼驱人》的观众对小丑电视或树木有持续性的恐惧，即使他们很清楚，这些事物不会伤害他们。

为何影响挥之不去

为什么恐怖片会对为娱乐而观看它的观众的生活产生如此巨大的影响？事实上，他们在屏幕上观看，在没有任何客观危险的情况下为什么会感到恐惧呢？许多因素似乎对观众产生恐惧起作用。

幼儿的脆弱性

发展方面的因素可以解释其中的一些反应，至少是那些发生在幼儿身上的反应。对于那些对角色的外形特别敏感的孩子来说，像《鬼驱人》这样的电影中可怕的视觉形象会让他们感到恐慌。此外，对于那些还没有意识到幻想与现实之间区别的人来说，他们会担心小丑玩偶、树或魔鬼从电视中出来攻击他们。

这些发展的因素解释了孩子们在恐怖片中的一些问题。然而，它们并无助于理解 8 岁以上儿童的反应，也没有对成年人的持久反应产生任何影响。

为什么虚构的事件是可怕的

尽管观众知道虚构的电影是编剧为了娱乐观众而编撰的，但他们在观看时仍然会因为各种各样的原因而感到恐惧（参见 Cantor, 2002, 2004a）。某些视觉图像，如攻击动物和身体畸形，会自动引起恐惧，尽管成年人在电影中看到它们时通常能主动抑制他们的反应。人类也很自然地倾向于同情主角，尤其是那些他们喜欢和欣赏的人，因此，如果电影中的主角极度害怕或受到伤害，观众通常也会感到恐惧。据说，观众们也接受了所谓的"怀疑的悬置"，以享受一部恐怖电影带来的更强烈体验。此外，成功的电影制片人的电影还包括悬念、惊喜和吓人的音乐等，这些都是为增加观众的恐惧感而设计的。

这些因素有助于解释为什么成年人在看虚构电影时会感到害怕，但这并不一定是电影结束后他们继续表现出恐惧的原因。观众在看电影的时候会关心这个作为杀手的受害者，但一旦电影结束，他们就应该被提醒，这只是一部电影，他们不应该再为凶手担心了。但是，在观看这种电影之后，观众往往会继续感到焦虑，而且有充分的理由。尽管他们知道那个杀手从来不是现实存在的，而且那些谋杀从未发生过，但这个故事生动地提醒了他们真实的威胁（尽管不可能）确实存在。现实主义小说虽然是艺术家想象的产物，却让人们相信它是基于真实发生在某个人身上的事情而创作出来的。细节可能已经改变，但因为这是可信的，现实主义小说可能会对人们看待世界的方式产生深远影响。

然而，现实主义小说创作基于真实事件的事实并不能解释这样一个悖论：绝大多数关于恐怖媒介的强烈恐惧的回顾性报告，都是基于戏剧性的小说而不是新闻或纪录片。如果一个故事的现实基础是决定性因素，那么新闻将会在观众对恐怖媒介的记忆中占据更重要的位置。然而，无论事情是否真的发生，似乎都不像事件的情感特征那么重要。研究表明，越是轰动的事件，人们越有可能记住它，而且更倾向于高估它发生的可能性（参见 Lichtenstein, Slovic, Fischoff, Layman, & Combs, 1978; Tversky & Kahneman, 1973）。

虽然观众可能不会担心电影《惊声尖叫》里蒙面杀手尖叫（他只是一个扮演角色的演员），但那些生动、耸人听闻的跟踪、恐怖和血腥描写，让他们想起自己的脆弱，这可能比他们在日常消息中听到普通谋杀故事对他们的影响更强。至于鲨鱼攻击，尽管观众知道大白鲨被杀死了（事实上，它只是一个机械怪物），但目睹它对无助的受害者的血腥攻击，他们非常清楚地意识到在海洋中有鲨鱼袭击的可能性。这似乎改变了观众在海滩上安全的看法，电影给他们带来的印象要比在媒介上关于鲨鱼袭击的简短、实事求是的报道带给他们的印象要深刻得多。

超自然现象：幻想与虚构之间的灰色地带

为什么超自然事件，即客观现实不存在的事件是引发恐惧的主要来源？超自然是一个难以定义的类别。8岁以下的孩子似乎理解了幻想与现实之间的基本区别，他们知道西方的邪恶女巫（一个戴着尖尖的黑帽子的邪恶角色，骑着扫帚）只是一个虚构的电影角色。然而，年轻人似乎不太确定是否有像布莱尔女巫这样的人存在。对许多人来说，巫术、恶魔附身和外来入侵者的故事的真实性是不好分辨的。

我们的社会和文化似乎强化了超自然事件的不确定性。在当今社会中存在自称为女巫的人（参见 Walker & Jung, 2003）。媒介上报道了恶魔的故事，宗教驱魔仍在进行（Cuneo, 2001）。关于不明飞行物的报道也很普遍，科学家们认为我们有一天会发现其他星球上有智慧的生命。许多这样的事件不仅发生在小说中，还出现在所谓的现实节目中，比如《未解之谜》，以及在脱口秀节目中，自称为超自然事件的受害者的人讲述他的故事。

情感记忆的持久影响

以上讨论了儿童的认知不成熟，虚构内容使观众对真实危险的感知能力，以及观众对来自超自然力量的威胁产生不确定性，这些因素都解释了恐怖片带来的一些长期影响。但这只能解释其影响的很小一部分。为什么在坎托（Cantor, 2004a）的研究中，几乎所有的被调查者在海洋中都遇到了困境，都报告了在湖泊或池塘里感到焦虑？在那里他们知道是找不到鲨鱼的。为什么许多小时候观看《鬼驱人》的成年人，当他们暴露在小丑娃娃面前时会感到恐惧？尽管他们知道小丑娃娃不会伤害他们。为什么这些人的身体反应在某种程度上似乎与他们大脑中安全的意识不一致呢？最近神经生理学中关于恐惧神经生理学的研究似乎与此相关。

在情绪脑中，约瑟夫·莱杜克斯（Joseph LeDoux, 1996）汇集了目前有关机制与情绪的知识。他的分析被简化后就是，有两个大脑记忆系统在恐惧反应中并行运作。明确的、有意识的记忆是由一个涉及海马体的系统来调节的，而隐式的、不一定是有意识的情感记忆是由一个涉及杏仁核的区域（LeDoux 1996）调节的。在一种可怕的情况下，杏仁核的反应会更快，甚至在警报产生之前就已经到达个人的意识中，并做出了更多的自动反应，比如肌肉紧张、血压和心率变化，以及释放肾上腺素到血液中。当我们害怕时，这些反应是我们身体感觉的一部分，是"战斗或逃跑"反应的一部分，它使我们准备好保护自己不受伤害。

莱杜克斯（LeDoux）引用了从涉及从验室动物到人类的对各种物种的研究，解释了恐惧条件反射的过程：实验室老鼠在接受电击时表现出恐惧反应。如果电击与音调的声音配合，那音调就会引起恐惧反应，即使电击不伴随它。同样，如果一个人经历过严重的车祸，当时他的汽车喇叭被卡住了，他可能会在未来听到喇叭声时，感受到与恐惧有关的身体反应。喇叭声可能会使他想起那次事故，他可能会有意识地将自己的感受与那件事联系起来。然而，随着时间的推移，他可能忘记了与事故有关的喇叭声的联想，但当他听到喇叭声时，仍然会产生与恐惧相关的生理反应。在这些情况下，隐性的（无意识的）情感记忆系统被激活，以创造出身体体验，即使在有意识记忆消失之后。事故的其他背景特征可能从未被有意识地与之关联，也可能触发隐性情感记忆——汽车、特定的十字路口，或任何其他在事故发生时突出的细节。

根据莱杜克斯的说法，进化有利于动物（包括人类）的生存，这些动物能够迅速识别会威胁生命的刺激，并立即采取防御行动。此外，情感记忆系统确保准确记忆曾危及我们的事物，因此，即使我们在几年后遇到类似的事情，我们也会准备好再次行动起来。正因如此，隐式的恐惧记忆尤为持久。莱杜克斯的研究表明，尽管对恐惧情境的有意识记忆并不总是正确的，而且随着时间的推移也会有很大的可塑性，但隐式的恐惧记忆对改变有很强的抵抗力。事实上，莱杜克斯称之为"不可磨灭的"：

> 通过杏仁核建立的无意识的恐惧记忆似乎永久地在大脑中燃烧。它们可能和我们相伴一生。这通常是非常有用的，尤其是在一个稳定的、不变的世界里，因为我们不想一次又一次地了解同样的危险。但缺点是有时在杏仁核的回路中留下的东西是不适应的。在这种情况下，我们为恐惧系统的不可思议的效率付出了高昂代价（LeDoux, 1996, p.252）。

电影的这些挥之不去的影响可能与莱杜克斯对恐惧反应的描述相似。如果一个人看《大白鲨》时经历了强烈的恐惧，内隐式的恐惧反应，如心率增加、血压变化、肌肉紧张，就会受到鲨鱼的形象、游泳观念、乐谱以及电影中各种刺激的影响。后来，任何一种刺激，甚至是对这些刺激的想法，也会触发这些无意识的反应，即使是在有意识的头脑已经克服了这些问题之后。同样，那些在观看《鬼驱人》的时候受到精神创伤的人，也会对电影中的小丑和其他场景感到恐惧。尽管知道这些不可能造成伤害，但这些人在面对相关图片时，仍然会感受到身体的反应和焦虑的感觉。

应该注意的是，莱杜克斯在分析恐惧的持久影响时，分析对象并不是指所有那些恐怖片的观众，更确切地说，是那些因自己生活中经历的事件而产生恐惧症、恐慌症和创伤后压力的人。然而，这些受惊吓的电影观众和产生恐惧反应的人之间的相似之处是相当显著的。尽管在发表的精神病学文献中有一些有人因电影引发的创伤而住院的案例（Buzzuto, 1975; Mathai, 1983; Simons & Silveira, 1994），但在这里提到的例子中没有这么严重的情况。然而，很明显，对电影的恐惧反应已经影响了许多人的生活，经常会对他们生活的某些方面产生破坏性影响。

克服这一问题：缓解媒介引发的恐惧的策略

有效应对策略的选择并不总是显而易见的。研究表明，缓解媒介引发的恐惧的策略存在年龄差异。

儿童信息处理能力的发展差异导致预防或减少媒介引发的恐惧的策略的有效性方面的差异（Cantor&Wilson,1988）。关于应对策略的研究结果可以总结如下：总体来说，学龄前儿童从"非认知"策略中获益更多，而不是"认知"策略；认知和非认知策略对小学生都可能有效，尽管这个年龄段的孩子更倾向于认知策略。

非认知策略

非认知（或非语言）策略是指那些不涉及语言信息处理，而且看起来似乎相对自动的策略。最受考验的非认知策略是脱敏，即在一个没有威胁的环境中，逐渐接触有威胁性的图像。这一策略已被证明对学龄前儿童和较大的小学生都是有效的。研究使用蛇、蜥蜴、蠕虫的照片和蜘蛛的橡胶复制品，来减少有类似动物的恐怖电影场景对情感的影响（Weiss, Imrich, & Wilson, 1993; Wilson, 1987, 1989a; Wilson & Cantor, 1987）。此外，在电影《绿巨人》中，显示扮演者卢·费里尼奥（Lou Ferrigon）化妆后的画面，会使观众对该角色的恐惧反应减少（Cantor, Sparks, & Hoffner, 1988）。这些实验都没有揭示脱敏效果的发育差异。

其他的非认知策略包括身体活动，如与爱人或依恋对象紧靠在一起，吃或喝东西，或离开令人恐惧的环境参与到另一项活动中去。尽管这些策略可以被各个年龄段的观众使用，但我们有理由相信，它们对年龄较小的孩子更有效。首先，有人认为，随着婴儿为了舒适而抓取和吮吸物体的倾向减少，这种策略的有效性可能会降低（Bowlby, 1973）。其次，这种策略的有效性似乎部分归因于注意力分散，而分散注意力策略应该在更小的孩子身上更有效，他们更难以将认知处理分配到两个同时进行的活动中。（例如，Manis, Keating & Morison, 1980）。

孩子们似乎直觉地意识到，相比年龄大的孩子，物理处理策略更适合年龄小的孩子。一项研究要求孩子们评估各种应对媒介所引发的恐惧的策略的有效性，学龄前儿童的"抱着毯子或玩具"和"吃东西或喝东西"的评分明显高于大一些的小学生（Wilson, Hoffner & Cantor, 1987）。同样，哈里森和坎托（Harrison & Cantor, 1999）的研究显示，被调查者在面对恐惧时，使用"行为"（非认知）应对策略的比例随着被调查者暴露在恐怖事件中的年龄的增加而有所下降。

另一种非认知策略被证明对年幼的孩子更有吸引力和有效，即在一段令人恐惧的节目中遮住自己的眼睛。在威尔逊（Wilson, 1989b）的一项实验中，当被建议可以选择覆盖眼睛时，年龄较小的儿童比年龄大的更经常使用这种策略。此外，这一选择减少了年幼儿童的恐惧，但实际上增加了年龄较大儿童的恐惧。年龄大的儿童认识到覆盖他们眼睛的效果是有限的（当他们仍然接触到节目的音频时），他们可能会因为感觉不太受控制而做出反应，但他们会变得更加脆弱。

认知策略

与非认知策略不同的是，认知（或口头）策略包括口头信息，这些信息从不同角度表征威胁。认知策略涉及相对复杂的认知活动，而且研究发现，认知策略对老人比对年幼的孩子更有效。

在处理奇幻作品时，最典型的认知策略似乎是提供一种对现实情况的解释。对于学龄前儿童来说，这种策略尤其困难，因为他们还没有完全把握幻想和现实的区别。在坎托和威尔逊（Cantor & Wilson, 1984）的一项实验中，年龄大的小学生被告知要记住他们在《绿野仙踪》中看到的东西并不是真实的，结果他们的恐惧比没有得到指导的同学要少。然而，同样的指导并没有帮助到学龄前儿童。威尔逊和韦斯（Wilson & Weiss, 1991）的一项研究表明，与现实相关的策略的有效性也存在类似差异。

孩子们聚焦于媒介产品的真实性的这一看法已经被证明与这些实验是一致的。在关于减少恐惧技巧的认知（Wilson等，1987）研究中，"告诉自己这是不真实"的策略的有效性，明显学龄前儿童低于小学生。与学龄前儿童相比，小学生显然对这一策略的看法是准确的，但家长们似乎并没有意识到这一策略对幼儿的影响不足，在参加另一项研究的学龄前儿童和小学生中，有80%的父母（Wilson & Cantor, 1987）报告说，他们采用了"告诉他们这不是真实的"的应对策略来减少孩子因媒介引起的恐惧。

为了减少对涉及现实威胁的媒介描述的恐惧反应，最普遍的认知策略似乎是提供一种解释，将人们所感受到的危险的严重性降至最低。这种策略对年纪较大的孩子更有效，在某些情况下，它被证明对年龄较小的孩子具有增强恐惧而不是减少焦虑的效果。在《夺宝奇兵》（Wilson & Cantor, 1987）中设计可怕的蛇窝场景的实验中，孩子们第一次接触有关蛇的令人放心的信息存在或缺乏的教育影片（包括如声明，大多数蛇无毒），虽然这些信息倾向于减少年纪大些的小孩观看蛇坑场景时的恐惧，但幼儿园和一年级的孩子似乎只是部分了解信息，对"有毒"这个词的反应比"无毒"更强烈。对他们来说，如果他们听到了被认为是可靠的信息，他们的负面情绪反应会比没有听到的更普遍。

数据还表明，大龄儿童比学龄前儿童更频繁地使用认知应对策略。在对人们观看《事后》（Cantor等，1986年）后的反应的调查中，父母报告说，随着孩子年龄的增长，孩子和他们一起讨论电影的次数增加。在一个涉及可怕场景的实验室实验中（Hoffner & Cantor, 1990），9—11岁的孩子比5—7岁的孩子更加自发地采用了认知应对策略，思考预期的快乐结果或者思考正在发生的事情不是真实的。类似地，哈里森和坎托（Harrison &

Cantor, 1999）的研究表明，在事件发生时，使用认知策略应对媒介诱发的恐惧的倾向增加了。

研究还表明，提供口头解释（Cantor, Sparks, & Hoffner, 1988），鼓励使用重复简化的、可靠的信息（Wilson, 1987），可以提高儿童使用认知策略的有效性。此外，研究还探讨了一些特殊原因，例如，儿童无法从语言解释中获益，例如涉及相对量词（例如："有些是危险的，但大多数不是"，Badzinski, Cantor & Hoffner, 1989）和概率术语（例如："这可能不会发生在你身上"，Hoffner, Cantor & Badzinski, 1990）。从这些研究中可以清楚地看到，解释是一项具有挑战性的任务，特别是当威胁性刺激具有强烈的感知成分时，以及当安慰只能是部分的或概率性的，这些只是小概率事件，而不是绝对的（参见Cantor & Hoffner, 1990）。

表达性沟通是一种应对策略。关于应对因媒介接触以外的情况而产生情绪压力的研究表明，某些关于令人恐惧的媒介的沟通方式可能也会有所帮助。尽管反复思考痛苦经历可能不会减少痛苦，反而会加剧负面情绪（见Sapolsky, Stocking, & Zillmann, 1977），认知疗法，一种最广泛研究焦虑症的心理干预方法的有效性（Deacon & Abramowitz, 2004）是基于这样一种观念，即与一个有爱心的倾听者谈论令人不安的情况，个人可以控制自己的情绪。事实上，克洛文和罗洛夫（Cloven & Roloff, 1993）的一项研究表明，只要想与某人交谈，思想都会变得更适合解决问题，无论谈话是否最终发生。也许这是因为与另一个人谈话涉及从对方的角度看问题，个人能更清楚地了解情况。

更直接地说，关于过去恐怖体验的治疗价值的研究已经有很多。约翰·W.彭尼贝克（John W. Pennebaker, 1997）在其著作《开放：表达情感的治愈能力》中提供了证据，证明了书写过去发生在个人身上的创伤事件对身体和心理都有好处。这些益处已经在医疗检查和免疫功能测量以及心理健康报告中被观察到（Lepore & Smyth, 2002）。虽然年幼的孩子常常无法谈论他们的感受，也没有能力去描述他们的感受，但许多治疗师报告说，孩子们可以通过画画和与治疗师或其他照顾者互动减少焦虑（Horovitz, 1983; Roje, 1995）。

为了帮助年幼的孩子和他们的父母处理电视和电影中的恐怖画面，坎托（Cantor, 2004b）写了一本儿童故事书。《泰迪的电视故事》是一本配有插图的书，讲述的是一只被电视上的东西吓到的小熊。在认识到语言不能平息他的恐惧之后，他和他的母亲通过一系列让人平静下来的活动，比如将曾让他害怕的图片，画得不那么可怕，来帮助他处理好自己的感情。这本书的目的是促进亲子互动，帮助孩子们应对他们的恐惧情绪。

总结

对恐怖媒介体验过程中涉及的心理研究，已经开始阐明这种矛盾的娱乐形式所涉及的许多问题。认知发展研究有助于解释为什么儿童的反应在不同年龄段会有显著不同，为什么有效的应对策略也会有所不同。调查和文献研究表明，娱乐引发的强烈恐惧几乎是普遍存在的。从认知心理学到神经生理学领域的研究结果，有助于解释为什么许多受到惊吓的电影观众在观看了他们最初选择的娱乐消遣节目后，会在很长一段时间里表现出不理性的行为方式。

参考文献

Badzinski, D., Cantor, J., & Hoffner, C. (1989). Children's understanding of quantifiers. *Child Study Journal, 19*, 241–258.
Blumer, H. (1933). *Movies and conduct.* New York: Macmillan.
Bowlby, J. (1973). *Separation: Anxiety and anger.* New York: Basic Books.
Buzzuto, J. C. (1975). Cinematic neurosis following *The Exorcist. Journal of Nervous and Mental Disease, 161*, 43–48.
Cantor, J. (1998*). "Mommy, I'm scared": How TV and movies frighten children and what we can do to protect them.* San Diego, CA: Harcourt.
Cantor, J. (2002). Fright reactions to mass media. In J. Bryant & D. Zillmann (Eds.), *Media effects: Advances in theory and research* (2d ed., pp. 287–306). Mahwah, NJ: Lawrence Erlbaum Associates.
Cantor, J. (2004a). "I'll never have a clown in my house": Why movie horror lives on. *Poetics Today, 25,* 283–304.
Cantor, J. (2004b). *Teddy's TV troubles.* Madison, WI: Goblin Fern Press.
Cantor, J., & Hoffner, C. (1990). Children's fear reactions to a televised film as a function of perceived immediacy of depicted threat. *Journal of Broadcasting & Electronic Media, 34,* 421–442.
Cantor, J., & Nathanson, A. (1996). Children's fright reactions to television news. *Journal of Communication, 46*(4), 139–152.
Cantor, J., & Omdahl, B. (1991). Effects of fictional media depictions of realistic threats on children's emotional responses, expectations, worries, and liking for related activities. *Communication Monographs, 58,* 384–401.
Cantor, J., & Omdahl, B. (1999). Children's acceptance of safety guidelines after exposure to televised dramas depicting accidents. *Western Journal of Communication, 63,* 1–15.
Cantor, J., & Sparks, G. G. (1984). Children's fear responses to mass media: Testing some Piagetian predictions. *Journal of Communication, 34*(2), 90–103.
Cantor, J., Sparks, G. G., & Hoffner, C. (1988). Calming children's television fears: Mr. Rogers vs. the Incredible Hulk. *Journal of Broadcasting & Electronic Media, 32,* 271–188.
Cantor, J., & Wilson, B. J. (1984). Modifying fear responses to mass media in preschool and elementary school children. *Journal of Broadcasting, 28,* 431–443.
Cantor, J., & Wilson, B. J. (1988). Helping children cope with frightening media presentations. *Current Psychology: Research & Reviews, 7,* 58–75.
Cantor, J., Wilson, B. J., & Hoffner, C. (1986). Emotional responses to a televised nuclear holocaust film. *Communi- cation Research, 13,* 257–277.
Cloven, D. H., & Roloff, M. E. (1993). Sense-making activities and interpersonal conflict II: The effects of commu- nicative intentions on internal dialogue. *Western Journal of Communication, 57,* 309–329.
Cuneo, M. W. (2001). *American exorcism: Expelling demons in the land of plenty.* New York: Doubleday.
Deacon, B. J., & Abramowitz, J. S. (2004). Cognitive and behavioral treatments for anxiety disorders. A review of meta-analytic findings. *Journal of Clinical Psychology, 60,* 429–441.
Flavell, J. (1963). *The developmental psychology of Jean Piaget.* New York: Van Nostrand.
Harrison, K., & Cantor, J. (1999). Tales from the screen: Enduring fright reactions to scary media. *Media Psychology, 1*(2), 97–116.
Hoekstra, S. J., Harris, R. J., & Helmick, A. L. (1999). Autobiographical memories about the experience of seeing frightening movies in childhood. *Media Psychology, 1*(2), 117–140.
Hoffner, C., & Cantor, J. (1985). Developmental differences in responses to a television character's appearance and behavior. *Developmental Psychology, 21,* 1065–1074.
Hoffner, C., & Cantor, J. (1990). Forewarning of a threat and prior knowledge of outcome: Effects on children's emotional responses to a film sequence. *Human Communication Research, 16,* 323–354.
Hoffner, C., Cantor, J., & Badzinski, D. M. (1990). Children's understanding of adverbs denoting degree of likelihood. *Journal of Child Language, 17,* 217–231.
Horovitz, E. G. (1983). Preschool aged children: When art therapy becomes the modality of choice. *Arts in Psy- chotherapy, 10,* 23–32.
Johnson, B. R. (1980). General occurrence of stressful reactions to commercial motion pictures and elements in films subjectively identified as stressors. *Psychological Reports, 47,* 775–786.
Kelly, H. (1981). Reasoning about realities: Children's evaluations of television and books. In H. Kelly & H. Gardner (Eds.), *Viewing children through television* (pp. 59–71). San Francisco: Jossey-Bass.
LeDoux, J. (1996). *The emotional brain: The mysterious underpinnings of emotional life.* New York: Simon & Schuster.

Lichtenstein, S., Slovic, P., Fischoff, B., Layman, M., & Combs, B. (1978). Judged frequency of lethal events. *Journal of Experimental Psychology: Learning and Memory, 4*, 551–578.

Lepore, S. J., & Smyth, J. M. (2002). *The writing cure: How expressive writing promotes health and emotional well-being.* Washington, DC: American Psychological Association Books.

Manis, F. R., Keating, D. P., & Morison, F. J. (1980). Developmental differences in the allocation of processing capacity. *Journal of Experimental Child Psychology, 29*, 156–169.

Mathai, J. (1983). An acute anxiety state in an adolescent precipitated by viewing a horror movie. *Journal of Adoles- cence, 6*, 197–200.

Melkman, R., Tversky, B., & Baratz, D. (1981). Developmental trends in the use of perceptual and conceptual attributes in grouping, clustering and retrieval. *Journal of Experimental Child Psychology, 31*, 470–486.

Morison, P., & Gardner, H. (1978). Dragons and dinosaurs: The child's capacity to differentiate fantasy from reality. *Child Development, 49*, 642–648.

Owens, J., Maxim, R., McGuinn, M., Nobile, C., Msall, M., & Alario, A. (1999). Television-viewing habits and sleep disturbance in school children. *Pediatrics, 104*(3), 552, e 27. http://pediatrics.aappublications.org/ cgi/content/full/104/3/e27

Pennebaker, J. W. (1997). *Opening up: The healing power of expressing emotions.* New York: Guilford Press.

Roje, J. (1995). LA '94 earthquake in the eyes of children: Art therapy with elementary school children who were victims of disaster. *Art Therapy, 12*, 237–243.

Sapolsky, B. S., Stocking, S. H., & Zillmann, D. (1977). Immediate vs. delayed retaliation in male and female adults. *Psychological Reports, 41*, 197–198.

Schofield, J., & Pavelchak, M. (1985). "The Day After": The impact of a media event. *American Psychologist, 40*, 542–548.

Simons, D., & Silveira, W. R. (1994). Post-traumatic stress disorder in children after television programmes. *British Medical Journal, 308*, 389–390.

Singer, M. I., Slovak, K., Frierson, T., & York, P. (1998). Viewing preferences, symptoms of psychological trauma, and violent behaviors among children who watch television. *Journal of the American Academy of Child and Adolescent Psychiatry, 37*(10), 1041–1048.

Sparks, G. G. (1986). Developmental differences in children's reports of fear induced by the mass media. *Child Study Journal, 16*, 55–66.

Sparks, G. G., & Cantor, J. (1986). Developmental differences in fright responses to a television program depicting a character transformation. *Journal of Broadcasting and Electronic Media, 30*, 309–323.

Tversky, A., & Kahneman, D. (1973). Availability: A heuristic for judging frequency and probability. *Cognitive Psychology, 5*, 207–232.

Walker, W., & Jung, F. (Eds., 2003) *Witches' Voice* (web site). http://www.witchvox.com/twv/meet.html

Weiss, A. J., Imrich, D. J., & Wilson, B. J. (1993). Prior exposure to creatures from a horror film: Live versus photographic representations. *Human Communication Research, 20*, 41–66.

Wilson, B. J. (1987). Reducing children's emotional reactions to mass media through rehearsed explanation and exposure to a replica of a fear object. *Human Communication Research, 14*, 3–26.

Wilson, B. J. (1989a). Desensitizing children's emotional reactions to the mass media. *Communication Research, 16*, 723–745.

Wilson, B. J. (1989b). The effects of two control strategies on children's emotional reactions to a frightening movie scene. *Journal of Broadcasting & Electronic Media, 33*, 397–418.

Wilson, B. J., & Cantor, J. (1987). Reducing children's fear reactions to mass media: Effects of visual exposure and verbal explanation. In M. McLaughlin, (ed.), *Communication Yearbook 10* (pp. 553–573). Beverly Hills, CA: Sage.

Wilson, B. J., Hoffner, C., & Cantor, J. (1987). Children's perceptions of the effectiveness of techniques to reduce fear from mass media. *Journal of Applied Developmental Psychology, 8*, 39–52.

Wilson, B. J., & Weiss, A. J. (1991). The effects of two reality explanations on children's reactions to a frightening movie scene. *Communication Monographs, 58*, 307–326.

Zoglin, R. (1984, June 25). Gremlins in the rating system. *Time*, p. 78.

第十九章　个　性

玛丽·贝丝·奥利弗

金珍熙

梅根·S.桑德斯

现今娱乐方式的多样性和广泛性前所未有——电影院同时上映各种电影,有线电视提供上百个频道,视频和DVD租赁店及零售店让我们有了无尽的娱乐选择。尽管一些批评家认为这种娱乐多样性使得"供过于求",但在我们看来,这种多样性也反映出观众数量及其兴趣和喜好的多样性。例如,有些人可能是科幻小说的铁杆粉丝,而有的人则喜欢多愁善感、"令人潸然泪下"的爱情电影。

个人对于不同体裁或者类型的娱乐方式的喜好意味着存在很多变量。一些变量,例如情绪或观看情况,表明个体在不同时间段的兴趣可能不同。然而,其他变量则更为持久,包括预测娱乐偏好的人口统计学变量,如世代、民族身份、受教育程度。这些变量有的相对稳定,例如观众个性特征、性格优势或持久性格等,这些都是最重要的决定因素,因为这些变量不受人口地理界限的限制并且会在影响瞬间状态(例如情绪和情感)方面发挥重要作用。

对个性的定义很多,不同派别关注不同因素,以此来描述和解释这种持续的个人差别(参见Funder, 2001)。本章意在广义上理解"个性",用其来指代个体在不同时间和情景(参见Oliver, 2002)中相对稳定并持续的"个人思想、情感和行为模式"(Funder, 2001, p.98)。我们对性情的定义还包括个人性格特质、脾气和性情。基于这种理解,本章研究了娱乐体验中个性的作用,不仅考察用个性如何预测娱乐喜好,而且关注个性在预测效果中的重要调节作用。最后,我们探究了媒介如何在影响或促成个性方面发挥作用。

选择与娱乐

由于人们基本将个性看成持续性特质,因此很多媒介研究的优势在于将个性作为独立变量运用到对媒介内容和偏好的预测中。尽管选择和娱乐的相关性极强，但这两个变量之间区别也很大。这就是说，可能有人会选择某个内容而不会以之为乐，而有时候不是特意选择的内容却使人从中获得了欢乐。因此，有研究者除探讨观众对娱乐内容的反应以及获得的乐趣之外，还关注娱乐选择与选择原因之间的关系。

使用与选择

使用与满足。媒介内容的个人使用以及媒介选择动机已经从使用与满足方面得到了广泛探索，考察使用者在满足不同需求方面的媒介使用（Palmgreen, Wenner & Rosengren, 1985; Rubin, 2002）。这方面的研究发现媒介使用的一些共同动机，包括打发时间、行为习惯、陪伴、消遣、信息获取、逃避主义等（参见Rubin, 1983）。尽管观看娱乐节目的动机可能更具仪式感而非工具性（Rubin, 2002），这种仪式感动机十分多样并且观看不同类型节目（例如游戏秀和肥皂剧）的动机也可能是多样的。更重要的是，即使观众选择观看相同的媒介节目，他们做出同一选择的原因也不尽相同。因此，很多学者考察了个性在媒介使用中个人选择和愉悦体验的作用，认为这些动机最终会在调节消费引发的潜在影响方面扮演重要角色。

例如，韦弗（Weaver, 2003）将个性维度分为精神质、神经质和外向型三类（Eysenck, Eysenck & Barrett, 1985），并基于此分类研究了五名电视使用者的动机。神经质个性在打发时间、陪伴、消遣和模仿方面得分较高，而外向型个性在陪伴动机方面得分非常低。韦弗认为，害羞、孤僻以及情绪化（神经质类型）的人在看电视时表现出高度的附属关系，而外向且喜欢社交（外向型人格）的人则将电视视作真实人际互动的较差替代，这一点与研究结果相似。

谢里（Sherry, 2001）也研究了媒介使用的个人动机，尽管他将性格（temperament）作为预测因子。研究发现，媒介使用动机主要反映的是神经、心理和社会差异。他的研究结果显示，更高的媒介使用动机通常与高矜持性、较低的任务关注度和消极情绪相关。谢里认为，这些研究发现的结果与物种多样性在观众的媒介行为中扮演重要角色的观点相一致（同时参见Sherry, 2004）。

情绪控制　与"使用与满足"研究相似，从情绪控制角度开展的研究也探讨了影响个体媒介选择的过程（Zillmann, 1985, 1988a, 1988b, 2000; Zillmann & Bryant, 1985）。但是，情绪控制和使用与满足在很多重要方面有所不同。第一，使用与满足研究关注的是一系列媒介使用动机，而情绪控制则主要关注个人使用媒介作为情绪控制手段的方式。简而言之，情绪控制通常意味着人们使用媒介节目来强化或延长积极状态，并且/或者减弱或终止消极状态。由于娱乐节目通常会带给观众一系列情绪反应（例如幽默、刺激、平静），情绪控制主要在娱乐方面得到应用，尽管该理论可以被用在指导性或与新闻相关的内容上。两者的第二个差异在于情绪控制并不假设观众了解自己的媒介使用动机，或即使知道动机也不愿意暴露自己的动机（Zillmann, 1985; Zillmann & Bryant, 1985）。因此，从情绪控制角度开展的研究，通常将实验设计运用在情绪或者效果受到控制的情景中，并且通过行为暗示因素来评价媒介选择。

情绪控制在观众的媒介选择中的重要性在很多场景中得到体现，并涉及多个领域，包括喜剧（Zillmann, Hezel & Medoff, 1980）、音乐（Knobloch & Zillmann, 2002）、新闻（Biswas, Riffe & Zillmann, 1994）和游戏秀（Bryant & Zillmann, 1984）。但有趣的是，个性或者其他个体因素差异，在调节情绪控制行为方面展现的重要性却没有受到持续关注。原因可能主要是情绪控制对于任何人都不是一种特定的行为，即保持积极情绪可能是所有人想做的事情。相反，情绪控制研究可能出于实验方法论的目的而将个性作为研究对象。也就是说，将实验情景随机分配给不同的个人可能会使个体差异得以解决，这主要是被当成错误的变体或者"噪音"的个性或其他性格优点造成的。

尽管个性在现有大部分情绪控制研究方面扮演的角色还有待考察，后续研究应该更关注个性和特质在预测最初情绪（后续会被媒介接触影响）以及不同个性在完成这些目标中的作用（Zillmann, 2000）。例如，马雷斯和坎托（Mares & Cantor, 1992）在前测中将老年人分为"孤独"和"不孤独"两类并研究了他们的媒介喜好。不孤独受试者更喜欢对老年人的积极描绘，孤独受试者则更喜欢看消极描绘，同时研究显示了将老年人描绘为孤独和受忽视类型之后会增加积极影响。在音乐选择方面也有类似发现。例如，克诺布洛赫和齐尔曼（Knobloch & Zillmann, 2003）发现，对自己爱情关系满意的受试者更喜欢听歌颂爱情而不是感怀爱情的经典歌曲，而对爱情不满意的受试者则更喜欢听感怀爱情的歌曲（同时参见Gibson，Aust & Zillmann, 2000）。

上述两个例子都关注的是个人状态而非性格优势，两者差异在调节媒介接触方面的重要性表明，对媒介内容的反应可能是不同类型人控制情绪的最佳方式。也就是说，具有同情心、豪放、外向、乐观的人可能会对同一种媒介描绘有不同反应。有同情心的人可能会从伤感电影中获得愉悦和期望，而心肠硬的人则会觉得该电影无聊并鄙视它。同样，更具叛逆性的观众可能会对暴力恐怖电影感到兴奋，而多愁善感的观众则会对这种电影感到恶心和害怕。因此，了解个人如何通过媒介使用来调节自身情绪，这必然有利于我们更充分地了解观众对不同媒介节目的反应。

娱乐

我们从媒介选择的探讨中发现，个人通过媒介内容获得的娱乐会受到观众个性特质的影响。尽管研究者探讨了个性在不同娱乐体裁中的作用，包括现实题材节目（Nabi, Biely, Morgan & Stitt, 2003）、体育节目（McDaniel, 2003）和脱口秀（Rubin, Haridakis & Eyal, 2003），但是关于个性和娱乐的研究主要探讨对观众有害（例如媒介暴力）或会引起观众不愉快情绪反应（例如恐怖电影、悲剧电影）的娱乐节目。可能这种关注点反映了一些与积极效果（例如喜剧）有关的娱乐体裁在全世界都受到欢迎，以至于没有什么变化需要解释。相反，关注有害或消极媒介内容则反映的是媒介喜好的解释机制，因此看上去有些奇怪、令人好奇或自相矛盾。不管对这些研究重点的解释如何，对暴力娱乐内容、色情片及消极情绪引发的悲伤和悲伤类型的研究都强调了个性在预测个人媒介喜好方面的重要性。

媒介暴力 在暴力娱乐方面，研究通常认为情绪激动、对外界有敌意的观众最容易对这些内容产生愉悦感。例如，具有男子气、侵略性、精神主义以及马基雅维利主义等性格特征的观众，更喜欢看暴力性娱乐节目并且更有兴趣去观看激进或对别人造成伤害的内容（Aluja-Fabregat, 2000; Aluja-Fabregat & Torrubia-Beltri, 1998; Bushman, 1995; Tamborimi, Stiff & Zillmann, 1987; Weaver, 2000）。在一些人认为"暴力"或者"激进"的音乐选择喜好方面也有相似的研究结果。例如，施瓦茨和福茨（Schwartz & Fouts, 2003）发现，在其研究的青少年样本中，喜欢"重音乐"（大声、狂野、豪放）而不喜欢"轻音乐"的人在毅力、强迫度、悲观主义以及不满方面得分更高，而在控制其他人方面得分更低。汉森（Hansen & Hansen, 2000）在关于个性和音乐喜好的比较研究中发现，更喜欢重音乐和重金属的人在权术主义、强硬主义和男子气概方面表现更突出，而朋克音乐的粉丝在接受权威方面得分更低（Bleich, Zillmann & Weaver, 1991; Hansen & Hansen, 1991; Knobloch & Mundort, 2003; Robinson, Weaver & Zillmann, 1996）。相反，卡彭捷、诺布洛赫和齐尔曼研究发现，不喜欢摇滚乐和说唱的人则在抑制和主动抗拒方面的（例如寻找刺激）得分较高，而与敌对性和被动抵抗（例如报复行为）联系不大。因此，上述研究者认为，消费一些"重音乐"更主要的目的是"寻找快乐而不是敌对情绪"（Carpentier, Knobloch & Zillmann, 2003, p.1653），尽管他们也认同愤怒或者激进的人喜欢更极端的音乐。

具"暴力"个性的人更喜欢"暴力"娱乐方式是一种本能，对这种关系的观察无法解释这种关系的原因，不过迄今为止已经有了一些解释。例如，因为媒介喜好是个人身份的延续，明显可辨的消费体裁（例如恐怖片、金属音乐等）可能会帮助"宣传"个人个性或特质（Carpentier 等，2003; Zillmann & Bhatia, 1989）。同样，暴力娱乐节目可能对激进或具有偏激性格的人更有作用，因为这些媒介节目可能会呈现更熟悉或者相关的情景、角色或场景（Hoffner & Cantor, 1991）。相反，喜欢当主人公的人比多愁善感的人更不会将暴力娱乐节目看成令人不悦的内容，因此会从一些别人觉得不舒服的节目中获得愉悦感（例如恐怖片）。最后，倾向理论和媒介娱乐研究表明，激进的人更容易将暴力娱乐节目中的受害者看成是"应该"遭罪的人，因此，如果"正义"恢复的话，他们的愉悦感会有所提升，但是对正义的理解由个人决定（Oliver, 1993a; Oliver & Armstrong, 1995; Raney, 2003; Raney & Bryant, 2002; Zillmann & Cantor, 1977）。当然，现在看来这些解释还值得怀疑，这表明今后需要更多研究来全面理解个性在预测媒介暴力喜好方面的作用。

色情片　与享受暴力娱乐一样，关于充斥性暗示内容的研究表明消极的人会对色情内容更感兴趣。例如，扎克曼和利特尔（Zuckerman & Litle, 1986）的研究表明，寻找刺激（尤其是被压抑的东西）会让人更想观看有男女演员参加的X等级（包含色情内容）的电影。同理，洛佩兹和乔治（Lopez & George, 1995，研究1）研究发现，在男性受试者中，性欲望与色情照片关联很大，观看色情照片次数越多则性欲望越强（同时参见 Becker & Byrne, 1985）。最后，博盖尔特（Bogaert, 1996）在他关于志愿者偏见的研究中强调了方法论的重要性。也就是说，在所有参与研究的男性样本中，与非自发参加的人相比，自发参加的人观看色情片更主要是为了满足刺激欲望、性欲望、神经质、大男子主义。此外，志愿者报告了更频繁和多样的性体验，包括接触色情片。

虽然上述研究表明从色情片中获取愉悦，能够反映出人们对性刺激节目的兴趣和开放程度，但对不同类型的性露骨材料进行区分的研究，往往提供了人格变量在多大程度上预测喜爱或欣赏的更微妙的模式。例如，博盖尔特（Bogaert, 2001）的研究表明，虽然有高度控制欲及反社会倾向（权术主义、神经质、大男子主义）的人更倾向于观看涉及暴力片、儿童片或色情影片，这些变量和观看色情片的可能性不太相关（例如没有激进或前卫性行为）。事实上，与观看色情片唯一相关的个人差异变量是性欲望。巴恩斯、马拉默斯和切克（Barnes, Malamuth & Check, 1984）在研究男性受试者对充满性刺激磁带的收听反应时报告了类似结果。也就是说，对神经质更强的男性观众而言，他们更喜欢看有强奸情节的故事，而神经质较弱的男性观众则不太喜欢这种情节。

虽然前文有对暴力娱乐的讨论，但是关于（不同的）个性在色情娱乐内容享受中发挥怎样的作用，还没有获得确切结论。例如，前文探讨的关联性、相似性以及喜好的作用都可以用在这种体裁研究之中。此外，需要指出的是，尽管我们对个性和愉悦的探讨将个性作为独立变量，观看色情或者暴力娱乐内容也有可能会影响或塑造性情，将观众变为充满敌对性、反抗性或者控制欲的人。我们在本章结论部分将个性作为独立变量来进一步探讨。

引发悲伤的娱乐节目　尽管在类型方面会与恐怖电影、犯罪片或暴力色情片等有差异，但悲伤或悲剧娱乐节目之所以获得媒介研究者的关注，部分原因在于它是一种悖论。也就是说，为何观众会选择旨在引起（或成功引起）消极暴力情绪的娱乐节目？由于这种悖论，很多人尝试对其进行解释，包括个性或性情在预测这种娱乐消费行为中的作用。

乍一看，从引发悲伤的娱乐节目中获得愉悦感的人应该是最不可能对节目内容感到悲伤的，毕竟，对悲伤感到怀疑的观众会认为，观看令人落泪的节目或者听伤感歌曲不是他们喜欢做的事情。但是研究发现，喜好反应更高程度的倾向与对这类节目的情感倾向相关。例如，研究表明从悲剧电影中获得愉悦感的主要是更具同情心（Oliver,

1993b)、女性角色自我认知（Oliver, Sargent & Weaver, 1998）以及孤独感（Mares & Cantor, 1992）的人。另外，德威德、齐尔曼和奥德曼（de Wied, Zillmann & Ordman, 1994）发现，具同情心的受试者比不具同情心的受试者更有可能在应对悲剧电影的情节时报告更高水平的压抑和愉悦。

尽管现有研究表明，预测悲伤娱乐的抑郁情绪的人格特征还能够推测愉悦感，但压抑和愉悦呈正相关的这一观点仍旧有很多人怀疑。例如，德威德等人（de Wied 等，1994）通过兴奋转移概念（Bryant & Miron, 2003; Zillmann, 1971）探讨了上述观点，认为观看喜爱的角色最后遭遇痛苦会引发压抑情绪，而如果在节目末尾问题得到解决，压抑情绪会变成程度更高的愉悦感。从这个视角看，会引发更高强度同情压抑的作为与个人差异因素相关的变量会强化愉悦体验，前提是最终会有令人满意的解决方案。相反，戈登堡、皮兹尼斯基、约翰逊、格林伯格和所罗门（Goldenberg, Pyscyzniski, Solomon, Johnson & Greenberg, 1999）认为，恐怖情绪管理可以作为从悲剧中获得愉悦的解释机制。上述作者认为，了解人最终都会走向死亡的观众可能会认为悲剧娱乐节目有意义并能够抚慰人心，这种心态可以让人在安全而不受威胁的环境中直面内心的恐惧。尽管死亡显著性被概念化为一种状态而不是一种特征，但如果能够探讨和死亡相关的思想与应对行为的关系，那么这对今后的研究将大有裨益。

除了认为引发悲伤的娱乐节目有助于愉悦和应对困难之外，其他研究者还探讨了个体对于消极影响经历的反应。例如，奥利弗（Oliver, 1993b）发现，对消极情绪（例如积极"元情绪"，参见 Mayer & Gaschke, 1988）具有积极评价的人最容易通过悲伤电影获得愉悦感。研究指出，有的人"喜欢悲伤感"会引发我们思考为何有人喜欢这种感受，一些研究者认为对他人的痛苦表现出悲伤反应可以让人觉得自己对他人不幸（Feagin, 1983; Mills, 1993）的反应比较得体（例如，产生同情）。相反，其他研究者讨论了情绪变化，考察了一些对多样化感觉更具接受性的人以及他们的情绪反应状态（参见 Salovey, Mayer, Goldman, Turvey & Palfai, 1995）。例如，迈奥和埃塞斯将"喜好需求"作为一种反映"人们接近或回避某种会引发自己和他人情感的情况或者行为"的性格优势（Maio & Esses, 2001, p.585）。此外，研究发现，人们在喜好需求方面表现出更强的倾向，个人更喜欢观看"情感"而不是"无感情"的电影。

当然，从悲伤或悲剧娱乐节目中获得愉悦感的解释清单并不完整并且还值得探讨，有待今后深入研究。此外，研究需要特别注意避免重复或不可证伪的解释（例如人们喜欢悲伤电影是因为喜欢悲伤；或者观看悲伤电影必然要产生积极的状态，因为他们选择观看悲伤电影）。因此，今后的研究将更加关注对娱乐节目的悲伤或其他消极反应中个性或者其他个体差异因素的作用，以此来为上述悖论提供合理解释。

作为媒介影响调节变量的个性

由于个性在预测媒介选择和享受方面的重要性，研究者进一步探索个性在媒介对观众的影响中所起的作用也就不足为奇了。这方面研究通常将联想—启动模型作为阐释性框架（Berkowitz & Rogers, 1986; Jo & Berkowitz, 1994），认为许多个体差异能够反映认知结构和能力的差异以及不同认知激活的频率和轻松度。知识结构和媒介内容的差异，可能会刺激或者激活一些观众的认知，而其他缺乏相应或强认知的观众则会受到少量或零刺激。

个体差异在调节媒介影响方面的重要性在媒介暴力背景下得到了广泛研究。例如，布什曼（Bushman, 1995）认为接触暴力电影会导致攻击性情感和行为的增加，这一点在具有激进性格的受试者中表现得更为突出。安德森和迪尔（Anderson & Dill, 2000, 研究1）在视频游戏暴力研究中也有类似发现，即自发接触暴力视频游戏的人通常会有更激进的行为，但是通常男性受试者得分更高。涉及其他性格优势的研究也有类似发现，例如，舍勒（Scharrer, 2001）发现男性接触暴力电视节目会引起自我刺激的提高，但是这只对大男子主义表现较强的受试者有效。同理，齐尔曼和韦弗（Weaver & Zillmann, 1997）发现，接触暴力电影会让观众更容易接受暴力冲突，并感觉到暴力冲突的有效性，但是这只对强神经质参与者有效。

对色情内容的进一步研究揭示了个性调节的类似模式。例如，麦肯齐·莫尔和赞纳（McKenzie-Mor & Zanna, 1990）发现，性别认同感较强（例如在男性化方面表现较强而在女性化方面表现较弱）的男性受试者，在观看了色情电影后更容易在后续互动中对女性表现出性暗示行为，而大男子主义没那么强的受试者则通常不太会受到色情电影的影响。尽管研究中使用的色情电影通常没有暴力情节，但其他研究发现个性变量会影响选择观看的色情内容并且产生不同的效果。例如，马拉默斯和切克（Malamuth & Check, 1985）发现，具有暴力色彩的色情片，如果将女性描绘成被强迫进行性行为的话，这种内容通常是之前看过强奸情节的人比较喜欢的（同时参见Bogaert, Woodard & Hafer, 1999）。

个性和性情在媒介效果中作为调节变量的作用对媒介的影响是难以描绘的，尤其是与媒介偏好结合之后。也就是说，能够预测媒介娱乐选择（如暴力或色情内容）的个性变量会提高伤害性影响（例如激进、不当性行为）的效果。这种消极解释与斯莱特、亨利、斯威姆和安德森（Slater, Henry, Swaim & Anderson, 2003）的研究相类似，即媒介暴力的"向下螺旋模式"，在该模式中，接触暴力内容会提高激进性，反过来，激进性也会提高媒介暴力选择。在个性或性情的背景下，我们可以进一步预测激进性情不仅会造成媒介暴力接触的增加，而且这种接触会对更激进的观众造成影响，进一步加快螺旋式发展的速度。由于该模式的复杂性，后续研究如果能够既能探讨效果和选择的相互影响，又能发掘媒介在培养性情或个性特征方面可能发挥的作用，那么研究结果十分有用。

作为因变量的个性

本章伊始我们将个性看成是持续稳定的，因此与兴奋或情绪等不稳定状态不同，个性通常被媒介研究者看作媒介相关行为和反应的预测变量或者调节变量。在本文最后一部分，我们探讨了如何拓展媒介和个性研究的效用，以考虑个性如何被看成一种因变量，媒介行为有助于创造或塑造个人性格优势、性情或者更稳定的特征。

媒介研究者很少将个性作为因变量来反映我们对个性的认识。例如，对个性的认识强调生物或基因起源，或者将个性看成是一些普遍优点的微小集合并且受到环境或文化的影响（Eysenck & Eysenck, 1985; Macrae等, 2000; Zuckerman, 2004）。相反，对个性的社会认知解读更强调环境或文化影响，并且认为随着环境变化，认知、情感或行为元素之间的关系会增强或减弱（Bandura, 2002; Funder, 2001; Mischel & Shoda, 1998）。除了研究媒介接触对个性塑造的潜在影响之外，本章对个性的社会认知解读与现有的很多媒介影响理论相符，这些理论研究了媒介对个人认知、喜好及行为的影响。

媒介暴力对观众激进性的影响是与个性作为因变量的概念尤为相关的研究领域。例如，安德森和布什曼（Anderson & Bushman, 2002）对一般攻击模型（GAM）的探讨综合了很多媒介研究者使用的研究媒介暴力的影响的理论，包括脚本理论、兴奋转移理论、社会学习理论与启动理论（同时参见Anderson & Bushman, 2003）。简而言之，一般攻击模型将攻击行为看作造成内部状态（喜好、认知、刺激）的情境因素和个人因素的组合。这些状态之后被人们所吸收并且将内化结果（有意或者自发）运用到行为中。该模型中个性的重要性在于两个方面：首先，人的因素在很大程度上被概念化为持久的特征或性格，并能够反映一个人准备攻击的脚本、知识结构和模式。如上所述，"在真实状态下，个性是一个人知识结构的总和"（Anderson & Bushman, 2003, p.35）；其次，个性不仅仅被看作调节者和预测者，也反映了过去的经历，包括媒介暴力。例如，安德森和布什曼研究了玩暴力网络游戏的潜在长期影响，认为持续接触会造成"激进知识结构的产生和自动使用，在此基础上人们的个性被改变"（Anderson & Bushman, 2003, p.42）。

除了提高激进性之外，同类模型还可以被用来理解媒介暴力产生的其他效果（Gerbner, Gross, Morgan, Signorielli & Shanahan, 2002）。例如，什鲁姆（Shrum, 1995, 2002）、什鲁姆和欧吉恩（Shrum & O'Guinn,1993）的关于解释机制的研究发现，媒介为常看节目的观众提供持续、生动且可获得的实例来影响观众的判断和理解。正因为如此，对上述建构因素的占有可能会被看成是个人知识结构的基础部分。尽管媒介接触引起的知识结构变化被视为态度或者信仰方面的变化，相同态度、行为倾向以及信仰的共同作用可能会被认为是个性特征的基础，例如权利主义、惩办主义或"卑鄙世界"观（例如Shanahan, 1995）。

最后一个将个性作为因变量的例子是脱敏。很多研究发现，接触媒介暴力或者暴力色情片会导致人们对受害者的遭遇无动于衷，也不对他们抱有同情心（Linz, Donnerstein & Adams, 1989; Linz, Donnerstein & Penrod, 1988; Thomas, Horton, Lippincott & Drabman, 1977; Zillmann, 1989; Zillmann & Bryant, 1982; Zillmann & Weaver, 1989）。尽管上述研究主要考察的是在短时间（例如，几小时、几天或者几周）内的效果，脱敏这种态度的认知和情绪变化所反映的内容表明，媒介内容在形成诸如脱敏或偏离之类的相关个性特质方面扮演重要角色。

上述研究者将个性作为因变量进行研究的例子还未穷尽。因此，读者应该将前文提到的研究看成是，研究者使用各种方法研究整体和长期媒介效果的一部分，这种效果作用于观众更持续和稳定的性情中。这意味着今后研究对相关问题进行探讨并非易事。确实，探究持续接触的影响会受到很多方法论上的挑战，但是，本章在将个性作为预测变量和调节变量之外，还希望展示媒介在影响观众方面的重要而强大的作用，这些研究超越了即时的观看情景。

结　　论

本章开头我们将媒介节目看成是观众及其喜好和性情多元化的反映。个性对观众—娱乐关系的重要性普遍存在，我们可以通过它预测观众接触的内容，影响他们的喜好并且调节他们的反应。此外，如果个性作为因变量的论点成立，那么个人差异在媒介影响模型中的重要性会变得更加明显。

如果我们谨记要更加关注观众个性的话，我们希望后续研究可以回应很多问题并且弥补现有文献的空白。例如，娱乐偏好对个性的解释现在还不可信，因此需要更多的研究来关注能够解释这些联系的机制。同理，研究媒介选择和媒介效果对观众的双重影响可能会让我们更好地理解个性如何调节媒介影响。最后，关注现有理论如何有益地将因变量视为倾向或持久的知识结构，有助于拓宽媒介研究的范围，并且可能会让我们意识到娱乐远比我们意识到的更普遍。

参考文献

Aluja-Fabregat, A. (2000). Personality and curiosity about TV and films violence in adolescents. *Personality and Individual Differences, 29,* 379–392.

Aluja-Fabregat, A., & Torrubia-Beltri, R. (1998). Viewing of mass media violence, perception of violence, personality and academic achievement. *Personality and Individual Differences, 25,* 973–989.

Anderson, C. A., & Bushman, B. J. (2002). Human aggression. *Annual Review of Psychology, 53*, 27–51.

Anderson, C. A., & Dill, K. E. (2000). Video games and aggressive thoughts, feelings, and behavior in the laboratory and in life. *Journal of Personality and Social Psychology, 78*, 772–790.

Anderson, C. A., & Huesmann, L. R. (2003). Human aggression: A social-cognitive view. In M. A. Hogg & J. Cooper (Eds.), *Handbook of Social Psychology* (pp. 296–323). London: Sage.

Bandura, A. (2002). Social cognitive theory of mass communication. In J. Bryant & D. Zillmann (Eds.), *Media effects: Advances in theory and research* (2nd ed., pp. 121–153). Mahwah, NJ: Lawrence Erlbaum Associates.

Bargh, J. A., & Pratto, F. (1986). Individual construct accessibility and perceptual selection. *Journal of Experimental Social Psychology, 22*, 293–311.

Barnes, G. E., Malamuth, N. M., & Check, J. V. (1984). Psychoticism and sexual arousal to rape depictions. *Personality and Individual Differences, 5*, 273–279.

Becker, M. A., & Byrne, D. (1985). Self-regulated exposure to erotica, recall errors, and subjective reactions as a function of erotophobia and Type A coronary-prone behavior. *Journal of Personality and Social Psychology, 48*, 760–767.

Berkowitz, L., & Rogers, K. H. (1986). A priming effect analysis of media influences. In J. Bryant & D. Zillmann (Eds.), *Perspectives on media effects* (pp. 57–82). Hillsdale, NJ: Lawrence Erlbaum Associates.

Biswas, R., Riffe, D., & Zillmann, D. (1994). Mood influence on the appeal of bad news. *Journalism Quarterly, 71*, 689–696.

Bleich, S., Zillmann, D., & Weaver, J. (1991). Enjoyment and consumption of defiant rock music as a function of adolescent rebelliousness. *Journal of Broadcasting & Electronic Media, 35*, 351–366.

Bogaert, A. F. (1996). Volunteer bias in human sexuality research: Evidence for both sexuality and personality differences in males. *Archives of Sexual Behavior, 25*, 125–140.

Bogaert, A. F. (2001). Personality, individual differences, and preferences for the sexual media. *Archives of Sexual Behavior, 30*, 29–53.

Bogaert, A. F., Woodard, U., & Hafer, C. L. (1999). Intellectual ability and reactions to pornography. *Journal of Sex Research, 36*, 283–291.

Bryant, J., & Miron, D. (2003). Excitation-transfer theory and three-factor theory of emotion. In J. Bryant, D. Roskos-Ewoldsen, & J. Cantor (Eds.), *Communication and emotion: Essays in honor of Dolf Zillmann* (pp. 31–59). Mahwah, NJ: Lawrence Erlbaum Associates.

Bryant, J., & Zillmann, D. (1984). Using television to alleviate boredom and stress: Selective exposure as a function of induced excitational states. *Journal of Broadcasting, 28*, 1–20.

Bushman, B. J. (1995). Moderating role of trait aggressiveness in the effects of violent media on aggression. *Journal of Personality and Social Psychology, 69*, 950–960.

Carpentier, F. D., Knobloch, S., & Zillmann, D. (2003). Rock, rap, and rebellion: Comparisons of traits predicting selective exposure to defiant music. *Personality and Individual Differences, 35*, 1643–1655.

de Wied, M., Zillmann, D., & Ordman, V. (1994). The role of empathic distress in the enjoyment of cinematic tragedy. *Poetics, 23*, 91–106.

Eysenck, H. J., & Eysenck, M. W. (1985). *Personality and individual differences: A natural science approach*. New York: Plenum.

Eysenck, S. B. G., Eysenck, H. J., & Barrett, P. (1985). A revised version of the psychoticism scale. *Personality and Individual Differences, 6*, 21–29.

Feagin, S. L. (1983). The pleasures of tragedy. *American Philosophical Quarterly, 20*, 95–104.

Funder, D. C. (2001). Personality. *Annual Review of Psychology, 52*, 197–221.

Gerbner, G., Gross, L., Morgan, M., Signorielli, N., & Shanahan, J. (2002). Growing up with television: Cultivation processes. In J. Bryant & D. Zillmann (Eds.), *Media effects: Advances in theory and research* (2nd ed., pp. 43–67). Mahwah, NJ: Lawrence Erlbaum Associates.

Gibson, R., Aust, C. F., & Zillmann, D. (2000). Loneliness of adolescents and their choice and enjoyment of love-celebrating versus love-lamenting popular music. *Empirical Studies of the Arts, 18*, 43–48.

Goldenberg, J. L., Pyszczynski, T., Johnson, K. D., Greenberg, J., & Solomon, S. (1999). The appeal of tragedy: A terror management perspective. *Media Psychology, 1*, 313–329.

Hansen, C. H., & Hansen, R. D. (1991). Constructing personality and social reality through music: Individual differ- ences among fans of punk and heavy metal music. *Journal of Broadcasting & Electronic Media, 35*, 335–350.

Hansen, C. H., & Hansen, R. D. (2000). Music and music videos. In D. Zillmann & P. Vorderer (Eds.), *Media entertainment: The psychology of its appeal* (pp. 175–213). Mahwah, NJ: Lawrence Erlbaum Associates.

Hoffner, C., & Cantor, J. (1991). Perceiving and responding to mass media characters. In J. Bryant & D. Zillmann (Eds.), *Responding to the screen: Reception and reaction processes* (pp. 63–101). Hillsdale, NJ: Lawrence Erlbaum Associates.

Jo, E., & Berkowitz, L. (1994). A priming effect analysis of media influences: An update. In J. Bryant & D. Zill- mann (Eds.), *Media effects: Advances in theory and research* (pp. 43–60). Hillsdale, NJ: Lawrence Erlbaum Associates.

Knobloch, S., & Mundorf, N. (2003). Communication and emotion in the context of music and music television. In J. Bryant, D. Roskos-Ewoldsen, & J. Cantor (Eds.), *Communication and emotion: Essays in honor of Dolf Zillmann* (pp. 491–509). Mahwah, NJ: Lawrence Erlbaum Associates.

Knobloch, S., & Zillmann, D. (2002). Mood management via the digital jukebox. *Journal of Communication, 52*, 351–366.

Knobloch, S., & Zillmann, D. (2003). Appeal of love themes in popular music. *Psychological Reports, 93*, 653–658.

Linz, D., Donnerstein, E., & Adams, S. M. (1989). Physiological desensitization and judgments about female victims of violence. *Human Communication Research, 15*, 509–522.

Linz, D., Donnerstein, E., & Penrod, S. (1988). Effects of long-term exposure to violent and sexually degrading depictions of women. *Journal of Personality and Social Psychology, 55*, 758–768.

Lopez, P. A., & George, W. H. (1995). Men's enjoyment of explicit erotica: Effects of person-specific attitudes and gender-specific norms. *Journal of Sex Research, 32*, 275–288.

Maio, G. R., & Esses, V. M. (2001). The need for affect: Individual differences in the motivation to approach or avoid emotions. *Journal of Personality, 69*, 583–615.

Malamuth, N. M., & Check, J. V. (1985). The effects of aggressive pornography on beliefs in rape myths: Individual differences. *Journal of Research in Personality, 19*, 299–320.

Mares, M. L., & Cantor, J. (1992). Elderly viewers' responses to televised portrayals of old age: Empathy and mood management versus social comparison. *Communication Research, 19*, 459–478.

Mayer, J. D., & Gaschke, Y. N. (1988). The experience and meta-experience of mood. *Journal of Personality and Social Psychology, 55*, 102–111.

McCrae, R. R., Costa, P. T., Ostendorf, F., Angleitner, A., Hrebickova, M., Avia, M. D., Sanz, J., Sanchez-Bernardos, M. L., Kusdil, M. E., Woodfield, R., Saunders, P. R., & Smith, P. B. (2000). Nature over nurture: Temperament, personality, and life span development. *Journal of Personality and Social Psychology, 78*, 173–186.

McDaniel, S. R. (2003). Reconsidering the relationship between sensation seeking and audience preferences for viewing televised sports. *Journal of Sport Management, 17*, 13–36.

McKenzie-Mohr, D., & Zanna, M. P. (1990). Treating women as sexual objects: Look to the (gender schematic) male who has viewed pornography. *Personality and Social Psychology Bulletin, 16*, 296–308.

Mills, J. (1993). The appeal of tragedy: An attitude interpretation. *Basic and Applied Social Psychology, 14*, 255–271.

Mischel, W., & Shoda, Y. (1998). Reconciling processing dynamics and personality dispositions. *Annual Review of Psychology, 49*, 229–258.

Nabi, R. L., Biely, E. N., Morgan, S. J., & Stitt, C. R. (2003). Reality-based television programming and the psychology of its appeal. *Media Psychology, 5*, 303–330.

Oliver, M. B. (1993a). Adolescents' enjoyment of graphic horror: Effects of viewers' attitudes and portrayals of victim. *Communication Research, 20*, 30–50.

Oliver, M. B. (1993b). Exploring the paradox of the enjoyment of sad films. *Human Communication Research, 19*, 315–342.

Oliver, M. B. (2002). Individual differences in media effects. In J. Bryant & D. Zillmann (Eds.), *Media effects* (2nd ed., pp. 507–524). Mahwah, NJ: Lawrence Erlbaum Associates.

Oliver, M. B., & Armstrong, G. B. (1995). Predictors of viewing and enjoyment of reality-based and fictional crime shows. *Journalism & Mass Communication Quarterly, 72*, 559–570.

Oliver, M. B., Sargent, S. L., & Weaver, J. B. (1998). The impact of sex and gender role self-perception on affective reactions to different types of film. *Sex Roles, 38*, 45–62.

Palmgreen, P. C., Wenner, L. A., & Rosengren, K. E. (1985). *Uses and gratifications research: The past ten years*. Beverly Hills, CA: Sage.

Raney, A. A. (2003). Dispositon-based theories of enjoyment. In J. Bryant, D. Roskos-Ewoldsen, & J. Cantor (Eds.), *Communication and emotion: Essays in honor of Dolf Zillmann* (pp. 61–84). Mahwah, NJ: Lawrence Erlbaum Associates.

Raney, A. A., & Bryant, J. (2002). Moral judgment and crime drama: An integrated theory of enjoyment. *Journal of Communication, 52*, 402–415.

Robinson, T. O., Weaver, J. B., & Zillmann, D. (1996). Exploring the relation between personality and the appreciation of rock music. *Psychological Reports, 78*, 259–269.

Rubin, A. M. (1983). Television uses and gratifications: The interactions of viewing patterns and motivations. *Journal of Broadcasting, 27*, 37–51.

Rubin, A. M. (2002). The uses-and-gratifications perspective of media effects. In J. Bryant & D. Zillmann (Eds.), *Media effects: Advances in theory and research* (2nd ed., pp. 525–548). Mahwah, NJ: Lawrence Erlbaum Associates.

Rubin, A. M., Haridakis, P. M., & Eyal, K. (2003). Viewer aggression and attraction to television talk shows. *Media Psychology, 5*, 331–362.

Salovey, P., Mayer, J. D., Goldman, S. L., Turvey, C., & Palfai, T. P. (1995). Emotional attention, clarity, and repair: Exploring emotional intelligence using the Trait Meta-Mood Scale. In J. W. Pennebaker (Ed.), *Emotion, disclosure, & health* (pp. 125–154). Washington, DC: American Psychological Association.

Scharrer, E. (2001). Men, muscles, and machismo: The relationship between television violence exposure and aggres- sion and hostility in the presence of hypermasculinity. *Media Psychology, 3*, 159–188.

Schwartz, K. D., & Fouts, G. T. (2003). Music preferences, personality style, and developmental issues of adolescents. *Journal of Youth and Adolescence, 32*, 205–213.

Shanahan, J. (1995). Television viewing and adolescent authoritarianism. *Journal of Adolescence, 18*, 271–288.

Sherry, J. L. (2001). Toward an etiology of media use motivations: The role of temperament in media use. *Communi-cation

Monographs, 68, 274–288.

Sherry, J. L. (2004). Media effects theory and the nature/nurture debate: A historical overview and directions for future research. *Media Psychology, 6*, 83–109.

Shrum, L. J. (1995). Assessing the social influence of television: A social cognition perspective on cultivation effects. *Communication Research, 22*, 402–429.

Shrum, L. J. (2002). Media consumption and perceptions of social reality: Effects and underlying processes. In J. Bryant & D. Zillmann (Eds.), *Media effects: Advances in theory and research* (2nd ed., pp. 69–95). Mahwah, NJ: Lawrence Erlbaum Associates.

Shrum, L. J., & O'Guinn, T. C. (1993). Processes and effects in the construction of social-reality: Construct accessibility as an explanatory variable. *Communication Research, 20*, 436–471.

Slater, M. D., Henry, K. L., Swaim, R. C., & Anderson, L. L. (2003). Violent media content and aggressiveness in adolescents: A downward spiral model. *Communication Research, 30*, 713–736.

Tamborini, R., Stiff, J., & Zillmann, D. (1987). Preference for graphic horror featuring male versus female victimiza- tion: Personality and past film viewing experiences. *Human Communication Research, 13*, 529–552.

Thomas, M. H., Horton, R. W., Lippincott, E. C., & Drabman, R. S. (1977). Desensitization to portrayals of real-life aggression as a function of television violence. *Journal of Personality and Social Psychology, 35*, 450–458.

Weaver, J. B., III. (2000). Personality and entertainment preferences. In D. Zillmann & P. Vorderer (Eds.), *Media entertainment: The psychology of its appeal* (pp. 235–248). Mahwah, NJ: Lawrence Erlbaum Associates.

Weaver, J. B., III. (2003). Individual differences in television viewing motives. *Personality and Individual Differences, 35*, 1427–1437.

Zillmann, D. (1971). Excitation transfer in communication-mediated aggressive behavior. *Journal of Experimental Social Psychology*, 419–434.

Zillmann, D. (1985). The experimental exploration of gratifications from media entertainment. In K. E. Rosengren, L. A. Wenner, & P. Palmgreen (Eds.), *Media gratifications research: Current perspectives* (pp. 225–239). Beverly Hills, CA: Sage.

Zillmann, D. (1988a). Mood management through communication choices. *American Behavioral Scientist, 31*, 327–340.

Zillmann, D. (1988b). Mood management: Using entertainment to full advantage. In L. Donohew, H. E. Sypher, & E. T. Higgins (Eds.), *Communication, social cognition, and affect*. Hillsdale, NJ: Lawrence Erlbaum Associates.

Zillmann, D. (1989). Effects of prolonged consumption of pornography. In D. Zillmann & J. Bryant (Eds.), *Pornogra-phy: Research advances and policy considerations* (pp. 127–157). Hillsdale, NJ: Lawrence Erlbaum Associates.

Zillmann, D. (1991). Empathy: Affect from bearing witness to the emotions of others. In J. Bryant & D. Zillmann (Eds.), *Responding to the screen: Reception and reaction processes* (pp. 135–167). Hillsdale, NJ: Lawrence Erlbaum Associates.

Zillmann, D. (2000). Mood management in the context of selective exposure theory. In M. E. Roloff (Ed.), *Commu- nication Yearbook* (Vol. 23, pp. 103–123). Thousand Oaks, CA: Sage.

Zillmann, D., & Bhatia, A. (1989). Effects of associating with musical genres on heterosexual attraction. *Communi- cation Research, 16*, 263–288.

Zillmann, D., & Bryant, J. (1982). Pornography, sexual callousness, and the trivialization of rape. *Journal of Commu- nication, 32*, 10–21.

Zillmann, D., & Bryant, J. (1985). Affect, mood, and emotion as determinants of selective exposure. In D. Zillmann & J. Bryant (Eds.), *Selective exposure to communication* (pp. 157–190). Hillsdale, NJ: Lawrence Erlbaum Associates.

Zillmann, D., & Cantor, J. R. (1977). Affective responses to the emotions of a protagonist. *Journal of Experimental Social Psychology, 13*, 155–165.

Zillmann, D., Hezel, R. T., & Medoff, N. J. (1980). The effect of affective states on selective exposure to televised entertainment fare. *Journal of Applied Social Psychology, 10*, 323–339.

Zillmann, D., & Weaver, J. B. (1989). Pornography and men's sexual callousness toward women. In D. Zillmann & J. Bryant (Eds.), *Pornography: Research advances and policy considerations* (pp. 95–125). Hillsdale, NJ: Lawrence Erlbaum Associates.

Zillmann, D., & Weaver, J. B. (1997). Psychoticism in the effect of prolonged exposure to gratuitous media violence on the acceptance of violence as a preferred means of conflict resolution. *Personality and Individual Differences, 22*, 613–627.

Zuckerman, M. (2004). The shaping of personality: Genes, environments, and chance encounters. *Journal of Person- ality Assessment, 82*, 11–22.

Zuckerman, M., & Litle, P. (1986). Personality and curiosity about morbid and sexual events. *Personality and Individual Differences, 7*, 49–56.

第二十章　娱乐中的情绪和认知

多丽娜·米伦

受到快乐的驱动

你是否喜欢或者想象驾驶着自己"梦寐以求的坐骑",它可能是一辆宝马或者完美舒适的奔驰?人类大脑就像一家制造奔驰的工厂,好奇的参观者可以看到制造过程:各种模型以稳定的速度沿着组装线前进。主要的操作都被展现出来,但是其他复杂的程序可能被隐藏,以使产品或人类保持竞争优势。

工作中的大脑分层

相较奔驰工厂,人脑的优势体现在大脑是生产线:每个人身上都有爬行动物大脑,在此之上是哺乳动物大脑或边缘系统,被新哺乳动物大脑或者大脑皮层覆盖。在这种"三位一体的大脑"(MacLean, 1990)中,历史上的爬行动物大脑或者本能大脑是驱动所有动物基本动作和情绪的所在地,例如寻找、害怕、激进和性行为。旧哺乳动物或情感脑及其解读的社会情绪使害怕和愤怒情绪更为复杂,这也与各种涉及生活的复杂结构相关。最后,新哺乳动物或理性脑是超越时间的逻辑或者因果关系的中心,通过学习将现在与过去连接在一起,同时基于学习的期待和计划,将现在和未来联系在一起。

这种分层结构如何生成的呢?相对而言,人是体型较小的动物——只要想想恐龙的大小就可以明白。在物种生存竞争中,人类在自然选择中胜出。人类并没有在体型上超过大型动物,而是通过快速适应和控制环境超越其他物种。决定人类学习、预测和计划的行为的皮质功能作为调节器和增强器出现,这些功能由大脑的旧哺乳动物和新哺乳动物层执行。新皮质来源于个体和社会经验对后续行为的优化模式。除基因之外,人们主要依赖记忆中存储的知识影响/引导自己的行为。人类一开始对出生的环境非常依赖,但会逐渐出于生存目的来调整对环境的适应。

受良好和不良感觉的驱使

对动物和人类而言，缺乏维持生命的外部资源（例如食物、水、热暖等）会引发不良的感觉，因为外部资源的缺乏会导致生命的消亡。相反，使用这些资源能够给人和动物带来良好的感觉，因为其能够让生命重新恢复活力并持续工作。对各类维持生命的资源的需求会让人有意或无意地采取各种趋利避害的行为。从历史上看，激进情绪或者行为主要是由物质缺乏及物资竞争引起的。性行为会引发良好的感觉，因为其有助于保持和增加人口，进而提高该物种与其他物种的资源竞争能力和生存能力。上述感觉具有"神经心理的同源性，存在于所有哺乳动物之中"（Panksepp, 1998, p.10），并且"对于控制行为，尤其是有意识行为，至关重要"（Panksepp, 1998, p.13）。上述行为中获得的乐趣被看成是成功幸存行为的自然机制，而影响存活的行为则会被处罚或抑制。这种良好—不良的分级系统使人们在一生的时间内能够快速适应外部环境变化。享受（pleasure）是规范人们行为最原始也是最重要的因素，这表明享乐科学和娱乐理论在研究自发、基于认知的享乐追求方面扮演重要角色。

情绪

情绪的自我指涉特点 情绪是"由客观事件（神经层面）引起的主观感觉，能够调节很多人类及动物行为倾向的深层次本性"（Panksepp, 1998, p.14）。情绪主要由支持不同感受的神经网络和支持自我呈现的神经网络之间的互动所引发。情绪的作用是为世界事件提供自我指涉的价值编码。这些编码行为指导个人的适应行为，这些行为会在不常见或者不断变化的情景中发挥作用，并且与对典型环境反应的基因编码行为相比，这些行为对存活更有利。

分辨情绪 据瓦伦斯坦（Valenstein, 1973）的观点，不同神经结构的刺激结合激活在主观上被视为可区分的状态，提示特定和连续的行为模式。尽管"大脑中特定情绪没有清晰的'中心'"并且"所有东西最终基于多个系统的互动而出现"（Panksepp, 1998, p.147），但每种情绪都与特定和密不可分的环境相关。因此，从神经学视角看，情绪分类的最初标准并不是触发特定情绪的刺激类型，而是被激活的具有特定功能的神经网络，这些网络可以引起人们对特定内部状态的主观认知并且充当引发特定反应行为的操作系统。

情绪分类大部分是基于分类者的兴趣进行的。根据潘克塞普的研究，"哺乳动物大脑中至少有七种基本的情绪系统"（Panksepp, 1998, p.47），包括害怕、愤怒、悲伤、期待、游戏、性欲望和母性孕育。潘克塞普还区分了"初级情绪"（例如愤怒、悲伤、恐惧、快乐）、"次级情绪"（例如嫉妒、压抑、欲望、同情、惊奇和恶心），前者由大脑最低/最旧层级中的神经网络支持，而后者由大脑中边缘系统中神经网络支持。因为全球人类社会在自然环境、资源、组织、经济发展程度、文化传统以及其他因素方面差别很大，因此我们可以认为最新的人类情绪会在神经图谱中呈现很大差异，这主要受地理位置和人的社会地位影响。

文化强影响下的情绪 因为新的"社会"情绪在不同文化和亚文化之间差别很大，他们的交流需要更多特征识别和对比分析——也就是说，与老旧、"初级"或"普遍"情绪相比，需要更多的理性行为。从娱乐的角度看，这种差异造成了一种生产和传播偏见/喜好，即大量使用旧的初级情感作为商业成功的先决条件。由于个人经历的新鲜感和多元化，次级情绪对公众而言更加有趣/具备吸引力，因此在很多亚文化市场更受欢迎。因此在漫长的创新代价下，产品流行程度的经济压力能够维持文化连贯性和物种凝聚力。例如，我们会选择更多的第一人称射击游戏，而不是在其他种类的网络游戏或其他娱乐方式中选择。最终，流行文化市场的保守主流化效果与情绪自我指称功能的多样效应相互抵消，并且在物种中引发情绪和行为多样性，最后造成个体的不可交流性（incommunicability）。

作为个体一致性必要功能的情绪和认知 如果我们考量内部过程的话，情绪的自我指称性可能会使由环境情况引起的内部状态和反应行为结合起来。这种结合通过人脑内部大量的互联得以实现，"其中每部分都会找到连接其他部分的路径"（Panksepp, 1998, p.70）。情绪回路与"大脑机制相互作用，精心设计更高的决策过程和意识"（Panksepp, 1998, p.150）。这些上升互动（ascending interaction）的结果是思想会引发情绪。此外，情绪回路会与支持自发生理功能和控制行动的低大脑区域产生互动。这些向下互动（descending interaction）的结果是，"如果没有生理上的影响的话，就没有情绪，同时随之而来的身体变化会以反馈的方式控制情绪系统的基调"（Panksepp, 1998, p.27）。总体而言，人类大脑活动有两个主要方向：一个是下丘脑边缘轴或"感觉流"，主要涉及本能信息处理；另一个是丘脑皮质轴或"思想流"（Panksepp, 1998, p.58），主要涉及躯体的信息处理。两个方向"汇聚在基底神经节的基本感觉—运动程序上，从而产生本能和躯体行为过程，这些过程相互混合并且引发一致的行为结果"（Panksepp, 1998, p.62）。情绪回路的调节作用涉及自我指涉，也会确保并且优化个人对环境的自发反应。

情绪、认知与情景切适性 由新皮质支持的情绪和理性行为之间的联系通过自我指涉以及情景相关决策来达到存活目的。据情感网络理论显示，喜好状态的唤醒会通过与情绪相连的认知网络来传递这种激活状态（Bower, 1981; Bower & Cohen, 1982; Clark & Isen, 1982; Isen, 1984）。因此，"与现在状态相连的物质更可能会在一系列认知构建活动中被激活、回忆或使用，进而促使人们在建构性联系、评价或者判断中保持明显的一致性状态"（Forgas, 1999, p. 591）。

在系统发生学中，情绪在推理之前。由脑结构深处的神经网络支持的旧的或初始情绪会引发原始（自发以及简单的）反应行为（例如面对生命攸关的危险时是反击还是躲避），而在此方面推理（新皮质控制）似乎不起太大作用。但是，新皮质在应对新的社会情绪方面却大有作为。因此，合作决策和社会行为策略能够从理性中获益。我们越不向社会问题"开炮"，就越能限制诸如迎击、躲避，或者毁灭行为等冲动反应，并从我们大脑顶层的创造力中获益。这种科学发现鼓励电影出品人将观众带入社会辩论中，因为如果出品人放弃大屠杀场景的话，观众会变得更加理性。

关闭或开放式情绪—认知过程 就创造性而言，动物行为主要是"关闭式的"（Panksepp, 1998, p.62），也就是说，不太受环境变化影响。动物主要是根据基因编码的优先级排序，通过一系列简单运动来对外部世界做出反应。人类新皮质的发展将重点转向了对环境变化更敏感的项目（如语言、农业、政治等）上。此外，皮质承载力使人类可以对多样或者有时互相冲突的情绪进行评价，并且根据不断变化的复杂情况做出反应。

新皮质的发展主要与人类选择和发明内容的拓展有关。但是，情绪作为决定和行为的触发器的持久作用力，应该被期望能维持理性的人类行为；另一方面，新皮质活动应该被用来追踪之前保守（生命存活）情绪作用的变化。新社会情绪的开放性，尤其是皮质行为决策的开放性，是娱乐的基础。新情绪总是存在并且需要被体验；另一方面，呈现在我们面前的人类新行为也基本是无限的。

人类创造性的副作用：不断增加的环境复杂性 皮质活动和人类行为创造力的开放性也引发了一个不可忽视的新问题。人类不再对自然进行简单回应。随着出于存活目的的自我指涉人口的不断增加，人类的生存环境也不断变得多样化。受到人类控制的环境多样性反过来拓展了人类需求、情绪、决定、选择及潜在行为的范围。人类感性—理性系统在综合环境信息、内部状态以及行为方面扮演重要角色。由情绪引发的自然自我指涉评价对早期人类而言十分有效，因为他们在当时缺少多样性并且决策和行为的范围十分小，人们在某个社会族群中的生活相对固定。而现在的个人需要花费大量时间和精力来了解自己的生活环境和身体内部状态，形成一系列处理问题的决策，在决策中考虑更多的隐私和反应，并且掌握决策实施技能。这会使人们有更少的身体互动而有更多的感性行为，并且越来越多的人类工作会被机器所取代。因此，在竞争中幸存下来的物种让个体生活和社会生活都变得更为艰难，也就是说，在情绪上更加矛盾并且压力更大，而感性操作上更费力。我们不需要像以前那样努力工作来谋生，但是有更多令人头疼的事情；我们更长寿，但是所有物种处在更多利益冲突和自我毁灭的危险中。但是这对娱乐而言是好消息：享受娱乐的人越来越多，市场需求越来越大。

对快乐的竞争

快乐的基本生存作用

在心理社会学术语中，快乐（pleasure）通常被定义为大脑边缘区域的激活

（Campbell, 1973）。所涉及的神经递质是阿片和多巴胺系统（Hoebel, 1998; Wise, 1982）。寻求快乐的神经纤维与控制生理功能的神经纤维相互交织，后者与个人和种族的存活功能密不可分，包括心跳、呼吸、血压与性冲动。这些行为可以激活快乐网络或者被快乐区域的神经网络激活。因此，作为基本生存功能的协调物的边缘系统随之出现：让物种保持活力的行为得以开展，因为其让个人获得快乐；而对物种有害的行为则因为给物种带来痛苦而受到惩罚或者抵制。这解释了人类基本生活目标就是快乐最大化并将痛苦最小化。人类应该做什么来将快乐最大化呢？

人类五种感官在认知上增加快乐的潜力

人类的五种感官是环境和个人自动系统的交互界面，也是人脑中负责基本生存和繁殖过程并且确保上述功能自动起作用的部分。由这些自发行为，尤其是感官行为（例如通过五官刺激而达到大脑快乐区域的神经刺激）引发的快乐具有生存价值，因为这些行为让人类与世界联系起来并且适应世界，也就是说，以趋乐避苦的方式做出反应（Greenfield, 2002）。那么感官快乐是如何被用于娱乐活动的呢？

嗅觉 我们对嗅觉和触觉的使用在大体上与动物相同：有害的肮脏地方、变质的食物以及尸体都很难闻，而用于维持生命的新鲜食物、洁净环境及交配对象的味道则很好闻。此外，人们通过学习来减少臭味引发的不适并且提升香味引起的快乐：人们生产香料来提高环境舒适度，或者优化外表或提升消费吸引力。很多寻乐活动都强调香水既含有固有的成分（例如精美食物、酒香等）又有人工产品的气味（例如香水、焚香、香薰等）。

触觉 如果通过更安全的非接触很难对物体进行辨别，那么人们会去感受温度、质地、重量和行为，这通常都与危险和需求评价相关。对动物而言，重复的触嗅经历能够让它们了解味道和质地质量之间的联系以及好、坏东西之间的区别，进而帮助其提高对危险或者机会的认知。对于人类而言，触觉与性行为、穿衣打扮以及需要大量接触（或大规模控制物体）的行为相关。嗅觉和触觉都可以提升快乐感，但是如果没有其他感官帮助的话，仅靠两种感觉无法支持娱乐行为。

味觉 味觉情况与上述两种不同。厨艺和餐饮业能够给人类提供味觉快乐，可以提升我们找寻和享受味觉的认知，包括香味区分、菜单知识、厨艺、种植/处理植物的知识和技能、适应文化的烹饪技巧、食物摆盘及其声音和视觉环境的艺术欣赏能力，以及可能享受厨艺的快乐，通过分享或者谈论食物来提升个人娱乐感觉的社会知识。

听觉 与前面几种感官类似，我们的听觉快乐主要来自音乐艺术，掌握的唱歌技术，制造、玩耍和营销乐器方面的知识和技能，用于了解古时候或其他地区音乐的音乐史知识，将音乐和视觉以及行为艺术相结合的知识和技能，还有与他人谈论或者分享听觉快乐的社会知识。

食物是具体可见的东西，并且所有的人和动物都要吃食物，因此烹饪艺术和酿酒技术都是非常常见的文化财产。与食物不同的是，音乐是非物质的，其需要个人不同的演唱能力、耗时学习的乐器弹奏技术，也需要很难生产或者价格昂贵的乐器。长期以来，这些因素限制了人们对音乐的享受——尤其是使用复杂乐器弹奏或者需要耗费很大精力学习的音乐——因此这些东西都只能局限于精英阶层。在西方社会中，媒介技术创造的大众娱乐解决了音乐文化的匮乏，而这些音乐的产生主要是出于消费而非生产目的。电脑技术的最新发展使得音像材料的存储和全球发行的质量和范围问题得到解决。音乐消费的快乐与食物和饮料带来的快乐可以相提并论。在市场压力下，这些娱乐产品的泛化导致商品只注重数量而非质量。对冷冻食物和背景音乐的日常体验只有很低的娱乐潜力。

视觉 在五种感官中，视觉是最不会被打扰或者是最能够提供信息的感觉器官，因此其能够为人提供大量的危险和机会线索。视觉快乐在经典艺术和行为艺术方面会达到顶峰，这主要是基于之前生产者和消费者双方的知识和技术。由媒介技术支持的视觉和行为艺术增加了视觉复杂性、变化的速度以及自然环境的人为性，给开发理性分析技能的新皮质造成了处理评价的压力。因此，视觉娱乐变得更加"知识化"，具有指涉性并且依赖个人经验，同时会受到文化趋势的限制，并且作为个性选择而非普遍环境来运作。

将我们通过感官人造提升的快乐和自然环境中的快乐做一个简单对比的话，我们会发现人们在自我刺激方面有了大量进步。人们会出于生存目的来自发调节行为以增加对自然环境资源的获取，与动物相比，尤其是在西方世界，生存不再是人们关注的一个问题。人们出于娱乐目的使用各种感官能力，主要通过特定休闲方式、娱乐行为以及附属或者支撑行业实现娱乐目的。历史经验显示，将各种不同感官刺激和支持皮质过程的相应知识开发结合起来，会对娱乐提升产生两方面的影响。

情绪对认知上提升快乐的潜在影响

人们会出于提升快乐感而通过娱乐行为来寻找、使用认知过程，在此过程中，我们的关注点是情绪和认知的双向显著关系：情绪会对关键评价和记忆过程产生重要影响，反之亦然（Christianson, 1992）。为了做进一步解释，我们分析与娱乐紧密相关的初级情绪。根据潘克塞普的研究，"每种基本情绪系统都会引发很多明显的行为选择"（Panksepp, 1998, p.283）。

基本情感寻求 人类作为寻求快乐者，不断地寻求刺激。快乐区域的激活减少时，神经冲动被输送到控制肌肉的运动中枢而产生解释行为，直到个人找到新感官刺激来源为止（例如暂时快乐的新来源）。该方案被看成是行为的最基本神经机制（Campbell, 1973）。潘克塞普将刺激寻找行为定位在边缘下丘脑区域，其展示"大量兴趣""极度好奇""渴望参与""觅食行为"（Panksepp, 1998, pp.147, 149）。刺激边缘下丘脑主要区域会使人产生"极度疯狂"行为，而刺激中心反应区域则会产生"慢条斯理"的快乐寻找行为（Panksepp, 1998, p.149）。对环境的探索与信息解码相关，这是编码信息的典型节律，即"将近期经历转化成长期记忆"（Panksepp, 1998, p.149）。

通常而言，寻找过程的取向主要是由需求状态决定的（例如口渴、饥饿、冷热不均、性需求等），并且基于环境敏感性和个人最迫切的需求。对人类而言，支持寻找行为的神经网络"会与更高级的脑系统进行互动，后者主要是通过协调高级时空信息处理的前皮质和海马体来生成计划"（Panksepp, 1998, p.151）。海马体会通过下降的穹窿纤维束与下丘脑相连接，而这些连接可能会将空间图片上的线索传递给觅食冲动（Vanderwolf, 1992）。

尽管快乐寻找行为在孩子中非常明显（Izard & Buechler, 1979），成年人中很少有这种行为的外在表现，因为他们熟知社会规范要求他们的行为保持冷静。但是，寻找快乐是我们生活中的基本行为，因为其促使身体与环境进行互动，而这对于生存而言至关重要。通过上述互动产生的感官刺激，在情感（或者自我指涉）上被编码为"好的"或"坏的"，会通过重复经历逐渐与快乐的来源联系在一起，这意味着我们会在行为、环境目标及其引起的内在感情之间建立因果联系。这种因果联系会使神经网络得到开发，这些网络主要包括大脑中分析感官刺激的区域、支持自我指涉评价的快乐区域，产生情景评价（位置、时间、顺序、原因）的皮质区域，促成非自发反应行为优化决定。

一旦通过共同"习得"（也就是说，完整的因果关系链被储存在记忆中）体会了对特定目标的快乐体验，该知识会进一步刺激对同一物体或者类似物体的找寻。个体的感官过滤系统通过选择快乐源的附加条件得以增强。

从神经心理社会学角度看，"我们可以确信搜寻系统确实会和控制动物回报期待的脑回路互动"（Panksepp, 1998, p.147）。行为主义者观点认为外部回报决定行为，而与此相反的是，现有神经心理学则强调内部/神经回报机制将即时感官刺激和边缘/快乐过程以及皮质/决定过程联系起来："除非动物能够搜索回报，否则世界上的回报将毫无意义"（Panksepp, 1998, p.151）。

"搜寻系统通常是紧张的，而不是积极的"（Panksepp, 1998, p.149），但是，这方面当然会有差异变化。"该系统中的活动水平会与积极情绪、刺激搜索以及与世界相关的食欲刺激等相联系"（Panksepp, 1998, p.149）。更外向、对积极刺激寻找更为关注的人通常更加快乐。这种多样性与娱乐行业高度相关，因为后者在很大程度上决定了整个市场状态。通过快乐搜寻者，娱乐的市场价值得以最大化。

和其他情绪不同的是，寻找状态本身具有回报性，因为其能够激活身体行为并且通过维持这种状态来让人感觉很棒，因此寻找快乐是一种自我刺激的基本形式。寻找的内在快乐与每个时间节点所追求的目标刺激类型无关，搜寻行为涉及的努力通常会得到各种满足快乐的回报，上述行为又进一步强化了快乐寻找行为。娱乐行业的一个潜在问题是满足会引发短暂的行为抑制，而只有当满足感结束或下降时，搜寻行为才会重新开始。这种快乐惯性是让人们保持对快乐消费行为持续投入精力的原因，只要人们喜欢一种特定的娱乐方式，就不会去寻找其他快乐来源。

一旦现有快乐减少或者消失，学习个人或其他人的快乐经历，可以极大地促进对刺激/快乐的重新追求。这种习得是消费行为理性最大化的前提，涉及现有或者目标行为产生的快乐以及通过替代活动获得的潜在快乐之间的系统对比。在学习获得快乐来源的过程中，新皮质网络会提供感官处理和快乐区域的下行投射，这些行为与各种娱乐行为相关。上述宽泛的神经行为被当成"更深层次"或者更强烈的情绪和快乐。另一方面，我们更容易获得大量神经网络，因为这些网络可以通过自下而上（例如快乐感官刺激引发相关知识）或者自上而下（例如工作记忆中激活的知识引发相关感觉和快乐）这两种方式获得快乐。因此，涉及习得的快乐活动不再是"此时此刻"的行为，其在很大程度上是"跨时空"活动。这种特征体现出与文化相关的娱乐活动的产生和消费实际上具有不确定的可能性。

害怕和恐惧　由于探测危及生命情景的能力与生存最相关，这种能力逐渐演变为根植于基因的一种功能，同时保护物种免受个体习得不确定因素的影响。"进化会产生几个共同活跃的神经系统，有助于协调认知、行为和心理变化，进而提升面对危险的存活能力"（Panksepp, 1998, p.206）。

恐惧感的管理系统主要在扁桃体的边缘和中心区域、下丘脑的前部和中部以及中脑的边缘灰色特定区域（Panksepp, 1990）。控制系统从这些区域投射到大脑低部和脊柱的特定自主神经和行为输出成分中，其中大脑和脊柱控制恐惧的生理症状（例如高血压、震惊反应、震惊消除、出汗）（Panksepp, 1998）。受条件限制的恐惧在扁桃体中间核心区域进入恐惧控制系统（Aggleton, 1992）。扁桃体在整合恐惧反应方面也具有重要作用（Panksepp, 1998）。很多焦虑感主要与肾上腺垂体刺激反应相关（Puglisi-Allegra & Oliverio, 1990）。

恐惧的强度与两个时间纬度相关——刺激的速度与时间，并且会产生两种主要类型的恐惧。一种是恐惧，脑回路受到刺激并且刺激在较短时间内达到较高水平；另一种是慢性焦虑，主要是刺激较为温和地持续产生（Panksepp, 1998）。

恐惧是神经系统一种令人反感的状态。对恐惧的经历是担心和紧张，同时也会伴有特定形式的自主性和行为刺激（警惕、心跳加快、出汗、肌肉紧张加剧、坐立不安），使机体为能量密集型刺激反应行为做好准备。

因为恐惧是一种肯定会产生的情绪，可以严格控制，因此其越来越被娱乐行业用来增加消费者的兴奋，这也是较强的快乐因素。快乐提升策略基于兴奋转移（Zillmann, 1971）。该过程主要借助不同刺激引发兴奋状态的心理社会落差，通过一系列快速的恐怖行为来建立刺激。从恐惧中获得的刺激积累起来之后会使人们对任何喜欢的事件感到愉悦，包括娱乐体验（尤其是完美结局）和/或者娱乐目标或经验附带引发的美学欣赏。

"高皮质过程并不一定会激活习得性恐惧，尽管这个过程改变了调查恐惧的认识种类"（Panksepp, 1998, p.206）。将分析复杂性（皮质活动）附加在基于恐惧的娱乐体验中，可以拓宽受刺激的神经网络并且减慢刺激流通速度，从而深化并稳定情绪体验，将其从恐惧区间（例如快节奏动作片为主）过渡到焦虑区间（例如心理剧）。

人类在出生前就预设会害怕黑暗和高的地方、突然发出的声音和动作、蛇与蜘蛛以及接近的陌生人，尤其是面带愤怒的人（Gray, 1987）。与社会生活相关的危险都会被习得，而很多危险只能通过新闻和娱乐活动被间接习得。正如格伯纳（Gerbner, 1969, 1970, 1971, 1972）在其培养理论以及齐尔曼（Zillmann, 1999）在其解释理论中提到的那样，媒介报道中威胁生命的自然和社会情境之间的不匹配频率（例如日常新闻或电影中的飓风、地震、洪水、车祸、飞机事故、犯罪、世界各地的战争）让观众认为意识中的世界比现实更加危险。充满暴力的娱乐活动会压制电视剧最初的角色设定，造成公众的不安和焦虑（格伯纳所说的"卑鄙世界症候"），并且提供大部分反社会应对决策（摧毁性行为模式）。

生气与愤怒 激进行为给他人造成身体伤害或损害。激进行为由生气引发，而后者主要来自个人行动自由受到威胁、资源匮乏或者"期待与回报不匹配"（Panksepp, 1998, p.198）。生气是由亚皮质回路（哺乳动物都有）引起，并且"通过下丘脑具体区域从扁桃体中间区域过渡到中脑的灰色区域"（Panksepp, 1998, p.187）。大脑血清活性低的动物和人类，更容易因其他情绪而产生攻击性和冲动行为（Coccaro, 1996），而男性比女性更加激进，这主要是因为男性大脑中的睾酮比女性多。

生气是一种"激烈的精神暴风雨"状态，与心率、血压、体温、肌肉痉挛的增加以及"想对冒犯者采取回击行为"（Panksepp, 1998, p.191）有关。生气会自发引起简单的身体行为（Christianson, 1992）。与生气相关的认知范围较为狭窄（关注自我利益），往往会在任何辅助皮质活动（归因、决策）中造成自利偏见。由生气引起的激进行为会减少不舒适的愤怒状态，引发捕食行为（减少维持生命的资源的竞争），引发复仇或者实现获得性目标（协助性竞争以及/或者交配）。

生气状态和激进行为通常与环境资源竞争相关，因为它们与找寻行为相关。失败的找寻行为，尤其是在具有高强度竞争的环境中，会引发情绪失落和激烈打斗行为（出于生存目的）。由于与竞争者的打斗涉及个人风险，大脑会激活恐惧和自我保护行为。生气和害怕的不断增长会导致愤怒爆发，也就是产生极度生气状态，并且认知行为会进一步降低（减少风险分析），同时会引起自发的激进行为。恐惧和愤怒由不同的神经回路控制：两种回路在扁桃体中区别明显，其中恐惧感位于边缘而愤怒感位于中间。但是如果受到高度刺激，两条回路会同时受到刺激（Panksepp, 1998）。从恐惧过渡到愤怒反映了行为从逃避过渡到反抗。

除了愤怒之外，激进行为也可能会引发仇恨，这是"一种更精细的受限行为，并在情绪上更为冷漠"（Panksepp, 1998, p.191）。同时，仇恨还受到更强的皮质控制，这会提高解决情绪不适引发的激进行为的效果。

激进行为的一个重要特点是自我强迫。成功的激进行为通常与睾酮含量增加相关，其可能会支持后续的判断行为（Booth & Mazur, 1998; Dabbs, Dabbs & Mazur, 2002; Kreutz, Rose & Jennings, 1972; Mazur & Booth, 1998; Mazur & Lamb, 1980）。涉及激进行为的娱乐活动（例如运动和竞赛）会让人们在现实生活中发展出相关技能，并且让运动员维持高水平的睾酮含量以采取夺胜行为。

皮质习得与期待的建构以及协调愤怒的成本/利益分析相关。皮质习得也与有关社会地位、支配地位等级（访问权）、典型的人类攻击策略和本能相关，从延迟的个人满足到为群体攻击建立联盟，这些行为可能小到是帮派间的冲突，又或大到是国际间的战争。上述知识的好处是，可以更准确地绘制令人沮丧的情景的因果关系图，以及更广泛的响应选项清单，二者都会增强对愤怒的理性控制，并且通过减少个人努力和风险或者通过减少无效人际斗争（社会损失）来提升行为效率。

习得控制的问题在于支持愤怒和激进行为的神经回路"是分层排列的，以至于高级功能主要取决于对低级功能的整合"，这意味着"最新进化的控制会继续依赖之前存在的情绪回路功能的性质"（Pankepp, 1998, p.187, 190）。冷眼（cool detachment）可能是人类种族的骄傲，但是在高强度竞争压力和沮丧情绪下可能很难实现，这可能会在脑低层中引发自发的应激反应。

以愤怒和激进为特征的娱乐节目可能会为公众提供冷静且独立的学习体验，并让观众采取更有效率以及/或者有效果的非激进反应。问题在于基于激进行为的娱乐的（例如动作片、射击游戏）速度非常快，给用户很少时间来优化思考。另一方面，出品商对兴奋的竞争主要是基于愤怒和激进行为的张力，而不是通过理性方法来解决消极情绪状态。观众会受充满刺激的假象环境的影响抒发沮丧和愤怒，并且确实会通过个人行为来做出反应。这种由愤怒/激进内容充斥的娱乐环境会提升现实生活中愤怒状态和激进行为的程度。娱乐脚本也会在公众记忆中发展出一系列独特且不符合社会规范的行为。上述充斥激进行为的娱乐的不良习得效果，会通过大量使用游戏功能得以消解并且会使人产生快乐和兴奋情绪，这使得暴力娱乐内容的消费者，更容易在接触大量假象暴力之后出现立即的激进行为。

个人以及社会情绪 寻求、恐惧和愤怒将人类与自然和社会环境区分开来，也就是说，人类强调个性。寻求作为一种基本情感，让人们行动以存活下来，这在本质上是令人愉悦的并且让人能够自我维持。但是恐惧和愤怒是享乐的消极状态，只有经历且解决了这些情绪之后的人才可以获得快乐。这意味着孤独的个人必须处理大量消极情感。这种享乐平衡会通过主要的初级"社会情绪"被重新解释，这么称呼主要是因为这种情绪是和其他人一起体验的。体验性增加了出于习得目的的社会互动，并且促成社会知识的分享和发展。性欲望、夫妻联系和后代培育对物种存活至关重要。社会联系（相互依赖及支持）确保人类种族的不断进化。社会情绪必须向个人提供快乐回报以交换其在为他人提供利益方面的无私尝试。有观点认为娱乐制造者从人与社会互动中获取智慧，上述观察为这一现象提供了理论阐释。但是这种观点本身很夸张，因为其在与多样化相关的冲突和基于刺激的联系之间摇摆。

游戏（play） 从本体上来说，喧闹的打闹是人类生活中最早也是最稳定和强烈的快乐来源之一。其进化根源可以追溯到"一百多万年前哺乳动物和鸟类开始分化之前"（Panksepp, 1988, p.282）。通常而言，游戏反映了神经系统根植在基因中的"顽皮"的冲动，由"丘脑束旁核以及丘脑后核"（Panksepp, 1988, p.291）所支撑并且会投射到"控制运动的前庭、小脑和基底神经系统"（Panksepp, 1988, p.291）。游戏情感状态的特征有轻松、愉快及流畅。大喊大叫行为是"极具骚动、不负责任的喧嚣"、"游戏教唆"、"精力充沛的互动"以及快速的"角色反转"（Panksepp, 1988, p.283）。

游戏是人类的天性，从幼儿时期到成年时期都是如此，这主要是由于人类认知活动的大量参与会"给我们的游戏行为增添大量多样性"（Panksepp, 1998, p.287），从而创造出适合某个年龄段的游戏形式。

根据斯莱德与沃尔夫（Slade & Wolf, 1994）的研究，人类的游戏可以是争夺性游戏、解释性游戏、联系或功能性游戏（三种游戏在其他物种中也有），以及建设性游戏、戏剧性/象征性游戏和基于规则的游戏（典型的人类游戏涉及皮质的精细解读）。特定的人类游戏行为（例如运动、游戏、行为艺术，诸如双关、开玩笑、口头嘲笑等语言活动）代表了高级动物理性/功能性游戏类型的发展，但是其通常包括争夺性游戏及解释性游戏（例如体育、动作电影）。

所有游戏的核心作用都是习得。游戏帮助习得，帮助不断测试身体技能（例如自我防御和激进行为）、社会技能（例如合作、竞争、解决冲突、献殷勤、为人父母）以及认知技能（例如辨别危险和机会的来源、期待反应、解决问题以及做决策）。游戏让年轻人能够有效地融入社会。由于人的习得功能，游戏具有倒U形发展趋势，在青年时代早期逐渐增长，之后会在年轻时期保持，并在成年后逐渐减少（Barrett & Bateson, 1978）。

神经科学家想要寻找"年轻的源泉"或"嬉戏鸡尾酒"，也就是能够提升和维持游戏及其相关快乐的药物。他们发现，诸如安非他命之类的神经刺激物能够激活解释性活动区域，但是并不会促进游戏行为，反倒会大幅度减少（Beatty, Dodge, Whire & Panksepp, 1982）。这表明不同类型游戏活动涉及非常复杂的神经网络，这使得游戏性具有非常强大的情感功能，并且不会受化学药品的影响。但是人们可以通过创造激发游戏行为的环境来增加游戏活动，而娱乐行业则旨在探讨这种途径。

尽管能够带来愉悦感，游戏也有风险。"在游戏过程中，动物可能会逐渐到达真正愤怒、恐惧、分离沮丧或性行为的临界点"，并且会开始以"更真实和单方面情感方式"（Panksepp, 1998, p. 283）来处理这些情景。这种转变会导致丧失与游戏相关的安全感和愉悦感。如果我们想让游戏对象/活动发挥其功能（展现习得和快乐），那么娱乐行业应该对引发的恐惧和气愤负责，因为它们毁坏了快乐并且可能引发反社会行为而非使人习得有用习惯。

嬉戏（playfulness）具有不稳定性（从风险到激进行为），主要是由于玩家依赖于参与方的自愿合作和遵守规则。孩子可能会过度兴奋而损坏玩具、击打玩伴，而家长可能会被淘气的孩子惹恼并且扇其耳光。另一方面，很多成人活动或游戏被认为不再是发泄不良情绪的活动且不会有"在和平社会引发骚乱的过激行为"（Panksepp, 1998, p.286），也可能会退化为危险的打斗。尽管真实打斗和游戏在行为结构"规则"和身体力量程度方面有所不同（Pellis, 1988），专业玩家会采取"卑鄙世界策略"让大脑中的游戏回路关闭。在玩家的高度暴力中，大脑中的游戏回路也被关闭，而生气和愤怒时回路则被激活。这种精神状态促使观众卷入与具体观众、裁判、运动员以及/或者其他维持秩序人员的真实打斗中。因此，游戏可能会从娱乐变成现实剧或者悲剧。这种游戏的脆弱性，强调我们应该将大脑皮质行为的重要性和可靠性加入游戏（game）（例如复杂的规则和风险评估、归因、自我控制、决策等任务）。大脑新皮质广泛参与到游戏中，能够通过自下而上的控制提升快乐和安全的潜力。

性爱、交配和后代哺育　"性对于任何物种的身体存活而言并非必需品，性的存在'仅仅'是为了物种自身的存活"（Panksepp, 1998, p. 228）。高潮引发的快乐已经进化成为个人对某项活动保持兴趣的原因，但是并不会让个人直接受益。欲望感"会随着年纪、压力和疾病而逐渐消失"（Panksepp, 1998, p.226）。

与性爱相关的情绪一直被娱乐节目出品人看成是金矿，其原因有很多：它们普遍共享，能引起高度兴奋，而且由于两性的内在差异，它们有很大的戏剧性潜力。男性—女性的生理差异会引起对环境特点和事情的不同的自我评价，进而经常造成矛盾行为倾向。性别差异起源于受激素控制的个体发育过程（睾酮以及其他两种相关的新陈代谢产物：雌性激素和雄性激素），而这些激素在孩子还在子宫、青春期性别形成的时候就开始对大脑和身体产生作用。

如果我们将大脑和身体发展的不同方向区分为"男性"和"女性"，那么就有四种潜在的结合：两种常规组合（男性身体和男性大脑、女性身体和女性大脑）和两种不常见的组合（男性身体和女性大脑、女性身体和男性大脑）。每个个体的真正性别主要基于时机和荷尔蒙信号的强度形成，而真正的性别结构从来不是由单一因素组成。物种的最终性行为受多种因素影响，意味着"大脑及身体的生物化学成分决定了个体的男性化和女性化"（Panksepp, 1998, p.232），并且会引发能够阐释社会性别的动态机制，而后者可能使有趣的娱乐故事被制作出来。

除了上述模糊的性别区分之外，由宽泛且稳定的性别差异引起的目标导向（主要是由解剖生殖差异造成）对社会性别冲突具有很大的潜在影响："女性通常寻找强大且愿意在自己身上投资的伴侣，而男性则主要喜欢年轻貌美的对象"（Panksepp, 1998, p.226）。如果这种目标差异加大的话，进化行为使大脑"具有社会投入和欺骗的潜力，这能够最大限度地实现繁殖"（Panksepp, 1998, p.226）。虽然与性别相关的欺骗性是两种性别共有的特征，但它更主要的影响在于增加了女性对于非性行为目标的追求，使它成为娱乐领域的永恒话题之一。

另一方面，"男性的性欲、攻击性/自信会与大脑亚皮质区域的物质相互作用"（Panksepp, 1998, p.229），这使得与男性相关的暴力和与暴力相关的性行为成为娱乐中的两大主题。男性的颞叶区域（主要聚集的是攻击回路）更加活跃，而女性的扣带回区域（主要聚集的是哺育以及其他社会情绪回路）更加活跃（Gur等，1995）。因此，"男性更激进并且喜欢拥有权力，而女性则更喜欢哺育行为并且容易受到社会影响"（Panksepp, 1998, p.230）。这些事实是娱乐的外部素材，同时促生了具有控制欲、权力欲的男性以及充满母爱、过度社会化且喜欢嚼舌根的女性。

产生快乐的色情情绪对男性和女性保持性行为而言都十分重要。但是高潮主要会给男性的投入带来回报，因为卵子培育与女性高潮并不太相关，主要是基于荷尔蒙，并且女性在高潮体验上比男性少，所以女性的欲望也更难预测。神经科学家认为，女性高潮"正在发生变革"并且"帮助女性识别社会配对的正确特点以帮助女性满足未来需求"（Panksepp, 1998, p.244）。性别中与高潮相关的差异引发了更多娱乐话题：女性性拘谨、女性虚假高潮以及男性对高潮的痴迷。

与动物性行为不同的是，人类性行为"关注的不再是生殖繁衍"（Panksepp, 1998, p.228）而是快感。人们寻找娱乐性行为或者婚姻（配对以及抚养孩子）的这种不断变化以及在娱乐方面矛盾的动机和行为通常备受关注，因为社会规范已经变得更为宽容并且使女性追求无附加条件的性愉悦变得合法。除了像唐璜类型的经典男性角色以及女性专业性服务者之外，现代文化给以前的老古板、小白脸、荡妇注入了新的欲望。

后代哺育和性冲动"在大脑中相对独立但是又相互交织"（Panksepp, 1998, p.227）。这种生物设置使得父母将哺育看作一种被需要行为而不是自发行为。对于哺乳动物而言，母亲是首要的照料者，因为其必须给孩子哺乳。如果个人（母亲）可以轻而易举地将孩子抚养到成年，那么男性在性行为过程中就容易出现"逃逸"现象（Barash & Lipton, 2001）。不同物种，雄性在配对和抚养后代过程中的忠诚度以及投入的精力会大不相同：一些物种不会有长期联系，而一些则会终生相伴（Carter, DeVries & Getz, 1995）。相对其他哺乳动物，人类男性在抚养后代的程度和形式方面差别很大，因为人类所处的环境丰富多样（如金钱、年龄、教育、健康、社会与文化环境），这会产生对父亲不同的投入需求。男性可以被培养成"具有高度哺育能力的人，但是与母亲相比，他们的哺育行为很少是自然或者极为投入的"（Panksepp, 1998, p.246）。关于父母哺育孩子的行为的协商、争吵、享受或产生的危害一直是娱乐领域的主题，这反映了文化刻板印象以及文化规范趋势。

"女性通常具有更强的脑半球协调性，因为她们左脑和右脑能够通过脑叶、胼胝体连接在一起"（Panksepp, 1998, p.235）。因此，女性更倾向于在言语表达时使用大脑的左右脑，而男性则只使用左脑（Shaywitz等，1995）。这使得男性言语更加"理性"，而因女性的言语在理性和感性之间摇摆，女性言语则让男性"难以理解"。在语言层面，不同性别之间的交流困难往往在戏剧艺术中表现出来。

在结束解释男女差异及他们的娱乐潜力之前，我们进行最后一次观察。性别"不仅仅是一种外围的身体的需求，还是对每个物种具有重要影响的大脑的需求"。因此人类中身体较弱、权力较低、更不激进的性别会通过婚姻联盟和权力竞争来实现"高度政治化"（Panksepp, 1998, p.235）。女权运动主要是生物意外，这似乎是一个讽刺：女性表现出男性特质主要是孕妇在第二个怀孕周期注射己烯雌酚所致，这种雌激素荷尔蒙在20世纪四五十年代十分常见（Ehrhardt等，1985）。出生于20世纪40年代的女孩在60年代便步入20岁，那么她们大脑中有足够多的男性思维和权力欲望使她们采取激进行为，并且塑造更平衡的性别权力，这种社会变化还表明，与性别有关的皮质/理性活动可以发挥广泛的作用。

潘克塞普的研究显示，"与其他物种相比，人类的性行为神经系统对高级精神影响更为'开放'"（Panksepp, 1998, p.239）。这可能是男女生物学差异、欲望和抚养神经系统之间的部分解剖—心理社会学差别造成的。上述两种差异使得人们对环境、选择和决策进行广泛复杂的行为调节成为可能。尽管皮质活动可能提供文化控制的主导原则，亚皮质情绪回路具有先发制人的权力并且"可能在个人性生活质量方面具有决定性作用——维持接受能力以及体验亲密和快乐的能力"（Panksepp, 1998, p.245）。虽然教育和文化程度有所提高，低等脑（lower brain）性冲动和理性决策之间的冲突仍旧会摧毁一半的婚姻。

就娱乐而言，性生活和婚姻生活的波动是非常"有益的"，因为它使人类在生活中保持着性关系和家庭关系的需求，尤其是以替代和游戏的方式。从娱乐活动中获得的社会习得必定会让个人承担刻板印象的风险，也会在社会层面产生推行刻板印象的风险。如果媒介内容中的性生活和家庭生活更加"主流"，尤其是出于商业目的，那么刻板印象就更容易形成。另一种不便是娱乐媒介的快乐偏见会产生不准确的意象从而给观众造成不适合的期待。年轻人按照不切实际的期望行事，容易产生长期的不和谐和认知失调。尽管如此，现在高度描绘性场景和充满堕落的流行文化不太可能削弱我们的社会或物种：社会中的成功者通常表现出循环睾酮的升高，而失败者则在这方面表现出下降（Booth & Mazur, 1998; Dabbs, Dabbs & Mazur, 2002; Kreutz, Rose & Jennings, 1972; Mazur &

Booth, 1998; Mazur & Lamb, 1980）。这种根植于基因的心理适应，会在胜利者中引发社会控制行为和生殖行为，并且使物种存活达到最优化程度。此外，母亲的压力引发了内部神经化学的变化，使男性后代大脑处于原始的女性状态（Panksepp, 1998, p.237），进而造成雌雄同体情况。因此，在"社会和环境压力大的时候，同性恋水平的提高可能是适应性的，因为它限制了可能是浪费的繁殖活动"（Ward, 1984）。同理，关注快乐而非生殖的女性则会通过吸食鸦片来使自己失去胎儿胚胎（Johnston, Payne & Gimore, 1992）。此外，鸦片瘾者会吸食大量毒品，例如海洛因，并且"在毒品进入自己身体系统的时候，在腹部会有高潮体验"（Panksepp, 1998, p.243），因此他们可以不损害人类基因库而获得性快乐。上述观点可能比较具有讽刺意味，可能会让人们觉得药物都具有消极作用，但是毒瘾的严重消极影响会惩罚纵欲个体（本章下一部分会继续探讨）。应该让人类遏制这种享乐行为，尤其是如果它们被媒介准确地描述并持续公开的话。

社会联系与孤独感、分离焦虑、恐慌与悲伤　"社会存在感非常微弱并且难以检测，直到其消失才会被人察觉"（Panksepp, 1998, p.261）。只要我们在出生的系统中获得社会支持，我们就会感觉正常且舒适。但是如果失去了那些我们投入了基因努力（例如孩子）或一直支持我们的人（例如父母、朋友），我们就会感到非常悲伤，而后者可能会让我们处在恐慌的边缘。相对温和并且持久的体验包括分离焦虑并伴随"虚弱以及抑郁感"（Panksepp, 1998, p.121），会使人哭泣、胸闷或如鲠在喉。这种身体疼痛的变化让人们明白社会支持的重要作用。

产生分离焦虑的神经系统主要来自更原始的压抑机制，这种机制与基本生存作用相关，例如饥饿、疼痛、寒冷，并且会激活原始语音交流回路（Panksepp, 1998）。恐惧机制主要包括中脑、中间间脑（尤其是背内侧丘脑）、腹侧隔区、视前区和终纹床核部位（在性行为和母系行为方面扮演重要角色）。相对笑，哭泣由大脑中更低水平的神经系统支持，而支持笑的神经系统则位于大脑更高的位置。

神经传输物在社会情绪控制、社会依附以及各种形式的爱情（包括哺育和性爱）中都十分重要，这些传输物主要是内源性阿片类催产素以及催乳素（Panksepp, Nelson & Bekkedal, 1977）。如果大脑没有阿片类物质，个人可能会更容易感觉到"心理脆弱"（Panksepp, 1998, p.285）并且更容易体会到分离压抑感。

在娱乐中，使用分离焦虑、恐慌以及失去所爱之人的悲伤与使用恐惧和愤怒一样：其主要目的是戏剧性地增强兴奋，以享受娱乐体验中的其他愉快感。由于分离焦虑的神经网络十分宽泛并且涉及触发自动反应的低级回路，因此它成为观众们十分可靠的替代性选择。在喜剧中，由于社会关系受到威胁或崩溃而引起的一系列负面情绪，可能被讽刺为一种需要或依附，这些情绪还会使人产生一些无法控制的滑稽行为（如哭泣、无效的沮丧）。

与娱乐非常相关的是"鸦片瘾和社会依赖动态机制之间的显著相似性"（Panksepp,

1998, p.261）。在吗啡作用下，个人可以体验到"增强的社会信心，一种与社会联系的神经化学相关物引发的心理力量"（Panksepp, 1998, p.285）。这解释了社会环境在事物依赖中的重要作用，体现为陪伴（舒适群居度）以及"孕育"环境（教赌博或者吸食毒品的技术）。

就认知而言，悲伤/恐慌系统的相对闭合性以及游戏系统的开放性之间的差异非常有趣，而这种差异与两种系统的显著作用相关：悲伤和恐慌向物种传递的信息使其在习得过程中没有选择，而游戏系统提供的行为图式非常广泛并且人们可以选择。娱乐属于人类活动的玩耍类型并且能够拓展可及行为选择的知识面。在人脑进化过程中，人们在学会笑之前就学会了与分离压抑相关的哭泣行为，而哭泣与玩耍行为相关。笑与哭都是可以帮助我们将陌生人、朋友与家人区分开的社会联系功能（Panksepp, 1998, p.288）。与引发哭泣的少数基本模式相比，微笑作用主要基于新皮质的潜力并且在娱乐方面有很大的操控能力。但是娱乐中引起笑的线索需要复杂、基于文化/习得的皮质分析获得，因此有的人在解码幽默时可能不会足够投入并且可能"无法理解笑点"。

习得与享乐张力

享乐体验提升技巧

自主系统促发并控制两种作用：最小化资源部署的日常维护作用，最大化资源部署以渡过危机（例如反抗—逃跑反应、性活动）的作用。

自主活动在意识中的表现主要与获取相关（身体机能缺乏时的疼痛，或者机能缺乏得以补偿之后的快乐——例如，静止之后的运动快乐，或者在拥挤房间居住很久之后呼吸新鲜空气）。但是，在能量密集型活动中（例如赛跑）也可以体验快乐。在这些情境中，快乐的作用是为自发资源部署提供补偿。

自主性快乐（与五种感官以及基本活动，如进食、饮水、身体活动及性行为有关）可以通过后续获取和过渡、重复顺序以及将其运用在几个自发过程中来得以提升，同时通过与其他非自发刺激的结合来变得更加有活力。但是，额外快乐的产生并非不需要付出代价：获取和过渡行为会使协调的自发系统失去平衡并且会减少其功效。如果从长期来看，二者可能会导致身体疲惫和疾病。幸运的是，一些自然保护机制得以进化以保持人类快乐欲望和体内平衡（系统稳定性）。

防止享乐过度的自然保护措施

适应 最基础的安全机制是适应，也就是说，在边缘接受情况下刺激的消失（Campell, 1973）。快乐寻找者规避适应的行为是改变刺激来源并且寻找新的来源，即使新的刺激物只能引发很少的联系并且更容易被取代。处理新刺激的周转率更快，并且会让快乐寻找者通过自己的感官来体验大量快乐（Greenfield, 2000）。

享乐反转 应对刺激过度的第二个自然反应是享乐反转。如果变化和刺激密度过大，处理能力可能会达到极限，因此体验的享乐质量会自然从快乐转变成悲伤。"如果刺激太快并且刚刚出现，快乐会变成害怕"（Greenfield, 2000, p.113），因此快乐寻找者会尝试将刺激优化而不是最大化。齐尔曼提出的情绪管理理论（Zillmann, 1998; Bryant & Zillmann, 1984）以及阿普特提出的暴力快乐的反转理论（Apter, 1994）强调，快乐是刺激的曲线函数，因此悲伤会在最高和最低刺激水平时出现。

避免享乐反转的另一策略是通过"增加保护性框架"来阻断害怕反应（Apter, 1994, p.9）以"维持纯粹的快乐"（Greenfield, 2000）。"受保护"体验的例子是运动，主要通过设备来减少环境危险并且控制风险（例如使用降落伞来滑翔）；也可以通过人际互动规则、设备来减少和控制风险；对观众而言，他们可以在同情和冷漠之间选择，进而通过环境人造性（可控性）和间接体验来减少所有潜在危险并且控制风险。

习惯化 应对刺激过度的第三个自然反应是习惯化，即通过重复刺激体验来发展"安全认知"。如果之前体验中没有某种不快乐（可能危险）刺激，那么大脑就会决定不对其关注，因为并没有太多需要担忧的事情（Campell, 1973）。应对这种自然反应的快乐寻找者会通过提升刺激强度（增强刺激和记忆痕迹）和重复行为（发展慢性可及性）来对抗大脑记忆。此类典型行为是青少年会一遍一遍重复练习某个曲子，并且将音量越调越大：这会一直给他/她带来快乐，但也会阻止邻居习惯化。在市场中，反习惯化竞争主要是通过娱乐产业在每个季度更新产品和流行趋势得以完成。

选择、习得与享乐优化

每个人都有 10^6 的基因，内含物种的"程式化"存活行为。对于非自发活动而言，人类开发了选择机制（个人层面）来应对社会生活产生的大量快乐机会。人类的选择受到 10^{11} 个神经元的控制，神经元又与 10^{15} 个神经突触联系（Greenfield, 2000）。人类只能在有意识的情况下才可以选择（以非自发方式）。某个情景越具有刺激性且被重复实施，那么其就越可能更大范围地激发人类大脑中的神经元，人类就会对其有更深刻的认识。

每项活动都有享乐成分，这意味着在该活动体验中存在于快乐区域中的神经分子被激活。该活动通过类似经历的重复激活行为并借助神经（优先渠道）中的半永久联系将意义转化成人类对世界的体验，并且使人脑个性化（Greenfield, 2000）。记忆中最复杂的部分主要受前皮质影响，这些皮质通过时间和空间指涉来让人脑个性化，这对个人的过往经历而言十分重要。对体验的情景化使得认知和选择类似快乐情景（而不是孤立刺激）成为可能。从理论上看，这能够形成极度的享乐优化和体内平衡；从实践上看，这种联系使得我们成为逐渐（封闭）的快乐世界的囚徒。这种不良倾向主要是人类记忆衰退造成的，这会使我们寻找极端或简单的快乐源，并使我们忽视其他享乐潜力较低或享乐潜力较高但从中很难获得快乐的活动。

当比普通生活经历提供的快乐更强烈时，会发生什么事情呢？对自我刺激的研究发现，在其他活动之前人类会有强制的快乐搜寻行为，其中最具戏剧效果的是娱乐性吸毒。"对心理刺激物（例如可卡因和安非他命）主观反应的分析显示，受刺激的心理状态伴随着寻找系统的刺激"（Panksepp, 1998, p.149）。这些毒品会引发心理的高度兴奋状态，增加与世界的接触，并增强个人追求各种目标导向活动的能力。由于服药而引发的持续疯狂行为最终会引发血清素缺乏并且加重行为问题：受影响的个人可能会被剥夺某些行为，因为他们"更激进、更有性冲动，并且通常有更多的动机或情绪动力"（Panksepp, 1998, p.141）。因为，参与此类行为的活动通常受到神经网络的控制，而这些网络位于大脑的低处并且被大量自动激活，因此皮质控制变得越来越不可能。因此，上述由服药引发的行为会通过能量剥夺使得个人身体健康不断恶化，并且服药引发的冲动行为（更差的逻辑性以及消失的自我控制）会毁坏个人的社会关系。

"不良娱乐"：规避痛苦的方法

快乐与痛苦之间的关系在享乐最大化之中十分重要。让我们来思考一个同时产生痛苦和快乐的单独体验。如果微小的痛苦没有被完全从意识中消除的话，则会通过适应被放大，而之后可能会被习惯化。如果痛苦深重，那么会产生通常意义上的自我保护或痛苦本能以规避痛苦。其结果是这种规避行为会立刻压倒对快乐的普遍追求，因此我们会停止同时造成快乐和微小痛苦的活动。如果重复同样的活动，非常微小的疼痛如果没有增强或者造成非常不好的影响，那么这种活动会被习惯化。大脑将不再关注产生稳定疼痛的刺激物。与该活动体验相关的神经分子将会失去疼痛连接，因此个人的行为重心会从自我保护过渡到快乐最大化，将自己解放出来以获得娱乐感（例如，足球运动员非常享受比赛而对身体损伤不太关注；电影爱好者喜欢看暴力或者恐怖电影；赌博者不顾财产损失和家庭关系恶化）。此方面的一个问题是人类个体在没有意识到伤害的情况下能承受多大的伤害，因为伤害会通过习惯化从自己的意识中消除。另一个问题是个人伤害（由快乐引发）在自己所属社会结构中的投射，主要通过修正的认识、价值观以及行为（例如对吸毒的容忍；对危险的、暴力的以及反社会行为的容忍；对混杂关系和恶毒言语的容忍）来实现。

出于快乐最大化目的而对行为习惯化产生的一个更为复杂的问题是，快乐并非同时存在于现实生活中，而是仅存在于大脑的想象中，或者是从记忆中提取的。这种想象会通过痛苦和快乐的特定行为的重复来得以自然发展：在痛苦活动中，大脑可能期待快乐会随之而来。这种"之前经历的快乐"（Bousfield, 1926/1999, p.84）被再次享受，那么现在活动的痛苦就会被习惯化，而这种模式会包括一些"变态"行为，例如虐恋。与这些基于预期和记忆的实践相关的问题更加严重。就个人层面而言，通过想象激活的神经路径会通过新皮质来产生自上而下的控制（Hobson, 1994）。受皮质控制的快乐寻找行为在享乐方面比危险的尝试行为更有效,因为大脑和身体行为的协调更容易让个人产生持续且稳定的享乐活动。尽管一些变态行为由于经常会引发一些重大伤害,自然而然会被人们避免并且不受到社会的支持,但行为者倾向于向社会系统施压来让这些行为被接受并且合法化(解除限制和禁令)。

还有一种吸毒的享乐行为,将最初快乐的缺失与随后共同出现的痛苦和快乐联系在一起。即使个人单独重复这些活动体验也会引发消极享乐平衡而最终使人们规避这些行为。但是人们并非生活在真空中,而且社会/同龄人压力在培育上述行为中扮演主要角色。

赫希、康福特和格兰尼(Hirsch, Conforti & Graney, 1998)重提贝克尔(Becker, 1953)吸毒三阶段过程理论,并将其完全应用到上述享乐行为分类中。该理论认为,个人想要体验快乐的话,必须将相关途径(毒品、性行为等)作为快乐源泉。这种概念(记忆中途径—快乐神经联系)的建构涉及技术习得(以毒品为例,了解用量和管理步骤)、体验和认识享乐效果以及学会享受效果(例如对最初痛苦的感觉进行习惯化并且期待后续快乐)。这种习得过程需要有更"高端"的从业者,才能开始并且需要在习惯化过程中受到鼓励以克服疼痛体验。

需要启蒙的快乐升级技术要求最高。对个人而言,其可能会给身体造成伤害。对社会而言,有好奇心、外向并且喜欢群居的人(很多年轻人具有的特点)有大量的机会来进行尝试。如果尝试成功的话,大量感官刺激会使意识充满"纯粹快乐"(Greenfield, 2000, p.116),而微小神经细胞会在支持情景化和控制功能的上脑区域发展前就形成。简单的感官刺激会产生标准的神经激活来让种族成员觉得"想法相似"并且"相互依赖"。这种感觉会引发不受控行为。在公共领域,快乐搜寻者组成的组群会通过这种刺激来改变和宣传他们的喜好。更大的组群会获得市场和政治权力并且开始从价值观、消费模式与财富分配方面影响社会生活。

如果这种思想看上去很遥远,并且快乐搜寻行为的危险似乎很夸张,让我们考量一下那些以工作为乐的人。西点军校毕业生会说,"我游历了世界各地,我跳过飞机、直升机,也玩过炸药……如果我做的事情是冒险,但享受了美好时光,我会继续。如果觉得枯燥乏味了,我就会放弃"(Lipsky, 2003, pp. 67-68)。这个年轻的受害者和父母可能并不会那么开心,他也有可能还没厌烦就退出了。那么能提供终极兴奋的职业,对个人和社会会有什么损害呢?

参考文献

Aggleton, J. P. (Ed.). (1992). *The amygdala: Neurobiological aspects of emotion, memory, and mental dysfunction.* New York: Wiley.

Apter, M. J. (1994, October). *Why we enjoy media violence: A reversal theory approach.* Paper presented at the International Conference on Violence in the Media, St. John's University, New York, NY.

Barash, D. P., & Lipton, J. E. (2001). *The myth of monogamy.* New York: Freeman.

Barrett, P., & Bateson, P. (1978). The development of play in cate. *Behaviour, 66*, 106–120.
Beatty, W. W., Dodge, A. M., Dodge, L. J., White, K., & Panksepp, J. (1982). Psychomotor stimulants, social deprivation, and play in juvenile rats. *Pharmacology, Biochemistry, and Behavior, 16*, 417–422.
Becker, H. S. (1953). Becoming a marijuana user. *American Journal of Sociology, 59*, 235–242.
Black, D. (1982). Pathological laughter: A review of the literature. *Journal of Nervous and Mental Disorders, 170*, 67–71.
Booth, A., & Mazur, A. (1998). Old issues and new perspectives on testosterone research. *Behavioral and Brain Sciences, 21*, 386–390.
Bousfield, P. (1999). *Pleasure and pain: A theory of the energic foundation of feeling.* London: Routledge. (Original work published 1926)
Bower, G. H. (1981). Mood and memory. *American Psychologist, 36*, 129–148.
Bower, G. H., & Cohen, P. R. (1982). Emotional influences in memory and thinking: Data and theory. In M. S. Clark & S. T. Fiske (Eds.), *Affect and cognition* (pp. 291–332). Hillsdale, NJ: Lawrence Erlbaum Associates.
Bryant, J., & Zillmann, D. (1984). Using television to alleviate boredom and stress: Selective exposure as a function of induced excitational states. *Journal of Broadcasting, 28*, 1–20.
Campbell, H. J. (1973). *The pleasure areas: A new theory of behavior.* New York: Delacorte.
Carter, S. C., DeVries, A. C., & Getz, L. L. (1995). Physiological substrates of mammalian monogamy: The prairie vole model. *Neuroscience and Biobehavioral Reviews, 19*, 303–314.
Christianson, S.-A. (Ed.). (1992). *The handbook of emotion and memory: Research and theory.* Hillsdale, NJ: Lawrence Erlbaum. Associates.
Clark, M. S., & Isen, A. M. (1982). Towards understanding the relationship between feeling states and social behavior. In A. H. Hastorf & A. M. Isen (Eds.), *Cognitive social psychology* (pp. 73–108). New York: Elsevier.
Coccaro, E. F. (1996). Neurotransmitter correlates of impulsive aggression in humans. *Annals of the New York Academy of Sciences, 794*, 121–135.
Dabbs, J. M., Dabbs, M. G., & Mazur, A. (2002). Heroes, rogues, and lovers: Testosterone and behavior. *Contemporary Psychology, 47*, 275–276.
Ehrhardt, A. A., Meyer-Bahlburg, H. F. L., Rosen, R. L., Feldman, J. F., Veridiano, N. P., Zimmerman, I., & McEwen, B. S. (1985). Sexual orientation after prenatal exposure to exogenous estrogen. *Archives of Sexual Behavior, 14*, 57–78.
Ferris, C. F., & Grisso, T. (Eds.). (1996). Understanding aggressive behavior in children. Special issue of *Annals of the New York Academy of Sciences, 794.*
Forgas, J. P. (1999). Network theories and beyond. In T. Dalgleish & M. J. Power (Eds.), *Handbook of cognition and emotion.* New York: Wiley.
Gerbner, G. (1969). Toward "Cultural Indicators": the analysis of mass mediated message systems. *Communication Review, 17*(2), 137–148.
Gerbner, G. (1970). Cultural indicators: The case of violence in television drama. *Annals of the American Academy of Political and Social Science, 388*, 69–81.
Gerbner, G. (1971). Violence in television drama: Trends and symbolic functions. In G. A. Comstock & E. A. Rubinstein (Eds.), *Television and social behavior. Vol. 1. Content and control.* Washington: Government Printing Office, pp. 28–187.
Gerbner, G. (1972). Communication and social environment. *Scientific American, 227*(3), 152–160.
Gray, J. A. (1987). *The psychology of fear and stress.* New York: Cambridge University Press.
Greenfield, S. (2000). *The private life of the brain: Emotions, consciousness, and the secret of the self.* New York: Wiley.
Gur, R. C., Mozley, L. H., Mozley, P. D., Resnick, S. M., Karp, J. S., Alavi, A., Arnold, S. E., & Gur, R. E. (1995). Sex differences in regional cerebral glucose metabolism during a resting state. *Science, 267*, 528–531.
Hirsch, M. L., Conforti, R. W., & Graney, C. J. (1998). The use of marijuana for pleasure: A replication of Howard S. Becker's study of marijuana use. In J. A. Inciardi & K. McElrath (Eds.), *The American drug scene: An anthology* (2nd ed., pp. 27–35). Los Angeles, CA: Roxbury.
Hobson, J. A. (1994). *The chemistry of conscious states: How the brain changes its mind.* New York: Little, Brown & Co.
Hoebel, B. G. (1988). Neuroscience and motivation: Pathways and peptides that define motivational systems. In R. C. Atkinson, R. J. Herrenstein, G. Lindzey, & R. D. Luce (Eds.), *Steven's handbook of experimental psychology* (pp. 547–626). New York: Wiley.
Isen, A. M. (1984). Toward understanding the role of affect in cognition. In R. S. Wyer & T. K. Srull (Eds.), *The handbook of social cognition* (Vol. 3, pp. 179–236). Hillsdale, NJ: Lawrence Erlbaum Associates.
Izard, C. E., & Buechler, S. (1979). Emotion expressions and personality integration in infancy. In C. E. Izard (Ed.), *Emotions in personality and psychopathology* (pp. 447–472). New York: Plenum.
Johnston, H. M., Payne, A. P., & Gilmore, D. P. (1992). Perinatal exposure to morphine affects adult sexual behavior of the male golden hamster. *Pharmacology Biochemistry and Behavior, 42*, 41–44.
Kreutz, L. E., Rose, R. M., & Jennings, J. R. (1972). Suppression of plasma testosterone levels and psychological stress. *Archives of General Psychiatry, 26*, 479–483.
Lipsky, D. (2003). *Absolutely American: Four years at West Point.* Boston, MA: Houghton Mifflin.
MacLean, P. (1990). *The triune brain in evolution.* New York: Plenum Press.
Mazur, A., & Lamb, T. A. (1980). Testosterone, status, and mood in human males. *Hormones and Behavior, 14:* 236–246.

Mazur, A., & Booth, A. (1998). Testosterone and dominance in men. *Behavioral and Brain Sciences, 21*, 353–363.

Panksepp, J. (1990). The psychoneurology of fear: Evolutionary perspectives and the role of animal models in understanding anxieties. In G. D. Burrows, M. Roth, & R. Noyes (Eds.), *Handbook of anxiety. Vol. 3. The neurobiology of anxiety* (pp. 3–58). Amsterdam: Elsevier.

Panksepp, J. (1998). *Affective neuroscience: the foundations of human and animal emotions*. New York: Oxford University Press.

Panksepp, J., Nelson, E., & Bekkedal, M. (1997). Brain systems for the mediation of social separation-distress and social-reward: Evolutionary antecedents and neuropeptide intermediaries. *Annals of the New York Academy of Sciences, 807*, 78–100.

Pellis, S. M. (1988). Agonistic versus amicable targets of attack and defense: Consequences for the origin, function, and descriptive classification of play-fighting. *Aggressive Behavior, 14*, 85–104.

Puglisi-Allegra, S., & Oliverio, A. (Eds.). (1990). *Psychology of stress*. Dordrecht: Kluwer.

Shaywitz, B. A., Shaywitz, S. E., Pugh, K. R., Constable, R. T., Skudlarski, P., Fulbright, R. K., Bronen, R. A., Fletcher, J. M., Shankweller, D. P., Katz, L., & Gore, J. C. (1995). Sex differences in the functional organization of the brain for language. *Nature, 373*, 607–609.

Slade, A., & Wolf, D. P. (Eds.) (1994). *Children at play*. New York: Oxford University Press.

Valenstein, E. (1973). *Brain control*. New York: Wiley.

Vanderwolf, C. H. (1992). Hippocampal activity, olfaction, and sniffing: An olfactory input to the dentate gyrus. *Brain Research, 593*, 197–208.

Ward, I. L. (1984). The prenatal stress syndrome: Current status. *Psychoneuroendocrinology, 9*, 3–11.

Wise, R. A. (1982). Neuroleptics and operant behavior: The anhedonia hypothesis. *Behavioral Brain Science, 5*, 39–87.

Zillmann, D. (1971). Excitation transfer in communication-mediated aggressive behavior. *Journal of Experimental Social Psychology, 7*, 419–434.

Zillmann, D. (1988). Mood management: Using entertainment to full advantage. In L. Donohew, H. E. Sypher, & E. T. Higgins (Eds.), *Communication, social cognition, and affect* (pp. 147–171). Hillsdale, NJ: Lawrence Erlbaum Associates.

Zillmann, D. (1999). Exemplification theory: Judging the whole by some of its parts. *Media Psychology, 1*, 69–94.

第三部分
娱乐理论中的心理学理论和模型

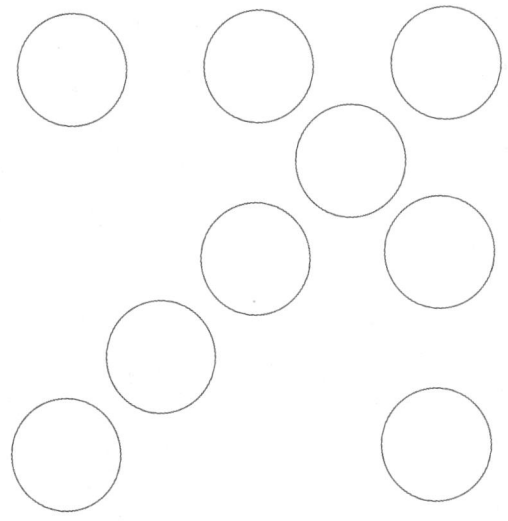

第二十一章　娱乐活动中的感觉找寻

马文·扎克曼

新奇总是愉悦的条件

——弗洛伊德，1922/1955, p.35

和弗洛伊德很多精辟的观察一样，上述观点只是部分正确。因为对大部分人而言，感官体验的最大享受介于熟悉和新奇之间。喜好的平衡也可以视为感觉找寻（sensation seeking）的特点，感觉找寻被定义为"寻求各式各样新奇、复杂、紧张的感觉和体验，以及为了这些体验愿意付出代价"（Zuckerman, 1994, p.27）。上述定义最后一部分，即为了这些体验而付出代价的意愿与本章内容无关，我们关注的是没有危险的纯感官或者替代经历。

感觉找寻的概念源自感官剥夺实验（Zuckerman, 1969）。实验中的受试者聚集在隔音并且完全黑暗的房间里，同时被限制触摸和移动。通常，在这种情况下，压力随着时间的增加而增大。但是在控制的情况下，尤其相同的受试者被困在同样的房间但是没有过多刺激，此时受试者感受到的压力差不多（Zuckerman等，1966）。受试者之前填写了感觉找寻量表（SSS）（Zuckerman, Kolin, Price, & Zoob, 1964）。在感觉找寻量表中，得分较高的受试者在两种情况下的躁动会随着时间的增加而加剧，而感觉找寻量表中得分较低的受试者并不明显。

实验研究

新奇性

我们假设高感觉找寻者的积极动机（新奇性、强度与复杂性）与人们感情的基本要素呈现正相关,以此开展实验研究以及电视、电影、艺术、音乐以及幽默方面的喜好研究。实验研究通常使用的是诱发、兴趣、害怕等心理学测量手段。定向反射(OR)是与刺激关注度相关的诱发和兴趣测量标准,这种反射是视野范围内出现的新奇事物引发的。在首次反应出现后,刺激物重复出现会使此反应逐渐固化。之后每次该刺激物出现时,人们可能会注意到它,但是对其的关注会逐渐减弱。除了新奇性之外,定向反射可能会根据刺激强度或者刺激物相关的情感联系而变化。

尼里和扎克曼(Neary & Zuckerman, 1976)给受试者呈现了简单并且包含长方形光束的视觉刺激,以此测量皮肤对刺激物的电反应(SCR)。之后刺激物以短间隔的形式随机重复出现9次。在第10次出现之后,在没有预告的情况下,一个包含复杂颜色设计的新刺激物出现,然后重复出现9次。这20次的刺激物的皮肤传导反应如图21.1所示。

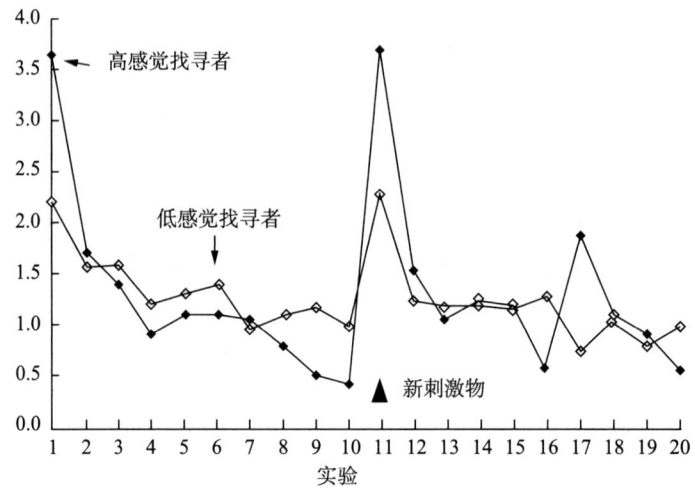

图21.1 简单的(测试1–10)视觉刺激和复杂的视觉刺激(测试11–20)的皮肤传导反应数据来源Neary & Zuckerman(1976)。图自 "The psychophysiology of sensation secking", by M.Zuckerman, 1990, *Journal of Personaliry, 58,* Fig.1, p.322. Copyright1990 by Duke University Press. 本文经授权转载。

从上述感觉找寻量表中我们可以发现,高感觉找寻者对首次出现的刺激物有更强的定向反射,而低感觉找寻者并不明显,但是在刺激物后续出现时,高感觉找寻者的反应降低到了低感觉找寻者的一般水平。一旦新的刺激物出现,高感觉找寻者的定向反射又会比低感觉找寻者高,但是一旦该刺激物再次出现,这种差异又会消失。

一些后续研究能够重复获得上述实验结果,但是有些实验却无法获得这些结果。史密斯、佩尔斯坦、戴维森和迈克尔(Smith, Perlstein, Davidson & Michael, 1986)通过声音刺激物(语调)重复了该实验。高感觉找寻者对首次出现的语调有更强的皮肤传导反应,但是随着刺激物的继续出现,高感觉找寻者和低感觉找寻者之间的差异消失。

史密斯等人还使用了一系列经过声音呈现的单词,以及另一系列使用幻灯片和录像带等呈现的视觉物体或者活动作为刺激物。每种刺激物包含神经刺激内容（例如景色或者时钟）或者对感觉找寻者而言更具吸引力的内容（例如拳击、爬山活动）。高感觉找寻者和低感觉找寻者对于神经刺激单词都有较强的皮肤传导反应，但是高感觉找寻者比低感觉找寻者在此方面的表现要显著（见图21.2）。这种互动效果在每类单词首次出现的时候尤其明显。受试者对视频的反应也显现出类似的互动效果。高感觉找寻者对新奇事物的定向反射会随着他们对内容的兴趣的变化而增加。

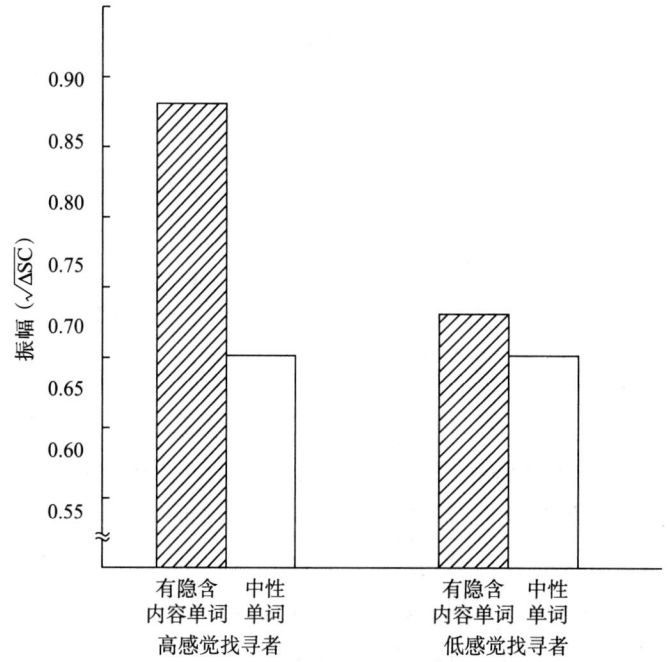

图21.2 中性或者有隐含内容单词首次出现后的高感觉找寻者和低感觉找寻者的皮肤传导反应数据来自 "Sensation seeking: Differential effects of relevant. novel stimulation on electrodermal activity." by B.D.Smith 等，1986, *Personaliry and IndividualDifferences*, 7, Fig.4. p.449. Copyright 1986 by Pergamon Press. 本文经授权转载。

强　　度

史密斯及其同事考察了刺激内容强度对定向反射的效果（Smith, Davidson, Goldstein, & Perlstein, 1989）。他们将涉及性和侵略的内容划分成低、中和高三个强度，并将这些词进行录音。图21.3展示的是不同强度内容首次出现时高感觉找寻者和低感觉找寻者的皮肤传导反应。对高感觉找寻者和低感觉找寻者而言，皮肤传导反应会随着强度增加而增加，这种效果对高感觉找寻者而言更加显著。事实上，对低强度词汇的反应，不同组别的差异不大，不同组别在对中强度词汇的反应上有所差异，而在高强度词汇反应上则体现了显著差异。

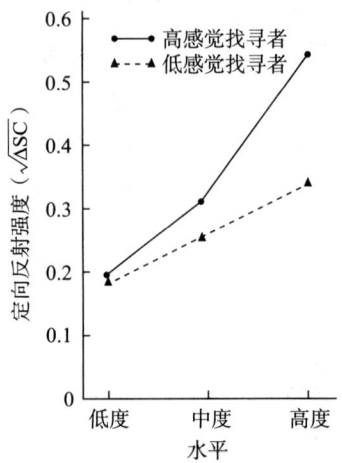

图21.3 显示低强度、中强度和高强度的性以及侵略性的单词首次出现后,高感觉找寻者和低感觉找寻者的皮肤传导反应。该图源自 "Sensation seeking and arousal: Effects of strong stimulation on electrodermal activation and memory task performance." by B.D.Smith et al, 1989, *Personaliry and Individual Differences*, 10, Fig.1, p.674. Copyright 1989 by Pergamon Press. 本文经授权转载。

使用皮肤传导反应作为定向反射或者兴趣指向的问题在于,皮肤传导反应不能区分定向反射、防御反射(defensive reflex)或者震惊反射(startle reflex)。防御反射主要与消极情绪反应相关,例如害怕或者恐惧。心率反应能够被区分为防御反射和震惊反射,因为其具有两相性,即能够体现对刺激反应的减弱或者加强。前者(减弱)具有定向反射的特点,并且通常是低至中度刺激首次出现引发的反应,而后者(增强)则具有防御反射或者震惊反射的特点,并且通常是高度刺激出现引发的反应。

奥利贝克和菲吉(Orlebeke & Feij, 1979)使用了中高强度(80-dB)听觉刺激并且测量了刺激出现后10秒内的心率变化。图21.4展示的是在前三次实验中前刺激水平下心跳频率的变化。事实上,第一次刺激出现之后两组反应差异较大,而第三次刺激出现之后,两组反应都比较微弱。低抑制组表现为明显的心率加速模式(防御反射和震惊反射),而高抑制组表现为心率减速反应(定向反射)。

扎克曼、西蒙斯和科莫(Zuckerman, Simons & Como, 1988)改变了刺激强度并且比较了高抑制和低抑制受试者。在最低强度(50dB)条件下,大部分受试者心率降低,而在刺激首次出现时高抑制者比低抑制者展现更强的定向反射。在最高强度(95dB)条件下,大部分受试者显示的是心率的增加,但是低抑制者比高抑制者在防御反射方面表现更突出。

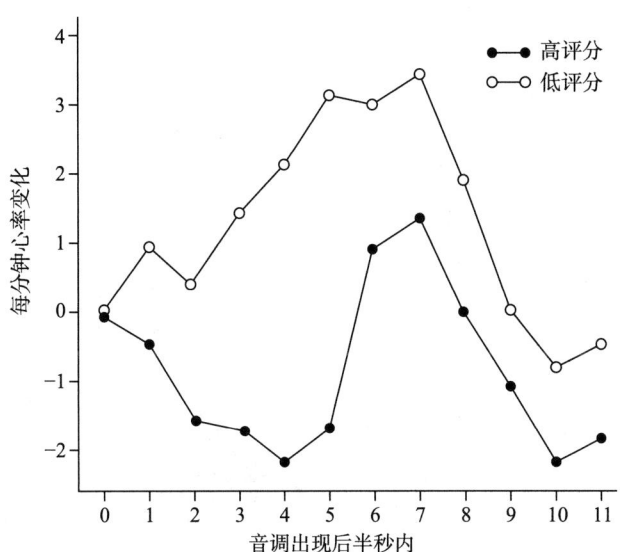

图21.4 80dB语气内容出现3次后,感觉找寻量表中抑制亚量表高评分和低评分者的心跳速率。数据源自"The orienting reflex as a personality correlate." 图来自 J.F.Orlebeke & J.A.Feij, 1979. In H.D. Kimmel, E. H. van Olst, & J.F.Orlebeke (Eds.). *The orienting reflex in humans*, Fig.33.1, p.579. Hillsdale, NJ: Lawrence Erlbaum Associates. Copyright 1979 by Lawrence Erlbaum Associates. 本文经授权转载。

这些实验展示了新奇事物强度和感觉找寻之间的互动,因为组别之间的差异只在刺激展示的第一次或者第二次得以显现。皮质引发的潜能(EP)也是强度作用的一种变量,但是其更容易受到皮电活动和心率反应的影响,而更少受到习惯的影响。

布奇斯鲍姆和西尔弗曼(Buchsbaum & Silverman, 1968,同时参见 Buchsbaum, 1971)开发了一种名为引发潜能的增强—减弱(A-R)方法。这种引发潜能的方法呈现出刺激物的不同刺激强度,同时能够测量早期引发潜能的成分对不同强度刺激的反应。增强模式是通过增加潜能幅度作为刺激强度的直接函数来定义的。减弱模式则由引发潜能的幅度的低强度决定,或由刺激最高强度时真实强度减弱引起。这种强度—幅度关系的大小有时候被用来作为测量增强—减弱的手段,而这些测量标准趋于正态分布。

扎克曼、默托和西格尔(Zuckerman, Murtaugh & Siegel, 1974)将实际引发的增强—减弱与感觉找寻联系在一起。他们发现增强和感觉找寻量表中的抑制之间存在高相关性($r = .59$)。图21.5对比了抑制量表上高度和低度的增强—减弱的差异。高抑制受试者的引发潜能随着刺激(闪烁的灯光)强度的增加而增强,而低抑制受试者在前4种强度状态下显示出较小或者无引发潜能,而在光度最强的时候则会在反应方面出现大幅降低。

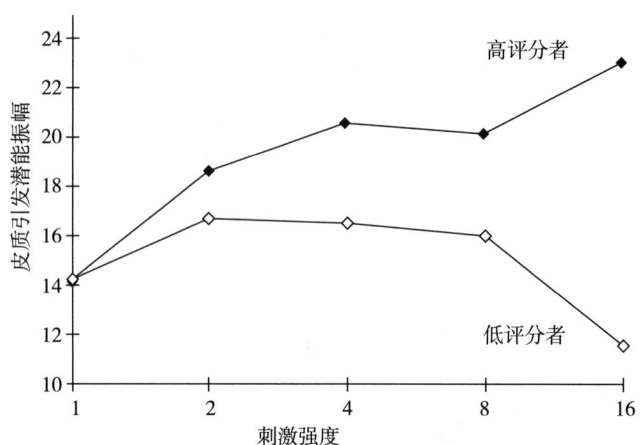

图21.5 显示在刺激强度作用下，感觉找寻量表中抑制子量表高评分和低评分者的真实皮质引发潜能。图来自 "Sensation seeking and cortical augmenting-reducing." by M.Zuc kerman等，1974, *Psychoplrysiology*, 11, p.539. Copyright 1974 by the Society for Psychophysiological Research. 本文经授权转载。

很多研究者将增强—减弱研究拓展到声音刺激物研究中。图21.6显示的是扎克曼、西蒙斯和科莫（Zuckerman, Simons & Como, 1998）的一项研究成果。高抑制受试者显示了增强模式而低抑制受试者显示了减弱模式。该研究成果被很多后续研究重复证实，尤其是声音引发潜能（Zuckerman, 1990）研究。

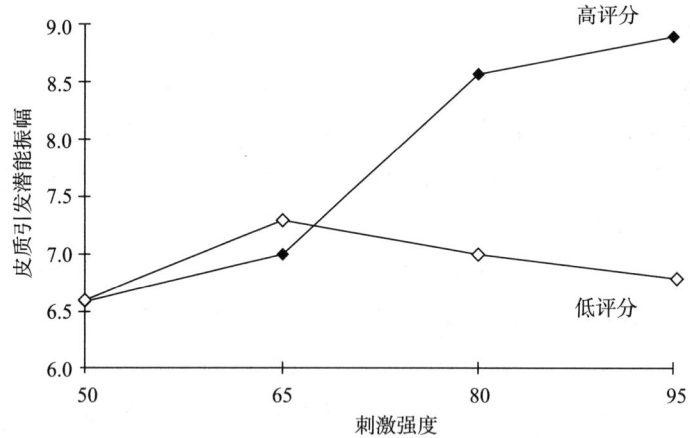

图21.6 短时间间隔（2秒）内感觉找寻量表中抑制子量表高评分和低评分者的声音皮质引发潜能。图来自 "Sensation seeking and stimulus intensity as modulators of cortical. cardiovascular, and electrodermal response: A cross-modality study," by M. Zuckerman等，1988, *Personality and Individual Differences*, 9, Fig.6. p.368. Copyright 1988 by Pergamon Press.本文经授权转载。

我们相信引发潜能的增加意味着皮质对更高刺激物的处理和反应能力增强，而减弱则意味着在高强度刺激下的保护机制减少。声音增强—减弱模式与音乐喜好有明显的相关性，我们会在本章的后续章节中谈论这一问题。

复杂性

扎克曼、尼里和布鲁斯特曼（Zuckerman, Neary & Brustman, 1970）的研究发现，高感觉找寻者在威尔士（Welsh, 1959）的图片喜好测试中显示出对复杂设计的偏好，而低感觉找寻者则没有这种偏好。在一项后续研究中，研究者（Zuckerman, Bone, Neary, Mangelsdorf & Brutsman, 1972）对比了高感觉找寻者和低感觉找寻者的设计偏好。高感觉找寻者喜欢的设计如图21.7所示，而低感觉找寻者喜欢的设计则如图21.8所示。高感觉找寻者喜欢复杂、不对称并且体现动感的设计，而低感觉找寻者喜欢简单且对称的设计。这些结果与本章后续对艺术偏好的讨论有明显相关性。

图21.7 显示了高感觉找寻者更喜欢的设计。图来自"What is the sensation secker? Personality trait and experience correlates of the Sensation Seeking Scales," by M.Zuckerman 等，1972, *Journal of Consulting and Clinical Psychology*, 39, p.317. Copyright by American Psychological Association, 1972.本文经授权转载。

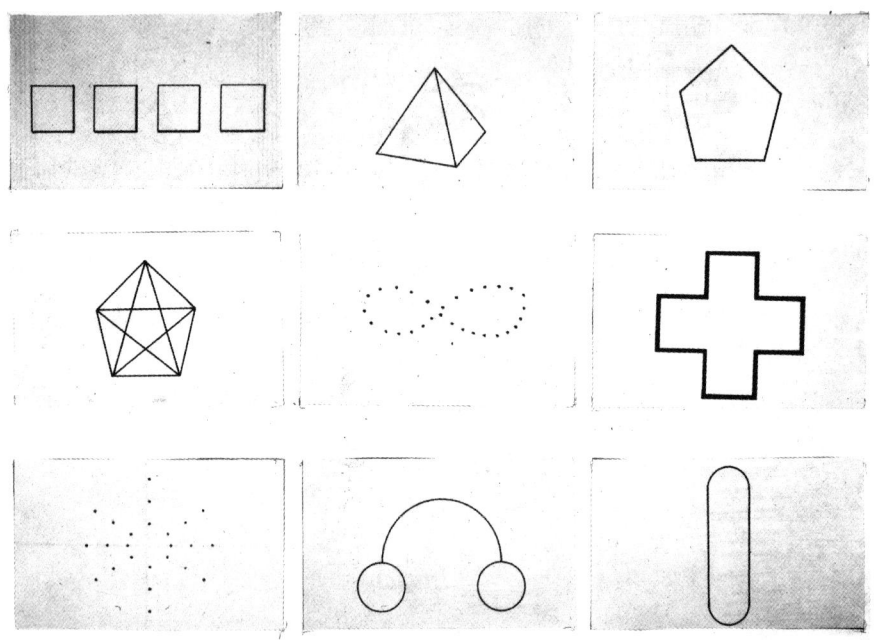

图21.8 显示了低感觉找寻者更喜欢的设计。图来自 "What is the sensation seeker？Personality trait and experience correlates of the Sensation Seeking Scales," by M. Zuckerman et al, 1972. *Journal of Consulting and Clinical Psychology*, 39, p.318. Copyright by American Psychological Association, 1972. 本文经授权转载。

媒介喜好

"娱乐"通常被认为是被动、替代性的活动,而不是主动的活动,例如参加体育活动、社会互动、攻击和性行为。与主动参与不同的是,替代活动无风险。本文讨论的主要是电视、电影、音乐、艺术、幽默和度假喜好。

电视和电影

与简单的声音或者文本材料相比,电视和电影更能够吸引人们的参与,因为其涉及两种感官和体验的即时性。电视被认为是更"酷"的媒介,因为大小有限的屏幕(这个情况在最近得到改变)与黑暗中电影的大屏相比,提供了更为独立的体验。从历史上看,电视播放的内容受到的限制更大。色情与非常具有攻击性的"恐怖片"主要在电影院里播出。但是现在,这些电影内容也会在电视中播出,尽管更显著的色情或者暴力片段通常会被剪辑掉或者缩短播放时间。尽管刺激性情节在电影中变得非常常见,但人们对攻击或者虐待行为的关注似乎更多,因为人们为这些情节描绘是否会引发真的攻击或者虐待而争论不休。具有攻击性格的人是否会更关注这些主题?或者电影、电视节目以及视频游戏是暴力行为的引发因素？攻击性物质是对偏好的唯一解释，还是对唤醒和新奇刺激（感觉找寻）的简单需求可以解释媒介中对暴力的偏好？

谢尔曼和罗兰（Schierman & Rowland, 1985）让大学生对自己平常参加的各种娱乐活动进行评分。对男女大学生而言，感觉找寻量表评分与阅读X级杂志呈正相关，而女性的评分与观看X级电影呈正相关。其他研究也发现，高感觉找寻者会观看有色情情节的电影（Brown, Ruder, Ruder & Young, 1974; Zuckerman & Litle, 1986）。但是，男大学生的兴趣不仅仅局限于电视和电影，他们的评分与新闻杂志、非小说类图书和电视新闻报道呈正相关，而与音乐电影和浪漫小说呈负相关。对女大学生而言，无论是否能够获得娱乐经历，她们都更喜欢积极的经历、酒吧、休息室、夜店以及摇滚音乐会。低感觉找寻者则喜欢剧院。

罗兰、福茨和希瑟顿（Rowland, Fouts & Heatherton, 1989）发现，相对中度和低度感觉找寻者而言，高感觉找寻者通常花更少时间看电视，这在周五下午和晚上尤其明显，因为这个时间段是大学酒吧和派对时间。但是珀斯（Perse, 1996）的研究使用了年纪更大的非大学生作为样本，他发现电视观看时间和感觉找寻之间没有相关性。高感觉找寻主要与动作探险和音乐节目的偏好相关，而与游戏和新闻节目的相关性不大。阿卢贾-法布雷加特和图鲁比亚-贝尔特里也发现对暴力电影的偏好与感觉找寻相关，尤其是在抑制方面。

在现实的实验室环境中，受试者只能看某些节目但是可以调换自己观看的频道，研究发现高感觉找寻的男性和女性都比其他人更喜欢动作电影（Schierman & Rowland, 1985）。但是最令人吃惊的发现是频道切换数量和感觉找寻量表评分之间的关联（男性0.69，女性0.54）。

最后一项发现是高感觉找寻者对多样性的需求。多样性需求是对刺激变化的需求，即使这些刺激并不完全新颖。使用药物的多样性（Zuckerman, 1983, 1994）和性伴侣的多样性（Zuckerman, Tushup & Finner, 1976）也与感觉找寻相关。对婚姻的适应不利于一夫一妻制的忠诚。

高感觉找寻者更倾向于在看电视节目的同时做其他事情，例如阅读、吃东西、与男朋友或女朋友拥抱（Perse, 1996; Rowland等, 1989）。电视被看作刺激的第二来源，而受试者会在电视和刺激的首要来源之间切换。受试者的注意力在电视和家庭任务之间变化，以保持注意力的最高水准。

珀斯（Perse, 1996）考察了高感觉找寻者切换频道的原因。他们主要是为了不看商业广告、同时看多个节目、了解自己错过了其他电视台的哪些节目，或者有时候仅仅是因为他们觉得厌烦。

史密斯及其同事的一项研究（Smith等, 1989）考察了刺激内容对定向反射的效果，他们发现与其他内容相比，色情或者攻击性内容能够让高感觉找寻者产生更多初次关注。如果这些刺激物能够引发高感觉找寻者更多关注的话,那么高感觉找寻者会被X级（即色情）或者有攻击—虐待内容的电影所吸引。如果这些电影在电视上播出的话,高感觉找寻者会观看而低感觉找寻者会避免观看（Rowland等,1989）。扎克曼和利特尔（Zuckman & Litle, 1986）发现,感觉找寻和性行为、病态行为呈正相关,同时人们也会亲身观看不同级别的恐怖电影和色情电影。阿卢贾-法布雷加特（Aluja-Faberegat, 2000）使用年轻人（13至14岁）为样本复制了媒介选择偏好中对暴力内容的喜好,并且根据这些内容修订了一份适合西班牙年轻人的量表,同时根据此量表考察了年轻人观看暴力电影的行为。

上述的后两个研究都使用了艾森克人格问卷（EPQ, Eysenck, Eysenck & Barrett, 1985）,并且都发现精神质量表和感觉找寻一样,精神质与感觉找寻高度相关,同时精神质也是两种量表内因子分析感觉找寻和冲动因素的最佳指标（Zuckerman, Kuhlman & Camac, 1988; Zuckman, Kuhlman, Thornquist & Kiers, 1991）。外向性格和神经主义量表在这些变量方面基本没有关联。在上述西班牙的研究中,高精神质和感觉找寻的结合是对病态内容感兴趣的主要原因。布鲁格曼和巴里（Bruggerman & Barry, 2002）给高精神质和低精神质者播放了系列内容,将10个暴力电影片段和喜剧电影片段夹杂在一起,并且记录下了持续的皮肤传导水平（SCL）。高精神质者更喜欢暴力内容,他们认为这些内容更加令人愉悦和具有喜剧色彩（这一点令人吃惊）。高精神质者在第一次接触暴力视频内容时皮肤传导水平更高,随着内容的不断重复慢慢趋于缓和。低精神质者的表现不是缓和而是敏感化（皮肤传导水平的增加）,而在喜剧内容出现的时候则会表现出缓和化。

利特尔（1986,参见Zuckerman, 1994年的描述）给受试者展示了一段20分钟的血淋淋的恐怖电影《黑色星期五》,并在播放过程中持续测量他们的皮肤传导水平。研究发现,皮肤传导水平随着屏幕内容的变化而变化,在出现攻击或者发现死尸的时候达到最高峰,而在这些情节之间则会减缓。到电影快结束的时候,高感觉找寻者和低感觉找寻者在电影情节反应方面不存在差异。在电影高潮的时候,主人公将疯狂杀人犯斩首,杀人犯的头颅被砍下并且血液四溅,此时低感觉找寻者的皮肤传导水平达到峰值,而高感觉找寻者则基本没有反应。显而易见,高感觉找寻者已经完全适应了电影内容,低感觉找寻者则对电影内容越来越敏感,或者是低感觉找寻者对这些内容出现了害怕反应。

鉴于低感觉找寻者对电影内容的消极反应,我们不难理解为何他们选择不观看此类电影。但为何高感觉找寻者喜欢观看此类电影呢？詹斯顿（Johnston, 1995）研究了高感觉找寻者自我报告的快乐来源,并发现了四种相关的因素：（1）受害人受到严重虐待而引发自身愉悦感；（2）通过各种情感引发的快乐,或者是由受害者的恐惧感以及故事悬疑带来的快感；（3）能够控制恐惧感而带来的自豪感；以及（4）对问题的补偿,对脱离诸如孤独、愤怒以及家庭矛盾等消极情感的尝试。上述因素的前两种都与高度兴奋以及感觉找寻相关，但是虐待动机与低同情心相关，而刺激动机则与高同情心相关。这也和前者关注攻击者而后者关注受害者的差异相一致。

斯莱特（Slater, 2003）发现，感觉找寻和供给行为都能够预测14岁青少年对暴力媒介内容的使用，同时还可以根据网络使用频率和性别来预测。相较女孩而言，男孩更容易受到此类媒介内容的吸引。阿卢贾-法布雷加特和图鲁比亚-贝尔特里（Aluja-Fabregat & Torrubia-Beltri, 1998）在年纪相仿的实验组中发现，男孩比女孩观看更多的暴力卡通、动作和暴力电影，并且更享受这些内容；同时男孩认为暴力电视节目更有趣和刺激。扎克曼和利特尔（Zuckerman & Litle, 1986）使用大学年龄的受试组，研究发现男性更喜欢观看暴力电影并且对病态行为更感兴趣。男性在感觉找寻和精神质方面得分更高，这证明了性别可以用来预测暴力和恐怖电影的消费习惯。

哈里斯等人（Harris等，2000）报告了约会或者群体观看恐怖电影时男性和女性的反应。在观影过程中，男性更会感觉到有趣和娱乐，而女性则感觉不舒服或者恶心，甚至在部分内容播放时会尖叫。女性更容易抓住他们约会对象的手臂，而男性则会有性冲动。恐惧感可能会引发性冲动并且提升彼此之间的联系。对夫妻的研究发现，共同参与一些新颖或者引发冲动的活动能够提升关系质量（Aron, Norman, Aron, McKenna & Heyman, 2000）。无趣感是一种位于中间段的因素，会随着新奇或者冲动活动的共同参与而降低，并且不会和关系质量相关。协调性约会或者交配都是感觉找寻行为，也就是说，高感觉找寻者和高感觉找寻者约会以及结婚，而低感觉找寻者和低感觉找寻者相互吸引（Zuckerman, 1994）。娱乐偏好可能是感觉找寻者相互吸引和交配的重要因素。

从广告来看，感觉找寻概念已经深入广告行业。特定产品的广告，例如汽车，似乎目标定位就是高感觉找寻者。我们一直在使用感觉找寻理论和研究来设计反服药广告（Donohew, Lorch, and Palmgreen, 1991）。这些广告鼓励观众放弃嗑药。这些为了高感觉找寻者设计的广告将刺激特性融入在内，以吸引、引发或者获得他们的关注：新奇、变化、复杂性、强度、不确定性、互斥性、感情内涵、色彩以及回报价值。针对低感觉找寻者设计的广告则会展现与上述特质相反的内容。多诺霍（Donohew）等人发现具有高刺激价值的反大麻广告对高感觉找寻者更具吸引力，而低刺激价值广告对低感觉找寻者而言更具吸引力，能够使他们产生想要打广告中的热线电话的冲动。

洛奇、帕姆格林、唐诺休、赫姆和贝尔（Lorch, Palmgreen, Donohew, Helm & Baer, 1994）发现，嵌入广告的电视节目的语境会影响观众的关注度。他们使用两部喜剧和两部戏剧来进行研究，其中每类都含有一部高刺激价值剧和低刺激价值剧。高感觉找寻者更关注嵌入高刺激价值节目的广告，而低感觉找寻者更关注嵌入低刺激价值节目的广告。这些效果对最近嗑药的人产生的影响更大。

斯蒂芬森和帕姆格林（Stephenson & Palmgreen, 2001）发现，反嗑药广告的刺激价值会提升认知、叙事和感官处理，但是使用大麻则会降低个人的认知处理能力，尤其是在高感觉找寻者中。但信息中提升的刺激价值也提升了所有受试者的认知处理能力，因此可以抵抗个人嗑药的影响。相对低感觉找寻者而言，消息的新鲜度对高感觉找寻者来说是一种更强的注意力预测物（Palmgreen, Stephenson, Everett & Francies, 2002）。

这些研究展示了在设计媒介信息以阻止嗑药或任何其他危险活动时，研究观众寻求感觉的特征是有用的。

音乐

音乐是一种可能会根据强度、新鲜度和复杂性而变化的一种大众娱乐模式，并且会决定高感觉找寻者和低感觉找寻者的偏好。扎克曼等人（Zuckerman等，1966）使用音乐来抵消感官剥夺并且作为一种极端剥夺情景的控制。他们给大学受试者提供经典音乐、爵士乐以及低音调流行音乐，发现高感觉找寻者倾向于选择爵士乐或者经典音乐，而低感觉找寻者则会选择平淡的流行音乐。本研究和其他同时从事的研究使用了有限的音乐类型。

利特尔和扎克曼（Litle & Zuckerman, 1986）设计了一份问卷调查。受试者被要求对这些种类音乐的好恶进行评分。感觉找寻与所有类型的摇滚音乐呈正相关，而与电影背景音乐（尤其是平淡的音乐）呈负相关。感觉找寻量表中的体验找寻子量表与更广泛的音乐风格选择呈正相关，包括民俗音乐、经典音乐、重摇滚以及轻摇滚。

多林格（Dollinger, 1993）使用利特尔－扎克曼的音乐偏好量表（LZMP）以及科斯塔和麦克雷（Costa & McCrae, 1985）的大五人格个性调查表（NEO-PI），后者包含外向型感觉找寻量表（ExS）。外向型感觉找寻量表与硬摇滚呈正相关，而与轻音乐呈负相关。经历的开放性是感觉找寻量表中与体验找寻最相关的因素，并且与很多音乐种类偏好相关：经典、爵士、布鲁斯、新世纪和民俗乐。

罗林斯、霍奇、谢尔和登普西（Rawlings, Hodge, Sherr & Dempsey, 1995）将音乐偏好量表与艾森克人格问卷以及冲动等级相关联。精神质等级与硬摇滚的喜好呈正相关，而与轻音乐的喜好呈负相关。

音乐偏好量表于20世纪80年代中期被创造出来，因此没有包含之后出现的音乐类型。卡彭铁尔、诺布洛克及齐尔曼（Carpentier, Knoblock & Zillman, 2003）将成年人最喜欢的40种音乐中的现代摇滚和嘻哈音乐融入其中，并且将其分成两类：挑战类和非挑战类。挑战类音乐包含拥有反叛音乐的摇滚和嘻哈，这些音乐通常含有挑战社会和政治的歌词。非挑战类音乐具有乐曲的本质并且没有挑战性歌词。个性测量包括消极主义、反叛、敌对、抑制等感觉找寻量表中的亚等级。喜好主要是基于听每种类型音乐的时长。高抑制以及积极反叛意味着受试者会听挑战类音乐，而高敌对和易叛逆者则不会听此类音乐。

音乐喜好随着年代的变化而变化，并且人们最喜欢的类型会改变。斯特拉顿及扎拉诺夫斯基（Stratton & Zalanowski, 1997）使用三组受试（包括1个年轻大学生和2名中年人组别、1个大学教员组和1个非大学组）对比了听不同类型音乐与情绪之间的关系，基本所有大学生都会听摇滚乐，而相对而言，只有61%至64%的年长者听摇滚乐。大学生和教员组有约一半的人会偶尔听经典音乐，而只有五分之一的非大学组受试者会听经典音乐。轻音乐主要是中年人组听，而大学生不经常听。

该实验使用的效果量表是多种情绪形容词核对表（修订版）（MAACL-R, Zuckerman & Lubin, 1985），包括焦虑、抑郁、敌对、积极和感觉找寻效果。在大学生组中，听摇滚乐的时间与感觉找寻效果呈正相关，也与焦虑和抑郁呈正相关，但是与积极效果呈负相关。在教员组中，感觉找寻与听摇滚乐时间呈负相关，但是和听乡村音乐的时间呈正相关。听经典音乐的时间和抑郁以及敌对呈正相关。非大学组中，所有的研究结论都不具有太大意义。在学生组和教员组中，感觉找寻情感和摇滚乐之间的关系方向相反。我们暂时不清楚这是和年龄变化还是和代际差别相关。

年轻大学生很明显受到重金属摇滚乐的吸引。这种音乐的特点之一是通过巨大的扬声器在高强度下传输低音。正如一位摇滚乐粉丝所言："我们听摇滚乐是用整个身体在听，而不仅仅是耳朵。"一项针对大学生的研究考察了这一因素，通过对同一首音乐的正常播放和增强低音来控制音乐选择（McCown, Keiser, Mulhearn & Willianson, 1997）。艾森克人格问卷被用于测试人格。精神病性和外向性得分较高的人会喜欢增强低音，并且前者和音乐的关系更强。同时研究也发现了性别差异，男性更喜欢低音。

艺术和摄影

静态图片通常比动态图片缺乏动感。在相当程度上，对艺术的品味反映出熟悉程度，因此我们可以预测人们更喜欢愉悦、真实的艺术，而不是抽象或者怪诞的艺术。虽然我们可以预测感觉找寻者在某种程度上也会喜欢熟悉的内容，但在真实艺术中，他们对新奇和情感引发的内容更加喜欢，即使是不愉悦的内容，他们也会更愿意接受现代艺术及摄影中不愉悦的主题。

罗林斯、维达尔和弗纳姆（Rawlings, Vidal & Furnham, 2000）研究了两组样本中音乐、艺术喜好和感觉找寻之间的关系，分别是西班牙学生组和英语学生组。在音乐和艺术两种媒介喜好之间的关系中，研究者使用因素分析来探讨。两组样本都对比了对暴力抽象画和中性写实画以及对硬摇滚音乐和轻音乐的好恶。

正如上一节探讨的那样，感觉找寻，尤其是抑制，主要和硬摇滚乐的喜好相关。感觉找寻量表中的体验找寻（ES）子量表与更广泛类型的音乐相关，包括硬摇滚、电子乐、爵士乐和泰克诺音乐。对图画样式的偏好主要与体验找寻和抑制相关。感觉找寻与对暴力抽象艺术的喜好呈正相关，而抑制与对色情抽象艺术的喜好呈正相关。体验找寻和抑制都与中性现实主义艺术呈负相关。与感觉找寻喜好相关的内容包括样式（抽象）

以及内容的情感价值（暴力或者色情）。需要指出的是，上述研究使用的抽象风格并非都不具有代表性，而是受到现实的扭曲之后呈现的。

扎克曼、乌尔里希和麦克劳克林（Zuckerman, Ulrich & Mclaughlin, 1993）将他们使用的刺激物限制为19世纪的自然画，并且根据其复杂性和张力价值进行评分。对高感觉找寻者和低感觉找寻者而言，复杂性与喜好呈正相关，而张力与喜好呈负相关，但是张力和感觉找寻会共同作用于喜好。就低张力画而言，高感觉找寻者和低感觉找寻者对其的喜好没有差异，但是高感觉找寻者相对会不受风格影响而喜欢中度或者高度张力画。通过因素分析，研究者将画分成5种类型：（1）模糊或者半抽象类型；（2）现实图景；（3）浪漫或者幻境景色；（4）现实农场景色；（5）早期表现主义类型。研究发现，相较类型（1）和（5）的半抽象图画，大部分受试者更喜欢类型（3）和（4）的现实图画。但是，相较低感觉找寻者，高感觉找寻者更喜欢类型（5）的表现主义画。

超现实主义艺术趋向于写实风格，描绘真实的物体或人物，但以不协调、模棱两可的方式，以梦境形象的方式将它们并置。这些图像的新颖性预计会吸引寻求感觉的人。弗纳姆和阿维森（Furnham & Avison, 1997）发现感觉找寻与现实非超现实主义的偏好等级呈负相关，与超现实主义艺术的等级呈正相关。

沃克和弗纳姆（Walker & Furnham, 2001a）使用悠闲、流行艺术和象征派绘画探索了个性与艺术喜好之间的关系。他们使用感觉找寻量表（VI）进行研究，它包括涉及兴奋和探险找寻或者抑制活动的体验或者目的的分量表（Zuckerman, 1984a），但是他们只使用了意向量表（intention sales）。焦虑量表（TAS）和抑制活动目的都与喜欢抽象和流行艺术相关，焦虑量表也和象征派绘画相关。大五人格量表中经历开放性与对所有3种艺术的喜好相关，但是这种意识只与常规真实类型艺术相关。艺术教育会影响人们对抽象艺术的喜爱、在博物馆观看艺术作品的次数，同时也会影响对流行艺术的喜爱。人格变量增加了人们基于教育和接触艺术品之后对抽象艺术喜爱的变化性，但是人格变量这一项便会影响对流行艺术喜好的变化。

在另一项研究中，弗纳姆和沃克（Furnham & Walker, 2001b）发现绘画偏好和艺术教育、参观展览馆之间没有太大关联，尽管这些变量会影响人们对不同类型艺术的熟悉程度：抽象、象征派、流行艺术和日本传统艺术。通过感觉找寻量表（VI），他们发现焦虑量表的目的等级和对展览馆或家中抽象艺术的喜好相关，而抑制和焦虑量表与自己家里挂着的流行艺术相关。大五人格量表中的意识和保守主义与对流行艺术的喜好呈负相关，并且后者与抽象和日本艺术也呈负相关。流行艺术的非传统性或许可以解释保守主义对这些艺术的厌恶、感觉找寻者对这些艺术的喜爱，其中后者主要占据政治领域的自由一端。

迄今为止，我已经讨论了画的风格，但是研究的另一部分将会关注画的愉悦性。之前我们探讨了感觉找寻者喜欢恐怖电影，尤其是有描绘血腥和死亡画面的电影。其他研究使用摄影和绘画中的静态图片来对愉悦进行分级。

扎莱斯基（Zaleski, 1984）使用情绪积极照片（包括欢庆场景以及"温柔做爱"场景）以及消极照片（包括折磨、上吊和尸体场景）来让受试者选择自己最喜欢的图片。80%的低感觉找寻者将积极图片作为自己的首选，剩下的20%分别是中立（10%）和消极（10%）图片。相反，将近50%的高感觉找寻者将消极图片作为自己的最爱，而仅有38%的高感觉找寻者选择了积极图片。

罗林斯（Rawlings, 2003）使用象征派、抽象、愉悦、不愉悦绘画和照片作为刺激物。不论风格如何，感觉找寻与对不愉悦绘画和照片的喜好呈正相关，与对愉悦照片的喜好呈负相关。艾森克人格问卷中的精神质等级显示了同样的结果。感觉找寻量表中的外向亚量表以及大五人格量表中的开放等级也显示了同样的模式，除了发现感觉找寻与对愉悦抽象艺术喜好相关外，在这些亚量表的案例中，研究者还发现风格会产生一定影响。

罗林斯和巴斯顿（Rawlings & Bastion, 2002）也研究了绘画情感内容和风格互动与冲动感觉找寻之间的关系，并且用扎克曼·库尔曼（Zuckerman-Kuhlman）个性问卷中的亚量表进行测量（Zuckerman, 2002）。该量表被分成两个亚量表，分别是感觉找寻和冲动性。感觉找寻与对抽象形式的色情、暴力和令人不快的艺术的偏好相关，但和现实形式的艺术无关。冲动性和任何艺术偏好都没有关联。

消极图像能够引发受害者的替代恐惧。在上述利特尔（Little, 1986）的研究中，电影当中十分血腥的图像会引发低感觉找寻者较强的皮肤传导反应，而高感觉找寻者的反应则相对平缓。利塞克和鲍尔斯（Lissek & Powers, 2003）的研究使用害怕—眨眼的方法测试了受试者对积极、中性以及恐怖图片的害怕反应。这种方法测试了非限制条件下受试者对非限制刺激的害怕眨眼反应，所使用的刺激物是巨大的噪音，非限制刺激物在展示图片之前呈现。在没有图片刺激的情况下，高感觉找寻者和低感觉找寻者之间没有差异，但是如果出现了恐怖图片而不是积极图片的话，低感觉找寻者会有更强的害怕反应，而高感觉找寻者对两种类型图片都不会出现害怕反应。

在焦虑方面，高感觉找寻者和低感觉找寻者之间没有多大差异，他们在实验开始之前会出现焦虑。低感觉找寻者如果不喜欢某种刺激物的话，会产生消极的社会心理反应。高感觉找寻者却缺少这种反应，这就解释了他们对这种刺激的喜好甚至偏好。

幽默

波茨、德蒙和哈尔福德（Potts, Dedmon & Halford, 1996）分析了电视偏好后发现，感觉找寻与对单口喜剧而非情景喜剧的喜好相关。珀斯（Perse, 1996）的研究却没有发现情景喜剧或者戏剧与综艺节目之间的关联。研究使用美国和德国受试者并且通过幽默行为让他们对滑稽性进行评分，例如服务员不小心将饮料洒在了自己身上，研究发现这种评分与感觉找寻量表相关（Deckers & Ruch, 1992）。卢利和麦克兰（Lourey & McLanchlan, 2003）混合使用幽默量表和阿内特（Arnett, 1994）的感觉找寻量表发现，在强度和新奇性亚量表方面得分较高的高感觉找寻者，更会觉得滑稽，并且相信他们应该在这些情况下做出大笑的反应。

鲁赫（Ruch, 1988）研究了最吸引高感觉找寻者和低感觉找寻者的幽默类型。高感觉找寻者更喜欢一些奇怪的幽默（例如动物模仿人的行为或者语言）或者色情幽默。低感觉找寻者则会对奇怪幽默和色情幽默感到反感，但是会喜欢非色情的不协调幽默。高感觉找寻者不合时宜的偏好主要和他们喜欢超现实艺术有关。

网络

阿姆斯特朗、菲利普斯和塞林（Armstrong, Phillips & Saling, 2000）研究了受试者个性和网络使用的关系。实验中10%的受试者是网瘾者。研究者使用感觉找寻量表中的抑制量表与其他人格测量手段。抑制量表无法预测受试者在网络问题量表方面的评分，而低自尊可以。和其他通常需要其他人陪伴的媒介形式不同的是，网络上的互动通常是一种孤独的行为并且可以作为真实人类互动的替代品。斯莱特（Slater, 2003）研究了网络游戏和暴力网站的使用，发现感觉找寻和网络游戏的使用没有关系，但是和攻击性、孤独感以及使用暴力刺激物有微弱关系。这些个性变量之间没有太大差别，可能主要是因为样本量大才显得十分重要。

假期

假期是人们有自由从事喜欢的室内或者户外活动且不需要受到工作束缚的时期。借助感觉找寻量表，我们考察了他们对探险和经历寻求的评分，选择出国到非洲度假的人总体得分很高（Gilchrist, Povey, Dickinson & Povey, 1995）。埃库斯（Eachus, 2004）使用随机样本考察了人们的度假喜好，并且借助简要感觉找寻量表来测量四种因素。他的度假喜好量表包含四个子量表：（1）探险喜好，例如登山或者露营；（2）沙滩喜好，包括阳光、沙石以及夜生活；（3）文化喜好，包括参观博物馆和艺术馆；（4）投入喜好，包括豪华游艇和健康水疗。研究发现，简要感觉找寻量表和探险、沙滩喜好呈正相关，而与文化以及投入喜好没有关系。感觉找寻与探险喜好相关性最高，去抑制和沙滩喜好的相关性最高，同时与文化喜好呈正相关，与投入和沙滩喜好呈负相关。

作为娱乐的打斗

尽管在学术上显得很奇怪，但很多男性将打斗视为一种娱乐形式，并且很期待周六晚上酒吧的争吵。抑制子量表主要和身体攻击性相关（Joireman, Anderson & Strathman, 2003）。乔里曼（Joireman）等人询问受试者是否愿意使用加了垫子的棒槌进行打斗，发现在抑制、简易刺激等方面得分很高的受试者均表现出有参与打斗的愿望。当然存在性别差异，但是感觉找寻超越了性别的限制。即使是通过参与争吵意愿测量的口头攻击性，也不受性别差异影响。

很多参加体育运动的人都喜欢通过口头方式攻击对手。这种攻击可以是向对方选手或者对方粉丝投掷物体。在欧洲，粉丝们会有组织地去观看一些比赛，心里想着与对方粉丝发生争吵。有时候这种争吵会在比赛开始前酒吧外的街上展开。芬兰和加拿大棒球粉丝被询问他们想看球员打斗的动机，以及他们自己和对方粉丝打斗的动机（Mustonen, Arms & Russell, 1996）。结果发现感觉找寻是观看球员打斗、参加打斗的主要原因。

感觉找寻的生物社会学基础

个性的层级（levels）研究表明，个性和行为表现主要是基于连续的深层次生物分析（Zuckerman, 2005）。本章中我们发觉行为表现和娱乐喜好主要是由心理社会机制决定，例如注意力、反击、震惊反应以及与刺激强度相关的脑电波增加或者减弱，这些也是生物化学特性，是神经传导物和荷尔蒙的典型行为；接下来更低层次的是被特定神经传导物调节的神经系统、影响这些系统的受体；最后还有创造了这些生物结构及其产品的基因。对这些特征的完整分析应该会决定所有现象之间的联系。

对感觉找寻心理生物学的全局性探讨超出了本章的目的，读者可以参考其他文章来获得相关细节（Zuckerman, 1984b, 1991, 1994, 1995, 2003, 2005）。从最低层面上看，基因以及生物研究发现人们对感觉找寻有持续的继承性（约60%, Fulker, Eysenck & Zuckerman, 1980; Hur & Bouchard, 1997; Koopmans, Boomsma, Heath & Lorenz, 1995）。多巴胺受体D4的基因和新奇找寻个性相联系，并且和感觉找寻高度相关（Ebstein等, 1996; Prolo & Licinio, 2002）。和新奇找寻相关的基因也和新奇刺激导向相关，并且与上述刺激反应的相对关系更小（Ebstein & Auerbach, 2002）。

神经递质多巴胺在感觉找寻中主要由基因结果和其他结果决定。单胺氧化酶（MAO-Type B）是一种与单胺多巴胺优先连接的分解代谢调节剂，在高感觉寻求者的血小板中含量较低，这表明在感觉寻求者中多巴胺反应性较高（Zuckerman, 1994小结部分）。对动物而言，多巴胺与探索和探索方式相关，而对于另一种单胺，血清素，它与抑制接近和探索相关（Zuckerman, 1984b）。老鼠在探索新奇刺激物时，多巴胺会在神经质中发挥作用。这种系统的核心对电子刺激物或者药物有反应，并且会产生内部激励反应。来自动物和人类的证据表明高感觉找寻者具有低血清反应。中度反应是人们对新奇事物做出反应的特征，但是过度反应与害怕和抑制行为相关。去甲肾上腺素会部分制约唤醒活动，并且会刺激皮层，激活周围交感神经系统。激素睾丸素与感觉找寻、判断和冲动行为呈正相关。

本文提出的感觉找寻模型涉及不同方法之间的平衡、规避与唤醒，这些方法用来保持多巴胺、血清与去甲肾上腺素之间的平衡以及调节这些系统的酶和荷尔蒙（Zuckerman, 1994, 1995, 1996）。高感觉找寻者和低感觉找寻者的最佳刺激水平会影响他们的感官和情感喜好，也最终受到生物基因特点以及他们在特定文化中提供娱乐的可能性的影响。

小　　结

感觉找寻是"对各式各样新奇、复杂以及集中刺激和经历的找寻"，这种定义在实验中得到验证。高感觉找寻者对新奇刺激物有强烈的心理社会学定向反射，但是在刺激物重复出现后这种感觉会逐渐趋缓。一旦有他们感兴趣的内容或者在情感上带来强烈刺激的东西出现的话，高感觉找寻者会有强定向反射并且会延长趋缓过程。低感觉找寻者对中度刺激会做出相对弱的定向反射，但是对于高刺激物会有更强的定向反射。高感觉找寻者能够更有效地处理高刺激物并且做出脑电反应。对复杂性和新奇性的喜好主要体现在对简单设计的反应上。

这些基本反应被转换成对更复杂媒介刺激物的喜好。高感觉找寻者更喜欢现场娱乐活动，例如派对、俱乐部活动和摇滚音乐会，但是也喜欢观看具有动作、暴力和露骨情节（高强度）的电影。低感觉找寻者更喜欢安静的媒介内容，例如游戏节目、情景喜剧和浪漫主题的电影或者电视节目。性别差异也会体现上述结果，因为男性通常是高感觉找寻者。

出于远程控制的考虑，高感觉找寻者更容易调换电视频道（多样性选择），并且他们通常使用电视作为其他活动的背景，显现出更多的"无聊怀疑"（感觉找寻的四种子量表之一）。

相较低感觉找寻者而言，高感觉找寻者更会对电影（例如恐怖电影）、艺术品和摄影图像上的不愉悦内容做出积极反应。高感觉找寻者会对刺激的唤起值做出积极反应，而低感觉找寻者则会更关注刺激物的等级（愉悦与不愉悦）。

高感觉找寻者展现出的媒介偏好被用来设计反嗑药广告，以让他们对广告投入注意力并且更有效地获得广告中的信息。如果广告被植入在他们喜欢的节目中，广告会更有效果。

对音乐的品位受到同龄人喜好与个性的影响。年轻一代的高感觉找寻者喜欢摇滚音乐，尤其是"硬音乐"，不喜欢平淡、低强度和轻柔的流行音乐。高感觉找寻者会对高强度的摇滚音乐做出积极反应，他们也喜欢一些摇滚和嘻哈音乐中的挑战性歌词。感觉找寻的经历找寻，与人格量表中的开放性相关，也和更广泛的音乐类型相关，包括经典音乐、爵士乐、布鲁斯和民俗音乐。

对于艺术来说，高感觉找寻者比低感觉找寻者更喜欢表现性、抽象、非真实、流行的艺术以及充斥着色情、暴力和不愉悦主题的艺术。低感觉找寻者更喜欢愉悦内容。而就音乐而言，经历找寻者比压抑者的选择范围更广泛。

对于幽默，高感觉找寻者更容易在日常生活中找到幽默元素，并且喜欢卡通和一些包含无聊和色情笑话的幽默。网络使用和感觉找寻没有关系，但是与涉及暴力的网站有微弱关联。感觉找寻会影响度假偏好，感觉找寻者更喜欢去不熟悉的地方进行探险旅行或者到沙滩度假胜地过夜生活，或者从事文化旅行。经历找寻的亚量表在享受文化和沙滩度假方面是一个例外。一些男性喜欢在打斗中寻找刺激，并且通过直接参与或者观看其他人打斗来实现。

感觉找寻及其在娱乐中的喜好表现是环境和生理影响的结果，后者会影响刺激喜好引发的不同心理社会反应。基因和生物化学的影响也会对喜好特点造成影响。

施奈拉（Schneirla, 1959）提出了一个假设来描述刺激强度的激励效应：

"对所有处于个体发育早期的有机物而言，低强度刺激更容易引发接近反应，高强度的退出反应则与反应来源相关"（Schneirla, 1959, p.3）。

为了将新奇性和强度结合在一起，本文假设涉及个体差异反应的基本个性维度与刺激物的质量，并且将其定义为"感觉找寻"。这种建构和操作性的定义，在学术和应用方面都以特质测量的形式发挥作用。

参考文献

Aluja-Fabregat, A. (2000). Personality and curiosity about TV and films violence in adolescents. *Personality and Individual Diffferences, 29*, 379–372.
Aluja-Fabregat, A., & Torrubia-Beltri, R. (1998). Viewing of mass media violence, personality, and academic achieve- ment. *Personality and Individual Differences, 25*, 973–989.
Armstrong, L., Phillips, J. G., & Saling, L. L. (2000). Potential determinants of heavier internet usage. *International Journal of Human Computer Studies, 53*, 537–550.
Arnett, J. (1994). Sensation seeking a new conceptualization and a new scale. *Personality and Individual Differences, 16*, 289–296.
Aron, A., Norman, C. C., Aron, E. N., McKenna, C., & Heyman, R. E. (2000). *Journal of Personality and Social Psychology, 78*, 273–284.
Brown, L. T., Ruder, V. G., Ruder, J. H., & Young, S. D. (1974). Stimulation seeking and the Change Seeker Index. *Journal of Consulting and Clinical Psychology, 42*, 311.
Bruggemann, J. M., & Barry, R. J. (2002). Eysenck's P as a modulator of affective and electrodermal responses to violent and comic film. *Personality and Individual Differences, 32*, 1029–1048.
Buchsbaum, M. S. (1971). Neural events and the psychophysical law. *Science, 172*, 502.
Buchsbaum, M. S., & Silverman, J. (1968). Stimulus intensity control and the cortical evoked response. *Psychosomatic Medicine, 30*, 12–22.
Carpenter, F. D., Knoblock, S., & Zillman, D. (2003). Rock, rap, and rebellion: Comparisons of traits predicting selective exposure to defiant music. *Personality and Individual Differences, 35*, 1643–1655.
Costa, P. T. Jr., & McCrae, R. R. (1985). *The NEO Personality Inventory Manual*. Odessa, FL: Psychological Assess- ment Resources.

Deckers, L., & Ruch, W. (1992). Sensation seeking and the Situational Humour Response Questionnaire (SHRQ): Its relationship in German and American samples. *Personality and Individual Differences, 13*, 1051–1054.

Dollinger, S. J. (1993). Personality and music preference. Extraversion and excitement seeking or openness to expe- rience? *Psychology of Music, 21*, 73–77.

Donohew, L., Lorch, E., & Palmgreen, P. (1991). Sensation seeking and targeting of televised anti-drug PSA's. In L. Donohew, H. E. Snyder, & W. Bullenski (Eds.), *Persuasive communication and drug abuse prevention* (pp. 209–226). Hillsdale, NJ: Lawrence Associates Erlbaum.

Eachus, P. (2004). Using the Brief Sensation Seeking Scale to predict holiday preferences. *Personality and Individual Differences, 36*, 141–153.

Ebstein, R. P., & Auerbach, J. G. (2002). Dopamine D4 receptor and serotonin transporter promoter polymorphisms and temperament in early childhood. In J. Benjamin, R. P. Ebstein, & R. H. Belmaker (Eds.), *Molecular genetics and the human personality* (pp. 137–149). Washington, DC: American Psychiatric Publishing.

Ebstein, R. P., Novick, O., Umansky, R., Priel, B., Osher, Y., Blaine, D., Bennett, E. R., Nemanov, L., Katz, M., & Belmaker, R. H. (1996). Dopamine D4 receptor (D4DR) exon III polymorphism associated with the human personality trait of novelty seeking. *Nature Genetics, 12*, 78–80.

Eysenck, S. B. G., Eysenck, H. J., & Barrett, P. (1985). A revised version of the psychoticism scale. *Personality and Individual Differences, 6*, 21–29.

Freud, S. (1922/1955). Beyond the pleasure principle. In J. Strachey (Ed.), *Collected works of Sigmund Freud, Volume 18*. London: Hogarth Press.

Fulker, D. W., Eysenck, S. B. G., & Zuckerman, M. (1980). A genetic and environmental analysis of sensation seeking. *Journal of Research in Personality, 14*, 261–281.

Furnham, A., & Avison, M. (1997). Personality and preference for surreal paintings. *Personality and Individual Differences, 23*, 923–935.

Furnham, A, & Walker, J. (2001a). Personality and judgments of abstract, pop art, and represenational paintings. *European Journal of Personality, 15*, 57–72.

Furnham, A., & Walker, J. (2001b). The influence of personality traits, previous experiences of art, and demographic variables on artistic preferences. *Personality and Individual Differences, 31*, 997–1017.

Gilchrist, H. Povey, R., Dickinson, A., & Povey, R. (1995). The sensation selective scale: its use in a study of the character of people choosing 'adventure holidays'. *Personality and Individual Differences, 19*, 513–516.

Harris, R. J., Hoekstra, S. J., Scott, C. L., Sanborn, F. W., Karafa, J. A., & Brandenberg, J. D. (2000). Young men's and women's different autobiographical memories of the experience of seeing frightening movies on a date. *Media Psychology, 2*, 245–268.

Hoyle, R. H., Stephenson, M. T., Palmgreen, P., Lorch, E. P., & Donohew, R. L. (2002). Reliability and validity of a brief measure of sensation seeking. *Personality and Individual Differences, 32*, 401–414.

Hur, Y. M., & Bouchard, T. J. Jr. (1997). The genetic correlation between impulsivity and sensation seeking traits. *Behavior Genetics, 27*, 455–463.

Johnston, D. D. (1995). Adolescents' motivations for viewing graphic horror. *Human Communication Research, 21*, 522–552.

Joireman, J., Anderson, J., & Strathman, A. (2003). The aggression paradox: Understanding links among aggression, sensation seeking, and the consideration of future consequences. *Journal of Personality and Social Psychology, 84*, 1287–1302.

Koopmans, J. R., Boomsma, D. I., Heath, A. C., & Lorenz, J. P. D. (1995). A multivariate genetic analysis of sensation seeking. *Behavior Genetics, 25*, 349–356.

Lissek, S., & Powers, A. S. (2003). Sensation seeking and startle modulation by physically threatening images. *Biological Psychology, 63*, 179–197.

Litle, P. A., (1986). *Effects of a stressful movie and music on mood and physiological arousal in relation to sensation seeking*. Doctoral dissertation, University of Delaware. August, 1986.

Litle, P. A., & Zuckerman, M. (1986). Sensation seeking and music preferences. *Personality and Individual Differences, 7*, 575–577.

Lorch, E. P., Palmgreen, P., Donohew, L., Helm, D., & Baer, S. A. (1994). Program context, sensation seek-ing, and attention to televised anti-drug public service announcements. *Human Communication Research, 20*, 390–412.

Lourey, E., & McLachlan, A. (2003). Elements of sensation seeking and their relationship with two aspects of humour appreciation-perceived funniness and overt expression. *Personality and Individual Differences, 35*, 277–287.

McCown, W., Keiser, R., Mulhearn, S., & Williamson, D., (1997). The role of personality and gender in preference for exaggerated bass in music. *Personality and Individual Differences, 23*, 543–547.

Mustonen, A., Arms, R. L., & Russel, G. W. (1996). Predictors of sports spectators' proclivity for riotous behaviour in Finland and Canada. *Personality and Individual Differences, 21*, 519–525.

Neary, R. S., & Zuckerman, M. (1976). Sensation seeking, trait and state anxiety, and the electrodermal orienting reflex. *Psychophysiology, 13*, 205–211.

Orlebeke, J. F., & Feij, J. A. (1979). The orienting reflex as a personality correlate. In H. D. Kimmel, E. H. van Olst & J. F. Orlebeke (Eds.), *The orienting reflex in humans* (pp. 567–585). Hillsdale, NJ: Lawrence Erlbaum Associates.

Palmgreen, P., Stephenson, M. T., Everett, M. W., Baseheart, J. R., & Francies, R. (2002). Perceived message sensation value

(PMSV) and the dimensions and validation of a MPSV scale. *Health Communications, 14*, 403–428.

Perse, E. M. (1996). Sensation seeking and the use of television for arousal. *Communication Reports, 9*, 37–48.

Potts, R., Dedmon, A., & Halford, J. (1996). Sensation seeking, television viewing motives and home television viewing patterns. *Personality and Individual Differences, 21*, 1081–1084.

Prolo, P., & Licinio, J. (2002). DRD4 and novelty seeking. In J. Benjamin, R. P. Ebstein, & R. H. Belmaker (Eds.), *Molecular genetics and the human personality* (pp. 91–107). Washington, DC: American Psychiatric Publishing.

Rawlings, D. (2003). Personality correlates of liking for 'unpleasant' paintings and photographs. *Personality and Individual Differences, 34*, 395–410.

Rawlings, D., Barrantes i Vidal, N., & Furnham, A. (2000). Personality and aesthetic preferences in Spain and England: Two studies relating sensation seeking and openness to experience to liking for paintings and music. *European Journal of Personality, 14*, 553–576.

Rawlings, D., & Bastion, B. (2002). Painting preference and personality. *Empirical Study of the Arts, 20*, 177–193.

Rawlings, D., Hodge, M., Sherr, D., & Dempsey, A. (1995). Toughmindedness and preference for musical excerpts, categories, and triads. *Psychology of Music, 23*, 63–80.

Rowland, G. L., Fouts, G., & Heatherton, T. (1989). Television viewing and sensation seeking: Uses, preferences and attitudes. *Personality and Individual Differences, 10*, 1003–1006.

Ruch, W. (1988). Sensation seeking and the enjoyment of structure and content of humor: Stability of findings across four samples. *Personality and Individual Differences, 9*, 861–871.

Schierman, M. J., & Rowland, G. L. (1985). Sensation seeking and selection of entertainment. *Personality and Individual Differences, 5*, 599–603.

Schneirla, T. C. (1959). An evolutionary and developmental theory of biphasic processes underlying approach and withdrawal. In M. J. Jones (Ed.), *Nebraska Symposium on motivation* (vol. 7). Lincoln, NE: University of Nebraska Press.

Slater, M. D. (2003). Alienation, aggression, and sensation seeking as predictors of adolescent use of violent film, computer, and website content. *Journal of Communication, 53*, 105–121.

Smith, B. D., Davidson, R. A., Smith, D. L., Goldstein, H., & Perlstein, W. (1989). Sensation seeking and arousal: Effects of strong stimulation on electrodermal activation and memory task performance. *Personality and Individual Differences, 10*, 671–679.

Smith, B. D., Perlstein, W. M., Davidson, R. A., & Michael, K. (1986). Sensation seeking: Differential effects of relevant novel stimulation on electrodermal activity. *Personality and Individual Differences, 4*, 445–452.

Stephenson, M. T., & Palmgreen, P. (2001). Sensation seeking, perceived message sensation value, personal involve- ment and processing of anti-marijuana PSAs. *Communication Monographs, 68*, 49–71.

Stratton, V. N., & Salanowski, A. H. (1997). The relationship between various characteristic moods and most commonly listened to types of music. *Journal of Music Therapy, 34*, 129–140.

Welsh, G. S. (1959). *Preliminary manual for the Welsh Figure Preference Test*. Palo Alto: CA: Consulting Psychologists Press.

Zaleski, Z. (1984). Sensation seeking and preference for emotional visual stimuli. *Personality and Individual Differ- ences, 5*, 609–611.

Zuckerman, M. (1969). Theoretical formulations: I. In J. P. Zubek (Ed.), *Sensation seeking: Fifteen years of research* (pp. 407–432). New York: Appleton.

Zuckerman, M. (1983). Sensation seeking: The initial motive for drug abuse. In E. H. Gotheil, K. A. Druley, & H. M. Waxman (Eds.), *Etiological aspects of alcohol and drug abuse* (pp. 202–220). Springfield, IL: Charles C. Thomas.

Zuckerman, M. (1984a). Experience and desire: A new format for sensation seeking scales. *Journal of Behavioral Assessment, 6*, 101–114.

Zuckerman, M. (1984b). Sensation seeking: A comparative approach to a human trait. *Behavioral and Brain Sciences, 7*, 413–434; 453–471.

Zuckerman, M. (1990). The psychophysiology of sensation seeking. *Journal of Personality, 58*, 313–345.

Zuckerman, M. (1991). *Psychobiology of personality*. Cambridge, UK: Cambridge University Press.

Zuckerman, M. (1994). *Behavioral expressions and biosocial bases of sensation seeking*. New York: Cambridge University Press.

Zuckerman, M. (1995). Good and bad humors: Biochemical bases of personality and its disorders. *Psychological Science, 6*, 325–332.

Zuckerman, M. (1996). The psychobiological model for Impulsive Unsocialized Sensation Seeking: A comparative approach. *Neuropsychobiology, 34*, 125–129.

Zuckerman, M. (2002). Zuckerman-Kuhlman Personality Questionnaire (ZKPQ): An alternative five-factorial model. In B. DeRaad & M. Perugini (Eds.), *Big five assessment* (pp. 377–396). Seattle, WA: Hogrefe & Huber.

Zuckerman, M. (2003). Biological bases of personality. In T. Millon & M. J. Lerner (Eds.), *Handbook of psychology: Vol. 5: Personality and social psychology* (pp. 85–116). Hoboken, NJ: Wiley.

Zuckerman, M. (2005). *Psychobiology of personality, second edition, revised and updated*. New York: Cambridge University Press.

Zuckerman, M. (in press). Biosocial bases of sensation seeking. In T. Canli (Ed.), *Biology of personality and individual differences*. New York: Guilford.

Zuckerman, M., Bone, R. N., Neary, R., Mangelsdorf, D., & Brustman, B. (1972). What is the sensation seeker? Personality trait and experience correlates of the Sensation Seeking Scales. *Journal of Consulting and Clinical Psychology, 39,* 308–321.

Zuckerman, M., Kolin, E. A., Price, L., & Zoob, I. (1964). Development of a sensation seeking scale. *Journal of Consulting Psychology, 28,* 477–482.

Zuckerman, M., Kuhlman, D. M., & Camac, C. (1988). What lies beyond E and N? Factor analyses of scales believed to measure basic dimensions of personality. *Journal of Personality and Social Psychology, 54,* 96–107.

Zuckerman, M., Kuhlman, D., Thornquist, M., & Kiers, H. (1991). Five (or three) robust questionnaire scale factors of personality without culture. *Personality and Individual Differences, 12,* 929–941.

Zuckerman, M., & Litle, P. (1986). Personality and curiosity about morbid and sexual events. *Personality and Individual Differences, 7,* 49–56.

Zuckerman, M., & Lubin, B. (1985). *Manual for the Multiple Affect Adjective Check-List Revised (MAACL-R)*. San Diego, CA: Educational and Industrial Testing Service.

Zuckerman, M., Murtaugh, T. T., & Siegel, J. (1974). Sensation seeking and cortical augmenting-reducing. *Psychophysiology, 11,* 535–542.

Zuckerman, M., Neary, R. S., & Brustman, B. A. (1970). Sensation seeking correlates in experience (smoking, drugs, alcohol, "hallucinations" and sex) and preference for complexity (designs). *Proceedings of the 78th Annual Convention of the American Psychological Association,* pp. 317–318. Washington, DC: American Psychological Association.

Zuckerman, M., Persky, H., Hopkins, T. R., Murtaugh, T., Basu, G. K., & Schilling, M. (1966). Comparison of stress effects of perceptual and social isolation. *Archives of General Psychiatry, 14,* 356–365.

Zuckerman, M., Simons, R. F., & Como, P. G. (1988). Sensation seeking and stimulus intensity as modulators of cor- tical, cardiovascular, and electrodermal response: A cross-modality study. *Personality and Individual Differences, 9,* 361–372.

Zuckerman, M., Tushup, R., & Finner, S. (1976). Sexual attitudes and experience: Attitude and personality correlates and changes produced by a course in sexuality. *Journal of Consulting and Clinical Psychology, 44,* 7–19.

Zuckerman, M., Ulrich, R. S., & McLaughlin, J. (1983). Sensation seeking and reactions to nature paintings. *Personality and Individual Differences, 15,* 563–576.

第二十二章 （主观）幸福感

玛格丽特·施莱尔

对幸福的心理学研究从20世纪60年代就已经开始。研究发现，影响人们如何感知自身和生活的因素有很多，例如爱、友情、一份满意的工作等。除了和我们的伴侣或者工作相关的宏观因素之外，微观的日常琐事也会影响我们的感知，其中休闲时间满意度被证实会对我们的幸福感产生重要影响（Argyle, 1987）。休闲时光现在通常是媒介时间——这也引发了本章探讨的问题：媒介使用，尤其是娱乐媒介使用，和幸福感之间是否有联系？为了回答这个问题，我们首先列出一些主要概念以及心理学对幸福的研究成果，区分不同方面或者形式的幸福，例如主观幸福感（subject well-being）、心理幸福（psychological well-being）与健康。在接下来的部分中，我们考察每种形式的幸福和娱乐的关系，并且聚焦娱乐，尤其是影视娱乐，其中主要关注电视。

幸福：概念以及实证研究

尽管心理学研究大部分是归纳性的，主要关注人们对幸福、生活满意度的评价以及幸福的决定因素和影响，上述研究主要通过两种理论基础开展（Keyes & Waterman, 2003; Ryan & Deci, 2001; Waterman, 1993）。第一种被称为"享乐主义"观，或者"情感幸福（emotional well-being）"，在这种观念中，幸福被看成是情感快乐的状态（Diener 1984所称的"幸福与痛苦"研究取向）。第二种是"实现主义"观，或者"心理幸福"，认为幸福无法也不应该被狭义地认为是"快乐"；相反，幸福包括跟随自己的内心来生活，主要是过一种有意义的生活并且作为完全有作用的人而实现自我价值（Diener 1984所称的"有目的"途径）。一些作者提出对幸福概念的其他理解，例如在心理幸福之外还有社会幸福（Keyes & Waterman, 2003），或者有的研究者把健康作为一个子领域（Argyle & Martin, 1991），还有研究者主张关注幸福实现的方式，而非组成的成分（Diener, 1984）。现有关于幸福的大量研究主要关注的是享乐主义和实现主义之间的差别。接下来，我们会详细讨论两种主义。

享乐主义取向

主观幸福感的结构　享乐主义途径包含主观（情感）幸福（SWB）的三个子成分：积极效果、消极效果与生活满足感（关于享乐主义观可参见Kahneman, Diener & Schwarz, 1999; Strack, Argyle & Schwarz, 1991）。测量积极和消极效果的方式——从其称呼也能看出——涉及幸福的情感方面，而测量生活满足感的方法则主要是认知判断，对例如婚姻、友情、工作、健康或者休闲等在总体或者单个层面进行生活满足感考察（Argyle & Martin, 1991）。

如果一个人在长时间内获得的积极效果多于消极效果，那么其幸福感体验会提升，其在生活中的不同方面也会有更高的满足感。在这方面看，积极效果和消极效果是相互独立的（Bradburn, 1969）：积极效果的出现并不意味着消极效果的缺失，反过来也如此。人们在一生中感到兴奋、高兴、满足的频率和感到低落以及无助的频率并没有关联，二者是相互独立的，但这一结论一定是在较长时期内通过考察平均效果而得出的。迪纳（Diener）发现的证据显示，在短时间内，积极效果和消极效果是相互排斥的（至少在同一个生活方面如此：Diener, Sanvik & Pavot, 1991）。如果从强度来考虑的话，二者也不是相互独立的：如果某人有较强的感受，他会有强烈的快乐和痛苦感觉；相反，如果某人的感受力很弱，那么他就会更容易接受生活中的所有事情，无论是好事还是坏事。当然，关于效果强度或者频率是否影响总体的情感幸福这一点还存在争议。哪些人会更开心？是体验持续的少量快乐的人，还是体验一次高强度快乐的人？迪纳等人（Diener等，1991）也指出，造成差异的是频率而不是强度。事实上，高强度快乐可能会在范围和强度都更小的快乐面前黯然失色。

测量　测量情感幸福和生活满足感的工具有很多，从单项目测量到多量表测量（Diener, 1984; Mayring, 2003; 涉及幸福的测量问题可以参见Larsen & Fredricksen, 1999）。单项目测量通常是基于坎特里尔（Cantril, 1965）开发的自我评价表。受试者对自己总体生活情况进行9个刻度的评分，包括"对你而言最好的生活"到"对你而言最差的生活"。尽管使用起来很简单，受试者通常认为其与多量表测量相比可靠性更低，并且不像多量表一样可以同时测量情感幸福的多个层面。基于多量表测量，受试者通常可以通过大量积极和消极效果测量来对自己进行评分，例如"在过去30天之内，你感到开心的频率是多少？有很好的精神、非常开心、平静和平和、满足并且生活充满希望？"（就积极效果而言）；以及"在过去30天之内，你感到难过并且没有什么可以鼓舞你的频率是多少？紧张、焦虑、无助，并且一切努力都是徒劳？"（就消极效果而言），答案则从"一直"到"没有"之间变化（Keyes & Waterman, 2003, p.482）。多量表测量中包括布拉德伯恩（Bradburn）提出的效果平衡量表或者福代斯（Fordyce）提出的快乐测评量表（Diener, 1984）。多量表测量所关注的不仅仅是积极和消极方面，进一步包括情感幸福和相关概念，例如对健康以及整体生活风格的关注（例如Duputy的总体幸福安排；Fordyce的自我描述量表；Diener, 1984）。最近人们研发的多量表工具主要是关于生活健康和质量的，这些量表超越了享乐主义取向，包括社会幸福、自主性以及类似标准的各个方面（Mayring, 2003；以及下部分讨论的内容）。大部分测量工具（除了单项目测量工具）在可靠性方面能获得令人满意的成果，但是梅林（Mayring）认为其有效性不一定令人满意。

主观幸福感的前提和影响因素 涉及主观幸福感先前物研究的一个主要问题与前提有关：主观幸福感能被有意地影响吗？我们是否可以提高自身的幸福感？该问题也对娱乐和幸福之间的关系产生了重要影响：在媒介不受外部因素影响并且脱离我们自身控制的情况下，媒介会影响幸福感。

社会人口学因素，例如收入、年龄、种族、性别、社会阶层、教育是我们很难（例如收入）或者无法控制的因素（例如性别、种族与年龄）。总体而言，这些因素和主观幸福感相关，但是相关性只在0.10至0.15之间，因此影响力较小（Argyle, 1999; Keyes & Waterman, 2003）。就收入、教育、社会阶层而言，其与主观幸福感的相关性和我们预测的差不多：具有较高学历和收入的人，通常具有更高的社会地位，在主观幸福感方面得分更高。但是，在很大程度上这意味着金钱和知识会直接提升幸福感。这三种因素紧密联系在一起，并且三种因素共同作用会为让人参与感到更幸福的活动提供机会（例如令人满意的休闲活动，下文会有论述）。这也可能是主观幸福感中种族差异背后的工作机制，例如高加索人比美国黑人和其他种族的人更开心。年龄和性别与幸福的联系更为复杂。年龄和幸福之间呈较低程度的正相关，也就是说，年长者认为自己更加幸福。但是，里夫（Ryff）的研究显示这种结论只对幸福的一些（例如幸福主义）方面有效，例如自发性和控制性，但是对其他方面则不具有效用（Ryff, 1995; Ryff & Keyes, 1995；以及下文论述）。就性别而言，研究结果呈混合性，但是总体而言男性和女性在主观幸福感方面并没有太大差异（Nolen-Hoeksema & Rusting, 1999）。

另一组不太容易受到人们意愿影响而变化的因素是个性特质（Diener & Lucas, 1999）。主观幸福感和外向、乐观、自尊与自我效率呈正相关，主观幸福感和神经质呈负相关。

主观幸福感和外向之间的关系，主要是由社会活动的参与和进入社会关系的准备决定的：外向人格者更愿意进入社会关系，并且这种参与反过来会与主观幸福感呈正相关。婚姻可能是与主观幸福感关联最强的事情，因为很多结婚的人认为自己更加幸福，他们将婚姻作为情感和社会支持的来源。通常而言，有密友、亲戚、友爱的邻居和友好的同事的话，人们可以和他们分享活动和经历，这能够大大促进主观幸福感。

其他和主观幸福感相关的因素也很多，例如宗教和工作。研究发现，主观幸福感和健康以及生活活动有很强的关联性，尽管在这两种情况中，主观认知与主观幸福感相关，但是和有关个体健康的"客观"活动或者状态无关。

实现主义取向

对幸福的实现主义认识　实现主义的出现主要是基于人们对传统享乐主义研究的不满，他们批评享乐主义主要是一种归纳式的方法，并且忽视了积极心理作用的重要方面（如，Ryff, 1989; Ryan & Deci, 2000; Waterman, 1993）。这些作者认为，享乐主义快乐是对希腊语中有快乐含义单词"eudaimonia"的选择性翻译。"eudaimonia"指的是自我，即"daimon"以及在此背景下的快乐生活，这种生活中个人尝试追求符合自我意愿的生活。在这方面的成功是快乐的来源，但是其他时候获得个人满足可能会以获得即时快乐体验为代价。

基于发展心理学（例如Erickson的心理社会发展各阶段）、人文传统的治疗心理学（例如Maslow的"自我实现"概念或者Roger的"机能完善者"的概念）以及心理健康文献中的各种方法（例如Jahoda针对心理健康的积极标准），里夫（Ryff, 1989）提出了一个涉及六个层面的心理幸福模型（PWB，与情感幸福相对）。这六个层面包括：对自己有积极态度的自我接受（自我接受）；能够与他人进入积极关系的能力（积极关系）；基于个人标准来评价自我（自发性）；选择、控制并且改变个人所处的环境（掌握环境）；拥有生活的目的和方向（生活目的）；以及保持对经历的开放性和在整个人生中继续积累经验的能力（个人成长）。验证性因子分析支持这种六维结构，并且心理幸福模型的整体结构的几个方面都有一个二级因素（如，Ryff, 1989; Ryff & Keyes, 1995）。

实现主义途径中另一种对幸福的定义是瑞恩和德西（Ryan & Deci, 2000）提出的自我决定理论。瑞恩和德西关注的是个人需求的满足对幸福而言十分重要这一假设，也就是说，在很多情况下人们更关注的是造成幸福的各种条件而不是幸福的定义（Ryan & Deci, 2001）。他们提出了三种基本需求，包括自发性、能力和相关性。幸福被看成是心理成长、诚实、生活满足感、心理健康、活力体验以及一致性。根据里夫的研究，心理幸福与主观幸福感大相径庭，而自我决定理论包括主观幸福感和心理幸福两个方面，尽管与成长相关的方面占主导地位。

凯斯（Keyes, 1998）提出的幸福概念关注社会方面，她区分了归属感（社会融入度）、对社会贡献的评价（社会贡献）、对社会世界完美结构和凝聚的整体的认识（社会凝聚力）、对社会发展潜力和积极方向的信心（社会实现），以及对其他人良好品质的信任（社会接受）。验证性因子分析显示这种结构确实最适合用来分析。

各种幸福之间的内在关联　关于心理学、社会以及主观幸福感的研究结果具有复杂性（参见Keyes & Waterman, 2003, p.481以获得总体情况；如果想关注享乐主义和实现主义之间的辩论的话，可以参见Deiner, Sapyta & Suh, 1998; Ryff & Burton, 1988）。社会幸福感和心理幸福感（参见Ryff及其合作者的定义）被看成是相互独立的，与主观幸福感不同。凯斯的研究显示社会幸福感和心理幸福感构成了不同概念（Keyes, 1996）。通过验证性因子分析，她也发现社会幸福感和主观幸福感（开心和满足）的积极方面有所不同。

里夫和凯斯（Ryff & Case, 1995）也研究了心理幸福的六个层面和主观幸福感最常见测项之间的关系，即积极效果、消极效果以及生活满足感。最强的关联出现在主观幸福感和自我接受以及环境掌控（与生活满足感呈高度正相关；与积极效果呈正相关，尽管相关性相对弱一些；与消极效果呈负相关，例如抑郁）之间。心理幸福的其他方面与主观幸福感之间的关联更为微弱或者复杂。里夫认为心理幸福的各个方面很明显地会影响主观幸福感范围之外的幸福的各个方面。

相反的是，瑞恩和德西提出的自我决定理论认为，主观幸福感包括心理幸福中的实现主义这个因素（Ryan & Deci, 2001）；因此他们将主观幸福感和诚实以及活力联系在一起。瑞恩和德西指出，这些因素之间的确切关系并不是恒定的，而是根据不同的情况会有所变化。在一些情况下，例如参与愉快的挑战任务，主观幸福感的提升也会伴随活力的提升。在其他情况下，例如同一个任务如果是外部施加的而不是自由选择的，主观幸福感会提升成功的概率（Nix, Ryan, Manly & Deci, 1999）。沃特曼（Waterman, 1993）的研究结果也支持了享乐主义和实现主义之间关系的假设，认为这种关系是会基于情况的变化而变化的。他让两项研究的参与者列出5件最重要的事情，并且对它在6种情况下，能提供的满足感、幸福相守和个人表达进行评分，后者包括心理幸福的测量。主观幸福感和心理幸福测量方面有持续的关联。与此同时，两种幸福提供的体验机会也有所不同。实现主义类型的个人表达与高层级技术、任务挑战的关联更强，而享乐主义感觉则与放松、快乐以及忘记时间节点的感觉关联更强。

总体来说，尽管三种幸福在概念上有所区别，但是也有联系。社会和心理实现幸福有基本发展方向，并且都认为完整的人需要有和别人发展积极关系的能力。就实现主义（包括心理和社会方面）和享乐主义而言，二者关系的体现在于一些活动、经历或者情景会给两种幸福带来机会，而除了享乐主义和实现主义之外，其他类型的幸福可能会帮助我们成长，这并不一定是一种快乐的体验；还有一些人在享乐方面可能会有更好的体验，但他们体验的快乐没有任何增长潜力。人们使用媒介，尤其是用来娱乐，这种幸福感几乎没有增长的潜力。这种区别在媒介和娱乐中的应用将在下文详细探讨。

心理幸福的前提和相关影响因素 因为享乐主义和实现主义幸福之间并非泾渭分明，因此很难总结相关研究的结果，所以我们选择性地关注里夫及其合作者的研究成果（参见Keyes & Waterman, 2003; Ryan & Deci, 2001）。

在社会人口学变量中，性别、年龄、社会经济地位与心理社会幸福的关系已得到了探讨。例如里夫和凯斯（Ryff & Keyes, 1995）关注性别这一因素，发现女性在与他人保持良好关系方面的得分更高，并且在个人发展方面的表现也更好；而心理幸福的其他方面则没有明显的性别差异。年龄或者更准确地说是生命过程中的心理幸福发展，是里夫及其合作者特别关注的（Ryff & Marshall, 1999）。他们的研究发现了心理幸福各方面内容的不同模式：随着年龄、环境控制力、自主能力的增长以及生活目标和个人成长的减少，自我接受以及与他人关系方面没有太大变化（Ryff, 1995; Ryff & Keyes, 1995）。社会经济地位与心理幸福之间也存在较大关联，其中社会经济地位较低的人会有更低的自我接受感、社会目标，更弱的环境控制力以及更少的个人成长（Ryff, Magee, Kling & Wing, 1999）。对于社会人口因素以及心理幸福各方面之间的关系，里夫假设各方会受到社会比较、他人的积极反馈、贡献过程以及与生活经验相关的主观重要性的影响（Ryff, 1995）。此外，舍姆特和里夫（Schmutte & Ryff, 1997）探讨了心理幸福各方面和个性之间的关系。研究结果十分复杂，这使得各种因素和领域之间的相互关系产生了不同模式。考虑到社会幸福与外向性和神经质（与积极影响、生活满意度以及外向程度呈正相关）之间的直接关系，上述结论进一步支持了主观幸福和心理幸福在概念上大相径庭的假设。

健康与幸福

健康与幸福具有相关性，应该是人们出于本能就会认同的内容，包括身体健康和心理健康，以及主观幸福感和心理幸福。在很大程度上，这些假设能够在实证层面得以证实。

身体健康与主观幸福感之间有相关性（r值约为0.3, Argyle, 1987; Diener, 1984; Okun, Stock, Haring & Witter, 1984）。但是，如果考虑其他因素（例如休闲活动）的影响的话，这种相关性就会降低；并且如果医生的健康评价被看成是"客观"的话，这种相关性也会有所降低（Diener, 1984; Ryan & Deci, 2001）。但研究发现，与主观幸福感相关的积极心态会对免疫系统起促进作用，进而提升健康状况，这一点在延缓老年人身体衰老上体现得尤为突出（Keyes & Waterman, 2003）。关于身体健康和心理幸福之间关系的研究相对更少，但是现有研究也发现二者呈正相关。尤其和他人的积极关系对身体健康有积极影响（Ryan & Deci, 2001）。

心理健康和主观幸福感之间的界限并不总是十分清晰，例如，心理健康的一个维度的消极影响有时候会和抑郁症一起被测评（Diener, 1984）。一旦进行了区别的话，主观幸福感和心理幸福都会和抑郁呈负相关（Keyes & Waterman, 2003）。低社会幸福和心理幸福，尤其是与他人关系方面，被证实会增加抑郁和自杀的风险。

总体而言，幸福和享乐测量都与身体和心理健康相关，与他人建立并且保持关系的能力在幸福感维度中扮演重要角色。

从娱乐到幸福？

接下来重点探讨媒介使用（尤其是娱乐媒介使用）与幸福之间的关系。大部分现有相关研究主要关注的是媒介使用和主观幸福感之间的关系。为了使这些多元的研究系统化，我们要进一步做出两个区分。第一个是主观幸福感（在这个语境中生活满意度的认知层面可以被忽略）概念中积极和消极效果的区别，另一个是接受经历和该经历产生的（更长期更持久）效果之间的区别。总体而言，我们会总结媒介使用和主观幸福感相关性的四个方面：在接受体验中二者的关系，包括积极和消极效果，以及媒介使用对主观幸福感的影响，同样会区分积极和消极影响。之后会探讨媒介使用和心理幸福之间的关系，主要关注娱乐对心理幸福的积极影响，最后会呈现媒介使用和健康方面研究结果的小结。

主观幸福感与娱乐

感受体验 从某种意义上说，娱乐就是为了获得好心情，或者产生一种积极效果，因此娱乐似乎和幸福状态是同一个概念（Bryant & Miron, 2002）。但研究发现，看电视时候的体验状态会出现差异（Rubin, 1994）。一方面，看电视会有困乏和放松的状态出现，类似于做白日梦（Hills & Argule, 1998; Kubey & Csikszentmihalyi, 1990）。另一方面，观看体验一直被当成一种刺激。根据情感—倾向理论，受试者会在道德层面评价（虚构）人物，并且基于这种评价而产生对人物的积极或者消极感觉；这些感觉被认为会反过来影响受试者对人物和故事结局的期望和担忧（Raney, 2003）。在期望得到满足以及担忧获得减缓之前，期望和担忧会随着刺激引发而大量发生（Zillman, 1991）。

但是，刺激本身并不需要带来愉悦和积极的影响。媒介接受过程中刺激引发的体验取决于很多因素，例如个性（比如高感觉找寻者会喜欢更强的刺激：Oliver, 2002）、体裁（Raney, 2003）、接受体验的动机（Rubin, 1994；就情绪管理理论而言，参见下文），以及是否所有伤害都来自"坏的"角色并且它们都受到了公正的判决。兴奋转移理论（Bryant & Miron, 2003；以及本书第13章）认为整个接受过程中的刺激体验，在引发刺激体验情节的基础上，会被转移成放松和感谢，并且进一步假设这些放松感与之前体验的刺激强度呈正比。

根据娱乐研究的现状，电视观看体验在总体上来说是让人放松并且会引发刺激的（Rubin, 1994）。虽然放松状态本身就令人十分愉悦并能使人产生主观幸福感，但是这种观点对刺激引发不一定适用。兴奋转移理论可以解释人们一开始就选择刺激的原因，即针对不同情况来选择解压过程，并且能够确认接受过程中刺激程度是否可以超越愉悦感。此外，该理论认为刺激经历和某种特别结果呈正相关，这种关系可以导致解决方案的产生并且之后能够将刺激转移成释放。如果上述转化没有出现，刺激水平在接受体验之后仍旧十分高，那么所产生的效果可能会更加消极。因此，接受过程中的刺激体验可能（但不是必须）会很愉悦并且产生主观幸福感。

但毫无疑问的是，观看者也会找寻那些不会引发后续刺激或者缓解紧张的体验："赚人眼泪"的电影和喜剧是这个方面的重要例子，并且任何观看体育比赛的观众可能最后都会发现自己不支持的队伍赢得了比赛。此外，接受者似乎更愿意体验完整的情绪，而这些情绪不能被直接认为是愉悦的，例如悲伤或者恐惧（Oliver, 2003; Vorderer, 2003，关于将害怕反应作为长期效果的内容参见下文）。因此媒介接受涉及的内容除了高度刺激之外，还有能够提升消极效果以及低主观幸福感的经历。

我们对娱乐的第一印象，是其是令人愉悦的事情，而对这种印象的反向理解则是接受经验必须是矛盾的：它可以是愉悦且令人身心放松或者非常激动的，但是也会涉及一些令人不愉悦的刺激以及其他情绪，例如悲伤通常与消极效果相关。

娱乐的效果　找寻不那么愉快的体验状态的悖论很难通过超越体验本身得以消减：它们是否促成了接受者的幸福？我们通过情绪控制理论、使用与满足研究与恐惧反应研究来回答这一问题。看电视引起的效果体验之外的内容将会在心理幸福语境中来讨论。

情绪管理理论认为，媒介选择会受到享乐的刺激，并且和娱乐有助于产生主观幸福感的观点一致（Oliver, 2003; Zillman, 1988本书第14章）。研究认为娱乐被用来调节刺激，因为处于刺激状态的人们往往会选择能够带来安静效果的节目，而没有受到刺激或者感觉无聊的人则会选择刺激型娱乐节目。就情绪而言，人们的假设是处于消极状态的接受者会倾向选择提升自己情绪的节目，而处于积极状态的人则会选择能够让其保持这种状态的节目。

总体而言，实证数据证实了上述假设（Oliver, 2003）。但是也有一些例外情况，例如有研究发现，媒介使用者有时候会选择听音乐来特意强化自己的消极状态（Vorderer, 2003）。此外，有研究者将看电视时间和其他休闲时间比较并且考察了看电视对主观幸福感的影响，研究发现，伴随观看的积极状态并没有延伸到真实的接受体验当中（Hills & Argyle, 1995; Kubey & Csikszentmihalyi, 1990，第7章）。此外，情绪控制理论无法解决接受者会选择观看引发消极情绪的内容的矛盾之举，例如选择悲伤电影（Voerder, 2003），至少该理论在其原初形式下无法解决这一问题。奥利弗（Oliver, 2000; 2003）引入了元情绪这一概念来重构由媒介引发的消极效果导致的娱乐体验。这种想法尽管具有一定的解释力，但是并不具有绝对的说服力。其基本假设是媒介选择主要是受到享乐主义的刺激，若果真如此，找寻消极情绪也必定会在另一个层面产生积极效果。但是，除了享乐主义动机之外，还有其他哪些因素会影响节目和媒介选择呢？

使用与满足研究则想解释动力和功能方面的媒介效果，也就是说，媒介使用的动机和所获得的效果相一致（Katz, Blumler & Gurevitch, 1974; Rubin, 2002）。就主观幸福感而言，两个类别尤其相关：程式化和选择性媒介使用（Rubin, 1984）、看电视的情绪控制和社会补偿动机的辨别（参见 Finn & Gorr, 1988）。就程式化使用而言，研究的重点是所忽略的内容。程式化媒介使用会满足在没有其他选择情况下的娱乐这一主要目的，能够保证一定的娱乐时间，会防止消极效果的产生并且促使主观幸福感的产生（参见 Huston 等，1992，第1章；Kubey & Csikszentmihalyi, 1990，第5章）。另一方面，就选择性媒介使用而言，人们会有目的地选择特定内容，因为其与人们自己的利益和目的相关（Rubin, 2002）。芬恩和戈尔的研究（Finn & Gorr, 1998）辨别了情绪管理和陪伴动机，并且将主观幸福感作为看电视的直接效果。情绪管理已在上文得到探讨。社会补偿动机在某种程度上与媒介使用的程式化动机相一致（例如习惯、打发时间）。此外，社会补偿包括看电视产生的拟社会关系愉悦，即观众把电视中角色当作真人或者朋友来了解和回应（Horton & Wohl, 1956；本书第17章）。尽管令人愉悦的拟社会互动和关系不一定会造成真实社会关系的缺失（Vorderer & Knobloch, 1996），但社会补偿动机被证实会与害羞、孤独以及神经质相关，而极度外向的人不认为与电视角色互动会代替现实生活中的真实互动（Finn & Gorr, 1988; Weaver, 2000）。因为电视在为观众提供陪伴方面非常成功，所以我们可以再次假设陪伴需求能够抵消消极效果，进而提高主观幸福感。与屏幕角色的拟社会互动为人们所享受，因此会引发积极效果（就电视作为一种社会现象而言，可参见下文）。

迄今为止，研究关注的点是看电视的积极效果。但是，电视节目类型和观众类型的差异，也会引发消极效果。这里的消极效果指的并不是看电视剧而产生的悲伤感，也就是说观众主动找寻的消极情绪，在某些方面会提供矛盾的愉悦（见上文讨论）。这里的消极效果的关注点是媒介使用引发的非主动性消极效果。例如，很多研究都发现，不论是对于成年人还是儿童而言，他们所经历的恐惧反应在很多时候会被带入其真实生活的体验中，进而大幅降低主观幸福感，这种情况可能会持续很久（Cantor & Mare, 2001; Cantor, 2002; 2004；以及本书第18章）。

总之，研究表明，媒介使用会提升主观幸福感，其既可以通过情绪控制来提升积极效果，也可以通过其他手段来抵消消极效果，例如，通过控制时间或者提供拟社会"陪伴"。但是，就引发的积极状态而言，我们还不知道这种积极效果在体验经历后能够持续多长时间。此外，媒介使用并不一定会引发积极效果。基于所看内容类型的不同，观众可能也会受到自发和被动的消极效果的影响。

心理幸福与娱乐

对心理幸福和媒介使用研究进行总结是一件非常困难的事情，原因主要有二：第一，正如上文所论，目前还没有有关心理幸福的一致概念；第二，媒介使用和幸福的研究一直主要关注主观幸福感，而忽略心理幸福。但是，有一些研究已经出现，它们将身份建构和媒介使用中的娱乐使用看成是社会机会。但是就危害而言，研究者害怕频繁看电视可能会有碍个人成长。就这方面而言，心理幸福一直被看成是一种潜在的娱乐效果。

娱乐对心理幸福的积极影响　大多数人都将娱乐看成是虚幻的，而虚幻本身和日常生活有很大差别，将二者联系在一起（例如采用某位虚构人物的观点）看上去并没有什么效果。直到近期人们才开始认可这一观点：接受者准备好采用虚构环境下的信息娱乐，并且虚构的事实可能会携带强有力的说服消息（Green, Brock & Strange, 2002; Prentice & Gerrig, 1999；参见下文与健康相关的内容）。在这种情况下，研究发现，接受者经常会通过（虚幻）娱乐来进行身份建构，并且将虚构角色作为榜样寻找应对个人问题的办法（如，Baker, 1997; Hoffner & Cantor, 1991; Pitta, 1999; Rios, 2003）。碰巧的是，此类研究主要关注肥皂剧与女性观众，而其他娱乐形式，例如脱口秀，也被证实会提供社会导向并且在身份建构方面发挥作用（Bente & Feist, 2000; Trepte, Zapfe & Sudhoff, 2001）。

社会陪伴是媒介使用的主要动机之一（Rubin, 2002; Weaver, 2000）。除了提供拟社会互动机会（如上部分讨论）之外，媒介使用也经常出现在与他人的真实互动中。休闲活动和主观幸福感的比较显示，陪伴愉悦构成一个常见的面向，无论是体育运动还是电视观看（Hills & Argyle, 1998）。尽管一起看电视在过去更为频繁，家庭成员现在依然会将看电视场所变成社交场合（Alexander, 2001; Brown & Heyes, 2001）。此外，即使不在一起从事娱乐活动，这些活动仍旧为后续交流提供帮助（Press, 1990; Sutter, 2002）。19世纪阅读圈兴起，网络虚拟阅读小组大量出现（Long, 2003），这证明了媒介交流动机的优势。尽管不一定会使个人建立与他人的积极关系，媒介使用为发展类似关系提供了一系列机会。

娱乐对心理幸福的消极影响　一方面，媒介使用能够通过支持身份建构、对自我形成积极态度以及建立与他人积极关系来促进心理幸福。另一方面，人们也很担心娱乐，尤其是电视娱乐，可能会阻碍个人成长并且最终危及心理幸福。在研究电视使用过程中的体验状态时，库贝和契克森米哈（Kubey & Csikszentmihalyi, 1990）发现，看电视让人感到舒适甚至犯困，同时也会剥夺人们应对挑战的能力，也就是无法使人进步。此外，高度程式化的电视观看被证实与低强度活动、内向性格以及高神经质相关（Hills & Argyle, 1998; Kubey & Csikszentmihalyi, 1990; Rubin, 2002）。这些研究发现，重度电视观看和轻度电视观看对娱乐和心理幸福的影响有所不同。基于选择动机的低度至重度电视观看会造成潜在的心理幸福。另一方面，重度以及程式化的电视观看似乎会损害心理幸福，因为观众仅仅是用它打发时间并且它取代了其他一系列活动。研究发现，有时候积极状态下，主观幸福感会作为一种娱乐效果随着观看量的增加而降低（Kubey & Csikszentmihalyi, 1990）。

健康与娱乐

健康与娱乐在很多方面都建立了联系。在积极方面，娱乐可以缓解压力并且促进健康教育（"娱乐教育"）；而在消极方面，电视观看和体型、饮食不规律以及肥胖非常相关。

娱乐对健康的积极影响 娱乐对健康的第一个积极影响是娱乐能够通过积极情绪来减缓压力，尤其人们对喜剧的反应能够减缓压力（Berk, Tan, Fry 等，1989）并且能够提升免疫系统的功效（Berk, Tan, Napier & Eby, 1989；概况可参见 King, 2003）。

自从20世纪60年代末期开始，越来越多的研究开始通过结合虚拟娱乐的相关信息来影响受试者的健康行为，进而通过潜在虚拟场景来传递有效的说服消息（论述参见上述部分），研究可以通过将健康信息嵌入现有娱乐节目（嵌入健康消息，Brown & Walsh-Childers, 2002）或者通过娱乐方式重新设置系列节目来传递健康信息（Singhal & Rogers, 1999）。所有的策略都基于班杜拉的社会学习理论（如 Bandura, 2002），该理论为观众提供了更有效的范例。其假设是接受者会学习新信息，并且在接受过程中认知和情感投入越高的话，人们越会对事情更加敏感并且更充分准备好改变自己的行为（Lampert, 2003）。

例如，关于冠心病的健康信息被嵌入医学电视剧《西部医学中心》（Bouman, Maas & Kok, 1998），哈佛医学院则通过各种娱乐形式展示反酒驾信息（DeJong & Winsen, 1989），或者在情景喜剧《老友记》里面嵌入婚前避孕套使用的信息（Brown & Walsh-Childers, 2002）。虽然目前还缺少嵌入医学信息效果的系统评价，但有研究显示这些消息确实有所期待的效果。例如，《西部医学中心》的冠心病健康信息在播出后被人们所记住。同理，加斯曼、沃德勒和沃斯（Gassmann, Vorderer & Wirth, 2003）的研究发现，观看了一部关于提倡器官捐赠的德国医学电视剧之后，人们对器官捐赠的态度更加积极。但是，这种效果的持续时间仍旧不清晰，甚至如果是短期效果的话，这种影响可以被排除。

这种娱乐教育方法，即在整个电视剧中嵌入特定的医学信息，在第三世界国家十分常见且有效。在这些国家广播是最广泛使用的媒介手段，研究重点是肥皂剧产品。流行的例子包括坦桑尼亚电视剧《让我们和时代一起走》，这部电视剧将艾滋信息和家庭教育应对策略结合起来。在一项评价研究中，罗杰斯等人（Rogers 等，1999）的研究显示，听这些肥皂剧能够提升接受者的自我效用，让他们更愿意在谈话中提及这些问题，并且会改变自己的行为，例如提高避孕套的使用频率。研究发现，其他电台通过娱乐教育途径也会产生类似效果（可参见 Lampert, 2003）。

娱乐对健康的消极影响 尽管娱乐教育和嵌入健康消息能够为提升接受者健康水平提供较好途径，但看电视也有可能会对受众的健康产生不良影响（概况可参见 Brown &

Walsh-Childers, 2002）。

首先，人们担忧媒介传播过度苗条身材是理想体型，这会使观众对自己的身体不满意并且引发饮食不规律，尤其是在女性观众之中。确实，近年来女性杂志上展出的模特体型都过度苗条（媒介和饮食不规律，2001），并且研究发现，接触理想苗条体型和身体不满意之间存在联系（如，Anderson, Huston, Schmitt, Linebarger & Wright, 2001; Harrison, 2001）。但是，理想苗条体型和身体不满意之间的关系并非十分清晰（如，Harrison & Cantor, 1997）。帝格曼（Tiggemann, 2003）的研究显示，二者的关系并不是直接的，而是会受到自尊和理想内化的调节。

人们的第二个担忧是电视引发肥胖。在看电视时，观众的身体长时间不动弹，因此看电视时间和体重之间呈正相关就不足为奇了。例如，"重度"观众（每天至少看三个小时电视）比"轻度"观众（每天看电视少于一个小时）产生肥胖的概率要高两倍（Tucker & Bagwell, 1991；概况参见 Brown & Walsh-Childers, 2002；也参见 Huston, 1992，第4章）。此外，娱乐教育也可以通过相同的机制被运用在有效影响方面。广告和虚构内容能够提供大量的有营养信息。西涅利和李尔斯（Signorielli & Lears, 1992）的研究显示，这些信息都是不健康的：画面主要都是淀粉和糖分很高的垃圾食品，并且人们使用这些食品并非出于缓解饥饿，而是用来满足社会和情感需求。当然，这些信息能够被观众所学习。他们的研究发现，借助看电视的时间能够预测孩子的不良饮食习惯，并且看电视的时间越长，孩子的营养知识就越少。

除了看电视时间和肥胖之间的关系之外，健康和（电视）娱乐之间的关系似乎也会受到内容的影响。娱乐形式可以承载任何形式的信息，不管是好的还是坏的，并且和社会学习理论相一致的是，信息的传播会长期影响人们的行为。这种内容依赖性也适用于减缓压力的娱乐：喜剧会使人产生积极心理并且能缓解压力；高度不愉悦刺激或者恐惧则会使人产生压力，或者会进一步给健康带来危害。

结　语

总而言之，（电视）娱乐会对我们的幸福感产生重要影响。它能够让我们有个好的心情，帮助我们在一天的紧张工作之余放松身心，暂时不去想困难，或者让我们在没有其他事情可干的时候打发时间，进而让我们感觉舒适，至少在娱乐活动中会有这种感觉。但是娱乐的作用也会适得其反：如果选择了错误的节目，我们看的内容可能会给我们带来紧张、悲伤的感觉，或者留下难忘的血腥或者战争场面。如果源于娱乐和主观幸福感的研究结果被用在心理幸福方面，还会产生其他的场景。娱乐媒介是不是能够让我们在接受经验的时候感觉良好，或者让我们对自己是何种人产生良好的感觉，似乎取决于我们使用媒介的程度。如果一开始我们对媒介是程式化的使用，也就是每天晚上坐在电视机前看节目来打发时间，而不管其播放的内容，并且基于此开展与他人互动的其他活动，那么我们可以认为日常所说的"花大量时间看电视的人"会降低自己的心理幸福感。此外，看电视引发的积极效果可能会越来越少，并且任何对免疫系统有效的作用可能都会被肥胖问题抵消。如果从另一方面看，我们更少也更具选择性地将使用媒介作为休闲活动的话，我们可以从娱乐对情绪的积极影响、享受共同观看以及后续的相互交流中获益，媒介使用可以帮助我们在越来越复杂的社会现实中寻找方向。简而言之，只要我们注意屏幕之外的世界，娱乐会给我们的主观和心理健康产生积极影响。

参考文献

Alexander, A. (2001). The meaning of television in the American family. In J. Bryant & J. A. Bryant (Eds.), *Television and the American family* (pp. 273–288). Mahwah, NJ: Lawrence Erlbaum Associates.

Anderson, D. R., Huston, A. C., Schmitt, K. L., Linebarger, D. L., & Wright, J. C. (2001). Early childhood television viewing and adolescent behaviour. *Monograph of the Society for Research in Child Development, 66* (1, Serial No. 264).

Argyle, M. (1987). *The psychology of happiness.* London: Methuen.

Argyle, M. (1999). Causes and correlates of happiness. In D. Kahneman, D. Diener, & N. Schwarz (Eds.), *Well-being. The foundations of hedonic psychology* (pp. 353–373). New York: Russell Sage Foundation.

Argyle, M., & Martin, M. (1991). The psychological causes of happiness. In F. Strack, M. Argyle, & N. Schwarz (Eds.), *Subjective well-being. An interdisciplinary perspective* (pp. 77–99). Oxford etc.: Pergamon Press.

Bandura, A. (2002). Social cognitive theory of mass communication. In J. Bryant & D. Zillmann (Eds.), *Media effects. Advances in theory and research* (pp. 121–154). Mahwah, NJ: Lawrence Erlbaum Associates.

Barker, C. (1997). Television and the reflexive project of the self: soaps, teenage talk, and hybrid identities. *British Journal of Sociology, 48*(4), 611–628.

Bente, G., & Feist, A. (2000). Affect-talk and its kin. In D. Zillmann & P. Vorderer (Eds.), *Media entertainment. The psychology of its appeal* (pp. 113–134). Mahwah, NJ: Lawrence Erlbaum Associates.

Berk, L. S., Tan, S. A., Fry, W. F., Napier, B. J., Lee, J. W., Hubbard, R. W., Lewis, J. E., & Eby, W. C. (1989). Neuroendocrine and stress hormone changes during mirthful laughter. *American Journal of the Medical Sciences, 298*, 390–396.

Berk, L. S., Tan, S. A., Napier, B. J., & Eby, W. C. (1989). Eustress of mirthful laughter modifies natural killer cell activity. *Clinical Research, 37*, 115A.

Bouman, M., Maas, L., & Kok, G. (1998). Health education in television entertainment—Medisch Centrum West: a Dutch drama serial. *Health Education Research, 13*(4), 503–518.

Bradburn, N. M. (1969). *The structure of psychological well-being.* Chicago: Aldine.

Brown, D., & Hayes, T. (2001). Family attitudes towards television. In J. Bryant & J. A. Bryant (Eds.), *Television and the American family* (pp. 111–135). Mahwah, NJ: Lawrence Erlbaum Associates.

Brown, J. D., & Walsh-Childers, K. (2002). Effects of media on personal and public health. In J. Bryant & D. Zillmann (Eds.), *Media effects. Advances in theory and research* (pp. 453–488). Mahwah, NJ: Lawrence Erlbaum Associates.

Bryant, J., & Miron, D. (2002). Entertainment as media effect. In J. Bryant & D. Zillmann (Eds.), *Media effects. Advances in theory and research* (pp. 549–582). Mahwah, NJ: Lawrence Erlbaum Associates.

Bryant, J., & Miron, D. (2003). Excitation-transfer theory and three-factor theory of emotion. In J. Bryant, D. Roskos-Ewoldsen, & J. Cantor (Eds.), *Communication and emotion. Essays in honor of Dolf Zillmann* (pp. 31–60). Mahwah, NJ: Lawrence Erlbaum Associates.

Cantor, J. (2002). Fright reactions to mass media. In J. Bryant & D. Zillmann (Eds.), *Media effects. Advances in theory and research* (pp. 287–308). Mahwah, NJ: Lawrence Erlbaum Associates.

Cantor, J. (2004). "I'll never have a clown in my house!"—why movie horror lives on. *Poetics Today, 25*(2), 283–304.

Cantor, J., & Mares, L.-M. (2001). Effects of television on child and family emotional well-being. In J. Bryant & J. A. Bryant (Eds.), *Television and the American family* (pp. 317–332). Mahwah, NJ: Lawrence Erlbaum Associates.

Cantril, H. (1965). *The pattern of human concerns.* New Brunswick, NJ: Rutgers University Press.

DeJong, W., & Winsten, J. A. (1989). *Recommendations for future mass media campaigns to prevent preteen and adolescent substance abuse* (Special Report). Cambridge, MA: Harvard School of Public Health Center for Health Communication.

Diener, E. D. (1984). Subjective well-being. *Psychological Bulletin, 95*(3), 542–575.

Diener, E. D., & Lucas, L. E. (1999). Personality and subjective well-being. In D. Kahneman, D. Diener, & N. Schwarz (Eds.),

Well-being. The foundations of hedonic psychology (pp. 213–229). New York: Russell Sage Foundation.

Diener, E. D., & Lucas, L. E. (2000). Subjective emotional well-being. In M. Lewis & J. M. Haviland (Eds.), *Handbook of Emotions* (2nd ed., pp. 325–337). New York: Guilford.

Diener, E. D., Sandvik, E., & Pavot, W. (1991). Happiness is the frequency, not the intensity, of positive versus negative affect. In F. Strack, M. Argyle, & N. Schwarz (Eds.), *Subjective well-being. An interdisciplinary perspective* (pp. 119–139). Oxford etc.: Pergamon Press.

Diener, E., Sapyta, J. J., & Suh, E. (1998). Subjective well-being is essential to well-being. *Psychological Inquiry, 9*, 33–37.

Finn, S., & Gorr, M. B. (1988). Social isolation and social support as correlates of television viewing motivations. *Communication Research, 15*, 135–158.

Gassmann, C., Vorderer, P., & Wirth, W. (2003). Ein Herz für die Schwarzwaldklinik? Zur Persuasionswirkung fiktionaler Fernsehunterhaltung am Beispiel der Organspende-Bereitschaft [Persuasive effects of fictional televi- sion entertainment, using the example of organ donation]. *Medien- und Kommunikationswissenschaft, 51*(3–4), 478–498.

Green, M. C., Brock, T. C., & Strange, J. J. (2002). In the mind's eye. Transportation-imagery model of narrative persuasion. In M. C. Green, J. J. Strange, & T. C. Brock (Eds.), *Narrative impact. Social and cognitive foundations* (pp. 315–342). Mahwah: Lawrence Erlbaum Associates.

Harrison, K. (2001). Ourselves, our bodies: thin-ideal media, self-discrepancies, and eating disorder symptomatology in adolescents. *Journal of Social and Clinical Psychology, 20*(3), 289–323.

Harrison, K., & Cantor, J. (1997). The relationship between media consumption and eating disorders. *Journal of Communication, 47*(1), 40–67.

Hills, P., & Argyle, M. (1995). Positive moods derived from leisure and their relationship to happiness and personality. *Personality and Individual Differences, 25*, 523–535.

Hills, P., & Argyle, M. (1998). Positive moods derived from leisure and their relationship to happiness and personality. *Personality and Individual Differences, 25*(3), 523–537.

Hoffner, C., & Cantor, J. (1991). Perceiving and responding to mass media characters. In J. Bryant & D. Zillmann (Eds.), *Responding to the screen: Reception and reaction processes* (pp. 63–101). Hillsdale, NJ: Lawrence Erlbaum Associates.

Horton, D., & Wohl, R. R. (1956). Mass-communication and para-social interaction. *Psychiatry, 19*, 215–229.

Huston, A. C. (1992). *Big world, small screen. The role of television in American society.* Lincoln, London: University of Nebraska Press.

Kahneman, D., Diener, E., & Schwarz, N. (Eds.) (1999). *Well-being. The foundations of hedonic psychology.* New York: Russell Sage Foundation.

Katz, E., Blumler, J. G., & Gurevitch, M. (1974). Utilization of mass communication by the individual. In J. G. Blumler & E. Katz (Eds.), *The uses of mass communications: Current perspectives on gratifications research* (pp. 19–32). Beverly Hills, CA: Sage.

Keyes, C. L. M. (1996). Social functioning and social well-being: studies of the social nature of personal wellness (Doctoral Dissertation, University of Wisconsin, 1995). *Dissertation Abstracts International: Section B: Sciences and Engineering, 56*(12-B).

Keyes, C. L. M. (1998). Social well-being. *Social Psychology Quarterly, 61*, 121–140.

Keyes, C. L. M. & Waterman, M. B. (2003). Dimensions of well-being and mental health in adulthood. In M. H. Bornstein, L. Davidson, C. L. M. Keyes, & K. A. Moore (Eds.), *Well-being. Positive development across the life-course* (pp. 477–497). Mahwah, NJ: Lawrence Erlbaum Associates.

King, C. M. (2003). Humor and mirth. In J. Bryant, D. Roskos-Ewoldsen, & J. Cantor (Eds.), *Communication and emotion. Essays in honor of Dolf Zillmann* (pp. 349–378). Mahwah, NJ: Lawrence Erlbaum Associates.

Kubey, R., & Csikszentmihalyi, M. (1990). *Television and the quality of life.* Hillsdale, NJ: Lawrence Erlbaum Associates.

Lampert, C. (2003). Gesundheitsfoerderung durch Unterhaltung? Zum Potential des Entertainment-Education- Ansatzes fuer die Foerderung des Gesundheitsbewusstseins [Better health through entertainment? The potential of entertainment-education for improving sensitivity to own health.]. *Medien- und Kommunikationswissenschaft, 51*(3–4), 461–477.

Larsen, R. J., & Fredrickson, B. L. (1999). Measurement issues in emotion research. In D. Kahneman, E. Diener, & N. Schwarz (Eds.), *Well-being: the foundations of hedonic psychology* (pp. 40–60). New York: Russell Sage Foundation.

Long, E. (2003). *Book clubs: Women and the uses of reading in everyday life.* Chicago: University of Chicago Press.

Mayring, P. (2003). Diagnostik gesundheitlicher Ressourcen und Risiken. Gesundheit und Wohlbefinden [Diagnos- ing health resources and risks. Health and well-being.]. In M. Jerusalem & H. Weber (Eds.), *Psychologische Gesundheitsförderung. Diagnostik und Prävention* (pp. 1–15). Göttingen etc.: Hogrefe.

Nix, G., Ryan, R. M., Manly, J. B. & Deci, E. L. (1999). Revitalization through self-regulation: the effects of autonomous versus controlled motivation on happiness and vitality. *Journal of Experimental Social Psychology, 35*, 266–284.

Nolen-Hoeksema, S., & Rusting, C. L. (1999). Gender differences in well-being. In D. Kahneman, D. Diener, & N. Schwarz (Eds.), *Well-being. The foundations of hedonic psychology* (pp. 330–350). New York: Russell Sage Foundation.

Okun, M. A., Stock, W. A., Haring, M. J., & Witter, R. A. (1984). The social activity/subjective well-being relation: a quantitative synthesis. *Research on Aging, 6*, 45–65.

Oliver, M. B. (2000). The respondent gender gap. In D. Zillmann & P. Vorderer (Eds.), *Media entertainment. The psychology of its appeal* (pp. 215–234). Mahwah, NJ: Lawrence Erlbaum Associates.

Oliver, M. B. (2002). Individual differences in media effects. In J. Bryant & D. Zillmann (Eds.), *Media effects. Advances in theory and research* (pp. 507–524). Mahwah, NJ: Lawrence Erlbaum Associates.

Oliver, M. B. (2003). Mood management and selective exposure. In J. Bryant, D. Roskos-Ewoldsen, & J. Cantor (Eds.), *Communication and emotion. Essays in honor of Dolf Zillmann* (pp. 85–106). Mahwah, NJ: Lawrence Erlbaum Associates.

Pitta, P. (1999). Family myths and the TV media: history, impact, and new directions. In L. L. Schwartz (Ed.), *Psychology and the media: a second look* (pp. 125–145). Washington, DC: APA.

Prentice, D. A., & Gerrig, R. (1999). Exploring the boundary between fiction and reality. In S. Chaiken & Y. Trope (Eds.), *Dual-process theories in social psychology* (pp. 529–546). New York: Guilford.

Press, A. (1990). Gender, class, and the female viewer. Women's responses to 'Dynasty.' In M. E. Brown (Ed.), *Television and women's culture. The politics of the popular* (pp. 158–180). Thousand Oaks, CA: Sage.

Raney, R. R. (2003). Disposition-based theories of enjoyment. In J. Bryant, D. Roskos-Ewoldsen, & J. Cantor (Eds.), *Communication and emotion. Essays in honor of Dolf Zillmann* (pp. 61–84). Mahwah, NJ: Lawrence Erlbaum Associates.

Rogers, E. M., Vaughan, P. W., Swalehe, R. M. A., Rao, N., Svenkerud, P., & Sood, S. (1999). Effects of an entertainment-education radio soap opera on family planning behaviour in Tanzania. *Studies in Family Plan- ning, 30*(3), 193–211.

Rios, D. I. (2003). U.S. Latino audiences of "telenovelas". *Journal of Latinos and Education, 2*(1), 59–65.

Rubin, A. M. (1984). Ritualized and instrumental television viewing. *Journal of Communication, 34*, 67–77.

Rubin, A. M. (1994). Media uses and effects: A uses-and-gratifications perspective. In J. Bryant & D. Zill- mann (Eds.), *Media effects. Advances in theory and research* (pp. 417–436). Hillsdale, NJ: Lawrence Erlbaum Associates.

Rubin, A. M. (2002). The uses-and-gratifications perspective of media effects. In J. Bryant & D. Zillmann (Eds.), *Media effects. Advances in theory and research* (pp. 525–548). Mahwah, NJ: Lawrence Erlbaum Associates.

Ryan, R. M. (2001). On happiness and human potentials: a review of research on hedonic and eudaimonic well-being. *Annual Review of Psychology, 52*, 141–166.

Ryan, R. M., & Deci, E. L. (2000). Self-determination theory and the facilitation of intrinsic motivation, social development, and well-being. *American Psychologist, 55*, 68–78.

Ryan, R. M., & Deci, E. L. (2001). On happiness and human potentials: a review of research on hedonic and eudaimonic well-being. *Annual Review of Psychology, 52*, 141–166.

Ryff, C. D. (1989). Happiness is everything, or is it? Explorations on the meaning of psychological well-being. *Journal of Personality and Social Psychology, 57*(6), 1069–1081.

Ryff, C. D. (1995). Psychological well-being in adult life. *Current Directions in Psychological Science, 4*, 99–104.

Ryff, C. D., & Keyes, C. L. M. (1995). The structure of psychological well-being revisited. *Journal of Personality and Social Psychology, 69*(4), 719–727.

Ryff, C. D., & Marshall, V. W. (Eds.) (1999). *The self and society in ageing processes*. New York: Springer.

Ryff, C. D., & Singer, B. (1998). The contours of positive human health. *Psychological Inquiry, 9*(1), 1–28.

Ryff, C. D., Magee, W. J., Kling, K. C., & Wing, E. H. (1999). Forging macro-micro linkages in the study of psychological well-being. In C. D. Ryff & V. W. Marshall (Eds.), *The self and society in ageing processes* (pp. 247–278). New York: Springer.

Schmutte, P. S., & Ryff, C. D. (1997). Personality and well-being: reexamining methods and meanings. *Journal of Personality and Social Psychology, 73*(3), 549–559.

Signorielli, N., & Lears, M. (1992). Television and children's concepts of nutrition: unhealthy messages. *Health Communication, 4*(4), 245–257.

Singhal, A., & Rogers, E. M. (1999). *Entertainment-education. A communication strategy for social change*. Mahwah, NJ: Lawrence Erlbaum Associates.

Strack, F., Argyle, M., & Schwarz, N. (Eds.) (1991). *Subjective well-being. An interdisciplinary perspective*. Oxford etc.: Pergamon Press.

Sutter, T. (2002). Anschlusskommunikation und die kommunikative Verarbeitung von Medienangeboten [Communication following reception and the communicative processing of media offers.]. In N. Groeben & B. Hurrelmann (Eds.), *Lesekompetenz. Bedingungen, Dimensionen, Funktionen* (pp. 80–105). Weinheim, Muenchen: Juventa.

The Media and Eating Disorders (2001). *Rader programs*. Retrieved September 8, 2004, from: http://www.raderprograms.com/media/htm

Tiggemann, M. (2003). Media exposure, body dissatisfaction, and disordered eating: television and magazines are not the same! *European Eating Disorders Review, 11*, 418–430.

Trepte, S., Zapfe, S., & Sudhoff, W. (2001). Watching daily talkshows for orientation and problem solving. Empirical results and explanatory approaches. *Zeitschrift fuer Medienpsychologie, 13*(2), 73–84.

Tucker, L. A., & Bagwell, M. (1991). Television viewing and obesity in adult females. *American Journal of Public Health, 81*(7), 908–911.

Vorderer, P. (2003). Entertainment theory. In J. Bryant, D. Roskos-Ewoldsen, & J. Cantor (Eds.), *Communication and emotion. Essays in honor of Dolf Zillmann* (pp. 131–154). Mahwah, NJ: Lawrence Erlbaum Associates.

Vorderer, P., & Knobloch, S. (1996). Parasocial relationships with characters from a TV series: supplement or functional alternative? *Medienpsychologie, 8*(3), 201–216.

Waterman, A. S. (1993). Two conceptions of happiness: contrasts of personal expressiveness (eudaimonia) and hedonic enjoyment.

Journal of Personality and Social Psychology, 64(4), 678–691.

Weaver, J. B. (2000). Personality and entertainment preferences. In D. Zillmann & P. Vorderer (Eds.), *Media enter- tainment. The psychology of its appeal* (pp. 235–248). Mahwah, NJ: Lawrence Erlbaum Associates.

Zillmann, D. (1988). Mood management. Using entertainment to full advantage. In L. Donohew, H. E. Sypher, & E. T. Higgins (Eds.), *Communication, social cognition, and affect* (pp. 147–171). Hillsdale, NJ: Lawrence Erlbaum Associates.

Zillmann, D. (1991). Television viewing and physiological arousal. In J. Bryant & D. Zillmann (Eds.), *Responding to the screen: Reception and reaction processes* (pp. 103–133). Hillsdale, NJ: Lawrence Erlbaum Associates.

第二十三章　净化：娱乐的伦理形式

布丽吉特·舍勒

弗莱彻·杜布瓦

问题：娱乐是刺激而非净化？

先理解（媒介）心理学意义上的"净化（Catharsis）"，会对研究有所帮助。但遗憾的是这难以实现，因为在目前人们对"净化"存在多种理解，反映了从20世纪心理学领域发展而来的一些概念，某些情况下，它们意义不同，有时甚至相反。"净化"的原始出处似乎就是亚里士多德的悲剧理论，确实其他作者也常引述亚里士多德的作品，然后形成他们对"净化"的理解。但是，仅仅追溯亚里士多德，不会为解决问题提供任何可行的方案，因为对亚里士多德的"净化"并不存在唯一解释。这是因为，亚里士多德（或是我们的第一手资料）并未充分完整且准确清晰地阐明"净化"的含义。因此，亚里士多德希望通过"净化"传达——以及应该传达——何种意义，并没有形成统一的哲学共识。所以，重建意义的过程导致了在某些情况下截然相对的立场。有人将其理解为"心理疏泄（purgation）"，也有人理解为"心灵净化（purification）"。

"净化"没有一个原始的解释，这就要求研究者在实证研究一开始就需要解释他们的"净化"的意义，但鲜有人为之。研究者通常忽略了阐明概念的核心特征，所以难以将亚里士多德和目前其他的理解方式区分开来。这不仅导致了截然相对的初步讨论的基础，更会在高度抽象的情况下形成两种不同的理论视角。行为主义视角以隐喻的方式表达了"净化"是"活泼热烈"的，但媒介接受相关视角却与之对立，从实证角度来看，它是"死气沉沉"的。

然而，在检视理论模型，尤其是通过比较之后，我们发现两种视角在截至目前的讨论中都显然不足。行为主义视角没有研究"净化"在美学领域的媒介接收效果，它的研究范畴完全不同，例如，研究因行为达成目标而造成的激励效用减弱。举例来说，这种研究传统不涉及看完一部跌宕起伏的电影而产生的潜在"净化"作用；相反，它的研究重点是，（采取行动的）机会出现，"回报"了原本沮丧之人，令他感受到轻松宽慰。然而以接受为导向的视角，关注的重点是如何处理媒介的陈述。前者仅用了哲学重构下两极概念中的一极，即用"心理疏泄"来建构"净化"概念的模型，同时并不认为另一极的"心灵净化"与之相关，自然也就没有任何理论阐释和实证检验。

此外，在"心灵净化"视角下，所谓的"攻击性净化"是目前研究的主要关注点。即便亚里士多德并未明确限制净化变为愤怒和攻击的可能性，但它确实（可能）囊括所有令人感到负累的情绪。因为目前尚不清楚与愤怒和攻击相关的结果具有多大的普遍性。因此，即便是谈到"心理疏泄"这一极，也绝没有否定亚里士多德的假说。

因此，我们的主要目的是要重新获得（或许几乎已经失去的）"心灵净化"的概念，用以解释媒介娱乐。但是，这意味着我们不能将娱乐仅仅理解为愉快、悬疑或悲伤的体验，它也包括更复杂的过程，其中，情绪、认知、动机这三个维度联系在一起，处于创造性的张力关系中（参见Kimmt & Vorderer, 2004; Maill & Kuiken, 2002; Vorderer, 2004）。这种更具包容性的娱乐概念不仅会因其方法论而受到青睐（关于在何种程度上主题已经包含在概念中），更重要的是，从人类学视角出发，它还会更受欢迎。人类是懂得反思、具有道德敏感性的主体。这种概念和人类模型是一致的，这也是将美与道德相结合的要求所在。这种结合恰恰就蕴藏在"心灵净化"的概念中，因而呈现出值得追求的价值，包括反思与道德的人类学指导理念。本文的目的是从理论和实证上，以"净化""心灵净化"为重点，阐释这一指导性理念。

这时，理论派的实验心理学家会惊恐地指出，我们的研究是建立在将价值判断作为科学命题的基础上的，而在主流的科学论述中，这是不合规矩的。读者很有可能感觉到他们不仅有权利，也有责任放下这篇文章，也即停止阅读。为了鼓励尽可能多的读者继续读下去，在这里简要说明为何违背价值中立的基本公理，不会造成任何不为人所接纳的非理性论述。我们的理由是，一方面，事实上，在研究实践中，这种对客体的理论价值判断是不可避免的；另一方面，与追随马克思·韦伯的批判理性主义者们的观点不同，这种价值判断能经得起理性批判和正当性的检验。

在人类的意义模型范围内，这是不可避免的。在方法论上也是如此，隐藏的价值判断反过来影响了对客体的思考。例如，在我们的研究中，具有反思能力的主体相较于"心理疏泄"，更倾向于"心灵净化"。但是，实验方法导致了报复性行为，这在道德上很有问题。相反，"净化"概念应该蕴含积极的评价，将日常用语转化为科学概念时通常都是如此，这种评价无法消除，却在建构科学客体基本组成时起到作用。以"创造力"为例，它被视为人类的一种能力，以产品的新颖和效用为评价标准。2011年"9·11"袭击的计划和执行显然符合这些标准，但在这种情况下，我们称之为犯罪能量，而非创新，因为它不满足该科学概念蕴含的正面价值。否定客体的理论价值含义只会降低对于价值转换的敏感度，就如同将报复性行为归入"净化"之中。相反，人应该也能够尽可能准确地阐明价值，并使其合理化。例如，这种合理化可以通过手段—目标的论证实现。这是一种描述性和规范性相结合的分析，开启了对标准命题的实证批判，以及至少是对相关（与所有价值陈述相关的）辩护的批判（Groeben & Scheele, 1977; Groeben, 1999）。

因此，我们要分析的两条主线就显而易见了，即将价值表述与实证描述相结合。首先，如何解释"心灵净化"并使其合理化，使其成为迄今为止"净化"研究中更高阶的道德价值？其次，"净化"概念的道德价值是否与娱乐相关？如果相关，那又是如何相关的？下文所述将以此展开。

晦涩的"净化"：心理疏泄和心灵净化两个焦点

在谈到"净化"时，亚里士多德描述了悲剧和音乐带来的情绪舒缓效果。此后两千多年，人们一直在激烈地讨论他说的究竟是一种医学生理过程还是认识论过程（Flashar, 1984）。或许可以间接地认为，"亚里士多德总体上强烈反对生理简化论，这给了我们巨大的支持"（Nussbaum, 2001, p.390），即对认识论过程的支持。如此一来，可能会联系到两个核心概念："Phobos"和"Eleos"，据亚里士多德所说，两者对"净化"的理解有关。但是，这也没有得到清楚的阐释，因为"Phobos"和"Eleos"既可以被译为"恐惧"和"怜悯"，也可以被译为"凄惨"和"怖骇"。"恐惧"和"怜悯"（Nussbaum, 2001）被视为道德意识和人性发展的必要条件，而"凄惨"和"怖骇"更像是无关紧要的条件。这意味着亚里士多德对文本的注释本身就已经将其分化为两种解释的途径，也就是"心理疏泄"和"心灵净化"（参见 Luserke, 1991）。

这两条线对我们至关重要，因为目前，就"心理疏泄"和"心灵净化"的客体特征，哲学和文献学争论对"净化"的解释是否充足（参见如阐释的历史，Gründer, 1968/1991; Lanholf, 1990），涉及从心理学上阐释接收过程的起点的问题。

"心理疏泄"立场将"净化"理解为一种"享乐主义"原则（Schadewaldt, 1955）。意思就是"Phobos"和"Eleos"的替代体验使得情绪得到排解，因而减少了过度的或者心理压迫带来的情绪刺激。这种净化效果随着情绪舒缓而出现，将人从令人反感的压力中解放出来，因而主观上感到健康。这种状态最容易通过本质上无目的的、自动机械式的排解过程来实现，这种过程——视强度而定——以相对自发的行为和肉体反应向外表达。因此，这种方式的重点在于主观感受和行为的一致性。事实上，它的意思是：被压抑的愤怒是可以通过愤怒的反应排解的，无法言明的悲伤可以通过悲伤的反应驱逐，等等。这些不同形式的"攻击"和"悲伤"的净化就是"肉体—情绪"净化的典型（与 Nichols 和 Zax 的"认知—情绪"相反，1977, p.8）。在认知控制功能暂时失效的情况下，重新获得原本被情绪阻碍的健康，这是某些发泄疗法中的原则（参见《原始的尖叫疗法》：Janov, 1970；《简介》：Möller, 1982），也是虚构文学中确认身份的原则（参见 Scheff, 1983）。因此，"净化"作为（发泄）治疗，是指在认知控制最大限度失效的情况下，重获情绪和行为的合一。（参见 Scheele, 2001; Scheff & Bushnell, 1984）。

相反，"心灵净化"立场是从"道德"原则出发（Pohkenz, 1956）。所以，它要求悲剧要能提高个人的道德标准，而不是像"心理疏泄"那样单纯地从过多的压迫性情绪刺激中获得解放（参见《剧院是道德机构》：Schiller, 1801；或者《讽刺地说，是个矫正机构》，Bernays, 1858/1970）。所以，净化效果应该是显而易见的，与表演前相比，表演后应产生质量更高的道德意识（Lesssing，依据 Gründer, 1968/1991）。为实现这一点，"心灵净化"立场要求观众必须对主人公的痛苦感同身受，并且具有同情心（但是，光有这一点还不够）（参见 Nussbaum, 2001）。因此，"心灵净化"效果包括主观体验的正向改变，这种改变是由"对（某种意义上更高尚的）更强的自我能力，更多可能性的迫切需要"决定的（Scheele, 1999, p.20）。"心灵净化"过程（"净化"：Nussbaum, 2001, p.390）因而被视为情绪和认知的（更高）合一，即情绪和认知的整合。这是通过"认知和情感的双重过程"实现的（Bohart, 1980, p.192；参见 Nichols & Efran, 1985）。因此，这里不仅仅是单纯的认知过程（例如，不是完全从情绪中解脱出来——这是一种常见的错误看法）。更多的是在情绪层面上，净化作用勾起了主观情感，期望拥有更强的个人身份。在动机层面，净化作用使人希望能建设性地解决道德冲突（通过自我或外界指示），而在认知层面，也蕴含了更加清晰的观点，至少在问题是什么和为什么上比过去有了更清晰的认知（Scheele, 1999, 2001）。因此"心灵净化"不会在释放情绪压力时出现，而更多的是在正面压力增加时显现出来。因而在过程中更倾向于情感参与，同时反省和沉思，所以行为因素在这里并不起基础作用。表23.1 展示了上述过程和效果的特征，包括两者的简介和对比（与更早的版本相比，Scheele, 2001, p.205）。

表23.1　心理疏泄vs心灵净化：核心特征

净化过程	
通过发泄/行动整合情绪和行为 • 体验为导向（吸收自省） • 直接解决压力 • 强度通过肉体显现	通过重建/改变整合情绪和认知 • 过程为导向（涉及自省） • 延缓解决压力
净化效果	
• 即时舒缓压力 • 间接治愈，如良好情绪的重建 　（自我平衡模型）	• 间接舒缓压力 • 即时治愈，如社会心理动机加强 　（发展模型）

对净化过程和效果的正面评价是这两极概念共有的。因此，可以将两个不同的概念作为单一、综合"净化"构想的两极焦点，对持续过程的再现，即为"象征性"净化。

因此，可以将象征性净化理解为一种拥有两极焦点的椭圆形构想。除此之外，在对虚构作品的接受中，两种假设的核心就显而易见了：持"心灵净化"立场者认为作品的影响带来了积极的变化，尤其是在社会心理学的动机上，这是来自对于主人公痛苦的同理心。持"心理疏泄"立场者则认为，通过代替和愉悦的体验实现了享乐主义，并且自动释放了多余的压迫性情绪（Scheele, 2001, p.205）。上述何种假说是实证检验过的，并在何种程度上，以何种有效的方式检验的？我们希望简要总结相关研究，探明上述问题。

心理疏泄行为实证研究的重点

从哲学—语言学上的"净化"概念到实证心理学研究都揭示了，事实上这两个焦点的研究只关注"心理疏泄"。研究的重点不是接受媒介再现的反应，而是个人行为的功效，最重要的是攻击性的个人行为。因此，研究的主题十分局限。对比"净化"的原始概念，可以说这是对原始概念的扭曲和误读。但是，有趣的是，鲜有人注意到这一点。对这一问题缺乏认识的原因可能是，为了专注于这一观点而采取的概念上的简化步骤被认为在方法论上是可行的，甚至是必要的。

历史上，改变焦点的第一步是将"净化"概念纳入精神分析疗法的发展中。在他们所谓的"净化"方法（Breuer & Freud, 1893/1955）中，"净化疗法"取代了"剧院净化"——这意味着"净化"已经从接受美学的语境下摘除，并且被放入了主体（接受治疗者）的真正功用世界中。因为对于精神分析而言，所有的艺术内容——由于它们和梦的内容以及梦的运行保持着相似性——对于一般的人类过程和建构而言只是功能相近而已（参见 Groeben, 1972; Leuzinger, 1997）。同时，这种功能理论也与对"心理疏泄"的关注有关，因为在催眠的帮助下，"净化疗法"主要是为了达到两种效果：一是"唤醒记忆，清晰地唤醒对于事件的记忆"；二是"通过讲述，释放被扼杀的情感"（Breuer & Freud, 1893/1955, p.6, p.17）。有趣的是，弗洛伊德很快试图将"心理疏泄"作为治疗的结果。他将治疗过程变为从情绪和认知上对相关冲突进行再次解读，逐渐放弃催眠疗法，但是在第二步的压缩版本中，并没有考虑"认知转向"。

第二步，将精神分析概念中的"心理疏泄"转变为行动主义概念中的挫折攻击论。这是由所谓的耶鲁团体推动的（Dollard, Doob, Miller, Mowrer & Sears, 1939）。这一研究学派的目的是要将目前与挫折攻击有关的各个学科中的方法和结果，用于建立实证心理学。他们对热衷于将弗洛伊德的早期结果建构成经得起实证检验的形式。在他们的努力下，产生了大量实际上增加和减少了攻击的假说。他们的成果对于后来的研究很有影响力，影响甚至持续到今天（参见 Baron & Richardson, 1994; Mummendey, 1983）。这里，"净化"的概念是和压抑相对的。他们提出"压抑攻击性行为是一种挫折"，它会加大刺激，煽动攻击；相反，任何攻击行为的出现都应该会减少对攻击的煽动。用精神分析的术语来说，这种释放被称为"净化"（Dollard等，1939, p.50）。"净化"因而被定义为进一步攻击行为的动机暂时减少了。而这种减少是通过攻击行为实现的。作为"净化"效果的先决条件，这种行为可以是公开的，也可以是隐蔽的，比如，可以是"幻想或梦境中甚至是深思熟虑的复仇计划"（Dollard等，1939, p.10）。但这不意味着他们认为存在两种不同特征的"净化"行为，而是恰恰相反——遵循方法论的行为主义立场——公开的攻击行为被视为"净化"过程的典型表现。所有使得攻击失效的其他机会，包括内部行为，都是在此之上建立的。

据此，在攻击研究中只有两处需用"净化"。第一，概念上起决定作用的"直接攻击"，即带着伤害目的采取行动；除此之外，所有带有攻击净化效果的间接（攻击）行为，如耗费体力的活动、幻想，遭受具有攻击性的玩笑，观看影片（或其他媒介）中代替攻击的行为方式（Mummendey, 1983, p.399）。通过类似相关实证的检验，"净化"的意义从早期的以感受为导向变成了现在的以行为为导向，这样的改变在所难免，以至于很快这种行为净化、"转向净化"概念就被视为与弗洛伊德有关的典型，并且广为传播，而且通过弗洛伊德，再连接到亚里士多德（如，Baron & Richardson, 1994, p.24；同样，其他还有Brierhoff & Wangner, 199; Heckhausen, 1989; Herkner, 1991; Mummendey & Otten, 2002; Schneider & Schmalt, 1994; Selg, Mees & Berg, 1997）。

但是第三步，攻击研究的成功（Dollard等）带来了更大的局限："净化"变成了敌对的攻击。"净化"中的这种局限几乎或根本就没有在其他情绪—动机压力的接受心理学领域被明确地研究过，比如"失望""内疚""羞耻""害怕""胆怯""屈辱""虚荣""嫉妒""羡慕""憎恶"（Scheele, 2001）。相反，在20世纪后半叶，"净化"变得只局限于用敌对的攻击来宣泄情绪。关于它的主要的研究都与行为相关，在某些情况下也和接受有关（更多内容，请参见Scheele, 1999）。在行为理论框架下，成功实施了攻击行为以后，"净化"必然失效（参见Kornadt, 1974; Kornadt & Zumkley, 1992）。在相应的实验范式中，实验的主体，即一开始沮丧的人，有机会采取攻击行为进行报复。结果表明，只有在攻击目标达成，主观上满意时，攻击动机才会失效（Zumkley, 1978），结果也表明（报复性的）不明确的宣泄，比如肌肉发泄，不能消灭敌对的攻击动机（参见Bushman, 2002; Peper, 1981; Zillmann, Bryant, & Sopolsky, 1979; Geen & Quanty, 1977; Heckhausen, 1989; Mummendey, 1983）。

这些结果中蕴含的价值判断有力地说明了目前的"净化"概念与原初的意义相去甚远。行为心理学暗示了一种反社会倾向，因为"净化"是复仇和反击刺激下达成的最终状态，这种报复是主体有意识的、渴望实现的，自行承担责任、实施并且最终成功了的。这必然具有反解放倾向，因为行为模型表明，"净化"是一个人解决心理压力的"办法"，依据科尔伯格（Kohlberg）的道德发展模型，这并没有突破传统（参见Colby & Kohlberg, 1978），因此也就失去了对报复刺激更高尚的应对策略，或者至少，这种策略不会主动被归入模型中。

对"心理疏泄"进行行为理论上的概括，引出了导致"净化"概念被滥用的第四步，也是最后一步——意义完全流失。最核心的结果就是，报复行为成功后，侵略动机下降了，这仅仅代表了一种普遍有效的刺激过程。实现目标之后，每一种行为动机都减少了。写完这篇文章之后，我们的动机理所当然会下降，但是，没有人会在这种情况下说这是写作"净化"。

所以，总体来说，对"净化"概念的实证检验还没有被注意到。这一方面导致了净化狭隘地变成了心理疏泄，即情绪宣泄，因此变成了报复行为；另一方面，这不仅说明价值内涵存在极大问题，最终也导致了"净化"的滥用和意义贬损。

通过实证理论重获心灵净化

虽然在很大程度上，在实证心理学研究中，行为理论的"净化"占了主导，但仍然有一些其他研究方向和结果，不仅仅澄清了心理疏泄的局限，也展示塑造心灵净化概念的可能性。一个重要的基础是对"象征性净化（symboris catharsis）"的研究，从接受视角出发看待心理疏泄。其开始于20世纪60年代，班杜拉的"观察学习"研究对它进行了提炼（参见 Bandura, 1969）。

接受视角：心理疏泄是"象征性净化"吗？

对心理疏泄理论的接受心理学检验，始于费什巴赫（Fishbach, 1961）的一项研究。研究中原本沮丧的个体观看了一段十分钟的影片，与一般影片相比，该影片带有一定的攻击性（拳击比赛），观看影片内容后，主体的攻击动机有所减少（但在观看一般影片后却没有）。这个"象征性净化"的结果，从感受视角而言，至少保持了传统"净化"概念的核心内涵。但是，改进方法之后（治疗核查个体的沮丧，使观看的影片之间的区别更加合理，让攻击包括对底线的衡量更加有效），对费什巴赫的研究进行复制，却难以证实象征性净化的这种作用（参见 Bergler & Six, 1979; Lukesch & Scheauf, 1990; Mummendey, 1983）。相反，班杜拉的研究，尤其是关于观察学习的部分，研究结果支持的是替代学习——也是攻击——而不是心理疏泄的减少。因此，我们论证的就该是刺激而非净化了吗？！

净化和刺激的对比表明——原则上不可接受——两者被简化到了同一层面，也即接受视角，而在其他层面上则有着本质不同。在这些基本要素中，相对于世界通用的净化认知（包括心理疏泄的假说），净化的核心内涵似乎是相反且不完整的。所以，伯克维茨（Berkowitz）推进了耶鲁学派的传统（以及 Feshbach 的设计），他也支持象征性净化，也即在调查接受层面，在替代体验之前，个体必须处于沮丧之中，这样才能证明存在攻击性动机和（可能的）发泄。但在这里，与行为理论一样，简化了理论内容，同样也扭曲了原初的净化概念，失去了通过媒介感受到"怜悯和恐惧"这一层意义。因此，伯克维茨团队（参见Berkowitz, 1984; Jo & Berkowitz, 1994；类似地，Green & Thomas, 1986）对心灵净化的研究在理论层面上并不十分有意义，至多是对区分心灵净化有一些启发价值。

除上述之外，班杜拉的实验范式不包括观影者沮丧且"未净化的"前期状态。班杜拉主要研究对观察到的（攻击）行为方式的学习，而非通过这种观察来降低动机。班杜拉反对行为主义理论，在这其中或许可以找到原因。行为主义者认为，表现和强化是学习的必要条件（但不是充分条件）。班杜拉在"习得"模式中证明了两者与学习无关（参见Bandura, 1969）。观察习得行为的条件是充足的，然而，该模式至少在一开始会延续行为主义关注可观察行为的传统。相反，心灵净化的核心是对所观察到的事物进行复杂的认知—情感—动机处理。

因此，班杜拉的范式一开始并不与（心灵）净化相关，但是加工处理的社会认知方面为建构更加复杂的内部流程奠定了基础，所以这种范式（不只是Berkowitz的立场）适用于理论解释和数据整合，自20世纪80年代以来，人们一直在尝试以此重构研究领域。对于个体发展的引入，来自信息心理学的脚本和模式起了关键性作用，这些使得班杜拉的观察学习法成为首要的理论框架，原则上，短期、中期和长期的内在效果可以在与环境和人格变量的相互作用中建模（Rule & Ferguson, 1986; cf. Eron & Huesmann, 1980; Groeben & Vorderer, 1988; Huesmann, 1986; Vorderer, 1992）。

这种整合后的象征性净化理论模型，指的是一个人通过（接受）观察进行学习的能力，而不仅仅是通过自己的行动获取直接体验（如条件说所主张，例如，Bandura, 1974）。学习的内容可以是事实上任何可以被学习的事物——不仅仅是控制自己和他人的行为。班杜拉区分了不同的效果，每一种都有着不同的内在机制。其中，习得新行为、抑制和去抑制作用、反应促进作用、环境增强和唤醒效应都将被命名（参见例如，Bandura, 1976, 1986, 1994, 2000）。而且，对攻击性行为方式的关注吸引了理论和实证研究者的注意。鉴于媒介提供的内容会带有攻击性和暴力成分（见Gleich的暴力概述，2004），班杜拉学习理论的基本假说暗含了通过观察学习攻击的论点，这是反净化的（Bandura, 1973; Berkowitz, 1993; Feshbach, 1989; Goranson, 1970; Huesmann & Malamuth, 1986；从简单回应模仿到获取高度复杂的规则、道德态度等的更大范围的理论影响和效果，见Bandura, 1986）。

为了呈现与疏泄论（作为概念上划分的净化理论的一半）之间的差异，实际上，新的攻击行为可以通过观察来学习和记忆并不那么重要。学习者观察到的景象与真实场景越相似，攻击行为越成功，这种效果就越强烈（见结果简述，Baron & Richardson, 1994; Bergler & Six; 1979; Berkowitz, 1984, 1993; Eron, 1986; Green & Quanty, 1977; Green &

Thomas, 1986; Mummendey, 1983）。更重要的是刺激效应或去抑制效应，即替代性经历的暴力提高了观察者攻击的潜在可能性。这种反对净化论的经验证据，也没有因为抑制作用被证明是由替代惩罚引起的这一事实而被削弱。这意味着，如果观察受到惩罚，就会增加观察者的攻击抑制，从而抑制攻击准备，但不会减少对攻击的煽动（Kornadt, 1982）。因此，惩罚引起抑制效应的证据无法解释疏泄论。

这意味着就接受视角而言，刺激论比疏泄论有更充分的实证证据。当考虑到某些因素时，情况更是如此：首先，从攻击者视角来看，攻击是正面的或愉悦的——为了享乐本身或是有正当理由（参见Kunczik, 1982, p.6）——似乎是一种道德正当且成功的手段（参见A.o Bandura, 1989; Green & Thomas, 1986; Goranson, 1970; Huesmann, 1986; Rule & Gerguson, 1986）。而且，如果从受害者角度来看，攻击是不正当的，那么就催生了报复的感受和动机（参见Hartmann, 1969）。因此，在敌对的攻击中，享乐主义的心理疏泄（借由愉快的替代体验）在很大程度上是被歪曲的。这就是本文开篇引用的内容所指的含义，净化最终被歪曲了。但是，这只适用于通过替代体验来净化攻击动机。

话虽如此，但是前文提到的整合班杜拉方法的理由仍然不充分。一开始班杜拉确实在他的研究中运用了象征模型；但是象征控制的概念不止如此，包含了为阐明完整的净化概念所用的内容。其中的一个问题是：象征性的概括，比如，正义的经验在何种程度上即便偏离了行为的情境（如他人、行为等），仍然平衡了可能存在的攻击倾向？原则上讲，这类问题指出了高度复杂的内在过程，班杜拉在建立"抽象模型"时将这些过程聚集在了一起，用以描述"判断能力和可概括的规则是通过观察习得的"（Bandura, 1986, p.100）。

我们并不一定要在此讨论是否因过度延伸而用尽了观察学习的内容，即通过观察获取替代体验。更重要的是，我们应该用这种视角及其复杂的认知、情感和刺激过程，从目前的实证结果获得启发，以此为出发点获得心灵净化的概念。

阐述心灵净化的起点

对于这种启发，我们如何区分净化心理疏泄的不同维度，是解读心理学内在结构的理论背景，我们可以将这种结构假设为心灵净化这一极。高度抽象时，这涉及敌对的攻击意愿转换为正向和积极的社交。这种对复仇、反击和更加复杂的破坏性冲动的自我克制，作为媒介接受的结果，"通过恐惧和怜悯"并"在恐惧和怜悯中"得以实现（Nussbaum, 2001, p.393）。

一般来说，对媒介的呈现做出何种道德回应，这是重中之重。至于人，道德越发展，越有可能做出道德回应（Blasi, 1983; Herzog, 1991; Montada, 2002）。至于内容呈现的情形和方式，主要有伯克维茨周围团队的刺激实验，在关注刺激情形的情况下给予间接指示。有些情形展现了减少攻击的作用。例如，被实验员惹恼的参与者，观看"正当攻击"的影片后，相较于观看"非正当攻击"的参与者，对挑衅者采取更加敌对的反应（参见Berkowitz, 1984），在感受到不公或同情弱者时，攻击会减少。在实验室对学生做实验和对男性少年犯进行现场实验都得到相同的结果（Parke, Berkowitz, Leyens, West, & Sebastian, 1977）。当对攻击反感或感到有悖于工具和价值理性时，攻击者会因受害者的痛苦而受到责备。所以，这里的攻击抑制有不同的性质，不同于害怕潜在的惩罚（或者复仇、回击，等等：参见a.o. Bandura, 1965; Berkowitz, 1984; Selg, 1992），班杜拉特别研究了这一点。这里讨论的是因道德感受而抑制了攻击，比如同情、内疚、羞耻、愤怒等（cf. a. oBandura, 1994; Berkowitz, 1984; Kornadt, 1982）。在操作层面，这种对攻击的道德抑制应该是阐释心灵净化概念的起点。

邦克（Bönke, 1989）对这种道德抑制展开了实证检验。研究针对三个剧目展开，主要处理亚里士多德净化概念中的人类的痛苦、纠缠、攻击等。第一个主题是通过反派与结构之间的调解，建设性地解决了冲突（埃斯库罗斯的《奥瑞斯泰亚》）。第二个主题是"无法摆脱的无罪的内疚"（弗郎茨-哈维·克罗茨所创作的戏剧 Der Nusser——第二次世界大战后德国人的命运）。第三个主题是面对突如其来的暴力，个人和社会感到无助时难以消解的痛苦（克劳斯·波尔所创的戏剧 Hunsrueck——疯狂杀害了4名外国人，以荒谬的戏剧形式呈现）。接受戏剧中的害怕和恐惧，使人们产生了对攻击意愿和道德抑制的不同预测。接受《奥瑞斯泰亚》（心灵净化的典型）直接减弱攻击意愿，增加攻击抑制。个人的害怕和恐惧无法解决，让人想起了"Der Nusser"，结果是攻击意愿增强，攻击抑制不变。超个人（superindividual）的暴力袭来，则没有解决的可能性，攻击抑制将会减少，而攻击意愿可能会增加。在德国波鸿鲁尔大学进行的现场试验中，24名学生为一组（男女相当）观看了相应的影片（还有控制组，他们去游览动物园或者去成人教育中心上课）。攻击主题测验用于测评攻击的意愿和攻击的道德抑制，在测验中，要求参与主体对标准图片做出回应，这些图片的主题内容都与攻击有关，然后研究者对回应的内容进行分析。前后的测试（观看表演一周前，表演即将开始前和结束后，观看表演一周后）结果与由"净化"概念推论而来的预测相符，测试结果十分重要。因此，通过媒介的呈现，道德抑制了攻击性，实现了心灵净化，攻击意愿减少，这一点通过实证检验得以确认。阐释心灵净化最基本的是要将这一实证基础（已经是目前研究攻击意愿的基础）延伸到不同的媒介、媒介内容和媒介的正式结构中，以及不同的受众群体、研究方式中。如此一来，就可以阐明通过媒介沟通实现道德净化的理想中介和环境条件。一旦在攻击领域实现了这一点，传统的净化概念就蕴含许多可能性，可用于研究与道德净化有关的其他问题。

由此发现，至少我们可以理解心灵净化的心理学框架。对于心灵净化，对他人的遭遇感同身受，进行道德上的反抗，这更加高尚。这与刺激理论下的享乐主义截然不同。抑制攻击并不是因为害怕受罚或报复（在心理疏泄中就是如此），从重估的意义上来说，变得更高尚——道德上更加成熟，早前缺少对攻击的研究，事实上启发了完整的净化概念。因此，心灵净化必须展现情绪—动机（再）学习，以价值导向为基础，随之改变自己的意愿和欲望，在道德上变得更加高尚。在比较前后，发展的质量体现在认知与情感的高度融合之中，也体现在希望改变体验自我与世界时的道德问题。

这里包含的情绪学习，难以用心理—生理或生物学理论（参见如 Meryer & Reisenzein, 1996）解释。准确地说，这是"情绪的认知理论"或者近期所称的"认知评价理论"（参见 Scherer, Schorr & Johnstone, 2001），在重建信仰（持久的情感态度）、价值导向、情绪（自我指涉评价）和动机（欲望和意志）之间的关系时可以采用并且加以区分。只有如此复杂的情绪模型，才足以描绘心灵净化中将认知和情绪相结合的目标。临床心理学中相关的经历和结果表明，只有认知没有情绪，或者只有情绪没有认知都不能实现上述目标。要应对痛苦，两者缺一不可，包括对自己（情绪上）有意义，并且（认知上）可以理解的内容（参见 Boesch, 1976; Bohart, 1980; Epstein, 1984; Nicholos & Efran, 1985）。只有认知与情绪共同面对道德问题，才可能达到学习的效果，改变自我价值。这种改变包括解决经历的（道德）问题、个人主观价值的提升，实现道德上更高的自我概念，使人感觉优于过去的状态——这种感觉就像是"人的整个精神存在都经历了持续的提升"（Schadewaldt, 1955, p.148: Gründer, 1968/1991）。这种改变完全符合莱辛对亚里士多德心灵净化的重建诉求（1768/1988, 74-78 部分）。

心灵净化是全面研究娱乐时的一项任务吗？

那么一个人如何才能将这种（道德）发展目标与（美学）娱乐过程结合起来？在对治疗过程的实证研究中，认知—动机的发展目标同样起了重要作用，提供了可能的起点。至关重要的是，理想自我与接受现实之间的联系，对重建自我批评是十分必要的（参见 Symonds, 1954）。根据以客户为中心的心理治疗方式，这种自我批评的发展一方面需要在存在主义上接受自我，这能带来安全感，另一方面也需要疏离自我，使人能"重新评估，重新指导自己的行为"（Boesch, 1976, p.408）。这种自我接受、自我疏离与"审美距离"是一致的（Bullough, 1912），包括接受的参与和接受的距离（参见 Vorderer, 1992, p.73ff.）。舍夫（Scheff）（进一步发展了 Bullough 关于距离的概念）已清楚阐明了"最佳距离"是"深层情绪共鸣"和具有创造性的价值反思（Scheff, 1983, p.66ff）。最佳审美距离需要满足两个条件：避免距离过近，因为过度参与会阻碍元层次的反思；同时，也应避免距离过远，那样（通常）只会以"麻木和/或困惑"来面对问题（Scheff, 1983, p.69）。

这种审美距离显然会影响娱乐。就这一点而言，相应的娱乐概念不应狭隘地只专注于正面情绪。应看到问题的方方面面，齐尔曼有两个广受欢迎的概念解释：情绪管理理论和情感倾向理论（参见如Zillmann, 1994, 1996）。情绪管理理论认为，实现媒介接受最主要是从目标视角出发，即尽可能获得愉快的体验。这种方法并不十分适用于解释接受过程，因为它的目标"只是"媒介作为娱乐的典型工具应该是舒适而有趣的。相反，第一眼看来，情感处理理论似乎更加适用。与前者不同，受众对媒介中所呈现人物的情感态度是建立在道德判断的基础之上的。根据该理论，道德接受是与主人公产生情感呼应的基础（对于人物的希望、欣喜、忧虑、悲伤等），而道德指责形成了反向的情感（因恶人遭到不幸而高兴，Zillmann, 1994）。但是，在这里，道德判断只是作为工具，用来产生对人物的同情或反感，却不能明确问题。此外，这些也许对立（片面）的情感过程最终是以解决问题、进入愉悦的情绪状态而告终的。但是，完整的娱乐概念应该还包括复杂矛盾的情感，正面和负面的情绪不会很快消解，根据审美距离，接收者会持续忍耐这些，甚至细细品味，尽情享受，由此才形成了对性格的长期影响。这才是性格的核心。

因此，这些复杂矛盾的情感状态和过程有助于完整地解释娱乐（参见Vorderer & Weber, 2003）。"人似乎矛盾地享受着娱乐中的悲伤"便是如此，这说明了人对娱乐的作用进行了有效重建（参见Miall & Kuiken, 2002）。我们认为，在对娱乐进行全面研究时，更应该从心灵净化这一概念出发。这一概念包括情绪和认知的加工，避免了对娱乐的狭隘化理解。换言之，复杂矛盾的情绪（在理想情况下）不具有工具的功能性，但是能够呈现与自我相关的问题。因而，在接受的过程中，它们不会很快地被消解成最终的愉悦情绪。但它们能够带来长期的效果，改变人的自我、价值观和道德行动。这种全面的理解不仅克服了对娱乐狭隘的享乐主义阐释，也避免了与享乐主义相关的自平衡（homeo stasis）观点。享乐主义中暗含了自平衡的反馈环路，其中，刺激过多和过少都被视为暂时的，最终都将达成最适度的觉醒或情绪健康。但是，如此一来，就不可能实现心理成长。但是如果娱乐概念未被简化，那就可以实现。媒介的使用者并不一定只是为了实现愉悦的自平衡而寻求"重材料"；相反，通过（多层）反思也能够解决问题，对媒介呈现和真实自我世界关系做出道德比较。也就是说，在某些情况下，我们有意识地选择了（道德上）更加痛苦的媒介体验，以获得理解带来的满足。刺激行为放在媒介的情境下，我们选择那些（可能有问题的）世界的方方面面，我们的反应能够使我们成长（Nussbaum, 2003, p.244ff, Rorty, 1989）。"那些能够塑造自我的情感重建了读者对于文本叙述的理解，同时，也重建了读者的自我感知"（Miall & Kuiken, 2002, p.223，阅读文献时也涉及自我塑造情感的实证证据）。

因此，娱乐是美学和道德元素的结合。在这里，美不仅仅关乎形式，也关乎内容，这是媒介呈现与（日常）事实之间的转换距离。狭义的娱乐，关注轻松和乐趣，美学呈现的主要作用是享乐（愉悦），如果需要，同时消解感受到的负面情绪，这是唯一目标，因为这是内在要求。但是，如果这些"负面情绪"中含有道德压力，并且产生了能够塑造自我的情感，美学呈现就有了更深层的作用。当发现居间的审美（aesthetic-medial）与纯粹的理论道德论述两者截然不同时，这种作用就很明显了。虽然这些论文在论证道德规范中必不可少，但是也需要生活经历来与日常世界中的行为相联系。努斯鲍姆（Nussbaum）在她的《新亚里士多德道德美学再现》中阐述了这种观点，她虽以古希腊悲剧为例，但认为这适用于所有的媒介呈现（Nussbaum, 2001, 2003; Rorty, 1989）。这里，个人对于"好的、值得称赞的生活"（幸福）的观念和描述，不仅仅是通过认知和抽象学习获取，更重要的是在体验（包括象征性的体验）的基础上通过情感学习获得（Nussbaum, 2001，第十章，插曲2）。生动的媒介呈现近似于生活体验，可能会引起人们对于痛苦和孤独的共鸣（Nussbaum, 2001, 2003; Rorty, 1989）。因此，所有（令人负累的）道德情感（如悲痛、绝望、内疚、后悔等：Nussbaum, 2001，第三章），促进自我的进一步发展（根据心灵净化），它们属于美学体验——至少有存在的可能性。在对娱乐的总体性研究中，在理论建构时，应将美学的作用纳入其中，因为：首先，它很可能作为媒介的一部分被某些用户接受；其次，它也有助于建构道德上（更）有价值的娱乐形式，其中包括识别和确认相关问题、受众的情况，还有媒介的内容和形式。这就是前文提到阐释净化概念时，我们希望做到的。

当人们把科学论述的价值中立暂时放在一边，建构净化、娱乐等概念的理论内涵时——如开篇所言——其中蕴含了这样一个问题，即科学是否负有义不容辞的道德责任来阐释娱乐的理论模型，认为道德净化完全可能通过媒介娱乐重建。

参考文献

Bandura, A. (1965). Influence of models' reinforcement contingencies on the acquisition of imitative responses. *Journal of Personality and Social Psychology, 1*, 589–595.

Bandura, A. (1969). *Principles of behavior modification.* New York: Holt, Rinehart & Winston.

Bandura, A. (1973). *Aggression: A social learning analysis.* Englewood Cliffs, NJ: Prentice Hall.

Bandura, A. (1974). Behavior theory and the models of man. *American Psychologist, 29*, 859–869.

Bandura, A. (1976). Die Analyse von Modellierungsprozessen [Analysis of modeling processes]. In A. Bandura (Ed.), *Lernen am Modell. Ansätze zu einer sozial-kognitiven Lerntheorie* (pp. 9–67). Stuttgart, Germany: Klett.

Bandura, A. (1986). *Social foundations of thought and action: A social cognitive theory.* Englewood Cliffs, NJ: Prentice Hall.

Bandura, A. (1989). Die sozial-kognitive Theorie der Massenkommunikation [Social cognitive theory of mass communication]. In J. Groebel & P. Winterhoff-Spurk (Eds.), *Empirische Medienpsychologie* (pp. 7–32). München, Germany: Psychologie Verlags Union.

Bandura, A. (1994). Social cognitive theory of mass communication. In J. Bryant & D. Zillmann (Eds.), *Media effects: Advances in theory and research* (pp. 61–90). Hillsdale, NJ: Erlbaum.

Bandura, A. (2000). Die Sozial-Kognitive Theorie der Massenkommunikation [Social cognitive theory of mass communication]. In A. Schorr (Ed.), *Publikums- und Wirkungsforschung. Ein Reader* (pp. 153–180). Opladen, Germany: Westdeutscher Verlag.

Baron, R. A., & Richardson, D. R. (1994). *Human aggression* (2nd ed.). New York: Plenum.

Bergler, R., & Six, U. (1979). *Psychologie des Fernsehens. Wirkungsmodelle und Wirkungseffekte unter besonderer Berücksichtigung der Wirkung auf Kinder und Jugendliche* [Psychology of television: Models and effects of impact, most notably on children and adolescents]. Bern, Switzerland: Huber.

Berkowitz, L. (1984). Some effects of thoughts on anti- and prosocial influences of media events: A cognitive- neoassociation analysis. *Psychological Bulletin, 95*, 410–427.

Berkowitz, L. (1993). *Aggression. Its causes, consequences and control.* New York: McGraw-Hill.

Bernays, J. (1858/1970). *Grundzüge der verlorenen Abhandlung des Aristoteles über Wirkung der Tragödie* [Main features of Aristotle's lost essay about the effect of tragedy]. Hildesheim, Germany: Olms.

Bierhoff, H. W., & Wagner, U. (1998). Aggression: Definition, Theorie und Themen [Aggression: Definition, the- ory, and subjects]. In H. W. Bierhoff & U. Wagner (Eds.), *Aggression und Gewalt. Phänomene, Ursachen und Interventionen* (pp. 2–25). Stuttgart, Germany: Kohlhammer.

Blasi, A. (1983). Moral cognition and moral action: A theoretical perspective. *Developmental Review, 3*, 178–210.

Boesch, E. E. (1976). *Psychopathologie des Alltags. Zur Ökopsychologie des Handelns und seiner Störungen* [Ab-normal psychology of everyday life. Toward ecopsychology of action and its disruptions]. Bern, Switzerland: Huber.

Bönke, H. (1989). *Der kathartische Effekt des antiken Dramas auf den modernen Menschen* [The cathartic effect of ancient drama on the modern person]. Unpublished masters' thesis, Ruhr-Universität Bochum, Bochum, Germany.

Bohart, A. C. (1980). Toward a cognitive theory of catharsis. *Psychotherapy: Theory, Research and Practice, 17*, 192–201.

Breuer, J., & Freud, S. (1893/1955). On the psychical mechanism of hysterical phenomena: Preliminary communica- tion. In J. Strachey (Ed. & Trans.), *The standard edition of the complete psychological works of Sigmund Freud* (Vol. 2, pp. 3–17). London: Hogarth Press.

Bullough, E. (1912). 'Psychical distance' as a factor in art and an aesthetic principle. *British Journal of Psychology, 5*, 87–118.

Bushman, B. J. (2002). Does venting anger feed or extinguish the flame? Catharsis, rumination, distraction, anger and aggressive responding. *Personality and Social Psychology Bulletin, 28*, 724–731.

Colby, A., & Kohlberg, L. (1978). Das moralische Urteil: Der kognitionszentrierte entwicklungspsychologische Ansatz [Moral judgement: The cognitive developmental approach]. In G. Steiner (Ed.), *Die Psychologie des 20. Jahrhunderts* (Vol. 7, pp. 348–365). Zürich, Switzerland: Kindler.

Dollard, J., Doob, L., Miller, N. E., Mowrer, H. O., & Sears, R. R. (1939). *Frustration and aggression*. New Haven, CT: Yale University Press.

Eckensberger, L. H., & Emminghaus, W. B. (1982). Moralisches Urteil und Aggression: Zur Systematisierung und Präzisierung des Aggressionskonzeptes sowie einiger empirischer Befunde [Moral judgement and aggression: Toward the systematization and specification of the concept of aggression as well as some empirical results]. In R. Hilke & W. Kempf (Eds.), *Aggression. Naturwissenschaftliche und kulturwissenschaftliche Perspektiven der Aggressionsforschung* (pp. 208–280). Bern, Switzerland: Huber.

Epstein, S. (1984). Controversial issues in emotion theory. *Review of Personality and Social Psychology, 5*, 64–88.

Eron, L. D. (1986). Interventions to mitigate the psychological effects of media violence on aggressive behavior. *Journal of Social Issues, 42*, 155–169.

Eron, L. D., & Huesmann, L. R. (1980). Adolescent aggression and television. *Annals of the New York Academy of Science, 347*, 319–331.

Feshbach, S. (1961). The stimulating versus cathartic effects of a vicarious aggressive activity. *Journal of Abnormal and Social Psychology, 63*, 381–385.

Feshbach, S. (1964). The function of aggression and the regulation of aggressive drive. *Psychological Review, 71*, 257–272.

Feshbach, S. (1989). Fernsehen und antisoziales Verhalten. Perspektiven für Forschung und Gesellschaft [Watching television and antisocial behavior. Perspectives of research and society]. In J. Groebel & P. Winterhoff-Spurk (Eds.), *Empirische Medienpsychologie* (pp. 65–75). München, Germany: Psychologie Verlags Union.

Flashar, H. (1984). Die Poetik des Aristoteles und die griechische Tragödie [Aristotle's poetics and greek tragedy]. *Poetica, 16*, 1–23.

Geen, R. G., & Quanty, M. B. (1977). The catharsis of aggression: An evaluation of a hypothesis. In L. Berkowitz (Ed.), *Advances in experimental social psychology* (Vol. 10, pp. 1–37). New York: Academic Press.

Geen, R. G., & Thomas, S. L. (1986). The immediate effects of media violence on behavior. *Journal of Social Issues, 42*, 7–27.

Gleich, U. (2004). Medien und Gewalt [Media and violence]. In R. Mangold, P. Vorderer, & G. Bente (Eds.), *Lehrbuch der Medienpsychologie* (pp. 587–618). Göttingen, Germany: Hogrefe.

Goranson, R. E. (1970). Media violence and aggressive behavior: A review of experimental research. In L. Berkowitz (Ed.), *Advances in experimental social psychology* (Vol. 5, pp. 2–31). New York: Academic Press.

Groeben, N. (1972). *Literaturpsychologie* [Psychology of literature]. Stuttgart, Germany: Kohlhammer.

Groeben, N. (1999). Fazit: Die metatheoretischen Merkmale einer sozialwissenschaftlichen Psychologie [Conclusion: The metatheoretical attributes of social science psychology]. In N. Groeben (Ed.), *Zur Programmatik einer sozial- wissenschaftlichen Psychologie: Bd. I. Metatheoretische Perspektiven: 2. Halbbd. Theoriehistorie, Praxisrelevanz, Interdisziplinarität, Methodenintegration* (pp. 311–404). Münster, Germany: Aschendorff.

Groeben, N., & Scheele, B. (1977). *Argumente für eine Psychologie des reflexiven Subjekts* [Arguments for a psy- chology of the reflexive subject]. Darmstadt, Germany: Steinkopff.

Groeben, N., & Vorderer, P. (1988). *Leserpsychologie. Lesemotivation—Lektürewirkung* [Psychology of reading. Reading motivation—reading effects]. Münster, Germany: Aschendorff.

Gründer, K. (1968/1991). Jacob Bernays und der Streit um die Katharsis [Jacob Bernays and the argument about cathar- sis]. In M. Luserke (Ed.), *Die Aristotelische Katharsis. Dokumente ihrer Deutung im 19. und 20. Jahrhundert* (pp. 352–385). Hildesheim, Germany: Olms. (Reprinted from *Epirrhosis. Festgabe für Carl Schmitt*, Vol. 2, pp. 495–528, by H. Barion, E.-W. Böckenförde,

E. Forsthoff, & W. Weber (Eds.), 1968, Berlin, Germany: Duncker & Humblot).
Hanly, C. M. (1986). Psychoanalytic aesthetics: A defense and an elaboration. *Psychoanalytic Quarterly, 55*, 1–22.
Hartmann, D. P. (1969). Influence of symbolically modeled instrumental aggression and pain cues on aggressive behavior. *Journal of Personality and Social Psychology, 11*, 280–288.
Heckhausen, H. (1989). *Motivation und Handeln* [Motivation and action] (2nd ed.). Berlin, Germany: Springer.
Herkner, W. (1991). *Lehrbuch Sozialpsychologie* [Textbook in social psychology] (5th ed.). Bern, Switzerland: Huber.
Herzog, W. (1991). *Das moralische Subjekt. Pädagogische Intuition und psychologische Theorie* [The moral subject. Educational intuition and psychological theory]. Bern, Switzerland: Huber.
Huesmann, L. R. (1986). Psychological processes promoting the relation between exposure to media violence and aggressive behavior by the viewer. *Journal of Social Issues, 42*, 125–139.
Huesmann, L. R., & Malamuth, N. M. (1986). Media violence and antisocial behavior: An overview. *Journal of Social Issues, 42*, 1–6.
Janov, A. (1970). *The primal scream*. New York: Putnam.
Jo, E., & Berkowitz, L. (1994). A priming effect analysis of media influences: An update. In J. Bryant & D. Zillmann (Eds.), *Media effects: Advances in theory and research* (pp. 43–60). Hillsdale, NJ: Lawrence Erlbaum Associates.
Klimmt, C., & Vorderer, P. (2004). Unterhaltung als unmittelbare Funktion des Lesens [Amusement as a direct function of reading]. In N. Groeben & B. Hurrelmann (Eds.), *Lesesozialisation in der Mediengesellschaft. Ein Überblick* (pp. 36–60). Weinheim, Germany: Juventa.
Kornadt, H.-J. (1974). Toward a motivational theory of aggression and aggression inhibition: Some considerations about an aggression motive and their application to TAT and catharsis. In J. deWit & W. W. Hartup (Eds.), *Determinants and origins of aggressive behavior* (pp. 567–577). Den Haag, The Netherlands: Mouton.
Kornadt, H.-J. (1982). Grundzüge einer Motivationstheorie der Aggression [Main features of a motivation theory of aggression]. In R. Hilke & W. Kempf (Eds.), *Aggression. Naturwissenschaftliche und kulturwissenschaftliche Perspektiven der Aggressionsforschung* (pp. 86–111). Bern, Switzerland: Huber.
Kornadt, H.-J., & Zumkley, H. (1992). Ist die Katharsis-Hypothese endgültig widerlegt? [Has the catharsis theory been conclusively disproved?]. In H.-J. Kornadt (Ed.), *Aggression und Frustration als psychologisches Problem* (Vol. 2, pp. 156–223). Darmstadt, Germany: Wissenschaftliche Buchgesellschaft.
Kroetz, F.-X. (1986). Der Nusser. Uraufführung [world premiere].
Kunczik, M. (1982). Aggression und Gewalt [Aggression and violence]. In H. J. Kagelmann & G. Wenninger (Eds.), *Medienpsychologie. Ein Handbuch in Schlüsselbegriffen* (pp. 1–8). München, Germany: Urban & Schwarzenberg.
Langholf, V. (1990). Die "kathartische Methode." Klassische Philologie, literarische Tradition und Wissenschaftstheorien in der Frühgeschichte der Psychoanalyse [The cathartic method. Classical philology, literary tradition, and philosophy of science in the early developments of psychoanalysis]. *Medizinhistorisches Journal, 25*, 5–39.
Lessing, G. E. (1768/1988). *Gesammelte Werke in 5 Bänden* [Collected works in 5 volumes], Bd. 4. Hamburgische Dramaturgie. Berlin, Germany: Aufbau Verlag.
Leuzinger, P. (1997). *Katharsis. Zur Vorgeschichte eines therapeutischen Mechanismus und seiner Weiterentwicklung bei J. Breuer und in S. Freuds Psychoanalyse* [Catharsis. On the prehistory of a therapeutic mechanism and its advancement in J. Breuer and S. Freud's psychoanalysis]. Opladen, Germany: Westdeutscher Verlag.
Lorenz, K. (1963). *Das sogenannte Böse. Zur Naturgeschichte der Aggression* [On aggression]. Vienna: Borotha-Schoeler.
Lukesch, H., & Schauf, M. (1990). Können Filme stellvertretende Aggressionskatharsis bewirken? [Can movies cause vicarious aggression catharsis?]. *Psychologie in Erziehung und Unterricht, 37*, 38–46.
Luserke, M. (Ed.). (1991). *Die Aristotelische Katharsis. Dokumente ihrer Deutung im 19. und 20. Jahrhundert* [The peripatetic catharsis. Documents of interpretation in the 19th and 20th century]. Hildesheim, Germany: Olms.
Maill, D. S., & Kuiken, D. (2002). A feeling for fiction: Becoming what we behold. *Poetics, 30*, 221–241.
Meyer, U.-W., & Reisenzein, R. (1996). [Emotion]. In G. Strube together with B. Becker, C. Freksa, U. Hahn, K. Opwis, & G. Palm (Eds.), *Wörterbuch der Kognitionswissenschaft* (pp. 139–141). Stuttgart: Klett-Cotta.
Möller, H.-J. (1981). Katharsis [Catharsis]. In. H.-J. Möller (Ed.), *Kritische Stichwörter zur Psychotherapie* (pp. 184–192). München, Germany: Fink.
Montada, L. (2002). Moralische Entwicklung und moralische Sozialisation [Moral development and moral socialization]. In R. Oerter & L. Montada (Eds.), *Entwicklungspsychologie* (5th ed., pp. 619–647). Weinheim, Germany: Beltz.
Mummendey, A. (1983). Aggressives Verhalten [Aggressive behavior]. In H. Thomas (Ed.), *Enzyklopädie der Psychologie: Themenbereich C Theorie und Forschung, Serie IV Motivation und Emotion, Band 2 Psychologie der Motive* (pp. 321–439). Göttingen, Germany: Hogrefe.
Mummendey, A., & Otten, S. (2002). Aggressives Verhalten [Aggressive behavior]. In W. Stroebe, K. Jonas, & M. Hewstone (Eds.), *Sozialpsychologie. Eine Einführung* (4th ed., pp. 350–380). Berlin, Germany: Springer.
Nichols, M. P., & Efran, J. S. (1985). Catharsis in psychotherapy: A new perspective. *Psychotherapy, 22*, 46–58.
Nichols, M. P., & Zax, M. (1977). *Catharsis in psychotherapy*. New York: Gardner.
Nussbaum, M. C. (2001). *The fragility of goodness. Luck and ethics in greek tragedy and philosophy* (Rev. ed.). Cambridge, UK: Cambridge University Press.

Nussbaum, M. C. (2003). *Upheavals of thought. The intelligence of emotions.* Cambridge, UK: Cambridge University Press.

Parke, R.D., Berkowitz, L., Leyens, J. P., West, S., & Sebastian, R. J. (1977). Some effects of violent and nonviolent movies on the behavior of juvenile deliquents. In L. Berkowitz (Ed.), *Advances in experimental social psychology* (Vol. 10, pp. 135–172). New York: Academic Press.

Peper, D. (1981). *Aggressive Motivation im Sport: Literaturanalyse, Theoriebildung und empirische Felduntersuchung zum Katharsis-Problem* [Aggressive motivation in sport: Analysis of the literature, theory formation and empirical field inquiry about the catharsis problem]. Ahrensburg, Germany: Czwalina.

Pohl, K. (1987). Hunsrück. Uraufführung [world premiere].

Pohlenz, M. (1956). Furcht und Mitleid? [Pity and fear]. *Hermes, 84*, 49–74.

Rorty, R. (1989). *Contingency, irony, and solidarity.* Cambridge, UK: Cambridge University Press.

Rule, G. B., & Ferguson, T. J. (1986). The effects of media violence on attitudes, emotions, and cognitions. *Journal of Social Issues, 42*, 29–50.

Schadewaldt, W. (1955). Furcht und Mitleid? Zur Deutung des Aristotelischen Tragödienansatzes [Pity and fear? On the interpretation of the peripatetic approach to tragedy]. *Hermes, 83*, 129–171.

Scheele, B. (1990). *Emotionen als bedürfnisrelevante Bewertungszustände. Grundriß einer epistemologischen Emo- tionstheorie* [Emotions as need-relevant appraisal states. Outline of an epistemological theory of emotions]. Tübingen, Germany: Francke.

Scheele, B. (1999). Theoriehistorische Kontinuität: Lernen von Aggression oder Möglichkeiten zur Katharsis?! [Theoretical continuity: Learning from aggression or possibilities for catharsis?]. In N. Groeben (Ed.), *Zur Programmatik einer sozialwissenschaftlichen Psychologie. Bd. I: Metatheoretische Perspektiven. 2. Halbbd.: Theoriehistorie, Praxisrelevanz, Interdisziplinarität, Methodenintegration* (pp. 1–83). Münster, Germany: Aschendorff.

Scheele, B. (2001). Back from the grave: Reinstating the catharsis concept in the psychology of reception. In D. Schram & G. Steen (Eds.), *The psychology and sociology of literature: In honor of Elrud Ibsch* (pp. 201–224). Amsterdam: Benjamins.

Scheele, B. (2003). Rationale Gefühle [Rational feelings]. In N. Groeben (Ed.), *Zur Programmatik einer sozialwis- senschaftlichen Psychologie. Bd. II: Objekttheoretische Perspektiven. 2. Halbbd.: Situationsbezug, Reflexivität, Rationalität, Theorieintegration* (pp. 233–272). Münster, Germany: Aschendorff.

Scheff, T. J. (1983). *Explosion der Gefühle. Über die kulturelle und therapeutische Bedeutung kathartischen Erlebens* [Catharsis in healing, ritual, and drama]. Weinheim, Germany: Beltz. (Original work published 1979)

Scheff, T. J., & Bushnell, D. D. (1984). A theory of catharsis. *Journal of Research in Personality, 18*, 238–264.

Scherer, K. R., Schorr, A., & Johnstone, T. (2001). *Appraisal processes in emotion. Theory, methods, research.* New York: Oxford University Press.

Schiller, F. (1801). Die Schaubühne als eine moralische Anstalt betrachtet [The stage regarded as a moral institution]. *Kleinere prosaische Schriften, 4. Teil*, 719–721.

Schneider, K., & Schmalt, H. D. (1994). *Motivation* [Motivation] (2nd ed.). Stuttgart, Germany: Kohlhammer.

Selg, H. (1992). Ärger und Aggression [Anger and aggression]. In U. Mees (Ed.), *Psychologie des Ärgers* (pp. 190–205). Göttingen, Germany: Hogrefe.

Selg, H., Mees, U., & Berg, D. (1997). *Psychologie der Aggressivität* [Psychology of aggression] (2nd ed.). Göttingen, Germany: Hogrefe.

Symonds, P. (1954). A comprehensive theory of psychotherapy. *American Journal of Orthopsychiatry 24*, 697–712.

Vorderer, P. (1992). *Fernsehen als Handlung. Fernsehfilmrezeption aus motivationspsychologischer Perspektive* [Tele-vision as action. Watching TV movies from a motivational perspective]. Berlin, Germany: Edition Sigma.

Vorderer, P. (2004). Unterhaltung [Entertainment]. In R. Mangold, P. Vorderer, & G. Bente (Eds.), *Lehrbuch der Medienpsychologie* (pp. 543–564). Göttingen, Germany: Hogrefe.

Vorderer, P., & Weber, R. (2003). Unterhaltung als kommunikationswissenschaftliches Problem. Ansätze einer kon- nektionistischen Modellierung [Entertainment as a problem for communications. Towards a connectionist model]. In W. Frueh & H.-J. Stiehler (Eds.), *Theorie der Unterhaltung. Ein interdisziplinärer Diskurs* (pp. 136–159). Köln, Germany: Halem.

Zillmann, D. (1988). Mood Management: Using entertainment to full advantage. In L. Donohew, H. E. Sypher, & E. T. Higgins (Eds.), *Communication, social cognition, and affect* (pp. 147–171). Hillsdale, NJ: Lawrence Erlbaum Associates.

Zillmann, D. (1994). Mechanisms of emotional involvement with drama. *Poetics, 23*, 33–51.

Zillmann, D. (1996). The psychology of suspense in dramatic exposition. In P. Vorderer, H. J. Wulff, & M. Friedrichsen (Eds.), *Suspense: Conceptualizations, theoretical analyses, and empirical explorations* (pp. 199–231). Mahwah, NJ: Lawrence Erlbaum Associates.

Zillmann, D., Bryant, J., & Sapolsky, B. S. (1979). The enjoyment of watching sport contests. In J. H. Goldstein (Ed.), *Sports, games, and play* (pp. 297–335). Hillsdale, NJ: Lawrence Erlbaum Associates.

Zumkley, H. (1978). *Aggression & Katharsis* [Aggression & catharsis]. Göttingen, Germany: Hogrefe.

第二十四章 娱乐的进化视角

彼得·奥勒

格希尔德·尼丁

在传媒理论和传播研究中,解释媒介娱乐作用(如,Steen & Owens, 2001; Schwender, 2001; 以及本书中沃德勒等撰写的章节)时,我们越来越倾向于使用进化论。但是我们享受娱乐(以及娱乐他人)的行为是存在于物种适应性选择中的,抑或选择行为的进化论的副产品,这一点仍旧需要进一步探究。但是,即使享受欢乐是我们种族的适应性功能,但是哪种选择压力产生这种适应仍旧不得而知。不同文化对于娱乐的不同选择是自然选择力量(Darwin, 1859/1995)引起的,还是与更复杂的性爱选择(Darwin, 1871)相联系,哪种更合理呢?本章我们进一步梳理关于这个问题的争论。我们将简要介绍一些进化生物学知识,包括对性选择的评论,之后简述进化心理学,最后讨论娱乐进化起源的三种进化取向。

进化生物学理念

达尔文(Charles Darwin, 1859/1995)自然选择事实的经典假设仍是进化心理学的主要基础。达尔文的论点包括:1)物种个体数量的增长快于现有能获取的资源(马尔萨斯理论,1826);2)物种个体在结构和行为特征方面差异很大;3)这些差异能够得到遗传;以及4)如果物种个体在资源获取中获得的竞争优势是由差异引发,那么物种差异会提升物种的繁殖机会,同时这种差异会在种族和亚群之间逐渐增大。在现代进化生物学中,个体繁殖成功,包括繁殖后的生存能力,或称为健康。达尔文自然选择理念与繁殖健康相同,有时候也被称作达尔文式健康。

对健康的经典取向(有确切的缺陷)的重要修正来自汉密尔顿(Hamilton, 1964a, 1964b)。整合健康是所有直接健康(即有机物的繁殖成功)和间接健康(和有机物基因相联系物种的繁殖成功)的总和。个体繁殖成功本身和个体基因生存相关,也和影响其亲属繁殖成功的因素相关。

性选择理论

现代理论家区分了自然选择与性选择（Miller, 2000）。自然选择让个体能够保持最佳健康状态，从而存活下来并且在繁殖期结束之前能够繁殖，而性选择则让个体能够保持最佳健康状态，选择具有最佳基因的性伴侣来繁殖后代。特里弗斯（Trivers, 1971, 1972）提出的"亲代投资理论（parental investment theory）"解释了造成男性和女性短期和长期交配策略差异的性选择状态（Buss, 1999; Buss & Schmitt, 1993）。该理论可以看作达尔文（Charles Darwin, 1871）理论的解释，并且预测在选择伴侣（例如人类的女性）时，涉及抚养后代的性行为投入资源会更多，而在接近异性成员时，同性成员之间的性竞争会更激烈（例如男性）。

性选择和自然选择的差异还在于前者会导致物种基因构成变化加快。造成这种快速变化的机制最早由费希尔（Fisher, 1930）提出并且被称为"失控性选择"，而产生的这些变化被称为"性装饰"，现代孔雀的祖先是最佳例子。

在原始孔雀种群中，不同的雄性孔雀有长度不一和颜色各异的尾巴，但雄性和雌性之间没有显著差异。由于雄性在抚育后代上不需要投入任何精力，因此性选择主要由雌性决定。在这种情况下，如果出现一只突变的雌孔雀，那么它更倾向于选择有更长和更鲜艳尾巴的雄孔雀，失控性选择过程可能就会开始。该雌孔雀只会和有比自己更长和更鲜艳尾巴的雄孔雀交配。如果父母的有长且鲜艳尾巴的特征被雄性后代继承，而对雄性孔雀的性选择偏好被雌性后代继承，那么所有雄性后代都会有高于平均长度的尾巴，而所有雌性后代都会遗传其母亲的性选择偏好。因此在新的后代中，能长长且鲜艳尾巴的基因和雌性性选择偏好基因至少会在少数后代中传播。

费希尔（Fisher, 1930）理论的最重要洞见在于，这种特定基因传播过程会通过积极反馈得以循环并且快速传播（Iwasa & Pomiankowski, 1995）。因为雄性拥有长且鲜艳羽毛的特征和雌性性选择偏好被继承下来，这两个特点之间的基因关系得以建立。雄性后代不仅会生育具有更长和更鲜艳羽毛的雄性后代，也会生育具有性选择偏好的雌性后代；而雌性后代会生育具有性优点的雄性后代和具有性选择偏好的雌性后代。这些后代中，更多雌性会有性选择偏好，更鲜艳的羽毛会提升雄性的性吸引力。因此他们交配频率会高于正常频率，且性偏好会一直保留在整个物种的基因库中。通过这个过程，雄性的尾巴会变得更长和更鲜艳，直至雄性和雌性展现清晰的性二态，而雄性尾巴已经变成了性装饰。

如果自然选择（例如对优点的精力投入、逃离捕猎者的能力）引起的劣势和交配机会的优势相抵消，那么这个过程仅在二者抵消到了某种程度才会停止。

进化生物学理念能够满足人类认知进化心理学的需求，也可以满足物种的情绪和动机修饰需求。

进化心理学简介

进化心理学，有时也被称作达尔文心理学（Plotkin, 1994），是现代进化生物学和现代（认知）心理学的综合。在康施迈茨和图比（Cosmides & Tooby, 1997）的版本中，进化心理学被看成是自然选择决定的信息处理机制。这些机制的互动组成了人类大脑的认知结构。

康施迈茨和图比（Cosmides & Tooby, 1997）认为，人脑像生物计算机（biocomputer）一样工作，并且其神经回路产生各种行为，这些行为会适应特定环境。而神经回路是由自然选择过程所设定的，同时这些过程也是适应性问题的解决办法。适应性解决方案通常出现在物种进化历史中，通常也是反复出现的方案（Cosmides & Tooby, 1994）。只有一些高级（综合）神经回路的产物才能够被有意识地处理，而大部分神经过程会自发处理。不同的神经回路能够解决特定适应性问题，而解决办法只能够通过非常特定并且具有显著功能的机制才能完成（Cosmides & Tooby, 1994; Tooby & Cosmides, 1992）。这些特定组块会提升融合适应性，但是有些只适应某个区域的东西并不一定能适应另一个区域，为了解决这一问题，很多特定区域的显著组块得以进化。

在上述基础上，我们可以区分进化心理学的两种主要类型。进化心理学的经典形式假设现代人类的认知结构和社会—情感相结合，在2万至3万年前的非洲大草原这样的适应性环境中进化成了当代形式（Cann, Stoneking & Wilson, 1987），当时，物种作为捕猎者和收集者生存（如，Barkow, Cosmides & Tooby, 1992）。但是这种取向没有考虑到约4万年前至今物种的文化提升（例如颅顶艺术和携带艺术，参见Conkey, 1999）基本是现代人类认知结构产生的结果。在更新世，确保捕猎者和收集者生存的认知结构现在仍旧有效。进化方面（模仿、继承和选择的变化）没有足够时间来完全改变现代人的认知结构，因此，这种文化不会影响我们思考的方式。

进化心理学的另一种类型倾向于采取一种共同进化取向，认为大脑和文化之间有紧密联系，而这种联系在过去四五万年中促进了人类进化（Donald, 1991; 2002）。现代人类的高度社会化大脑能够使用外部事物（比如颅顶艺术和写作发展）作为文化战略来提升记忆和问题解决能力。人类解剖结构和行为似乎在5万年前开始慢慢进化；此后，解剖结构一直未变，但是行为却快速发展（包括文化传统和媒介使用），可能这种变化是由突变导致的（Klein & Blake, 2002）。

进化与娱乐

娱乐的进化起源主要有三个理论基础。休闲时光取向（leisure-time approach）认为，人类娱乐喜好并非适应性功能而是物种其他适应行为的进化的副产品。另外两种观点认为，娱乐偏好是一种适应性功能：其中一种认为娱乐是人类性选择过程中的一种功能（Miller, 2000），而另一种观点则包含多种取向，认为娱乐是游戏的延伸之物（如，Steen & Owens, 2001; Vorderer, 2001）。

休闲时光取向

齐尔曼（Zillmann, 2000）认为娱乐是在生存需求实现之后剩余休闲时光的产物。他认为只有原始人的休闲时光积累到一定程度才能有娱乐的发展。很多物种会一直为生存奔波，但是一些捕猎物种有休闲时光且通过打盹消磨掉，也有其他物种会使用休闲时光来玩耍。在齐尔曼的概念中，动物游戏似乎具有为成年个体提供必需、有用技能的作用（Groos, 1989; Smith, 1982）。在这种理念里，游戏等同于与生存相关的行为实践。

工具使用、社会组织和劳动分工并未带来足够的休闲时间。或者在现代人类产生之前，原始族群中的种族都会通过工作来获取生存物资。在原始族群中，组织性狩猎、工具使用、火使用、交际技能的提升，并达到一定程度之后，特定物种综合以上特征，快速获得生存所需的必备资源。因此，他们有很多休闲时间。

所有娱乐活动都有相同作用，更新世的篝火、古代派对、古希腊戏剧等有相同作用，这些活动帮助个体打发休闲时光。现代娱乐形式也有同样的作用，例如看电视或者打互动电脑游戏。所有这些娱乐活动在结构和作用方面都有共同点（例如对演员、接受者或者玩家而言都能带来自我奖励），如果娱乐活动具有能够使人获得适应性的功能，那么这种共同点便会存在。适应性，例如交配行为或者游戏，在不同历史时期和文化中非常一致，但是进化副产物可能就没有这些作用。如果娱乐只是其他适应性行为进化的副产品，正如休闲时光取向所认为的，其他文化和历史差异形式的活动可以建立休闲时间，但实际并非如此，而这也是休闲时光取向的基本缺陷。

娱乐作为性选择

人类的失控性选择

米勒（Miller, 2000）使用费希尔（Fisher, 1930）提出的失控性选择观点，来重现原始人大脑的进化。在过去170万年内，原始人大脑的大小至少增加了两倍（Holloway, 1999），并且整个人类特定特征，诸如语言、创造性智能、幽默感、音乐以及艺术，在大脑增长时期也得到了快速发展。失控性选择的一个模式是一夫多妻制：一些性成熟的雄性经常与超过一个性成熟雌性交配。因此，未定原始族群的雄性，例如直立人，在"创造性智能（creative intelligence）"特征方面有所差异。一些雌性可能会通过突变发展出对智力创造性的偏好。在基因遗传方面，有更高智力创造性价值的雄性能够吸引更多性伴侣，交配频率更高，因此会生育更多后代。如果父母的平均创造性智能被每个雄性后代所继承，并且对雄性的偏好被每个雌性后代所继承，那么所有雄性后代都会有高于平均值的创造性智能，而所有雌性后代也会有和自己母亲一样的喜好。和孔雀尾巴类似，创造性智能未来在性优势和性偏好方面的展示会在后代中传播，直至这些特点在基因池中固定下来。这种观点认为，大脑，尤其是雄性的大脑，只是像孔雀尾巴一样的性装饰，并且不会出现适应性行为。雌性大脑则至少有一种适应性功能：在一群吸引自己的雄性之中选择最有趣的雄性。

创造性智能（雄性）以及认识和评价这种智力的认知功能（雌性）的发展，与性别中的大脑增长有关。这表明原始人类的大脑发展是失控性选择的结果，并由积极反馈过程引发。

米勒（Miller, 2000）的研究表明，这只是整个问题的一小部分。原始人类大脑发展太慢以至于不能成为失控过程的副产品。人类男性和女性大脑的二态性，不仅在于大脑大小及其作用，也在于解剖结构特征，太小以至于不能成为失控过程的副产品。并且就我们目前所知，我们的祖先也或多或少存在一夫多妻的情况，但是没有孔雀、海象以及大猩猩等物种的程度深。

作为健康因素的创造性智能

米勒认为，人类的创造性智能关乎健康因素，即"在求偶和交配期间进化的适应性宣告个体的健康……"（Miller, 2000, p.439）。性装饰也是健康因素。有亮丽羽毛的雄孔雀向雌孔雀展示自己的强大和健康，并且让雌孔雀了解自己能够为性提供足够资源。不是那么健康的行为也可以作为健康因素。查赫威（Zahevi, 1975）引入残疾理念来解释健康因素的可靠性。他们必须有高成本，以至于处于劣势的个体无法完成这些行为，并且个体无法伪装出这些行为。

这种理念被运用在人类大脑的研究中并被米勒定义为"健康大脑理论"（Miller, 2000, p.104）。我们的大脑只能在良好状况下产生大量创造性智能的信号。米勒的研究显示，"健康大脑理论认为人类大脑是健康因素的集合：自荐者喜欢艺术、音乐以及幽默，并且在求偶时尽自己最大努力来完成他们认为最重要的交易"（Miller, 2000, p.105）。

装饰思维理论

谈及象征健康和生育力的健康因素，进化心理学取向（如，Buss, 1999; Pinker, 1997）主要关注脸部或者身体的外部特征（Gangestad & Thornhill, 1997; Singh & Young, 1995）。但公认的是，人类交配与个体的整个心理、社会以及身体特征相关（Buss,

1999），这也是米勒理论的优点，强调"我们很多心理优点也是从健康因素进化而来的"（Miller, 2000, p.106）。

装饰思维理论的中心思想由人类思维通过性选择进化而来，可能从失控过程开始，作为健康因素结束。人类思维包括一系列娱乐系统，用于在求偶期间吸引异性。康施迈茨和图比（Cosmides & Tooby, 1994）将适应性思维（拥有明显模块）比作瑞士军刀（拥有明显工具），米勒（Miller, 2000）则将其比作娱乐公园。将这个主题进一步隐喻化：在人类文化摇篮中存在一个娱乐者。

这种理论并不认为两种性别在失控选择取向方面有太大差异。雄孔雀只需要有亮丽的尾巴，而不需要雌孔雀对亮丽尾巴有偏好。如果性装饰没有完全成熟而只发生在发育（作为装饰性思维的产物）期间，情况又会有所不同。为了讲述娱乐故事或者产生令人欣赏的艺术作品，就必须融入接受者的美学喜好。因此该理论预测，两种性别在美学品位而不是失控取向方面更具有相似性。但是，与其他取向一样，该理论认为雄性在娱乐表现方面有更多产出。

米勒的研究显示，人类快乐偏好以及娱乐必备的创造性智能会"通过作为对抗无聊活动的性选择"得以进化（Miller, 2000, p.412）。在现代人类社会中，存在帮助我们使约会对象开心的产业，但是这并不能替代个体在求偶游戏中的娱乐努力。

> 我们可以（间接）给好莱坞编剧付款让意中人开心。但是我们的祖先无法做这件事，而且现在也没有必要做这件事了。如果看电影后，我们感到无聊，约会对象可能会说自己享受了快乐时光，但是我们还是做朋友吧。我们无法购买爱情。我们只能激发爱情，部分要借助一些创造性展示方式，幽默是首要选择（Miller, 2000, p.418）。

作为游戏的娱乐

斯蒂芬森（Stephenson, 1988）认为，大众传媒的接受应该是受众的主观娱乐所致。沃德勒（Vorderer, 2001）认为，娱乐经历和玩耍经历有很多共同处，因此娱乐可以被当作玩耍的形式得以重建。斯蒂恩和欧文斯（Steen & Owens, 2001）认为，从文化方面看，媒介娱乐是伪装的一种显著形式，并且是由假装游戏的认知适应进化而来。科勒（Ohler）和尼丁（Nieding）认为，发生在5万年前的大规模现代人口增长可以被看作游戏模块和媒介机会（当时的情况，包括壁画和便携式艺术）之间互动的结果。如果上述观点有效的话，游戏确实是现代传媒娱乐的基石。因此，我们需要进一步考察游戏行为的进化。

动物和人类游戏理论

游戏进化理论的起点不仅仅是现代年轻人会展现游戏行为，其他物种中的年轻个体也会有这些行为（Bekoff & Byers, 1998; Burghardt, 1998）。这意味着"游戏"行为系统存在的时间早于现代人类存在的时间，在几百万年前原始人出现时这个概念就已经存在了。

人类游戏行为多样性认知理论（BD-PC理论，Ohler, 2000）的基本假设是游戏行为在进化中被选择，这是由于它能够产生行为多样性。脊椎动物中出现突变主要是由于这些有趣行为能够产生跨越行为系统（例如打架、飞行、捕猎、营养、繁殖；Bekoff, 1995）边界的随机结果。有这种行为特征的物种个体比该物种其他个体更容易地检索一系列行为。如果该物种在进化适应环境内有多变特征——而这些变化可以在行为层面获得回应——那么这些个体在健康方面存在优势，并且繁殖成功率更高。在很多代人之后，游戏行为会存在于该种族的基因库中。

神经回路和控制机制会产生游戏行为，其现在也是物种心理结构的一部分。所有个体都有显著游戏模块（Cosmides & Tooby, 1994）。这种行为总是在特定环境刺激下产生，和进化适应环境中的适应性问题相类似。因此，这些个体会执行跨越行为系统边界的典型结合行为序列。

我们将在进化的时间段内进行跳跃。即使在有高度发展认知系统的物种中，也保存有进化的游戏机制，这在犬齿类哺乳动物中体现出来（Bekoff, 1998; 1995）。与最初游戏者的情况相反，现在的游戏模块不再局限于在行为控制回路中运行，也可以在认知模块中运行。

在表征系统进化到这个节点时，任何种族的个体都不能表征图像化实体。所有种族都只能基于初级表征（Leslie, 1987; Perner, 1991）来开展认知活动。初级表征总是直接或者间接地（通过仍旧存在的线索）与表征的有机物联系在一起。初级心理表征的内容总是与表征有机物中可获取的实体相联系。

之后出现了一个种族——或者是人类、猩猩的共同祖先或者原始人类祖先——占有认知结构并且能够表征新的心态。在这种情况下，游戏模块使表征系统中出现量子变化。一旦这些个体激活了能够引发初级游戏的模块，其能够以固定方式运作。这会迫使认知系统中激活部分的每一个单元与其他单元相结合，而初级表征中各单元的系统结合能够引发符号功能的出现，而之前我们对此毫不知情。因此，不同元素之间的新型关系得以建立：一种心理元素可以表征另一种心理元素。而现在，能够被表征的实体只能存在于想象之中。次级表征（Povinelli, 1998; Perner, 1991）存在于所有认知努力的基础上，并且使假设以及/或者反现实思维（Mitchell & Riggs, 2000）成为可能。

这意味着游戏模块推进了量子首次跳跃到种系发生学的次级表征，一些学者认为这是人类和所有其他灵长类动物之间的本质区别（Gardenfors, 1995; Povinelli, 1998）。原始状态的新表征系统能力十分小，只有初级预期计划才具有可能性。但是，对于有这种系统的个体，他们能够在认知上有行为选择的可能性，而不仅仅是随机选择并且根据尝试来盲目行动。如果这使得个体在出生到生育过程中至少避免一次悲剧，个体的直接健康会大大提高。同样，在几代时光之后，这种特征会固化在种族的基因库中，因此所有成员都能够有次级心理表征。

这意味着在人类12至13个月大的时候，早期伪装游戏一开始就存在于心理层面，并且在心理层面的次级心理表征得以实现。即使在个体发育之后的游戏形式中，例如建设性游戏、社会游戏以及遵循规则的游戏（例如电脑或者视频游戏）中，这种由游戏模块引发的活动组合多样的深度结构仍在发挥作用。但是一旦这些作用开始发生，不同的游戏形式会产生不同的浅层表现（Ohler, 2000）。

游戏与娱乐

游戏进化理论也可以被用在媒介使用环境中建构娱乐体验模型。如果我们能够给媒介下定义，那么最简短的定义可以是：媒介是通过象征系统组织的外部表征系统（Ohler & Nieding）。组织各种不同媒介的象征系统可以用有两端的轴来呈现。一端是在书面语言中使用的休闲符号（例如小说），而另一端是概念象征系统（Barsalou, 1999）。现今新媒介大部分是通过现实环境中概念象征系统得以组织的（Biocca, 1997）。电视、电影、电脑游戏都是通过象征系统组织的，并且主要存在于组织小说和现实的象征系统的两端之间。

媒介大约出现在四五万年之前，这使得人们可以使用这些外部表征来产生物质和社会环境的选择性。初级心理表征能够从这种可能性中获利，因为其能够免于信息削减。同时，次级心理表征的全新平台也得以出现。在这个进化节点上，引发初级假定活动的游戏模块成为认知系统的决定部分，并且使得原始人文化中出现了模仿和虚构文化（Donald, 1991; 1992）。上述文化中的个体能够使用非常复杂的情节在心理上建构叙事，并且在口头交际中与他人分享。所有这些伪装或者使人相信的活动现在仍旧需要大量的脑力劳动。

随着第一代媒介的出现，这种情况有极大的改变。媒介的出现，使外部和次级心理表征之间的新型复杂互动成为可能。媒介提供了减少工作量的框架来反映想象的世界，并且通过这样做，它们卸下了想象过程模块的大部分压力。这样的话，期待视野控制成为可能，如果某人不需要将世界上所有话语元素记在自己脑海里，他/她可能会自由地思考这个问题"如果出现，会发生什么？"

不同媒介会产生对世界话语不同元素的外部化表征，这也是一些媒介在认知方面比另一些媒介更强势的深层原因（Salomon, 1984）。尽管存在这种差异，所有媒介的相似性在于：它们不仅仅能够表征潜在可能的世界（Bruner, 1987；以及本书中Vorderer撰写的章节），还可以根据特定媒介象征系统来组织这种潜在世界。这使认知系统中的想象部分，能够基于媒介以及潜在世界的其他方面，例如文体和内容，来经历不同种类的尝试。这至少是媒介娱乐经历中一个重要的认知基础。

如果媒介框架使得接受者可以将其认知系统转化成更具游戏性的模式，也就是进化术语提到的游戏模块激活，那么这会给自己带来好处，因为大部分进化的功能都能够给自我带来利益。这是媒介娱乐接受者的一个动机基础。

结　　论

本章呈现了娱乐进化的三种不同取向。一种认为娱乐是进化活动的副产品（休闲时光取向），而其他两种取向则认为娱乐作为适应性功能：一种使用性选择的解释模式（装饰思维理论），而另一种则使用游戏模块的自然选择，并且尝试重构它在人类生存后期阶段的地位。

如果使用不同取向来解释一个问题，那么任何取向都无法单独呈现大的环境。休闲时光是思维对性选择过程中求偶行为的一种反映。但是，休闲时光对玩耍而言也十分必要，这不仅针对种族的年轻人（这是人类种族的特点之一）。米勒（Miller, 2001）将交配思维描述成游戏思维。因此，游戏模块中的一些东西能够引发特定人类求偶行为也很有可能。因为经典的游戏取向[认为游戏是身体练习（Smith, 1992）或者成人技能的前练习（Groos, 1899; 1901）]被多样性认知理论所取代，前者将最终消失。真的是自然选择形成了游戏特征，还是寻找对象的选择压力使得物种有了有趣的游戏行为？多样性认知理论认同这种可能性（Ohler, 2000）。

尽管大环境依旧不明朗，视进化取向为工具来考察，似乎受文化影响的媒介娱乐这一现象仍具有合理性。

参考文献

Barkow, J. H., Cosmides, L., & Tooby, J. (Eds.). (1992). *The adapted mind. Evolutionary psychology and the generation of culture.* New York: Oxford University Press.

Barkow, J. H. (2001). Universalien und evolutionäre Psychologie [Universals and evolutionary psychology]. In: P. M. Hejl (Ed.), *Universalien und Konstruktivismus. Delfin 2000* (pp. 126–138). Frankfurt, Germany: Suhrkamp.

Barsalou, L. W. (1999). Perceptual symbol systems. *Behavioral and Brain Sciences, 22,* 577–660.

Bekoff, M. (1995). Play signals as punctuation: The nature of social play in canids. *Behaviour, 132,* 419–429.

Bekoff, M. (1998). Playing with play: What can we learn about cognition, negotiation, and evolution? In D. D. Cummins & C. Allen (Eds.), *The evolution of mind* (pp. 162–182). Oxford, England: Oxford University Press.

Bekoff, M., & Byers, J. A. (Eds.). (1998). *Animal play: Evolutionary, comparative, and ecological perspectives.* Cambridge, England: Cambridge University Press.

Biocca, F. (1997). The cyborg's dilemma: Progressive embodiment in virtual environments. *Journal of Computer Mediated Communication [Online serial], 3*(2).

Bruner, J. (1987). *Actual minds, possible worlds.* Cambridge, MA: Harvard University Press.

Burghardt, G. M. (1998). Play. In G. Greenberg & M. M. Haraway (Eds.), *Comparative psychology. A handbook* (pp. 725–735). New York: Garland Publishing.

Buss, D. M. (1999). *Evolutionary psychology. The new science of the mind.* Boston: Allyn and Bacon.

Buss, D. M., & Schmitt, D. P. (1993). Sexual strategies theory: An evolutionary perspective on human mating. *Psychological Review, 100,* 204–232.

Cann, R. L., Stoneking, M., & Wilson, A. C. (1987). Mitochondrial DNA and human evolution. *Nature, 325,* 31–36.

Conkey, M. W. (1999). A history of the interpretation of European 'palaeolythic art': magic, mythogram, and metaphors for modernity. In A. Lock & C. R. Peters (Eds.), *Handbook of human symbolic evolution* (pp. 288–349). Oxford, England: Blackwell Publishers.

Cosmides, L., & Tooby, J. (1994). Origins of domain specifity: The evolution of functional organization. In L. A. Hirschfeld & S. A. Gelman (Eds.), *Mapping the mind. Domain specifity in cognition and culture* (pp. 85–116). New York: Cambridge University Press.

Cosmides, L., & Tooby, J. (1997). *Evolutionary Psychology: A Primer.* Retrieved July 21, 2001, from http://www.psych.ucsb.edu/research/cep/primer.html

Darwin, C. (1871). *The descent of man, and selection in relation to sex. 2 vols.* London: John Murray.

Darwin, C. (1859/1995). *On the origins of species. A facsimile of the first edition (14th ed.).* Cambridge, MA.: Harvard University Press.

Donald, M. (1991). *Origins of the modern mind. Three stages in the evolution of culture and cognition.* Cambridge, MA: Harvard University Press.

Donald, M. (2002). *A mind so rare: The evolution of human consciousness.* New York: Norton & Company.

Fisher, R. A. (1930). *The genetical theory of natural selection.* Oxford, England: Clarendon Press.

Gangestad, S. W., & Thornhill, R. (1997). Human sexual selection and developmental stability. In J. A. Simpson & D. T. Kenrick (Eds.), *Evolutionary social psychology* (pp. 169–195). Mahwah, NJ: Lawrence Erlbaum Associates.

Gärdenfors, P. (1995). Cued and detached representations in animal cognition. *Lund University Cognitive Studies (LUCS), 38.*

Groos, K. (1899). *The play of animals.* New York: Appleton.

Groos, K. (1901). *The play of man.* New York: Appleton.

Hamilton, W. D. (1964a). The genetical evolution of social behaviour. I. *Journal of Theoretical Biology, 7,* 1–16.

Hamilton, W. D. (1964b). The genetical evolution of social behaviour. II. *Journal of Theoretical Biology, 7,* 17–52.

Holloway, R. (1999). Evolution of the human brain. In A. Lock & C. R. Peters (Eds.), *Handbook of human symbolic evolution* (pp. 74–125). Oxford, England: Blackwell Publishers.

Iwasa, Y. & Pomiankowski, A. (1995). Continual change in mate preferences. *Nature, 377,* 420–422.

Klein, R. G., & Blake E. (2002). *The dawn of human culture. A bold new theory on what sparked the "big bang" of human consciousness.* New York: Wiley & Sons.

Leslie, A. M. (1987). Pretense and representation: The origins of "Theory of mind." *Psychological Review, 94,* 412– 426.

Malthus, T. R. (1798/1826). *An essay on the principle of population; or, a view of its past and present effects on human happiness, with an inquiry into our prospects respecting the future removal or mitigation of the evils which it occasions. 2 vols.(6th ed.).* London: John Murray.

Miller, G. F. (2000). *The mating mind. How sexual choice shaped the evolution of human nature.* New York: Doubleday.

Mitchell, P., & Riggs, K. J. (Eds.). (2000). *Children's reasoning and the mind.* Hove, England: Psychology Press.

Ohler, P. (2000). *Spiel, Evolution, Kognition. Von den Ursprüngen des Spiels bis zu den Computerspielen* [Play, evolution, cognition. From the origins of play to the computer games]. Habilitationsschrift an der Technischen Universität Berlin, Germany.

Ohler, P., & Nieding, G. (1996). Cognitive modeling of suspense-inducing structures in narrative films. In P. Vorderer, H. J. Wulff, & M. Friedrichsen (Eds.), *Suspense. Conceptualizations, theoretical analyses and empirical explo- rations* (pp. 129-147). Hillsdale NJ: Lawrence Erlbaum Associates.

Ohler, P. & Nieding, G. (in press a). Why play? An evolutionary perspective. In J. Bryant & P. Vorderer (Eds), *Playing Computer Games: Motives, Responses, and Consequences* (Chap. 8). Hillsdale, NJ: Lawrence Erlbaum Associates.

Ohler, P. & Nieding, G. (in press b). Medienpsychologie [Media psychology]. In A. Schütz, H. Selg, & S. Lauterbacher (Eds.), *Einführung in die Psychologie* (Chap. 20). Stuttgart, Germany: Kohlhammer.

Perner, J. (1991). *Understanding the representational mind.* Cambridge, MA: The MIT Press.

Pinker, S. (1997). *How the mind works.* New York: Norton.

Plotkin, H. (1994). *Darwin machines and the nature of knowledge.* Cambridge, MA: Harvard University Press.

Povinelli, D. J. (1998). Can animals empathize? Maybe not [Electronic version]. *Scientific American, 9,* 67–75.

Salomon, G. (1984). Television is 'easy' and print is 'tough': The differential investment of mental effort in learning as a function of perceptions and attributions. *Journal of Educational Psychology, 4,* 647–658.

Singh, D., & Young, R. K. (1995). Body weight, waist-to-hip-ratio, breasts, and hips: Role in judgements of female attractiveness and desirability for relationships. *Ethology and Sociobiology, 16,* 483–507.

Schwender, C. (2001). *Medien und Emotionen. Evolutionspsychologische Bausteine einer Medientheorie* [Media and emotions. Evolutionary-psychological constituents of a media theory]. Wiesbaden, Germany: Deutscher Universitäts-Verlag.

Smith, P. K. (1982). Does play matter? Functional and evolutionary aspects of animal and human play. *The Behavioral and Brain Sciences, 5*, 139–184.

Steen, F. F., & Owens, S. (2001). Evolution's pedagogy: An adaptationist model of pretense and entertainment. *Journal of Cognition and Culture, 1*, 289–321.

Stephenson, W. (1988). *The play theory of mass communication.* New Brunswick, NJ: Transaction Publishers.

Tomasello, M. (1999). *The cultural origins of human cognition.* Cambridge, MA: Harvard University Press.

Tooby, J., & Cosmides, L. (1992). The psychological foundations of culture. In J. H. Barkow, L. Cosmides, & J. Tooby (Eds.), *The adapted mind. Evolutionary psychology and the generation of culture* (pp. 19–136). New York: Oxford University Press.

Trivers, R. L. (1971). The evolution of reciprocal altruism. *Quaterly Review of Biology, 46*, 35–57.

Trivers, R. L. (1972). Parental investment and sexual selection. In B. Campbell (Ed.), *Sexual selection and the descent of man: 1871-1971* (pp. 136–179). Chicago: Aldine.

Vorderer, P. (2001). It's all entertainment–sure. But what exactly is entertainment? Communication research, media psychology, and the explanation of entertainment experiences. *Poetics, 29*, 247–261.

Zahevi, A. (1975). Mate selection—A selection for a handicap. *Journal of Theoretical Biology, 53*, 205–214.

Zillmann, D. (2000). The coming of media entertainment. In D. Zillmann & P. Vorderer (Eds.), *Media entertainment. The psychology of ist appeal* (pp. 1–20). Mahwah, NJ: Lawrence Erlbaum Associates.

译后记

南方六月的天空,潮湿的云、盈潋的龙舟水,和着那些零零碎碎的蝉鸣,这意味着离广州夏天的"烈焰"不远了。

也终于松口气,这本译著终于到了后记环节。厚厚一部书稿,似乎可以为我们三位译者的夏天带来几缕清凉和慰藉。

从2016年起,我开始关注娱乐理论发展动向,三年前开始筹划主编"娱乐研究译丛"。对书目的选择,咨询了德国曼海姆大学教授,也是娱乐理论研究的代表性学者彼得·沃德勒的建议,他列了个书单,我选择其中几部,便共同构成了丛书的六部书稿。其间,我一直想着手写娱乐理论专著,但娱乐理论牵涉的学科或领域太多,没有长期的摸索,似乎难窥全貌,难免说出张狂、虚妄之语,遂作罢。

这本书的共同译者是赵伟副教授、江凌副教授。赵伟同时还在与我合作翻译《娱乐理论:牛津读本》,初稿已基本完成,有望年底出版;江凌之前与我合作翻译过《数字文化精粹》。感谢两位译者"共克时艰"的参与,这期间,赵伟度过了武汉"新冠"大爆发,江凌经历了上海近两个月的封城。在人心慌慌、性命攸关的风险社会翻译娱乐原理,这该是学术与现实之间拉锯一个见证吧。

我们的分工是:晏青(序言、第1—9章)、赵伟(第10—16章)、(江凌:第17、19—22、24章)。其中第18章、23章因已收入我之前主编的《娱乐传播研究读本》,这次对这两章重新进行校订收入。我对全书进行了统稿,宋宝儿、刘会、杜佳芸三位研究生参与了我所负责的部分初稿翻译,她们"专八"的英文水平为翻译增色不少。需要说明的是,为让学生更好地理解娱乐理论,今年"青门"两周一次的读书会上,我们用一个学期逐章细读本书的译稿,其间,各位博士、硕士对翻译问题提出了不少很"赞"的建议,为本书"增光添彩",他们是宋宝儿、陈柯伶、侯涵博、杜美玲、刘钰、裴雨莉。本书涉及大量心理学概念和术语,翻译过程中还常请教心理学博士陈广耀副教授,在此一并感谢。还要感谢支庭荣院长对丛书出版过程的支持和帮助,感谢中国传媒大学出版社张毓强社长、责任编辑张莉莉、裴向敏为本书的出版所做的工作。

  娱乐理论所涉知识甚多，翻译中肯定还存在不足。尽管终于译完，但总有点"放虎归山"、惴惴不安之感。不当之处，还望方家不吝指正。

晏青

2022年端午节

主题索引

A

"As if" responses, 110 "似乎"反应
Absorption potential, 240–242 吸收潜能
Acquired reactivity, 159–160 获得性反应
Action-oriented catharsis, 410–411 行为导向的净化
Activated relevance, 200 关联的激活
Activation of prior media and life experience, 297–298 激活先前媒介和生活经历
Active audience, 89–90 活跃受众
Actor-observer bias, 123 行为者—观察者偏见
Actual function, 9, 13 实际功能
Adaptation, 358 适应
Affect-dependent theory of stimulus arrangements, 239 情感依赖性刺激安排理论
Affect-inducing circumstances, 156 情感诱发性情形
Affective dispositions, 165, 249 情感倾向
Affective-disposition theory, see Disposition theory 情感倾向理论，见倾向理论
Affective or emotional involvement, 203–204 情感倾向理论，见情感或情绪卷入的倾向理论
Age-appropriate forms of play, 354 适合某个年龄段的游戏形式
Agenda setting, 87 议程设置
Aggression-catharsis effect, 406–408, 410 攻击-净化效应
Aggressive pornography, 336 暴力的色情片
Amount of invested mental effort (AIME), 203 心力投入
Analytical reception, 208 分析式接受
Anti-catharsis modeling, 413 反净化模型
Anticipatory observation, 298 预期观察
Anti-emancipatory tendency, 411 反解放倾向
Anti-empathic affect, 173 反共情效应
Appreciation, See Enjoyment, 144–145, 332, 欣赏，见享乐
Arousal
　　Arousal hypothesis, 114 唤醒假说
　　Arousal states, 242 唤醒状态
　　Arousal-enhanced reactions of amusement, 225 娱乐的刺激性反应
Artifact emotion, 203 人工情感
Associative networks, 94–95 关联网络
　　Model of social memory, 94 社会记忆模型
Attention, 35 注意力
　　Attention allocation, 297, 305 注意力分配
　　Attentional inertia, 49–50 注意力惯性
　　Attention-maintaining capacity, 40 注意力维持力
Attitude
　　Accessibility, 60–61 态度可及性
　　Homophily, 187 态度趋同
Attribution theory, 119–122 归因理论
Authorial devices, 188 编剧的手段
Authoritarianism, 141 权威主义
Autobiographical memory, 73–74 自传体记忆
Automatic information processes, 90 自动化信息过程
Autonomy, 7–8 自治
Availability heuristic, 76 可得性偏差

B

Behavioral functions of empathic reactivity, 157 共情反应的行为功能
Behavior-diversification proto-cognition theory of

play (BD-PC theory), 429–431 游戏的行为多样性认知理论
Behavioristic concept of the frustration-aggression hypothesis, 410 行动主义概念中的挫折—攻击理论
Biology
　　Biological function, 9 生物功能
　　Biological theory, 416 生物理论
Boredom-avoidance hypothesis, 107 无聊—逃避假设
Brain electrical activity, 37 脑电活动
Brief sensation seeking scale (BSSS), 381 简明感觉寻求量表

C

Catharsis, 405–407 净化
Causal circumstances, 154 因果关系
Central executive, 72 中央执行系统
Characters, media
　　Character traits, 188 人物特质
　　Characterization, 129 人物塑造
Chronic accessibility effects, 60 习惯可及性效应
Classical conditioning, 22 经典条件反射理论
Closed and open emotional-cognitive process, 346 封闭或开放的情绪认知过程
Cognition
　　Cognition appropriateness, 346 认知切适性
　　Cognitive and excitatory mediation of empathic reactivity, 157 共情反应的认知与兴奋的调解作用
　　Cognitive architecture of Homo sapiens, 425–426 现代人的认知结构
　　Cognitive component, 203 认知成分
　　Cognitive heuristics, 76 认知启发
　　Cognitive involvement, 305 认知卷入
　　Cognitive or verbal strategies, 324 认知或口头策略
　　Cognitively mediated reactivity, 161–162 认知中介反应性
Cognitive dissonance theory, 124 认知失调理论
Cognitive response theory, 205 认知反应理论
Competence, 7 权限
Complexity, 372 复杂性
Comprehension, 71–72, 79–80, 91, 297 理解
Computer-mediated communication (CMC), 266–267 计算机中介传播

Conative component, 204 意动成分
Conception of aesthetic distance, 416 审美距离的概念
Conditioned response, 22 条件反射
Conditioned stimulus, 22 条件刺激
Condition of injustice, 232 非正义的条件
Conditions of justice, 232 正义的条件
Connectionist network model of knowledge, 94 联结主义网络知识模型
Construct accessibility, 58, 65–66 构造可及性
Construction of relations between persona and self, 298 媒介人设和真实自我的关系建构
Construction-integration (CI) theory, 80–81 建构整合理论
Context appropriateness, 346 情景切适性
Continuum of affective dispositions, 138 情感倾向的连续性
Contribution of comprehension to memory, 75 理解对记忆的贡献
Contribution of memory to comprehension, 75 记忆对理解的贡献
Controlled information processing, 90 信息的有意识加工
Cortical evoked potential, 371 皮层诱发电位
Cortical learning, 353 脑皮层学习
Cortical/rational activities, 357 脑皮层/理性活动
Co-substantiality, 192 共实质性
Counter-empathy, 155–156 反向共情
Crime-based fiction, 137 犯罪小说
Critical-cognitive dimension of involvement, 209 批判性认知层面的卷入
Cultivation theory, 77–78, 87 培养理论

D

Deactivation of aggression motivation, 411 攻击动机缺失
Defensive reflex (DR), 369 防御反射
Diegetic effect, 217, 220 死亡效应
Disparagement, 138–139 轻视
Disposition theory, 125–126, 144–148, 273, 291, 417 倾向理论
　　Of drama, 140–143 戏剧的倾向理论
　　Of humor, 137–140 幽默的倾向理论
　　Of sports spectatorship, 143 体育观众的倾向理论
Dispositional component, 163–164, 222 倾向性成分

Dispositional mediation of emotion, 230 情感的倾向性中介
Distinguishing emotions, 344–345 分辨情绪
Distribution justice, 278 分配性正义
Down-bringing content, 248–249 让情绪低落的内容
Dramaturgy, transfer affiliation of emotions, 225–227 戏剧，情感的传递

E

Effects of
    Character-outcome-consistency, 284 人物—结局—连贯性效应
    Entertainment on psychological health, 399–400 娱乐心理幸福感的效应
    Entertainment on psychological well-being, 398–399 娱乐对心理幸福感的影响
    Entertainment, 396 娱乐效应
Ego-emotional engagement, 206–207 自我—情感的卷入
Ego-involvement, 200–202 自我卷入
Electrophysiological studies (EEG), 48–49 脑电图
Emotions
    Emotion appropriateness, 346 情绪适当性
    Emotion or mood adjustment, 91 情感或情绪调适
    Emotional outcomes of media use, 21–22 媒介使用的情感结果
    Emotional overreactions, 223 情绪的过度反应
    Emotional well-being, 389–390 情绪幸福感
    Emotions under the heavy lid of culture, 345 文化强影响下的情绪
Empathy, 111, 151–156 共情
    Empathic evocation of emotion, 228–229 情绪的共情唤起
    Empathic reactions, 298–299 共情反应
    Theory of, 157 共情理论
    Three-factor theory of, 162–166, 222 共情的三要素理论
Encoding process, 89–90 编码过程
Enduring influence of emotional memory, 321 情感记忆的持久影响
Enjoyment, and appreciation, 144–145, 332 享受与欣赏
Entertainment as
    An intrinsically motivated response, 6–7 娱乐是一种内在激励
    Play, 12–13 娱乐是一种游戏

Entertainment media consumption, 65–66 娱乐媒介消费
Entertainment theory, 4–11, 20–22 娱乐理论
Entertainment-education (E-E), 78–79 娱乐—教育
Environment of evolutionary adaptedness (EEA), 10, 425 适应进化环境
Enzyme monoamine oxidase (MAO-type B), 382 单胺氧化酶
Episodic buffer, 73 情景缓冲区
Episodic long-term memory (ELTM), 93–94 情景的长期记忆
Escapism hypothesis, 107 逃避现实假设
Ethical principle, 408 伦理原则
Eudaimonic conceptualization of well-being, 392–393 幸福感的实现论概念
Evaluations, 298 评价
Evaluatory responses, 110 评估性反应
Event-specific knowledge (ESK), 74 特定事件知识
Evidence of fantasy and imagination, 112 幻想和想象力的证据
Evoked potential augmenting-reducing, 371 引发潜能增强—减弱
Evolutionary by-product, 431 进化的副产品
Evolutionary psychology (EP), 5, 423–425 进化心理学
Excitation-transfer theory, 23, 227 兴奋转移理论
    Excitatory component of empathy, 163–164 共情的兴奋成分
    Excitatory components of emotion, 222 情绪的兴奋成分
    Excitatory homeostasis, 26–27 兴奋的平衡
    Excitatory potential, 240 兴奋潜能
Exemplification theory, 76–77 示范论
Experience seeking (ES), 378–380 寻求体验
Experiencing fiction from within, 217 从内心体验小说
Experiential component, 163 体验成分
Experiential component Of emotion, 223 情绪的体验成分
Expressive communication as a coping strategy, 325 作为应对策略的富有表现力的传播
External representational systems, 430 外部表征系统
Externally induced accessibility, 58–59, 66–67 外部感应可访问性
Eysenck personality questionnaire (EPQ), 375–377 艾森克人格问卷

F

Fair-process effect, 274 程序公平效应
Fantasy, 105–107 幻想
Fiction emotions, 203 虚构情感
Fictional environments, 219–220 虚构的环境
Fictional media entertainment, 108–110 虚构媒介娱乐
Fight-flight reaction, 227 "战斗—逃跑"反应
Filtering process, 89–90 过滤过程
Fitness indicator, 427 体能指标
Forms of mimesis, 11 模仿的形式
Framing, 87–89 框架
Fright-inducing entertainment, 137 恐怖诱导的娱乐
Functional theories of attitudes, 61 态度功能理论

G

Gender constancy, 42 性别稳定
Gender-schematic males, 336 性别认同感较强
General aggressive model (GMA), 337 普遍攻击模型
Genuine emotions, 218 真实的情绪
Grief-catharsis, 408 悲伤—净化
Group-membership approaches, 138 群体成员取向

H

Habituation, 360 习惯化
Handicap principle, 427 不利条件原则
Healthy brain theory, 427 健康大脑理论
Heart rate (HR), 37, 47–48, 369 心率
Hedonic reversal, 359–360 享乐反转
Hedonic valence, 26–27, 241–243 享乐效价
Hedonic view, 389–390 享乐主义观
Hedonism, 245–247 享乐主义
 Conception of, 417 享乐主义概念
Hedonistic principle, 408 享乐主义原则
Homo erectus, 427 直立人
Humorous situations, 138 幽默的情境

I

Iconic representations of danger and sexual opportunities, 228 危险和性活动机会的图标式表征
Identification, 183–186, 220 认同
 With media characters, 184 对媒介人物（的认同）

Imagination, 105–107 想象
Immersion, 110 沉浸
Implicit memory, 25–26 内隐记忆
Individual emotions, 353–354 个人情绪
Individual framing, 96–97 个体框架
Individual motivation for self-esteem, 259–260 个体的自尊动机
Inferences, 110 推论
Influential theory of cognitive dissonance, 21 认知失调的影响理论
Information-processing theory, 85–87, 97–98 信息处理理论
Intensity of parasocial relationships, 187 拟社会关系的强度
Intentionalist theory, 5 意向论
Interactional justice, 279 互动正义
Internal constructs, 56 内部构造
Internally induced accessibility, 59–60, 66–67 内部感应可及性
Internet use for mood management, 247 互联网情绪管理
Intervention potential of a message, 26–27 信息的干预潜能
Intrinsic sources of personal relevance (ISPR), 202 个体相关的内在来源
Inventory of sensation seeking, 380–381 感觉寻求量表
Involved reception, 208 卷入的接受度
Involvement, 91–92, 186, 199, 205–206 卷入

J

Joy-producing plots, 229 产生快乐的情节
Justice
 Justice behavior, 280–281 正义行为
 Justice judgment, 280–281 正义判断
 Justice-finality principle, 277 正义结局性原则
 Justice-motive theory, 285 正义动机理论
Justification, 147 理由
Justified aggression, 414 正当攻击
Just-world theory, 283 公正世界理论

L

Leisure-time approach, 426–427 休闲时光取向
Limited effects, 88 有限效果
Lingering effects, 320–322 挥之不去的影响

Little-Zuckerman musical preference (LZMP), 377–378 利特尔-扎克曼的音乐偏好量表
Long-term memory (LTM), 57–58, 92–94, 95–96 长期记忆

M

Media gratifications, 91–92 媒介满足
Media-induced fear, 323–325 媒介诱导的恐惧
Memory, 71–74, 79–80, 92 记忆
Mere-exposure effect, 23–24 纯粹接触效应
Message-behavioral affinity, 26–27 信息—行为的亲和力
Metaphorical manner, 406 隐喻方式
Minimal-heroism resolution, 224 微不足道的英雄主义决心
Mood management theory, 5, 42, 239–241, 331–332, 396, 417 情绪管理理论
 Mood adjustment, 250–251 情绪调适
 Mood contagion, 299 情绪传染
 Mood regulation, 126 情绪调节
Moral aggression inhibition, 415 道德侵犯抑制
Moral development theory, 274 道德发展理论
Moral judgment, 141–142, 145, 233–234 道德判断
 Moral-judgment mediation of
  Discordant affect, 171–172 对不协调情感道德判断的调节
  Empathy, 170–171 对共情的道德判断的调节
Moral sanction of resolutions, 233–234 对决定的道德制裁
 Theory of, 1–7，273 对决定的道德制裁的理论
Motivation, 1–7
Motivational character of involvement, 204 角色卷入的动机
Motor activity, 299 肌动活动
Multiple affect adjective check list-revised (MAACL-R), 378 多效果形容核对清单（修订版）
Multi-user-dungeons (MUDs), 267 多用户地下城游戏

N

Near misses, 129–130 未遂事件
Negative empathy, 155–156 消极共情
Neural circuits and control-mechanisms, 429 神经回路和控制机制
News consumption for mood management, 247 情绪管理的新闻消费
News programming, 137 新闻节目
Nicomachean ethic, 278 尼格马可伦理学
Non-cognitive or nonverbal strategies, 323 非认知或非语言策略
Normative solutions to justice problems, 278 正义问题的规范性决断
Novelty, 367–368 新奇

O

Orienting reflex (OR), 368 定向反射
Orienting response (OR), 47–48 定向回应
Ornamental mind theory, 428, 431 装饰思维理论

P

Paradox of fiction, 183 小说的悖论
Parasocial interaction (PSI), 111, 186, 193, 205, 221, 227, 291–310 拟社会互动
Parasocial relationships (PSR), 291–295 拟社会关系
 Relationship schemata, 304 拟社会关系的关系图式
Parental investment theory, 424 亲代投资理论
Passivity hypothesis, 114 被动假说
Perceived gratifications, 91 感知满足
Perceived reality, 63 感知现实
Perception, 55–58 感知
Persona-generated own emotions, 299 人格面具内含的自身情绪
Personal contracts, 274 个人协议
Personality, 329–330 个性
 Trait, 201 个人特性
Person-oriented information processing, 296 个体定向的信息处理
Persuasion, 87 劝服
Philosophical-philological catharsis, 409 哲学—语言学上对净化的解释
Phonological loop, 72 语音回路系统
Physical activity, 300 体育活动
Physical reality, 218 物理现实
Plot twists, 129–130 情节曲折
Powerful effects, 87 强大效果
Preferences for characters, 187 对人物角色的偏好
Problem-solving responses, 110 问题解决反应
Procedural justice, 279 程序正义
Processes that support emergency activities, 359 帮

助危机活动的过程
Pseudo-empathy, 156 伪共情
Psychological well-being, 390–392 心理幸福感
Psycho-physiological theory, 416 心理生理理论
Purgation, 408–409 疏泄
Purification, 408–409 心灵净化
    Pole, 409, 414–415 心灵净化
    Process, 408 心灵净化过程

Q

Quasi-characteristic of a stimulus, 201（某一刺激物、某种媒介或某种情境）的准特征

R

Rapid-pacing hypothesis, 113–114 快节奏假说
Reality-based
    Crime dramas, 141 现实题材犯罪剧
    Programming, 137 现实题材节目制作
Reception experience, 395 接受经验
Reception of vicariously aggression ways of behaving films, 410 接受各种形式的侵犯性攻击行为的电影
Reception, 190–192 接受
Reconstruction, 297 重构
Reduction hypotheses, 112 折扣假说
Referential-affective dimension of involvement, 209 参照式情感卷入
Reflexive and learned skeletal-motor reactions, 164 自反性与习得性骨骼运动反应
Reflexive empathic reactivity, 158–159 自反性共情反应
Relatedness, 8 相关性
Replotting responses, 110 重置反应
Representativeness heuristic, 76 代表性启发式
Residual excitation, 223, 226 兴奋残余
Resultant affections, 151 由此而生的情绪
Retributive justice, 279–280 报复正义
Rising awareness of the artificiality of their induction, 218–219 随着人们对人造物认识的提高
Routine maintenance process, 359 日常维护过程
Runway sexual selection, 424, 427 失控性选择

S

Sadness-evoking entertainment, 334–335 唤起悲伤的娱乐
Scene-specific excitation, 224 特定场景下的兴奋
Schemas, 61, 95–96 纲要
Scripts, 61 脚本
Search of associative memory (SAM), 94 搜索关联记忆
Secondary task reaction times (STRT), 37, 46–47 次级任务反应时
Selective attention, 91–92 选择性注意
Selective perception, 61–62 选择性感知
Selective exposure
    Process, 26 选择性接触过程
    Theory, 20–21, 选择性接触理论
Self-categorization theory (SCT), 257–258, 261–264 自我分类理论
Self-determination theory, 6–7, 13–14, 392 自决理论
Self-modeling feeling, 417 自我塑造的感觉
Self-perception, 124 自我感知
Self-reconstruction effort, 416 自我重建的努力
Self-reference feature of emotions, 344 情绪的自我指涉特性
Semantic affinity, 243 语义亲和力
Semantic long-term memory (SLTM), 93 语义长期记忆
Sensation seeking, 333, 367–372, 379–382 感觉寻求
Sexual ornaments, 424 性装饰
Short-term memory (STM), 92–93, 95–96 短期记忆
Side effect of human creativity, 346 人类创造性的副作用
Situational sources of personal relevance (SSPR), 202 情境来源的个人相关性
Situation-unspecific attitude, 206 非特定情境下的态度
Skin conductance level (SCL), 375–376 皮肤传导水平
Skin conductance response (SCR), 368 皮肤传导反应
Social categorization, 257–258 社会分类
Social comparison, 258–259 社会比较
Social compensation motives for television viewing, 397 电视观看的社会补偿动机
Social-cognitive theory, 209, 307 社会认知理论
Social emotions, 353–354 社会情绪
Social identity model of de-individual (SIDE), 266–267 去个体化的社会认同
Social identity theory (SIT), 255–256, 258–259, 260–269 社会认同理论

Social judgment theory, 199 社会判断理论
Social perception, 64, 67 社会感知
Socio-emotional engagement, 206 社会性情绪的投入
Source amnesia, 73 来源遗忘
Sovereign consumer, 19 主权型消费者
Spiral of silence, 87 沉默的螺旋
Spreading activation theory, 94, 203–205 扩散激活理论
Startle reflex (SR), 369 震惊反射
Stereotyping, 60 刻板印象
Stimulation hypothesis, 111–112 刺激假说
Structural affect theory, 273 结构化情感理论
Structural sense, 6 结构感
Subjective well-being (SWB), 390–392 主观幸福感
Substantive sense, 6 实质感
Symbolic catharsis, 409 象征性净化
Symbolic purgation, 412 象征性疏泄

T

Target of identification, 193 认同对象
Task-involvement, 200 任务卷入
Theater-catharsis with therapy-catharsis, 410 用"净化疗法"（取代了）"剧院净化"
Thematic-compensation hypothesis, 115 主题补偿假说
Thematic-correspondence hypothesis, 107–108 主题对应假说
Third-person effect, 122–123 第三人效果
Thought–blocking hypothesis, 107 思维阻塞假设
Transportation, 186–187 传输

U

Use and gratifications, 87, 330 使用与满足

V

Vicarious reactions, 153 替代性反应
Visual fixations, 36 视觉癖好
Visualization hypothesis, 112–113 可视化假说
Visuo-spatial sketch pad, 72 视觉空间模板系统

W

Well-being, 389 幸福感
Within-emotions, 203 内在情绪
Without-emotions, 203 外在情绪
Working memory (WM) 72, 75, 92–93, 95–96 工作记忆

Y

Yale group, 410 耶鲁团队

图书在版编目（CIP）数据

娱乐心理学 /（美）简宁斯·布莱恩特（Jennings Bryant），（德）彼得·沃德勒（Peter Vorderer）主编；晏青，赵伟，江凌译. -- 北京：中国传媒大学出版社，2022.6
（娱乐研究译丛 / 晏青，支庭荣主编）
ISBN 978-7-5657-3143-3

Ⅰ. ①娱… Ⅱ. ①简… ②彼… ③晏… ④赵… ⑤江… Ⅲ. ①休闲娱乐—应用心理学 Ⅳ. ① C913.3-05

中国版本图书馆 CIP 数据核字（2022）第 008519 号

Psychology of Entertainment (Lea's Communication) 1st Edition / Edited by Jennings Bryant, Peter Vorderer / ISBN:978-0-8058-5237-0

Copyright © 2006 by Lawrence Erlbaum Associates,Inc.
Authorized translation from English language edition published by Lawrence Erlbaum Associates,Inc, part of Taylor & Francis Group LLC; All Rights Reserved.
本书原版由 Taylor & Francis 出版集团旗下劳伦斯·埃尔鲍姆出版公司出版，并经其授权翻译出版。版权所有，侵权必究。

Communication University of China Press is authorized to publish and distribute exclusively the Chinese (Simplified Characters) language edition. This edition is authorized for sale throughout Mainland of China. No part of the publication may be reproduced or distributed by any means, or stored in a database or retrieval system, without the prior written permission of the publisher.
本书中文简体翻译版授权由中国传媒大学出版社独家出版并仅限在中国大陆地区销售，未经出版者书面许可，不得以任何方式复制或发行本书的任何部分。

Copies of this book sold without a Taylor & Francis sticker on the cover are unauthorized and illegal.
本书贴有 Taylor & Francis 公司防伪标签，无标签者不得销售。
著作权合同登记号　图字：01-2021-5079

娱乐心理学
YULE XINLIXUE

主　　编	[美]简宁斯·布莱恩特（Jennings Bryant）　　[德]彼得·沃德勒（Peter Vorderer）
译　　者	晏　青　赵　伟　江　凌
责任编辑	张莉莉　裴向敏
封面设计	闻江文化
责任印制	李志鹏
出版发行	中国传媒大学出版社
社　　址	北京市朝阳区定福庄东街 1 号　　邮　　编　100024
电　　话	86-10-65450528　65450532　　传　　真　65779405
网　　址	http://cucp.cuc.edu.cn
经　　销	全国新华书店
印　　刷	唐山玺诚印务有限公司
开　　本	787mm×1092mm　1/16
印　　张	28.5
字　　数	570 千字
版　　次	2022 年 6 月第 1 版
印　　次	2022 年 6 月第 1 次印刷
书　　号	ISBN 978-7-5657-3143-3/C · 3143　　定　　价　128.00 元

本社法律顾问：北京嘉润律师事务所　郭建平
版权所有　翻印必究　印装错误　负责调换